Johann Conrad

Grundriss zum Studium der politischen Ökonomie

I. Teil: Nationalökonomie

Johann Conrad

Grundriss zum Studium der politischen Ökonomie
I. Teil: Nationalökonomie

ISBN/EAN: 9783743434158

Hergestellt in Europa, USA, Kanada, Australien, Japan

Cover: Foto ©Suzi / pixelio.de

Manufactured and distributed by brebook publishing software (www.brebook.com)

Johann Conrad

Grundriss zum Studium der politischen Ökonomie

Grundriss zum Studium

der

politischen Oekonomie.

I. TEIL

Nationaloekonomie

von

Prof. Dr. J. Conrad,
Halle a. S.

Zweite Auflage.

◆•◆

JENA
VERLAG VON GUSTAV FISCHER.
1897.

Meinen alten Schülern

zum

25. Jahrestage

der

Gründung des staatswissenschaftlichen Seminars zu Halle a. S.

den 19. November 1897.

—›—

Vorwort
zur ersten Auflage.

———

Den vorliegenden Grundriss habe ich seit zwanzig Jahren an meine Zuhörer verteilt, als Ersatz für das bis dahin hier üblich gewesene Diktat. Mehrfacher Anregung folgend, übergebe ich ihn nun in wenig erweiterter Form der Oeffentlichkeit. Vielleicht, dass er auch weiteren Kreisen als Anhalt zum Studium erwünscht sein wird.

Diesem ersten Teile sollen weitere folgen: über Volkswirtschaftspolitik, Finanzwissenschaft und Statistik.

Die Einteilung des Stoffes ist mitunter etwas willkürlich den praktischen Bedürfnissen der Vorlesungen angepasst, welche den Anlass zur Ausarbeitung boten. Die einzelnen Teile haben sich gegenseitig zu ergänzen.

HALLE, den 1. April 1896.

J. C.

Inhaltsverzeichnis.

Einleitung.

§ 1.
Das Wesen der politischen Oekonomie.

C. Menger. Untersuchungen über die Methode der Socialwissenschaften. Leipzig 1883.
H. Dietzel, Ein Beitrag zur Methodologie der theoretischen Wirtschaftswissenschaft. Jahrbücher für Nationalökonomie N. F. Bd. VIII, S. 107.
Em. Sax, Das Wesen und die Aufgaben der Nationalökonomie. Wien 1884.
H. Dietzel, Theoretische Socialökonomik, I. Bd., Leipzig 1895.
Stammler, Wirtschaft u. Recht. Leipzig 1896.

Der Mensch hat Bedürfnisse der verschiedensten Art, die er befriedigen muss, um zu leben, um zu gedeihen. Sein Streben ist daher fortdauernd auf die Befriedigung jener Bedürfnisse gerichtet, um sich das Gefühl der Zufriedenheit zu verschaffen. Hierzu ist Aufwendung geistiger und physischer Kraft erforderlich, um sich die Gaben der Natur dienstbar zu machen. Die Thätigkeit, welche auf Bedürfnisbefriedigung gerichtet ist, nennen wir eine wirtschaftliche. Der Inbegriff von Thätigkeiten, die planvoll auf die Bedürfnisbefriedigung eines Haushaltes, eines Unternehmens oder einer Person gerichtet sind, wird Wirtschaft genannt. Die gesamte planmässige Thätigkeit eines Volkes zur Befriedigung seiner Bedürfnisse ist die Volkswirtschaft, und die Wissenschaft, welche Ursache und Wirkung in den Erscheinungen des wirtschaftlichen Lebens eines Volkes festzustellen und sie als Ganzes aufzufassen und im organischen Zusammenhang zu begreifen sucht, so weit es sich um die Sorge für die materiellen Bedürfnisse handelt, ist die Volkswirtschaftslehre oder Nationalökonomie.

Eng an dieselbe schliesst sich die Volkswirtschaftspolitik oder Volkswirtschaftspflege an. Sie ist die Lehre von der Sorge der Gesellschaft und der öffentlichen Gewalt für das wirtschaftliche Wohl des Volkes. — Während die Nationalökonomie nur die Thatsachen betrachtet, wie sie sind, stellt die Volkswirtschaftspolitik bestimmte Ziele auf, die der Staat und die Gesellschaft erreichen sollen. Sie zeigt also, wie die wirtschaftlichen Verhältnisse sein sollen, und untersucht, durch welche Mittel auf Grund der Resultate der Nationalökonomie sie zu erreichen sind. Sie ist daher auch als zweiter oder praktischer Teil der Nationalökonomie, gegenüber der obigen Disciplin als theoretischem Teil aufgefasst und behandelt, indem man dabei tiefer in die wirtschaftlichen Details eindringt. — Zu den beiden Wissenschaften tritt noch die Finanzwissenschaft hinzu, das ist die Lehre vom Staatshaushalt. Sie untersucht, wie der Staat, der Fiskus sich am zweckmässigsten die Geldmittel verschafft, die er braucht, um seine Aufgabe zu erfüllen, während die Verwaltung und Verausgabung mehr in den Hintergrund treten.

Die drei Disciplinen zusammen bilden eine geschlossene Gruppe, die unter dem Namen der politischen Oekonomie bekannt ist und einen besonderen Teil der gesamten Staatswissenschaften ausmacht.

§ 2.
Die Stellung der politischen Oekonomie zu den verwandten Wissenschaften.

Der politischen Oekonomie nahe verwandt ist die Politik, oder auch allgemeine Staatslehre genannt, welche zum Teil dasselbe Gebiet behandelt. Sie ist die Lehre von den besten Mitteln der höchsten Gewalt zur Erreichung der Staatszwecke. Man teilt sie gewöhnlich wieder in drei Disciplinen ein: 1. die Verfassungspolitik oder Staatslehre im engeren Sinne, 2. die Kulturpolitik und 3. die Verwaltungspolitik, welche die Volkswirtschaftspflege und die Polizeiwissenschaft in sich schliesst.

Die Polizeiwissenschaft ist die Lehre von den Massregeln der Staatsgewalt, die Störungen der äusseren Ordnung unmittelbar zu verhindern. (Sicherheits-, Sitten-, Medizinal-Polizei, ev. Armenpflege.)

Zu den Staatswissenschaften zählt man ferner die Statistik, sowohl als Staatenkunde aufgefasst, welche die Aufgabe hat, die Verhältnisse des Staats- und Volkslebens quantitativ zu messen und zur Darstellung zu bringen, sowie als vergleichende Statistik, welche durch ziffermässige systematische Massenbeobachtung die socialen und wirtschaftlichen Erscheinungen nicht nur zu konstatieren, sondern durch bestimmte Gruppierung und durch Vergleichung auch ihre Ursachen und Konsequenzen zu ergründen strebt. Sie geht mit der National-ökonomie Hand in Hand in der Untersuchung der vorliegenden Erscheinungen im Volksleben. Sie stützt und kritisiert dieselbe durch ihre objektive ziffermässige Untersuchung.

Die politische Oekonomie wurde früher als Teil der Kameralwissenschaften aufgefasst, welche enthalten, was man früher von den Finanzbeamten der landesherrlichen Kammer, abgesehen von der Jurisprudenz, verlangte, und daher stammt der Name. Es gehörten ausser der pol. Oekon. dazu die Polizeiwissenschaft und die technischen Disciplinen oder Gewerbswissenschaften, wie die Land- und Forstwirtschaftslehre, Technologie, Bergwerks- und Handelswissenschaften. Die Gewerbswissenschaften beschäftigen sich mit den technischen Vorgängen des Gewerbes und der Betriebsweise, aber nicht mit der volkswirtschaftlichen Wirkung derselben, welche wiederum die pol. Oekon. ins Auge fasst.

§ 3.
Die allgemeine Litteratur.

1. Handbuch der politischen Oekonomie, herausgegeben von *Gustav Schönberg.* 4. Auflage. Tübingen 1896—97.
2. *Adolph Wagner,* Allgemeine oder theoretische Volkswirtschaftslehre. 1. H. Grundlegung. Leipzig 1892.
3. *W. Roscher,* System der Volkswirtschaft. Die Grundlagen der Nationalökonomie. 20. Aufl. Stuttgart 1894.
4. *G. Cohn,* Grundlegung der Nationalökonomie. Stuttgart 1885.
5. *Knies,* Die politische Oekonomie vom geschichtlichen Standpunkte. 2. Aufl. Braunschweig 1883.
6. *A. E. F. Schäffle,* Das gesellschaftliche System der menschlichen Wirtschaft. 3. Aufl. Tübingen 1873.
7. *Adam Smith,* Untersuchungen über die Natur und die Ursachen des Nationalreichtums, übers. v. *Garve.* Breslau 1795. v. *Asher.* Hamburg 1861.
8. *John Stuart Mill,* Grundsätze der politischen Oekonomie. Hamburg 1852 u. Leipzig 1869.
9. *E. Sax,* Grundlegung der theoretischen Staatswirtschaft. Wien 1887.
10. *Carey,* Handbuch der Volkswirtschaft und Socialwissenschaft. München 1866.
11. *v. Philippovich,* Grundriss der polit. Oekonomie. Bd. I. 2. Aufl. Freiburg 1897.
12. *A. Marshall,* Principles of economics. Vol. I, 1891.
13. *Leroy-Beaulieu,* Traité theorique et prat. d'Economie politique. I. u. II. Paris 1896.
14. Zeitschrift für die gesamte Staatswissenschaft, hrsg. von *Schäffle* u. a. Tübingen.
15. Jahrbücher für Nationalökonomie und Statistik, hrsg. von *Conrad, Elster, Loening* u. *Lexis,* Jena, Gustav Fischer.
16. Jahrbuch für Gesetzgebung, Verwaltung und Volkswirtschaft im deutschen Reich, hrsg. von *Gustav Schmoller,* Leipzig.
17. Handwörterbuch der Staatswissenschaften. Jena, Gustav Fischer, 1890—95.

§ 4.
Grundbegriffe.

Fr. J. Neumann, Beiträge zur Revision der Grundbegriffe der Volkswirtschaftslehre. Tüb. Zeitschr. f. Staatsw. Jahrg. 1869 u. 1872.
Ders., Grundlagen der Volkswirtschaftslehre. 1. Abt. Tübingen 1889.
H. v. Mangoldt, Grundriss der Volkswirtschaftslehre. Stuttgart 1871.
Bastiat, Harmonies économiques. Oeuvres compl. T. IV. Paris 1864.
Karl Marx, Das Kapital. Buch I. Der Produktionsprozess des Kapitals. 2. Aufl. Hamb. 1872.
Lindwurm, Der Wert. Hildebrands Jahrbücher IV.
v. Böhm-Bawerk, Grundzüge der Theorie des wirtschaftlichen Güterwerts. 1886. Bd. VIII N. F. der Jahrbücher für Nationalökonomie.
Menger, Grundsätze der Volkswirtschaftslehre. Wien 1871.
W. v. Hermann, Staatswissenschaftliche Untersuchungen. 2. Aufl. München 1874.
Wieser, Der natürliche Wert. Wien 1889.
Patten, Die Bedeutung der Lehre v. Grenznutzen. Jahrb. f. Nat. 1891. Bd. II, 3 f. *Lexis,* Art. Grenznutzen im Supplementband d. H.-W.-B.

Was geeignet ist ein menschliches Bedürfnis zu befriedigen, nennen wir brauchbar, was wir für unsere Zwecke benutzen können und wollen, ein Gut. Es können sowohl Sachen wie persönliche Arbeitsleistungen, Dienste und Verhältnisse zwischen Personen und Sachen Güter sein. Nur was ausschliesslich besessen werden und dadurch Teil des Vermögens sein kann, und nur was gegen Opfer zu erlangen ist, wird als ein wirtschaftliches Gut bezeichnet im Gegensatz zum freien Gut.

Die Bedeutung eines Gutes für menschliche Zwecke ist sein Wert, der aber nur durch Vergleichung mit anderen Gütern zum Aus-

1*

druck gelangen kann (wie die Wärme, Höhe etc.). Der Wert ist keine absolute Eigenschaft der Dinge (so wenig wie die Farbe), sondern wird denselben erst durch die Schätzung des Menschen beigelegt und durch die Vergleichung jener Schätzung festgestellt.

Man hat die Tauglichkeit eines Gegenstandes, überhaupt menschliche Bedürfnisse zu befriedigen, abstrakten Gebrauchswert genannt, dagegen die eines bestimmten Gegenstandes vorliegenden menschlichen Zwecken unmittelbar zu dienen den konkreten Gebrauchswert (Rau), die Tauglichkeit andere Güter dafür einzutauschen den Tauschwert. Die Art der Schätzung behält aber stets den gleichen Charakter. Dem Tauschwert muss stets ein Gebrauchswert zu Grunde liegen, und der letztere wird durch Vergleich mit anderen Gütern erst festgestellt. Die Intensivität des Bedarfs wird durch die Möglichkeit des Tausches und damit der Gebrauchswert selbst bedingt. Der Ausdruck Wert wird hier mithin nur uneigentlich gebraucht, wo es sich nur um einen Faktor der Wertbestimmung handelt. Die Art der Verwendung schafft nicht eine eigene Wertkategorie. — Man teilt auch den Wert ein in objektiven und subjektiven (Neumann, Böhm-Bawerk), aber ersterer ist fast gleichbedeutend mit Gebrauchswert. In dem subjektiven Wert tritt das volkswirtschaftliche Moment nicht genügend hervor.

Bei der Wertschätzung in der Volkswirtschaft kommen folgende Momente in Betracht: 1. die natürliche Nutzbarkeit des Gegenstandes, 2. die Seltenheit desselben, 3. das Bedürfnis nach dem betreffenden Gut, welches je nach der Dringlichkeit eine verschiedene Wirkung hat. 4. Bei Auswahl der Gegenstände und der Möglichkeit anderweiter Beschaffung ist das Opfer der Neubeschaffung bei der Schätzung massgebend. Es muss ferner die Möglichkeit einer Vergleichung der Schätzungen vorhanden sein, was besonders bei den Tauschobjekten der Fall, aber auch bei solchen Gegenständen, die nicht Tauschobjekte sind, möglich ist.

Die Verschiedenheit der Wertdefinition ist darauf zurückzuführen, dass bald das eine, bald das andere Moment überwiegend oder auch ausschliesslich als massgebend angesehen wird, während stets sämtliche zusammenwirken, nur dass in dem einen Falle das eine, in dem andern ein anderes in höherem Masse ausschlaggebend ist. Ohne Tauglichkeit wird ein Gegenstand nie Wert erlangen können, ihr legte Turgot entscheidenden Einfluss bei. Doch ein sehr taugliches freies Gut hat gar keinen Wert. Das Bedürfnis und die Seltenheit sind neuerdings von der Wiener Schule und Patten nach der Höhe des Grenznutzens als entscheidend angenommen, d. h. nach dem am wenigsten dringlichen Bedürfnisse, das aus dem vorhandenen Vorrat noch befriedigt werden kann. Das ist in vielen Fällen richtig, (Getreidevorrat in einer belagerten Stadt) aber die Rückwirkung auf den ganzen Vorrat ist keineswegs vollkommen, und thatsächlich bilden oft die Herstellungskosten die untere Grenze, auf welcher trotz vorhandenen Ueberflusses der Wert gehalten werden kann (zu grosse Bücherauflage). Ad. Smith schätzte den Wert nach der Arbeit, die man dafür kaufen kann, Ricardo im allgemeinen nach den Herstellungskosten für beliebig reproduzierbare Güter, Carey nach den Reproduktionskosten, Fr. Bastiat nach der ersparten Arbeit, K. Marx nach der zur Herstellung durchschnittlich nötigen Arbeit. Faktisch spielt aber bei der Wertbestimmung der Monopolbesitz wie auch sonst die Seltenheit des Gutes in der Volkswirtschaft eine ausserordentlich grosse Rolle. Nur bei leicht vermehrbaren, überall vorhandenen Gütern werden die Herstellungskosten das Entscheidende für die Wertbestimmung sein, andernfalls im Durchschnitte nur für die untere Grenze.

Das Aequivalent für das Tauschobjekt ist der Preis desselben, und zwar im allgemeinen ausgedrückt im gesetzlichen Zahlungsmittel, also in Geld. Preis und Wert fallen im Durchschnitte des grossen volkswirtschaftlichen Verkehres meist zusammen, im einzelnen Falle dagegen nur selten.

Die Summe aller wirtschaftlichen Güter, welche im Eigentum einer physischen oder juristischen Person oder eines Volkes sind, nennen wir Vermögen. Viele Teile des Volksvermögens sind aber nicht dem Werte nach zu schätzen, und der momentane Wert vieler Produktionsmittel ist nicht massgebend für den Volkswohlstand, für welchen vielmehr der Ertrag der Volkswirtschaft entscheidend ist.

Abschnitt I.

Die Lehre von der Produktion.

Kapitel I.

Die Grundlagen der Produktion.

§ 5.

Das Bedürfnis als Ursache der volkswirtschaftlichen Thätigkeit.

Der Mensch, als in hohem Masse entwicklungsfähiges, allein kulturfähiges Wesen, ist mit seinen Bedürfnissen, wie mit seinen Begriffen von Recht und Sitte bedeutenden Wandlungen unterworfen, womit natürlich auch die ganze Thätigkeit zur Befriedigung der Bedürfnisse, also die ganze Volkswirtschaft modifiziert wird. Je höher die Kultur steigt, um so mannigfaltiger werden die Bedürfnisse besonders durch das Hinzutreten der geistigen, um so mehr Arbeit ist notwendig um ihnen gerecht zu werden, und es ist eine Grenze der Steigerung der Bedürfnisse in der Volkswirtschaft nicht abzusehen, und somit auch keine Grenze für weitere Ansprüche an Arbeit. Denn der Mensch ist ebenso erfinderisch in der Ausbildung neuer Bedürfnisse, wie neuer besserer Arten der Herstellung der Befriedigungsmittel durch Bewältigung der Natur. Beides fördert und überbietet sich bei aufblühenden Völkern gegenseitig.

Auf niederen Kulturstufen ist Weckung der Bedürfnisse das erste Erfordernis zur Hebung des Fleisses, als Sporn, die Leistungsfähigkeit zu steigern durch Ausbildung der körperlichen und geistigen Kräfte; dadurch zur Hebung der wirtschaftlichen und geistigen Kultur.

Aus dem Gesagten geht zugleich hervor, dass das Privatinteresse des Menschen sich überhaupt verändert, weil je nach der Kulturstufe eine andere Thätigkeit nötig ist, um das Gefühl der Zufrieden-

heit in ihm herzustellen. Je höher die Kultur steigt, um so grössere
Pflichten liegen Jedem gegen Staat und Gesellschaft ob, um so mehr
wird das Gewissen, das Ehrgefühl geschärft, wie die Scheu vor dem
Tadel der Mitmenschen. Der Kulturmensch wird deshalb durch die
gleichen Triebe auch im wirtschaftlichen Leben zu anderen Handlungen
veranlasst als der Naturmensch. Daher sind nur sehr wenige wirtschaftliche Handlungen naturgesetzlich bestimmt, und somit ist die
Zahl der wirtschaftlichen Naturgesetze weit geringer, als die alte Schule
annahm, welche von einem allgemein gleichgearteten Egoismus ausging.
Die Nationalökonomie hat daher den Menschen in seiner Kulturentwickelung historisch zu betrachten. Sie darf hierbei die ethischen
Motive seines Handelns im wirtschaftlichen Leben nicht ignorieren,
wie es die alte Schule that.

§ 6.
Das Wesen der Produktion.

Der Volkswohlstand wird erhöht durch Zuwachs an Werten in
der Gesamtheit. Die wirtschaftliche Thätigkeit ist daher auf Wert-
vermehrung gerichtet. Zuwachs an Werten kann aber auf verschiedene Weise vor sich gehen, 1. durch Entstehung neuer Güter,
resp. Umformung vorhandener zur Erzielung grösserer Brauchbarkeit,
a) durch die Natur allein d. i. freie Wertbildung (Selbstansamung des
Waldes, Nachwuchs des Torfes, nachdem er gestochen ist u. dergl.),
b) durch den arbeitenden Menschen in Verbindung mit der Natur, und
dann sprechen wir von Produktion. Das ist der Fall vor allem bei
den Gewerben der Rohproduktion (Ackerbau, Forstkultur, Bergbau),
und bei den Gewerben der Stoffveredelung (Fabrikation und Handwerk). — 2. Werterhöhung findet ferner statt durch Veränderung des
Verhältnisses zwischen dem schätzenden Subjekt und dem geschätzten
Objekt, a) durch Entdeckung nützlicher Eigenschaften bei den vorhandenen Gegenständen, z. B. in der Tabakpflanze, im Gummi, Nickel,
b) durch Hinführung der Güter an den Ort des Bedarfs, also durch
das Gewerbe des Transports und durch den Handel, d. i. Uebergang
in die Hand dessen, der eine bessere Verwendung dafür hat. Derselbe
Vorrat an Gütern erhält durch eine angemessenere Verteilung im Lande
einen höheren Wert. Wenn zwei Gutsnachbarn die von ihnen ge-
zogenen Tiere austauschen, so dass jeder grade das erhält, was er
braucht und fort giebt, was er zu viel hat, so gewinnen beide und
auch die Volkswirtschaft.

Landwirtschaft, Industrie und Handel sind volkswirtschaftlich
von gleicher Bedeutung. Auch der inländische Handel vermag das
Volksvermögen zu steigern, weil er richtig gehandhabt eine Werterhöhung der Waren bewirkt. Er ist als ein Teil des Produktions-
aktes anzusehen, nicht der Produktion gegenüber zu stellen. Unpro-
duktiver Handel kommt allerdings vor, aber ebenso findet häufig un-
prod. Fabrikation, die keinen Ueberschuss an Werten erzeugt, und unrationeller landwirtschaftlicher Betrieb statt. Es kann zu viele Zwischenhändler geben, gerade so, wie zu viele Handwerker und bei zu grosser
Zersplitterung des Bodens zu viele Landwirte.

Es giebt drei Faktoren, die bei der Produktion mitwirken: a) die äussere Natur, b) der Mensch mit seiner Arbeitskraft, c) das Kapital.

§ 7.

Das Wesen der Konsumtion.

Lexis in Schönbergs Handbuch § 505.
Patten, The consumption of wealth. Philadelphia 1889.

Der Wertentstehung steht die Wertvernichtung gegenüber, bei welcher die gleichen Fälle vorkommen können, nur in umgekehrter Weise. Die Natur selbst zerstört fortdauernd Werte durch Tod, Fäulnis, Verwitterung u. s. w. Aenderung des menschlichen Urteils kann auch Wertvernichtung herbeiführen (durch die Mode).

Mit der Produktion korrespondiert die Konsumtion oder Wertvernichtung durch menschlichen Gebrauch (Verwertung). Niemals kann hierbei natürlich von Stoffvernichtung die Rede sein, so wenig, wie bei der Produktion von Stofferzeugung. Vielmehr ist die Wertveränderung allein massgebend. Die Produktion schliesst stets eine Konsumtion in sich, die Konsumtion dagegen meist eine Produktion. Nur im ersteren Falle ist ein Wertüberschuss erzielt, im zweiten aber ein Defizit. Das wirtschaftliche Streben ist darauf gerichtet, bei der Produktion die Wertvernichtung möglichst zu beschränken, bei der Konsumtion möglichst Werte zu konservieren, z. B. in Abfällen. Die Aufgabe der wirtschaftlichen Thätigkeit ist: mit geringem Aufwand möglichst grosse Werterhöhung zu erzielen.

§ 8.

Die Natur als Produktionsfaktor.

Knies, a. a. S. O. 44, *v. Bär*, Ueber den Einfluss der äusseren Natur auf die socialen Verhältnisse des einzelnen Volkes etc. i. s. Reden Bd. II. Petersbg. 1876.

Unter den Gaben der Natur hat man zu unterscheiden zwischen den Gütern, auf die der Mensch wenig oder gar keinen Einfluss in Bezug auf die Vermehrung und Veränderung üben kann, deren Einfluss er sich nicht zu entziehen, die er nur zu verwerten vermag, wie sie eben gegeben sind (Klima, orographische Beschaffenheit des Landes, Ebbe und Flut, unterirdische Schätze u. dergl.), und solche die er vermehren, verbessern, umformen, mit einem Worte durch Arbeit seinen Zwecken dienstbarer machen kann, z. B. die Bodenfruchtbarkeit.

Ferner unterscheidet man zwischen Genussmitteln und Erwerbsmitteln. Der Ueberfluss an ersteren in den Tropengegenden ist ebenso schädlich für die Entwickelung des Menschen, als der übergrosse Mangel an beiden im hohen Norden. Je höher die Kultur steigt, um so mehr lernt der Mensch die Natur zu beherrschen und sich von ihrem Einfluss zu emancipieren. Moor und Sand kann er oft in fruchtbaren Acker verwandeln. Auch in öden Gegenden kann

er Industrie grossziehen und dadurch in unfruchtbaren Landen eine
dichte Bevölkerung im Wohlstand ernähren, während fruchtbare Länder
auf tiefer Kultur geblieben sind. Immer sind der wirtschaftlichen
Entwicklung gewisse Grenzen gezogen, aber auf je höherer Kulturstufe
das Volk steht, um so unabhängiger von den natürlichen Verhältnissen
kann es die Volkswirtschaft entfalten.

§ 9.
Die menschliche Arbeitskraft.

Rodbertus, Zur Erkenntnis uns. staatsw. Zust. 1842.
Th. Kozak, Rodbertus-Jagetzows socialökon. Ansichten. Jena 1882. S. 28 u. w
Engel, Der Wert des Menschen. Berlin 1883.

Zur Benutzung dessen, was die Natur bietet, ist stets menschliche Thätigkeit, d. h. Arbeit nötig. Je höher die Kultur steigt, um
so mehr Aufwand von Arbeit ist erforderlich, um die Güter den
menschlichen Bedürfnissen entsprechend zu machen. Die Arten
der menschlichen Produktivkräfte sind: a) physische, b) intellektuelle,
c) sittliche.

Die physische Arbeitskraft wird in einem Volke bestimmt durch
die Bevölkerungszahl, den Prozentsatz, welcher der im produktiven
Alter stehende Teil derselben ausmacht.

Die Alterstufen in

	bis 15	15—60	über 60 Jahre
Deutschland	35,0 %	57,3	7,7
Frankreich	27,0 „	61,1	11,9
Grossbritannien	36,3 „	56,2	7,5
Oesterreich	32,2 „	59,4	8,4
Italien	32,3 „	59,4	8,3
V. St. v. N.-Amerika	37,9 „	56,3	5,8

Die physische Leistungsfähigkeit ist bei den verschiedenen
Völkern ungleich. Sie wird wesentlich bedingt durch die körperliche
Pflege, besonders durch die Nahrung. Sie wird ausserordentlich benachteiligt durch den Alkoholismus. (In Deutschland ganz unzureichende körperliche Pflege, grosse Kindersterblichkeit und Verbreitung eines zu grossen regelmässigen Alkoholgenusses).

2. Die intellektuelle Leistungsfähigkeit wird bedingt a) durch das
Gedächtnis, b) die schnelle Fassungsgabe, c) durch die Formengewandt-
heit, d) durch die Konzentrations- und Kombinationsgabe und damit
die Fähigkeit, sich nachhaltig und tiefer in eine Aufgabe hineinzu-
arbeiten, wie das nötig ist, um Erfindungen zu machen und in der
Philosophie etwas zu leisten. Nur in der letzten Hinsicht steht die
germanische Rasse den andern voran, in den erstern entschieden den
Romanen und Slaven nach. Das deutsche Volk ist vielleicht das
bildungsfähigste, sicher das schulungsbedürftigste Volk.

3. Erst durch Fleiss, Ausdauer, Ehrlichkeit, Ehrgefühl, Pflicht-
treue, Ordnungs- und Sparsinn, durch Arbeitslust, Accuratesse und

höheres Streben können die übrigen Eigenschaften wirtschaftlich frucht-
bringend werden.

Die Art der menschlichen Arbeitsleistung kann sein 1. Okkupation
(vorwiegend in den Tropen, wo die von der Natur gebotenen Früchte
unmittelbar genossen werden), 2. Entdeckung und Erfindung, 3. Erzeugung, Veredlung und Verteilung der Güter, 4. Dienstleistungen im
engeren Sinn, deren volkswirtschaftliche Wirkung die gleiche sein kann,
wie bei den anderen Thätigkeiten.

§ 10.
Das Kapital.

Karl Knies, Das Geld. Kap. 1. Berlin 1873.
C. Menger, Zur Theorie des Kapitals. Jahrb. f. Nat. 1888 N. F. Bd. XV.
v. Böhm-Bawerk, Kapital und Kapitalzins. Innsbruck 1884 u. 89. Bd. I u. II.

Kapital ist der Teil des Vermögens, welcher selbst Produkt
menschlicher Arbeit wieder zur Produktion bestimmt ist. Nach dem
Sprachgebrauche liegt sowohl der Begriff des Vorrats für künftige
Nutzung, wie der des Erwerbmittels darin, doch erscheint es richtiger
die Bezeichnung als Gegensatz zur Natur, als bestimmten Teil des
Vermögens hinzustellen und den Nachdruck auf die Art der Verwendung zu legen, welche die Güter finden sollen, weil sich so die
schärfste Abgrenzung des Begriffs durchführen lässt. Es sind nicht
darunter zu begreifen die Güter, deren Wert nicht geschätzt werden
kann, wie persönliche Fähigkeiten, der Staat etc. und die freien Güter.
Was vom privatwirtschaftlichen Standpunkte nur unmittelbares Genussmittel ist, kann vom volkswirtschaftlichen Kapital sein.

Die Grundlage der Kapitalbildung ist das Produzieren von Produktionsmitteln statt von Genussgütern und das Aufsparen der letzteren
durch Beschränkung des Verbrauchs, um einen Ueberschuss der Produktion zu erzielen.

Jeder Kulturfortschritt schliesst Kapitalvermehrung ein, und diese
macht jenen wiederum erst in ausgedehnterem Masse möglich. Sie
hängt ab von dem Sparsinn, Fleiss und der Intelligenz des Volkes,
von der Rechtssicherheit, wie von der Produktivität der Kapitalanlage
resp. der Höhe des Zinsfusses.

Das Kapital unterscheidet sich von den anderen Produktionsfaktoren wesentlich dadurch, dass es in weit stärkerem, ja fast un-
begrenztem Mass an einem gegebenen Orte vermehrt und angehäuft
werden kann. Es ersetzt die menschliche Arbeitskraft und nimmt
dem Menschen das rein Mechanische der Thätigkeit mehr und mehr
ab. Es ermöglicht dem Menschen erst die Natur erfolgreich zu beherrschen und Vorsorge für die Zukunft zu treffen.

§ 11.
Die Arten des Kapitals.

Man unterscheidet selbstverwendetes und Leihkapital. Das letztere
ist ursprünglich allein Kapital genannt und Kapitalist, wer ohne Arbeit

sich aus seinem Vermögen Einkommen verschaffen kann. Kapital umfasst bewegliche und unbewegliche Güter, als letztere z. B. den kultivierten Boden und Gebäude (aber nicht den Bauplatz), als erstere: Geräte, Nutztiere, Hülfsstoffe, wie Steinkohle, das Geld selbst und unkörperliches Kapital, Firma, patentierte Erfindung etc.

Man unterscheidet stehendes und umlaufendes Kapital. Letzteres wird bei der Produktion selbst umgewandelt und dient nur einmal zur Produktion (Saat-Getreide, Mehl, Steinkohlen), der Wert geht in das Produkt über. Ersteres wirkt dagegen dauernd und nutzt sich nur allmählich ab (Maschinen Gebäude, Zugtiere, Münzen). Das umlaufende Kapital muss möglichst in stehendes verwandelt werden. Die Vermehrung des stehenden erhöht erst dauernd den Wohlstand, steigert die weitere Produktion. Jede Minderung desselben reduziert dauernd die Produktion, ist ein Zeichen des Verfalls. Beide müssen aber in einem der vorliegenden Volkswirtschaft entsprechenden Verhältnis zur gegenseitigen Unterstützung stehen, sonst muss ein Teil unverwertet bleiben. Daher das Hinüberströmen von Menschenkraft und Kapital aus der alten in die neue Welt.

§ 12.

Die Vereinigung der drei Faktoren in den Gewerben.

Die einzelnen Produktivkräfte wirken nie als Ganzes in einem Lande verbunden, sondern in einzelnen Produktionsgruppen verteilt. Die gesonderten Gruppen, in welchen einzelne Menschen oder Societäten sich zur Verbindung der einzelnen Krafteile vereinigen, heissen Gewerbe. Erst die Vereinigung der drei Faktoren ermöglicht eine grössere volkswirtschaftliche Leistung. Aber je nach der Entwicklungsstufe der Volkswirtschaft tritt bald der eine, bald der andere Faktor mehr in den Vordergrund, sowohl überhaupt, wie in den einzelnen Gewerben. Bei dem Beginne der Kultur überwiegt durchaus die äussere Natur. Die menschliche Thätigkeit beschränkt sich zunächst auf Occupation. Es herrscht dann in der Landwirtschaft der extensive Wirtschaftstrieb. Allmählich kommt immer mehr Arbeitskraft und ergänzend Kapital zur Anwendung. Der landwirtschaftliche Betrieb wird intensiver, das Handwerk geht zum Fabrikbetrieb über.

Im Altertum wie im Mittelalter trat das Kapital noch völlig zurück. In den letzten hundert Jahren hat dagegen dasselbe eine überwiegende Bedeutung erlangt.

Es sind stets nur so viel Produktivkräfte einer Art wirtschaftlich zu verwenden, als mit anderen verbunden werden können und sich dieselben dem Kulturzustande entsprechend assimilieren lassen. Ein vorhandener Ueberschuss bleibt unverwertet. Je nach dem Grade des Zusammenwirkens kann bei demselben Vorrat der Ertrag der Volkswirtschaft verschieden sein, wie dieselben Kräfte durch eine angemessenere Organisation zu höherer Leistungsfähigkeit gebracht werden.

§ 13.

Das Eigentum.

Thiers, La propriété. Paris 1848.

Laveleye, De la propriété et de ses formes primitives. Paris 1874. In Uebersetzung von *Bücher*.

Staatswörterbuch von *Bluntschli* u. *Brater*. Art. Eigentum von *Bluntschli*.

Zeitschrift für d. ges. Staatsw. 1877. Art. von *Weiss*.

Ad. Wagner, Allgem. Volkswirtschaftslehre, Grundlegung. Leipzig 1894. 2. T., 2. Kap.

Samter, Das Eigentum in seiner socialen Bedeutung. Leipzig 1879.

R. Hildebrand, Recht und Sitte. Jena 1896.

Das Eigentum ist die rechtliche Herrschaft einer Person über wirtschaftliche Güter. Es ist in verschiedener Weise begründet worden:

1. Naturrechtlich aus dem innern Wesen des Menschen zur Wahrung der individuellen Selbständigkeit, dann zur Anregung wirtschaftlicher Thätigkeit (Ahrens).

2. Von der alten Rechtschule (Hugo Grotius, Locke, Stahl auch Bastiat) aus Rücksichten der Gerechtigkeit nach der Entstehung, a) beruhend auf Occupation, b) auf Arbeit und Ersparung.

Den eben genannten Theorien mit aprioristischer Begründung steht 3. die Legaltheorie gegenüber. (Hobbes, Montesquieu, Jer. Bentham, Ad. Wagner). Nach derselben ist es allein durch die Staatsgewalt aus Zweckmässigkeitsgründen eingerichtet. Doch bildet sich das Eigentum früher aus als der Staat. Keine der Theorien reicht allein aus zur Erklärung unseres gegenwärtigen Eigentumsrechts, sie müssen vielmehr alle drei herangezogen werden. Das Prinzip des Eigentums überhaupt ist unzweifelhaft aus den beiden ersten Gründen herzuleiten und zu rechtfertigen. Die bestehenden Rechtsinstitutionen sind aber nur durch die letztere Theorie zu begründen. Wie die Geschichte zeigt, ist das Sondereigentum wie die persönliche Freiheit eine Grundbedingung jeder Kulturentwickelung, während unser gegenwärtiges Eigentumsrecht auf der andern Seite nicht als starre, unveränderliche Institution anzusehen ist, sondern, der wirtschaftlichen und geistigen Entwickelung der Völker entsprechend, verändert werden kann und muss; wie die Eigentumsrechte sich auch nachweislich fortdauernd historisch verändert haben.

Auf primitiverer Kulturstufe der Volkswirtschaft überwiegt das Gemeineigentum, da die Interessen mehr gemeinsame sind. Je mehr die einzelnen Individualitäten in Leistungsfähigkeit, Lebensauffassung etc. von einander abweichen, umsomehr ist als Sporn zur vollen Anspannung aller Kräfte und zur Ermöglichung der völligen Verwertung der Produktionsmittel die Ausdehnung des Sondereigentums notwendig, welches neue Gebiete erfasst (geistiges Eigentum), während auf der andern Seite bei den sich mehrenden Kollisionen zwischen den Privatinteressen und dem Gesamtwohl, zum Schutze des letzteren den Verhältnissen entsprechend immer grössere Beschränkungen der Verfügbarkeit über das Eigentum notwendig werden (Expropriation: bei Eigentum an Wald, Bergwerken, Eisenbahnen, bei Fabriken durch polizeiliche Vorschriften aus sanitären Rücksichten durch die Fabrikordnung etc.).

§ 14.

Der Tausch.

Erst bei Entwicklung des Tausches kann überhaupt von Volkswirtschaft die Rede sein. Die Möglichkeit des Tausches ist die Grundlage der Arbeitsteilung. Beide gehen in ihrer Entwickelung Hand in Hand. Der Tausch tritt nicht nur als Schluss der Kette wirtschaftlicher Thätigkeiten auf, indem er den Gegenstand in die Hand des Konsumenten bringt, sondern auch als Mittelglied im Produktionsprozesse; und je mehr die Arbeitsteilung durchgeführt ist, um so öfter fungiert er als Mittelglied, da immer mehr Güter zum Tausche und halbfertig hergestellt werden und durch eine grössere Zahl von Händen zu gehen pflegen, bis sie zur Konsumtion fertig sind. Bei regulärem Tausch müssen beide Teile gewinnen, mindestens zu gewinnen glauben, sonst käme er nicht zustande. Es besteht daher soweit eine Gemeinsamkeit der Interessen beider sich gegenüberstehenden Parteien. Der Vorteil des einen braucht nicht auf dem Schaden des andern zu beruhen.

§ 15.

Die Konkurrenz.

Vierteljahrschrift für Volkswirtschaft und Kulturgeschichte 1877. Art. von *Hertzka* u. *Wolf*.
Wagner a. a. O. S. 223. Das moderne System der freien Konkurrenz.

Im Tauschverkehr tritt ein Gegensatz der Parteien insofern hervor, als jeder strebt, einen möglichst hohen Gewinn zu erzielen, der zum Teil nur auf Kosten des Vorteils des andern erreicht werden kann. Das freie Mitwerben Mehrerer im Tauschverkehr wie in der wirtschaftlichen Thätigkeit überhaupt (Konkurrenz) verhindert bei gleicher Macht der Parteien eine übermässige Uebervorteilung des einen Teils und wirkt auf eine Ausgleichung des Gewinnes, wie auf die Anspannung und Verwertung aller Kräfte wohlthätig hin. Die natürliche Kurzsichtigkeit und Trägheit der Menschen, die Hemmnisse im wirtschaftlichen Leben, durch Entfernung, Armut, bei immer mehr wachsender Kompliziertheit der volkswirtschaftlichen Verhältnisse verhindern aber auch ohne beschränkende Staatseinrichtungen und althergebrachte Zwanginstitutionen die allgemeine Verbreitung der freien Konkurrenz und ihre volle Wirkung. Die wirtschaftliche Freiheit bringt daher keineswegs überall ein freies, gleiches Mitwerben mit sich, wie es die Ad. Smithsche Schule annahm, und verschafft bei der herrschenden Ungleichheit in Befähigung und Besitz grade dem Bevorzugten ein bedenkliches Uebergewicht über den Schwächeren im volkswirtschaftlichen und zwar im inländischen wie internationalen Verkehr. Das tritt sowohl bei der Preisbildung, wie nicht minder bei der Lohnregulierung sehr scharf hervor. Zu starke Konkurrenz führt leicht zum Ruin der Mitwerbenden, verleitet zu Betrügereien und Schwindel. Sie veranlasst oft Ringbildung und schlägt damit gleichfalls zum Nachteil der ganzen Volkswirtschaft aus.

Je nach der Kulturstufe der Bevölkerung, je nach der herrschenden Sitte und der Macht, die dieselbe besitzt, muss die Konkurrenz einen sehr verschiedenen Einfluss ausüben.

§ 16.
Die Arbeitsteilung.

Bücher, Entstehung der Volkswirtschaft. Tübingen 1893.

Je mannigfaltigere Arbeit notwendig ist, um die Befriedigungsmittel der menschlichen Bedürfnisse herzustellen, je mehr Kapital die Arbeitskraft unterstützt, um so mehr entwickelt sich eine Teilung der Arbeit, indem der eine nur diesen, der andere nur jenen Gegenstand anfertigt, oder nur einzelne Teile eines Ganzen, oder indem einzelne nur gewisse Dienste leisten, wozu jeder seinen Eigenschaften, seinen Neigungen nach am meisten geeignet ist. Je entwickelter ein Gewerbszweig, eine Wissenschaft, um so mehr pflegt die Arbeitsteilung bei denselben zur Durchführung zu gelangen, um so grösser sich die Spezialisierung der Thätigkeit auszubilden.

Die Vorteile der Arbeitsteilung sind: 1. Die höchste Verwertung der auf hoher Kulturstufe äusserst verschiedenen Arbeitskräfte dort, wo sie am meisten am Platze. 2. Die höchste Ausbildung der Leistungsfähigkeit jedes einzelnen (Feilenhauer, Augenarzt, Modellarbeiter). 3. Verhütung von Zeitverlust und Mühe, die mit dem Wechsel der Arbeit meist verbunden sind. Damit Erhöhung und Verbesserung der Produktion bei dem gleichen Aufwand von Arbeit und Kapital, d. i. bessere Verwertung der vorhandenen Produktivkräfte.

Nachteile sind dagegen: 1. Dass grosse Einseitigkeit der Arbeit auf Geist und Körper nachteilig wirkt, besonders auf jugendliche Individuen, während ein Wechsel in der Thätigkeit erfrischen und die Leistungsfähigkeit sogar erhöhen kann. 2. Dass die einseitige Ausbildung der Leistungsfähigkeit eine grosse Abhängigkeit der Beteiligten von bestimmten Personen und Verhältnissen mit sich bringt. 3. Zu grosse Spezialisierung beeinträchtigt oft die Leistungen. Der Nutzen der Arbeitsteilung hat daher seine Grenzen. Die Wirkung einer zu weitgehenden Arbeitsteilung schlägt in das Gegenteil um und wirkt social und wirtschaftlich schädlich.

§ 17.
Die Arbeits- und die Kapitalvereinigung.

Em. Hermann, Leitfaden der Wirtschaftslehre. 1870.

Was tausend Menschen einzeln nicht heben können, vermögen zuweilen 4—5 vereint zu bewältigen durch Vereinigung und Summierung der Kräfte. — Mit der Arbeitsteilung im Zusammenhang wird das sich in die Hand Arbeiten verschiedener Personen bei zweckmässiger Organisation die Leistung wesentlich erhöhen: 1. durch die Vereinigung verschiedenartiger, aber gleichzeitiger Thätigkeit. 2. Durch Vereinigung verschiedenartiger und ungleichzeitiger Thätigkeit.

Die Landwirtschaft ist der Fabrikation gegenüber dadurch im Nachteil, dass bei ihr die Teilung und Vereinigung der Arbeit nicht so weitgehend durchgeführt werden kann.

Eine wirksame Organisation der Arbeitskräfte ist ohne Kapital undurchführbar, und je mehr Kapitel vorhanden, um so leichter und erfolgreicher kann sie im allgemeinen bewirkt werden. Die Kapitalsvereinigung gestattet ferner auch eine bessere Ausnutzung des verwendeten Materials, grössere Beherrschung der Verhältnisse, leichtere Benutzung günstiger Konjunkturen und gewährt grössere Widerstandskraft gegen Unglücksfälle. Daher bei grösserem Kapitalsvorrat sich in den meisten Industriezweigen der Uebergang zum Grossbetriebe vollzieht und immer allgemeiner Platz greift, wo Maschinen zur Anwendung kommen können und für den Betrieb bestimmend sind. Wo aber Handarbeit nicht zu ersetzen und Individualisierung und Lokalisierung der Arbeit erforderlich ist, da behält der Kleinbetrieb seine Bedeutung. Der Nutzen der Kapitalsvereinigung hört auf, wenn die Uebersicht und Kontrolle durch die leitenden Persönlichkeiten bei der Verwaltung verloren geht. Sie hat ferner volkswirtschaftliche Bedenken durch die Gefahr der Ausbildung eines Monopols, sowohl den Arbeitskräften, wie den Konsumenten gegenüber. Die Nachteile steigen, je mehr zugleich eine Konzentrierung des Ertrages damit verbunden ist.

Kapitel II.

Das Geld.

§ 18.

Die Entstehung des Geldes.

J. G. Hoffmann, Die Lehre vom Gelde. Berlin 1838.
Carl Menger, Grundsätze der Volkswirtschaftslehre. Wien 1871. Kap. VIII.
Ders., Handwörterb. d. Staatsw., Art. Geld.
Chevallier, La monnai. Paris 1850.
Fr. Ilwof, Tauschhandel und Geldsurrogate in alter und neuer Zeit. Graz 1882.

Je reger der Tauschverkehr wird, um so schwieriger wird es für den, welcher eine Ware einhandeln will, jemand zu finden, der nicht nur diese Ware abzugeben geneigt ist, sondern auch die ihm dafür gebotene grade gebrauchen kann. Ein allgemein gesuchter Gegenstand, der sich gut aufbewahren lässt und der die grösste Absatzfähigkeit besitzt (Salztafeln, Pelzwerk, Kakaobohnen, Leinwand, Kattun, Elfenbein, vor allem Vieh. Bei den Achantis sind Goldstäbe die gangbare Münze; bei den Dahomehs Kaurimuscheln, 40 auf eine Schnur gereiht ist die Einheit: String; 50 Strings = 2000 Muscheln sind etwa gleich einer Mark), wird deshalb früh allgemeines Tauschmittel, indem er nicht nur zum Konsum, sondern auch, um ihn wieder zum Eintausch gegen andere Gegenstände zu gebrauchen, acceptiert wird. Mit der Entwickelung der wirtschaftlichen Kultur greift man zu einem immer kostbareren Gegenstande hierzu, besonders zu den Metallen und geht über von Eisen, Zinn (bei den Chinesen und Malayen) zu Kupfer, dann zum Silber und Gold. Anfangs wurden sie beim Tausch einfach zugewogen. Um das häufige Wiegen zu vermeiden, liess man dann das Metall in Stücken von bestimmtem Gewicht und allmählich auch von bestimmter Zusammensetzung und Form zirkulieren. (Ringe bei den Nibelungen, Messingstäbe am Congo, Kupferasse z. Z. der römischen Könige, Barren in der Gegenwart.) — Ein wesentlicher Schritt weiter war es, als der Staat sich die Herstellung dieser metallenen Tauschmittel vermöge seines Hoheitsrechtes allein vorbehielt, dafür aber auch die Garantie für den Gehalt derselben übernahm und diese Garantie durch ein künstlerisches, vor Beschneidung schützendes Gepräge zum Ausdruck brachte. (In Assyrien im homerischen Zeitalter; in Griechenland z. Z. Solons. In Rom ist die Zeit des Beginns der Prägung z. Z. der Könige. Noch 269 wurde nur Silber geprägt, 207 auch Gold.) Erst hierdurch wurde ein Tauschmittel hergestellt, das den Anforderungen eines entwickelten Verkehrs genügte. Es wurde damit die Münze geschaffen.

§ 19.

Das Wesen des Geldes.

Carl Knies, Geld u. Kredit. Abt. 1. Berlin 1886.
Hartmann, Ueber den rechtlichen Begriff des Geldes. Braunschw. 1868.
Ders., Internationale Geldschulden. Tübingen 1882.
Walras, Theorie de la monnai. Paris 1886.
J. Meyer, Das Geld. Wien 1871.
R. Hildebrand, Die Theorie des Geldes. Jena 1883.

Ein Gut, welches als allgemeines Tauschmittel und damit als allgemeines Wertmass, Spar- und Leihmittel fungiert, ist volkswirtschaftlich Geld. Es wird dann allgemeiner eingetauscht nicht zum Konsum, sondern zum Zwecke, damit wieder andere Güter bei Gelegenheit einzutauschen. Rechtlich wird es erst Geld durch die staatliche Anerkennung als gesetzliches Zahlungsmittel, wodurch ihm der Charakter als einfache Ware genommen wird. Man kauft es im allgemeinen nicht zum Gebrauch und nach Bedarf, sondern man erhält es bei Verkauf oder für Dienstleistungen etc.

Um höheren Ansprüchen zu genügen, muss das als Geld dienende Gut folgende Eigenschaften haben: 1. allgemein anerkannten Wert besitzen, 2. in einem kleinen Volumen infolge grosser Seltenheit einen hohen Wert repräsentieren, um auch für entfernte Gegenden als Zahlungsmittel dienen zu können, 3. beliebig teilbar und 4. leicht aufzubewahren sein, ohne an Wert zu verlieren.

Diesen Ansprüchen genügen die edeln Metalle am meisten. Nur durch die vorzüglichen Eigenschaften des Metalles erhalten die Münzen die Fähigkeit, als allgemeines Tauschmittel zu dienen. Sie erleichtern als solches den Verkehr und ersparen menschliche Arbeit, ebenso wie Lokomotiven und ähnliche Maschinen, sie sind Tauschwerkzeuge.

Die Merkantilisten legten dem Gelde eine fast unbedingte Kaufkraft bei. Dav. Hume fasste es zu ausschliesslich als Wertzeichen auf, resp. dem Maschinenöl vergleichbar. Ad. Smith legte dem Gelde zu unbedingt den Warencharakter bei. Im allgemeinen wird der Wert des Metallgeldes bestimmt durch den Wert des Edelmetalles, aus welchem es besteht. Auf den Verkehr im Inlande beschränktes Geld kann durch die Autorität des Staates in seinem Werte weitgehend, aber nicht unbedingt bestimmt werden. Vielmehr tritt dabei leicht der Warencharakter hervor und in extremen Verhältnissen erweist sich das Staatsgebot unwirksam.

§ 20.
Die Ursachen der Wertschwankungen der edeln Metalle.

Jakob, Ueber d. Produktion u. Konsumtion der edeln Metalle. 1838.
Jahrbücher für Nationalökonomie 1881. N. F. Bd. 2 u. 3.
Soetbeer, Zur Statistik der Edelmetalle i. d. J. 1876—80.
L. Cohnstädt, Zur Silberfrage. Frankf. 1896.

Der Wert der Edelmetalle wird wie der einer im freien Verkehr stehenden, in grosser Masse vorhandener, aber nicht beliebig vermehrbaren Ware bedingt durch das Verhältnis des Angebots zur Nachfrage. Ihrer verschiedenen Verwendung gemäss hängt die Nachfrage aber ab von der Ausdehnung des Gebrauches jener Metalle zu Geräten mannigfaltigster Art und für sonstige Industriezwecke und den Bedarf an Münzen.

Der erstere wird bedingt durch die Ausdehnung der in Betracht kommenden Kulturstaaten, ihre Volkszahl und ihre Wohlhabenheit. Der Münzbedarf hängt dagegen ab 1. von der Zahl der Umsätze, welche in dem Lande gemacht werden. Der Bedarf steigt also mit der Ausbildung des volkswirtschaftlichen Verkehrs. 2. Von der Schnelligkeit des Umlaufs der Münzen. Denn je öfter jede Münze den Kauf vermittelt, um so kleiner wird die Zahl, die zur Vermittlung aller ausreicht. Im Vergleich zur Zahl der Umsätze wird die städtische Bevölkerung weniger Münze gebrauchen als die ländliche, ein Land mit dichter Bevölkerung, mit regem Handelsverkehr weniger als eines mit den entgegengesetzten Eigentümlichkeiten. 3. Von der Summe der vorhandenen Geldsurrogate. Der Bedarf wird durch die Ausdehnung der Kreditwirtschaft verhältnismässig geringer. Je grösser der Bedarf an Münze, je schneller der Umlauf, um so grösser ist auch die Abnutzung und der sonstige Verlust, wofür ebenso, wie bei den Geräten Ersatz geschaffen werden muss. Der Wert der Edelmetalle wird andererseits wenn auch nur in beschränktem Grade für den gesamten Weltverkehr wie bei den anderen Waren durch die Produktionskosten und die Ausdehnung der Neuproduktion beeinflusst.

Die Edelmetalle zeigen aber dadurch eine besondere Eigentümlichkeit, dass bei ihnen die Nachfrage sich ausserordentlich ausdehnen und einschränken lässt. Der von Alters her aufgespeicherte Vorrat ist ausserdem sehr bedeutend, so dass auch eine sehr erhebliche Neuproduktion ohne erhebliche Wirkung auf den Wert sein kann, zumal in der Neuzeit dafür fast die ganze Erde ein vereinigtes Marktgebiet ausmacht. Die Produktionskosten werden unter Umständen bei bedeutender Hebung der Förderung die untere Wertgrenze zu senken vermögen und umgekehrt.

Für diejenigen Länder, die Gold und Silber nicht selbst produzieren, sondern ganz oder zum Teil von anderen einhandeln müssen, treten noch als wichtige Momente der Wertbestimmung die Herstellungs- und die Transportkosten für die Waren hinzu, welche nach den Minenländern zum Eintausch edler Metalle geführt werden. In Ländern auf tiefer Stufe der Kultur, die nur schwer transportable und auf dem Weltmarkt billige Rohstoffe anzuführen haben, ist daher der Wert des Metalls höher als in Ländern mit entwickelterem Handel und grösserer Industrie, deren Erzeugnisse wertvoller sind, billiger exportiert werden können und in den Minenländern mit Vorliebe genommen werden. Die verschiedenen Länder zeigen daher sehr ungleichen Edelmetallwert.

§ 21.

Wertschwankungen des Geldes.

Eine zu starke Ausmünzung der Edelmetalle gleicht sich unter unseren Verhältnissen leicht aus durch Einschmelzen oder durch Auswanderung der Münzen aus dem betreffenden Lande. — Der Verkehr verträgt aber auch eine bedeutende Anhäufung von Münze ohne eine allgemeine Preissteigerung zu erfahren, da leicht grosse Mengen in den Kassen des Publikums aufgespeichert werden können. Ebenso bewirkt nicht so leicht ein Mangel an Münze eine allgemeine Preisermässigung, da der Umsatz dann in umfassender Weise durch Geldsurrogate und überhaupt durch Kredit vermittelt werden kann. Der Wert des Metallgeldes, welches als gesetzliches Zahlungsmittel fungiert, kann sich daher heutigen Tages nicht wesentlich von dem des Metalles selbst entfernen.

Eine zu starke Vermehrung des Vorrats an Edelmetallen im Weltverkehre bewirkt aber eine Entwertung derselben, damit eine Geldentwertung, d. h. eine Preissteigerung der grossen Masse der Waren. Nur durch die allgemeine Feststellung der Preissteigerung bei den verschiedensten Waren, die unter den ungleichsten Bedingungen hergestellt und den verschiedenartigsten Konjunkturen unterworfen sind, kann, unter Berücksichtigung der konsumierten Quantitäten, der Grad der Geldentwertung gemessen werden. Dies ist daher überaus schwierig und in befriedigender Weise noch niemals erreicht. — Die Geldentwertung kann aber auch andere Ursachen haben, z. B. indem die Produktion der verschiedensten Waren eine Erschwerung und Verteuerung durch Steigen der Löhne und des Transportes, des Preises des Grund und Bodens etc. erfahren hat, oder auch, indem allgemein Gegenstände mit komplizierterer Arbeit oder mehr und schwerer zu beschaffende Gegenstände zum täglichen Leben verlangt werden, d. h. das Steigen der Lebensansprüche kann die Ursache der Geldentwertung sein, welche aber der Verbilligung auf Seiten des Geldes gegenüberzustellen ist.

§ 22.

Die volkswirtschaftlichen Folgen der Wertschwankungen des Geldes.

H. Paasche, Die Ursachen der Geldentwertung und ihre bisherige Auffassung. Jena 1879.

E. Nasse, Die Demonetisation des Silbers. Holtzendorffs Jahrb. I, S. 115.
Ders., Die Währungsfrage in Deutschland, Preuss. Jahrb. LV., S. 295.

Eine plötzliche Geldentwertung beeinträchtigt alle Klassen, deren Einkommen mehr oder weniger fest in Geld normiert ist. Das ist der Fall bei den Rentiers, den Verpächtern, den Beamten und Arbeitern, deren Löhne sich erfahrungsgemäss den Preisveränderungen der Subsistenzmittel nicht unmittelbar anschliessen. Es gewinnen dagegen durch die gestiegenen Preise besonders die Landwirte, aber auch die Industriellen, die Kaufleute, bis sich allmählich die Löhne und damit die Herstellungskosten etc. mit den Warenpreisen in Harmonie gesetzt haben.

Die Preissteigerung der Waren, allmählich auch der menschlichen Arbeit, regt zu erhöhter Thätigkeit, Steigerung der Lebensansprüche etc. an und bewirkt eine wirtschaftliche Revolution mit ungleicher Preis- und Einkommensverschiebung, die sich erst ganz allmählich wieder verläuft, worauf der frühere wirtschaftliche Zustand nur mit höheren Preisen hergestellt sein kann.

Eine Verteuerung des Geldes oder allgemeine Preisreduktion hat die entgegengesetzte Wirkung, sie trifft zunächst den momentanen Pächter und Grundbesitzer. Kann letzterer nicht seinen Verpflichtungen nachkommen, so trifft dies auch den Hypothekengläubiger. Zugleich steht Erschlaffung des Unternehmungsgeistes und eine wirtschaftliche Krisis in Aussicht, die wiederum dem Arbeiter verhängnisvoll werden muss. Bei eingetretenem Stillstande in den Geldwertverhältnissen wird sich dann auch hier wieder bald ein gesunder Zustand entwickeln.

Ob die Preise hoch oder niedrig sind, ist bei eingetretenem Stillstande für die Volkswirtschaft gleichgültig, sobald die Löhne, Pachtsätze und Zinsen entsprechend modifiziert sind.

§ 23.

Die Geschichte der Wertschwankungen der Edelmetalle.

Helferich, Ueber die periodischen Schwankungen im Werte der edlen Metalle. Nürnberg 1843.

Ders., Die Geldentwertung im 16. u. 17. Jahrh. Z. f. d. g. Staatsw., Bd. XIV.

Im klassischen Altertume waren die Edelmetalle schon in reicher Menge vorhanden. Der Schatz des Ptolemäus Philadelphus wurde nach Boeckh auf 740 000 Talente = ca. 740 Mill. M. geschätzt. Cyrus hinterliess 500 000 Talente. Der Geldwert dürfte zur Zeit der Blüte Griechenlands und Roms von dem der Jahre von 1750—1850 nicht weit entfernt gewesen sein. Während der Völkerwanderung hörte die Produktion fast ganz auf, und ein grosser Teil der Schätze ging verloren, so dass bis zum Jahre 800 unserer Zeitrechnung der Geldwert etwa bis auf das Vierfache desjenigen der letzten 100 Jahre stieg. (Preis einer Kuh 3 M., eines Scheffel Weizens 1 M., eines Scheffel Roggens 75 Pf.) Die steigende Produktion, namentlich von Silber in Europa (Böhmen, Sachsen, Harz), liess schon bis 1300 ein Sinken des Wertes erfolgen, worauf bis zum Jahre 1500 ein Stillstand eintrat. Die Entdeckung Amerikas bewirkte ein rapides Sinken, besonders von 1550—1600, zu welcher Zeit der Wert sich zu dem der letzten 100 Jahre ca. wie 1,5 zu 1 verhielt. Die enorme Steigerung, namentlich der Goldproduktion seit 1848, auf der andern Seite die wachsende Ausdehnung des Kredites bewirkten ein weiteres Sinken, das aber durch die Ausgleichung des Geldwertes in den verschiedenen civilisierten Ländern, durch den Abfluss, namentlich von Silber, nach dem Orient und den wachsenden Bedarf an Goldmünze durch den Uebergang zur Goldwährung in verschiedenen Ländern und an goldenen und silbernen Schmucksachen und Geräten bei der grösseren Wohlhabenheit der Völker wesentlich aufgehalten wurde.

Seit 1875 hat eine Verteuerung des Geldes und damit ein Sinken des Preisniveaus im Engrosverkehr stattgefunden. Die Ursache ist nach Obigem ausserordentlich schwer festzustellen. Durch die Ausdehnung des Eisenbahnnetzes ist der Transport innerhalb aller Kulturländer erheblich verbilligt. Die Ausbildung der Dampfschifffahrt, die Verdrängung der Holzschiffe durch Eisen- und Stahlfahrzeuge, wie die Vergrösserung derselben, dann die Durchstechung der Landenge von Suez haben die Seefrachten erheblich herabgesetzt. Durch eine ausserordentlich grosse Zahl von durchgreifenden Erfindungen sind die Produktionskosten in fast allen Gewerbszweigen ermässigt, so dass die Preisermässigung für die meisten Gegenstände hierdurch ausreichend erklärt werden kann. Dazu kommt, dass die Erleichterung der Massenproduktion infolge einer grossen Reihe von Erfindungen es ermöglicht, in sehr vielen Industriebranchen mehr zu produzieren, als Bedarf vorliegt, wodurch gleichfalls ein Preisdruck veranlasst werden kann. Ob und wie weit eine Verteuerung von seiten des Goldes stattgefunden hat, konnte lange Zeit nicht festgestellt werden. Nachdem aber die neuste gewaltige Zunahme der Goldproduktion einen Einfluss auf die Steigerung des Preisniveaus nicht ausgeübt hat, muss man annehmen, dass die bisherigen Veränderungen in der Goldproduktion überhaupt noch nicht bedeutend genug waren, um eine Veränderung im Goldwerte herbeizuführen.

§ 24.
Zur Statistik der Edelmetalle.

Handwörterbuch d. St., Art. Gold, Silber.
Tabellen zur Währungsstatistik, verf vom k. k. Finanzministerium. Wien 1893—96.
Suess, Ed., Die Zukunft des Goldes. 2. Aufl. Wien 1892.
Ders., Die Zukunft des Silbers. Wien 1893.
Lindsay, S. M., Die Preisbewegung der Edelmetalle. Jena 1893.
Th. Taussig, The Silver Situation in the United States. Baltimore 1894.
Verhandlungen der Komm. zur Hebung des Silberwertes. Bd. I und II. Berlin 1894.

Annual Report of the Director of the Mint, upon Production of the precious
metals in the U. St. Washington.
Jahrb. f. Nat.. 1896. *Lexis*, Die Edelmetallgewinnung und Verwendung in
den letzten Decennien.

Die gesamte Produktion an Edelmetall betrug nach Soetbeer,
Materialien zur Erläuterung und Beurteilung der wirtschaftlichen Edel-
metallverhältnisse und der Währungsfrage:

	Gold	Silber	oder	Gold	Silber
		Kilo		Millionen	Mark
von 1493—1850	4 697 000	149 508 000		13 104	26 911
„ 1851—1880	5 606 400	43 404 000		15 642	7 830
„ 1881—1884	588 700	11 117 000		1 242	2 001

Die jährliche Produktion belief sich auf:

	Gold	Silber		Gold	Silber
von 1800—1850	23 697	654 476		66,1	117,8
„ 1851—1880	186 880	1 450 133		521,4	261
„ 1881—1885	155 020	2 607 000		432,5	495
„ 1886—1890	157 080	3 463 800		438,2	623
1891	186 600	4 267 000		520,6	768
1892	208 700	4 765 100		581,3	858
1893	226 400	5 138 000		631,7	915
1894	258 400	5 183 000		719,9	933
„ 1891—1894	220 025	4 838 250		613,4	868
Gesamtproduktion					
von 1800—1894	9 255 547	126 589 266		55 565,3	22 903,7

Dem Werte nach machte in der ersten Hälfte der Jahrhunderts
die Silberproduktion 64 %, die Goldproduktion 36 % der gesamten
Edelmetallproduktion aus. In den Jahren 1851 bis 1880 dagegen
33,3 % und 66,7 %, also umgekehrt. In den letzten Jahren hat das
Verhältnis sich wieder zu Ungunsten des Goldes verschoben.

Der Vorrat in Münzen und Barren wurde 1880 auf 13 100
Mill. M. in Gold und 8 400 Mill. M. in Silber angenommen. Davon
in Europa und Verein. Staaten 11 195 Mill. M. Gold und 6 793
Mill. M. Silber.

Der Gesamtvorrat in Europa und Amerika wurde auf ca. 26
Milliarden M. in Gold und 18 Milliarden M. in Silber geschätzt,
so dass in Geräten aller Art 15 Milliarden oder 57 % des Goldes zu
veranschlagen wären, 11,2 Milliarden oder 62 % des Silbers.

Der jährliche Verbrauch belief sich in den civilisierten Staaten
in Summa

an Gold:

		f. Münzzwecke Ueberschuss z. Vermehrung d. Vorrats	Abnutzg. d. Münzen u. zufälliger Verlust	Abfluss nach dem Orient abz. d. Einf. von da	Industrieller Verbrauch	Produktion
1831—1850	Kilo:	20 000	350	1 900	19 000	27 500
1851—1870	„	132 050	600	20 000	32 500	195 150
1871—1880	„	73 500	800	12 000	84 000	170 300
1881—1885	„	23 200	600	24 000	70 000	117 740
1886—1890	„	40 570				157 080
1891—1894	„	56 441			73 300	220 025

an Silber:

		f. Münzzwecke Ueberschuss z. Vermehrung d. Vorrats	Abnutzg. d. Münzen u. zufälliger Verlust	Abfluss nach dem Orient abz. d. Einf. von da	Industrieller Verbrauch	Produktion
1831—50	Kilo:	+ 375 000	49 000	230 000	210 000	688 400
1851—70	„	— 400 000	49 000	1 180 000	290 000	1 057 800
1871—80	„	+ 120 000	46 000	1 080 000	450 000	2 234 500
1881—85	„	+ 383 400	37 000	1 283 000	520 000	2 223 400
1886—90	„	158 656				3 463 800
1891—94	„	149 406				4 838 250
				1894 1 000 000		

§ 25.
Das Verhältnis zwischen Gold und Silber.

Ed. Suess, Die Zukunft des Goldes. Wien 1892.
Th. Hertzka, Währung und Handel. Buch II. Wien 1877.
Jahrbücher f. Nat. 1880. Bd. 34. *Lexis,* Beiträge zur Statistik der Edelmetalle etc.
A. Soetbeer, Edelmetallproduktion und Wertverhältnis von Gold und Silber. 1879.
Petermanns Mitteilungen. Erg.-H. 51. Economist, London.

Je nach den Produktions- und Bedarfsverhältnissen steht das Gold bald höher, bald niedriger im Werte als das Silber. Schon im Altertume sind Schwankungen in diesem Verhältnisse nachzuweisen. Bis zum Beginne unserer Zeitrechnung halten sie sich im ganzen zwischen 1 : 14 und 1 : 11. Zur carolingischen Zeit war das Verhältnis 1 : 12 als Minimum angesetzt. Nach erheblichen Modifikationen (1 : 9 und 1 : 12) sank es zur Zeit der Entdeckung Amerikas auf 1 : 11. Der Wert des Goldes steigt dann bis zu Anfang des 17. Jahrhunderts auf 1 : 12 und im Laufe desselben auf 1 : 15.

						pro Unz. standard Silber d.
Von	1750—90	ist das	Verhältnis	1 : 14,6,		
„	1790—1800	„	„	„	1 : 15,42,	
„	1801—50	„	„	„	1 : 15,65,	
„	1851—60	„	„	„	1 : 15,4,	61,25,
„	1861—70	„	„	„	1 : 15,48,	60,94,
„	1871—75	„	„	„	1 : 15,98,	59,02,
„	1876—80	„	„	„	1 : 17,98,	52,45,
„	1881—85	„	„	„	1 : 18,57,	50,78,
„	1886—90	„	„	„	1 : 21,10,	44,70,
„	1891—95	„	„	„	1 : 26,49,	35,6,
„	1894	„	„	„	1 : 33,16,	28,44,
„	1895	„	„	„	1 : 31,23,	30,2,
„	1896	„	„	„	1 : 30,61,	30,81.

Die Entwertung des Silbers ist in grossen Perioden seit der Entdeckung Amerikas fortdauernd zu beobachten, sie hat in den siebziger Jahren des Jahrhunderts rapider aus folgenden Gründen zugenommen:

1. Der Bedarf an Silber zur Münze hat sich in Europa vermindert. Deutschland behielt nach Durchführung der Münzreform circa 5 Mill. Pfund feines Silber disponibel; die Skandinavischen Reiche gingen 1872 zur Goldwährung über und führten sie weit schneller durch. Die Länder der lateinischen Münzkonvention sistierten 1873 die freie Silberausprägung, Indien 1893.

2. Die Silberproduktion ist in den letzten Decennien bedeutend gestiegen und verbilligt.

3. Der Abfluss von Silber nach dem Orient war zeitweise sehr vermindert.

4. Der Verbrauch von Gold zu technischen, wie zu Münz-Zwecken ist wesentlich stärker gestiegen als der von Silber.

§ 26.

Die Aufgaben des Staates in Bezug auf das Geld[1].

W. Stanley Jevons, Geld und Geldverkehr. Leipzig 1876.
Mich. Chevalier, La monnai. Paris 1850.

Nur der Staat ist imstande, durch seine Garantie den Münzen das nötige Vertrauen zu verschaffen, um ihnen die allgemeinste Cirkulationsfähigkeit zu sichern. Er hat daher auch die Währung zu bestimmen, d. h. anzugeben, welches Metall gesetzliches Zahlungsmittel sein soll, den Münzfuss, d. h. Gewicht und Feinheit (Schrot und Korn, letzteres früher als das Verhältnis vom Feingehalt zum Gesamtgewicht aufgefasst), die Legierung der Münzen festzusetzen und sich die Prägung allein vorzubehalten (Münzregal), um die Kontrolle über das Münzwesen am besten durchführen zu können. Er muss aber dem Publikum das Recht einräumen, die Ausprägung eingelieferten Metalles durch die Staatsmünze gegen eine geringe Gebühr (Schlagschatz in Frankreich 2,5 pro Mille, in Deutschland 2,8 pro Mille) zu verlangen, um selbst für die Deckung des Bedarfs sorgen zu können. Der Fortfall des Schlagschatzes (z. B. in England) vermehrt leicht die Einschmelzung; die Erhebung einer Gebühr ist gerechtfertigt, da die Münze mehr wert ist als das entsprechende ungemünzte Metall. Der Staat kann sich die Prägungskosten und den Verlust an Metall im Gebrauche ersetzen lassen. Doch darf das Münzmonopol nicht zu einer Finanzquelle gemacht werden, auch nicht durch zu ausgedehnte Ausgabe von Scheidemünze, die im Gegensatz zur Courantmünze nur für kleinere Zahlungen gesetzliches Zahlungsmittel ist und eine nicht dem darauf verzeichneten Werte entsprechende Menge Metall enthält.

---

1) Diese Fragen gehören in die Volkswirtschaftspolitik, werden aber des erleichterten Verständnisses wegen hier im Zusammenhange mit behandelt.

Nach dem deutschen Münzgesetz von 1873 ist das Mischungs-
verhältnis auf 900 Tausendteile Gold 100 Tausendteile Kupfer, im
englischen Golde 916 °/$_{00}$, im französischen Silber 835 °/$_{00}$. Silbergeld
darf nach dem deutschen Gesetz nicht mehr als 10 Mark pro Kopf,
Nickel- und Kupfergeld nicht mehr als 2½ Mark pro Kopf ausgeprägt werden.

Die Münzcirkulation belief sich 1890 auf circa:

	pro Kopf der Bev.	
	Gold	Silber
in Grossbritannien	61 M.	12 M.
in den Ländern der lat. Münzkonvention	54 „	42 „
in Deutschland	51 „	17 „
in den skandinav. Ländern	17 „	0,6 „
in Russland	7 „	2 „
in den Ver. St. v. Nord-Amerika	43 „	22 „

§ 27.
Die Währung.

M. Wolowsky, La question monétaire. Paris 1869.
O. Arendt, Die vertragsmässige Doppelwährung. I u. II. Berlin 1880.
Jahrbücher für Nationalökonomie 1880. *Soetbeer*, Die hauptsächlichen
Probleme der Währungsfrage. Jahrbücher 1881. *Neuwirth*, Der Kampf um die
Währung. — 1894, Bd. VII. *Lexis*, Zur Münz- und Währungsfrage.
Lexis, Erörterungen über die Währungsfrage. Leipzig 1881.
Ottomar Haupt, La réhabilitation de l'argent 1881.
S. Litteratur § 24.

Die Währung kann sein Silberwährung (bis 1873 in Deutschland,
noch jetzt in Indien) oder Goldwährung (in England, den skandinav.
Reichen; in Deutschland seit 1873 angestrebt) oder Doppelwährung,
auch Mischwährung, Bimetallismus (lateinische Münzkonvention). Im
letzteren Falle ist das Wertverhältnis beider Metalle gesetzlich fixiert
und in den Münzen beider Metalle kann gesetzlich Zahlung geleistet
werden. Zur vollständigen Durchführung der Doppelwährung ist erforderlich, dass die Ausmünzung in jedem Metalle von dem Publikum
für eigene Rechnung verlangt werden kann; ist dies nicht gestattet,
so bleibt sie eine hinkende. Die historische Entwickelung war die
folgende: England hatte von 1275—1664 Doppelwährung, bis 1717
Silberwährung, dann wieder Doppelwährung; seit 1816 Goldwährung.
In Frankreich herrscht Doppelwährung seit d. J. XI der Republik;
seit 1865 besteht die lateinische Münzkonvention mit Italien, Belgien,
Schweiz, das Silbercourant ist auf die 5 Fr.-Stücke beschränkt. Seit
1873 ist die Privat-Ausprägung von Silber sistiert. Die skandinavischen Reiche gingen durch Gesetz von 1873 von der Silber- zur
Goldwährung über. Die Verein. Staaten hatten durch Münzgesetz von
1792 ein Wertverhältnis von 1 : 15, 1837 das von 1 : 15,988 angesetzt, womit gesetzlich die Doppelwährung eingeführt war. Seit 1853
herrschte thatsächlich Goldwährung, 1861 Papierwährung, während
die Zollzahlung in beiden Metallen geschah; 1873 wurde die schon
seit längerer Zeit eingestellte Prägung der Silber-Dollars zu gunsten der
Papierwährung auch durch Gesetz aufgehoben. Durch die sogenannte

Bland-Bill wurde 1878 infolge gesetzlich bestimmter Ausprägung von mindestens 2 Mill. D. pro Monat faktisch die Doppelwährung wiederhergestellt. Die Sherman-Bill v. 14. Juli 1890 bestimmte den monatlichen Ankauf von 4½ Mill. Unzen Silber, 1893 wurde sie wieder beseitigt. In Brit. Indien besteht Silberwährung, doch ist 1893 die freie Silberausprägung sistiert und der Wert der Rupie auf 16 Pence fixiert. Oesterreich strebt seit 1893 die Einführung der Goldwährung an, Russland seit 1897.

Das Natürliche und Wünschenswerte ist, dass nur ein Metall als gesetzliches Zahlungsmittel fungiert und dasselbe in allen im Handelsverkehr stehenden Staaten Gültigkeit hat. Die höheren Bedürfnisse unserer Kulturstufe, die daraus entspringende Geldentwertung in diesem Jahrhundert bedingen naturgemäss im Verkehr eine wertvollere Münze. Goldmünzen nutzen sich ausserdem langsamer ab, und man kann annehmen, dass das wertvollere Gold einen gleichmässigeren Wert bewahren würde als das Silber. Ausserdem musste die Thatsache, dass die Haupthandelsmacht, England, in Gold rechnete und zahlte, bestimmend für die anderen Länder sein. Daher hat das Streben, zum allgemeinen Gebrauche der Goldmünze und deshalb zur Goldwährung überzugehen, in den Verhältnissen der letzten Decennien seine natürliche Erklärung. Indessen ist bei allgemeiner Durchführung der Goldwährung eine noch weitere Entwertung des Silbers und Verteuerung des Geldes durch Goldknappheit, d. i. allgemeine Preisreduktion früher oder später nach Suess zu befürchten. Bei international accepticrter Doppelwährung würde dieses vermieden und eine grössere Stetigkeit des Geldwertes erreicht werden können, da beide Metalle sich gegenseitig zu ergänzen und zu ersetzen vermöchten. Der Mangel wie die Ueberfülle an einem Metalle könnte vermieden werden. Als Nachteil derselben blieben die Schwankungen in der Cirkulation bald von überwiegend Gold-, bald von Silbermünzen, je nachdem das eine oder das andere Metall stärker produziert und angeboten wird. Fraglich bleibt ausserdem, ob es gelingen würde, die Veränderungen im Wertverhältnis beider Metalle überhaupt ganz zu beseitigen. Dies wird nur der Fall sein, wenn ein den Zeitumständen entsprechendes Wertverhältnis dem Münzvertrage zu grunde gelegt ist, und der Bedarf an Münzmetall in den vereinigten Ländern gegenüber der Neuproduktion gross genug ist, um jeden Ueberschuss an einem Metalle entsprechend zu absorbieren. Ist das nicht der Fall, so wird der Weltmarkt in der Preisbestimmung der Metalle sich mächtiger erweisen als die Staatsgewalt. Unhaltbar wird aber auf die Dauer stets der (nicht hinkende) Bimetallismus in einzelnen Ländern sein. Im gegenwärtigen Momente bei reichlicher Goldproduktion liegt für Deutschland keine Veranlassung vor, eine Aenderung seiner Währung anzustreben. Da Frankreich und die Ver. Staaten mit Silber überlastet sind, und ihre Silbermünzen dem Nominalwerte nach fast doppelt so viel gelten, als ihr Silbergehalt wert ist, sind ihre Interessen zu weit von den deutschen entfernt, als dass eine Münzeinigung möglich erscheint.

Kapitel III.

Der Kredit.

§ 28.

Das Wesen des Kredites.

Carl Knies. Der Kredit. Berlin 1876 und 1879.
Nebenius, Der öffentliche Kredit. München 1829.

Kredit nennt man das Vertrauen, welches jemand geniesst, dass er seinen Verpflichtungen und zwar vorzugsweise seinen Zahlungsverpflichtungen nachkommen wird, und unter „Kredit haben" versteht man die Möglichkeit, auf Grund dieses Vertrauens gegen das alleinige Versprechen der Gegenleistung Vermögensteile (oder auch Dienste) anderer freiwillig zur Benutzung zu erhalten.

Jenes Vertrauen beruht nun 1. auf der Leistungsfähigkeit, 2. auf dem guten Willen des Betreffenden, den Verpflichtungen nachzukommen, 3. auf der Möglichkeit, denselben event. gerichtlich zur Erfüllung der Verpflichtungen zu zwingen.

Durch die Kreditoperation tritt beim Kauf an die Stelle der Barzahlung das Zahlungsversprechen, wodurch zwischen Käufer und Verkäufer ein dauerndes Geschäfts- und Schuldverhältnis begründet wird.

Voraussetzung einer allgemeinen Verbreitung der Kreditoperationen sind: 1. vorgeschrittene Kapitalbildung, blühende Industrie, lebhafter Handel, 2. ein hoher Grad sittlicher Reife in der Bevölkerung, 3. entwickelte Rechtsinstitutionen, 4. politische und wirtschaftliche Freiheit. —

§ 29.

Die Arten des Kredites.

Kredit wird gewährt auch bei Verpachtung, Vermietung, hinausgeschobener Lohnzahlung, Versicherungsgeschäften etc. Doch sprechen wir hier von Kreditgeschäften im engeren Sinne. —

Dabei ist zu unterscheiden zwischen öffentlichem und privatem Kredit, zwischen Produktions- und Konsumtionskredit. Der letztere ist volkswirtschaftlich ebenso schädlich wie ersterer fördernd. Das sogenannte Borgsystem, das in Deutschland in beklagenswerter Weise verbreitet ist, entzieht der Produktion einen grossen Teil des Betriebskapitals und gefährdet diese, es untergräbt die Solidität der Volkswirtschaft. Momentane Zahlungsunfähigkeit der Konsumenten bringt Stockungen weitgehendster Art in Handel und Industriebetrieb, die durch Barzahlung zu vermeiden wären. Je nach der gebotenen Sicherheit unterscheidet man zwei Hauptarten: Real- und Personalkredit. Bei dem ersteren wird das Vertrauen in die persönlichen Garantien durch ein Pfand besonders unterstützt, an welches sich der Gläubiger zu halten berechtigt ist, wenn der Schuldner seinen Verpflichtungen nicht nachkommt. Das kann geschehen durch Faustpfand oder Hypothek, je nachdem das Pfandobjekt in die Hand des Gläubigers übergeht oder nicht. Doch spricht man von Hypothek nur bei unbeweglichen Sachen.

Der Personalkredit ist am Platze, wo Darlehn auf kurze Zeit gefordert wird, Zeitverlust und Kosten bei dem Kreditgeschäfte vermieden werden müssen und die Person des Schuldners genau bekannt ist, seine Verhältnisse übersehen und kontrolliert werden können, wie das bei dem kaufmännischen Verkehre der Fall. Zum Hypothekarkredit muss dagegen der Grundbesitzer seine Zuflucht nehmen, der das Darlehn für lange Zeit beansprucht, in der die persönlichen Verhältnisse sich leicht ändern können.

§ 30.
Die volkswirtschaftliche Bedeutung des Kredits.

Dieselbe liegt in folgenden Momenten: 1. Der Kredit liefert für Zahlungen in grösseren Summen und an entferntere Plätze ein weit vollkommeneres Zahlungsmittel in Noten, Checks, Wechseln etc. als das Metallgeld und erspart Zeit und Arbeit. 2. Der Kredit ersetzt entsprechende Summen von Metallgeld, die in anderer Weise wirtschaftlich verwendet werden können. 3. Das vorhandene Kapital wird produktiver verwertet, indem durch Kredit Gelegenheit geboten ist, es auch ohne Eigentumsübertragung in die Hand gelangen zu lassen, welche den besten Gebrauch davon machen kann. Auch der Besitzlose vermag vermittels des Kredits seine Arbeitskraft durch Kapital zu unterstützen, ohne seine Selbständigkeit zu opfern. 4. Auch die kleinsten Summen können durch Kredit zu grösseren Beträgen gesammelt und volkswirtschaftlich besser verwertet werden, ohne den Ertrag der nationalen Arbeit entsprechend zu konzentrieren. 5. Die Möglichkeit, jede Summe nutzbar anzulegen, regt zum Sparen und überhaupt zur Vorsorge für die Zukunft an. 6. Der Kredit knüpft Beziehungen, die in gegenseitigem Vertrauen wurzeln, und verbindet die Interessen der im wirtschaftlichen Verkehr Stehenden. Bei entwickelter Kreditwirtschaft liegt es im Interesse eines jeden, sich des Vertrauens würdig zu zeigen, was erziehend und sittlich hebend auf die Bevölkerung wirken kann.

Gut benutzter Kredit erweist sich deshalb als ebenso wirtschaftlich produktiv wie ein günstiges Klima, höhere Bildung eines Volkes, die auch nicht dem Werte nach geschätzt werden können. Er wirkt ähnlich wie eine gute Organisation der Arbeit. Die Kreditmittel stehen in der volkswirtschaftlichen Bedeutung den Transportmitteln, der Münze etc. gleich.

Durch ausgedehnte Benutzung des Kredits treten aber Gefahren hervor: 1. dass unberechtigter Konsum erweitert wird, 2. dass Unternehmungen ins Leben gerufen oder übernommen werden, die in keinem Verhältnis zum Vermögen des Unternehmers stehen und unsicher sind (z. B. Gutskauf mit zu geringer Anzahlung), 3. dass überhaupt gewagtere Spekulationen angeregt werden und 4. dass der Besitzende, der mehr Kredit hat als der Besitzlose, dadurch ein noch grösseres Uebergewicht über jenen gewinnt. Der Kredit ist mithin ein zweischneidiges Schwert. Der Vorteil überwiegt aber bei weitem die Nachteile.

Kapitel IV.

Die Arten der Volkswirtschaft.

§ 31.
Die Naturalwirtschaft.

Bücher, Art. Gewerbewesen i. H.-W.-B. d. St. und Entstehung der Volksw. Tübingen 1893.
Hildebrand, Jahrbücher für Nationalökonomie. Jahrg. 1864.
Ed. Meyer, Die wirtsch. Entwicklung des Altertums. Jahrb. f. Nat. 1895.

Friedrich List unterschied die volkswirtschaftlichen Entwicklungsphasen nach dem Vorwiegen der Produktionsarten: 1. der Jagd und Fischerei, 2. des Nomadentums, 3. des Ackerbaues, 4. des Ackerbau und Industriebetriebes, 5. des Agrar-, Industrie und Handelsbetriebes. Doch diese Entwickelung ist historisch bei keinem Volke genau so vor sich gegangen. Bücher unterscheidet die Wirtschaftsarten 1. geschlossene Hauswirtschaft, 2. die Staatswirtschaft, 3. die Volkswirtschaft; speziell für die gewerbliche Entwickelung: 1. mit überwiegendem Hausfleiss, 2. mit Lohnwerk, 3. mit Handwerk, 4. mit Fabrikbetrieb. Aber diese Unterscheidung berührt nur eine Seite der Volkswirtschaft, die erstere trifft keine scharf zu trennende Gegensätze. Charakteristischer ist die Unterscheidung der Arten der Volkswirtschaft Hildebrands nach der Art des Umsatzes. Wenn die einzelnen Güter je nach dem Ueberfluss und Bedarf unmittelbar ausgetauscht werden, spricht man von Naturalumsatz, und jedes Volk beginnt seine ökonomische Laufbahn mit der Naturalwirtschaft. Die charakteristischen Eigentümlichkeiten derselben sind: 1. Langsamer, meist lokalisierter und im höchsten Grade unregelmässiger Güterumlauf, daher sehr wenig Arbeitsteilung, 2. Mangel an Kapital, weil es an Mitteln zur Aufsparung und damit an dem Triebe zur Kapitalbildung fehlt, 3. gänzliche Abhängigkeit von der Natur, Sorglosigkeit in betreff der Zukunft, fortdauernder Wechsel zwischen Ueberfluss und höchster Not. 4. Es fehlt die Klasse der Kapitalisten. Auch nach Ausbildung der Standesunterschiede stehen sich nur Grundbesitzer und Arbeiter gegenüber als Inhaber der alleinigen Produktionsfaktoren. 5. Der Grundbesitz verleiht allein Macht und Ansehen, der besitzlose Arbeiter ist von ihm ganz abhängig, der Arbeiter ist an die Scholle gebunden, die ihm gegen Frohnden und Naturalabgaben überlassen wird. Der Staat belohnt die ihm geleisteten Dienste durch Belehnung mit Grund und Boden, es bildet sich der Feudalstaat aus. 6. Die Gebundenheit des Arbeiters, die Aussichtslosigkeit, seine Lage zu verbessern, erschwert jeden Aufschwung, daher die grösste Stabilität.

§ 32.
Die Geldwirtschaft.

Die allgemeinere Einführung des Geldverkehrs wirkt zuerst in
hohem Masse befruchtend auf die Kapitalbildung. Jeder Ueberschuss
im kleinsten, wie im grössten Betrage kann in Münze leicht aufgesammelt und ohne Gefahr des Verlustes für die Zeit des Bedarfs
aufbewahrt werden. Das bewirkt vor allem einen Ausgleich zwischen
Ueberfluss und Mangel und bringt eine grössere Regelmässigkeit in
Konsumtion und Produktion. Der Arbeiter kann sich damit durch
Sparen in die besitzende Klasse aufschwingen und mit Kapital seine
Freiheit erkaufen. Die herrschende Klasse lässt sich die Abgaben
immer mehr in Geld zahlen und bezahlt die erhaltenen Dienste gleichfalls mit Geld, wobei sich beide Klassen besser stehen. Das bisherige enge Abhängigkeitsverhältnis, das enge Zusammenschliessen in
Genossenschaften wird immer mehr gelockert. Jeder wird selbstständiger, aber auch isolierter. Das Wachsen der Bedürfnisse, der
gewonnene Kapitalvorrat, der erleichterte Verkehr fördern die Arbeitsteilung, heben die Produktion. Der wachsende Nutzen der Arbeit,
welcher dem Arbeitenden selbst in erhöhtem Masse zu gute kommt,
spornt alle zu schärferer Thätigkeit an. Da das Kapital überhaupt,
wie in einer Hand beliebig vermehrbar ist, so wächst die Zahl der
Kapitalisten und deren Macht wird der der Grundbesitzer allmählich
ebenbürtig. Es schiebt sich eine neue Klasse zwischen Arbeiter und
Grundherrn. Die strengen Standesunterschiede schwinden allmählich.
Der Feudalstaat geht in Trümmer.

§ 33.
Die Kreditwirtschaft.

Dieselbe enthält nach den früher angeführten Vorzügen und Gefahren der Kreditoperationen bestimmte Eigentümlichkeiten: das Aufblühen der Produktion ist noch weit grösser und allgemeiner als bei
dem Uebergang von der Natural- zur Geldwirtschaft, und dies kommt
mehr oder weniger allen Klassen zu gute. Die Kapitalbildung ist eine
rapide. Die Produktion geht immer allgemeiner zum Grossbetrieb über
und arbeitet intensiver fürs Ausland. Es bilden sich internationale
Arbeitsteilung und internationaler Verkehr immer mehr aus. Damit
stehen im Zusammenhang häufige wirtschaftliche Krisen als traurige
Eigentümlichkeit der Kreditwirtschaft, die um so tiefer in das Volksleben eingreifen, je allgemeiner die Kreditwirtschaft ausgebildet ist.
Die wirtschaftliche Thätigkeit nimmt dabei einen unruhigen Charakter
an. Das Spekulieren auf unsichere Konjunkturen, die Sucht, ohne
Arbeit reich zu werden, ergreift immer weitere Kreise. Der leicht erzielte Gewinn verleitet zu Luxus und Genusssucht und führt leicht zu
weiterer Entartung. Der Gegensatz zwischen arm und reich tritt
wieder schärfer hervor und entwickelt die sociale Frage. Die wirtschaftliche und politische Freiheit und Gleichberechtigung aller kommt
völlig zum Durchbruch. Der Grundbesitz wird immer mehr mobilisiert.

Die alten patriarchalischen Verhältnisse verschwinden ganz. Der Kapitalist gewinnt immer mehr an Uebergewicht. Der Interessenkampf im wirtschaftlichen Leben tritt in immer verschärfterer Form auf, und dies zwingt zur Association. Trägt die Geldwirtschaft dazu bei, den Einzelnen zu isolieren, so führt die Kreditwirtschaft wieder zur Vereinigung und zwar der freien, der naturgemäss durch die gleichen Interessen verbundenen Personen. Das Genossen- und Vereinswesen tritt in Blüte.

Kapitel V.

Der Preis.

Th. Tooke und *W. Newmarch*, Die Geschichte und Bestimmung der Preise während der Jahre von 1793—1857, übers. von *Asher*. Dresden 1862.
Zuckerkandl, Theorie des Preises. Leipzig 1889.

§ 34.

Das allgemeine Preismass.

Das Preismass unterscheidet sich von den anderen Massen dadurch, dass es nicht eine äusserlich wahrnehmbare Form messen soll, sondern eine ideelle Eigenschaft, eine Beziehung der Dinge zur menschlichen Gesellschaft, und zwar der Güter mannigfaltigster Art. Infolgedessen muss das allgemeine Preismass 1. leicht teilbar sein, um die verschiedensten Preisquantitäten zu messen, 2. allgemein- be- und anerkannt, 3. von Raum und Zeit unabhängig sein. Aber ein diesen Ansprüchen ganz genügendes Preismass aufzufinden, ist als ein unlösbares Problem zu bezeichnen.

A. Smith bezeichnete die menschliche Arbeit als das beste Preismass. Aber das Opfer, das der Arbeitende bei einer Leistung bringt, ist nicht bei allen Personen gleich, und die Leistung einer Tagesarbeit ist örtlich und zeitlich je nach den arbeitenden Persönlichkeiten verschieden. Sie ist selbst erst durch die Leistung zu bestimmen.

Es ist ferner das Getreide als solches vorgeschlagen worden, doch ist der Wert desselben je nach dem Ernteausfall ausserordentlich verschieden. Für kürzere Perioden ist das Getreide daher als Preismass unbrauchbar. In den verschiedenen Zeiten und Ländern ist ferner bald die eine, bald die andere Frucht als die Hauptnahrung höher geschätzt.

Die Edelmetalle haben dagegen alle günstigen Eigenschaften, um in einem gegebenen Momente als Preismass zu dienen. Es geht aber auch ihnen, wie oben gezeigt, die Unveränderlichkeit des Preises ab. Gleiche Quantitäten Edelmetall haben in verschiedenen Zeiten, wie auch in verschiedenen Ländern zu gleicher Zeit eine ungleiche Kaufkraft. Zur Vergleichung der Verhältnisse verschiedener Jahrhunderte wird daher das Edelmetall nicht als Preismass ausreichen. Es muss vielmehr dann das Getreide als besserer, konstanterer Massstab hinzugezogen werden. Um eine tiefere Einsicht in den Geldwert zu er-

langen, ist aber eine Untersuchung des Preisniveaus der hauptsächlichsten Konsumartikel, und zwar derjenigen der verschiedenen Ge-
sellschaftsklassen erforderlich.

§ 35.
Die Preisregulierung bei freier Konkurrenz.

Mangoldt, Volkswirtsch. Freib. 1868.
Zeitschr. f. d. g. Staatsw. 1881. *Neumann,* Die Gestaltung d. Preises etc.
Ders., Schönbergs Handb. 1896, Gest. d. Preise.

Durch das gegenseitige Abwägen der Ansprüche des Käufers
und Verkäufers wird der Preis festgestellt. Stehen beide Parteien
sich völlig frei und mit gleicher Dringlichkeit ihrer Ansprüche gegenüber, steht Vorrat und Bedarf, Angebot und Nachfrage in angemessenem Verhältnis (was im allgemeinen der Fall sein wird bei freier
Konkurrenz, einem leicht und beliebig vermehrbaren und einem entbehrlichen Gegenstande), so wird der Preis auf die Herstellungskosten
plus dem ortsüblichen Gewinn durch das sich gegenseitige Ueber-
und Unterbieten der Konkurrenten herabgedrückt werden. Er wird
sich dauernd nicht darüber und nicht darunter halten können.

Ein Steigen des Preises über jenes Minimum hinaus wird unter
solchen Umständen bald die Konsumenten zurückschrecken, die Nachfrage verringern, bald die Produzenten, die Verkäufer vermehren, das
Angebot steigern. Eine grössere Zahl von Personen wird den gebotenen
aussergewöhnlichen Profit ausnutzen wollen und als Konkurrenten auftreten. Der Preis selbst reguliert hier offenbar Angebot und Nachfrage, wie diese ihrerseits den Preis beeinflussen. Mit den Unkosten
werden nach dem Gesagten auch die Preise steigen, resp. sinken.
Gegenstände, deren Herstellungskosten gleich hoch sind, müssen unter
sonst gleichen Verhältnissen gleiche Preise haben. Unter den Herstellungskosten wird auf die Dauer eine Ware nicht hergestellt und
abgesetzt werden können.

Güter, welche sich leicht und hinreichend zu ersetzen imstande
sind (Surrogate), können nicht sehr abweichende Preise zeigen. Bei
Verschiedenheit der Herstellungskosten solcher Gegenstände wird der
Preis durch die unter den ungünstigsten Verhältnissen arbeitenden
Produzenten bestimmt, die noch zur Deckung des Bedarfs herangezogen
werden müssen, z. B. bei neuen Erfindungen, die einzelnen Produzenten
besondere Vorteile gewähren etc., dann bei den landwirtschaftlichen
Produkten. Dies ist am klarsten ersichtlich in Thünens isoliertem
Staate, wo der Bedarf der Stadt dafür bestimmend ist, aus welcher
Entfernung noch Getreide zugeführt werden muss. Der Preis muss
mindestens so hoch steigen, dass noch die entlegensten Gegenden,
welche zur Deckung des Bedarfs herangezogen werden müssen, Pro-
duktions- und Transportkosten ersetzt erhalten. Eine Steigerung der
Unkosten der dazwischen gelegenen Kreise ist ohne Einfluss auf den
Preis, solange dadurch die Grundrente nicht vollständig absorbiert wird.

§ 36.

Die Preisregulierung bei beschränkter Konkurrenz.

v. d. Borght, Einfluss des Zwischenhandels auf die Preise. Leipz. 1888.
Verhandlungen des Vereins f. Socialpolitik in Frankfurt 1888.

Ist der Vorrat beschränkt, so bestimmt der Käufer den Preis, der den höchsten noch ökonomisch gerechtfertigt findet, z. B. bei öffentlicher Versteigerung. Je grösser die Dringlichkeit des Bedarfs, um so mehr kann der Preis über die Herstellungskosten steigen (Seltenheitspreise), und um so mehr wird die Furcht vor Mangel oder Ueberfluss die Preisschwankungen noch über das Missverhältnis von Vorrat und Bedarf hinaus hervorrufen. Die Grenze jener möglichen Preissteigerung liegt in der Zahlungsfähigkeit der Konsumenten. Diese Grenze wird daher beim Bedarf der ärmeren Klasse früher eintreten als bei dem der reicheren, und um so mehr, wenn es sich um entbehrliche Gegenstände handelt.

Die Konkurrenz ist aber nur in den seltensten Fällen eine unbedingt freie, mehr im Gross- als Kleinhandel, weshalb die Ausgleichung sehr unvollkommen ist, und die Herabdrückung auf den Normalpreis im gewöhnlichen volkswirtschaftlichen Verkehr seltener vorkommt, als gewöhnlich angenommen wird. Die allgemeine Trägheit des Publikums, welches an den alten Preisen festhält, Kurzsichtigkeit etc. erschweren Veränderungen und gestatten Monopolpreise, auch wo das Monopol ein unnatürliches ist und sehr wohl gebrochen werden könnte. Die Preise des Detailhandels können dem Engrospreise nicht genau, sondern nur abgeschwächt folgen, da die Generalunkosten sich gleich bleiben. Besondere Veranlassungen, wie Mass- und Münzveränderungen, neue Zölle und sonstige indirekte Steuern, zeigen daher auffallende Preismodifikationen. Je weiter Produzenten und Konsumenten von einander getrennt sind, je öfter der Gegenstand von Hand zu Hand geht, um so weniger sind die Herstellungskosten massgebend für den Preis, der vielmehr durch die Spekulation beeinflusst wird. Die Preisveränderung schliesst sich nach allem nicht der Verschiebung von Angebot und Nachfrage, den Veränderungen in den Produktionskosten etc. unbedingt an, sondern wird durch die mannigfaltigsten Umstände beeinflusst. Das Endergebnis hängt davon ab, welcher Teil das Uebergewicht hat, — die Preisregulierung ist eine Machtfrage.

§ 37.

Der Preis des Grund und Bodens.

M. Conrad, Die Häuserpreise in Freiburg während der letzten 100 Jahre. Jena 1881.
H. Paasche, Die Entwickelung der Preise und der Rente des Immobilienbesitzes zu Halle a. S. Halle 1878. *Steinbrück*, die Entw. d. Pr. des Grund und Bodens in Halle und dem Saalkreise. Jena 1896.

Der Grund und Boden ist nur in beschränkter Ausdehnung vorhanden, und der Mensch vermag nur wenig auf die Erweiterung einzuwirken. Das Angebot ist daher auf höherer Kulturstufe nur wenig zu erweitern, während dem gegenüber bei aufblühenden Völkern durch das Wachsen der Bevölkerung die Nachfrage fortdauernd steigt. Der Preis des Grund und Bodens muss daher bei normaler Entwickelung perpetuierlich in die Höhe getrieben werden. Das ist am rapidesten bei den städtischen Bauplätzen zu beobachten, wo der Preis durch das Anwachsen der Stadt steigt, ohne dass Arbeit darauf verwendet zu sein braucht.

Humboldts Haus in Berlin kostete:

1746	4 350	Thlr.	= 100	1863	92 000	Thlr.	= 2115
1796	28 000	„	= 643	1875	140 000	„	= 3218
1803	35 000	„	= 827				

Ein Gewölbe für ein Schreiner-Geschäft in Wien wurde vermietet:

In Freiburg stiegen die nicht umgebauten Häuser im Durchschnitt:

1750 für	24	Gldn.	= 100		von	1755—64	=	100
1790 „	36	„	= 150		„	1810—19	=	412
1810 „	75	„	= 312		„	1840—49	=	837
1850 „	300	„	= 1250		„	1850—59	=	739
1859 „	1200	„	= 5000		„	1860—70	=	1310
1862 „	1600	„	= 6660		„	1870—74	=	1724

Das Radziwillsche Palais in Berlin wurde 1738/39 gebaut,

1791 für	30 000	Thlr.	verkauft,
1795 „	60 000	„	„
1875 „	2 000 000	„	„

Von 1865—75 stieg in Berlin die Zahl der Häuser um 47 %, die Bevölkerung um 62 %, die Miete um 92 %, von 1831—72 um 100 %.

In Halle war die durchschnittliche Miete einer Anzahl beobachteter Läden von 1831—76 wie 100 : 488 erhöht, von 1803 wie 100 : 1816, von Mietwohnungen seit 1845 wie 100 : 200, von 1803—76 100 : 300. Der Preis der Häuser war von den dreissiger Jahren bis zur Zeit von 1870—76 wie 100 : 417 gestiegen. Die Zahl der Häuser 1834 bis 71 wie 100 : 174, der Einwohner wie 100 : 206.

Bei den Ackergrundstücken wird dagegen bei der Bestellung, dann durch besondere Meliorationen fortdauernd Kapital mit dem Grund und Boden verbunden, welches natürlich auf den Preis entsprechenden Einfluss haben muss. Für den Preis sind folgende Momente massgebend: a) die rechtlichen und Kreditverhältnisse (die unbedingte Rechtssicherheit, dann die Hypothekenverhältnisse, die freie Veräusserlichkeit und sonstige freie Verfügbarkeit), b) der Reinertrag (der als die Grundlage des Preises anzusehen ist; bei den Häusern ist es die zu erwartende Miete, die als Rohertrag gilt), c) der Kapitalzins, nach dem sich die Kapitalisation des Reinertrages richtet, in der Weise, dass bei 5 % die Kapitalisation mit 20, bei 4 % mit 25 geschieht.

Bald ist indessen auch bei gleichem Landeszinsfuss durch Verschiebung des Verhältnisses von Angebot und Nachfrage der Kaufwert weit höher als der Ertragswert, bald auch niedriger. Ersteres besonders auf hoher, letzteres auf niederer Kulturstufe. Bei wachsendem Wohlstande tritt das Streben nach Grundbesitz immer stärker hervor, und man begnügt sich mit geringer Verzinsung des Kaufkapitals. Das trifft bei dem Arbeiter wie bei dem grossen Kapitalisten zu.

Der Reinertrag wird bedingt, abgesehen von der Tragfähigkeit des Bodens und der Art der wirtschaftlichen Verwendung (mit grösserem oder geringerem Betriebskapital, rationeller oder irrationeller Bewirtschaftung), hauptsächlich durch die Produktenpreise, dann durch die Höhe des Arbeitslohnes, den Kapitalzins, den der Landwirt für sein Betriebskapital berechnen muss, durch die Steuerverhältnisse etc. — Der Reinertrag, resp. die Pacht ist also abhängig von dem Preise der landwirtschaftlichen Produkte. Es sind aber nicht umgekehrt die Preise der hauptsächlichsten landwirtschaftlichen Produkte bedingt durch die Pacht, resp. den Preis des Grund und Bodens.

Der Kaufpreis der Lehngüter in Mecklenburg-Schwerin war durchschnittlich pro Hufe:

von 1770—90   22 000 M. = 100
„ 1790—1810   60 000 „ = 270
„ 1810—30   43 000 „ = 195
„ 1830—50   73 000 „ = 331
„ 1850—60   133 000 „ = 605
„ 1860—70   152 000 „ = 690
„ 1870—78   133 000 „ = 605

Im Grossherzogtum Hessen schätzte man den Reinertrag des Grund und Bodens 1826 auf 10 Mill. M., 1877 auf 32,9 Mill. Der mittlere Kaufwert 1857 auf 1368 M. pr. Hekt., 1877 auf 2166 M.

Die Pacht der altpreussischen Domänen belief sich im Durchschnitt:

1849   auf 13,90 M. pro Hekt. nutzbare Fläche = 100
1864   „ 20,23 „   „   „   „   „   = 145
1869   „ 26,41 „   „   „   „   „   = 190
1879   „ 35,53 „   „   „   „   „   = 256
1884   „ 38,30 „   „   „   „   „   = 275
1889—90 „ 39,10 „   „   „   „   „   = 281
1896—97 „ 38,30 „   „   „   „   „   = 276

§ 38.

Der Preis der landwirtschaftlichen Produkte.

Tooke und *Newmarch* a. a. O.
Rogers, History of agriculture and prices in England. Oxford 1882.
Statistische Monatsschrift. III. Jahrg. H. 8. *B. Weiss*, Die Getreidepreise im XIX. Jahrhundert.

Kremp, Ueber den Einfluss des Erntcausfalls auf die Getreidepreise. Jena 1879. Jahrb. f. N. N. F. IX, 561. Ebenda: 1895, XI, S. 278.

Der Landwirt hat unter unsern Verhältnissen keine Macht, selbst den Preis des gewöhnlichen Getreides nach seinen Herstellungskosten herauf- und herabzusetzen. Er muss den ihm gegebenen Boden und das damit verbundene Kapital landwirtschaftlich benutzen, so lange der Boden überhaupt noch Reinertrag abwirft. Er hat nur beschränkten Spielraum in der Wahl der zu bauenden Früchte. Der Preis der meisten wird jetzt im internationalen Verkehr festgestellt. Die unter den ungünstigsten Verhältnissen produzierenden oder entlegensten Gegenden, welche noch zur Versorgung des Weltmarktes herangezogen werden müssen, bestimmen den Preis. Dieselben liegen meist in sehr entfernten Ländern und haben sehr verschiedene, von den unsrigen erheblich abweichende volkswirtschaftliche Zustände.

Die Preise der verschiedenen landwirtschaftlichen Produkte stehen in einem gewissen Verhältnis, das nur beschränkten Schwankungen unterworfen ist, da sie sich bis zu gewissem Grade gegenseitig zu ersetzen vermögen. Wird der durchschnittliche Roggenpreis nach Gewicht in Deutschland von 1821—50 = 100 gesetzt, so ist der Weizenpreis dazu = 134, von 1851—90 = 123 der Preis der Gerste = 93, des Hafers = 90, der Erbsen = 112.

Mit dem Steigen der Bevölkerung müssen schliesslich immer ungünstigerer Boden, immer entferntere Produktionsländer zur Deckung des Bedarfs herangezogen werden. Der Preis der landwirtschaftlichen Produkte muss daher in grösseren Perioden in stärkerem Masse wachsen als die Bevölkerung, wenn nicht Verbesserung der Kommunikationsmittel, Erfindungen, allgemeiner Fortschritt im landwirtschaftlichen Betriebe, Beseitigung von Zollschranken etc. dem entgegenwirken, was in der letzten Zeit der Fall gewesen ist und in England am schärfsten hervortrat.

Nach Tooke und Newmarch und dem Economist war in England und Frankreich die Preisentwickelung folgende:

	England pro Qu.	Frankreich pro Qu.	England	Frankreich
1401—50	7 Sh. 1 d.	12 Sh. 3 d.	100	100
1451—1500	6 „ 2 „	6 „ 7 „	87	54
1501—50	12 „ — „	13 „ 3 „	169	108
1551—80	17 „ 9 „	28 „ 6 „	252	· 232
Oxford				
1581—1600 ·	26 „ 8 „	52 „ 3 „	377	424
1601—1700	39 „ 1 „	39 „ 8 „	551	324
1701—70	36 „ 2 „	32 „ 5 „	510	264
England				
1771—1800	52 „ 5 „	38 „ — „	740	308
1801—50	64 „ 2 „	47 „ 3 „	904	384
1850—80	52 „ 5 „	50 „ 9 „	737	401
1881—90	35 „ — „	47 „ — „	492	382
1891—94	29 „ 3 „	40 „ 7 „	412	331
1895	22 „ 9 „	34 „ 2 „	322	278

Preis pro Tonne in M.:

Jahreszahl	Frankreich Weizen	England Weizen	Preussen			
			Weizen	Roggen	Gerste	Hafer
1816—20	267,0	364	206	152	131	130
1821—30	192,4	266	121	87	76	80
1831—40	200,6	254	138	100	87	91
1841—50	206,6	240	168	123	111	100
1851—60	231,4	251	211	165	150	144
1861—70	224,6	248	204	154	146	140
1871—75	248,8	246	235	179	170	163
1876—80	229,4	206	211	166	162	152
1881—85	193,8	180	189	160	155	146
1886—90	193,2	139	175	143	138	135
1891—94	184,4	124	172	156	132	149
1895	155	97	140	121	125	121

Jahreszahl	Erbsen	Kartoffeln	Butter	Rindfleisch	Schweine-fleisch
1816—20	162	38	1466	666	784
1821—30	97	25	1016	466	550
1831—40	107	26	1100	516	616
1841—50	130	34	1200	566	736
1851—60	176	47	1466	700	916
1861—70	168	45	1784	866	1050
1871—75	224	60	2313	1147	1260
1876—80	232	60	2240	1148	1240
1881—85	237	52	2236	1178	1248
1886—90	209	45	2115	1145	1218
1891—94	225	53	2282	1205	1236
1895	206	50	2070	1260	1260

Da der Mensch die Natur nicht völlig beherrscht, Missernten nicht verhindert werden können, da es sich aber zugleich bei kurzen Zeitperioden um eine sich mehr gleichbleibende Nachfrage handelt, so muss der Ernteausfall auf den Preis den intensivsten Einfluss ausüben und um so mehr, je beschränkter und abgeschlossener das Produktionsland ist. Das Verhältnis von Vorrat und Bedarf hat hier den entscheidenden Einfluss auf den Preis. Die Furcht vor Mangel oder Ueberfluss treibt die Preise noch über das Verhältnis des Ernteausfalls hinaus. Die verbesserte Kultur vermindert erfahrungsgemäss die Missernten, und die grössere Mannigfaltigkeit der gebauten Früchte verringert (auch abgesehen von dem ausgebildeten Handel) die Wirkung derselben.

In England schwankten die Preise des Weizens im 13. Jahrh. um das 56fache, im 14. um das 40fache, im 15. um das 20fache, im 16. um das $8\frac{1}{2}$fache, im 17. um das $3\frac{1}{2}$fache, im 18. um das $4\frac{1}{2}$fache, im 19. allerdings um das 6fache zwischen den einzelnen Jahren. In der neueren Zeit hat der Ernteausfall eines einzelnen

Landes immer mehr an Bedeutung für den inländischen Getreidepreis verloren. Trotz des entwickelten internationalen Handels kommen aber die lokalen Einflüsse auf dem einzelnen Markte immer noch zu gewisser Geltung. Daher die grossen Preisdifferenzen zwischen den verschiedenen Teilen Deutschlands, die allerdings noch durch die Verschiedenheit der Qualitäten mit bedingt werden.

§ 39.

Die Entwickelung der Preise der verschiedenen Produkte.

Jahrbücher für Nationalökonomie. N. F. Bd. V, S. 177 u. 3. F., Bd. X, S. 286.

Am stärksten ist das Steigen der Preise in grossen Zwischenräumen bei den Produkten der Forstkultur, demnächst erst der Landwirtschaft. Wo dagegen die Vermehrung der Gegenstände in der Hand des Menschen liegt, je mehr dabei durch Fleiss und Intelligenz die Hemmnisse der Natur überwunden werden können, um so mehr bleiben die Preise der betreffenden Gegenstände hinter den erstgenannten zurück. Die Industrieprodukte werden daher, so lange ein Volk im Aufblühen begriffen, im Vergleich zu den Rohprodukten innerhalb grösserer Perioden billiger. Die Produkte des Bergbaues schliessen sich diesen an.

Auf der böhmischen Domäne Tloskau kostete nach Angabe des Frhrn. v. Steiger daselbst:

	1670 Gld. Kr.			1770 Gld. Kr.			1870 Gld. Kr.		
1 österr. Metze Weizen	1		= 100	2	25	= 225	4	80	= 480
1 „ „ Roggen		70	= 100	1	50	= 210	3	60	= 510
1 Pfd. Brod		1½	= 100		2	= 133		7	= 470
1 „ Rindfleisch		4	= 100		6	= 150		23	= 572
1 „ Butter		11	= 100		16	= 144		35	= 320
1000 Ziegel	4	40	= 100	5	75	= 130		12	= 270
1 Pfd. Seife		15	= 100					23	= 150
1 Riess Kanzleipapier	1	30	= 100				2	50	= 196
1 Elle Leinwand		19	= 100					50	= 258
1 Ctr. Schmiedeeisen	5	70	= 100	7	50	= 130	9	30	= 168
1 „ Mittelwolle	22		= 100	44		= 200	75		= 340
1 Klafter Brennholz	22		= 100	1	35	= 610	6	30	= 2900

Die Verbesserung der Kommunikationsmittel, die Entwickelung des internationalen Handels wirken auf eine Ausgleichung der Preise hin nach Raum und Zeit und damit in neuerer Zeit der obigen Regel entgegen. Die wachsende Spekulation verschärft wiederum vielfach die Preisschwankungen innerhalb kürzerer Zeiträume.

Im Durchschnitt sind in Hamburg die Preise gestiegen:

	von 1847—67 zu 1868—80	1847—80 zu 1881—85	1847—80 zu 1886	1847—80 zu 1881—90	1847—80 zu 1891—95
bei 6 Kolonialwaren . . . wie	100 : 116,02 :	78,64 :	59,82 :	100,46 :	124,11
„ Baumwolle und Seide . „	100 : 93,53 :	71,77 :	71,69 :	66,27 :	51,83[1])
„ Indigo, Salpeter, Fisch- thran und Palmöl . . . „	100 : 114,83 :	89,30 :	72,17 :	78,86 :	63,67
„ 5 Metallen. . . . . . „	100 : 110,10 :	75,05 :	57,05 :	72,97 :	68,96
„ Steinkohlen . . . . . „	100 : 106,17 :	75,90 :	67,42 :	75,90 :	84,12
„ 4 Hauptgetreidearten . . „	100 : 105,19 :	89,21 :	70,97 :	78,00 :	66,92
„ allen im Durchschnitt . „	100 : 105,85 :	84,18 :	68,66 :	77,42 :	71,08

von 1847—67 bis 1868—72 wie 100 : 109,17
  „   „   „ 1872—74 „   100 : 117,21
  „   „   „ 1875—77 „   100 : 110,17
  „   „   „ 1878—80 „   100 : 93,76

Durchschnitt aus den Preisen von 163 Gegenständen

1847—67 bis 1871—80 wie 100 : 111,31
1847—80 „ 1881—90 „ 100 : 91,85
1847—80 „ 1881—95 „ 100 : 88,28
1847—80 „   1895   „ 100 : 84,40

Kapitel VI.
Das Bankwesen.

O. Hübner, Die Banken. Leipzig 1854.
A. Wagner, System der Zettelbankpolitik. 2. Aufl. Freiburg 1873.
Macleod, On Banking. 2. Aufl. London 1866.
M. Wirth, Handbuch des Bankwesens. 2. Aufl. Köln 1874.
Bagehot, Lombardstreet, Der Weltmarkt des Geldes in den Londoner Bank-
häusern. Nach der 4. Aufl. übers. v. *Beta*. Leipzig 1874.
Soetbeer, Deutsche Bankverfassung. Erlangen 1875.
Knies, Kredit I u. II.
Handwörterbuch der Staatsw., Art. Banken von *Nasse*.

§ 40.
Die alten Girobanken und das Girogeschäft.

Nasse, Venetianisches Bankwesen im 14.—16. Jahrh., in Jahrbüchern f. Nat.,
1880, Bd. 34.

Schon Anfang des 14. Jahrhunderts entwickelten sich in Venedig
Wechselgeschäfte zu Banken, die zugleich das Geldwechsel- und Depo-
sitengeschäft betrieben. Später wurden beide Thätigkeiten geschieden,
und die Banken bildeten die einfachste Art sogenannter Girobanken,
die in Venedig und Genua nachweislich Anfang des 15. Jahrhunderts
bereits eine erhebliche Rolle spielten, während in Amsterdam 1609,
Hamburg 1619, Nürnberg 1621 eine gegründet wurde. Diese Girobanken wurden durch eine Anzahl Kaufleute so gebildet, dass dieselben
Gelder in den Kellern der Bank dauernd deponierten (oder dem Staat
vorschossen), auf Grund derselben Conti anlegten und ihre Forde-

---

1) Baumwolle allein.

rungen in den Kontobüchern durch Ab- und Zuschreiben (girieren) aus-
glichen. Das Eigentümliche dabei ist, dass nur die Bankbürger mit
der Bank in Geschäftsverbindung standen und die Bank mit den deponierten Geldern keine Geschäfte trieb, sondern dieselben unberührt
in den Kellern liess.

Der Nutzen besteht 1. in der Ersparung aller Umstände und
Kosten der Auszahlung, Verpackung und des Transports des Geldes,
2. in der Verminderung der Abnutzung und sonstiger Verluste an
Metall bei Zahlungen, 3. in der Möglichkeit, sich von den verschie-
denen Münzen zu emancipieren, die in den in Betracht kommenden
Ländern cirkulieren, und eine über alle Schwankungen der Münzver-
hältnisse erhabene Rechnungsmünze in Anwendung zu bringen („Mark
Banco" in Hamburg), ein Vorteil, der zur Zeit der chronischen Münzverschlechterung und der allgemeinen Münzverwirrung besonders ins
Gewicht fiel und eine Hauptveranlassung zur Gründung der ersten
Banken war. — Das Girogeschäft wird heute von den Banken meist
nur als Nebengeschäft, aber namentlich in England in grossartigem
Massstabe betrieben und ist neuerdings von der deutschen Reichsbank
mehr in den Vordergrund gestellt. 1896 betrug der Umsatz derselben
im Giro-Verkehr 98 Milliarden. Die Zahl der Giro-Konten war bei
der Reichshauptbank 1,355, bei den Reichsbankanstalten 10,937. Das
durchschnittliche Guthaben war 239 Mill. M. excl. der Staatskassen.

§ 41.

Die Entwickelung der Depositenbank und das Depositen-
geschäft.

Eine bedeutsame Entwickelung der Bankthätigkeit bestand in der
Uebernahme von Werten auch von dem grösseren Publikum, also in
dem Aufgeben der Beschränkung des Verkehrs auf die Bankbürger.
Jene Annahme von Werten geschieht nun 1. zur Aufbewahrung gegen
Gebühren (Depot), was schon ein Hauptgeschäft der Goldschmiede,
dann der Wechsler im Mittelalter gewesen war, wobei Rücklieferung
der deponierten Gegenstände in natura verlangt wird, 2. zur Ver-
Verwaltung. Ende 1896 waren der deutschen Reichsbank in Ver-
wahrung und Verwaltung für 2798 Mill. M. Wertpapiere gegeben,
3. zur beliebigen Verwendung, ohne dass sich die Bank verpflichtet,
die deponierten Gegenstände selbst zurückzuerstatten, sondern nur den
Wert und je nach der Uebereinkunft, nach Kündigung oder ohne vorherige Kündigung sofort bei Rückforderung zu zahlen.

Von besonderer Bedeutung ist dabei das Kontokorrentgeschäft,
wo die Bank mit den Kunden in dauernde Geschäftsverbindung tritt,
die flüssigen, aber nicht gebrauchten Gelder, die fälligen Forderungen etc.
derselben regelmässig aufnimmt und ihnen auf besonderem Folium gut
schreibt, ferner Zahlungen für sie leistet, die ihnen auf einem andern
Folium zur Last geschrieben werden, und sonstige Geldgeschäfte für
sie besorgt. Die Bank gewährt für Ueberlassung der Gelder bald
einen bestimmten Zins oder besorgt nur die Geldgeschäfte ohne Ge-

bühr oder rechnet sich für die gezahlten Gelder einen höheren Zins
an als für die empfangenen.

§ 42.

Die Vorteile eines regelmässigen Depositengeschäftes.

Die Vorteile des Deponenten sind 1. Sicherheit vor Verlusten
durch Feuer und Diebstahl im eigenen Haus durch die Aufbewahrung
der Wertgegenstände durch die Banken; 2. Ersparnis der Mühe und
Kosten der eigenen Kassenverwaltung; Verzinsung aller nicht so-
fort gebrauchten Gelder, sei es in der einen, sei es in der anderen
Form; 4. Sicherung eines Kredits ohne weitere Umstände, indem die
Bank durch den dauernden Geschäftsverkehr die Kreditwürdigkeit des
Kunden genau beurteilen lernt.

Eine Gefahr liegt für den Deponenten vor, wenn die Bank sich
auf gewagte Spekulationen mit den Depositen einlässt.

Die Vorteile für die Bank sind: Heranziehung der Gelder anderer
zur eigenen Benutzung, da auf Grund der Erfahrung sich annähernd
berechnen lässt, welcher Teil der Depositen zur Deckung der Ansprüche der Deponenten genügt und welcher Teil der Bank zur freien
Verfügung bleibt. Der letztere wird um so geringer sein, je schneller
der Umsatz, und um so geringer wird die Vergütung sein, welche die
Bank zu geben vermag. Eine Gefahr liegt für die Bank vor, dass bei
plötzlich eintretenden Krisen eine allgemeinere Zurückziehung der
Depositen eintritt, als von der Bank berechnet war. Die Sicherheit
wird um so grösser sein, je ausgedehnter der Geschäftskreis, je mannigfaltiger die Geschäfte der Kunden, je grösser dann die Ausgleichung
der Ein- und Rückzahlungen ist.

Der volkswirtschaftliche Nutzen besteht aber darin, 1. dass die
vorhandenen Münzen fortdauernd im Umlauf erhalten werden und damit besser zur Verwertung gelangen; 2. dass dieselben Summen doppelte Funktionen verrichten, indem sie für den Deponenten Kasse
bilden, auf welche er seine Geschäftsdispositionen stützt, der Bank aber
zugleich als Betriebskapital dienen und im Umlauf den volkswirtschaftlichen Verkehr fortdauernd befruchten; 3. dass der Deponent zu
grösserer Kassahaltung bewogen wird, was in Zeiten der Krisis von
hoher Bedeutung ist; 4. dass die gegenseitige Kontrolle der Beteiligten zu grösserer Ordnung und Solidität des ganzen Geschäftsverkehrs
führt.

Die Depositen der Bank von England betrugen 1893

in der Bank von England .	34	Mill.	ℳ.
„ 98 engl. Privatbanken .	412	„	„
„ 10 schott. Banken . . .	93	„	„
„ 9 irischen „ . . .	41,7	„	„
	580,7		

In Deutschland wurden in demselben Jahre sämtliche Kreditoren-
forderungen und Depositen aller grössern Banken auf 1740 Mill. M.
berechnet.

Die Ausdehnung des regelmässigen Depositenverkehrs ist nach allem in hohem Masse wünschenswert. Um sie zu bewirken, ist die möglichste Erleichterung der Einlagen nötig a) durch allgemeine Verbreitung sicherer Banken verschiedenster Art im ganzen Lande, b) durch Aufnahme auch kleiner Summen, c) Gewährung entsprechender Zinsen und ausgedehnten Kredits an die Deponenten, d) durch unbedingte Solidität der Banken, vor allem durch Fernhalten der Geschäftsthätigkeit von jeder eigenen Spekulation, e) durch möglichste Erleichterung der Disposition über die Einlagen. Das letztere geschieht am besten durch die Anwendung des Cheques.

§ 43.

Das Chequesystem und das Clearinghouse.

Jahrbücher für Nationalökonomie. Jahrg. 1867. Bd. VIII. *R. Hildebrand*, Chequesystem und Clearinghouse.

Seyd, London banks and the bankers. London 1871.

Jevons, Geld und Geldverkehr. Leipzig 1876.

Georg Cohn, Ueber den Entwurf der Grundsätze eines deutschen Chequegesetzes, in *Conrads* Jahrbüchern, 1879, Bd. 33.

Koch, Vorträge 1882. *Ignaz Funk* in Wien. *Koch* in Zeitschrift f. Handelsrecht 1884. N. F. 14. Bd.

Hartung, Der Cheque- und Giroverkehr der deutschen Reichsbank in Holtzendorffs Zeit- und Streitfragen II. IX.

Bayerdörffer, Chequesystem. Jena 1881.

Ed. Tobisch, Der Cheque- und Clearingverkehr des österr. Postsparkassenamts, Jahrb. f. Nat. 1892.

In England steht jeder wohlhabendere Mann mit einer Bank in Verbindung, bei der er seine flüssigen Gelder deponiert und welche für ihn Zahlung leistet. Jeder Deponent erhält zu diesem Behufe von der Bank ein Cheque-Buch mit gestempelten Blanquets, die er nach Bedarf herausreisst und als Zahlungsanweisungen an die Bank benutzt, die darauf bis zur Höhe seines Guthabens Zahlungen zu leisten verpflichtet ist. Auch in Deutschland hat dieses Verfahren sich allmählich, wenn auch nur langsam und noch zu wenig eingebürgert.

Der Empfänger ist in England angewiesen, die Präsentation des Cheque durch einen Banquier bewirken zu lassen, wenn derselbe kreuzweise durchstrichen ist, bei der Reichsbank, wenn er auf Papier mit besonderer Farbe ausgestellt ist. Die Uebertragung des Cheque geschieht durch Indossament. Der Chequeverkehr hat vor dem besprochenen Giroverkehr voraus, dass damit auch Zahlungen an Kunden anderer Banken gemacht werden können. Der Cheque hat vor der einfachen Schuldverschreibung oder Anweisung den Vorzug grösserer Sicherheit; vor der Banknote, dass ein einziger Schein für die verschiedensten Zahlungen genügt und derselbe in unbefugten Händen so gut wie wertlos ist. Die Einrichtung setzt aber einen sehr entwickelten Verkehr und zwar mit grossen Mitteln voraus. In Oesterreich ist 1883 mit der Postsparkasse ein Cheque- und Clearingverkehr eingerichtet. Eine Einrichtung, die unzweifelhaft grade in Deutschland hohe Bedeutung zu erlangen vermöchte.

Der Chequeverkehr wird erst recht nutzbringend, wenn er so allgemein zur Anwendung kommt, dass die Möglichkeit einer Ausgleichung der Forderungen in den Konti der Banken vorliegt. Die grösseren Londoner Banken haben sich schon im vorigen Jahrhundert zu einem Verein zusammengethan und halten täglich in dem sogenannten Clearinghouse Abrechnung über die eingelaufenen Cheques, Wechsel etc. Der Ueberschuss wird wieder in den Büchern der Bank von England, wo sämtliche Mitglieder des Clearinghouse ein Konto halten, eingetragen. Der Vorteil ist Konzentrierung der Zahlungen auf einen Ort und bestimmte Zeit und dadurch beträchtliche Reduzierung der Barzahlung. Die ganze Einrichtung ist aber nur möglich, wo eine grosse Zahl bedeutender Institute in fortdauerndem Zahlungsverkehr steht. Auch in den andern Hauptstädten sind ähnliche Ausgleichstellen eingerichtet. In England ist durch die ausserordentliche Konzentrierung des Gesamtumsatzes auf die Bank von England die Metallbasis für den gewaltigen Kreditverkehr zu klein geworden, so dass schon geringere Reduktionen des Metallvorrates starke Diskontoschwankungen herbeiführen. Der Clearinghouse-Umsatz betrug in England 1894: 6,3 Milliarden *lb.* bei 35 Millionen *lb.* Barvorrat, 1893 bei gleichem Umsatz nur 25,8 Millionen Barvorrat der Bank von England.

§ 44.
Das Lombardgeschäft.

Eine besondere Entwickelung der ersten Art des Depositengeschäfts besteht darin, dass auf Grund der der Bank übergebenen Wertgegenstände Darlehen für kürzere Zeit gewährt werden, ein Geschäft, das schon bei den Goldschmieden und Wechslern im Mittelalter eine gewisse Blüte erlangt hatte. Man unterscheidet zwischen 1. Edelmetall-Lombard, 2. Waren-Lombard und 3. Effekten- oder Wertpapier-Lombard. — Im zweiten Falle geschieht die Verpfändung von Waren in natura oder nur durch Uebergabe der Bescheinigung, dass Waren in einem Magazin deponiert sind (Lagerhausscheine, Warrants). Bei weitem am bedeutendsten ist gegenwärtig die dritte Art. Doch hat dieses Geschäft Anfang der siebziger Jahre durch die bedeutenden Kursschwankungen der Wertpapiere eine besondere Unsicherheit gezeigt. Durch Missbrauch des Effekten-Lombards wurden Gründungen übermässig erleichtert, nämlich durch die Möglichkeit, auf die soeben erst emittierten Aktien sofort bedeutende Darlehen zu erhalten, und gerade dadurch sind dann bedeutende Verluste herbeigeführt. Die deutsche Reichsbank gab 1896 für 1428 Mill. M. Lombarddarlehen aus.

§ 45.
Die geschichtliche Entwickelung des Wechsels.

W. Endemann, Studien in der romanisch-kanonistischen Wirtschafts- und Rechtslehre bis gegen Ende des 16. Jahrh. Bd. 1. Berlin 1874.

J. E. Kuntze, Deutsches Wechselrecht. III. Exkurse über Geschichte, Gesetzgebung und Theorie des Wechselrechts. Leipzig 1862.
Lastig, Entwickelungswege und Quellen des Handelsrechts. Stuttgart 1877.

Ein weiteres, schon sehr früh von den Banken übernommenes Geschäft ist der Geldwechsel und Edelmetalhandel. Der erstere war ursprünglich den Campsores vorbehalten und wurde von ihnen in grossartigem Masse durchgeführt.

Die Schwierigkeit, Zahlungen an entfernten Orten mit anderen Münzsystemen zu leisten, führte schon in der zweiten Hälfte des Mittelalters zur allmählichen Ausbildung des Wechsels, welcher ursprünglich einfacher Zahlungsauftrag eines Geldwechslers an seinen Geschäftsfreund in einem andern Lande war, der in dem Briefe bezeichneten Person auf Grund einer bereits an den Aussteller gemachten Einzahlung eine bestimmte Summe auszuzahlen. Der Wechselverkehr war schon im 13. Jahrhundert ein sehr lebhafter, ausgehend von den italienischen Handelsstädten, dann besonders auf den grossen Warenmessen, von denen sich später besondere Wechselmessen abzweigten (in der Champagne, Provence im 13. und 14. Jahrhundert, im 15. Jahrhundert in Lyon, im 16. Jahrhundert in Besançon und Piacenza), wo eine bedeutende Konzentrierung und Auswechslung jener Anweisungen stattfand.

Zur Erleichterung dieses Verkehrs wurden diesen Messforderungen Vorzüge eingeräumt, besonders ein beschleunigtes und verschärftes Exekutionsverfahren, woraus sich allmählich ein besonderes Wechselrecht entwickelte. Besondere Bedeutung erhielt der Wechsel im vorigen Jahrhundert durch die Einführung des Wechselgiros oder Indossaments, wodurch er leicht übertragbar und das beste allgemeine internationale Zahlungsmittel wurde.

§ 46.
Die Natur des Wechsels.

Oskar Wächter, Wechsellehre. Stuttgart 1861.
Goldschmidt und *Thöl*, Handelsrecht. *Renaud*, Lehrbuch des gemeinen, wie des Wechselrechts.
Georg Cohn, Beiträge zur Lehre von einh. Wechseln. Heidelberg 1880.
Lexis, im Handwörterbuch der Staatsw. Art. Wechsel.

Wechsel nennt man heutzutage eine in wechselrechtlicher Form abgefasste Urkunde, in welcher der Aussteller entweder eine andere Person beauftragt, einem Dritten eine darauf verzeichnete Geldsumme an einem ausdrücklich angebenen Orte zu einer bestimmten Zeit zu zahlen (Tratte, auch trassierter oder gezogener Wechsel), oder in gleicher Weise sich verpflichtet, selbst zu zahlen (trockner oder eigener Wechsel), durch welche dem Gläubiger unter Fortfall aller Einreden gegen die Verbindlichkeit des zu Grunde liegenden Geschäfts eine beschleunigte Exekution (nach Wechselstrenge) gegen den Schuldner, im Falle er seinen Verpflichtungen nicht nachkommt, gesetzlich zugesichert wird.

Der Aussteller des Wechsels heisst Trassant oder Wechselgeber, der Beauftragte, der die Zahlung leisten soll, heisst Trassat oder der

Bezogene. Der Empfänger des Wechsels, an den Zahlung zu leisten ist, heisst Remittent. Es ist der Wechselnehmer oder Wechselgläubiger.

Die Erfordernisse eines Wechsels sind:

1. Die Urkunde muss nach deutschem Recht das Wort „Wechsel" ausdrücklich enthalten (nach englischem und französischem Wechselrecht nicht).

2. Das Bekenntnis, den Wert empfangen zu haben (Valutabekenntnis), zwar in Deutschland nicht nach dem Gesetz, wohl aber nach dem Usus.

3. Die zu zahlende Summe, und zwar in Deutschland nur in Geld.

4. Ort und Zeit der Ausstellung, und wo und wann die Zahlung erfolgen soll.

Die Zahlungsverpflichtung kann lauten ausser auf einen bestimmten Tag a) auf Sicht (avista) oder bestimmte Zeit nach Sicht; b) dato oder a dato, d. i. bestimmte Zeit nach dem Tage der Ausstellung; c) auf eine Messe.

5. Der Name des Remittenten mit oder ohne Zusatz „und dessen Ordre", dann der Wohnort des Trassaten und die Unterschrift des Trassanten.

6. Die Stempelung.

Der Wechsel wird übertragen durch Indossament (Giro). Der Remittent wird dadurch Indossant oder Girant und haftet, wie jeder folgende Indossant im vollsten Masse dem Indossatar, an welchen der Wechsel durch Indossament übergeht.

Der Bezogene, Trassat, ist erst zur Zahlung nach Wechselrecht verpflichtet, wenn er schriftlich das Accept auf den Wechsel gesetzt hat, wodurch er dem Wechselvertrage beitritt.

Verweigert er die Acceptation, so hat der Wechselinhaber Protest aufsetzen zu lassen, d. h. urkundlichen Beleg zu schaffen, dass alle vorschriftsmässigen Formalitäten befolgt sind und die Acceptation verweigert wurde. — Es steht dann dem Wechselinhaber Regress an sämtliche Giranten und den Trassanten zu, d. h. Forderung der Wechselsumme nebst Zinsen, resp. der Kosten, Provision u. s. w.; bei Zahlungsverweigerung der Verpflichteten gerichtliche Unterstützung mit Wechselstrenge.

Wechsel, die im Auslande fällig sind, nennt man Devisen, im Gegensatz zum Platzwechsel.

§ 47.
Das Diskontogeschäft.

Walter Bagehot, Lombardstreet. London 1873, deutsch von *Beta*. Leipzig 1874.

Jahrbücher f. Nationalökonomie. Bd. XIX. *v. Sievers*, Beitrag zur Geschichte der Theorie des Diskontos. 3. F. Bd. XI, S. 282. Die Schwankungen des Diskontosatzes in den letzten Decennien.

Ein Hauptgeschäft der Banken ist jetzt das Eskomptegeschäft oder das Diskontieren von Wechseln, d. h. der Einkauf von Wechseln vor der Verfallzeit, resp. die Gewährung von Darlehen gegen Wechsel, welche an die Bank giriert werden, gegen Vorwegnahme des Zinses bis zum Verfallstermin, Diskont genannt, wodurch dem Geschäftsmann, der den Wechsel in Zahlung empfing, Bargeld zur Disposition gestellt wird.

Das Kreditgeben in Wechselform geschieht ferner gegen Eigenwechsel, dann indem jemand zur Verstärkung des Kredits des Ausstellers als Indossatar eintritt, also die volle Haftung seinerseits gleichfalls übernimmt; oder indem eine Bank ihrem Kunden gestattet, auf sie Wechsel zu ziehen, sofern dieser sich verpflichtet, zur Verfallzeit für die Beschaffung der nötigen Barmittel zu sorgen. Bei dem Umfange des Wechselgeschäftes bei den Banken ist die Sicherheit der im Portefeuille derselben befindlichen Wechsel entscheidend für ihre Solidität, und fast sämtliche Zusammenbrüche der Banken sind durch die Anhäufung unsicherer Wechsel herbeigeführt.

Man rechnet, dass in Deutschland in jedem Moment ca. $1^1/_2$ Milliarden Wechsel im Umlauf sind. Die deutsche Reichsbank kaufte i. J. 1896 für 2491 Mill. M. Platzwechsel, für 3743 Mill. Versand- und für 54 Mill. M. Wechsel auf das Ausland.

Die Höhe des Diskonts richtet sich nach der Menge der verschiedenen flüssigen Kapitalien, die eine kurze Anlage suchen, und nach der Nachfrage nach diesen. Sie ist viel wechselnder als die Höhe des gewöhnlichen Zinsfusses, weil die in genannter Weise disponiblen Kapitalien ausserordentlich schnell zu- und abnehmen, ohne dass darum der gesamte Kapitalvorrat sich verändert zu haben braucht. Augenblickliche Unternehmungslust verringert die Kapitalien schnell, Stockungen im kaufmännischen Verkehr lassen sie rapid anwachsen, und dementsprechend steigt und sinkt der Diskont. Die Banken haben in der Herauf- und Herabsetzung des Diskonts die beste Handhabe, die an sie gemachten Ansprüche ihrem Barvorrat gegenüber in Schranken zu halten, ohne zur Verweigerung der Diskontierung zu schreiten.

Die Schwankungen des Diskonts:

		1871—75	1876—80	1881—85	1886—90	1891 D.	1891 h.	1891 n.	1892 D.	1892 h.	1892 n.
London	Bk.	3,53	2,88	3,3	3,6	3,33	5	2,5	2,5	3	2
	Mrkt.	3,50	2,40	2,75	2,87	1,50	3,5	0,75	1,3	2,75	0,75
Paris	Bk.	4,78	2,6	3,32	3,02	3,00	3	3,44	2,66	3	2,5
	Mrkt.	—	2,15	3,0	2,6	2,62	2,8	2,1	1,75	2,6	1
Berlin	Bk.	4,46	4,06	4,3	3,74	3,75	4	3	3.25	4	3
	Mrkt.	3,48	3,14	3,3	2,61	2,80	3,6	2,5	1,75	2,9	1.25
Wien	Bk.	5,18	4,35	4,06	4,24	4,72	5	4	4	4	4
Petersburg	Bk.	6,18	6.03	6	5,5	5,5	5,5	5,5	5,5	5,5	5,5

		1893 D.	1893 h.	1893 n.	1894 D.	1894 h.	1894 n.	1895 D.	1895 h.	1895 n.	1896 D.	1896 h.	1896 n.
London	Bk.	3	5	2,55	2	2,5	2	2	2	2	$2\frac{7}{12}$	4	2
	Mrkt.	1,66	3,75	1	1,7	2,1	0,56	$1\frac{3}{16}$	$1\frac{4}{16}$	$\frac{1}{2}$	$1\frac{4}{16}$	$3\frac{5}{8}$	$\frac{11}{16}$
Paris	Bk.	2,5	2,5	2,5	2,5	2,5	2,5	$2\frac{1}{12}$	2	$\frac{1}{2}$	2	2	2
	Mrkt.	2,25	2,5	1,8	1,62	2,4	0,75	$1\frac{4}{13}$	3	2	$1\frac{4}{13}$	2	$1\frac{1}{4}$
Berlin	Bk.	4	5	3	3	4	3	$3\frac{1}{4}$	4	3	$3\frac{2}{9}$	5	3
	Mrkt.	3,5	4,9	1,5	1,45	2,1	1,4	1,7	2,7	$1\frac{1}{4}$	$2\frac{7}{8}$	$4\frac{5}{8}$	$2\frac{1}{8}$
Wien	Bk.	4,25	5	4	4	4,5	4	$4\frac{1}{4}$	5	4	$4\frac{1}{4}$	$4\frac{1}{4}$	4
Petersburg	Bk.	4,8	6	4,5	5,75	6	5,5	$6\frac{1}{12}$	$6\frac{1}{2}$	6	$6\frac{1}{4}$	$6\frac{1}{2}$	6

Durschnittlicher Wechselbestand der deutschen Reichsbank 1894 547,6 Mill. M., 1896 728,9 Mill. M. Bei den übrigen deutschen Z.-Banken Ende 1893 206,5 Mill. M.

§ 48.

Der Wechselkurs.

G. J. Göschen, Theorie der auswärtigen Wechselkurse. Frankfurt 1875.
Schraut, Die Lehre von den auswärtigen Wechselkursen. Berlin 1881.
Seyd, Bullion and foreign exchanges. London 1873.

Der Wechsel ist als eine besondere Gattung von Zahlungsmitteln, wie eine Ware, Preisschwankungen (Wechselkurs) unterworfen, worauf die folgenden Momente Einfluss haben: 1. der Diskont; 2. der Wert der Valuta, auf die der Wechsel ausgestellt, ist gegenüber dem Zahlungsmittel des Wechselmarkts, besonders bei Verschiedenheit der Währung (Gold-, Silber-, Papierwährung), aber auch der Münzen je nach dem Geld- und Warenverkehr; 3. das Risiko des Wechselkaufs und Verkaufs, ob die Pflichtigen sich zahlungsfähig erweisen werden; 4. hauptsächlich die Menge der Wechsel, die an einem Platz gesucht und angeboten werden, was von sehr verschiedenen volkswirtschaftlichen Verhältnissen abhängt, vor allem von einem Handelsverkehr, durch welchen das eine Land überwiegend in der Schuld des andern bleibt.

Zur Ausgleichung der Kurse an den verschiedenen Plätzen trägt das Arbitragegeschäft an der Börse bei, indem die Wechsel aufgekauft werden, wo sie niedrig im Kurs stehen und verkauft werden, wo der Kurs ein hoher ist, um sich den Profit der Differenz anzueignen.

§ 49.

Die internationale Zahlungsbilanz.

Arendt, Die internationale Zahlungsbilanz. Berlin 1878.
A. Fellmeth, Zur Lehre von der internationalen Zahlungsbilanz. Heidelberg 1877.

Die Merkantilisten, sowie noch jetzt die extremen Schutzzöllner sehen eine ungünstige Handelsbilanz, d. h. eine grössere Ein- als Ausfuhr dem Werte nach ohne weiteres als ein Symptom eines Verarmungsprozesses des Landes an. Die Möglichkeit, dass ein Land mehr ausländische Waren konsumiert, als es durch heimische Produkte bezahlen kann, liegt ohne Zweifel vor, ebenso die Folge davon, Deckung aus dem Kapitalstock, besonders durch Export von Edelmetall und damit Verringerung des Münzvorrates, oder durch Verschuldung dem Auslande gegenüber. Diese Gefahr wurde von den obigen wesentlich überschätzt, wie von der Smithschen Schule unterschätzt.

Die internationale Handelsstatistik ist nicht imstande, die Bilanzverhältnisse genau anzugeben. Durch die Annahme der heimischen Preise für die Aus- und Einfuhr muss der Wert der ersteren im Verhältnis zur letzteren zu gering erscheinen, wenn nicht die Fracht bis zum Bestimmungsort (jetzt in Deutschland) und ein Geschäftsgewinn hinzugerechnet wird.

Die Deckung der Forderungen des Auslandes (entstanden durch Warensendungen, Erbschaften, Darlehn, Reisende, oder gewährte Dienstleistungen u. s. w.) kann geschehen: 1. durch Waren; 2. Barsendungen; 3. durch im Inlande fällige Wechsel, ausgestellt im In- oder Auslande; 4. Devisen, die im In- oder Auslande ausgestellt, im Lande des Gläubigers oder in einem andern fällig sind, also durch Forderungen, die vom Auslande einzukassieren sind; 5. durch zinstragende Papiere, wie Staatsobligationen, Pfandbriefe, Aktien u. s. w., also durch Kapitalsabtretung; 6. Coupons etc.; 7. durch dem Auslande geleistete Dienste, namentlich in der Schiffahrt, Bauanlagen, Uebernahme von Versicherungen u. s. w. Die Bilanz kann mithin nach der Statistik ungünstig scheinen ohne es zu sein. Ein reiches Land, welches im Auslande viele Kapitalien angelegt hat, muss eine ungünstige Bilanz zeigen, weil es Waren als Zinsen bezieht und einführt.

Giffen rechnet, dass das britische Reich 773 Mill. ℒ. im Auslande angelegt habe. Christians berechnet, dass in 10 Jahren von 1883—92 für 5 Milliarden M. an ausländischen Papieren in Deutschland placiert sind. Schmoller schätzt, dass in Deutschland jährlich 2—2$\frac{1}{2}$ Milliarden M. erspart werden, wovon 1 Milliarde in Effekten angelegt wird.

Der Wert der Einfuhr des britischen Reiches betrug 1895 474 Mill. ℒ. St.
„ ‘ „ „ Ausfuhr „ „ „ „ 328 „ „
Ueberschuss der Einfuhr 146 Mill. ℒ. St.

Der Wert der Einfuhr in Deutschland betrug 1896 4573 Mill. M.
„ „ „ Ausfuhr aus „ „ 3631 „ „
Ueberschuss der Einfuhr 942 Mill. M.

§ 50.
Die Zettelbanken.

Ein ebenso wichtiger Schritt in der Entwickelung des Bankwesens, wie die Benutzung der Depositen zum Ankauf von Wechseln ist durch die Ausbildung der Zettelbanken geschehen, indem unverzinsliche Anweisungen, die in jedem Momente von dem Inhaber der Bank zur Einlösung in Bargeld präsentiert werden können, statt der Münze als Darlehn ausgegeben werden, und zwar event. über den Vorrat an Barmitteln hinaus, indem für diese Mehrausgabe nur bankmässige Deckung (in Wechseln oder sonstigen sicheren Forderungen auf kurze Sicht) deponiert wird. Die Bank erhält durch die Notenausgabe unverzinsliche Darlehen gegen das alleinige Versprechen der prompten Einlösung der präsentierten Noten. Die Erfahrung, dass nie sämtliche Noten zugleich einlaufen, ermöglicht die Verwendung eines Teiles der Bardeckung zu Bankgeschäften.

Eine besondere Gefahr liegt durch dieses Verfahren für die Zettelbanken vor, da in Zeiten der Geldkrisis oder bei Erschütterung des Kredites die Bank mit der ausgedehnten Zurückziehung der Depositen zugleich eine bedeutende Präsentation der Noten zur Einlösung erfolgt und damit der Barvorrat leicht übermässig reduziert wird.

Der durchschnittliche Notenumlauf der deutschen Reichsbank der anderen deutschen Banken:

	Barv.			Ende	Notenuml.	Bard.
1892	1017,0 Mill.	938,0	1891	191,4	111,8 Mill.
1893	984,8 „	841,7	1892	187,7	109,6 „
1894	1000,4 „	934,3	1893	187,4	103,1 „

1896 war der höchste Notenumlauf

am 1. Jan. 1227 Mill. M., der niedrigste am 23. Februar 973 Mill. M.
„ 31. Dez. 1257 „   „   „   „   „ 7. Okt.   804 „   „

Sechs mal ist in dem Jahre der steuerfreie Betrag überschritten, am 31. Dez. um 134 Mill. M. Im Ganzen wurden dafür 464 000 M. Steuer bezahlt.

Der Notenumlauf der Bank von England war Ende 1893 25,7 Mill. ℔. St. Der Barvorrat betrug 25,8 Mill. Depositen beliefen sich auf 34,2 Mill. ℔. Sicherheiten 35,5 Mill. ℔. Juni 1895 war der Barvorrat 37 Mill. ℔. bei nur 26,2 Mill. ℔. Notenumlauf. Ende 1893 hatten die übrigen englischen Banken 15,2 Mill. ℔. Noten im Umlauf.

§ 51.

Die Banknote.

Die Note soll Mittel, Darlehen zu gewähren, weniger Zahlmittel sein. Zu ihrer Annahme ist niemand verpflichtet. Die Note ist daher kein Geld, sondern nur Geldsurrogat. In der Möglichkeit, durch Noten-Emission die Darlehengewährung bei eintretendem plötzlichen Bedarf erheblich auszudehnen, liegt der hauptsächlichste volkswirtschaftliche Nutzen derselben, der bei eintretenden Krisen von der ausserordentlichsten Bedeutung für die ganze Geschäftswelt sein kann. Ebenso kann durch die Notenpresse bei grossen Barzahlungen an das Ausland am leichtesten und angemessensten Ersatz an Cirkulationsmitteln geboten werden. Durch Noten wird überhaupt Münze erspart, und es ist erleichtert, durch Ausdehnung und Einschränkung der Notenemission den Vorrat von Cirkulationsmitteln dem Bedarf anzupassen, der je nach dem Geschäftsgange schwankt. Das Publikum hat dabei zu jeder Zeit Gelegenheit durch Zurückschiebung der Noten in die Bank sich jeder Ueberfülle an Cirkulationsmitteln zu entledigen.

Das Notenprivilegium verleitet die Privatbanken aber leicht, in Zeiten, wo wenige Cirkulationsmittel gebraucht werden, übermässig Kredit gewähren, um die Noten in Umlauf zu setzen, und gefährdet damit die Solidität der Kreditwirtschaft und zugleich die Sicherheit der Notenbanken selbst, von welcher stets die einer grossen Anzahl Geschäftshäuser abhängt.

§ 52.
Das Papiergeld.

Bluntschli u. *Brater*, Staatswörterbuch. *A. Wagner*, Art. Papiergeld. *Ad. Wagner*, Staatspapiergeld, Reichskassenscheine und Banknoten. Berlin 1874.
Hirths Annalen des deutschen Reichs. 1873. *W. Endemann*, Rechtsgutachten in der Papiergeld- und Banknotenfrage.
Jahrbücher für Nationalökonomie. N. F. Bd. IV. *Földes*, Beiträge zur Frage über die Ursache und Wirkungen des Agios und Beiträge zur Statistik des Agios.
Ebenda *Menger*, Beiträge zur Währungsfrage in Oesterr.-Ungarn. 1892.
Gruber, Stat. Beitr. z. Frage d. Währung in Oesterr. Jena 1890.

Im eigentlichen Sinne des Wortes sind unter Papiergeld nur unverzinsliche Schuldscheine zu verstehen, die der Staat als gesetzliches Zahlungsmittel mit oder ohne Einlösungsversprechen, also mit Zwangskurs ausgiebt (Preuss. Tresorscheine von 1806 und 1807, Assignaten der französischen Revolution, Greenbacks der Vereinigten Staaten bis 1879, dann einlöslich, aber noch gesetzliches Zahlungsmittel, Oesterr. Reichsschatzscheine von 1849—54 und Noten der österr. Nationalbank seit 1848. Noten der Bank von England von 1797—1821). Der gewöhnliche Sprachgebrauch versteht aber unter Papiergeld überhaupt unverzinsliche Schuldscheine des Staates, für welche keine Einlösungsverpflichtung vorliegt, deren Annahme aber durch die Staatskassen garantiert ist (Deutsche Reichs-Kassenscheine), welche ebenso wie Noten der mit dem Staate in Geschäftsbeziehungen stehenden Banken in Zeiten grösserer Krisen oft durch Zwangskurs in wirkliches Papiergeld verwandelt wurden. Es werden dazu uneigentlich auch die amerikanischen Silbercertifikate (1878) gezählt, die bar gedeckt und einlöslich sind. Das Papiergeld unterscheidet sich von dem Metallgeld dadurch, dass es wie auch alle Geldsurrogate keinen Wert in sich selbst trägt, ihm die Cirkulationsfähigkeit nur durch den Kredit des Ausstellers resp. durch das Vertrauen, dass auf Grund dieses Kredites das Papier zur Zahlung benutzt werden kann, verschafft wird. Die darauf verzeichnete Zahl bedeutet nicht wie bei der Münze die Garantie des Gehalts, sondern nur die Bescheinigung des Versprechens der Acception für eine bestimmte Summe und auch nicht ein Zahlungsversprechen.

Das Papiergeld soll ausdrücklich Zahlungsmittel sein. Es ist für die dauernde Cirkulation bestimmt. Die Banknote soll dagegen Mittel, Kredit zu gewähren, sein. Ihre Zurückziehung wird vorausgesetzt, sobald sie hierzu und zu einigen Zahlungen gedient hat. Ihr Zurückkehren wird ferner vorausgesetzt bei Erschütterung des Kredits der Bank, sowie bei Verminderung des Bedarfs an Cirkulationsmitteln, während die Summe des cirkulierenden Papiergeldes lange Zeit stationär zu bleiben bestimmt ist.

Die Banknoten können sich unter sonst normalen Verhältnissen nach allem nicht auf lange Zeit übermässig anhäufen und damit dauernd zur Entwertung und allgemeinen Preissteigerung führen, wenn nicht exceptionelle Verhältnisse vorliegen. Ihr Vorrat reguliert sich selbst und schmiegt sich den volkswirtschaftlichen Verhältnissen an. Das ist nicht der Fall beim Papiergeld, das daher bei Erschütterung des

Staatskredits, bei übermässiger Vermehrung das Metallgeld verdrängt und selbst immermehr entwertet wird, indem für Metall Agio gezahlt wird.

Wechselkurs in den Vereinigten Staaten auf London gegenüber dem Parikurs: Juli 1861: 106, Juli 1862: 118½, Juli 1863: 156½, Juli 1864: 257; Goldagio Juli 1864: 185%, 10. August 1865: 144, 1867: 133, 1871: 110%, 1878: 102.

In Russland schwankte der Rubelkurs 1891 zwischen 194 und 245 M., 1892 zw. 197 und 216 M., 1895 zw. 217 und 220 M. 100 Gld. Oesterr. kosteten 1890 in einem Monat 170 M., in einem andern 182,7 M.; 1892 schwankte der Kurs zwischen 168,8 und 172,8; 1895 zwischen 164,6 und 169,7.

Bei eingetretener Papierwährung ist der Kurs des Papiergeldes je nach den politischen Verhältnissen, je nach dem Bedarf an Cirkulationsmitteln bei gleichem Vorrat an Papiergeld fortdauernden Schwankungen unterworfen, was beim Metallgeld, das mit dem Ausland in perpetuierlicher Kommunikation steht, unmöglich ist. Diese Kursschwankungen benachteiligen den Handel und die Industrie erheblich, bringen Unsicherheit in die ganze Volkswirtschaft und regen übermässig zur Spekulation an. Geringer Wert des Papiergeldes steigert künstlich die Ausfuhr, hemmt die Einfuhr. Ein hoher Wert wirkt umgekehrt. Durch niedrige Kurse wird ein Schutzzoll und eine Exportprämie gewährt, welche sich aber mit jeder Kurssteigerung vermindern.

§ 53.
Die Centralisation und Decentralisation im Zettelbankwesen.

v. Philippovich, Die Bank von England im Dienste der Fin.-Verwalt. des Staates. Wien 1885.
Ad. Wagner in Schönbergs Handbuch S. 35.

Den Gefahren der Notenemission, wie sie durch den Missbrauch von seiten der Banken und die Urteilslosigkeit des Publikums entstehen, kann der Staat entgegenwirken 1. durch Aufstellung strenger Normativbestimmungen für die Zettelbanken, während ihre Gründung freigegeben ist (Amerika); 2. durch die ausschliessliche Privilegierung einer grossen Centralbank unter Staatsaufsicht (Frankreich, Oesterreich); — Dazwischen steht 3. das gemischte System, wo neben einer Centralbank unter beschränkenden Bestimmungen auch kleinere Zettelbanken gestattet sind (Deutschland, England). Anfang 1873 gab es in Deutschland 33 Notenbanken. Im Jahre 1889 bestanden neben der Deutschen Reichsbank noch 15 Notenbanken, 6 in Preussen, 9 in andern Bundesstaaten. Anfang 1895 hatten nur noch 7 Notenbanken ausser der Reichsbank das Privilegium bewahrt. Das steuerfreie Notenkontingent der Reichsbank ist infolge dessen von 250 Mill. auf 293 400 000 M. gestiegen. Das der übrigen zusammen beträgt nur 91,6 Mill. M. 1894 existierten 268 Reichsbankanstalten. In England haben jetzt die Jointstockbanken 2,1 Mill. ℔., die privaten Banken 3,17 Mill. ungedeckte Noten auszugeben i. S. 5,28 Mill. gegen 8,6 Mill. i. J. 1844. Die Bank von

England darf jetzt 16,2 Mill. ungedeckte im Umlauf haben, ursprünglich nur 14 Mill. *u.*

In den Vereinigten Staaten waren 1894 3755 Banken vorhanden mit 172,8 Mill. D. Noten im Umlauf und 1728 Mill. D. privaten Depositen.

Für die Centralisation ist anzuführen: Nur grosse Centralbanken, hinter denen der Staat mit seinen gewaltigen Mitteln steht, bieten auch in Zeiten der wirtschaftlichen Krisen volle Sicherheit und der Geschäftswelt eine kräftige Stütze durch Gewährung ausgedehnter Darlehen, während kleine Privatbanken in solchen Zeiten selbst gefährdet sind und eine Beschränkung in der Krediterteilung eintreten lassen müssen, wodurch die Krisis noch verschärft werden kann.

Eine reine Staatsbank kann noch mehr vom finanziellen Ergebnis absehen und die allgemeinen Interessen allein im Auge haben als eine nur unter Staatskontrolle stehende Privatbank. Dagegen hängt der Kredit der Staatsbank zu sehr von der Finanzlage des Staates ab und wird durch politische Verhältnisse fortdauernd beeinflusst. Staatsbeamte, in deren Hand die Leitung ist, pflegen ferner erfahrungsgemäss in den Details weniger den Bedürfnissen des Publikums Rechnung zu tragen. Im grossen und ganzen wird die Bankthätigkeit unter Staatsleitung den Interessen der Gesamtheit am meisten entsprechen, aber nicht hinreichend den lokalen und persönlichen.

Die Centralisation schliesst die Gefahr in sich, dass bei dem grossen Uebergewicht der privilegierten Zettelbank der Hauptsitz derselben zu sehr bevorzugt wird und die leitenden Persönlichkeiten das Geschäftsleben einseitig beeinflussen, z. B. durch eine falsche Diskontopolitik. (Bewegung für und gegen die Staatsbank in der Schweiz 1894 und 95.)

Das gemischte System sucht die Vorteile der Centralisation und Decentralisation zu verbinden, muss damit aber auch manche Nachteile beider aufnehmen. Es kommt ganz auf die volkswirtschaftlichen und politischen Verhältnisse an, welchem Systeme für ein bestimmtes Land der Vorzug zu geben ist.

§ 54.

Die Normativbestimmungen für die Zettelbanken.

Als solche sind zur Sicherung der Noten angewendet worden:

1. Der Anspruch der Dritteldeckung (im Deutschen Reiche).
2. Beschränkung des Notenumlaufs nach einem Verhältnis zum Stammkapital oder zu diesem und den Depositen. Nach dem Gesetz von 1862 dürfen die amerikanischen Banken nur je nach ihrer Grösse 60—90 % ihres Grundkapitals an Noten ausgeben.
3. Normierung kurzsichtiger Wechsel (höchstens auf 3 Monate) mit mindestens 2 resp. 3 Unterschriften als bankmässiger Deckung.
4. Die Kontingentierung der ungedeckten Noten (Peelsche Bankakte von 1844), absolut oder durch eine hohe Steuer bei Ueberschreitung einer gewissen Summe derselben (Deutsches Reich 5 %).
5. Deponierung von sicheren, zinstragenden Papieren über den Betrag der emittierten Noten. Im Staate New York begann man schon 1829 in dieser Weise durch den Staat für gesetzliche

Sicherung der Noten vorzugehen. Die dortige Gesetzgebung wurde massgebend für das Bundesgesetz der Ver. Staaten von 1862.

6. Normierung eines hohen Minimalsatzes für die einzelnen Noten (Deutsches Reich 100 M.). Je höher der Betrag der Note, um so schneller wird sie erfahrungsmässig zur Einlösung der Bank präsentiert. Um so leichter kann das Publikum selbst sich vor zu grosser Anhäufung der Noten im Verkehre schützen.

7. Unbedingte Einlösungsverpflichtung der präsentierten Noten, bei Centralbanken durch eine grosse Zahl von Filialen. Bei dem gemischten System Annahmeverpflichtung aller cirkulierenden Noten für jede Bank und Verpflichtung, die eingelaufenen Noten anderer Banken stets zur Einlösung zu präsentieren (Deutschland).

8. Genaue Bestimmung der Geschäftsthätigkeit und Beschränkung auf die eigentlichen Bankgeschäfte.

9. Wöchentliche Publikation der Geschäftslage.

10. Kontrolle derselben durch eine Staatsbehörde (Amerika).

11. Bildung eines entsprechenden Reservefonds.

12. Solidarhaft der Bankanteilinhaber (bei der deutschen Reichsbank nicht der Fall), was nicht zu empfehlen ist.

Eine unbedingte Sicherheit für die Einlösung der Noten und die ganze Stellung der Banken ist durch alle diese Massregeln nicht zu schaffen, sie hängt vielmehr hauptsächlich von der Leitung ab, besonders von der Kontrolle der Sicherheit der Wechsel, welche diskontiert werden sollen.

Kapitel VII.

Das Börsenwesen.

Kautsch, Allgemeines Börsenbuch. Stuttgart 1874.
G. Cohn, Die Börse, in *Virchow* u. *Holtzendorff*, Sammlung, Jahrg. II.
E. Struck, Die Effektenbörse. Leipzig 1881.
Art. Börse u. Börsengeschäfte im Hdwb. der Staatswissenschaften.

§ 55.

Die Börse.

Die Börse nennt man den Ort eines grösseren Marktplatzes, wo sich zu bestimmten Zeiten die Geschäftsleute bestimmter Branchen und Handelsvermittler regelmässig vereinigen, um nach einer vereinbarten Börsenordnung Geschäfte abzuschliessen und nach den gezahlten Preisen die durchschnittlichen Tagespreise aufzustellen. Bald bilden sie private Vereinigungen wie in England und Amerika, bald sind sie öffentliche, vom Staate konzessionierte, die unter Staatsaufsicht stehen, mit vom Staate genehmigten Statuten, den Börsenordnungen, wie meistens auf dem europäischen Kontinent. Im Gegensatz zum Marktverkehr werden an der Börse die Geschäfte über bestimmte Mengen einer bestimmten Gattung abgeschlossen, nicht über vorliegende Waren. An der Börse können daher nur fungible oder vertretbare Waren gehandelt werden.

Je nach dem Gegenstande des Geschäftes unterscheidet man Waren- oder Produkten- (Getreide-, Eisen-, Mehl-, Zuckerbörse) und

4*

Effekten- oder Fondsbörse. Die Konzentrierung der Geschäfte an der Börse verschärft die Konkurrenz. Die Effektenbörse erleichtert die Benutzung der Kreditpapiere zur Kapitalsanlage und die Disposition über dieses Kapital verleitet allerdings auch das Publikum zu unsicherer Kapitalsanlage, welche nach den Vorspiegelungen der Spekulanten Gewinn verspricht.

Schon im alten Rom hat es regelmässige, börsenmässige Zusammenkünfte der Kaufleute gegeben. Im Mittelalter finden sie sich schon im 13. Jahrhundert. Im 14. Jahrhundert bildeten sich besondere Wechselbörsen aus. Im 16. und 17. Jahrhundert enstanden an verschiedenen Haupthandelsplätzen Börsen mit offiziellem Charakter. Die Pariser Börse lässt sich bis 1304 zurück verfolgen, die Londoner ist 1556, die Hamburger 1558 gegründet. Der Kurszettel der Londoner Börse umfasste 1815 nur 30 Papiere, 1889 1630. Der Berliner Kurszettel enthielt 1820 nur 11 Effekten, 1880 613, 1889 1137 neben 33 ausländischen Wechseln, Noten, Papiergeld- und Münzsorten.

Nur durch Konzentration der Geldkräfte auf solchem Markt wird die Realisierung der grossen Anleihen für den Staat, zu Eisenbahnbauten etc. möglich. Die Börse bietet aber auch den grösseren Geldmännern besondere Gelegenheit, ihre Ueberlegenheit zu verwerten, sowie Veranlassung zu ausgedehntem Spiel.

Die hauptsächlichsten Geschäfte werden an der Börse vermittelt durch vereidigte Makler oder Sensale, die über die abgeschlossenen Verträge Schlussscheine mit Rechtsverbindlichkeit ausstellen und dafür eine Provision (Curtage) erhalten.

Nach den in ihren Maklerbüchern verzeichneten Aufträgen und abgeschlossenen Geschäften wird der Kurszettel festgestellt.

Die an der Berliner Börse gehandelten Papiere haben einen Kurswert von 55 Milliarden Mark.

Miquel schätzte 1889 das preussische private Kapitalvermögen auf 73,8 Milliarden M. Davon sind 6 Milliarden preussische Staats-Anleihen, die Hälfte der Reichsanleihen mit 620 Millionen, Kommunalanleihen 1,200 Mill.; ausländische Wertpapiere im preussischen Besitz 1,500 Mill., preussische Aktien 3,350 Mill., Forderungen aus Hypotheken und Pfandbriefen 17 000 Mill. M. Also fast 30 Milliarden M. Leihkapital, davon 16—20 Milliarden in Effekten.

Es wurden an drei deutschen Börsen emittiert:

	Mill. M.		Mill. M.
an deutschen Staatspapieren 1892 :	482	v. 1882—92	2128
Pfandbriefe	202	—	1051
Eisenbahnaktien	0,5	(1883 f. 18 Mill. v. 1882—92	57,8
Bankaktien und Obligationen	51,7	v 1882—92	807
Berg-, Hütten- u. Industrie-Aktien	26	—	1286
Obligationen industriell. Ges.	28,9	—	401
Ausländische Papiere 1892	469	v. 1882—92	23726

§ 56.

Die hauptsächlichsten Börsengeschäfte.

C. Cohn, Zeit- und Differenzgeschäfte. Jahrb. f. Nat., Bd. VII u. IX.
Bericht der Börsen-Enquete-Kommission nebst Anlagen, Berlin 1892.
Conrad, Die Monatspreise des Getreides, Jahrb. 1895.
H. W. B. Supplementb. Art. Börsenwesen.

Die Börsengeschäfte zerfallen in 1. Kassa- und Loco- oder
Effektivgeschäfte genannt mit unmittelbarer oder nach wenig Tagen
zu erfolgender Erledigung; 2. Zeit- oder Termingeschäfte, wo die
Lieferung der gehandelten Waren nach bestimmten allgemeinen Normen
erst nach einer vorher bestimmten Zeit geschieht, auch Lieferungsgeschäfte genannt. Sie setzen eine fungible Ware voraus, die stets in
grossen Massen zu haben ist. Sie dienen zur Sicherung des Vorrats
für einen späteren Termin im Waren- wie im Effektenhandel.

Der Verkäufer, Baissier oder Fixer, Contremineur hofft auf das
Herabgehen des Kurses und denkt zur Lieferungszeit billiger zu
kaufen. Der Käufer dagegen, Haussier, spekuliert auf ein Steigen des
Kurses, um die gelieferte Ware am Lieferungstermin teurer verkaufen
zu können.

Die Geschäfte zerfallen in fixe und bedingte Lieferungsgeschäfte,
bei denen einem Teile der Kontrahenten die Wahl gelassen ist zu
liefern, oder die Differenz, oder auch eine fest abgemachte Prämie zu
zahlen. Das letztere ist das Prämiengeschäft, das erstere ein Differenzgeschäft.

Diese Art der Geschäfte wird sehr allgemein zum reinen Börsenspiel benutzt, indem die Lieferung gar nicht beabsichtigt wird, sondern
es sich nur um eine Wette auf das Steigen oder Fallen des Preises
(von Getreide, Eisen, Zucker oder Effekten) handelt, und die Bestrebungen der Beteiligten dann darauf gerichtet sind, künstlich ein
vorübergehendes Steigen oder Fallen herbeizuführen (Börsenjobberei).
Die Termingeschäfte wirken aber zugleich besonders intensiv auf eine
Ausgleichung der Preise nach Raum und Zeit hin und haben daher
ihre Berechtigung. Sie dienen ausserdem zur Rückdeckung bei grossen
Geschäften, indem der Käufer eines grossen Postens für spätere Lieferung, einen Teil des Quantums im Differenzgeschäft zum Lieferungstermin wieder verkauft, um den Einfluss der Preisschwankungen auszugleichen. Damit tragen die Differenzgeschäfte zur Verteilung des Risikos und zu grösserer Solidität der Effektivgeschäfte bei. Sie erleichtern
dadurch die Ausdehnung der Geschäftsthätigkeit und bilden eine Stütze
für die Entwicklung grosser Marktplätze.

Das Reportgeschäft ist ein Darleihgeschäft mit Börsenpapieren,
indem der Haussier, um die gekauften Papiere aus Mangel an Geld
nicht ungünstig verkaufen zu müssen, sie einem andern zum Kurs auf
gewisse Zeit abtritt, nach deren Ablauf er sie mit einigem Profit wieder
abzunehmen verspricht.

Beim Deportgeschäft leiht sich der Baissier Papiere und verspricht sie zu einem niedrigeren Kurs nach gewisser Frist zurück-
zuliefern. Eine besondere Ausdehnung haben dann an der Börse die
Arbitragegeschäfte gewonnen, der Aufkauf von Wechseln und Speku-

lationspapieren, wo ihr Kurs niedrig, um sie dort zu verkaufen, wo er hoch ist.

Die Ausartungen der Börse sind am besten durch eine verschärfte Börsenordnung zu bekämpfen, um nach Beruf und Vermögen nicht hingehörige Personen auszuschliessen; um die am Terminhandel Beteiligten aber zur öffentlichen Kenntnis zu bringen, durch Registerzwang; durch Ueberwachung der Handelsnormen (z. B. Lieferungsqualität) durch eine besondere Behörde, sowie Beschränkung und Auswahl der zur Emission zuzulassenden Papiere und an der Börse zu handelnden Aktien. Schliesslich durch kriminelle Bestrafung der Verleitung zum Börsenspiel.

§ 57.
Der Unterschied zwischen Bank- und Börsengeschäften.

Der Unterschied der eigentlichen Bank- und der Börsengeschäfte ist ein sehr erheblicher. Die Banken diskontieren im allgemeinen nur Wechsel auf den Platz oder doch auf das Inland, und zwar um sie einzukassieren. Die Börsenmänner kaufen vorzugsweise Devisen (also Wechsel, die im Auslande fällig sind), und zwar um sie wieder zu verkaufen. Sie sehen weniger auf die Sicherheit des Wechsels als auf die Vorteilhaftigkeit des Kaufs und die Chancen des Verkaufs. Sie wollen am Kurs gewinnen, die Banken nur den Diskont beziehen.

Die Banken handeln mit flüssigen Geldern (Kontokorrentverkehr), die Börse vorzugsweise mit fest angelegten Kapitalien (zinstragenden Kreditpapieren verschiedener Art, Aktien etc.).

Die Banken sollen nur sichere Effekten kaufen und nur zur Reserve, also ausnahmsweise. Sie rechnen dabei auf das Gleichbleiben des Kurses. Die Börsenmänner spekulieren gerade auf die Kursschwankungen und wählen daher mit Vorliebe Papiere mit zweifelhafter Sicherheit, die starken Schwankungen unterworfen sind. Ein sehr grosser Teil der modernen Banken in Deutschland beschäftigt sich aber auch mit Börsenspekulationen und hat damit erheblich an Sicherheit und volkswirtschaftlichem Nutzen eingebüsst.

Kapitel VIII.
Das Aktienwesen.

Renaud, Das Recht der Aktiengesellschaft. 2. Aufl. Leipzig 1874.
Molle, Die Lehre von der Aktiengesellschaft. Berlin 1874.
Auerbach, Das Aktienwesen. Frankfurt 1873.
Gutachten im Auftrag des Vereins für Socialpolitik. Leipzig 1873. Zur Reform des Aktiengesellschaftswesens.
van der Borght, Statistische Studien über die Bewährung der Aktiengesellschaften. Jena 1883.

§ 58.
Die verschiedenen Erwerbsgesellschaften.

Zur Erhöhung der Leistungsfähigkeit von Arbeit und Kapital haben verschiedene Arten von Associationen in Handel und Industrie Platz gegriffen:

1. Die offene oder Kollektivgesellschaft: zwei oder mehrere Gesellschafter betreiben das Geschäft gemeinsam und unter Gebrauch eines Gesamtnamens (Firma). Jeder haftet unbeschränkt für die Geschäftsverbindlichkeiten und ist mit seinem Namen im Handelsregister eingetragen. Diese Form findet vorzüglich beim Handel Anwendung, wo eine Vervielfältigung der Persönlichkeit des Unternehmers zweckmässig erscheint.

2. Die Kommanditgesellschaft: einer oder mehrere Geranten treten mit voller Haftpflicht als offne Gesellschafter auf, während ausserdem ein oder mehrere Personen als stille Gesellschafter nur mit einer bestimmten Kapitalseinlage eintreten (Kommanditisten) und nur bis zur Höhe derselben haften.

Ein Uebergang zur folgenden Form liegt vor, wenn das Kapital der letzteren in Aktien und Aktienanteile zerlegt ist, wodurch die Kommanditgesellschaft auf Aktien gebildet wird.

3. Die Aktien- oder anonyme Gesellschaft: die Geschäfte werden auf ihre Rechnung durch bestimmte angestellte Personen (Direktoren, Verwaltungs- und Aufsichtsrat) nach Massgabe der Statuten geführt, so dass die einzelnen Mitglieder nicht als Gesellschafter Dritten gegenüber auftreten. Sie haften nicht persönlich, sondern nur nach Massgabe ihrer Beiträge zum Gesellschaftskapital, das in Aktien- oder Aktienanteilen zerlegt ist, die auf den Inhaber (in Deutschland das gewöhnliche, aber nicht in England) oder auf den Namen des Besitzers lauten und participieren dementsprechend am Gewinn.

Handelt es sich darum besonders, ein grösseres Betriebskapital zusammenzubringen, so sind die Arten 2 und 3 (Einlagegesellschaften) mehr am Platze. Die Kommanditgesellschaft hat den Vorteil der mehr einheitlichen Leitung durch die mitbeteiligten und unverantwortlichen Geranten, die über den Kapitaleinschuss frei verfügen, die daher aber auch durch Unfähigkeit oder Unredlichkeit den grössten Schaden herbeiführen können, während bei der Aktiengesellschaft der Direktor kontraktlich gebunden ist und event. abgesetzt werden kann, ohne die Gesellschaft selbst in Frage zu stellen.

4. Die Gesellschaft mit beschränkter Haft nach dem Gesetz vom 20. April 1892 für das deutsche Reich. Sie ist auch eine Handelsgesellschaft mit den Rechten und Pflichten der Kaufleute und steht zwischen der offenen und Aktiengesellschaft. Sie kann schon mit zwei Mitgliedern ins Leben gerufen werden, tritt als juristische Person auf, wird durch Geschäftsführer vertreten, die nicht Gesellschafter zu sein brauchen, und haftet ausschliesslich mit dem Gesellschaftsvermögen. Die Mitglieder haften solidarisch nur für vollständige Einzahlung des Stammkapitals, sowie für unberechtigte Minderung desselben. Die Uebertragung der Geschäftsanteile kann nur durch gerichtl. oder notariellen Vertrag geschehen. Das Stammkapital ist auf mindestens 20 000 M. angesetzt, die einzelne Einlage auch mindestens 500 M. Erst durch Einzahlung von ein viertel desselben und mindestens 250 M. pro Einlage kann die Gesellschaft in das Handelsregister eingetragen und damit geschäftsfähig gemacht werden. Sie kann in drei Formen auftreten: 1. ohne Nachschusspflicht für die Mitglieder; 2. mit unbeschränkter Nachschusspflicht; 3. mit statutarisch beschränkter Nachschusspflicht. In der ersten Form kann ein Mitglied sich durch

Opferung des volleingezahlten Stammanteils von der Nachschusspflicht befreien. Die Organisation ist ungebunden. Ende 1894 existierten 494 Gesellschaften mit beschränkter Haftpflicht mit einem Stammkapital von 214 Mill. M.

5. Die Gewerkschaft wird gebildet, sobald mehrere Besitzer eines Bergwerkes vorhanden sind, und besitzt Körperschaftsrechte. Die Mitglieder haften Dritten gegenüber überhaupt nicht. Sie können nur durch die Gewerkschaft in Anspruch genommen werden; hier aber nach den von dieser durch Majoritätsbeschluss ausgeschriebenen Beiträgen (Zubussen). Die Gewerken können sich durch Verzicht auf ihre Beteiligung an dem Unternehmen befreien. Der Gewerke braucht nicht unbedingt (wie der Aktionär) beim Eintritt etwas zu zahlen, er leistet fortdauernd nach Bedarf. Die Gewerkschaft ist in Idealanteile (Kuxe) zerlegt, deren Zahl nach den Gesetzen in verschiedener Weise (100 oder 1000 in Preussen) beschränkt ist. Nach aussen wird die Gewerkschaft durch einen Repräsentanten oder einen aus einer oder mehreren Personen bestehenden Grubenvorstand vertreten.

6. Die eingetragene Genossenschaft nach dem Gesetz vom 4. Juli 1868 für den norddeutschen Bund. (Vorschuss- und Kreditvereine nach Schulze-Delitzschs Prinzip, Rohstoff- und Magazinvereine, Konsumvereine, Produktivgenossenschaften.) Dieselbe ist eine Gesellschaft ohne geschlossene Mitgliederzahl, wobei nach dem Gesetz von 1889, entweder wie ursprünglich sämtliche Mitglieder für die Geschäftsverbindlichkeiten der Gesellschaft solidarisch, oder nur beschränkt haften. Sie muss eine Firma annehmen, deren Vertretung durch einen gewählten und in das Handelsregister eingetragenen Vorstand geschieht.

Die Genossenschaft im Sinne des Gesetzes von 1868 verschafft auch den wenig Bemittelten, ja selbst den Besitzlosen, aber persönlich Leistungsfähigen durch die Solidarhaft erheblichen Kredit. Sie hat namentlich in den Volksbanken und Konsumvereinen in Deutschland sehr segensreich gewirkt.

§ 59.

Die Vorteile der Aktiengesellschaft und z. T. der Ges. mit beschränkter Haft.

Schäffle, Die Anwendbarkeit der verschiedenen Unternehmungsformen. Z. f. St. W. Bd. XXV.
v. d. Borght im H.-W.-B. d. Staatsw., Art. Aktiengesellschaften.

Die Vorteile sind zunächst für den Kapitalisten:

1. Freie Disposition über das darin angelegte Kapital durch die Möglichkeit, die Aktien an der Börse wieder zu verkaufen.

2. Die Möglichkeit, sich mit einem kleinen Teil des Vermögens an gewinnverheissenden, aber riskanten, oder auch gemeinnützigen, aber nicht lukrativen Unternehmungen zu beteiligen, ohne mehr als jenen kleinen Teil aufs Spiel zu setzen.

Für die Förderung der Produktion, also für die gesamte Volkswirtschaft hat sie folgende Vorteile:

1. Dass durch sie eine Summierung der kleinen Kapitalien und zersplitterten Vermögensteile bewirkt und ihnen die Produktivkraft der grossen Summen verschafft wird, so dass der Grossbetrieb ermöglicht ist ohne die Konzentrierung des Ertrags in wenigen Händen.

2. Dass durch die beschränkte Haftbarkeit leichter, ja vielfach allein, bedeutende Kapitalien aufgebracht werden können, die für viele Unternehmungen mit grossem Risiko notwendig sind (Eisenbahnen, das überseeische Kabel, Durchstechung der Landenge von Suez, Museen, Theater und dgl.).

3. Dass sie auch der unbemittelten Intelligenz Gelegenheit zu bedeutender Wirksamkeit als Geschäftsleiter geben.

4. Dass die Geschäftslage der betreffenden Unternehmungen fortdauernd der Oeffentlichkeit übergeben wird.

§ 60.
Die Nachteile der Aktiengesellschaften.

Oechelhäuser, Die Nachteile des Aktienwesens. Berlin 1876.

1. Sie regen zur Beteiligung an riskanten, ja schwindelhaften Unternehmungen an, fördern erfahrungsgemäss das Streben nach Gewinn ohne Arbeit und lockern die Sorge um die Sicherheit der Kapitalanlage. Sie erleichtern die Ausbeutung des grossen Publikums durch spekulative Köpfe, weil es die Verhältnisse nicht zu überschauen vermag.

2. Dem Börsenspiel wird bedeutendes Material der empfindlichsten Art mit den grössten Schwankungen im Kurse zugeführt.

3. Der Grossbetrieb kann dadurch leicht übermässige Dimensionen annehmen und dabei zur Ueberproduktion führen, dann aber auch zu bedenklicher Monopolisierung einzelner Geschäftszweige.

4. Der Geschäftsbetrieb wird beeinträchtigt durch die Schwerfälligkeit und Kostspieligkeit des Verwaltungsapparates, so dass Aktiengesellschaften keineswegs für alle Geschäftszweige am Platze sind, sondern nur da, wo der Geschäftsgang ein mehr gleichmässiger und die Grösse der Kapitalmasse vorzüglich für das Gedeihen des Geschäftes ins Gewicht fällt, z. B. bei Versicherungsgesellschaften, Bergwerken etc. — Bei schwer zu kontrollierendem Geschäftsgang, stark wechselnden Konjunkturen haben sich die Aktiengesellschaften im allgemeinen nicht bewährt. Die Thätigkeit durch auf Zeit angestellte und von z. T. nicht sachkundigen Aktionären gewählte und von ihnen abhängige Leiter muss hinter der selbständiger Unternehmer im allgemeinen zurückbleiben, die frei nach ihrer Ueberzeugung handeln können.

In Preussen wurden Aktiengesellschaften gegründet:

vor 1800	v. 1800–25	1826—50	1851—70 I. K.	bis 1874 eingeg.
5 mit 1,4 Mill. M.	16 m. 38,3 M.	102 m. 638 M.	295 m. 240 M.	66 m. 105 M.

1870 II. K.	1871	1872	1873	1874
41 mit 177 Mill. M.	225 m. 1018,1 M.	500 m. 1495,8 M.	72 m. 538 M.	19 m. 77,5 M.

In ganz Deutschland waren die Gründungen

1884	153	Gesellschaften	mit	111,24	Millionen	Mark
1885	70	„	„	53,47	„	„
1886	113	„	„	103,44	„	„
1887	168	„	„	128,41	„	„
1888	184	„	„	193,68	„	„
1889	360	„	„	402,54	„	„
1890	236	„	„	270,99	„	„
1891	160	„	„	90,24	„	„
1892	127	„	„	79,20	„	„
1893	95	„	„	77,30	„	„
1894	92	„	„	88,33	„	„

Im Jahre 1891'92 gab es in Deutschland 3224 A.-Ges. mit 5771 Mill. M.

davon waren	Versicherungsgesellschaften	119	„	„	„	109,3	„	„
„ „	Banken u. sonst. Kreditanstalten	390	„	„	„	1635,8	„	„
„ „	Eisenbahnen	87	„	„	„	593,2	„	„
„ „	Schiffahrtsgesellschaften	127	„	„	„	193,4	„	„
„ „	Pferdebahnen, Omnibusg.	44	„	„	„	71,3	„	„
„ „	Bäder, Hotels etc.	153	„	„	„	53,0	„	„
„ „	Berg- u. Hüttenw., Sal.	237	„	„	„	919,4	„	„
„ „	Chemische Fabriken	89	„	„	„	202,4	„	„
„ „	Maschinen, Instrumente, App.	183	„	„	„	309,3	„	„
„ „	Nahrungs- u. Genussan.	665	„	„	„	582,7	„	„
„ „	Sonstige Industr.-Gesellsch.	1030	„	„	„	1101,2	„	„

Sämtl. Gesellschaften erzielten in dem Jahre einen Reingewinn von 521,4 Mill., während die Unterbilanz 59,2 Mill. betrug, der Rest von 462,2 entsprach einer Verzinsung von 8,6 %.

Die Industriegesellschaften hatten 8,1 % Reingewinn und zahlten 5,65 % Div.
„ Banken „ 8,9 % „ „ „ 6,4 % „
„ Versicherungsges. „ 30,8 % „ „ „ 16,1 % „

Von 1881—85 zahlten die Industriegesellschaften 3,44—5,01 %.

§ 61.
Die Crédit-mobiliers oder Gewerbebanken.

Aysord, Histoire du Crédit mobilier. Paris 1867.

Dieselben sind Aktienbanken, die neben den gewöhnlichen Bankgeschäften Börsengeschäfte betreiben, Spekulationskäufe aller Art (von Grund und Boden, Fabriken etc.) machen, sich dann aber ganz besonders die Aufgabe stellen, Aktiengesellschaften ins Leben zu rufen. Denn zur Bildung derselben ist notwendig 1. Intelligenz, um die Projekte zu entwerfen; 2. Geschäftskenntnis; 3. Geld, um die ersten Auslagen zu bestreiten und eventuell den Rest des nicht vom Publikum gedeckten Aktienkapitals selbst zu übernehmen; 4. Autorität dem Publikum gegenüber.

Die Crédit-mobiliers sollen die Konzentrationspunkte für diese Bedingungen bieten, indem sie bald das Unternehmen allein ins Leben rufen, um dann die Aktien an das Publikum vermittelst der Börse abzutreten, oder einen intelligenten Unternehmer durch Darlehen unterstützen, resp. die Unterbringung von Aktien oder deren Beleihung übernehmen.

Auf diese Weise können sie der Produktion erfolgreich zu Hilfe kommen. Dagegen liegt eine Gefahr für die Institute selbst, wie für die ganze Volkswirtschaft darin, dass, wenn sie den Schwerpunkt ihrer Thätigkeit in industrielle Unternehmungen und speziell die Gründungen und Börsenspekulation legen, sie dadurch die nötige Sicherheit einbüssen, und damit das Publikum, welches Bankgeschäfte mit ihnen macht, gefährdet wird.

Da die Gründungen nur zeitweise möglich sind, geht jede Gleichmässigkeit der Geschäftsthätigkeit verloren und ihre Sicherheit kann durch jede Ungunst der Konjunkturen leiden. Bei Geldüberfluss werden sie leicht zu gewagten Unternehmungen und zu Gründungen gedrängt, für welche kein volkswirtschaftliches Bedürfnis vorliegt, und Rentabilität nicht zu erwarten ist.

§ 62.
Der Staat und die Aktiengesellschaften.

Zur Reform des Aktienwesens. Drei Gutachten von *Wiener, Goldschmidt, Behrend.* Schrift. d. V. f. Socialpolitik 1873. *Wiener,* Kritik des Gesetzentw. betr. die Aktienges. Leipzig 1883.

Eine Einschränkung der Gründung von Aktiengesellschaften ist nach allem sehr wünschenswert. Das kann erreicht werden durch Erweiterung der Staats- und Gemeindeunternehmungen, was seine enge Grenze hat und fast nur bei solchen Unternehmungen möglich ist, bei denen, wie bei Eisenbahnen, Strassenbahnen, Gasfabriken, die Nachteile der Aktienform wenig hervortreten. Dann durch das als unhaltbar erwiesene Konzessionssystem, schliesslich durch strenge Normativbestimmungen für Gründung und Leitung der Gesellschaften. — Als solche sind zu nennen:

1. Anspruch der Ausstellung der Aktien auf den Namen, wenigstens für gewisse Geschäftszweige.

2. Zwang der Oeffentlichkeit des Gründungsvorgangs, durch Einreichung des Inhaltes aller von den Gründern vollzogenen Verträge und Abmachungen in Betreff der Gesellschaft bei Anmeldung der Gesellschaft zur Eintragung in das Handelsregister.

3. Oeffentlichkeit der Verwaltung, womit allerdings erfahrungsgemäss nichts erreicht wird.

4. Längere (nach dem deutschen Gesetz von 1884 fünfjährige) solidarische Haft der Gründer für den Gründungsvorgang, sowie für Ankündigungen etc.

5. Man hat ausserdem volle Zahlung des Grundkapitals vor der Eintragung in das Handelsregister verlangt (Gesetz von 1884 $\frac{1}{4}$ des Betrags), doch führt dies, wie schon der Anspruch auf hohe Einzahlung, zu ausgedehnter Umgehung, wenn auch Scheinzeichnungen mit Strafe belegt sind.

6. Auch die Bestimmung eines besonderen Aufsichtsrates (§ 209 f. des Ges. v. 1884) dient nicht zu grösserer Sicherheit, da derselbe ganz in der Hand der Gründer zu sein pflegt und in sehr vielen Branchen nicht imstande ist, die Geschäfte wirklich zu übersehen.

7. Der Generalversammlung müssen die weitgehendsten Befugnisse in Bezug auf die Wahl und Absetzung des Vorstandes und Aufsichtsrates zustehen. Sie muss in bestimmten Perioden von selbst zusammentreten. Das Stimmrecht eines Aktionärs darf durch die Zahl der in seiner Hand befindlichen Aktien nur in beschränkter Weise steigen.

8. Den Aktionären muss es freistehen, sobald sie einen gewissen Teil der Aktionäre repräsentieren, die Berufung einer ausserordentlichen Generalversammlung zu bewirken, sowie die amtliche Untersuchung der Geschäftsverhältnisse auf eigene Kosten. (Nach dem deutschen Gesetz kann das Landgericht auf Antrag von $^1/_{10}$ der Aktien vorgehen.)

9. Die Bildung einer staatlichen Aufsichtsbehörde ist nicht zu empfehlen, da sie das Publikum in Sorglosigkeit wiegen würde, ohne dass sie wirkliche Sicherheit zu bieten vermöchte, die überhaupt nicht geschafft werden kann.

§ 63.
Kartelle.

Kleinwächter, Die Kartelle. Innsbruck 1883.
Steinmann u. *Bucher*, Die Nährstände und ihre zukünftige Stellung im Staat. Berlin 1886.
Schriften des Vereins für Socialpolitik. Ueber wirtschaftliche Kartelle. Leipzig 1894.
Jenks, Die Trusts in den V. St. Jahrb. f. Nat., 1891, Bd. I.

Kartelle sind Unternehmerverbände derselben Branche behufs gemeinsamer Beeinflussung der Preise und sonstiger Beherrschung des Marktes, sowie um durch Vergrösserung des Betriebes die Produktionskosten zu vermindern. Sie sind hervorgerufen durch die planlose Konkurrenz zwischen den Unternehmungen, welche die Preise in für alle Beteiligte ruinöser Weise herabdrückte. Sie können daher durchaus gerechtfertigt sein. Grössere Bedeutung können sie nur gewinnen, wo die Zahl der vorhandenen Unternehmungen ohnehin gering ist. Eine Gefahr liegt natürlich in der Möglichkeit eines Missbrauchs des gewonnenen Monopols, welcher sehr wohl zum Einschreiten der Staatsgewalt zum Schutze des Publikums führen kann.

Sie sind zu unterscheiden von dem Ringe, Corner etc., welche momentane Vereinigungen zur Preissteigerung bedeuten. Die Trusts sind weitergehende amerikanische Vereinigungen, Fusionen der Einzelunternehmungen unter eine gemeinsame Leitung durch die Eigentümlichkeiten der amerikanischen Gesetzgebung bedingt. Bevor man die volkswirtschaftlichen Vorteile und Gefahren übersehen kann, sind noch weitere Erfahrungen über die Entwickelung derselben abzuwarten. Man hat sich vor Ueberschätzungen nach beiden Richtungen zu hüten.

Kapitel XI.

Die volkswirtschaftlichen Krisen.

Max Wirth, Die Geschichte der Handelskrisen. Frankfurt 1882.
Neuwirth, Die Spekulationskrisis von 1873. Leipzig 1874.

Tübinger Zeitschrift für die gesamten Staatswissenschaften. Jahrg. 1874.
Schäffle, Der Wiener Krach.
Wasserab, Preise und Krisen. Stuttgart 1889.
J. Wolf, Die gegenwärtige Wirtschaftskrisis. Tübingen 1888.
Handw. d. Staatsw., Art. Krisen von *Herkner*.
Rodbertus, Kl. Schriften. Berlin 1890. (Die Handelskrise und die Hypothekennot der Grundbanken 1858.
    von Bergmann, Die Wirtschaftskrisen; Geschichte der nat.-ökon. Krisentheorien. Stuttgart 1895.

§ 64.

Wirtschaftliche Krisen sind vorübergehende, allgemeinere Stockungen in der volkswirtschaftlichen Thätigkeit.

Dieselben können sein 1. reine Börsenkrisen, herbeigeführt durch übermässige Börsenspekulationen, durch welche künstlich und übertrieben der Kurs der Aktien und sonstigen Wertpapiere gesteigert wurde, worauf plötzlich eine der Rentabilität der Unternehmung entsprechende oder durch die allgemeine Panik begünstigt noch darüber hinausgehende Kursreduktion erfolgt. Es werden dabei enorme Verluste herbeigeführt, durch welche eine grosse Zahl zunächst von Börsenmännern zahlungsunfähig wird und damit andere Geschäftsleute in Mitleidenschaft gezogen werden. Beispiele sind die Krisen infolge der Tulpenmanie in den Niederlanden 1634—38; nach dem Lawschen Schwindel in Frankreich 1715—20. Der Wiener Krach vom 3. Mai 1873.

Die Börsenkrisen führen leicht 2. zu allgemeinen Kreditkrisen, wenn das Vertrauen bei weitverzweigter Spekulation allgemein geschwunden ist. Die Kreditkrisen können auch entstehen durch zu starke Vermehrung der Cirkulationsmittel und deren plötzliche Entwertung, z. B. nach der Entwertung der Assignaten in Frankreich zur Zeit der Revolution. Dann infolge des Zusammenbruches grosser Banken. In den Ver. Staaten 1837 u. 39, London 1866, Hamburg 1763, 1799. Sie haben leicht zur Folge 3. eine Handelskrisis, wenn Handel und Industrie in ihrer Thätigkeit durch die verminderten oder verteuerten Darlehne übermässig gehemmt werden. Meist allerdings sind die Handelskrisen durch Absatzstockung entstanden, durch zu sehr gesteigerte Produktion z. B. infolge zu starker Gründungen, wie 1857 und 1873—78, oder plötzlich verminderten Bedarf. Sie haben wiederum meist Kreditkrisen im Gefolge.

Die Absatzkrisen können ferner entstehen infolge von Kriegen, Verkehrsstockungen und Missernten (1847). (1889 wurden an den 4 Hauptgetreidearten 13,8 Mill. T. geerntet, 1892 17,1 Mill., 1891 14,9 Mill. T., die Differenz von 2,2 und 3,3 Mill. T. war auf 3—500 Mill. M. zu veranschlagen.) Dann von zu ausgedehnter Gründung industrieller Unternehmungen. Sie sind um so häufiger und tiefer gehend, je ausgedehnter in ihrer Thätigkeit der internationale Handel und je erweiterter die Arbeitsteilung ist; sie kehrten in den letzten 100 Jahren periodisch wieder, haben aber seit 1873 mehr den Charakter längerer Depression (von 1873—78, 1887/88, 1890—94) angenommen gegenüber dem einer akuten Stockung der früheren Zeiten.

Die Agrarkrisis der zwanziger Jahre war durch zu starke Erweiterung des Ackerbaues und eine Reihe überreicher Ernten herbeigeführt. Die Argrarkrisis Anfang der neunziger Jahre ist die Folge des Preissturzes des Getreides, verursacht durch die Konkurrenz neu aufgeschlossener Länder.

Die Folgen der Börsenkrisen sind viel über-, und viel unter- schätzt. Die Verluste sind bei weitem nicht so bedeutend für die ganze Volkswirtschaft, als nach dem Kursrückgange zu erwarten wäre. Sie wirken bei akutem Auftreten wohlthätig, indem sie die Speku- lationswut für lange Zeit dämpfen und manche Wucherpflanze im Keime ersticken.

Immerhin aber sind die durch sie geschlagenen Wunden mit nach- haltiger Schwächung des Landes verbunden, da die Verluste auf die reellen Produzenten, Unternehmer wie Arbeiter übertragen werden, und die Stockung länger und tiefer zu bestehen pflegt als den Verhältnissen entspricht.

Eine gleichmässigere Verteilung des Einkommens würde durch Erhöhung der Löhne dieselben wohl zu mildern, aber keineswegs zu beseitigen vermögen (Rodbertus, Flürscheim). Denn die Haupt- ursache dieser Absatzstockungen ist in der Unmöglichkeit zu sehen, den Bedarf zu übersehen und die zu erwartende Produktion zu be- rechnen und zu beschränken. Die Kreditwirtschaft wie die Ausbildung des Maschinenwesens und des Grossbetriebes ermöglichen in der Gegen- wart in kürzester Frist in den meisten Branchen eine Erweiterung der Produktion über den Bedarf hinaus, jedenfalls über die momentane Zahlungsfähigkeit der Konsumenten hinaus. Diese Zahlungsfähigkeit ist aber überhaupt nicht für alle Zweige im Verhältnis zur Produktion zu erhalten. Sie könnte wohl durch Teilnehmerschaft am Reingewinn in Beziehung zum Reinertrage, aber nicht zum Rohertrage gesetzt werden.

Staat und Gemeinden können viel zur Erleichterung der Folgen der Krisen für die Arbeiter beitragen, wenn sie so viel möglich ihre gemeinnützigen Unternehmungen, wie Strassen- und andere Bauten, Meliorationen etc., auf die Zeiten des Darniederliegens der privaten Geschäftsthätigkeit und Arbeitslosigkeit der unteren Bevölkerung ver- sparen.

Um einen Anhalt zur Beurteilung der Kursschwankungen zu geben, seien folgende Beispiele angeführt:

Diskonto-Gesellsch. 1870:138 1871:225 1872:335 1873:179 1877:100
Bochumer Gussstahl „ :115 „ :161 „ :230 1875: 44 „ : 23,6
Harpener Bergbau 1869: 88 „ :230 „ :408 „ :123 „ : 73

Kurse in Paris	7. Jan.	31. Jan.	1. Juni 1882.
Soc. générale	889	680	630
Union génér.	3090	500	375
Can. mar. d. Suez	3450	1920	2710
Oesterr. Kreditanst.	346	281	330
Berl. Diskontoges.	211	180	209

Abschnitt II.

Die Verteilung des Ertrages der Volkswirtschaft.

§ 65.

Das Einkommen und seine Verteilung.

H. v. Treitschke, Der Socialismus und seine Gönner. Preuss. Jahrbücher 1875.
G. Schmoller, Ueber einige Grundfragen des Rechts und der Volkswirtschaft.
Jahrbücher für Nationalökonomie 1875 u. 76. Ders., Lehre v. Einkommen, Ztschr.
f. d. g. Staatsw., Bd. XIX.
Weiss, Das Einkommen. Zeitschrift für die ges. Staatswissenschaften 1877.
Guth, Lehre vom Einkommen. 1878.

Einkommen nennt man die Summe von Gütern, welche im Laufe
einer Periode (meist eines Jahres) neu in das Vermögen einer Person
gelangt und von ihr verbraucht werden kann, ohne ihre wirtschaftliche
Lage zu verschlechtern. Der Begriff setzt dem Sprachgebrauche nach
ausserdem eine gewisse Regelmässigkeit der Wiederkehr voraus. Das
Einkommen tritt in Gegensatz zum Vermögenszuwachs durch Erbschaft,
Lotteriegewinn, Geschenk und zu andern ausserordentlichen einmaligen
Einnahmen.

Eine sehr grosse Ungleichheit der Einkommensverhältnisse ist der
Kulturentwickelung ebenso schädlich als eine Gleichheit derselben.

Nur ein verhältnismässig geringer Teil der Bevölkerung kann
vorzüglichere Ausbildung und bedeutendere Mittel zur Unterstützung
grösserer Unternehmungen erlangen. Dieser eilt dann der Zeit durch
hervorragende Leistungen voran und zieht allmählich die übrige Bevölkerung nach. Völlige Gleichheit des Besitzes wie des Einkommens
macht jenes Voranschreiten einzelner unmöglich und hält die Gesamtheit in Stagnation. Eine zu grosse Ungleichheit der Verteilung führt
dagegen zu einem extremen Luxus, durch den die Produktion leicht in
eine Richtung geleitet wird, die niemand fördert, aber Arbeits- und
Kapitalkraft nützlicherer Verwertung entzieht. Volkswirtschaftlich
wünschenswert ist ein hoher Ertrag der persönlichen Arbeit,
dagegen niedriger Kapitalzins und niedrige Grundrente.

Eine allgemeine künstliche Regelung der Einkommensverteilung
würde die individuelle Freiheit aufheben und doch Gerechtigkeit, unbedingte Zweckmässigkeit und Zufriedenheit nicht erreichen. Die freie
Einkommensverteilung bringt viele Ungerechtigkeiten und Härten mit
sich, die aber als Folge des Zufalls (der Konjunkturen) leichter ertragen
werden als die Willkür einer menschlichen Gewalt. — Der Staat vermag
wohl durch Regelung des Erbrechtes, durch die Fabrikgesetzgebung,
durch die Art der Haltung der eigenen Angestellten, sowie auf dem
Wege der Besteuerung auf die Verteilung günstig einzuwirken, aber
ohne gänzliche Umgestaltung unserer Volkswirtschaft und Kultur nicht
in durchgreifender Weise.

Das unbeschränkte gleiche Erbrecht der Kinder und der Usus
gleicher Erbteilung, namentlich zwischen Töchtern und Söhnen, die
Richtung der Zeit, welche in der Erwerbsthätigkeit keinen Lebensgenuss sieht, die klassische Schulbildung, welche den Besitzenden grade

zu Berufszweigen zieht, bei welchen Vermögenszuwachs nicht zu erlangen ist. Die geringe Leistungsfähigkeit der jeunesse dorée, das
Risiko, welches heutzutage mit Industrieunternehmungen, Landwirtschaft und Handel verknüpft ist, führen von selbst wieder zu einer
Verteilung der in einer Hand konzentrierten Vermögen un 1 damit der
Einkommen, soweit nicht künstliche Hemmungen vorliegen, so dass die
Gefahr einer fortdauernd wachsenden Ungleicheit derselben nur gering
ist, und ein brüskes Eingreifen der Staatsgewalt durchaus unnötig und
deshalb schädlich erscheint. In England ist im Laufe dieses Jahrhunderts die Mittelklasse mit behäbigem Einkommen erheblich gewachsen. Sie ist in den Verein. Staaten N.-Amerikas grösser als in
Deutschland. Hier grösser als in Rumänien, Russland und anderen
mehr zurückgebliebenen Ländern.

Das Einkommen eines Volkes ist gleich dem Ertrage der Volkswirtschaft. Es ist zusammengesetzt aus Grundrente, Kapitalrente und
Arbeitsrente.

§ 66.
Die Grundrente.

Berens, Versuch einer kritischen Dogmengeschichte der Grundrente. Leipzig 1868.

Trunk, Geschichte und Kritik der Lehre von der Grundrente. Jahrbücher
für Nationalökonomie 1866 u. 68.

Rodbertus, Soziale Briefe an Kirchmann. Berlin 1851.

Schäffle, Die nat.-ökon. Theorie der ausschliessenden Absatzverhältnisse.
Tübingen 1867.

Den Teil des Reinertrages der Grundstücke, welcher nach Abzug
des Zinses und der Amortisationsprämie für das mit dem Grund und
Boden verbundene Kapital und des Unternehmergewinnes übrig bleibt,
nennt man volkswirtschaftlich „Grundrente". Sie fällt dem Grundbesitzer ohne besonderen Aufwand von Arbeit und Kapital infolge der
Unvermehrbarkeit des Grund und Bodens und des daraus erwachsenden
Monopols durch allgemeine volkswirtschaftliche Konjunkturen zu.

Sie wird im einzelnen erzielt:

1. durch die Gunst der Lage gegenüber andern Grundstücken
(zu beobachten bei Bauplätzen und in Thünens Isoliertem Staat);

2. durch die grössere Ertragsfähigkeit eines Bodens, durch welche
derselbe noch über die Entschädigung von Kapital und Arbeit hinaus
ein Plus liefert, da der Fruchtpreis noch hoch genug sein muss, um
die Produktionskosten auf dem geringern Boden zu decken, der noch
zur Befriedigung des Bedarfs zur Kultur gezogen werden muss.
Durch die Vermehrung der Bevölkerung bei aufblühender Volkswirtschaft und dadurch steigendem Nahrungsbedarf wird schliesslich die Zuziehung geringerer und entfernter gelegener Bodenarten herbeigeführt,
da 3. früher oder später ein Moment eintritt, wo ein weiterer Aufwand
von Arbeit und Kapital auf denselben Boden die Produktion nicht
mehr entsprechend steigert. Die Verbesserung der Kommunikationsmittel zur Aufschliessung des Landes durch Verbindung mit dem Weltmarkt hebt die Grundrente entsprechend. Die Aufschliessung anderer
Länder und die Hebung der Konkurrenzfähigkeit derselben kann um-

gekehrt den Rückgang der Grundrente im bekämpften Lande herbeiführen.

Die Existenz der Grundrente ist für grössere Perioden statistisch
zu beweisen durch das stärkere Steigen der Preise der landwirtschaftlichen Produkte als der der Manufakte.

Das mit dem Grund und Boden in Gebäuden oder in Meliorationen verbundene Kapital nimmt den Charakter des Grund und
Bodens an und participiert an den Veränderungen der Grundrente, wie-
wohl der dadurch unmittelbar erzielte Mehrertrag selbst nicht Grundrente ist (Haus mit mehreren Etagen).

Die Bedeutung der ländlichen Grundrente ist aber in Ländern
auf höherer Kulturstufe ohne Bedeutung. Das Steigen derselben geht
hier nur langsam vor sich und kann lange Zeit ganz aufgehalten werden,
sogar wie gegenwärtig einen Rückschlag erfahren. Der schnelle Besitzwechsel und die Verteilung des Grundbesitzes lassen dem einzelnen
nur ausnahmsweise grössern Gewinn zukommen. Bei der bedeutenden
Verbindung von Kapital und Arbeit mit dem Acker ist die Höhe der
Grundrente dort nie genau festzustellen. Um so mehr gewinnt bei
zunehmender Bevölkerung die Steigerung der Grundrente in den Städten
an Bedeutung. Sie verteuert die ganze Lebenshaltung in den Städten.
Der Grundbesitzer ist in der Lage, sich die ganze städtische zur Miete
wohnende Bevölkerung tributpflichtig zu machen und sich einen wachsenden Prozentsatz des Verdienstes der produktiven Klassen durch
Steigerung der Miete anzueignen, so lange nicht das Monopol durch
verbesserte Kommunikationsmittel gebrochen ist.

Auch das Kapital kann ohne Entgelt einen ähnlichen Gewinn
erlangen durch allgemeine günstige Konjunkturen, Kurssteigerung oder
durch ein spezielles Monopol. Der Unterschied ist aber der, dass die
Grundrente im engsten Zusammenhang mit der gesamten Entwickelung
der Volkswirtschaft steht, eine ganze grosse Klasse der Bevölkerung
zugleich trifft und in grösseren Perioden bei aufblühender Volkswirtschaft dauernd steigt, während die Gewinne der Industriellen, der
Rentiers am Kurs etc. nur vereinzelt, vorübergehend und ohne allgemein
bleibende volkswirtschaftliche Wirkung auftreten, weil die Konkurrenz
über kurz oder lang eine Ausgleichung und Herabdrückung des Ge-
winns herbeiführt, was beim Grundbesitz nicht in dem gleichen Masse
möglich ist.

§ 67.
Die Kapitalsrente und der Kapitalzins.

v. Böhm-Bawerk, Zur Geschichte und Kritik der Kapitalzinstheorien. Inns-
bruck 1884.
Ders., Art. Zins im H.-W.-B. der Staatsw.
Kahn, Geschichte des Zinsfusses in Deutschland. Stuttgart 1884.

Da das Kapital den Ertrag der menschlichen Thätigkeit über die
eigene Wertverminderung hinaus (Abnutzung der Maschinen, Gebäude,
Nutztiere), wie allgemein zu beobachten ist, zu steigern vermag, so kann
man den Teil des Reinertrages eines Unternehmens, welcher auf die
Leistung des Kapitals zurückzuführen ist, als besondere Kapitalsrente

bezeichnen. Sie lässt sich nur selten isolieren und in ihrer Höhe bestimmen.

Sie ist nicht identisch mit dem für ein Darlehn gezahlten Zins, der aus der Rente zu zahlen ist; der also im Durchschnitt, bei Produktionskredit, niedriger als die Rente sein muss. Bei Konsumtionskredit wird die Nutzung höher bewertet als der dafür zu zahlende Zins. Zins überhaupt ist das Acquivalent für die Gewährung eines Darlehns. Der Zins enthält ausser dem Acquivalent für die Nutzung vielfach noch Lohn für die Arbeit des Leihgeschäfts und eine Versicherungsprämie, die je nach dem Risiko eine verschiedene, oft sehr bedeutende Höhe erreichen kann.

Der durchschnittliche oder Landeszinsfuss findet hiernach in der durchschnittlichen Produktivität der Kapitalanlage naturgemäss die Grenze, die nicht überschritten werden kann, unter welcher er aber bedeutend je nach dem Verhältnis von Angebot und Nachfrage zu sinken vermag, bis er aufhört, einen Reiz zum Sparen und Anregung zum Verleihen des Kapitals auszuüben.

Das Angebot von Kapital hängt von dem Wohlstande des Volkes, dann von der Zahl der Personen ab, welche über Kapital verfügen, ohne es selbst verwenden zu wollen. Es wird beeinträchtigt durch den Abfluss des Kapitals ins Ausland.

Die Nachfrage wird bedingt durch die Stärke der Bevölkerung, d. i. durch die Grösse der Arbeitskraft, durch den Unternehmungs- und Erfindungsgeist des Volks und die Ausdehnung der vorhandenen Naturkräfte, wie disponible Landstrecken, unterirdische Metallschätze etc.

Wo das gewährte Darlehn eine produktive Anlage finden soll, ist es gerechtfertigt, dass der Gläubiger in dem Zins einen Anteil an dem Ertrage der Anlage erhält, dem ebenso ein Acquivalent für das gebührt, was er einbüsst, indem er sich selbst der Benutzung begiebt. Gesteht man dem Kapital eine werterzeugende Kraft zu, muss man auch den Zins, wie Pacht, Miete etc. für gerechtfertigt anerkennen.

Ein niedriger Landeszinsfuss, der noch eine ausreichende Anregung zur Kapitalsbildung bietet, wird volkswirtschaftlich, wie social günstig wirken, weil dadurch dem Besitzlosen die Unterstützung seiner Arbeitskraft durch billige Darlehne erleichtert wird, was nur fördernd auf den Unternehmungsgeist wirken kann.

Die verschiedenen Arten der Kapitalanlage, wie auch die im Verkehr stehenden Länder streben fortdauernd nach einer Ausgleichung des Zinsfusses. Je tiefer die Kulturstufe, um so höher ist der Zins, einmal durch die geringere Sicherheit, die eine höhere Versicherungsprämie beansprucht, dann durch den Mangel an Kapital gegenüber den unbenutzten Naturkräften. Je höher die Kulturstufe, je mehr die Kreditwirtschaft sich entwickelt hat, Rechtssicherheit allgemein wird, mit um so geringerer Versicherungsprämie begnügt man sich, um so schneller geht die Kapitalsbildung vor sich, und um so mehr wächst die Zahl der Personen, die selbst die Verwertung derselben übernehmen wollen.

§ 68.

Die Arbeitsrente und die Arten des Arbeitslohnes.

Die Arbeitsrente tritt klar hervor im Gehalt und Lohn.

Der Arbeitslohn ist die Entschädigung für die dem Interesse eines anderen gewidmete Arbeitskraft. Einen gleichen Lohn muss sich jeder von dem Geschäftsertrage anrechnen, der in seinem Unternehmen selbst arbeitet. Der Gehalt des Beamten ist denselben volkswirtschaftlichen Regeln unterworfen, wie der Tagelohn des gewöhnlichen Handarbeiters. Die Höhe des Lohnes kann verschieden betrachtet werden:

1. vom Standpunkte des Arbeiters nach dem von ihm gebrachten Opfer, welches je nach der körperlichen und geistigen Anstrengung, nach den damit verbundenen Unannehmlichkeiten oder besonderen Annehmlichkeiten sehr verschieden sein wird. Die Entschädigung dafür wird dementsprechend eine sehr ungleiche sein müssen. Geistige, künstlerische Arbeit kann daher nur geringeren Lohn beanspruchen, als rein mechanische. Ebenso werden naturgemäss die gesellschaftliche Stellung und ähnliche Vorteile den pekuniären Lohn beeinträchtigen. Für Aufgabe persönlicher Freiheit (Gesinde), Uebernahme grosser Verantwortlichkeit, wie gesundheitsschädlicher Thätigkeit wird ein höherer Lohn gerechtfertigt sein.

2. Im Verhältnis zur Leistung, also vom Standpunkt des Arbeitgebers, für den ein Lohn hoch sein kann, der für den Arbeiter noch niedrig ist und umgekehrt, je nach der Leistungsfähigkeit des Arbeiters. Ein hoher Lohn fördert am meisten den Fleiss und die Tüchtigkeit der Arbeiter und die Ausbildung und die Verwertung der Arbeitskräfte.

3. Im Verhältnis zum Lebensbedürfnis des Arbeiters vom Standpunkte des Volkswirtes. Ein hoher Lohn wird von diesem Standpunkte aus sehr wünschenswert sein, durch Förderung der Gesundheit und Leistungsfähigkeit der untern Klassen, wie er ebenso zur Hebung des geistigen und sittlichen Niveaus beiträgt, denn nichts demoralisiert so, als Not und Elend, nichts hemmt so den Kulturfortschritt als dauernde Dürftigkeit der grossen Masse der Bevölkerung.

Hoher Verdienst und die damit verbundene grosse Konsumtionsfähigkeit der untern Klassen ist die Grundlage jeder blühenden Volkswirtschaft; und das beste Mittel dieselbe zu heben ist die Erhöhung der Löhne, so weit es die internationale Konkurrenz zulässt.

Die Lohnzahlung kann geschehen in Naturalien oder in Geld, nach Zeit oder nach der Leistung (Stücklohn, Akkord). Der letztere regt zur besondern Anstrengung an, schliesst aber die Gefahr ein, dass die Quantität auf Kosten der Qualität gesteigert wird und zugleich der Arbeiter unregelmässiger in seiner Thätigkeit ist. Der Stücklohn ist ausserdem nur anwendbar, wo sich die Arbeit in eine Kette selbständiger Leistungen zerlegen lässt. Wo dies nicht vollständig möglich, kann noch der Gruppenakkord Platz finden. Nach der Art der Aufgaben der grossen Masse der Arbeiter ist die Bemessung des Lohnes nach der Leistung (Zeit- oder Stücklohn) die allein richtige, damit auch die Trennung des Arbeiters von seinem Produkt, welches zum weitern Vertriebe dem Unternehmer verbleibt, der dabei den Gewinn, aber auch das Risiko auf sich nimmt.

5*

Das Interesse des Arbeiters wird nach allen Richtungen hin angemessen angeregt, für besondere Leistungen event. durch Prämienzahlungen, im ganzen durch die Teilnehmerschaft am Geschäftsgewinn (in der Form von Dividenden, wenn die Arbeiter selbst Aktionäre werden, in der Form eines Bonus oder als einfache Tantième). Der einfache Arbeiter hat hierauf rechtlichen Anspruch ohne Frage nicht, weil er auf die Höhe des Geschäftsgewinnes keinen besondern Einfluss ausübt. Derselbe ist vielmehr das alleinige Ergebnis der Leistung des Unternehmers. Bei völlig gleicher Arbeit der untern Angestellten kann der Reinertrag eines Geschäftes (eines Gutes, Handwerks, einer Fabrik) bei gleicher Konjunktur sehr hoch und gleich Null sein, je nachdem die Leitung eine tüchtige oder untüchtige war. Gute Wirkung ist von der Teilnehmerschaft am Reingewinn nur zu erwarten bei höherer Intelligenz, Verständnis für die Verhältnisse und Strebsamkeit der Arbeiter und grosser Autorität des Unternehmers, wie sie gegenwärtig noch meistens fehlen, also nur ausnahmsweise. Es liegt ferner die Gefahr der Aufbürdung des Geschäftsrisikos auf die Schultern des Arbeiters vor.

§ 69.
Die Regulierung des Lohnes.

W. Th. Thornton, Die Arbeit. 1870.
Brentano, Die Lehre von den Lohnsteigerungen. Jahrbücher Bd. XVI.
Strassburger, Kritik der Lehre vom Arbeitslohn. Jahrb. f. Nat., XII. S. 298.
Brentano, Das Arbeitsverhältnis gemäss dem heutigen Recht. Leipzig 1877.

Für den Arbeiter bildet die Minimalgrenze des Lohnes der gemeingewöhnliche Lebensunterhalt, der ausreichen muss, nicht nur den Arbeiter selbst und seine Familie dauernd zu ernähren, sondern auch den Kindern eine entsprechende Erziehung zu gewähren. Der Lohn wird erst dann als ausreichend anerkannt werden können, wenn er nicht nur den erwähnten Lebensunterhalt gewährt, sondern auch die entsprechende Versicherungsprämie gegen Arbeitsunfähigkeit und unverschuldete zeitweise Beschäftigungslosigkeit enthält. Die Lebenshaltung und damit der Lebensbedarf (standard of life) ist in den verschiedenen Gegenden wie in den verschiedenen Berufsklassen nach Vorbildung und Kulturstufe sehr ungleich.

Je höher die Lebensansprüche steigen, um so später wird beim bisherigen unveränderten Lohnverhältnis zur Bildung einer Familie geschritten und die Volksvermehrung, resp. der Zudrang zu dem betreffenden Berufe verzögert, bis der Lohn steigt. Daher hat der Arbeiterstand die Verbesserung der Lohnverhältnisse gewissermassen selbst in der Hand. Aber er kann dabei nicht willkürlich vorgehen, sondern die Lebensansprüche sind das Resultat der Kulturentwickelung des ganzen Volkes. Dagegen kann die Staatsgewalt durch Erweiterung der Schulpflicht, Arbeiterschutzgesetzgebung und Versicherungszwang etc., dann durch entsprechend hohe Besoldung der eigenen Angestellten auf eine Lohnsteigerung einwirken. Grossen Einfluss auf die Lohnhöhe haben die Arbeiterkoalitionen, Streikbewegung etc.

Eine dauernde Erhöhung der Preise der Subsistenzmittel muss schliesslich auch die Löhne erhöhen, aber in der Regel erst nach Ablauf einer längern Zeit, nach langen Kämpfen und Leiden. Vorübergehende Teuerung kann sogar, wenn Geschäftsstockung damit verbunden, den Lohn herabdrücken. Noch weniger hat heutigen Tages Preisreduktion auch Lohnrückgang zur Folge.

Die obere Grenze für die Lohnerhöhung liegt in dem Preise der von den Arbeitern hergestellten Produkte, über welchen hinaus ein ausreichender Absatz nicht mehr zu erreichen ist, und der zur Deckung der Herstellungskosten (im weitern Sinne) erforderlich ist. Die Absatzfähigkeit der Produkte wird von der Kaufkraft der Konsumenten oder von der Konkurrenz abhängen.

Angebot und Nachfrage sind natürlich auch für die Lohnbestimmung von grossem Einfluss und erzeugen innerhalb der angegebenen Grenzen bedeutende Schwankungen. Die Macht dieser Verhältnisse ist aber im allgemeinen erheblich überschätzt und moralische Einflüsse zeigen gerade hier vielfach eine grössere Einwirkung als die Veränderung des Verhältnisses von Angebot zu Nachfrage.

Ob eine erlangte Lohnerhöhung, wie Malthus voraussetzte, eine rapide Volksvermehrung, ein übermässiges Arbeitsangebot veranlasst, ob sie sogar zu einer Verminderung des Arbeitstriebes, also der Leistung, führt, oder zu einer dauernden Erhöhung der Lebensansprüche und damit zur Verbesserung der Lage der arbeitenden Klasse, hängt durchaus von der sittlichen Reife und Bildung des Volkes ab. Lassalles ehernes Lohngesetz, wonach der Arbeitslohn bei wirtschaftlicher Freiheit stets auf den zur Fristung der Existenz notwendigen Lebensunterhalt reduziert bleiben müsse, ist offenbar unrichtig, weil auch bei einer Steigerung der Bevölkerung die Nachfrage nach Arbeitskraft noch erheblicher wachsen kann, durch den Aufschwung des Unternehmungsgeistes, die Vermehrung und bessere Organisation des Kapitals, die Steigerung der Bedürfnisse und damit der Ansprüche des Inlandes, dann durch erweiterte Arbeit für den Export, wofür eine Grenze kaum abzusehen ist. Ebenso unrichtig ist die alte Lohnfondtheorie. Mit der Entwickelung der Kultur kann daher sehr wohl eine fortdauernde Besserung der Lage der arbeitenden Klassen eintreten und ist faktisch in den letzten 50 Jahren in ausserordentlicher Weise eingetreten.

§ 70.
Der Unternehmergewinn.

Pierstorff, Der Unternehmergewinn. Göttingen 1876.
Wirminghaus, Das Unternehmen, der Unternehmergewinn etc. Jena 1886.
Mataja, Der Unternehmergewinn. Wien 1884.
G. *Gross*, Der Unternehmergewinn. Wien 1884.
H. *Frommer*, Die Gewinnbeteiligung. Leipzig 1886.
Böhmert, Die Gewinnbeteiligung. 2. T. Leipzig 1878.
Walker, Franz, Amasa, The source of business profits. New York 1887.

Ein besonders lukratives Geschäft wirft ausser der Grundrente, dem Kapitalzins und dem Arbeitslohn noch einen Ueberschuss ab, der als Unternehmergewinn zu bezeichnen ist. Es ist der Lohn für die

Organisation und hervorragende Leitung des Geschäftes, abgesehen von dem Arbeitslohn resp. Gehalt, den sich der Unternehmer berechnen muss, ebenso, als wenn er an seiner Stelle einen Beamten hierfür postierte. Es ist ausserdem die Entschädigung für die Last und Sorge, die mit dem Risiko des Geschäftes verbunden ist. Der Unternehmergewinn setzt sich gewissermassen zusammen aus Kapitalsgewinn (Dividende der Aktiengesellschaft) und dem Arbeitslohn (wie der Tantième). Er unterscheidet sich aber von beiden dadurch, dass er nicht fest ausausbedungen werden kann, sondern je nach den Konjunkturen bedeutenden Schwankungen unterworfen ist. Er tritt nur zu Tage, wo und so weit die Leistung des Unternehmers sich über die Mittelmässigkeit erhebt und dadurch mehr erzielt wird, als im Durchschnitte der übrigen Unternehmungen gleicher Art, die nur Kapitalsverzinsung und Arbeitslohn für den Unternehmer selbst wie für seine Gehilfen abwerfen. Der Unternehmergewinn ist als unbedingt berechtigt anzuerkennen, da das gleiche Kapital die gleiche Arbeit in der gleichen Geschäftsbranche unter denselben Verhältnissen ganz verschiedene Gewinne abwerfen, je nach der Intelligenz und Tüchtigkeit der Geschäftsleitung; gerade so wie die Tüchtigkeit der Soldaten ohne eine tüchtige Heerführung nicht zum Siege führen kann und die Leistung der einzelnen Soldaten in Bezug auf den Gesamterfolg von untergeordneter Bedeutung ist. Die hervorragende geistige Leistung des Unternehmers, welcher die Arbeitskraft in die rechte Richtung leitete und dadurch ihr eine höhere wirtschaftliche Produktionsfähigkeit verschaffte, hat hauptsächlich die Entwickelung des Wohlstandes in diesem Jahrhundert herbeigeführt, nicht aber die höhere Leistungsfähigkeit der einfachen Arbeiter.

Abschnitt III.
Geschichte der politischen Oekonomie.

Robert von Mohl, Geschichte und Litteratur der Staatswissenschaften. Erlangen 1855/58.

Br. Hildebrand, Die Nationalökonomie der Gegenwart und Zukunft. I. Frankfurt 1847.

Kautz, Die Theorie und Geschichte der Nationalökonomik. Leipz. 1858 u. 60.

W. Roscher, Geschichte der Nationalökonomik in Deutschland. München 1874.

Eisenhart, Geschichte der Nationalökonomik. 2. Aufl. Jena 1891.

John, Kells Ingram, Geschichte der Volkswirtschaftslehre. Tübingen 1890.

§ 71.
Das Merkantilsystem.

Eidermann, Ueber den Merkantilismus. Innsbruck 1870.

Cohn, Colbert in d. Zeitschr. f. ges. Staatsw. 1869, 1870.

Held, Carey's Sozialwissenschaft und das Merkantilsystem.

War im klassischen Altertum die Volkswirtschaft auch bereits sehr entwickelt, so fehlte es doch damals, wie im Mittelalter fast ganz an theoretischen Untersuchungen über dieselbe. Erst die gewaltigen staatlichen und wirtschaftlichen Veränderungen des 16. Jahrhunderts riefen wissenschaftlich gehaltene Arbeiten über volkswirtschaftliche Fragen von nachhaltiger Bedeutung hervor, die im Laufe des 17. Jahrhunderts sich zu einem volkswirtschaftlichen System entwickelten, das unter dem Namen des Merkantilsystems bekannt ist. Es ist von keinem Schriftsteller allseitig vertreten, ebensowenig von einem Staatsmann konsequent der Lehre entsprechend durchgeführt, wohl aber ist es als die Grundanschauung der Zeit zu bezeichnen, hat aber mehr Bedeutung durch die praktische Handhabung als durch die theoretische Erörterung gewonnen. Die wirtschaftlichen und staatlichen Veränderungen, welche die nationalökonomische Forschung veranlassten, waren 1. die Ausbildung der absoluten Monarchie und des Beamtenstaates, 2. die allgemeine Einbürgerung der Geldwirtschaft, 3. der wachsende Bedarf der Staatskasse besonders infolge der Ausbildung der Söldnerheere, 4. die Umwälzung der Preisverhältnisse durch den plötzlichen Zufluss der Edelmetalle nach der Entdeckung Amerikas.

Die Grundanschauungen des Merkantilsystems waren: 1. Die Regierung könne und müsse das volkswirtschaftliche Leben leiten und regeln. 2. Die Staatsgewalt habe das Geld als notwendiges Tausch- und Sparmittel eventuell künstlich zu vermehren oder im Lande zu erhalten. 3. Als das beste Mittel hierzu wird angesehen der auswärtige Handel mit günstiger Bilanz, d. h. der mehr und wertvollere Waren aus- als einführt und dafür mehr Geld ein- als ausführt. 4. Zur Erzielung einer günstigen Handelsbilanz ist nötig die Hebung der Industrie und hierzu wiederum wie zur Steigerung der politischen Macht eine Mehrung der Bevölkerung. 5. Strenge Gewerbeordnung, ergänzt und unterstützt durch Prämien und Privilegien. 6. Abschliessung des Landes durch eine Zollgrenze, um die Aus- und Einfuhr zu regeln, die Einfuhr der Fabrikate wie die Ausfuhr der Rohprodukte zu erschweren oder ganz zu verhindern.

Die Merkantilisten erstrebten besonders die Ausbildung des Nationalgefühls und gingen davon aus, dass der Gewinn des einen Landes nur auf dem entsprechenden Schaden des andern beruhe. So sehr sie den Luxus an ausländischen Produkten für schädlich hielten, für so förderlich erachteten sie einen Aufwand, der das Geld im Inlande in Umlauf setzte.

§ 72.

Die Vertreter des Merkantilismus.

Eugen Daire, Economistes financiers du XVIII siècle. Paris 1843.
Scrittori classici italiani di economia politica. Milano 1803.

Die ersten national-ökonomischen Schriftsteller der merkantilistischen Periode finden wir in Italien, vor allen Antonio Serra, breve trattato delle cause, che possono far abondare gli regni d'oro e d'argento, dove non sono miniere, Napoli 1613. Er untersucht die Bedingungen des Volkswohlstandes, die Bedeutung von Industrie und Handel und wie durch sie Gold und Silber ins Land gebracht werden kann, wobei der Herstellung von Kunstwaren die höchste Bedeutung beigelegt wird. Er zeigt aber richtiges Verständnis für die Bedeutung der menschlichen Arbeit und ist gegen Ausfuhrverbot des Geldes und ähnliche den Verkehr behindernde Beschränkungen. Ausserdem sind zu nennen Antonio Broggia, trattati dei tributi e delle monete, 1743. Antonio Genovesi, Lezioni di Commerzio e di Economia civile, 1760. Deutsch: Leipzig 1776.

In England kommt ausser Baco von Verulam als einem Anhänger der merkantilistischen Handelsbilanzlehre und Vertreter ausgedehnter Staatsthätigkeit im wirtschaftlichen Leben besonders Thomas Mun in Betracht, a discourse of trade from England into the East Ind. 1609. 2. Aufl. 1621. Dann: Englands treasure by foreign trade or the balance of our foreign trade is the rule of our teasure, 1664. Er verteidigt die Thätigkeit der ostindischen Handelskompagnie und sucht zu zeigen, dass sie eine günstige Handelsbilanz für England herbeiführe. Er rechtfertigt die statutes of employment Heinrichs VIII, welche fremde Kaufleute zwingt, nur heimische Ware und nicht Geld für die im Inlande verkauften Gegenstände auszuführen. In der späteren Schrift verwirft er indes strengere polizeiliche Beaufsichtigung der einzelnen Kaufakte. Er plaidiert eingehend für die Wahrung einer günstigen Handelsbilanz und sagt: Geld erzeugt den Handel, und der Handel vermehrt das Geld. Ausserdem sind zu nennen: Josiah Child, Observations concerning trade and interest of Money, 1868 und: A new discourse of trade, 1690. William Temple, Considerations sur le Commerce et l'argent, 1672. In Frankreich kommen in Betracht: François Mélon, Essais polit. sur le commerce, 1731; deutsch: Jena 1740. L. Forbonnaies, Éléments du commerce, 1754. Principes et observations économiques, 1767. In Deutschland sind zu nennen: Kaspar Klock: Tractatus nomico-politicus de contributionibus 1632 II de aerario. Veit Ludw. von Seckendorff, Der teutsche Fürstenstaat, 1655, zuletzt 1754. Johann Joachim Becher, Politischer Discurs von den eigentlichen Ursachen des Auf- und Abnehmens der Städte, Länder etc., 1668. W. von Schröder, Fürstliche Schatz- und Rentkammer, 1686.

Die merkantilistische Praxis finden wir im ganzen 17. und 18. Jahrhundert, ohne Einseitigkeit besonders unter Colbert (1619—87), sehr ausgeprägt unter Cromwell, aber auch bei Friedrich Wilhelm I., Friedrich dem Grossen und anderen Fürsten.

§ 73.
Das physiokratische System.

Eug. Daire, Les Physiocrates. I. II. Paris 1848.
Kellner, Zur Geschichte des Physiokratismus. Göttingen 1847.
Zeitschrift für die gesamten Staatswissenschaften. Bd. XXIV von Scheel. Turgot.
Jahrbücher für Nationalökonomie. 1874. Turgots Stellung in der Geschichte der Nationalökonomie, von *v. Sievers*.
A. Oncken, Oeuvres économiques et philosophiques de F. Quesnay. Frankfurt a. M. 1888.
H. Bauer, Zur Entstehung der Physiokratie in Conrads Jahrb., Bd. XXI, N. F.

Die Einseitigkeit insbesondere der merkantilistischen Praxis führte im Laufe des vorigen Jahrhunderts zu einer wesentlichen Umwälzung der Ideen. Man erkannte, dass die einseitige Begünstigung von Handel und Industrie nur Einzelnen zu gute kam, die Landwirtschaft insbesondere durch die Ausfuhrverbote für Rohprodukte litt, ohne dass die Industrie dadurch entsprechend gefördert wurde. Das Eingreifen der Regierungsgewalt in die Details der Volks- und Privatwirtschaft führte zu den ausgedehntesten Missgriffen, die in ihrer Schädlichkeit immermehr zu Tage traten. Man stellte daher eine völlig neue Lehre der merkantilistischen entgegen, die physiokratische.

Die Physiokraten oder Oekonomisten, vor allem François Quesnay, der Leibarzt Ludwig XV., in seiner Schrift „Tableau économique", Versailles 1757, vertraten folgende Grundsätze: 1. Nur die Bodenkultur ist imstande, das Volksvermögen zu vermehren. 2. Handel und Industrie erhöhen den Wert der Stoffe nur um so viel, als die darauf verwendete Arbeit kostet. Sie erzeugen keinen Ueberschuss, sind daher unproduktiv. 3. Weil die Landwirtschaft allein einen Ueberschuss erzeugt, muss auf sie jede Steuer zurückfallen; daher ist eine einzige, namentlich landwirtschaftliche Ertragssteuer zu empfehlen. 4. Eine künstliche, übermässige Vermehrung des Geldes im Lande führt nur zur Entwertung desselben und hat keinen volkswirtschaftlichen Nutzen. 5. Die Volkswirtschaft ist allgemeinen, festen Naturgesetzen unterworfen. Jedes Eingreifen durch die Regierung, um jenen Gesetzen entgegenzutreten, kann nur schädlich wirken, daher der von dem Physiokraten Gournay herrührende Wahlspruch: Laissez faire, laissez passer. Die Thätigkeit der Regierung hat sich allein auf Herstellung der Sicherheit, auf Beseitigung der wirtschaftlichen Hemmnisse zu beschränken. Sie forderten: Fortfall aller Zollschranken und Monopole, aller Frohnden und sonstigen Feudallasten, um im Inneren die wirtschaftliche Freiheit zu schaffen. Sie verlangten auch die Beseitigung der Absperrung der einzelnen Länder. Sie bahnten damit die Zeit der freien Arbeit an und suchten den Antagonismus der Völker zu mildern.

Vertreter der Richtung waren auch der ältere Mirabeau, Dupont de Nemours, Gournay u. a. in Frankreich. In Deutschland: Schlettwein, Fulda, Schmalz, der Schweizer Isaak Iselin; in England: Tucker.

Der bedeutendste Anhänger der Lehre, der aber weit darüber hinausging und die extremen Einseitigkeiten nicht teilte, war Turgot, besonders in seinen Réflexions sur la formation et la distribution des réchesses, 1766.

§ 74.
Adam Smith.

Ad. Held, Zwei Bücher zur sozialen Geschichte Englands. Leipzig 1881.
E. Leser, Der Begriff des Reichtums bei Ad. Smith. Heidelberg 1874.
Kössler, Ueber die Grundlehren der von Ad. Smith begründeten Volkswirtschaftstheorie. Erlangen 1871.
Hasbach, Untersuchungen über A. Smith und die Entwickelung der politischen Oekonomie. Leipzig 1891.
Zeyss, A. Smith und der Eigennutz. Tübingen 1889.
Holdane, Life of A. Smith. London 1887.

Der ausserordentliche Aufschwung, den Englands Handel und Industrie in der zweiten Hälfte des vorigen Jahrhunderts gewann, und das augenscheinliche Wachsen der Wohlhabenheit des Landes dadurch, veranlassten eine abermalige Modifikation der ökonomischen Anschauungen. — Der Schotte Ad. Smith, geb. 1723 zu Kirkaldy, gest. 1790, stellte ein neues abgerundetes System in seinem 1776 erschienenen epochemachenden Werke auf: „Untersuchung über die Natur und die Ursache des Nationalreichtums". Er stützte sich in seiner Lehre hauptsächlich auf Dav. Hume (1756 Political discourses, deutsch von Kraus 1800, v. Niedermüller 1876, und Essays and treatises on several subjects) und Turgot. A. Smith acceptierte von den Physiokraten die Idee der allgemeinen wirtschaftlichen Naturgesetze und als erstes, dass im allgemeinen die wirtschaftliche Thätigkeit, die das Privatinteresse verfolgt, zugleich am besten das Gemeinwohl fördert, da er die Volkswirtschaft nur als Summe der Privatwirtschaften in der Hauptsache wie eine Privatwirtschaft behandelte. Er betonte das Interesse der Konsumenten gegenüber dem der Produzenten, was ein Fortschritt war. Er stellte überhaupt das Wohl des Einzelnen gegenüber dem Staat und der Gesamtheit nachdrücklichst in den Vordergrund und beanspruchte vom Staate nur Beseitigung aller Hemmnisse und Schutz, damit jedes Individuum zur möglichsten Entfaltung seiner Kräfte gelangen könne. Daher wird sein System mit Recht als „individualistisch" bezeichnet. Er verlangte daher, wie die Physiokraten, Beseitigung der Monopole, Fideikommisse etc. und Herstellung der Handels- und Gewerbefreiheit. Ausnahmen gesteht er zu, wie die Erspriesslichkeit der Navigationsakte; Schutz für Kriegsbedarf, Repressalien aus politischen Gründen etc. Er trat als Gegner der Physiokraten auf, indem er anerkannte, dass auch Handel und Industrie den Nationalreichtum vermehren können, denn Werterhöhung sei allein der Zweck wirtschaftlicher Thätigkeit, welcher in allen Gewerben bewirkt werde, aber nur mit Hilfe menschlicher Arbeit. Nur Ueberschuss der Produktion über die Konsumtion fördere den Nationalwohlstand. Er könne daher nur erhöht werden, indem man die Arbeit vermehre und vervollkomme (durch Arbeitsteilung), oder indem die Bedürfnisse die unproduktive Bevölkerung vermindert werden. Die menschliche Arbeit ist nach ihm auch der beste Massstab des Wertes der Güter, indem der Besitzer derselben ihn beurteilt nach der Quantität der Arbeit, die er damit erkaufen könne. Ursprünglich sei der Preis der Ware auch nur so hoch gewesen, als die zur Herstellung verwendete Arbeit. Nach Ausbildung des Privateigentums enthalte der Preis der Waren gewöhnlich noch Kapitalsrente und Bodenrente. A. Smith ist als der Vater unserer Wissenschaft anzusehen.

§ 75.

Die Ad. Smithsche Schule.

A. Die Pessimisten.

Robert von Mohl, Geschichte und Litteratur der Staatswissenschaften, Bd. III. Erlangen 1858.
G. Cohn, Arbeit und Armut in Schmollers Jahrbuch 1881, II. 4.

Knapp, Darwin und die Socialwissenschaften. Jahrbücher f. Nat.-Oek. XVIII.

V. John, Malthus, Bevölkerungsgesetz, Jahrb. f. Nat. N. F. II.

Frank Vetter, Malthus' Lehre. Jena 1895.

Der Engländer Robert Malthus, geb. 1766, gest. 1834, ursprünglich Geistlicher, wurde 1801 Professor der Geschichte und polit. Oekonomie. — Er hatte vorzüglich in seiner Schrift: „Versuch über die Bedingungen und Folgen der Volksvermehrung" (übers v. Hegewisch 1807) eine den früher massgebenden Anschauungen völlig entgegengesetzte Bevölkerungslehre aufgestellt. Der Hauptsatz derselben ist: 1. Die Menschen haben wie die Tiere die Tendenz, d. h. das Streben und die Fähigkeit, sich in stärkerem Masse zu vermehren, als die zur Erhaltung nötigen Subsistenzmittel. 2. Es liegt daher nach einem Naturgesetz fortdauernd die Gefahr einer Uebervölkerung (Kampf ums Dasein) vor, so lange der Mensch sich seinen tierischen Trieben überlässt, nicht die Gefahr erkennt und sie durch verständige Enthaltsamkeit und entsprechende Hinausschiebung der Ehe vermeidet, was auch auf unserer Kulturstufe noch der Fall. 3. Epidemien, Kriege und andere gewaltsame Hindernisse der Volksvermehrung hält er daher für die notwendigen Resultate dieser Verhältnisse.

Malthus schliesst aus den Vordersätzen: Jede künstliche Förderung der Volksvermehrung ist überflüssig und kann nur schädlich wirken. Ebenso schädlich ist eine ausgedehnte, sehr humane Armenpflege, die dem Volk die Sorge für die Zukunft abnimmt. Nur die volle Selbstverantwortlichkeit eines jeden für sein Thun und Treiben, die klare Einsicht in die Verhältnisse und die sittliche Kraft des Volkes können jene Uebelstände beseitigen. Er hat aber wenig Hoffnung, dass dieses erreicht werden wird.

Malthus zieht die Bedeutung der Kulturentwickelung nicht genügend in Rechnung, überschätzt daher den Einfluss des Vorrats an Nahrungsmitteln auf die Bevölkerungsbewegung und unterschätzt die Mittel einer entwickelten Volkswirtschaft zur Vermehrung der Nachfrage nach Arbeit und der Steigerung der Arbeitsleistungen.

Nicht Malthus selbst, wohl aber seine Schüler verlangten das Eingreifen der Staatsgewalt, um die Volksvermehrung künstlich zu hemmen (Ehebeschränkungen, Organisation der Auswanderung etc.), wodurch sie die Malthussche Theorie in Misskredit gebracht haben. Die Grundanschauungen desselben sind als richtig anzuerkennen.

David Ricardo, geb. 1772, gest. 1823, trat in seinem Werke „Prinzipien der pol. Oekonomie" (übers v. Baumstark) selbständig insbesondere mit folgenden drei Lehren auf: 1. Der Tauschwert eines Gutes richtet sich nicht nach der Arbeit, die man im Verkehr damit kauft, wie Ad. Smith meint, sondern teils nach der Seltenheit des Gutes, teils und hauptsächlich nach der Arbeit, die man zur Hervorbringung des Gutes nötig hat. Kapital ist aufgesammelte Arbeit. 2. Nicht jeder Grund und Boden wirft Grundrente ab. Diese ist mitein nicht ein notwendiger Teil der Preise der Lebensmittel. Dieselbe entwickelt sich vielmehr erst infolge der Ausbildung des Grundbesitzes und bei solcher Vermehrung der Bevölkerung, dass geringere Bodenqualitäten und höhere Produktionskosten zu Hilfe genommen werden müssen, um den Bedarf zu befriedigen. Die Produktionskosten der unter den ungünstigsten Verhältnissen bebauten Landstrecken bestimmen den Preis der Produkte. Was den begünstigten Aeckern nach Abzug der Produktionskosten und Entschädigung für die Aufwendung des Kapitals von dem Ertrage verbleibt, ist die Grundrente.

Ricardo lehrt im Anschluss an Malthus: 3. die menschliche Arbeitskraft ist wie eine Ware zu betrachten, und der Preis derselben wird auch durch Nachfrage und Angebot reguliert. Sie hat daher einen natürlichen und einen Marktpreis. Der letztere ist der Lohn, der faktisch gezahlt wird, der erstere derjenige, der gerade hinreicht, um den Arbeiter und seine Familie der Kulturstufe gemäss zu unterhalten. Nach einem Naturgesetz liegt fortdauernd das Streben vor, den faktischen Lohn dem natürlichen nahe zu bringen. Er kann sich dauernd nicht darüber erhalten, denn er bewirkt dann eine übermässige Vermehrung der Arbeiter, damit ein zu grosses Angebot von Arbeitskraft und eine Herabdrückung des Lohnes; und nicht darunter, weil dann die Arbeiter erst verspätet eine Familie gründen können, sie sich und die Ihrigen schlecht ernähren und vorzeitig absterben, wodurch ihre Zahl und damit das Angebot von Arbeitskraft sich verringert, bis der Lohn wieder entsprechend steigt. Ricardo hat damit einen naturgesetzlichen Klassenkampf zwischen Kapitalisten und Arbeitern angenommen, da der Lohn sich im fortdauernden Kampfe beider regelt. Er hat aber selbst darauf aufmerksam gemacht, dass die Arbeiterklasse ihren Standard of life und damit den Lohn erhöhen kann. Er ignoriert aber, dass der Mensch als Inhaber der Arbeitskraft auf höherer Stufe der Kultur sich nicht als Ware behandeln lässt und damit die Gesetzmässigkeit der Lohnregulierung zerstört.

§ 76.

B. Die Optimisten.

H. C. Carey, Principles of social science 3. Bd., Philadelphia 1883 u. üb. v. Adler, Lehrbuch der Volkswirtschaft und Socialwissenschaft. München 1866. Jenks, Henry C. Carey als Nationalökonom. Jena 1886.
Frédéric Bastiat, Oeuvres complètes. Paris 1862, T. VI. Harmonies économiques 1864.

In direkten Gegensatz zu den beiden eben Genannten traten der Amerikaner Carey 1793—1879 und der Franzose Bastiat 1810—50, obgleich sie beide noch als Schüler Adam Smiths anzusehen sind. Beide gehen auch von der Voraussetzung allgemeiner volkswirtschaftlicher Naturgesetze, einer bestimmten göttlichen Weltordnung, aus, die nach Bastiat sich selbst überlassen zu einer allgemeinen Harmonie führe. Der Wert ist nach Bastiat nichts anderes, als das Verhältnis zwischen ausgetauschten Dienstleistungen. Er wird gemessen durch die Anstrengung, die dem Empfänger durch die Erlangung des Gegenstandes oder durch den Dienst erspart wird. Ebenso ist nach Carey die Arbeit die einzige und überall erkennbare Ursache der Wertbestimmung, wobei aber nicht die Produktionskosten, sondern die Reproduktionskosten massgebend sind. Da diese mit der Kultur abnehmen, so muss auch der Wert der Waren sinken. Mit der Kultur nimmt zugleich der Anteil des Arbeiters am Produkte nicht nur absolut, sondern auch relativ dem Kapital gegenüber zu.

Beide leugnen im Gegensatz zu Ricardo die Existenz einer Grundrente und einen prinzipiellen Unterschied zwischen Grund und Boden und Kapital, dann im Gegensatz zu Malthus die Gefahr einer Uebervölkerung, denn der Gang der Kultur (Carey) führe von leichtem zu besserem Boden, die Reproduktionskosten, auch der Feldfrüchte, vermindern sich. Die Volksvermehrung führe zur Erleichterung der Association und damit zu grösserer Leistungsfähigkeit jeder einzelnen Arbeitskraft. Der Mensch vermöge dann mit Hilfe des Kapitals die Natur leichter und besser zu bewältigen, so dass für jeden Menschen immer mehr Genussmittel erzielt werden und der Nationlreichtum unbegrenzt gesteigert werden könne. Die vorhandenen Uebel seien daher nur durch die Unklugheit der Menschen, die die Natur nicht zu benutzen verstünden, oder durch künstliche Hemmnisse herbeigeführt. Bastiat bekämpft direkt die Pessimisten und Sozialisten und tritt als geistiges Haupt der Manchester-Partei für die unbedingte wirtschaftliche Freiheit auf, während Carey erst durch verschiedene Massregeln, besonders durch Schutzzölle, gesunde Zustände schaffen will.

Aus Opposition gegen die alten Zoll- und Gewerbeschranken bildete sich in England in den dreissiger Jahren die sogenannte Manchester-Partei (Freihandels-Liga, Cobden). In Opposition ausserdem gegen die Polizei-Bevormundung trat in Deutschland in den vierziger und fünfziger Jahren die Freihandelspartei (volkswirtschaftlicher Kongress, Prince-Smith, Faucher, Michaelis, Wirth) auf, welche die Bastiatschen Lehren acceptierten und in das praktische Leben zu übertragen suchten. Sie sahen das alleinige Heil in der unbedingten Gewerbefreiheit und der Nichtintervention des Staates. Sie leugneten die Existenz der sozialen Frage und arbeiteten unzweifelhaft einseitig im Interesse der besitzenden Klasse, wenn auch ihre Wirksamkeit in der Beseitigung unzeitgemässer Schranken unbedingt eine anerkennenswerte und segensreiche gewesen ist.

Ihr Fehler lag nur darin, dass sie meinten, mit Beseitigung der Schranken am Ziele zu sein, während die Gewerbefreiheit neue Uebel zeitigte und damit der Wissenschaft neue Aufgaben gestellt wurden. Spätere Vertreter dieser Richtung: Maur. Block, Les progrès de la science économique, Paris 1890. Leroy-Beaulieu, Traité theorique et pratique d'économie polit. Paris 1896. Ed. Pfeiffer, Staatseinnahmen, Stuttgart 1866. Max Wirth, Grundzüge der Nationalökonomie, 4 Bde., Köln 1856 erste Aufl., 3. Aufl. 1883. A. L. Perry, Political Economy. New York 1886.

§ 77.
Johann Heinrich von Thünen.

Schuhmacher, Joh, H. v. Thünen, Ein Forscherleben. Rostock 1868.
Helferich in Z. f. ges. Staatswissensch. 1852.
Knapp, Zur Prüfung der Unters. Thünens über Lohn und Zinsfuss. Braunschweig 1865.

Der originellste deutsche Nationalökonom und vor allem der erste deutsche exakte Forscher auf diesem Gebiete war H. von Thünen, ein mecklenburgischer Gutsbesitzer auf Tellow, 1783—1850. Sein

Hauptwerk ist „der isolierte Staat in Beziehung auf Landwirtschaft und Nationalökonomie". Erste Aufl. Rostock 1826. Die zweite 1842 und 1850. Erster Teil: Untersuchungen über den Einfluss, den die Getreidepreise, der Reichtum des Bodens und die Abgaben auf den Ackerbau ausüben. Zweiter Teil: Der naturgemässe Arbeitslohn und dessen Verhältnis zum Zinsfuss und zur Landrente.

Er ist ein Schüler und Anhänger des Adam Smith und Albrecht Thaers, während er Ricardo, mit dem er sich in der Grundrentenlehre berührt, erst später kennen lernte. Von besonderer Bedeutung ist seine Methode; er geht von bestimmten lokalen Verhältnissen aus und verwertet die dabei gefundenen Zahlen in einer Abstraktion, indem er die Wirkung der einzelnen Wirtschaftsfaktoren isoliert und dadurch ihre Wirkung zur Erscheinung bringt. Durch algebraische Formeln sucht er dann die Resultate zum präcisen Ausdruck zu bringen.

In einem durch eine Wüste isolierten Agrarstaate mit überall gleichen natürlichen Verhältnissen, in dessen Mitte eine Stadt gelegen ist, stellt er die Wirkung der Entfernung vom Markte auf die Bildung der landwirtschaftlichen Wirtschaftssysteme in den verschiedenen Umkreisen, und damit die relative Nützlichkeit derselben fest. Er studiert dabei die Entwickelung der Grundrente, die Preisbildung der landw. Produkte, die Wirkung der Steuern, der Fabrikanlagen, Verbesserungen der Kommunikationsmittel etc.

Der Kapitalzins wird nach ihm bestimmt durch die Nutzung des zuletzt angelegten Kapitalteilchens und der Arbeitslohn durch das Mehrerzeugnis des im Betriebe zuletzt angestellten Arbeiters. Schon 1826 beklagt er in einem „Traum ernsten Inhalts" den niedrigen Arbeitslohn und berechnet eine Formel, nach welcher der naturgemässe Arbeitslohn sich in jedem Betriebe berechnen lasse ($\sqrt{AP}$, wobei A = Notbedarf der Arb., P = dem Produkt von Kapital und Arbeit ist), ohne damit aber Anklang zu finden.

§ 78.
Die Gegner der Ad. Smithschen Schule.

L. Elster, J. Ch. L. Sim. de Sismondi, in d. Jahrb. für Nat., N. F., B. XIV. Fr. Lists gesammelte Schriften, herausgegeb. v. *Häusser*. 3. Bd. Stuttgart u. Tüb. 1851. *Fr. List*, Das nationale System der politischen Oekonomie. 7. Aufl. mit einer histor. und krit. Einleitung v. Eheberg. Stuttgart 1883.

Zunächst ist Simonde de Sismondi zu nennen (1773—1842, der in seinen: Nouveaux principes d'économie politique. Paris 1827 und études sur l'économie pol. 1836—38 gegen das Prinzip des Laissez faire auftrat und die Aufgaben des Staates betonte, die in dem wirtschaftlichen Kampfe Schwächeren zu schützen, da die wirtschaftliche Freiheit namentlich die arbeitenden Klassen der Ausbeutung durch die Unternehmer und Kapitalisten in beklagenswerter Weise preisgiebt.

Gegen die atomistische Lehre des Smithianismus trat besonders Ad. Müller, als erster Vertreter der nationalen Richtung, in seinen Vorlesungen über die Elemente der Staatskunst (1809) auf. Er ist als wirtschaftlicher Reaktionär und Romantiker anzusehen, der den Staat als Selbstzweck bezeichnete und den Gegensatz der Länder nur für erspriesslich hielt. Er sah das Korporationswesen des Mittelalters als einziges Mittel gegen die moderne Desorganisation der Volkswirtschaft an.

Fr. List bekämpfte gleichfalls die antinationale Richtung der Smithschen Schule und stellte an die Spitze seiner Lehre in seinem Werke „Das nationale System der polit. Oekonomie", Stuttgart 1844, dass jedes Land sich auch wirtschaftlich als selbständiger Körper unabhängig von anderen entwickeln müsse. Der Nationalreichtum bestehe nicht in der Summe von Tauschwerten, sondern in der Mannigfaltigkeit und nachhaltigen Leistungsfähigkeit der produktiven Kräfte; diese seien daher im Lande zu allseitiger Ausbildung zu bringen, um dauernd produzieren zu können, der Staat müsse aber darauf hinwirken, das einzelne Individuum nehme darauf nicht genügend Bedacht. Die Nation sei das Mittelglied zwischen Individuum und Menschheit. Fr. List sieht in der Entwickelung der Industrie den hauptsächlichsten Hebel der wirtschaftlichen Kultur und in der Ausbildung des Industrie- und Handelstaates den Gipfel derselben. Um diesen zu erreichen, hält er (und ihn ergänzend Carey) auf der dritten Entwickelungsstufe eines Landes, im Uebergang vom Agrarstaat zum Agrar-Manufakturstaat mässige Schutzzölle für notwendig, um aufkeimende Gewerbszweige vor der erdrückenden Konkurrenz schon in Blüte befindlicher Unternehmen anderer Länder zu schützen und erstarken zu lassen. Nur dadurch sei es unter unseren Verhältnissen möglich, alle Produktionsmittel des Landes zur vollen Verwertung heranzuziehen. Er betrachtet aber den Schutzzoll nur als Mittel und als Uebergang. List bekämpfte mit Erfolg die einseitige Freihandelslehre des Ad. Smith und bildete eine neue handelspolitische Theorie aus. Sein Satz: Die Produktivität der Landwirtschaft wie sämtlicher Urgewerbe wächst mit der Nähe des Absatzmarktes für ihre Produkte, berührt sich mit der Thünenschen Lehre. Er beanspruchte in Consequenz jenes Satzes im Innern des Landes die möglichste Freiheit, dann besonders die Entwickelung der Kommunikationsmittel zur Hebung des Binnenhandels, der am besten die inländische Produktion befruchte. So wurde er Vorkämpfer des deutschen Zollvereins und der Ausbildung eines allgemeinen Eisenbahnnetzes.

§ 79.
Die sozialistische Richtung.

Em. de Laveleye, Le socialisme contemporain. Paris 1882. Deutsch. Tübingen 1884. Ders., Der Sozialismus der Gegenwart. Halle 1895.

Schäffle, Die Quintessenz des Socialismus. Gotha 1878.

Kleinwächter, Die Grundlage und Ziele des sogen. wissensch. Soz. Innsbruck 1885.

Cathrein, Der Sozialismus. Freiburg 1892.

Kautsky, Das Erfurter Programm. Stuttgart 1892.

Mackay, Die Anarchisten. Zürich 1893.

Stammler, Die Theorie des Anarchismus. Berlin 1894.

Zenker, Der Anarchismus. Jena 1895.

M. Stirner, Der Einzige und sein Eigentum. 1845.
Diehl, Proudhon, seine Lehre und sein Leben. Jena 1888—96.

Die Sozialisten treten in diametralen Gegensatz zur Ad. Smithschen Lehre: 1. Die ältern Vertreter vor Marx leugnen die Naturgesetze im volkswirtschaftlichen Leben. Die sozialen und wirtschaftlichen Verhältnisse unserer Kulturstufe seien nur künstlich zu Gunsten
einzelner Klassen gebildet, und nur bei der gegenwärtigen Organisation
von Staat und Gesellschaft sei eine Abhilfe der Uebelstände unmöglich.
Daher müsse eine völlige Umgestaltung derselben erstrebt werden.
2. Das Privatinteresse stehe sehr allgemein im Gegensatz zum Gesamtwohl. Das erstere müsse dem letzteren ganz untergeordnet werden.
3. Die unbedingte wirtschaftliche Freiheit führe zur Ungleichheit, zum
fortdauernden Kampfe eines gegen alle, aller gegen einen, wobei der
Besitzlose, der weniger Begabte als der Schwächere den Kürzeren
zieht und der Ausbeutung durch den Stärkeren preisgegeben ist. Sie
wirke daher im höchsten Masse korrumpierend auf den Menschen.
4. Die Arbeitsteilung mache den Menschen zur Maschine, trage zu
seiner Verdummung bei, müsse daher im Interesse der Gesamtent-
wickelung selbst auf Kosten der Produktion eingeschränkt werden. 5. Der
Mensch habe von Natur ein Recht auf Arbeit und auf entsprechenden
Lebensgenuss (St. Simon, Fourier). Alle Menschen seien von Natur
gleich (Rousseau, Rob. Owen). 6. Die Arbeit sei das allein Wert-
produzierende (Rodbertus), ihr müsse daher auch allein der Ertrag
derselben als Lohn zufallen (K. Marx). Die Sozialisten erstreben eine
ideale Gesellschaftsordnung, oder setzen nach der materialistischen Ge-
schichtsauffassung (K. Marx) die allmähliche, unvermeidliche Entwickelung einer neuen Gesellschaftsordnung voraus, die sich in einem prinzipiellen Gegensatz zur bestehenden individualistischen befinden und
folgende Eigentümlichkeiten haben soll: an Stelle des Privateigentums
an den Produktionsmitteln (bei den Kommunisten auch an den Kon-
sumtionsmitteln) tritt mehr oder weniger ausgedehnt das Kollektiveigen-
tum, so dass dieses die Regel bildet. Die staatlich organisierte Produktion
ersetzt unter Beseitigung der freien Konkurrenz in der Regel den
Privatbetrieb. Die durch eine oberste Staatsgewalt fest organisierte
Gesellschaft wird so geleitet, dass künstlich die möglichste Gleichheit
des Lebensgenusses für alle Glieder der Bevölkerung bei völliger
Unterordnung des Interesses des Einzelnen unter die Gesamtheit erzielt wird. Eine solche Gesellschaftsordnung und auch die Lehre von
einer solchen heisst Sozialismus.

Der Anarchismus zerfällt in den kommunistischen Anarchismus, den Bakunin, Krapotkin vertreten, und den individualistischen des M. Stirner, Mackay. Der erstere geht aus von der allgemeinen Brüderlichkeit und erstrebt die schrankenlose Freiheit, die
auf Grund einer vorgeschrittenen Sittlichkeit zu allgemeiner Arbeit nach
der Fähigkeit eines Jeden und zur Gleichheit des Genusses führen
soll. Der zweite ist der ins Extrem getriebene Individualismus, der
jeden Zwang verwirft, den Einzelnen isoliert und dem eigenen Egoismus überlässt, während der Erstere von der Produktivgenossenschaft
ausgeht. Die Grundlage für beide hat Proudhon (Idée générale de
la revolution (1850) und qu'est ce que la propriété) gegeben.

§ 80.

Die Geschichte und Litteratur des Sozialismus.

Lor. Stein, Der Sozialismus und Kommunismus des heutigen Frankreichs. Leipzig 1842, u. Geschichte der sozialen Bewegung in Frankreich. Leipzig 1850.

Louis Reybaud, Etudes sur les réformateurs contemporains ou socialistes modernes. Paris 1841.

Alfr. Sudre, Geschichte Kommunismus. Berlin 1882.

Fr. Mehring, Die deutsche Sozialdemokratie. Ihre Geschichte und ihre Lehre. Bremen 1879.

Zeitschrift für die ges. Staatswissenschaften 1845. Staatsromane von *Rob. von Mohl*. *Kleinwächter*, Die Staatsromane. Wien 1891.

Stammhammer, Bibliographie des Sozialismus und Kommunismus. Jena 1893.

Pöhlmann, Geschichte des antiken Kommunismus und Sozialismus. München 1893.

Staatsromane: Platos Staat. — Thomas Morus, De optimo reipublicae statu deque nova insula Utopia. 1516. — Campanella, Civitas solis vel de reipublicae idea dialogus poeticus, 1620. — Vairasse, Histoire des Sevarambes, 1677. — Cabet, Voyage en Icarie, 1840.

Jean Jaques Rousseau, Ueber den Ursprung der Ungleichheit unter den Menschen, 1753. — Babeuf 1795/96. — Claude Henry de Saint-Simon, Reorganisation de la société Européenne, 1814. — Nouveau Christianisme, 1823. — Fourier, Théorie des quatre mouvements, 1808. — Bazard, Doctrine de Saint-Simon, 1828—30. — Enfantin. — Considerant. — Robert Owen, New views of society or essays upon the formation of human character, 1812. — Johann Gottlieb Fichte, Der geschlossene Handelsstaat, 1801. — Louis Blanc, Organisation du travail, 1848.

Rodbertus-Jagetzow, Zur Erkenntnis unserer thatsächlichen Zustände, 1842. — Soziale Briefe an J. von Kirchmann, 1850/51. R.'s sozialökonomische Ansichten, dargestellt von Th. Kozak, Jena 1882. — Karl Marx, Das Kapital, Hamburg 1867, 85 und 90. — Lassalle, Offenes Antwortschreiben an den deutschen Arbeiterverein 1863. Bastiat-Schulze, 1864. — Fr. Engels, Die Entwicklung des Sozialismus. Zürich 1883, Berlin 1891.

§ 81.

Die vermittelnde realistische oder die sozialpolitische Richtung.

B. Hildebrand, Die gegenwärtige Aufgabe der Nationalökonomie. Jahrb. f. Nat., B. I.

Verhandlungen des Vereins für Sozialpolitik im Oktober 1872. Leipzig 1873.

G. Schmoller, Ueber einige Grundfragen des Rechts u. d. Volkswirtschaft. Jena 1875.

H. Rösler, Ueber die Grundlehre des Ad. Smith. Erlangen 1871.

Ad. Held, Die Partei der Sozialpolitiker. Preuss. Jahrbücher 1875.

Bärenbach, Die Sozialwissenschaften. Leipzig 1882.

C. Menger, Untersuchungen über die Methode der Sozialwissenschaft. Leipzig 1883.

— 82 —

H. Dietzel, Theoretische Sozialökonomik. Leipzig 1885.
E. Sax, Das Wesen und die Aufgaben der Nationalökonomie. Wien 1884.

Die sozialpolitische Richtung nimmt im grossen und ganzen folgende Sätze an: Die bisherigen Theorien der politischen Oekonomie sind nur die Resultate der Beobachtung einer momentan vorliegenden wirtschaftlichen Entwickelungsstufe. Sie enthalten wohl im einzelnen, aber nicht im ganzen Grundwahrheiten, die für alle Zeiten und Länder Gültigkeit haben. — Das Beobachtungsobjekt der Nationalökonomie, der Mensch mit seinen Bedürfnissen, seinen Begriffen von Recht und Sittlichkeit, ist fortdauernden Veränderungen unterworfen. Die Macht des Ehrgefühls, des Gemeinsinns, die Vorsorge für die Zukunft, besonders der Familie, die Beherrschung der natürlichen Triebe werden mit der Kultur mehr und mehr ausgebildet. Damit wird auch die wirtschaftliche Thätigkeit des Menschen eine andere. Da sich die Ursachen (die Natur des Egoismus) ändern, so thun es auch die Wirkungen. Jede volkswirtschaftliche Erscheinung erweist sich als viel komplizierter und durch eine weit grössere Zahl von veränderlichen Faktoren bedingt, als man früher annahm, weshalb die meisten der früher aufgestellten wirtschaftlichen Gesetze nicht als solche anzuerkennen sind oder doch die darauf gebauten Schlüsse für andere Zeiten sich als falsch erweisen. Der Mensch muss daher in seiner Entwickelung beobachtet, die Volkswirtschaft historisch behandelt werden. Es muss die Forschung mehr den induktiven Weg einschlagen, um neue Wahrheiten zu schaffen. Der Ausgangspunkt muss aber das Studium der gegenwärtigen Volkswirtschaft sein, wobei die Statistik den besten Anhalt bietet. Die Geschichte ist notwendig hinzuzuziehen, um durch die Erkenntnis des Werdeganges das Gewordene richtig zu verstehen. Die Geschichte ist aber vom Standpunkt unserer Wissenschaft aus nicht Selbstzweck, sondern nur Mittel. Die volkswirtschaftlichen Verhältnisse in früheren Jahrhunderten waren viel zu verschieden von den gegenwärtigen und sind noch viel zu unvollständig erforscht, als dass man aus ihrem Studium eine Volkswirtschaftslehre für unsere Zeit schaffen könnte. Die historische Richtung hat besondere Bedeutung für die Volkswirtschaftspolitik. Für die Nationalökonomie ist die deduktive Methode und der Weg der Abstraktion in den Vordergrund zu stellen. Die schärfere Präzisierung und der weitere Ausbau der Begriffsdefinitionen bleibt eine Aufgabe der Zeit. Beide Forschungsmethoden sind zur gegenseitigen Ergänzung zur Anwendung zu bringen.

Das wirtschaftliche Leben ist nicht völlig getrennt vom politischen und sozialen zu betrachten. Der Mensch hat bei all seinem Thun, daher auch in seiner wirtschaftlichen Thätigkeit, sittlichen Grundsätzen zu folgen und höheren Kulturzwecken zu dienen, die nur von der Gesamtheit im Staat und durch den Staat zu erreichen sind. Daher ist das Gesamtwohl allerdings über das Wohl des Einzelnen zu stellen.

Die wirtschaftliche Freiheit führt nicht zur allgemeinen Harmonie, weder zur erspriesslichen Förderung der Kulturzwecke und des Wohls der Gesamtheit, noch zum Glücke der Mehrzahl der Einzelnen. Der

Staat allein vermag hier den Schwächeren Schutz zu verleihen, zu vermitteln und die gesamte Thätigkeit in die rechte Richtung zu leiten. Der Staat hat daher auch in ausgedehntem Masse die Pflicht, in die volkswirtschaftlichen Verhältnisse einzugreifen, doch nur als Ausnahme, wo sich ausdrücklich ein Bedürfnis dafür herausstellt. Vorzüglich durch die Gesetzgebung, durch allgemeine Normen, die für alle gleich sind. Es gilt das Problem zu lösen: die Individualität der Einzelnen zur vollen freien Entwickelung zu bringen und in möglichster Freiheit im Gefühl der Selbstverantwortlichkeit walten zu lassen, aber doch die gesamte Kultur in erster Linie zu fördern und den rücksichtslosen Uebergriffen der Einzelnen zu steuern.

Druck von Ant. Kämpfe, Jena.

Grundriss zum Studium

der

politischen Oekonomie.

Von

Prof. Dr. J. Conrad,
Halle a. S.

Zweiter Teil:

Volkswirtschaftspolitik.

Zweite erweiterte Auflage.

— • —

Jena,

Verlag von Gustav Fischer.

1898.

Inhaltsverzeichnis.

Abschnitt III.

Der Handel, das Verkehrs- und Versicherungswesen.

Kapitel I.

Der Handel.

Kapitel II.

Das Transportwesen.

Kapitel III.

Die Sparkassen.

Kapitel IV.

Das Versicherungswesen.

Abschnitt IV.

Das Bevölkerungswesen.

Kapitel I.

Bevölkerungslehre oder Populationistik.

Kapitel II.

Bevölkerungspolitik.

Abschnitt V.

Armenwesen und Armenpflege.

Kapitel I.

Kapitel II.
Die gegenwärtige Gesetzgebung.

Kapitel III.
Die Versicherung als Vorbeugungsmittel der Verarmung.

Kapitel IV.
Die Organisation der praktischen Armenpflege.

Einleitung.

§ 1.
Der Staat und seine volkswirtschaftlichen Aufgaben.

Der Mensch kann isoliert seine höheren Kulturzwecke nicht erreichen. Er vermag dies als ζῶον πολιτικόν nur in der Vereinigung einer grösseren Zahl von Personen zu gegenseitiger Unterstüzung und zeitweise gemeinsamem Handeln nach bestimmten Normen, wie sie Brauch und Sitte geschaffen haben, d. h. unter Voraussetzung einer bürgerlichen Gesellschaft. Bei der Verschiedenartigkeit der einzelnen Individuen nach Neigung, Bedürfnissen und Fähigkeiten, die sich mit Entwicklung der Kultur gewaltig steigert, ist eine grössere Gesellschaft nur in gedeihlichem Zustande zu erhalten und zu höheren, allseitigen Leistungen befähigt zu machen, durch feste Organisation und durch die Unterordnung unter eine höchste Gewalt, welche den Einzelnen zwingt, sich dem Gesamtinteresse unterzuordnen, jedem seine Rechtssphäre zuweist und ihn darin schützt, d. i. durch die Bildung eines Staates, ohne den der Kulturmensch nicht gedacht werden kann.

Der Staat hat sowohl Macht- und Rechtszwecke, wie Wohlfahrtszwecke zu verfolgen. Mit den letzteren haben wir es hier zu thun. Das Endziel muss für Staat und Gesellschaft dahin gerichtet sein, bei einer so grossen Zahl von Staatsangehörigen als möglich das Gefühl der Zufriedenheit (εὐδαιμονία) herbeizuführen. Naturgemäss können sie nur die Grundlagen dafür schaffen. Dies wird geschehen durch Entwickelung des Intellects, Bildung des Charakters und des Gemütes, dann durch die Förderung des allgemeinen Wohlstandes, welcher die Voraussetzung jeder höheren geistigen Bildung eines Volkes ist, und durch diese wiederum gefördert werden kann. Die Entwicklung der geistigen Kräfte ermöglicht erst höhere Leistungen auf wirthschaftlichem Gebiete. Die gewaltige Zunahme des Wohlstandes während dieses Jahrhunderts ist nur durch höhere geistige Leistungen, wissenschaftliche und technische Fortschritte, Erfindungen u. s. w. erzielt. Aber die Ausbildung des Verstandes schliesst auch eine Erhöhung der Genussfähigkeit und damit eine Steigerung der Bedürfnisse ein; sie erhöht die Fähigkeit der Lust- wie Unlustempfindung; sie kann daher sowohl grössere Zufriedenheit wie Unzufriedenheit erzeugen. Sie muss ein Gegengewicht erhalten durch Befestigung des Charakters, Ausbildung des Pflichtgefühls und die Gewöhnung an die Unterordnung unter eine höhere Autorität, wie sie im Allgemeinen erfahrungsgemäss nur durch religiöse Erziehung zu erlangen ist.

Die Steigerung der Genussfähigkeit wird Disharmonie, aber nicht Harmonie im Menschen erzeugen, wenn nicht zugleich entsprechend mehr Befriedigungsmittel erlangt werden können. Es muss deshalb darauf bedacht genommen werden durch die Bildung nicht nur die Bedürfnisse zu steigern, sondern auch die wirtschaftliche Leistungsfähigkeit, um Beides in ein richtiges Verhältnis zu setzen. Aufgabe des Staates ist nach Allem die Förderung der wirtschaftlichen und geistigen Kultur.

Die Auffassung, wie weit die Aufgaben des Staates in wirtschaftlicher Beziehung gehen, ist in verschiedenen Zeiten je nach dem Kulturzustande selbst in den Grundprinzipien ungleich gewesen. Man hat bald von ihm nur die Herstellung der Sicherheit und die Beseitigung aller Hemmnisse zur Erzielung vollster individueller und wirtschaftlicher Freiheit verlangt (Physiokraten, Ad. Smith, Freihandelsschule), bald die weitgehendste Regelung der wirtschaftlichen Verhältnisse beansprucht (Merkantilisten), bald der wirtschaftlichen und sozialen (Sozialisten). Die Freihandelsrichtung hatte so lange ihre volle Berechtigung, als es die erste Aufgabe der Zeit sein musste, mit mittelalterlichen Schranken aufzuräumen, und es war natürlich, dass man zunächst das ganze Heil darin sah, individuelle und wirtschaftliche Freiheit herzustellen und zu versuchen, ob damit nicht das Richtige erzielt werden könne. Aber die Schule ging darin zu weit, zu meinen, dass mit dieser negativen Aufgabe des Staates Alles erreicht werden könne. Die Erfahrung zeigte, dass wirtschaftliche Freiheit neue, bisher unbekannte Uebel zeitigte, durch welche dem Staate neue Aufgaben gestellt werden. Der menschlichen Natur entsprechend führte die Reaktion gegen die Freihandelsrichtung zu dem anderen Extrem, dem Streben nach dem Polizeistaat und der Einseitigkeit, von der Staatshilfe Alles zu erhoffen und zu beanspruchen auf Kosten der individuellen Freiheit. Was aber vor zwei Jahrhunderten noch am Platze war, wo die Masse der Bevölkerung in Lethargie verharrte und es ihr an Unternehmungsgeist und den nöthigen Mitteln fehlte, selbst die Initiative zu ergreifen, kann heutigen Tages bei dem erwachten Selbstbewusstsein, dem Unabhängigkeitstrieb, der höheren Intelligenz jedes Einzelnen unmöglich richtig sein. Die Kompliziertheit des wirtschaftlichen Organismus zieht der Staatseinwirkung enge Grenzen. Aufgabe der Wissenschaft ist es, hier den Mittelweg zu finden. Bis in die neueste Zeit richtete man sein Augenmerk ausschliesslich auf die Hebung der Produktion. Mit Recht betont man jetzt die Notwendigkeit, auch eine angemessene Verteilung des Ertrages der nationalen Arbeit herbeizuführen, soll die Kultur wirksam gefördert werden. Bei grösserer Dichtigkeit der Bevölkerung und auf höherer Stufe geistiger Entwicklung bilden sich infolge der grösseren Verschiedenheit der Menschen nach ihren Fähigkeiten und Bedürfnissen mehr Gegensätze der Interessen und intensivere Reibungen heraus, während zugleich die Empfindlichkeit jedes einzelnen gegen Verletzungen sehr gesteigert wird. Hierdurch werden dem Staate höhere Aufgaben gestellt und ein erweitertes und tieferes Eingreifen desselben in alle menschlichen Verhältnisse notwendig gemacht. Besonders hat er den Schwächeren in dem wirtschaftlichen Kampfe um das Dasein gegen die willkürliche Ausbeutung durch den Stärkeren zu schützen. Denn in dem Zustande wirtschaftlicher Freiheit stehen sich die Parteien nicht mit gleicher Macht gegenüber. Es liegt auch nicht allgemein, wie die alte Schule annahm, eine Harmonie zwischen dem Privat- und dem allgemeinen Interesse vor, sondern ein intensiver Kampf um das Dasein, der zwar zur Anstrengung aller Kräfte anregt, aber auch grosse Härten und Ungerechtigkeiten, wie Hemmungen des Fortschritts mit sich bringt. Die Staatsgewalt hat daher fortdauernd darauf hinzuwirken, dass die Interessen der einzelnen denen der Gesamtheit untergeordnet werden, weil so allein die Kulturentwicklung angemessen gefördert werden kann.

§ 2.

Die wirtschaftlichen Aufgaben des Staates auf unserer Kulturstufe.

Der Staat hat, um seine höheren Kulturzwecke zu verfolgen, die wirtschaftliche Thätigkeit, wo sich die Notwendigkeit ergeben hat, in folgender Weise zu beeinflussen:

1. Durch die Gesetzgebung, um allgemeine Normen für alle zu schaffen, nach denen sie ihre wirtschaftliche Thätigkeit vollziehen können, ohne andere zu schädigen und durch welche sie vor Eingriffen anderer geschützt werden.
2. Durch direkte Hilfsmittel, wie Vorschüsse, Prämien, Konzessionserteilung mit Vorrechten, Einrichtung von Staatsinstituten etc.
3. Durch indirekte Förderungsmittel, wie Fachschulen, Besserung der Kommunikationsmittel, Hafenanlagen, internationale Handelsverträge etc.

Der Staat hat aber n u r in solcher Weise vorzugehen, wo die Bürger allein nicht ausreichen, mit ihren Kräften selbst durchzusetzen, was erforderlich ist, denn die Staatseinrichtungen sind nicht Selbstzweck, sondern nur Mittel. Der Staat hat hier nur ergänzende Thätigkeit zu übernehmen.

Solche Fälle liegen aber vor:

1. bei mangelnder Intelligenz des Volkes, um rechtzeitig selbst die Initiative zu ergreifen (Creditanstalten, Versicherungsinstitute);
2. wenn einzelnen Klassen oder Personen die materiellen Mittel fehlen, um Aufgaben von allgemeiner Bedeutung durchzuführen (Kommunikationsmittel, Entwässerungen):
3. bei veralteten Institutionen oder den Fortschritt hindernden Besitzrechten etc., die nur mit Hilfe der Staatsgewalt, um die Minorität zu zwingen, beseitigt werden können (Zünfte, Gemenglage, wie überall, wo Expropriation nötig, um ein Unternehmen durchzuführen);
4. wenn das Publikum überhaupt, einzelne Klassen oder Personen, eines exzeptionellen Schutzes gegen Ausbeutung und Unterdrückung durch andere im wirtschaftlichen Verkehre bedürfen. (Arbeiterschutz, Gesetz gegen Nahrungsmittelverfälschung).

Die Staatshilfe darf einem Teile der Bevölkerung nur zugewendet werden, wenn sie auch der Gesamtheit entsprechend zu Gute kommt.

Der Staat wie die Gesellschaft haben die Aufgabe darauf hinzuwirken, dass auch die untern Klassen einen angemessenen Unterhalt
erlangen, was zu einer allgemeinen Kulturentwickelung erforderlich ist.

Der Staat hat im allgemeinen nur für die Grundlage der Produktion Sorge zu tragen, nicht aber für die Beschaffung der Güter selbst.

Eine zu weit gehende Bevormundung der Bevölkerung durch den
Staat untergräbt den Unternehmungsgeist, das Gefühl der Selbstverantwortlichkeit der Bürger und ladet der Regierung eine übermässige Verant-
wortung auf. — Eine Hilfe, die nur einen Teil der Bevölkerung trifft,
bringt Unzufriedenheit bei dem übrigen hervor, steigert die Ansprüche
und erweitert das Bauen auf die Staatshilfe.

Eine politische Gefahr wird ferner vorliegen, wenn das materielle
Wohl der Privatwirtschaften zu sehr in der Hand der Staatsgewalt
liegt und daher mehr oder weniger von der Auffassung einzelner Personen oder Parteien abhängt.

Es gilt nach allem für die Staatsgewalt unter Wahrung der individuellen Freiheit der Einzelnen und ihrer Selbstverantwortlichkeit,
doch den schwächeren Teil im wirtschaftlichen Kampfe zu schützen
und das Gesamtwohl in erster Linie zu fördern, dem das Einzelinter-
esse sich stets unterzuordnen hat.

Litteratur.

Die Litteratur über die Volkswirtschaftspolitik ist weniger systematisch ausgearbeitet wie die über die Nationalökonomie, namentlich
im Auslande. In Deutschland bietet das Schönbergsche Handbuch
der politischen Ökonomie, Tübingen, Lauppsche Buchhandlung, 4. Aufl.
1897, die grösste Vollständigkeit und systematische Ausarbeitung.
Dann W. Roscher, System der Volkswirtschaft, Bd. 2, 3 u. 5. Stuttgart, Cottasche Buchhandlung. Man ist sonst hauptsächlich auf die
Speziallitteratur angewiesen.

Die Land- und Forstwirtschaft.

Kapitel I.

Der landwirtschaftliche Betrieb in seiner Beziehung zur Volkswirtschaft.

W. Roscher, Nationalökonomik des Ackerbaues. Stuttgart 1888.
Buchenberger, Agrarwesen und Agrarpolitik. Leipzig 1893.
Ders., Grundzüge der deutschen Agrarpolitik. Berlin 1897.
L. Brentano, Agrarpolitik. Stuttgart 1897.

§ 3.

Entwickelung und volkswirtschaftliche Bedeutung der Landwirtschaft.

Bei unkultivierten Völkern findet nur okkupatorische Wirtschaft statt: Jagd, Fischerei. Bei den Hirtenvölkern beginnt bereits eine besondere Sorge für die Gaben der Natur. Einen ganz anderen Charakter nimmt diese Fürsorge an durch den Übergang zum Ackerbau und damit zur Sesshaftigkeit, welche die Grundlage für die Staatenbildung und damit für die Volkswirtschaft ist.

Hand in Hand mit der Viehzucht, der Gärtnerei, dem Obst- und Weinbau ist es die Aufgabe der Landwirtschaft, die hauptsächlichste Befriedigung der notwendigsten Lebensbedürfnisse für die Bevölkerung zu beschaffen, und bildet damit die Grundlage der Volkswirtschaft jedes modernen Staates. Die Landwirtschaft wird am besten gefördert durch blühende Industrie und Handel, welche im Lande einer starken Bevölkerung Beschäftigung gewähren, wodurch der Landwirtschaft Absatz ihrer Produkte an Ort und Stelle verschafft wird.

Mit Entwickelung der Kultur, mit Zunahme der Bevölkerung tritt die Bedeutung der Landwirtschaft für die Volkswirtschaft allmählich mehr zurück, weil ihrer Ausdehnung in dem gegebenen Grund und Boden bestimmte Schranken gesetzt sind, die für Handel und Gewerbe nicht existieren, weshalb diese sich in rapiderer und ungleich stärkerer Weise vermehren und der zuwachsenden Bevölkerung Beschäftigung und den Lebensunterhalt gewähren können, welchen sie in der Landwirtschaft nicht mehr zu finden vermag. So hat die in der Landwirtschaft beschäftigte und von der Landwirtschaft lebende Bevölkerung im Verhältnis zur Gesamtbevölkerung in den modernen Staaten während dieses Jahrhunderts fortdauernd abgenommen und ist schon auf die Hälfte resp. wesentlich unter die Hälfte herabgesunken.

Nach der Zählung vom 5. Juni 1882 lebten in Deutschland von Land-, Forstwirtschaft, Tierzucht und Fischerei 42,51 $^0/_0$ der Gesamtbevölkerung, 1895 35,4 $^0/_0$; von Landwirtschaft und Tierzucht allein 41,37 $^0/_0$, jetzt 34,0 $^0/_0$. In Preussen lebten in der zweiten Gruppe im Beginne des Jahrhunderts etwa 80 $^0/_0$, 1882 43,68 $^0/_0$, 1895 36,15 $^0/_0$. Die Erwerbsthätigen der erstgenannten Berufsarten machten in Deutschland 42,51 $^0/_0$, 1895 36,2 $^0/_0$ aller aus; in den Provinzen Ost- und Westpreussen 58,7 und 62,3 $^0/_0$; in Bayern, Oldenburg gegen 50 $^0/_0$; dagegen in Rheinland 30,6 $^0/_0$, im Königreich Sachsen 19,72 $^0/_0$, in Preussen 1882 42,3, 1895 36,3 $^0/_0$. In der Industrie waren Erwerbsthätige 1882 33,7 $^0/_0$, 1895 35,9 $^0/_0$; im Handel und Verkehr 1882 8,4 $^0/_0$, 1895 9,9 $^0/_0$ beschäftigt. In Frankreich lebten von der Landwirtschaft 1882 46,2 $^0/_0$, in Belgien 1880 20,5 $^0/_0$. Auch das im Handel und Gewerbe thätige Kapital ist schon in vielen Ländern grösser als das in der Landwirtschaft verwendete. Das Einkommensteuersoll Preussens ist in den Städten auf 83,7 Mill., auf dem Lande auf 30 Mill. angesetzt. in Handel und Industrie auf 38,1 Mill. Mk. Auch die Ausgaben für landwirtschaftliche Produkte spielen in dem Budget der Privatwirtschaften und somit in der ganzen Volkswirtschaft mit der Kulturentwickelung eine immer geringere Rolle. Bei drei ärmern Familien machten die Ausgaben für Nahrung überhaupt 53 $^0/_0$ aller Ausgaben aus, bei einer Familie mit mässigem Einkommen 41 $^0/_0$, bei einem Fabrikanten 28 $^0/_0$, bei einem höhern Beamten 16 $^0/_0$. (Hampke, Das Ausgabebudget der Privatwirtschaften, Jena 1888.)

Die landwirtschaftliche Bevölkerung liefert aber als der kräftigste und gesundeste Teil der Gesamtheit die tüchtigste physische Arbeitskraft und die brauchbarste Mannschaft für das Heer. Sie führt den Städten immer frisches Blut zu und ist deshalb sozial und politisch eine Hauptgrundlage des Staates.

§ 4.
Der intensive und extensive Betrieb.

W. Roscher, Nationalökonomik des Ackerbaues. Stuttgart 1889.
Hanssen, Agrarhistorische Abhandlungen. Leipzig 1880 u. 84.
Roscher, Ideen zur Politik und Statistik der Ackerbausysteme. im Archiv für politische Oeconomie. Neue Folge, Bd. III.
Settegast, Die Landwirtschaft und ihr Betrieb. Breslau 1875—79.
von der Goltz, Handbuch der landw. Betriebslehre. Berlin 1886.
Kramer, Handbuch der ges. Landwirtschaft. 1890, Bd. I.

1. Je mehr im landwirtschaftlichen Betriebe die Natur als Produktionsfaktor im Vordergrunde steht, je weniger Arbeit und Kapital auf eine gegebene Fläche verwendet wird. um so extensiver wird der Betrieb genannt. Je grösser der Aufwand an beiden. um so intensiver ist er. Als die extensivsten Wirtschaftssysteme sind zu bezeichnen: die Brand- und rohe Weidewirtschaft (Südsibirien, Südamerika; Hack- wald- oder Haubergswirtschaft in Schwarz- und Odenwald, in Steppengegenden Südrusslands, in der Lüneburger Heide), wo ohne andere Düngung als durch die Asche der auf dem Felde wachsenden Pflanzen

und durch das spärliche darauf weidende Vieh in grossen Zwischenräumen einzelne Ernten (Hafer, Buchweizen, Roggen) nach der dürftigsten
Bestellung dem Lande abgewonnen werden, worauf es längere Zeit
unberührt bleibt. Die Unkosten sind minimal, aber auch der Ertrag.

2. Das zweite, das alte Feldersystem, schliesst schon einen
wesentlichen Fortschritt in sich: eine geregelte Bewirtschaftung bestimmter Aecker in Felder eingeteilt. Die verbreiteste Art ist das
Dreifeldersystem, wo in unserem Klima Winterung, Sommerung
und Brache abwechseln. Doch wurde keineswegs immer ein volles
Drittel des Ackers mit Winterung etc. bestellt, vielmehr nur so viel
man bestellen oder düngen konnte. Ebenso wurde bei günstigem Klima
und gutem Boden und in stark bevölkerten Gegenden längst ein Teil
des Ackerfeldes zur Fruchtrtagung, namentlich von Handels- und Futter-
gewächsen herangezogen. Dies System setzt voraus, dass ausser dem
Acker noch Weidestrecken vorhanden sind, um die Ernährung des
Viehes zu unterstützen. Es war noch im Beginne des Jahrhunderts
fast in ganz Deutschland, also bei den verschiedensten Bodenverhält-
nissen, verbreitet und hat sich dort viele Jahrhunderte gleichartig (schon
zur Zeit Karls des Grossen bekannt) erhalten. Es wird dabei zwar
regelmässig, aber doch nur ein kleiner Teil der Fläche gedüngt. Die
ausgedehnte Brache erspart Arbeit und Dünger. Es bildet sich dabei
im Gegensatz zu dem vorhin besprochenen Systeme die Getreidenahrung
aus. Es liefert zum Verkauf vorzüglich Getreide, mageres Vieh, Wolle.

3. Die Fruchtwechselwirtschaft, wo Hackfrüchte und Futter-
kräuter die Brache mehr oder weniger verdrängen und mit Getreide
und Handelsgewächsen in regelmässigem Turnus abwechseln. Die
Auswahl der Früchte, die einander folgen, muss nach der Anforderung an die physikalische Beschaffenheit und an die Nährstoffe
geschehn, welche die Pflanzen in dem Boden beanspruchen, um sich
zu ergänzen und im Wachstum sich möglichst wenig benachteiligen,
dagegen nach manchen Richtungen fördern: z. B. auf die stark
kalibedürftigen Hackfrüchte, oder stickstoffsammelnden Leguminosen,
das viel Phosphorsäure resorbierende Getreide (jetzt in Mittel- und
dem nordöstlichen Deutschland). Die stärkere Heranziehung des Landes
zum Fruchttragen erfordert mehr Arbeitskräfte, mehr Dünger. Der
stärkere Futterbau gestattet aber, das Vieh besser zu nähren und die
Stallfütterung mehr und mehr durchzuführen, wobei mehr Dünger und
dann mehr verkäufliche tierische Produkte gewonnen werden.

Neben den beiden letzten Systemen steht 4. die Feldgraswirtschaft, wo mehrere Jahre des Graswuchses mit einzelnen Jahren
des Getreidebaues etc. abwechseln (in England, Holland, Schleswig-
Holstein). Sie kann mit sehr verschiedener Intensität betrieben werden,
setzt aber ein den Graswuchs begünstigendes Klima, Feuchtigkeit des
Bodens oder Gelegenheit zur Bewässerung voraus.

Die höchste Stufe nimmt 5. die freie Wirtschaft ein. Ein
grosser Düngervorrat und durchgreifende Bearbeitung des Bodens gestatten hier die zu bauenden Früchte den Konjunkturen gemäss zu
wählen und besonders mehr Handelsgewächse hineinzuziehen. Im Grossen
erreicht sie die grösste Intensität durch vorwiegenden Aufwand von
Kapital (Zuckerrübenbau wie in Anhalt, Provinz Sachsen, im Kleinen
durch vorwiegenden Aufwand von Arbeit (Spatenkultur in Parzellen-

wirtschaft); oder durch Zuhilfenahme von Maschinen (in England, den Vereinigten Staaten infolge hoher Arbeitslöhne) und der sog. künstlichen Düngemittel hier, dagegen in China und Japan, durch Verwertung der menschlichen Exkremente.

§ 5.
Die Thünen'sche Lehre.

Ein intensiverer Wirtschaftsbetrieb wird unter den entsprechenden natürlichen Bedingungen bis zu einer gewissen Grenze hin einen höheren Rohertrag erzielen, doch steigen damit unter sonst gleichen Verhältnissen die Produktionskosten nicht nur absolut, sondern in der Regel auch relativ. Für den Reinertrag bleibt mithin ein immer kleinerer Prozentsatz übrig. Nur Fortschritte in der Wissenschaft, Vervollkommnung in der Technik, verbesserte Organisation der Arbeit können hiervon erhebliche Abweichungen bewirken. Jeder Centner Getreide, der also über den bisherigen Durchschnittsertrag erzielt werden soll, erfordert im grossen und ganzen höhere Produktionskosten, es fragt sich in jedem Falle, ob jener Mehraufwand durch den Erlös des Mehrertrages gedeckt wird. Es kann daher zu einem intensiveren Betriebe unter sonst gleichen Verhältnissen nur bei höheren Fruchtpreisen, niedrigerem Kapitalzins oder niedrigeren Arbeitslöhnen etc. übergegangen werden, wobei guter Boden fördernd, schlechter entsprechend hemmend wirkt.

Jedes Wirtschaftssystem, jeder Grad der Intensität der Wirtschaft wird daher nur unter bestimmten natürlichen und volkswirtschaftlichen Verhältnissen den höchsten Reinertrag abwerfen (wenn auch nur mit gewisser Reserve zu sagen). Heinrich von Thünen auf Tellow war es, der zuerst diesen Satz aufstellte in seinem Werke: Der isolierte Staat in Beziehung auf Landwirtschaft und Nationalökonomie, Rostock 1842. Er zeigte in einer Abstraktion die Wirkung der Entfernung vom Markte auf das Wirtschaftssystem. Er nahm eine völlige Ebene mit gleichem Boden ohne einen schiffbaren Strom oder Eisenbahnen, umgeben von einer Wüste an, in deren Mitte der alleinige Marktort liegt. Es werden dann, zeigte er, in dem ganzen Lande die Preise gleich denen in der Stadt sein nach Abzug der Transportkosten bis zur Stadt. Je grösser die Entfernung bis zum Centrum, um so niedriger werden also die Fruchtpreise sein und um so extensiver der Wirtschaftsbetrieb. In der nächsten Nähe der Stadt wird die Wirtschaft Platz finden, durch welche Gemüse, frische Milch, Butter, Eier, Stroh, Heu, überhaupt die Gegenstände erzeugt werden, welche keinen weiteren Transport vertragen. Ihr Preis muss so hoch steigen, dass durch sie der höchste Reinertrag zu erzielen ist, und der Zuschuss an Dünger aus der Stadt begünstigt diesen Bau. Hieran werden sich nach seiner Berechnung die Forsten schliessen, es folgt im dritten Kreise notwendig die Fruchtwechselwirtschaft mit den schwer transportablen Hackfrüchten, oder die Feldgraswirtschaft. Der hohe Preis des Getreides gestattet hier noch eine intensive Kultur, die mit grösserer Entfernung notwendig abnehmen muss. Deshalb tritt darauf die Dreifelderwirtschaft ein. Wo sich der extensive Kornbau nicht mehr rentiert, beginnt die reine Weidewirtschaft.

§ 6.

Die Modifikationen der Thünen'schen Kreise.

Die Entfernung der Aecker vom Hofe wirkt ähnlich wie die vom Marktort. Je besser der Boden, um so mehr gleicht er die Entfernung aus. Bei leichtem Boden wird der Reinertrag unter unseren Verhältnissen etwa bei einer Entfernung von $1\frac{1}{2}$ km, bei sehr gutem Boden bei 3 km durch die erhöhten Bestellungs- und Erntekosten absorbiert. Eine Erhöhung des Arbeitslohnes, eine Grundsteuer, die nur einen Kreis trifft, wirkt wie eine Entfernung vom Markt. Die Erfindung von Maschinen, Erziehung künstlicher Düngemittel, Verarbeitung der Produkte zu grösserer Transportfähigkeit (Molkerei, Müllerei, Branntweinbrennerei, Zuckerfabrikation, Herstellung von Konserven, Fleischextrakt, kondensierter Milch) wirken wie eine Annäherung. Jede Eisenbahn, jeder Kanal muss die Thünen'schen Kreise verschieben. v. d. Goltz, Landwirtsch. Taxationslehre 1892, S. 506, veranschlagt die Transportkosten für 1 Centner Roggen auf mässig guten Wegen mit 13 Pf. pro 10 km, per Bahn auf noch nicht 2 Pf. Gleichwohl lassen sich noch jetzt in der Wirklichkeit Spuren jener Kreise um die grossen Städte, um den Weltmarkt beobachten. Je dichter ein Land bevölkert ist, je mehr eine Handel und Industrie treibende Bevölkerung sich entwickelt, um so mehr wird die Landwirtschaft einem engeren Kreise angehören. — Zwei Faktoren wirken sich in Bezug auf die Gestaltung der Ackerbauverhältnisse entgegen, die Anziehung des Marktortes mit den Vorteilen eines erleichterten Absatzes auf der einen und auf der anderen Seite die Vorteile der günstigen Produktionsverhältnisse, wie ein passender Boden, günstiges Klima, gute Arbeiterverhältnisse etc. Bei entwickelter Kultur und verbesserten Kommunikationswegen werden die Produktionsfaktoren mehr und mehr entscheidend. Es zweigen sich unter erweiterter Arbeits- und Verwendungsteilung in den verschiedenen Gegenden Distrikte mit verschiedener Produktion ab, z. B. mit vorwiegendem Weizen-, Rüben-, Tabaks-, Gemüsebau, Pferde-, Schaf-, Geflügelzucht etc.

§ 7.

Die Statik.

Liebig, Die Chemie in ihrer Anwendung auf Agrikultur und Physiologie. Braunschweig 1862.
Conrad, Liebigs Ansicht von der Bodenerschöpfung. Jena 1864.
Ed. Heiden, Leitfaden von der ges. Düngerlehre und Statik des Landbaues. Hannover 1873.
Ad. Mayer, Das Düngerkapital und der Raubbau. Heidelberg 1869.
G. Drechsler, Die Statik des Landbaues. Göttingen 1869.
M. Maercker, Raubbau. Handwörterbuch der Staatswissenschaft. Jena 1894.

Die Pflanze kann nur gedeihen, wenn ihre sämtlichen Aschenbestandteile in reichlicher Menge und in gelöster Form im Boden vorhanden sind. Die Erde enthält dieselben, besonders Phosphorsäure und Kali, nur in beschränkter Menge, teils noch chemisch, teils nur mechanisch gebunden. Da nun in jeder Ernte die Stoffe dem Boden entzogen und von der Natur selbst von ausserhalb nicht zurückgegeben werden, so muss der Mensch Bedacht nehmen, Ersatz dafür zu bieten, um dadurch einer Verarmung des Bodens vorzubeugen.

Das Gleichgewicht zwischen Entnahme und Ersatz beim Ackerbau wird Statik genannt. Die moderne Landwirtschaft ist im grossen und ganzen unzweifelhaft auf Raubbau basiert. Gleichwohl ist bisher ein allgemeiner Nachteil davon noch nicht zu konstatieren gewesen. Die Aufgabe des Landwirts ist es aber, fortdauernd die Ertragsverhältnisse wie den Stand der Statik genau zu überwachen. Wird dann ein Rückgang der Erträge beobachtet, so wird nach der Erkenntnis der Ursache das Streben nach reichlicherem Ersatze von selbst hervortreten, da derselbe in hervorragender Weise auf Erhöhung der Ernte wirken müsste. Die weitere Folge würde sein eine Preiserhöhung der betreffenden Düngestoffe, was wiederum zu einer sorgfältigeren Sammlung und Aufsuchung derselben führen müsste.

Als Ersatzquellen sind hauptsächlich zu nennen: Die Guanolager, die Kali- und Phosphoritbergwerke, die Eisenwerke durch Herstellung der Thomasschlacke, dann die städtischen Kloaken. Die letzteren können der Landwirtschaft zu gute kommen bei Kanalisation durch Berieselung der Felder, was nur in beschränkter Weise ohne Schaden durchführbar, oder durch Abfuhr- (Gruben- oder Tonnensystem z. B. in Stockholm), wobei die Verwertung eine vollständige sein und durch Verarbeitung der Stoffe (Poudrettefabrikation) dieselbe grösseren Kreisen zugänglich gemacht werden kann.

Kapitel II.
Die Agrarverfassung.

G. Landau, Die Territorien in Bezug auf ihre Bildung und Entwickelung. 1854.
C. Knaus, Der Flurzwang in seinen Folgen und Wirkungen. Stuttgart 1843.
Meitzen, Der Boden und die Verhältnisse des preuss. Staates. Berlin 1868.
Klebs, Die Landeskulturgesetzgebung, deren Ausführung und Erfolge für die Provinz Posen. Berlin 1868.
Sugenheim, Geschichte der Aufhebung der Leibeigenschaft. Petersburg 1861.
Handwörterbuch der Staatswissenschaften. Jena 1891. Art. Bauernbefreiung, Feldgemeinschaft, Zusammenlegung.
G. F. Knapp, Die Bauernbefreiung und der Ursprung der Landarbeiter in den älteren Teilen Preussens. Leipzig 1887.

§ 8.
Die Entwickelung des Flurzwanges, der bäuerlichen Gerechtigkeiten und Lasten.

Bei der festen Niederlassung der jetzt in der Mitte Europas wohnenden Völker bildeten sich durch die gemeinsame Ansiedelung einer Anzahl Familiengruppen eines Stammes auf einem gemeinsamen Territorium die Markgenossenschaften, während eine Anzahl gleichberechtigter Familien eine Dorf- und Feldgenossenschaft ausmachte. Jedes Familienhaupt erhielt einen Haus- und Hofplatz zum alleinigen Privatbesitz; das Ackerland, die Hufen, blieben im Besitze der Gesamtheit, den einzelnen wurde nur ein ideeller Anteil gewährt, der für Ernährung und Beschäftigung einer Familie ausreichte. Um eine gleiche Verteilung des Ackers nach Quantität und Qualität zu erreichen, wurde derselbe in eine oft grosse Zahl sog. „Gewanne", „Lagen", „Breiten", d. h. in grössere Feldstücke geteilt, an denen ein jeder Bürger einen durch das Los ihm zugefallenen Anteil erhielt. Je ver-

schiedener an Bodengüte und Lage das umliegende Land, je grösser
die Zahl der Familienhäupter war, um so mehr Gewanne wurden eingerichtet, in um so mehr verschiedenen Stücken hatte jeder seinen
Acker liegen. Was nicht in dieser Weise geteilt wurde, blieb als
Wald oder Weideland liegen, welches von der Genossenschaft gemeinsam ausgenutzt wurde. Die Bewirtschaftung der Gewanne war ursprünglich eine gemeinsame, erst bei der Ernte fand Teilung statt.
Nach Ausbildung des Privateigentums wurde die Benutzung desselben durch den Flurzwang, auch „Dorfwillkür" genannt, geregelt, dem
sich jeder zu unterwerfen hatte (Hutungs-, Ueberfahrts-, Trapprecht).
Eine weitere Folge war die Entwickelung der Ungleichheit im Besitz
durch Ver- und Zukauf an Grund und Boden, ganz besonders aber
durch Gewalt. Die Sieger liessen sich in Saal-, Frohn- oder Herrenhöfen nieder, die Besiegten wurden dienst- und zinspflichtige Bauern,
welche das Land der Herrenhöfe durch Frohnden zu beackern hatten,
dafür aber weitgehende Nutzungsrechte an denselben erhielten (Weide-
recht auf Brache, Wiesen und in Wäldern; Stoppelharken, Recht auf
Raff- und Leseholz, Torf, Fischnutzung etc.). War zur Zeit Karls des
Grossen noch ein freier Bauernstand sehr verbreitet, so verschwand
dieser in den folgenden Jahrhunderten, besonders nach dem 30jährigen
Kriege, immer mehr. Durch den immer drückender werden Heerbann
z. Z. der Kreuzzüge, wie durch die Schutzlosigkeit gegen das Raub-
rittertum sah sich der Bauer gezwungen, sich immer allgemeiner unter
die Grundherrlichkeit des Ritters zu stellen, der für ihn die Vertretung
bei dem Heere des Fürsten und seine Verteidigung gegen Uebergriffe
der Nachbarn übernahm, gegen Leistung von Naturalabgaben, Hand-
und Spanndiensten. Der Bauer wurde immer allgemeiner an die Scholle
gebundener Höriger. Die auf dem Bauern ruhenden gutsherrlichen
Lasten wurden in den folgenden Jahrhunderten immer grösser und
drückender. Der mit der Gerichtsbarkeit ausgestattete Adel war nach
Einführung des römischen Rechtes in der Lage, das Abhängigkeitsverhältnis zu verschärfen und ihm einen mehr persönlichen Charakter
zu geben, damit den Bauern mehr auszubeuten und ihm das Land zu
nehmen.

Auf primitiver Kulturstufe hatte der oben gekennzeichnete genossenschaftliche Betrieb bedeutende Vorteile (kein Proletariat, Stär-
kung des Gemeinsinnes, gemeinsame Meliorationen), mit steigender
Kultur wurde aber dadurch der Einzelne im Fortschritt gehemmt.
Besömmerung der Brache, Kultur der Handelsgewächse etc. war nur
ausnahmsweise möglich. Die zerstückelte Lage erschwerte und ver-
teuerte übermässig die Arbeit bei jedem Einzelbetriebe, sodass schon
in dem vorigen Jahrhunderte die Aenderung dieser Verhältnisse an
den verschiedenen Orten angestrebt wurde; aber erst in diesem Jahrhundert konnte sie unter Mithilfe der Regierung in erweiterter Weise
(Feldregulierung) zur Durchführung gelangen.

Die Gemeindeweiden und Weidegerechtigkeiten auf anderem Grund
und Boden bildeten während der Dreifelderwirtschaft die notwendige
Ergänzung zum Ackerbau und erleichterten dem Armen die Viehhal-
tung. Mit steigender Kultur, bei Verbesserung der Viehrassen und
der Fütterung, verminderte sich der Nutzen der entfernten und meist
schlecht gehaltenen Weiden; es trat der Schaden immer schärfer her-

vor, der damit verbunden, durch die Begünstigung zu starker Vieh-
haltung und die Verhinderung einer besseren Ausnutzung der belasteten Fläche. Dagegen verlor eine Anzahl Häusler durch Beseitigung
der Gemeinweiden die Möglichkeit, sich eine Kuh, Schafe oder Ziegen
zu halten.

§ 9.

Die Lösung der gutsherrlich-bäuerlichen Verhältnisse, Gemeinheitsteilung durch die Landeskulturgesetz-gebung.

Georg Hanssen, Aufhebung der Leibeigenschaft und die Umgestaltung der
gutsherrlich-bäuerlichen Verhältnisse in Schleswig-Holstein. Peterburg 1861.
A. Judeich, Die Grundentlastung in Deutschland. Leipzig 1863.
Schneider, Die Landeskulturgesetzgebung des preuss. Staates. Berlin 1882.
Art. Allmenden, Gemeinheitsteilung im Handwörterbuch der Staatswissen-
schaften. 2. Aufl. Jena 1898.

Frankreich hat vor allen den alten Bann gebrochen. Durch Beschluss der Nationalversammlung vom 4. u. 11. August 1789 und Dekret
vom 28. August 1792 wurden die sämtlichen Feudalrechte ohne Entschädigung aufgehoben.

In Deutschland ging Preussen durch die Landeskulturedikte vom
9. Oktober 1807 und 14. September 1811 zuerst mit der Aufhebung
der Erbunterthänigkeit vor. Es folgten die übrigen deutschen Staaten
erst in den zwanziger, ja vierziger Jahren, Österreich 1848, Russland 1861.

Während in Deutschland die Abhängigkeit des Bauern auch ohne
Entschädigung aufgehoben, sein freies Verfügungsrecht über den Acker
einfach dekretiert wurde, mussten die auf den bäuerlichen Grundstücken
haftenden Dienste, die Geld- und Naturalleistungen, dann die auf dem
Grund und Boden lastenden Gerechtsamen besonders unter Abschätzung
des Wertes abgelöst werden. Auch hierin war das betreffende
preussische Gesetz von 1821 für Deutschland bahnbrechend. Die Ablösung konnte geschehen durch Abtretung von Land, in Geld oder
Rente. Die letztere Art mit zwangsweiser Amortisation brachte die
grösste Erleichterung in der Weise, dass der Staat durch Errichtung
von Rentenbanken als Vermittler eintrat, den Berechtigten Renten-
scheine von entsprechender Höhe einhändigte und unter Einziehung
der betreffenden Rentensumme und der Amortisationsquote von dem
Berechtigten die Befriedigung der Rentenansprüche, sowie ihre allmähliche Tilgung übernahm.

Die Schädlichkeit alles dessen, was man mit dem Namen der
Gemeinheiten bezeichnete, wurde schon im vorigen Jahrhundert sehr
allgemein von den Regierungen erkannt und deren Ablösungen durch
Gesetze angestrebt (Reglement Friedr. d. Gr. v. 14. April 1771 für
Schlesien. Ges. v. 7. Juni 1821).

Bis in dieses Jahrhundert hinein (namentlich in Preussen) wurde
die Ablösung in Land und die Aufteilung des Gemeindebesitzes in
den Vordergrund gestellt, was erhebliche Bedenken hat, denn der Ge-
meindebesitz an sich ist nicht schädlich, vielmehr sehr nützlich, nur
die gemeinsame Benutzung führt leicht zu unrationeller Wirtschaft.
Seitdem ist dagegen mit Recht die Abfindung durch Kapital, oder noch

allgemeiner durch Rente eingetreten (zugleich Amortisation in Annuitäten, d. h. jährlichen Ratenzahlungen).

§ 10.
Die Feldregulierung.

Schlitte, Die Zusammenlegung der Grundstücke. Leipzig 1886.
K. Peyrer, Die Zusammenlegung der Grundstücke. Wien 1873.
Heberle, Die Feldbereinigung für Württemberg nach dem Gesetze vom 30. März 1886. Stuttgart 1886.
Handwörterbuch der Staatswissenschaften. 2. Aufl. Jena. Art. Zusammenlegung der Grundstücke.

Als Aufgabe der Feldregulierung (Separation in Preussen, Verkoppelung in Hannover, Vereinödung in Bayern, Konsolidation in Oesterreich, auch Zusammenlegung und Arrondierung genannt) ist anzusehen, möglichst wohl arrondierte Einzelgehöfte zu schaffen; wo dieses nicht ausführbar, mindestens die Zahl der Parzellen zu vermindern und jeder einen besonderen Zugang zu verschaffen; ferner die Befreiung jedes Grundstücks von den Nutzungsrechten anderer durchzuführen. Dazu musste durch die Gesetzgebung bestimmt werden:
1. welcher Prozentsatz der Beteiligten genügen solle, um die widerstrebenden Gemeindemitglieder zu dem Unternehmen zu zwingen (zur Provokation). Es erscheint im allgemeinen angemessen, dabei sowohl auf die sachlichen als die persönlichen Stimmen Rücksicht zu nehmen, aber allmählich die zur Provokation verlangte Majorität herabzusetzen;
2. ist die Einsetzung einer technischen Kommission, nebst höherer Instanz, durch die Regierung notwendig, welche die Nützlichkeit des Vorhabens zum Schutze der Minorität zu begutachten hat (in Preussen die Generalkommission und das Oberlandeskulturgericht);
3. die Einsetzung einer Kommission, welche den Separationsplan zu entwerfen, die neue Flureinteilung und die Abfindung an Land oder mit Geld festzustellen hat. (In Preussen bestehend aus den Spezial- oder Oekonomiekommissaren, Geometern und gewählten Kreiseingesessenen). Der Plan ist den Beteiligten, sowie der Regierung zur Begutachtung vorzulegen. In Betreff der Kosten scheint es gerechtfertigt, dass die Beteiligten sie nach dem Werte ihres Grundbesitzes tragen, zumal derselbe durch die Regulierung so gehoben wird, dass die Kosten mehr als gedeckt werden.

Das preussische Ges. v. 7. Juni 1821 verfolgt als Hauptzweck die Aufhebung der Gemeinheiten, die Zusammenlegung zersplitterter und vermengt liegender Grundstücke wird nur bei Gelegenheit und infolge der Gemeinheitsaufhebung, aber nicht selbständig in Aussicht genommen, während erstere isoliert und teilweise erfolgen kann. Nach demselben Gesetz konnte jeder Teilnehmer an einer Gemeinheit provozieren; nach einer Verordnung von 1838 war zur Provokation auf Teilung Zustimmung der Besitzer des vierten Teiles der umzulegenden Fläche erforderlich. Nach dem Ges. von 1850 konnte die oberste Behörde, die Generalkommission, bei Gemenglage von Guts- und Bauerland die Zusammenlegung veranlassen. Nach dem Ges. von 1872 genügen die Stimmen der Besitzer der Hälfte der Fläche. In Bayern und Württemberg ist die Majorität der persönlichen und sachlichen Stimmen erforderlich. Erst das Ges. vom 2. April 1872 verfügt in Preussen die selbständige Zusammenlegung oder Spezial-Separation, auch wo keine gemeinschaftliche Benutzung der Grundstücke vorliegt (was namentlich für Teile von Schlesien, Westfalen, Posen wichtig war), wenn dieselbe von den Eigentümern der Hälfte der in Betracht kommenden Fläche mit mehr als der Hälfte des Katastralreinertrages beantragt und von der Kreisversammlung für zulässig erklärt wurde. Für Hannover kommen in Betracht die Gesetze von 1823, 1842, 1856 und vom 5. April 1869. Das preussische Gesetz ist 1867 auf Schleswig-Holstein und Kur-Hessen ausgedehnt.

Meitzen führt als Beispiel der Wirkung der Separation an, dass im Kreis Langensalza in Grossgottern vor derselben 6803 Morgen in 16 100 Parzellen gelegen haben, die auf 1594 reduziert wurden, in Altengottern lagen 1601 Morgen in 18 910 Parzellen, die auf 913 vermindert werden konnten. Im Kreise Meisenheim in der Rheinprovinz haben noch jetzt 25 Gemeinden mit 16 386 ha nutzbarem Ackerland und 8219 Grundeigentümer 119 078 Parzellen im Gemenglage. In der Gem. Becherbach besitzen 332 Grundeigentümer 711 ha in 8209 Parzellen. In Bärenbach 130 Grundeigentümer 429 ha in 5116 Parzellen. Ein Besitzer in einer jener Gemeinden besitzt 8 ha in 145 zerstreut liegenden Parzellen, ein anderer 15 ha in 300 Parzellen, ein dritter 23 ha in 346 Parzellen mit 432 Mk. Grundsteuerreinertrag.

Die Kosten der Regulierung werden durchschnittlich auf 12 Mk. pro ha veranschlagt. 16 Mill. ha wurden in Preussen in der Hand von 1,7 Mill. Besitzern reguliert. In Sachsen wurde ein Ges. im Jahre 1834 und 1861 erlassen, in Baden 1856, Bayern 1861, Württemberg nur Wegregulierungsgesetz von 1862. Frankreich ist sehr parzelliert und hat im grössten Teile des Landes keine Gemenglage. In Dänemark und Schweden ist die Verkoppelung v. 1770—1810 durchgeführt. In Oesterreich hat man erst in den letzten Jahren begonnen in gleicher Richtung vorzugehen.

Nach dem bayrischen Geschäftsbericht für die Jahre 1887 bis 1897 waren 193 Flurvereinödungen für 13 859 Grundeigentümer mit 14 922 ha erledigt. Der Vorteil wird auf 4¹/₂ Mill. Mk. veranschlagt. Die Kosten schwanken zwischen 10 und 30 Mk. pro ha. und sind etwa zur Hälfte aus den Flurvereinödungsfonde gedeckt und ganz vorgeschossen. Kostenbetrag ca. 250 000 Mk.

(Brentano, Agrarpolitik, S. 87.)

§ 11.

Die Verteilung des Grund und Bodens.

Die Landwirtschaft im deutschen Reiche nach der Betriebszählung vom 14. Juni 1895. Statistik des deutschen Reiches. Neue Folge. Bd. CXII. Berlin 1898. , J. Conrad, Die Landwirtschaft im deutschen Reiche. Jahrb. f. Nat. 1898. Bd. XVI. Ders., Handw. d. Staatsw. Art. Bauernstand.

Die Verteilung des Grund und Bodens sowohl nach Besitzstücken wie nach Wirtschaftskomplexen ist von grosser volkswirtschaftlicher Bedeutung. In Bezug auf die Besitzverteilung ist die Latifundienbildung wie die extreme und allgemeine Parzellierung, welche zur Zwergwirtschaft führt, gleich schädlich. Die Latifundienbildung, die im klassischen Altertum, wie im Mittelalter, neuerdings in England hervortrat, greift tief in das Volksleben ein, vor allem durch Verdrängung des selbständigen Bauernstandes, der als körperlich gesundester Stamm und durch erblichen Besitz als konservatives Element der Bevölkerung das natürlichste, solideste Gegengewicht gegen das städtische Proletariat bildet. Sie erschwert dem Arbeiter die Erlangung von Grundbesitz, was als ein hervorragender Nachteil bei der Entwickelung der Industrie angesehen werden muss. In den 7 östlichen Provinzen Preussens gibt es über 11 000 Grundbesitzer mit mehr als 100 ha. 1882 Privatbesitzer haben mehr als 1000 ha. Die 158 Grundbesitzer (inkl. Kommunen, Kirchen, Stiftungen etc.) mit mehr als 5000 ha umfassen 1,7 Mill. ha, gleich 7,79 °/₀ des Areals und 17,5 °/₀ der Waldfläche. Fürst Pless besitzt 83 Güter mit über 70 000 ha und 358 000 Mk. Grundsteuerreinertrag. In Österreich besitzt Fürst Schwarzenberg 177 000 ha; in Schottland der Duc of Richmond 97 000 ha.

Eine weitere Zunahme der Latifundienbildung ist in der Gegenwart kaum zu befürchten, da in der Zeit der Kreditwirtschaft in anderer Weise das Kapital fruchtbringender und leichter angelegt werden kann als in Grund und Boden. In England ist die Besitzkonzentrierung durch besondere Umstände begünstigt worden: Der Grundbesitz verlieh politische Macht, übermässige Steuern belasteten den Besitzwechsel, das Erbrecht begünstigte die Festhaltung des Besitzes in einer Hand in besonderer Weise.

Eine allgemeine, weitgehende Zerstückelung des Grundbesitzes vernichtet gleichfalls den behäbigen Bauernstand und bringt bei überwiegender Agrarbevölkerung die Gefahr einer ungenügenden Verwertung der Arbeitskräfte und der Massenarmut in Notjahren mit sich. Eine Mischung von grossem, mittlerem und kleinem Besitz wird daher am wünschenswertesten sein, aber je nach den volkswirtschaftlichen Verhältnissen das Vorwiegen bald der einen, bald der anderen Art erforderlich machen.

Die grossen Wirtschaftskomplexe werden die Nachteile der Latifundien mit sich führen; namentlich durch die Verdrängung des Bauernstandes, sobald dieselben einen grossen Teil des Landes einnehmen. Als besondere Vorteile derselben sind zu erwähnen:

1. Sie gewähren den Inhabern grössere Mittel und damit die Möglichkeit, sich grössere wissenschaftliche Bildung, allgemeinere Umsicht und ausgedehntere technische Kenntnisse anzueignen, um die Fortschritte der Wissenschaft und Praxis im In- und Auslande zu verwerten und als Beispiel voran zu gehen.

Beides fällt vorzüglich ins Gewicht bei der Zucht von edlerem Vieh, bei der Erzeugung edlerer Früchte und der besseren tierischen Produkte.

2. Die Bewirtschaftung im grossen gewährt wesentliche Vorteile:
   a) durch Erleichterung der Arbeitsteilung und Vereinigung;
   b) durch ausgedehntere Verwendung von Maschinen;
   c) durch Ersparung von menschlicher Arbeitskraft, dann von Baulichkeiten;
   d) durch die leichtere Verbindung mit der landwirtschaftlichen Industrie.

Dadurch erleichtert sie die Massenproduktion der gewöhnlichen Nahrungsmittel. Die meisten der angeführten Vorteile zeigen sich sowohl bei sehr intensiver Kultur mit gew. Handelgewächsbau und Agrarindusrie, als auch bei extensiver Kultur, sie treten mehr zurück auf der Mittelstufe.

Als Vorteile der mittleren und kleinen Güter gegenüber den grossen ist zu erwähnen:

1. dass das Aufsichtspersonal erspart wird;

2. dass das erhöhte Interesse der Beteiligten, sowie die fortdauernde Aufsicht des mitarbeitenden Besitzers grössere Sorgfalt bei den Detailarbeiten (bei Handelsgewächsen, bei der Viehzucht) mit sich bringt.

Als Nachteile sind bei den Bauern die grosse Schwerfälligkeit, die Abneigung gegen den Fortschritt zu erwähnen, die aber bei steigender Kultur des ganzen Landes abnimmt und durch landwirtschaftliche Lehranstalten. Wanderlehrer, durch landwirschaftliche Vereine, landwirtschaftliche Ausstellungen verringert werden kann. Der Bauer hat ferner erfahrungsgemäss infolge seiner geringen Bedürfnisse eine grössere Widerstandskraft in Zeiten der Krisis. Er vermag sich auch durch Association viele Vorteile des Grossbetriebes anzueignen.

Die kleinen Grundstücke pflegen durch die Spatenkultur die höchstmögliche Ausnutzung zu erfahren. Sie sind am meisten am Platze, wo diese in weiterer Ausdehnung durchführbar ist. Sie bilden in der Hand der ländlichen wie städtischen Arbeiterbevölkerung ein vorzügliches Mittel zur Hebung ihrer Lage, sowie überhaupt zur Verwertung überschüssiger, in der Industrie nicht ausgenutzter Arbeitskräfte. Dies gewinnt an Bedeutung, je mehr die Arbeitszeit abgekürzt wird.

Der Rohertrag ist bei dem Kleinbetriebe durch Aufwendung von mehr Arbeit vielfach grösser als bei dem Grossbetriebe, aber seltener der Reinertrag, obwohl die Bauerngüter, besonders die kleineren Güter verhältnismässig höher im Preise stehen, weil die Nachfrage durch das geringere Kaufkapital grösser und die Ansprüche der Käufer niedriger sind. Die kleineren Güter beschäftigen und ernähren eine grössere Landbevölkerung, die grösseren eine grössere Stadtbevölkerung. Was wirtschaftlich vorteilhafter ist, hängt von den Verhältnissen ab, unter welchem Betriebe die Bevölkerung besser lebt. Je höher die Preise des Grund und Bodens, je niedriger die Getreidepreise, je höher dagegen die Löhne, um so mehr Vorteile haben die kleineren Güter vor den grösseren voraus.

Es liegt eine besondere Gefahr für den mittleren Besitz vor, durch Zusammenlegung zu grösseren Gütern oder durch Zerschlagung zu Parzellen zu verschwinden. Mag auch auf diese Weise der höchste Reinertrag, also der höchste wirtschaftliche Nutzen zu erzielen sein, so ist doch aus sozialen und politischen Rücksichten die Konservierung mittlerer Bauerngrundstücke in erheblicher Zahl unbedingt zu erstreben. Aus den nachfolgenden Angaben ist zu ersehen, dass während dieses Jahrhunderts erhebliche Schwankungen in der Zahl der Bauernstellen und ihrer Fläche in Preussen stattgefunden haben, dass aber von 1816—95 die Ausgleichung eine vollständige gewesen ist, so dass eine Verminderung des Bauernstandes nicht stattgefunden hat. Unter den gegenwärtigen Verhältnissen erlangt der Bauer mehr und mehr ein Uebergewicht über den Gutsbesitzer, wo diesem nicht agrarische Gewerbe zur Seite stehen.

In Preussen, excl. Rheinland und Stralsund wurden gerechnet:

Spannfähige Bauern:

1816	351,607	mit	34,9	Mill. Mrg.	Land	
1834	353,454	„	35,7	„	„	„
1865	349,836	„	32,5	„	„	„
von 1816—1865			— 2,4	Mill. Mrg.	Land.	

Kleinbäuerliche Stellen:

1834	459 345	mit	3,9	Mill. Mrg.	Land
1865	701,258	„	5,2	„	„
von 1834—1865		+ 1,3	Mill. Mrg.	Land.	

In Preussen jetzigen Bestandes gab es Bauernstellen v. 5—100 ha:

1882	667,345	mit	11 608,115 ha.
1895	716,843	„	12 033,808 „
	+ 55,489		+ 125,713 ha.

In ganz Deutschland:

	v. 2—5 ha	v. 5—20 ha	v. 20—100 ha
1882	981,407 mit 3 532,902 ha	926,605 mit 11 492,017 ha	281,510 mit 12 415,569 ha
1895	1016,318 „ 4 142,070 „	998,804 „ 12 537,660 „	281,767 „ 13 157,201 „
	+ 34,911 + 309,149 ha	+72,199 + 1 045,643 ha	+ 257 + 741,838 ha

In Frankreich gab es 1882 125 Mill. Parzellen.

0—1 ha	1—10 ha	10—40 ha
38,2 % der Betriebe	46,5 % der Betriebe	12,9
2,2 % der Fläche	22,7 % der Fläche	29,9.

51 % aller in der Landwirtschaft Selbstthätigen sind Grundbesitzer, aber 20 % derselben sind zugleich Tagelöhner.

(s. Tabelle p. 18 u. 19.)

§ 12.
Geschlossenheit oder freie Teilbarkeit.

Lette, Verteilung des Grundeigentums im Zusammenhang mit der Geschichte der Volkszustände. Berlin 1858.
Reichensperger, Die Agrarfrage a. d. Gesichtsp d. Nationalökonomie. Köln 1848.
Bernhardi, Versuch einer Kritik der Gründe, die für grosses und kleines Grundeigentum angeführt werden. Petersburg 1849.

Schon früh hat es in Deutschland Gegenden gegeben, in denen der Teilung wie der Zusammenlegung der Grundstücke kein gesetzliches Hindernis entgegenstand, und dagegen solche, wo die Geschlossenheit der Güter ausgesprochen oder durch die Gesetzgebung begünstigt wurde, und auch jetzt sind letztere noch nicht ganz verschwunden. Die Erfahrung zeigt, dass Missbrauch der freien Teilbarkeit zum Schaden des Besitzers wie der ganzen Volkswirtschaft vorkommen kann und in der That auch vorkommt, (in Meiningen, einzelnen Gegenden Badens, Württembergs, der Rheinprovinz), dass er aber keineswegs allgemein eintritt. Die Gewohnheit des Bauern, jede Ersparnis wieder in Land anzulegen, führt vielfach zu einem ausgleichenden Zusammenkauf der Grundstücke.

Tabelle I. Parzellenbetriebe, Bauern-

Staaten und Landestheile	Jahr	unter 2 ha				2—5 ha			
		Zahl der Betriebe		landwirtschaftl. benutzte Fläche		Zahl der Betriebe		landwirtschaftl. benutzte Fläche	
		Zahl	in %/oder Gesamtbetriebe	ha	in %/oder Gesamtfläche	Zahl	in %/oder Gesamtbetriebe	ha	in %/oder Gesamtfläche
Prov. Ostpreussen .	1882	101 363	53,87	50 681	2,10	26 146	13,89	84 788	3,51
	1895	129 585	57,09	60 037	2,35	30 666	13,51	98 488	3,86
„ Westpreussen	1882	81 267	60,63	40 940	2,54	15 491	11,56	49 879	3,10
	1895	95 493	60,31	46 402	2,79	18 844	11,90	60 027	3,61
„ Brandenburg mit Berlin . .	1882	165 357	62,91	88 849	3,97	33 421	12,72	110 013	4,92
	1895	178 015	62,55	92 207	4,10	38 077	13,38	120 118	5,35
„ Pommern . .	1882	107 205	63,33	55 548	2,79	21 277	12,57	69 525	3,50
	1895	112 385	61,92	60 518	2,97	22 065	12,16	70 220	3,44
„ Posen	1882	94 350	56,91	48 560	2,37	20 224	12,20	67 483	3,29
	1895	125 963	61,14	58 898	2,82	23 678	11,49	76 687	3,67
„ Schlesien . .	1882	189 026	51,56	126 914	4,97	85 197	23,24	280 436	10,99
	1895	189 522	50,50	119 487	4,63	85 391	22,75	280 169	10,86
„ Sachsen . . .	1882	189 981	66,50	105 659	6,16	37 061	12,97	121 887	1,10
	1895	210 554	68,39	110 468	6,38	36 887	11,98	119 678	6,91
„ Schleswig-Holstein . .	1882	76 416	55,73	27 611	1,94	16 475	12,01	53 467	3,76
	1895	74 153	54,73	26 633	1,85	15 666	11,56	50 504	3,50
„ Hannover . .	1882	195 047	59,33	123 252	7,26	60 404	18,37	187 036	11,02
	1895	200 870	58,20	115 737	6,61	66 240	19,19	207 254	11,83
„ Westfalen . .	1882	213 155	69,80	106 922	10,38	44 880	14,71	139 000	13,49
	1895	245 650	71,64	106 030	9,80	47 372	13,81	147 486	13,64
„ Hess.-Nassau	1882	116 892	58,63	79 750	10,97	44 709	22,43	150 493	20,70
	1895	123 880	58,34	79 874	10,65	48 241	22,72	156 241	20,84
„ Rheinland . .	1882	330 249	68,05	172 477	12,79	83 891	17,28	279 580	20,73
	1895	358 143	68,94	170 066	12,34	85 283	16,42	274 605	19,92
„ Hohenzollern	1882	4 850	39,72	4 096	6,97	4 078	33,39	13 613	23,16
	1895	3 900	32,12	3 307	5,25	4 370	30,00	14 697	23,19
Preuss. Staat	1882	1 865 158	61,35	1 031 250	4,94	493 254	10,23	1 607 200	7,71
	1895	2 048 113	61,91	1 049 864	4,91	522 780	15,80	1 076 084	7,84
Bayern	1882	262 343	38,49	196 853	4,55	165 429	24,27	549 012	12,75
	1895	236 575	35,64	177 659	4,09	165 408	24,92	553 096	12,74
Sachsen	1882	116 247	60,25	60 751	6,11	29 881	15,49	96 481	9,70
	1895	116 399	60,09	57 413	5,75	29 368	15,16	95 688	9,57
Württemberg	1882	165 135	53,59	123 650	10,91	81 148	26,34	259 718	22,91
	1895	156 828	51,14	112 642	9,66	84 215	27,46	272 044	23,32
Baden	1882	126 242	54,35	101 294	13,70	66 429	28,60	212 285	28,72
	1895	127 920	54,17	98 564	13,23	68 554	29,03	218 787	29,37
Hessen	1882	74 149	57,69	49 794	11,56	28 678	22,31	92 703	21,52
	1895	79 267	59,23	51 148	11,77	28 511	21,30	92 838	21,35
Mecklenb.-Schwerin und Strelitz . . .	1882	88 191	79,58	41 015	3,91	7 411	6,69	23 492	2,24
	1895	90 902	79,06	40 349	3,83	8 523	7,41	26 227	2,54
Elsass-Lothringen .	1882	142 581	60,97	101 994	13,32	55 556	23,75	177 236	23,15
	1895	139 773	60,26	95 741	12,46	54 757	23,61	175 222	22,81
Uebrig. Deutschland	1882	221 785	63,71	120 131	7,52	53 621	15,40	172 073	10,77
	1895	240 590	65,18	125 264	7,65	54 202	14,68	175 408	10,72
Deutsches Reich . .	1882	3 061 831	58,03	1 825 938	5,73	981 407	18,60	3 190 203	10,01
	1885	3 236 367	58,23	1 808 444	5,56	1 016 318	18,28	3 285 984	10,11

5—20 ha				20—100 ha				100 ha und darüber				Ueberhaupt	
Zahl Betriebe		landwirtschaftl. benutzte Fläche		Zahl der Betriebe		landwirtschaftl. benutzte Fläche		Zahl der Betriebe		landwirtschaftl. benutzte Fläche		Zahl der Betriebe	landwirtschaftl. benutzte Fläche
	in % oder Gesamtbetriebe	ha	in % der Gesamtfläche	Zahl	in % der Gesamtbetriebe	ha	in % der Gesamtfläche	Zahl	in % der Gesamtbetriebe	ha	in % der Gesamtfläche	Zahl der Betriebe	ha
04	16,69	337 719	13,98	26 067	13,85	1 010 248	41,81	3 199	1,70	932 651	38,60	188 179	2 416 087
25	16,57	382 145	14,96	25 688	11,32	1 005 152	39,36	3 431	1,51	1 008 163	39,47	226 995	2 553 985
22	15,91	225 849	14,03	13 506	10,08	534 848	33,22	2 440	1,82	758 606	47,11	134 029	1 610 322
74	17,54	286 338	17,22	13 906	8,78	544 091	32,72	2 329	1,47	726 055	43,66	158 346	1 662 913
90	15,40	434 390	19,12	21 368	8,13	791 177	35,37	2 204	0,84	812 528	36,32	262 840	2 236 954
14	15,81	465 815	20,73	21 392	7,52	777 000	34,58	2 110	0,74	792 038	35,24	284 608	2 247 178
16	15,19	267 181	13,44	12 201	7,21	454 307	22,85	2 876	1,70	1 141 729	57,42	169 275	1 988 290
24	17,31	319 336	15,64	12 830	7,07	465 875	22,82	2 793	1,54	1 125 476	55,13	181 497	2 041 425
02	22,08	390 953	19,09	11 885	7,17	407 085	19,88	2 724	1,64	1 133 909	55,37	165 785	2 047 990
25	19,96	434 883	20,83	12 638	6,14	427 829	20,49	2 605	1,27	1 089 452	52,19	206 009	2 087 749
40	19,57	687 365	26,94	17 773	4,85	579 141	22,69	2 880	0,78	878 067	34,41	366 616	2 551 923
20	21,41	751 114	29,11	17 172	4,58	555 930	21,54	2 851	0,76	873 748	33,86	375 262	2 580 448
88	14,14	412 174	24,01	16 678	5,84	614 217	35,78	1 573	0,55	462 569	26,95	285 681	1 716 506
57	13,76	418 984	24,19	16 477	5,35	605 656	34,97	1 610	0,52	477 091	27,55	307 885	1 731 877
91	15,89	233 862	16,43	21 350	15,57	875 204	61,47	1 101	0,80	233 555	16,40	137 133	1 423 699
97	16,97	247 227	17,14	21 586	15,93	884 174	61,31	1 091	0,81	233 666	16,20	135 493	1 442 204
55	15,41	513 760	30,27	22 010	6,70	755 770	44,53	623	0,19	117 338	6,92	328 739	1 697 102
69	16,18	560 570	32,01	21 530	6,24	742 734	42,41	650	0,19	124 987	7,14	345 159	1 751 282
42	11,55	353 091	34,26	11 456	3,76	382 356	37,10	276	0,09	49 134	4,77	305 009	1 030 503
46	11,01	374 979	34,67	11 836	3,45	395 822	36,59	302	0,09	57 343	5,30	342 906	1 081 660
92	16,55	311 033	42,77	4 489	2,25	137 212	18,87	287	0,14	48 642	6,69	199 369	727 130
85	16,71	323 552	43,15	4 435	2,09	135 076	18,02	308	0,14	55 064	7,34	212 349	749 807
43	13,01	581 897	43,15	7 803	1,61	278 595	20,66	246	0,05	35 913	2,67	485 332	1 348 462
27	13,00	596 125	43,24	8 221	1,58	289 388	20,99	303	0,06	48 325	3,51	519 477	1 378 509
02	23,76	28 331	48,21	372	3,05	11 234	19,12	10	0,08	1 490	2,54	12 212	58 764
60	28,50	31 748	50,40	403	3,32	12 265	19,47	7	0,06	1 061	1,69	12 140	62 988
87	15,60	4 777 521	22,91	186 958	6,15	6 831 394	32,76	20 439	0,67	6 606 131	31,68	3 040 196	20 853 532
29	15,98	5 192 816	24,30	188 114	5,69	6 840 992	32,01	20 390	0,62	6 612 469	30,94	3 308 126	21 372 025
86	30,52	2 070 954	48,10	45 169	6,63	1 392 108	32,34	594	0,09	97 285	2,26	681 521	4 305 412
99	32,69	2 148 833	49,49	44 182	6,66	1 350 573	31,11	621	0,09	111 416	2,57	663 785	4 341 577
63	18,80	393 577	39,56	9 772	5,06	303 680	30,53	758	0,40	140 225	14,10	192 921	994 714
18	19,27	401 663	40,18	9 868	5,09	304 180	30,43	755	0,39	140 634	14,07	193 708	999 587
70	17,52	494 369	43,61	7 724	2,51	233 144	20,57	141	0,04	22 698	2,00	308 118	1 133 570
70	18,81	525 531	45,05	7 774	2,54	231 264	19,83	156	0,05	25 012	2,14	306 643	1 166 493
37	15,69	312 525	42,27	3 096	1,33	99 900	13,51	83	0,03	13 302	1,80	232 287	739 300
26	15,51	311 128	41,78	2 942	1,24	93 568	12,56	117	0,05	22 792	3,06	236 159	744 839
56	18,56	214 221	49,74	1 719	1,34	52 909	12,29	124	0,10	21 079	4,89	128 526	430 706
54	18,72	218 322	50,22	1 685	1,26	51 153	11,77	123	0,09	21 269	4,89	133 840	434 730
49	5,82	65 481	6,26	7 242	6,53	288 838	27,55	1 525	1,38	629 446	60,05	110 818	1 048 272
32	5,94	69 190	6,57	7 201	6,26	284 371	27,00	1 532	1,33	632 645	60,06	114 990	1 053 282
59	13,37	272 048	35,54	4 076	1,74	158 309	20,68	394	0,17	55 965	7,31	233 866	765 552
81	14,22	284 984	36,09	4 029	1,74	155 616	20,26	407	0,17	56 707	7,38	231 947	768 270
98	16,09	557 672	34,90	15 754	4,53	547 888	34,29	933	0,27	200 132	12,52	348 091	1 597 896
95	15,55	569 408	34,78	15 972	4,33	558 111	34,09	960	0,26	208 857	12,76	369 419	1 637 138
05	17,56	9 158 398	28,74	281 510	5,34	9 908 170	31,09	24 491	0,47	7 786 363	24,13	5 276 344	31 868 972
04	17,97	9 721 875	59,90	281 767	5,07	9 869 837	30,35	25 061	0,45	9 831 801	24,08	5 558 317	32 517 941

Dagegen hat die Einschränkung der Freiheit ihren grossen Nachteil. Die Erklärung der allgemeinen unbedingten Geschlossenheit der Güter verhindert eine der volkswirtschaftlichen Entwickelung entsprechende Modifizierung der Grössenverhältnisse und ist in der Gegenwart als unhaltbar anerkannt. Die Fixierung eines unteilbaren Minimums führt zu polizeilicher Ueberwachung der Verkäufe an Grund und Boden und muss viele Verhältnisse verletzen, da ein für alle Umstände passendes Minimum (für das flache Land wie die Umgegend der Städte, für die ausschliesslich oder nur nebenbei bewirtschafteten Grundstücke u. s. w.) nicht zu finden ist. Ausserdem wird der Zweck verfehlt, wenn jenes Minimum in Parzellen verpachtet oder verschuldet wird.

Die Entscheidung, ob Teilung nützlich ist oder nicht, den Behörden anheimzugeben, eröffnet der persönlichen Willkür Thür und Thor. Am unbedenklichsten erscheint es, den Besitzern von Bauerngütern zu überlassen, ihr Gut noch für die nächste Generation als geschlossen zu erklären (Höferecht in Preussen) oder von seiten des Staates dies für eine Anzahl Bauerngrundstücke auszusprechen.

Aufgabe des Staates ist es, die Veränderungen der Besitzverhältnisse fortdauernd statistisch zu verfolgen, und der Beurteilung eine feste Basis zu bieten.

Wo eine rapide Abnahme der spannfähigen Nahrungen in bedenklicher Weise zu Tage tritt, kann es ungeachtet jener Bedenken die Pflicht des Staates sein, die Unteilbarkeit einer Anzahl derselben und das Verbot des Zusammenkaufs und der Zusammenlegung zu grösseren Gütern gesetzlich zu verfügen. Andererseits kann bei Mangel an Bauerngütern ein Vorgehen des Staates mit Parzellierung grösserer Güter, um lokalen Bedürfnissen entgegenzukommen, am Platze sein.

In Bayern setzte das Ges. v. 1827 ein Minimum von 25 Kr. Grundsteuerreinertrag, das Gesetz von 1834 von 1 Gulden an, in Schweden Ges. v. 1827. In Sachsen gestattet das Ges. v. 1843 nicht mehr als $1\frac{1}{3}$ abzutrennen. Nassau 1839 (50 Quadratruten), S.-Weimar, Ges. v. 1862 (1 Acker).

§ 13.
Die Vererbung an Grund und Boden.

Zeitschrift für die gesamten Staatswissenschaften. 1854. *Helferich*, Das Grunderbrecht.

Beaulieu-Marconnay, Das bäuerliche Grunderbrecht. Oldenburg 1870.

Rodbertus-Jagetzow, Zur Erklärung und Abhilfe der heutigen Kreditnot. I. Jena 1867. II. Berlin 1868.

A. v. Miaskowski, Das Erbrecht und die Grundeigentumsverteilung im Deutschen Reiche. Leipzig 1882. Ders. im Handwörterbuch für Staatswissenschaften. Jena 1889. Art. Anerbenrecht.

L. Brentano, Die Entwickelung des engl. Erbrechts in das Grundeigentum. Berlin 1898.

J. Conrad, Die Verwertung des Rentenprinzipes zur Sicherung unserer Grundbesitzverhältnisse. Jahrbücher f. Nationalökonomie 1893, Bd. VI, S. 1. Schriften des Vereins für Sozialpolitik. Bd. LXI. Leipzig 1895.

Ein gleiches Anteilsrecht der Erben am Grund und Boden führt die Gefahr einer unzweckmässigen vorzeitigen Teilung, des Verkaufs oder der Überschuldung der Grundstücke bei zahlreichen Erben mit sich. Die Konservierung des Grundbesitzes in derselben Hand ist an und für sich wünschenswert, da die Arbeit auf Grund und Boden häufig erst der späteren Generation zu gute kommt und das Bewusstsein, für die eigene Familie zu arbeiten, ein Sporn für gute Wirtschaft ist. Daher finden sich in den verschiedenen Gegenden die mannigfaltigsten gesetzlichen oder durch den Usus geheiligten Einrichtungen, um einem Erben die Übernahme des Gutes zu garantieren (Fideikommisse) oder zu erleichtern (Anerbenrecht), indem den andern Familiengliedern Opfer auferlegt werden.

Die Gründung von Fideikommissen (Majorate oder Minorate) ist volkswirtschaftlich schädlich, da dadurch künstlich ein gegebener Grössenbestand durch die Unteilbarkeit dauernd fixiert, der Uebergang in die Hand desjenigen übermässig erschwert wird, der die beste Benutzung vornehmen kann, und zu gunsten einer Familie damit die Volkswirtschaft beeinträchtigt wird. Durch die damit verbundene Unverpfändbarkeit wird auch die Verwertung des Hypothekenkredits zum Schaden der Familie verhindert. Je höher die Volkswirtschaft entwickelt ist, je grösser der Besitz, um so schärfer muss die Schädlichkeit zu Tage treten. In den östlichen Provinzen Preussens sind 13,3⁰/₀ aller Rittergüter fideic. festgelegt, 6⁰/₀ der nutzbaren Fläche, von dem Grundbesitz mit mehr als 5000 ha 50⁰/₀.

Eine Beschränkung der Testierfreiheit durch Bestimmung eines Pflichtteils erscheint hier aus gleichen Gründen wie bei dem Mobiliarbesitz angemessen.

Bei Mangel eines Testaments ist völlige Gleichberechtigung der Erben aus den angegebenen Gründen aber ebenso bedenklich wie ein unbedingtes Vorrecht eines einzelnen, des Aeltesten (England) oder Jüngsten. Die letztere Bestimmung schliesst die Nachteile einfacher Majorate in sich, da die zu grossen Vorteile den Berechtigten zwingen, von seinem Vorrecht Gebrauch zu machen, und die testamentarische Umstossung seines Rechtes zu sehr erschwert wird. Dagegen kann die gesetzliche Bestimmung eines mässigen Vorzuges für den Anerben, im Falle kein Testament vorliegt, nur segensreich wirken und die Anschauungen des Volkes in Bezug auf die Eigenart des Grundbesitzes und auf die Notwendigkeit einer Bevorzugung des Anerben bei der Erbteilung angemessen hinweisen. Es wird das erste Mittel sein, wozu man greifen muss, wenn die bisherige Freiheit zu einer Verminderung des Bauernstandes führt. Dies wird besonders wichtig sein, wenn der Wert des Grund und Bodens sinkt. Ein gewisser Vorzug des Übernehmers wird dann nur eine Ausgleichung des Risikos in sich schliessen, das er mit der Übernahme des Gutes auf sich nimmt gegenüber den Miterben, deren Kapitalansprüche hypothekarisch sicher gestellt sind. Das preussische Höferecht gestattet dem Bauern sein Gut in eine Höferolle einzutragen, wodurch es, im Falle der Besitzer nicht durch Testament andere Bestimmungen getroffen hat, nach den Bestimmungen des Gesetzes dem Anerben mit gewissen Vorzügen zufällt.

(Gesetz über die bäuerliche Erbfolge in Westfalen vom 13. Juni 1836 und 30. April 1882, Gesetz über das Höferecht in der Provinz Hannover vom 2. Juni 1874, 24. Februar 1880 und 20. Februar 1884.

Mark Brandenburg 10. Juli 1883, Schlesien 24. April 1884, Schleswig 1886 und Hessen 1887.)

Nur in Brandenburg, Schlesien und Westfalen ist eine Grenze mit mindestens 75, 60 und 75 Mark Grundsteuerreinertrag für die in die Höferolle einzutragenden Güter gezogen, in den anderen Provinzen kann jedes landwirtschaftlich oder forstlich benutzte Grundstück in die Höferolle eingetragen werden. Im allgemeinen haben die männlichen vor dem weiblichen, die älteren vor den jüngeren Nachkommen den Vorzug, in Tecklenburg und Ibbenbüren und in Schleswig kann auch der Vorzug der Jüngeren eingetragen werden. In Kassel bestimmt der Familienrat den Anerben.

Die Testierfreiheit des Erblassers wird nirgends beeinträchtigt.

In Hannover wird der Reinertrag geschätzt, wie er nach ordnungsmässiger Benutzung zu erwarten steht, nach Abzug der Lasten und Abgaben mit 20 kapitalisiert und der Kaufwert des Inventars hinzugezählt; ebenso in Schleswig. In Brandenburg gilt der 30fache Grundsteuerreinertrag plus der 20fachen Gebäudenutzung nach der Gebäudesteuer, in Schlesien der 40fache Betrag des Grundsteuerreinertrags als Grundwert. In Kassel (1. Juli 1887) wird der Wert von einem zu berufenden Familienrat festgestellt, darf aber nicht unter dem 25fachen, nicht über dem 45fachen der Grundsteuer angenommen werden. Nur in Hannover und Schleswig hat der Anerbe ein Voraus und zwar von ⅓ der Taxe.

Oesterr. Ges. vom 1. Februar 1889, bespr. in den Jahrbüchern für Nationalök. 1889.

Als Aushilfe ist ferner von Rodbertus die Durchführung des Rentenprinzips vorgeschlagen. Er verlangt, dass der landwirtschaftlich benutzte Grund und Boden bei allen Rechtsgeschäften, also bei Verschuldung, Vererbung, Verkauf nicht als Kapital, sondern als Rentenfonds behandelt werde, also Darlehne, Erbquoten und rückständige Kaufgelder nicht in Kapital, sondern in unkündbarer Rente ausgedrückt und gerichtlich eingetragen werden dürfen. Indes wird die übermässige Verschuldung damit nicht verhindert, sondern nur die auch auf andere Weise zu erlangende Unkündbarkeit der Abfindungssummen erreicht und der von Rodbertus überschätzte Nachteil der Zinsschwankungen beseitigt. Die Durchführung des Rentenprinzips erscheint daher nur wenig angethan, der Verschuldung des Grundbesitzes die schädlichen Folgen zu nehmen, und die vollständige Durchführbarkeit desselben ist überhaupt noch nicht erwiesen. Dagegen wird die Erbteilung nach dem Rentenprinzip den Verhältnissen des Grundbesitzes und des Anerben entsprechen, ohne eine Benachteiligung der Miterben in sich zu schliessen.

Kapitel III.
Landwirtschaftliches Kreditwesen.

§ 14.
Das Wesen des Agrarkredits.

Der Landwirt bedarf des Kredites:

1. zum Ankauf des Grund und Bodens (Grundkredit, crédit foncier);
2. zu Bauten, Meliorationen, Hebung des Inventars (Landwirtschaftlicher Betriebskredit, crédit agricole);
3. zur vorübergehenden Ergänzung des umlaufenden Kapitals (crédit personnel).

Der Landwirt ist zur Zurückzahlung des Darlehns erster Art im allgemeinen nicht im stande, er muss dazu die Hilfe eines anderen Kapitalisten in Anspruch nehmen. Der Gläubiger kann aber auch von der Zurückzahlung absehen, da ihm in dem Grund und Boden ein Pfandobjekt von dauerndem Werte geboten werden kann. Bei der zweiten Art ist dasselbe vergänglicher Natur. Der Gläubiger wird daher Rückzahlung verlangen müssen, doch kann der Landwirt nur allmähliche Abtragung übernehmen. Beide Arten werden daher hypothekarischer Kredit sein müssen, während für die dritte Art des Kreditbedarfs der persönliche am passendsten herangezogen wird. Der Landwirt beansprucht also bei dem hypothekarischen Kredite:

1. längere Kreditierung,
2. Fortfall der Kündigung,
3. möglichst niedrigen Zinsfuss.

Der Kapitalist verlangt dagegen für seine ausstehenden Gelder:

1. Sicherheit,
2. Verfügbarkeit,
3. möglichst hohe Zinsen.

Es bleibt zu untersuchen, wie zwischen den Ansprüchen beider zu vermitteln ist.

Eine hohe hypothekarische Verschuldung ist eine gefährliche Last für den Grundbesitz und die Landwirtschaft, die bei ungünstigen Konjunkturen leicht zu einer Agrarkrisis führt. Sie wird um so gefährlicher, je mehr der Grundwert über das richtige Mass in die Höhe getrieben ist. Eine Beschränkung der Höhe der Beleihung kann gleichwohl nicht als berechtigt anerkannt werden, da dafür keine geeignete Grenze zu finden ist, die vielmehr nach den persönlichen und wirtschaftlichen Verhältnissen ganz ungleich zu bemessen ist. Eine Beschränkung des Realkredites führt zu einer Erweiterung des Personalkredites, die noch gefährlicher ist. Jede Behinderung des Kredites gewährt auf höherer Kulturstufe dem Reicheren eine grössere Uebermacht über den Unbemittelten.

Der grösste Teil (etwa $\frac{4}{5}$) der Hypothekenschulden wird durch Besitzwechsel herbeigeführt, wovon aber auch ein grosser Teil für Meliorationszwecke verwendet wird. (Der Wert des ländlichen Grund und Bodens in Preussen ist auf 32 Milliarden, der der ländlichen Gebäude und des Inventars auf 30 Milliarden, die Hypothekenschuld auf ca. 10 Milliarden veranschlagt. Die jährliche Zunahme der Hypothekenschuld betrug von 1886—94 175 Millionen Mark, also in 9 Jahren über 1½ Milliarden Mark; in den Städten aber über 6 Milliarden.)

Zur Förderung der Sicherheit trägt vor allem eine gute Hypothekenordnung bei. Die Erfüllung aller Ansprüche beider Beteiligten versprechen die landwirtschaftlichen Kreditanstalten.

§ 15.

Das Hypothekenwesen.

Arnold, Das Hypothekenwesen. Erlangen 1863.
W. Bahlmann, Das preussische Grundbuchrecht. Berlin 1872. Deutsches Hypothekenrecht Bd. I—VIII. Leipzig (Breitkopf & Härtel). — dess. Bd. VIII. Das preussische Hypothekenrecht von *Dernburg u. Hinrichs*. 1878.
Viktor v. Meibom, Deutsches Hypothekenrecht. 8 Bde. Leipzig 1871—91.

Hypotheken- oder Unterpfandsrecht heisst das dem Gläubiger eingeräumte Recht, an einer unbeweglichen Sache sich schadlos zu halten, wenn der Schuldner seinen Verpflichtungen nicht nachkommt, ohne ihm dadurch die Befugnis einzuräumen, über die verpfändete Sache frei zu verfügen, d. h. sie zu veräussern oder frei zu gebrauchen. Die Verpfändung wird dem Zwecke nur entsprechen, wenn sie

1. ökonomische Sicherheit gewährt, d. h. der Wert des Pfandobjektes unter allen Umständen zur Deckung der Schuld ausreicht;

2. rechtliche Sicherheit gewährt dafür, dass sie den gesetzlichen Schutz in sich schliesst und nicht Ansprüche dritter Personen beeinträchtigend in Konkurrenz treten.

Für den zweiten Punkt hat die Hypothekenordnung Sorge zu tragen.

Die Grundlagen der hypothekarischen Sicherheit sind:

1. die natürliche und rechtliche Beschaffenheit des Pfandobjektes;

2. das Rechtsverhältnis des Darlehnnehmers zu demselben;

3. die bereits auf dem Gute ruhenden Schulden und sonstigen Lasten.

Um rechtliche Sicherheit zu gewähren, ist die Einrichtung eines Grund- oder Hypothekenbuches notwendig, in welches die Besitzverhältnisse resp. die Verpfändungen eingetragen werden.

Während das römische Recht keinen prinzipiellen Unterschied zwischen dem Recht der Immobilien und Mobilien macht, daher solche Eintragung unter öffentlicher Autorität nicht kennt, ist sie in Deutschland schon seit dem 13. Jahrhundert üblich, da nach germanischem Rechte mit dem Grundbesitz stets Rechte und Pflichten verbunden waren, und daher Veräusserung oder Verpfändung als Akte angesehen wurden, welche nicht ohne Wissen und öffentliche Anerkennung der Gemeinde vollzogen werden durften. Der letztere Anspruch besteht noch jetzt in dem grössten Teile von Deutschland, namentlich in Preussen, auch in Oesterreich durch das Grundbuchsystem, während in Bayern, Württemberg, Mecklenburg das Hypothekenbuchsystem herrscht, nach dem wohl die Verpfändung, aber nicht der Eigentumsübergang bei Grundeigentum erst durch die Eintragung erfolgt. In den Ländern mit französischem Recht ist zwar auch Eintragung jener Rechte verlangt, doch entstehen sie nicht erst durch die Eintragung.

Erst durch das Grundbuchsystem, das auch von dem bürgerlichen Gesetzbuch Deutschlands (§ 873) acceptiert ist, werden die folgenden drei Grundprinzipien einer guten Hypothekenordnung gewahrt.

Als Hauptgrundlage einer guten Hypothekenordnung sind folgende Grundsätze anzuführen:

1. Der Grundsatz der Publizität, nach welchem nur die in dem Hypothekenbuche hierfür angegebene Persönlichkeit das Verpfändungsrecht hat und nur die eingetragenen Lasten rechtliche Gültigkeit haben. Es verstösst hiergegen besonders die französische Gesetzgebung, nach welcher auch der nicht eingetragene Besitzer dispositionsfähig ist, und auch sogenannte stillschweigende Hypotheken (der Mündel, der Ehegatten, des Staates) ein Vorzugsrecht vor den eingetragenen Hypotheken haben, ohne im Hypothekenbuche verzeichnet zu sein.

2. Der Grundsatz der Spezialität und Priorität. Nach dem erstern darf eine Hypothek nur auf einem bestimmten Objekte haften und muss über einen ziffermässigen Betrag lauten. Das damit enge zusammenhängende Prinzip der Priorität verlangt, dass die Rangordnung der Hypotheken sich nach dem Alter der Eintragung richtet. Es muss aber dabei die Eigentümerhypothek, resp. Offenhaltung der gelöschten Stellen auf ausdrücklichen Antrag des Schuldners zu seiner Erleichterung gestattet sein.

3. Das Prinzip der Legalität oder der Rechtsgültigkeit aller eingetragenen Momente, solange nicht der Nachweis einer Rechtswidrigkeit erbracht ist. Um dieselbe möglichst allgemein zu machen, ging man in der früheren preussischen wie in der österreichischen Gesetzgebung so weit, von den Behörden einerseits die eingehendste Prüfung der Rechtsbefugnisse der antragenden Person (der Identität) und Dispositionsfähigkeit derselben zu verlangen, andererseits die Prüfung der Rechtsgültigkeit der einzutragenden Stipulationen nach Form und Inhalt, während in der französischen Gesetzgebung nur die richtige Eintragung des vorgelegten ohne jede Kontrolle beansprucht wird. Das erstere Verfahren schliesst eine Menge Umstände, Verzögerung der Eintragung etc. in sich, ohne erfahrungsgemäss völlige Bürgschaft zu bieten; das französische Verfahren gefährdet dagegen unbedingt die Zuverlässigkeit der Hypothekenbücher. Es erscheint der Mittelweg angemessen, nach welchem die Prüfung sich vorzüglich auf die Person des Antragenden zu beschränken hat.

Ueber die Eintragung wird in Preussen eine urkundliche Abschrift, der Hypothekenbrief, ausgefertigt und dem Gläubiger ausgehändigt, durch deren Präsentation er sich vor Gericht zu legitimieren hat. Durch schriftliche Uebertragung (Cession) auf derselben und unter notarieller Beglaubigung kann die rechtliche Veräusserung (auch in Blanko) geschehen. In anderen Teilen Deutschlands, z. B. in Bayern, kennt man diese Einrichtung nicht. Das deutsche bürgerliche Gesetzbuch gestattet die Ausfertigung eines Hypothekenbriefs auf Verlangen des Gläubigers, fordert sie aber nicht in jedem Falle (§ 1116).

Der Umsatz wird prinzipiell erleichtert, wenn die Hypothek ihrer accessorischen Natur entkleidet und reine Realobligation wird, wo sich der Eigentümer des Grundstücks jeder Einrede wegen des Mangels persönlicher Schuld begiebt, der spätere Erwerber des Grundstücks aber auch nicht persönlich haftet (preussische Grundschulden gegenüber den Hypothekenschulden).

§ 16.

Die landwirtschaftlichen Kreditanstalten.

Zeulmann, Die landwirtschaftl. Kreditanstalten. Erlangen 1864.
Behrend, Die landwirtschaftl. Kreditanstalten. Berlin 1859.
Mascher, Die landwirtschaftl. Kreditanstalten. Berlin 1867.
v. Goertz, Die Verfassung und Verwaltung der schlesischen Landschaft. 2. Aufl. Breslau 1877.
Goldschmidt, Die Hypothekenbanken. Jena (Gustav Fischer) 1880.
Felix Hecht, Die staatlichen und provinz. Bodenkreditinstitute in Deutschland. Leipzig 1891. Bd. II.

Ist durch eine gute Hypothekenordnung dem landwirtschaftlichen Realkredit die rechtliche Sicherheit verschafft, so bleibt nun noch die Aufgabe, dem Kapitalisten die ökonomische Sicherheit, dem Landwirte die Unkündbarkeit der Darlehen zu verschaffen. Es ist die Aufgabe der landwirtschaftlichen Kreditanstalten, in dieser Weise zu vermitteln und die Garantie zu übernehmen.

Drei Arten sind zu unterscheiden:

1. Die genossenschaftlichen Pfandbriefinstitute, wo die Association der Grundbesitzer solidarisch die Bürgschaft übernimmt. Das erste derartige Institut war die schlesische Landschaft, welche 1770 nach dem Plane des Kaufmannes Bühring für den ritterschaftlichen Grundbesitz gegründet wurde. Es folgten noch im Beginne des Jahrhunderts mehrere andere preussische Provinzen, dann Gegenden des übrigen Deutschlands, wo der grosse Grundbesitz überwiegt, die Ostseeprovinzen und Polen.

2. Die Staatsanstalten, die seit den dreissiger Jahren (die erste in Hessen) auftauchten und sich meistens aus den Rentenbanken entwickelten, resp. mit ihnen verbunden waren, wo also der Staat den Kapitalisten die Sicherheit verbürgt und seinerseits die Vermittelung resp. die Leitung des Instituts in die Hand nimmt.

3. Hypothekenbanken, wo Kapitalisten sich zu demselben Zwecke vereinigen und durch das von ihnen zusammengeschossene Kapital die Bürgschaft übernehmen.

Allen dreien gemeinsam ist die Einrichtung, dass dem Darleiher verzinsliche Pfandobligationen übergeben werden, die au porteur lauten (mit unbedeutenden Ausnahmen) und meistens für ihn unkündbar sind (bei den Pfandbriefinstituten erst seit 1838), während der Landwirt bis zu einer bestimmten Höhe des Taxwertes des Gutes teils baares Geld, teils jene Obligationen zur Versilberung an der Börse erhält, wobei ihm Unkündbarkeit gewährt wird, so lange er seinen Verflichtungen nachkommt. In neuerer Zeit ist fast allgemein die zwangsweise Amortisation ($1\frac{1}{2} - 3\frac{1}{4} \%$) eingeführt.

Jede der besprochenen Arten hat ihre volkswirtschaftliche Berechtigung unter bestimmten Verhältnissen. Die erste scheint die naturgemässeste, weil von den Interessenten selbst ausgehend, doch gehört viel Intelligenz zu derartiger Assoziation, die bei weitgehender Zersplitterung des Grundbesitzes selten ausreichend zu finden ist. Daher ist es in diesem letzteren Falle am Platze, dass der Staat selbst zur Gründung des segensreichen Instituts schreitet, bei welchem er ein Risiko bei einiger Sorgfalt erfahrungsgemäss nicht übernimmt.

Der dritten Art hat man prinzipiell vorgeworfen, dass sie nur zur Ausnutzung der Landwirte da sei und ausschliesslich hohe Dividenden erzielen wolle; doch nur ihr Vorherrschen wird von Nachteil sein. Als Ergänzungen obiger sind sie von Nutzen, da sie nicht so wie jene an allgemeine Satzungen gebunden, höhere Beleihung eintreten lassen und lokale wie individuelle Bedürfnisse berücksichtigen können.

§ 17.
Spezialfragen in betreff der Organisation der landwirtschaftlichen Kreditanstalten.

Folgende Punkte bedürfen bei der Einrichtung der Kreditanstalten besonderer Untersuchung:

a) Der Unterschied zwischen grossem und kleinem Grundbesitz. — Die Bedeutung dieses Unterschiedes für die Kreditanstalten hängt in hohem Masse von lokalen Verhältnissen ab, besonders von der Wohlhabenheit und Intelligenz der Bauern. Im allgemeinen ist aber für den kleineren Besitz eine grössere und fortdauernde Kontrole nötig, die schwieriger durchzuführen ist. Der Bauernhof kann unmerklicher und gründlicher devastiert werden, als ein grösseres Gut. Bei Zahlungsunfähigkeit sind Umstände und Kosten unverhältnismässig grösser. Da ein zuverlässiger Administrator weit schwerer zu finden ist, kann das Institut die Selbstverwaltung selten übernehmen und ist auf sofortigen Verkauf ihm zugefallener Güter angewiesen. Das ganze Geschäft muss für den kleinen Besitzer einfacher, kürzer und billiger hergerichtet, ihm besonders bares Geld zur Disposition gestellt werden. Daher sind für ihn kleinere Institute mit lokalem Charakter ungleich erspriesslicher (ähnlich den Raiffeisenschen Darlehnkassen).

b) Die Centralisation. — Je grösser das Institut, um so ausgedehnter wird das Vertrauen sein, das es beim grösseren Publikum erlangen kann, um so ausgedehnter der Markt für die Pfandobligationen, um so höher auch ihr Kurs. Je ausgedehnter die Institute, um so schwieriger wird es aber auch sein, den Eigentümlichkeiten der einzelnen Gegenden Rechnung zu tragen. Die Vorteile ohne die Nachteile sind daher nur zu erlangen durch Verbindung kleinerer Institute zur gemeinsamen Ausgabe von Pfandobligationen unter gemeinsamer Bürgschaft, ohne dass die einzelnen Anstalten ihre Freiheit aufgeben, sondern besondere, den lokalen Verhältnissen entsprechende Statuten haben, soweit es die Sicherheit gestattet.

c) Die zwangsweise Amortisation. — Die Bedeutung derselben ist für den kleinen Landwirt sehr erheblich, da er dadurch zum Sparen und zur Schuldentilgung angehalten wird. Sie ist ferner für die Sicherheit der Anstalten bei hoher Beleihung sehr wirksam und unvermeidlich. Die Bedeutung ist aber für den grösseren Landwirt überschätzt, da eine allgemeine Reduktion der Schuld dadurch nicht erzielt wird, denn die Kontrahierung neuer Schulden kann darum nicht verwehrt werden. Der intelligente Landwirt bedarf jenes Zwanges nicht, der für den Anfänger, für Missjahre etc. eine Härte in sich schliesst. Der Kapitalist kann sie für den Grundkredit entbehren.

d) Die Höhe der Beleihung. — In vielen Gegenden haben die vorhandenen Kreditanstalten bisher nicht ausgereicht; über die von ihnen gewährten Darlehen ragte meist die Verschuldung hinaus und war um so gefährlicher, als sie in kündbaren Hypotheken bestand. Eine hohe Beleihung verlangt eine verschiedene Behandlung der eingetragenen Schuld. Die unbedingt sicheren Grundschulden bedürfen keiner Amortisation, die später folgenden verlangen sie dagegen unbedingt zu ihrer Sicherung. Für die letzteren muss ausserdem eine Versicherungsprämie, also ein höherer Zins gezahlt werden.

Ein Verbot der Eintragung kündbarer Hypotheken erscheint als eine übermässige Beschränkung der Freiheit des Landwirts. Es wird ihn oft verhindern, ein besonders billiges Darlehn zu erhalten, auch wenn er sicher ist, es zu jeder Zeit tilgen zu können.

e) Das Verhalten des Staates zu den Kreditanstalten. — Bei der grossen Bedeutung derselben ist eine gewisse Kontrole durch den Staat unumgänglich. Das Konzessionssystem hat sich auch hier nicht bewährt und als die Entwickelung hemmend erwiesen. Es bleibt daher nur die Aufstellung allgemeiner Normativbestimmungen durch Gesetz, welche alle Institute in ihre Statuten aufnehmen müssen, z. B. eine genaue Begrenzung des Geschäftskreises, damit nicht Geschäfte übernommen werden, die schwindelhaft und unsicher sind. Pfandbriefe dürfen nicht ausgegeben werden über die hypothekarische Deckung hinaus. Minimalsatz des Grundkapitals resp. des haftenden Grundbesitzes bei Genossenschaften, ehe das Institut ins Leben treten darf etc. Dagegen sind allgemeine Bestimmungen über die Höhe der Beleihung, die Unkündbarkeit der Pfandbriefe, die Amortisation etc. als zu hemmend zu verwerfen.

§ 18.
Der Personalkredit.

Kraus, Die Raiffeisenschen Darlehnskassenvereine. Bonn 1877.
Löll, Die bäuerlichen Darlehnskassen nach Raiffeisen. Würzburg 1878.
E. J. Becker, Die Reform des Hypothekenwesens. Berlin 1867.
A. v. György, Die Mängel der Kreditorganisation des Kleingrundbesitzes. Budapest 1885.
Wolowski, Die schottischen Spar- und Leihbanken, übersetzt v. Holtzendorf. Berlin 1868.

Zur Befriedigung vorübergehenden Geldbedarfs kann der Landwirt Kredit gegen Faustpfand benutzen (durch Deponierung von Wertpapieren bei Banken, Lombardpfand, oder von Naturalien, z. B. Wolle); doch setzt es den Besitz disponibler Werte voraus und ist von jedem anwendbar. Das beste Mittel, den Personalkredit auch der Landwirte zu befriedigen, ist die Eröffnung des Kontokorrentverkehrs mit sicheren Bankinstituten. Beachtenswert erscheint daher der Vorschlag (von Becker und Rodbertus), in dem ganzen Lande kleine Vereinsbanken unter Garantie des gesamten Grundbesitzes zu stiften, welche für jeden Landwirt eine laufende Rechnung eröffnen, seine disponiblen Gelder aufnehmen und ihm bis zu vorher bestimmter Höhe Personalkredit gewähren.

Der Personal- und Realkredit beanspruchen geschäftlich völlig verschiedene Behandlung. Ihre Verbindung bei einem Institut gewährt nicht überall besonderen Nutzen und erscheint daher nicht notwendig. Die grösseren landwirtschaftlichen Kreditanstalten können ohne Gefährdung der Sicherheit nur schwer die Verbindung ausführen, da den Leitern derselben, namentlich bei den genossenschaftlichen, die nötige Personal- und Geschäftskenntnis abzugehen pflegt. Die Verbindung ist dagegen möglich und wünschenswert bei lokalisierten Instituten, und um so leichter, je reicher das Land ist.

Besondere Beachtung verdient die Einrichtung der schottischen Spar- und Leihbanken, der Schultze-Delitzschen Volksbanken und der Raiffeisenschen Darlehnskassenvereine.

Die schottischen Banken sind kleinere, auf Solidarhaft beruhende Bankfilialen, welche auf Grund des Vorschlags von Vertrauensmännern in den Gemeinden den Farmern ohne weitere Umstände bis zu bestimmter Höhe Personalkredit gegen Wechsel auf kurze Zeit gewähren. Die Raiffeisenschen Kassen sind lokalisierte kleine Vereine der Landwirte einzelner Gemeinden zur Gewährung von Kredit auf 1—2 Jahre, ausnahmsweise bis 10 Jahre an die Mitglieder und beruhen auch auf Solidarhaft. Sie beschaffen die Gelder durch Spareinlagen der Mitglieder und Anteilscheine über kleine Beträge, dann durch grössere Darlehn von einer Centralgenossenschaftsbank, welche die Gelder von Kapitalisten leiht. Ueberschüsse werden nicht verteilt, sondern zur Bildung eines Fonds verwendet, aus dem andere Genossenschaften unterstützt werden sollen. Die Verwaltung geschieht im allgemeinen ehrenamtlich.

Im Preussen zählte man 1896 6391 Kreditgenossenschaften und 1895 wurden 1599 neugegründet. Durch Gesetz vom 31. Juli 1895 wurde eine landwirtschaftliche Centralanstalt zur Förderung des genossenschaftlichen Personalkredits mit 20 Millionen Mark Staatszuschuss gegründet, welche schon 1896 über 700 Millionen Mark Umsatz hatte.

Kapitel IV.

Sonstige Förderungsmittel der Landwirtschaft.

§ 19.

Landwirtschaftliches Unterrichtswesen.

Julius Kühn, Landwirtschaftliches Unterrichtswesen. Handwörterbuch der Staatswissenschaften.

Der höhere landwirtschaftliche Unterricht wurde zuerst im vorigen Jahrhundert an den Universitäten unter den Kameralwissenschaften und für Staatsbeamte erteilt. Seit dem Beginn dieses Jahrhunderts tauchen besonders in Deutschland, dem Aufschwunge der Landwirtschaft entsprechend, besondere Lehranstalten, verbunden mit Musterwirtschaften auf: Möglin 1801, Tharandt 1829, Eldena 1835, Proskau und Poppelsdorf 1847; Hohenheim 1818, Jena 1826, in Frankreich Avignon 1827, — während in der Neuzeit dergleichen Anstalten mit den Universitäten oder Polytechniken verbunden werden. Je mehr die von den Landwirten studierten Fächer rein wissenschaftlich gelehrt werden, von um so geringerer Bedeutung werden praktische Demonstrationen sein. Je höher die Vorbildung der Studierenden, je allgemeiner der wissenschaftliche Trieb, je mehr Zeit sie auf das Studium verwenden können, um so mehr wird das Studium an einer technischen Hochschule oder an einer Universität am Platze sein, wo für die einzelnen Fächer Spezialdozenten vorhanden sind und auch nichtfachliche Wissenschaften gehört werden können.

Die mittleren landwirtschaftlichen Schulen zerfallen in rein theoretische und praktische. Die ersteren suchen sich den höhern Klassen der höheren Bürgerschulen oder den mittleren der Realschulen anzuschliessen und eine Unterweisung in für das Fach wertvollen Gegenständen, wie Gelegenheit zur Erlangung einer allgemeinen höheren Bildung zu geben. Die zweite Art sucht nur geringeren Ansprüchen gerecht zu werden, giebt Knaben Gelegenheit, durch praktische Thätigkeit einen Teil des Unterhaltes zu erarbeiten, und wird dadurch erheblich billiger als die anderen. Besondere Bedeutung dürfte der praktischen Unterweisung nicht beizulegen sein.

Der niedere Unterricht kann geboten werden in Knechtsschulen, dann in Sonntags- und Fortbildungsschulen. Für die älteren Leute kann durch Wanderlehrer, dann durch landwirtschaftliche Ausstellungen, eine erspriessliche Anregung geboten werden.

§ 20.

Das landwirtschaftliche Assoziationswesen.

Birnbaum, Das Genossenschaftsprinzip in seiner Anwendung auf die Landwirtschaft. Leipzig 1871.

Schönberg, Die Landwirtschaft der Gegenwart und das Assoziationswesen. Berlin 1869. (*Mentzel-Lengerke*, Kalender.)

v. Mendel, Die landwirtschaftlichen Ankaufs- und Verkaufsgenossenschaften. Berlin 1886. — Derselbe, Art. Landwirtschaftl. Genossenschaftswesen im Handwörterbuch der Staatswissenschaften.

1. Das Assoziationswesen (vgl. auch § 34) kann auch für die Landwirtschaft von grosser Bedeutung sein, und die Entwickelung der Gegenwart treibt mehr und mehr dazu, um dem kleineren Landwirt die Vorteile des Grossbetriebes zu teil werden zu lassen und überhaupt die Unkosten zu vermindern.

Die erste Art sind die Vereinigungen zur Beschaffung und Verwertung von Betriebsmitteln:

    a) in Bezug auf Maschinen;

    b) zur gemeinsamen Haltung von Zuchttieren;

    c) zum gemeinsamen Ankauf von künstlichem Dünger, Saatgut, Futtermitteln (Bezugsgenossenschaften).

2. Zur Vornahme von Meliorationen, Ent- und Bewässerungen, zur Bewaldung öder Flächen, wofür Staatshilfe erfahrungsgemäss sehr wirksam sein kann, durch Aufstellung von Normalstatuten, durch Zurdispositionsstellung tüchtiger Techniker, durch Vorschüsse etc.

3. Assoziationen zum gemeinsamen Betriebe landwirtschaftlicher Gewerbe:

    a) Molkereien, von denen 1895 in Preussen 1397 bestanden;

    b) Mühlen;

c) Stärkefabriken;
d) Brennereien;
e) Zuckerfabriken.

4. Assoziationen zur Erleichterung des Absatzes, zur Arrangierung gemeinsamen Viehexports, Errichtung von Viehhöfen, Gen.-Schlächtereien, gemeins. Verkaufslokalen, Kornspeicher.

5. Kreditvereine (vgl. § 18).

6. Versicherungsvereine, Kuhkassen.

7. Landwirtschaftliche Vereine mit geselligen und Bildungszwecken.

Kapitel V.

Die Forstwirtschaft.

Heyer, Lehrbuch der forstlichen Bodenkunde u. Klimatologie. Erlangen 1862.
Otto v. Hagen, fortges. von *Donner*, Die forstlichen Verhältnisse Preussens. Berlin 1882.
Rentsch, Der Wald. Leipzig 1863.
Bernhard, Geschichte des Waldeigentums. Berlin 1874.
Jos. Albert, Lehrbuch der Forstverwaltung. München 1883.
Lorey's Handbuch der Forstwirtschaft. Art. v. *Weber u. Lehr* (Forstpolitik).
Schwappach, Forstpolitik. Leipzig 1894.
Handwörterbuch der Staatswissenschaften. Art. Forsten, Jagd von *Endres*.

§ 21.

Die volkswirtschaftliche Bedeutung der Wälder.

Bei der Forstwirtschaft findet eine extensivere Benutzung des Bodens statt als bei der Landwirtschaft; sie ist nur auf grösseren Flächen rationell und mit Vorteil durchzuführen und die Oberaufsicht bei der mehr gleichmässigen Bewirtschaftung leicht vorzunehmen. Daher ist hier auch Staatsbesitz und -betrieb, sowie Besitz von Gemeinden und Korporationen durchaus angemessen. Mit steigender Bevölkerung und Kultur wird das Gebiet der Forstwirtschaft immer mehr auf solche Flächen eingeschränkt, welche für Ackerbau weniger brauchbar sind und das fortdauernd erweiterte Umsichgreifen der Holzsurrogate (Eisen, Kohlen) begünstigt die Beschränkung fortdauernd mehr. Die Forstwirtschaft tritt als Ergänzung der Landwirtschaft auf.

Der Wald hat nach vier Seiten hin eine allgemeine volkswirtschaftliche Bedeutung:

1. indem er Brenn- Nutz- und Bauholz,
2. Jagd und Weide gewährt;
3. als mechanischer Schutz gegen Schnee in Gebirgsgegenden, Versandung besonders am Meeresstrande, dann zum Aufhalten des Regenwassers an Bergabhängen etc. (Schutzwaldungen);
4. durch seinen bedeutenden Einfluss auf das Klima durch Ausgleichung der extremen Gegensätze von Wärme und Kälte, Dürre und Nässe.

Der Staat hat eine besondere Verpflichtung, die Forstwirtschaft zu überwachen, da sie weit leichter in Raubwirtschaft ausartet, welche dem momentanen Besitzer wesentlichen Vorteil, den späteren Generationen aber empfindliche Nachteile bringen kann, die nur schwer wieder auszugleichen sind. Besondere Fürsorge hat der Staat daher dem Forstbesitz von Gemeinden, Stiftungen etc. zuzuwenden.

§ 22.
Die Aufgabe des Staates im Speziellen.

Der Staat hat darüber zu wachen:

1. dass die Stellen bewaldet bleiben, wo eine völlige Abholzung von Nachteil ist (Abhänge der Berge etc.);
2. dass das natürliche Waldland nicht öde liegen bleibt;
3. dass eine den Verhältnissen entsprechende Fläche Landes mit angemessener Verteilung bewaldet ist;
4. dass die vorhandenen Waldungen rationell bewirtschaftet werden, wenn es auch nicht seine Aufgabe sein kann, besondere Sorge für die Beschaffung des Holzbedarfs zu tragen, wofür erfahrungsgemäss das privatwirtschaftliche Interesse hinreichend sorgt.

Der Staat kann auf verschiedene Weise den Forsten seinen Schutz und der ganzen Volkswirtschaft in dieser Beziehung seine Fürsorge angedeihen lassen:

1. durch Ausdehnung des eigenen Forstbesitzes, welche je nach den physikalischen Verhältnissen des Landes wiederum verschieden sein muss, und es kann in dieser Beziehung seine Pflicht sein, Territorien durch zwangsweise Expropriation in seine Hand zu bringen;
2. durch Ausübung eines Hoheitsrechtes über sämtliche Forsten, wobei zu unterscheiden ist zwischen Waldbesitz von Gemeinden, Stiftungen einerseits und Privatleuten andererseits.

Hierbei ist zu unterscheiden zwischen dem Beförsterungssystem (Baden, Kurhessen, Hessen-Darmstadt, Braunschweig, Waldeck u. a.), wobei der Staat die Verwaltung übernimmt, und dem Aufsichtssystem (seit 1876 in den östlichen Provinzen Preussens, Bayern und Württemberg, wo aber ausnahmsweise auch das Beförsterungssystem Platz greift). Die Befugnis bei dem letztern System kann sich je nach dem Bedürfnis erstrecken:

a) auf Verbot von Rodungen ohne besondere Genehmigung des Staates, welches auch auf Private auszudehnen ist;
b) auf den Zwang, nach einem von der Regierung genehmigten Plane und unter Kontrolle von Staatsbeamten die Forsten zu bewirtschaften;
c) auf den Zwang, nur geprüfte Forstbeamte zur Bewirtschaftung von Wäldern, die eine bestimmte Grösse haben, zu verwenden; Beschränkungen, die im allgemeinen nur bei Gemeinden und Stiftungen gerechtfertigt sind;
d) der Staat kann und muss unter gewissen Verhältnissen einen Zwang ausüben zur Bildung von Waldgenossenschaften, um die vereinigte Bewirtschaftung von Waldparzellen zu veranlassen und deren Devastierung dadurch zu verhindern;
e) der Staat hat die Pflicht, für die Ausbildung tüchtiger Forstbeamten Sorge zu tragen, vor allem durch Errichtung technischer Bildungsanstalten;
f) die Ablösung der auf den Forsten ruhenden Gerechtsame ist möglichst zu erleichtern.

	Waldfläche	Prozent der Gesamtfläche	Auf 1 Einw. Waldfläche ha	Dem Staate gehören %
Deutschland	13 908,398	25,7	0,28	32,7
Preussen	8 153,946	23,4	0,27	30,3
Bayern	2 504,732	33,0	0,45	31,3
Elsass-Lothringen	443,845	30,6	0,28	33,6
Oesterreich	9 777,415	32,6	0,15	6,5
Ungarn	9 483,591	28,3	0,58	16,1
Schweiz	822,904	19,9	0,29	4,2
Frankreich	9 457,515	17,7	0,25	11,3
Gross-Britannien	1 116,900	3,6	0,02	3,6
Belgien	489,000	16,6	0,09	
Schweden	18 162,747	44,4	3,85	31,0
Norwegen	7 806,000	24,0	1,32	13,0
Eur. Russland	181 211,000	36,0	2,00	57,4
Italien	3 656,000	12,0	0,13	1,6

nach Handwörterbuch. Art. Forstwirtschaft v. Endres.

Kapitel VI.

§ 23.

Der Bergbau.

Arndt, Theorie und Geschichte des Bergregals. Halle 1879. — Ders. Art. Bergbau, Handwörterbuch der Staatswissenschaft. — Ders. Bergbau und Bergpolitik. Leipzig 1894.

Durch das bergmännische Gewerbe findet die intensivste Bodennutzung statt. Doch unterscheidet sie sich dadurch von der land- und forstwirtschaftlichen, dass sie erschöpflich ist. Die Nutzung der darin angelegten Kapitalien tritt erst verhältnismässig spät ein und sie ist grossen Schwankungen der Konjunkturen und noch mehr Zufälligkeiten unterworfen.

Schon seit dem 12. Jahrhundert ist die Gewinnung der Mineralien von den Rechten des Grundeigentümers ausgeschieden und damit die Bergbaufreiheit eingeführt, welche die Gesetzgebungen fast aller Länder (ausser besonders Englands) anerkennen. Neuerdings für die deutschen Länder massgebend geworden ist das preussische Gesetz vom 24. Juni 1865, welches die der Bergbaufreiheit unterworfenen Gegenstände einzeln aufführt.

Seit dem 12. Jahrhundert wurde das Bergregal von den deutschen Kaisern beansprucht und seit dem 14. auf die Landesherren übertragen. Es schloss aber nur ein das Recht der Besteuerung, der Gerichtsbarkeit und Polizei. Doch war die Bevormundung des Betriebes meist eine äusserst weitgehende (bes. nach dem preuss. allgem. Landrecht). Neuerdings hat man selbst die polizeiliche Verhinderung des Raubbaues immer allgemeiner aufgegeben und beschränkt sich auf die sicherheitspolizeiliche Aufsicht durch besondere Behörden.

Die Gefahr für das Leben und die Gesundheit der Bergarbeiter ist ausserordentlich gross. Um sie zu vermindern, hat die Regierung die Prüfung der Betriebspläne, wie der leitenden Personen zu übernehmen, Sicherheitsvorschriften zu erlassen und die Kontrolle der laufenden Arbeiten, dass die Vorsichtsvorschriften befolgt sind, durchzuführen. Zur Milderung der Folgen von Unglücksfällen im Bergbau für die Arbeiter hat man schon früh Knappschaftskassen eingeführt. Die neueren Berggesetze schreiben dieselben meistens vor und verpflichten die Bergwerksbesitzer, mindestens die Hälfte der Beiträge der Arbeiter beizusteuern. (Preussen, Ges. v. 1854, ergänzt durch die Arbeiterversicherungsgesetze.)

Der Betrieb ist früher allgemeiner, jetzt noch häufig durch „Gewerkschaften" ausgeführt, erst in neuerer Zeit durch Aktiengesellschaften. Die Anteilrechte der Gewerksmitglieder (Gewerke, die im Grundbuch als Miteigentümer des Bergwerks mit ihrer Kuxzahl eingetragen sind) werden in Kuxen ausgedrückt. Der Inhaber ist nach Verhältnis seines Anteils zu fortlaufenden Beiträgen verpflichtet, wie zum Anteil an der Ausbeute berechtigt.

Nach der Zählung von 1895 waren in Deutschland im Bergbau, Hütten- und Salinenwesen beschäftigt: 536289 Personen in 6275 Betrieben, wovon 570 mit 449094 Personen über 200 Arbeiter beschäftigten.

Die stoffveredelnden Gewerbe.

Kapitel I.

Die geschichtliche Entwickelung der Gewerbe.

Ed. Meyer, Die wirtschaftl. Entwickelung d. Altertums. Jahrb. 1896. Bd. XI.

Bücher, Die Entstehung der Volkswirtschaft, 2. Aufl. 1898. — *Bücher*, Handwörterbuch der Staatswissenschaft. Art. Gewerbe.

G. Schönberg, Handbuch d. politisch. Oekonomie. 4. Aufl. Bd. II, 1. Tübingen
1896. Die rechtliche Ordnung des Gewerbewesens.

K. Th. von Inama-Sternegg, Deutsche Wirtschaftsgeschichte, Bd. I. u. II.
Leipzig 1879 und 1894.

Gierke, Das Deutsche Genossenschaftsrecht. Bd. I. Berlin 1868.

H. A. Mascher, Das deutsche Gewerbewesen von der frühesten Zeit bis auf
die Gegenwart. Potsdam 1866.

W. Arnold, Das Aufkommen des Handwerkerstandes im Mittelalter. Basel
1861. — Ders. Deutsche Urzeit. Gotha 1879.

W. E. Wilda, Das Gildewesen im Mittelalter. Berlin 1838.

Schönberg, Zur wirtschaftlichen Bedeutung des deutschen Zunftwesens im
Mittelalter. Jahrbücher für Nationalökonomie. Bd. IX. — *Stieda*, Die Entstehung
des deutschen Zunftwesens. Ebenda Jahrg. 1876.

Stahl, Das deutsche Handwerk. Giessen 1874.

Nitsch, In der Akademie der Wissensch. zu Berlin 1879. Ueber die Entstehung der Zünfte.

H. Meyer, Die Strassburger Goldschmiedezunft. Leipzig 1885.

G. Schmoller, Strassburg zur Zeit der Zunftkämpfe und die Reform seiner
Verfassung und Verwaltung im XV. Jahrhundert. Strassburg 1875. — Ders.,
Strassburger Tucher- und Weberzunft. Strassburg 1879.

§ 24.

Altertum und Mittelalter.

Erst nach Entwickelung einer grösseren Volksdichtigkeit und
mannigfacher Bedürfnisse bildet sich allmählich eine solche Arbeitsteilung aus, dass besondere Personen ihre ganze Thätigkeit der Herstellung bestimmter Gegenstände zuwenden, und auch dieses geschieht
zunächst im Interesse eines grösseren Haushaltes. Allmählich werden
Ueberschüsse aus dem Haushalte zum Tauschverkehr benutzt, bis sich
dann selbständige Gewerbtreibende entwickeln, welche im Interesse
des Erwerbs auf die Herstellung bestimmter Geräte, Waffen, Schmucksachen ihre Arbeitskraft richten, oder auch persönliche Arbeitsleistungen,

3*

zu denen besondere Geschicklichkeit und erlernte Fertigkeit gehört, berufsmässig anderen gegen Entgelt widmen. (Barbiere, Maler etc.) Schon 2000 Jahre v. Chr. hat es in Aegypten neben gewerblich ausgebildeten Sklaven freie, selbständige Handwerker gegeben. Im homerischen Zeitalter gab es neben dem Stande der Bauern und dem der Musiker, Tänzer und Gaukler einen dritten Stand der Handwerker. Gleiches deutet die hebräische Sage an. Zur Zeit des Perikles spielten neben den gewerblich thätigen Sklaven freie Handwerker, die nicht unbedeutend für den Export arbeiteten, eine nicht zu unterschätzende Rolle. Im Mittelalter führte die Arbeitsteilung in den Klöstern, auf den Herrenhöfen, besonders in den Königs- und Bischofssitzen zur Uebernahme handwerklicher Thätigkeit durch bestimmte Hörige. In den Kapitularien Karls des Grossen werden bereits 13 verschiedene Handwerke auf den Domänen aufgeführt. (Fischer, Schmiede, Schildmacher, Böttger, Sattler, Schuhmacher, Müller, Drechsler, Bäcker, Bierbrauer, Goldarbeiter, Seifensieder, Zimmerleute.) Wo diese hörigen Operarii in grösserer Zahl zusammen thätig waren, bildeten sie schon früh besondere Innungen (Societates) unter einem von den Herren eingesetzten Vorsteher. Allmählich ergriffen nach Entwickelung der Städte auch Freie besondere Gewerbe, und die Zuzügler erlangten in den Städten die persönliche Freiheit, welche man allmählich auch den bisher hofrechtlichen Handwerkern einräumen musste. Der erste Schritt zur Unabhängigkeit war, dass die bisher ungemessene Arbeit zu bestimmten Lieferungen und Leistungen fixiert wurde, ausser denen die Handwerker ihre Arbeitskräfte anderen gegen Entgelt und zum eigenen Vorteil widmen konnten. Nach Einführung der Geldwirtschaft wurden dann die gemessenen Leistungen in eine Geldabgabe verwandelt, die wiederum vielfach durch eine Kapitalzahlung abgelöst wurde. Es war die erste Phase der Entwickelung, wo die Arbeit der Gewerbetreibenden fast nur auf die Befriedigung der Bedürfnisse der nächsten Umgebung gerichtet war und sich (nach Bücher) aus dem Hausfleiss immermehr die selbständige Lohnarbeit aussonderte, indem der Handwerker das ihm gelieferte Material verarbeitete, und wo es anging, die Arbeit in dem Hause des Kunden verrichtete. Es war eine weitere Entwickelungsphase, als der Handwerker immer allgemeiner die Arbeit mit eigenem Material, auf eigenes Risiko in der eigenen Werkstatt ausführte, nicht nur auf Bestellung, sondern auch auf Lager und für den Markt.

Anlehnend an die alten hofrechtlichen Innungen und die Bruderschaften oder Gilden bildeten die freien Handwerker seit dem Beginne des 12. Jahrhunderts allmählich die Zünfte aus, d. h. sie gaben sich eine feste Organisation, wo die Zahl ausreichte, für jeden Gewerbszweig abgegrenzt. Mitunter lässt sich die Entwicklung der späteren Zünfte aus den hörigen Innungen verfolgen, z. B. in Basel, Wernigerode. Der Graf hatte in dem letzteren Orte noch in späterer Zeit die Meister zu ernennen und bezog von den Zünften besondere Abgaben. Die Zünfte entsprangen dem inneren Bedürfnis, sich gegenseitig gewerblich zu unterstützen und zu fördern, die Streitigkeiten untereinander selbst zu schlichten und den Hilflosen des Gewerbes Hilfe angedeihen zu lassen. Diese Organisationen gewannen dann ihre besondere Bedeutung, um die Interessen des Gewerbestandes gegenüber den Grundherren und der städtischen Leitung zu vertreten, schliesslich durch Bildung von Zunftbataillonen zur Verteidigung der Stadt gegen äussere Feinde, wobei aber die politisch-militärischen Zünfte nicht immer mit den gewerblichen zusammenfielen.

Das Zunftwesen entwickelte sich von unten auf allmählich und naturgemäss aus der Gewerbefreiheit, wurde nicht von oben her eingeführt, und brachte den deutschen Gewerbestand im 14., 15. und 16. Jahrhundert zu höchster Macht im städtischen Gemeinwesen, zu ausserordentlicher Leistungsfähigkeit und in den grössern Städten zu grosser Wohlhabenheit.

Die Zünfte erreichten es, der ländlichen Hausarbeit Thätigkeiten zu entziehen und sie dem städtischen Handwerk mehr und mehr vorzubehalten.

§ 25.

Die neuere Zeit.

Handwörterbuch der Staatswissenschaften. Art. Gewerbe, Zunftwesen.

Die Eröffnung des Seeweges nach Ostindien und damit die Verlegung der grossen Verkehrsstrasse zwischen Orient und Occident vom Binnenlande auf das Meer; die Abschliessung der einzelnen Länder, in denen sich die absolute Monarchie mehr und mehr ausbildete, durch schroffe Zollschranken, wodurch den deutschen Waren der ausländische Markt mehr und mehr verschlossen wurde; die innere Zerklüftung des deutschen Reiches, in dem jede Stadt und jedes Ländchen sich streng von den anderen abschloss und den Verkehr hemmte (von Leipzig nach Breslau gab es noch Anfang des vorigen Jahrhunderts 12 Zollschranken, am Rhein von Worms bis zum Meer 17), brachten Handel und Gewerbe im Innern des Landes mehr und mehr in Verfall. Schliesslich führten die inneren Kriege, namentlich der Dreissigjährige Krieg, die Verarmung des ganzen Standes und Landes herbei. Damit ging Hand in Hand eine immer grössere Einengung und Entartung des Zunftwesens, die Ausbildung des Zunftzwanges. Die Zunftmitglieder missbrauchten ihre Macht, um jede Konkurrenz sich möglichst ferne zu halten, durch übermässige Ausdehnung des Lehrganges und Verteuerung des Meisterwerkes, schärfere Abgrenzung und Spezialisierung der einzelnen Zünfte, Erschwerung der Niederlassung, Ausdehnung der Bannrechte und Fixierung der Arbeitsmethoden, wodurch der Verfall des Handwerks noch mehr beschleunigt und nachhaltiger gemacht wurde. In dem Streben, jedem Zunftmitgliede seine Arbeit zu sichern, stemmten sie sich, freilich vergebens, der Ausbildung des Fabrikbetriebes entgegen. Die Staatsgewalt ihrerseits durchbrach allerdings den merkantilistischen Anschauungen gemäss immer mehr den Zunftzwang, nahm für sich das Recht, den Gewerbebetrieb zu gestatten (Konzessionssystem) und zu regeln, in Anspruch, vermehrte die Zahl der nichtzünftigen Gewerbe, und behielt sich einen grossen Teil der Betriebe der eigenen ökonomischen Verwertung vor. Damit bildete sich das staatliche Monopolsystem aus, welches nirgends so schädlich gewirkt hat als in Deutschland, und nebenher ging die Verleihung besonderer Privilegien an einzelne Unternehmer oder Handelsgesellschaften, die meistens mehr sich selbst als das Land bereicherten.

§ 26.

Die neueste Entwickelungsphase.

Die grossartigen Erfindungen der zweiten Hälfte des vorigen und im Laufe dieses Jahrhunderts mussten durch die neuen Maschinen und Motoren eine gänzliche Umgestaltung in der Technik des Gewerbebetriebes herbeiführen. Sie gaben damit den Anstoss zur wirtschaftlichen und sozialen Umgestaltung der neuesten Zeit. Durch die Maschine entwickelte sich das Fabrikwesen und damit der Grossbetrieb. Dies wurde unterstützt durch die ausserordentliche Verbesserung der Kommunikationsmittel, durch die Herstellung der Kanäle, dann der Chausseen, schliesslich der Eisenbahnen (1845 gab es in Deutschland erst wenig über 2000 km, in Europa erst 9200 km, 1891 in Deutschland 43424, in Europa 227995 km). Den Eisenbahnen traten die Dampfschiffe zur Seite und erleichterten den internationalen Seeverkehr in ungeahnter Weise. Die Ausbildung der Kreditwirtschaft förderte die Verwertung der gebotenen Hilfsmittel zur Entwickelung immer grösserer internationaler Arbeitsteilung. Die Umwälzung, welche damit in der Industrie herbeigeführt wurde, vollzog sich in England schon seit der Mitte des vorigen Jahrhunderts, in Frankreich nach der Revolution, in Deutschland erst seit Mitte dieses Jahrhunderts verhältnismässig schnell unter plötzlichem Zusammenwirken aller jener erwähnten Momente.

Die Umgestaltung des Gewerbewesens vollzog sich durch die Zurückdrängung des Handwerks durch den Fabrikbetrieb. Daneben bildete sich das Verlagssystem, auch Hausindustrie (bei gew. Selbstständigkeit des Arbeiters, der für mehrere Kunden arbeitet, ohne an sie dauernd gebunden zu sein) und Heimarbeit (bei dauernder Thätigkeit für ein bestimmtes Geschäft) genannt, aus. Eine genaue Abgrenzung der Systeme lässt sich nicht mit genügender Schärfe geben, die Uebergänge sind sehr allmähliche. Als eigentlichen Handwerksbetrieb wird man auch heute noch in der Hauptsache den Kleinbetrieb in eigener Werkstatt oder im Hause des Kunden verstehen, der direkt für die Konsumenten arbeitet und trotz eventuell hinzugezogener Maschinen und Motoren in der Hauptsache Handarbeit verrichtet. Im Fabriksystem dagegen wird der Grossbetrieb unter Ausbildung weitgehender Arbeitsteilung und Konzentration in grossen Betriebsstätten durchgeführt, in den meisten Branchen hauptsächlich durch Maschinen und Motoren, in einzelnen aber auch unter überwiegender Anwendung von Handarbeit (z. B. in der Blumenfabrikation). Das Verlagssystem beruht auf der Verteilung der Arbeit an eine grosse Zahl von Heimarbeitern, gleichfalls unter Anwendung grosser Arbeitsteilung durch einen Unternehmer, der bald Muster und Material, sowie Maschinen liefert, bald nur Aufträge auf Grund ihm gemachter Offerten giebt, stückweise die ausgeführte Arbeit bezahlt und den Vertrieb der fertigen Waren, event. auch die Zusammensetzung der einzelnen halbfertigen Arbeiten allein übernimmt. Im deutschen Reiche gab es nach der Berufsstatistik von 1895 287380 selbständige Hausindustrielle und 55057 Gehülfen derselben, zusammen 4,14 % der im Gewerbe thätigen Personen, mit ihren Angehörigen repräsentierten sie 732598 Personen. Thatsächlich ist die Zahl eine grössere.

§ 27.

Die Wirkung der Betriebsumgestaltung.

Schriften des Ver. für Sozialpolitik, Bd. 62—71. Leipzig 1894—97.

1. Die Produktion fand immer ausgedehnter in Massen für die Massen statt.

2. Die Gewerbe übernahmen einen immer grösseren Teil der bisherigen häuslichen Thätigkeiten (Backen, Nähen, Spinnen, Weben, Stricken etc.), wodurch den Frauen im Hause vielfach der Wirkungskreis entzogen und sie immer allgemeiner auf Arbeit ausser dem Hause hingewiesen wurden, wodurch in dem Bürgerstande sich die Frauenfrage entwickelte.

3. Der Betrieb emanzipierte sich immer mehr vom Lokalbedarf und begann mehr und mehr für den Weltmarkt zu arbeiten, das Inland geriet dadurch in eine immer grössere Abhängigkeit von den ausländischen Konjunkturen und brachte Unsicherheit und Schwankungen in die Ausdehnung des Betriebes. Der Grossbetrieb mit Maschinen ermöglichte fortdauernd mehr zu produzieren, als Bedarf vorlag. Daraus ergaben sich die häufig wiederkehrenden gewerblichen Krisen, unter denen besonders die Arbeiter durch Arbeits- und Verdienstlosigkeit zu leiden haben.

4. Dem Handwerker wurden einzelne Zweige durch die neuen Betriebsarten völlig entzogen (Textilindustrie). In anderen wurde er mehr zum Händler und Flickarbeiter zurückgedrängt, dem die Grossindustrie die hauptsächlichsten Waren fertig liefert (Uhrmacher, Klempner, Schlosser, Schuhmacher etc.), während in einer dritten Kategorie der Handwerker sich behauptet, wo die Handarbeit und persönliche Dienstleistung überwiegen und Individualisierung und Lokalisierung der Arbeit für den Kunden in dem Vordergrunde steht (Barbier, Schornsteinfeger, Dekorateur, aber auch Schneider, Schuhmacher etc.). Dieser Umwandlungsprozess geht infolge neuer Erfindungen immer weiter vor sich. Nach der deutschen Berufszählung von 1882 waren 7 340 789 Gewerbetreibende im engeren Sinne, 1895: 10 269 269, vorhanden. Ohne Gehilfen arbeiteten 1882 davon 1,9 Million Personen, das sind 26,1 %, 1895: 1 714 351, das sind 16,7 %. In Betrieben mit 1—5 Beschäftigten arbeiteten 2,5 Million, das sind 35 %, 1895: 3 056 318 Personen, gleich 29,8 %, in solchen mit 6—50 Beschäftigten 1 238 000, das sind 16,8 %, 1895: 2 454 336, gleich 23,9 %, in Grossbetrieben mit mehr als 50 Personen arbeiteten 1,6 Million oder 22 %, 1895: 3 044 267, das sind 29,6 %.

1882 waren in Kleinbetrieben mit keinem oder höchstens 4 Gehilfen 61,1 % der Gewerbetreibenden thätig. Der Prozentsatz ist auf 46,5 % zurückgegangen. Immerhin ist es noch fast die Hälfte aller Gewerbetreibenden, und die Zahl dieser Kleinbetriebe beläuft sich noch auf 2 934 723.

5. Von den Gewerbegehilfen erhielt ein immer grösserer Prozentsatz den Charakter von Lohnarbeitern, die in ihrer Lebenstellung und Thätigkeit in einem bestimmten Gegensatz zum Arbeitgeber stehen und im grossen und ganzen keine Aussicht haben, selbst einmal Unternehmer zu werden, während zwischen Meister einerseits und Gesellen und Lehrlingen andererseits ein solcher Gegensatz nicht vorhanden war, da der

Meister derselben Sphäre entstammte, denselben Lehrgang durchgemacht hatte wie seine Gehilfen und mit ihnen arbeitete, während jene hoffen konnten, auch selbst einmal Meister zu werden. Dagegen bietet die Grossindustrie einen Ersatz in dem mehr oder weniger gebildeten Beamtenstande mit einer gesichertern Stellung und einem reichlicheren Einkommen, als sie der kleine Handwerker jemals gehabt hat. Nach der Berufsstatistik von 1895 waren in Industrie und Handwerk neben 1 774 375 selbsständigen Unternehmern und Leitern 263 745 Beamte thätig; in Handel und Verkehr neben 843 557 Selbständigen 261 907 Beamte.

6. Die verschiedenen Fabrikationszweige gleicher Art konzentrierten sich an einzelnen Orten mit günstigen Produktionsbedingungen. Die verbesserten Kommunikationsmittel gestatteten es, sich mehr und mehr räumlich von den Absatzorten zu emanzipieren. Die Konzentrierung derselben Produktionszweige begünstigte die Heranziehung eines grossen Arbeiterstandes in der betreffenden Gegend, sowie die Ansiedelung ergänzender Geschäfte (z. B. der betr. Maschinenbauanstalten, Bankgeschäfte etc.). Sie erleichterten auch den Absatz und zogen die betreffenden Kaufleute in die grossen Fabrikorte mit vorwiegend gleicher Thätigkeit. Dort häuften sich nun Arbeitermassen mit gleichen Interessen, die durch die gleichen Konjunkturen getroffen, zeitweise massenhaft der Verdienstlosigkeit und dem Elend preisgegeben waren. Es musste dadurch das Klassenbewusstsein und das Assoziationsbedürfnis angeregt werden, wie zugleich die Erkenntnis ihrer numerischen Ueberlegenheit. Die Zählung von 1895 ergab am 14. Juni in Industrie und Handwerk 167 009 Arbeitslose, am 2. Dez. 391 471, darunter 168 803 verheiratete Personen.

7. Der gewaltigen Entwickelung des Grossbetriebes waren die alten Zunft- und Monopolschranken zu eng, sie mussten allmählich fallen, und es entwickelte sich die Gewerbefreiheit, d. h. die Freiheit des Gewerbebetriebes für einen jeden innerhalb einer bestimmten Gewerbeordnung, in der wiederum neue Schranken den veränderten Zeitverhältnissen gemäss zum Schutz des Schwächeren aufgerichtet werden mussten.

8. Wie der Bauer mit seiner Freiheit den Schutz des Grundherrn verlor, so der Handwerker mit Beseitigung der Zünfte die Hilfe seiner Genossen und die Beisteuer der alten, meist aufgelösten Hilfskassen, während die grosse Masse der Fabrikarbeiter und Hausindustriellen durch ihren Lohn völlig abgefunden, im Fall der Verdienstlosigkeit allein auf die öffentliche Armenunterstützung angewiesen war.

Kapitel II.

Die Gewerbeverfassung.

§ 28.

Die Grundsätze des späteren Zunftwesens zur Förderung der Gewerbethätigkeit.

In den letzten Jahrhunderten bestanden die Zünfte auf Grund landesherrlicher Privilegien, ergänzt durch General- und Spezialverordnungen und Handwerksbräuche.

Das ausgesprochene Ziel des Zunftwesens ging darauf hin, möglichst jedem Mitgliede Arbeit und Verdienst zu gewährleisten und eine grosse Ungleichmässigkeit in dem Verdienst zu verhindern. Um dieses zu erreichen, begrenzte man die Thätigkeit der einzelnen Zünfte in bestimmter Weise, um sie dem vorliegenden Kundenkreis anzupassen. Dies geschah:

1. Durch Bannrechte, d. h. Gewerbsprivilegien für ein bestimmtes Territorium. Die Zünfte wurden auf die Städte beschränkt, erst 1718 erhielten in Preussen 5 Gewerbe das Recht, sich auf dem Lande an bestimmten Stellen niederzulassen. Das Privilegium erstreckte sich auch auf die Umgegend der Stadt innerhalb der Bannmeile. Bei einzelnen Gewerben wurde das Recht der Ausübung an den Besitz bestimmter Realitäten gebunden, z. B. den Besitz eines Hauses (Schmiede, Bierbrauerei), oder an den Erwerb einer Verkaufslade (Bäcker, Fleischer).

2. Zur weiteren Beherrschung der Produktionsverhältnisse wurden die Zünfte unter scharfer Ausbildung der Arbeitsteilung in ihrer Gewerbsthätigkeit streng von einander abgegrenzt, so dass vielfach dasselbe Gewerbe in mehrere Zünfte zerlegt wurde (das Schuhmachergewerbe mitunter in 7 Zünfte). Nur die Meister durften das Gewerbe selbstständig ausüben, und die Zahl derselben wurde bei einer Anzahl von Zünften für geschlossen erklärt (im 18. Jahrhundert immer seltener).

3. Fremde Konkurrenz war im allgemeinen mit Ausnahme bestimmter Markttage ausgeschlossen. In Preussen konnte Ware in anderen Städten bestellt, aber nur mit Passierschein hineingebracht werden.

4. Die Zahl der zu beschäftigenden Gesellen und Lehrlinge wurde mehr oder weniger scharf beschränkt. Dem Gesellen war die selbstständige Thätigkeit wie die Verheiratung (mit Ausnahme einiger Gewerbe) verboten.

Die Bannrechte begünstigen einzelne zum Schaden der Gesamtheit und erschweren nur, dass der Tüchtige aber Unbemittelte zur Geltung kommt. Sie haben, wie auch die Beschränkung der Zahl der Gewerbsthätigen nur einen Sinn, so lange die Möglichkeit vorliegt, Produzenten und Konsumenten in bestimmtem lokal begrenzten Verhältnis zu erhalten. Das ist in der Gegenwart absolut nicht mehr der Fall, wo die Verkehrsmittel den Bezug des Bedarfs aus allen Himmelsgegenden erleichtern, und ebenso die Produktion immer weniger für den Lokalbedarf bestimmt ist, sondern der Hauptabsatz, selbst in dem gewöhnlichen Handwerk, immer mehr auswärts gesucht wird. Die strenge Abgrenzung der einzelnen Gewerbe erschwert eine angemessene Vereinigung verschiedener Thätigkeiten und macht den Handwerkern den Uebergang von einem Gewerbe zum anderen unmöglich. Der Wechsel in den Bedürfnissen, besonders nach der Mode, bedingt fortdauernd einen Wechsel auch in der Produktion. Die Erfindungen, welche heutzutage jedes Jahr bringt, bewirken fortdauernd Verschiebungen in der Herstellungsmethode wie in der Leistungsfähigkeit eines Arbeiters, so dass beständig Veränderungen in dem Bedarf an Arbeitskräften in jedem Gewerbe, wie in den Aufgaben und der Thätigkeit des Gewerbetreibenden eintreten. Dadurch wird für die meisten Gewerbszweige Schablonisierung nach zünftigem Muster zu einem bedenklichen Hemmschuh. Sie führt zu einer Unmasse Streitigkeiten, weil es im einzelnen

Falle sehr zweifelhaft sein kann, welchem Gewerbe die Thätigkeit zukommt (Lederhosen, Matratzen, Brezeln).

Den entsprechenden Verdienst suchten die Zünfte ferner zu erreichen durch gemeinsame Feststellung der Preise und Löhne für sämtliche Zunftmitglieder. In der gleichen Weise durfte dieses aber zum Schutze des Publikums nur unter Mitwirkung der städtischen Obrigkeit geschehen, bis für einzelne Gewerbe die Staatsgewalt die Aufstellung gewerblicher Taxen übernahm.

Eine solche Normierung der Preise und Löhne war nur möglich, so lange es sich um wenige, sehr gleichartige Produkte und gleichmässige Arbeitsleistung handelte. Bei der sich immer mehr entwickelnden Mannigfaltigkeit der Bedürfnisse und damit der geforderten Arbeitsleistung erweisen sich solche Taxen als unzulänglich, und Umgehungen sind unvermeidlich. Sie zeigen sich daher als unwirksam zum Schutze des Publikums und beeinträchtigen in unberechtigter Weise das Gewerbe.

Nach dem Gesagten kann sich für Staat und Gesellschaft nicht die Aufgabe ergeben, alle Kategorien von Handwerkern und noch weniger die vorhandene Zahl künstlich zu erhalten, sondern nur so weit sie einem wirtschaftlichen Bedürfnis entsprechen. Die Entwicklung des Grossbetriebes hat vielmehr ihre unbedingte Berechtigung. Die Aufgabe wird jetzt vielmehr hauptsächlich darin zu suchen sein, den in den Grossbetrieben beschäftigten Personen eine grössere Selbstständigkeit, dauernde Beschäftigung und höhern Lohn zu sichern, um einen zeitgemässen und nicht niedriger stehenden Ersatz für das kleine Handwerk zu schaffen. Wo dagegen das Handwerk seine Berechtigung bewahrt hat, gilt es allerdings, dasselbe zu schützen und zu stützen.

§ 29.

Die Bestrebungen der Zünfte zur Förderung der Tüchtigkeit der Leistungen.

1. Um die Garantie einer grösseren Leistungsfähigkeit der Mitglieder zu schaffen, verlangten die Zünfte von einem jeden die Absolvierung eines bestimmten Lehrganges als Lehrling, unter der Leitung eines der Zunft verantwortlichen Meisters in einer bestimmt normierten Zahl von Lehrjahren (3—6 Jahren), Ablegung einer Lehrlingsprüfung vor der Zunft, Wanderjahre (in Preussen 3 Jahre unter Verbot der Wanderung ausser Landes), Ablegung einer Meisterprüfung, meistens verbunden mit der Anfertigung eines Meisterwerkes.

2. Durch Aufstellung von Arbeitsregeln.

3. Durch öffentliche Schaustellungen und Prüfung der Waren, unter Kassierung der als nicht ordnungsmässig hergestellt und den Anforderungen entsprechend erkannten.

4. Durch gemeinsame Anlagen zur Unterstützung des Gewerbebetriebes. Gemeinsame Einkäufe und Niederlagen.

Die Forderung eines bestimmten Lehrganges und Befähigungsnachweises, besonders die Verantwortlichkeit des Meisters der Zunft gegenüber, dass der Lehrling etwas gelernt hat, waren in der alten Zeit von höchster Bedeutung und bei der Einfachheit und Gleichmässigkeit des Betriebes wohl durchzuführen. Sie sind auch jetzt noch wünschenswert als freiwillige Forderungen der gewerblichen Korporationen, aber im allgemeinen nicht durchführbar als unbedingte Voraussetzung für die Ausübung des Gewerbebetriebes. Die Forderungen an die Leistungsfähigkeit des Handwerkers sind heutigen Tages unendlich mannigfaltig und verändern sich, wie erwähnt, fortdauernd. Der Handwerker ist leicht genötigt, sich später Fertigkeiten anzueignen, die er nie gelernt hat; mit Zuhilfenahme der Maschinen ist er in der Lage, Genügendes zu leisten, auch ohne in dem Handwerk allseitig ausgebildet zu sein. Für den Gewerbsleiter ist die kaufmännische Bildung meist von höherem Werte als die technische. Ein ausgelernter Handwerker kann daher dafür völlig unzureichend sein, ein Kaufmann dagegen die Aufgabe vortrefflich erfüllen. Es ist deshalb zwecklos, von einem jeden Handwerker allseitige Ausbildung zu verlangen und unberechtigt, z. B. einem Kaufmann den selbständigen Betrieb eines Handwerksunternehmens zu verbieten und ihn zu verhindern, einseitig ausgebildete Handwerker unter Ausbildung angemessener Arbeitsteilung und Zuhilfenahme von Maschinen zu beschäftigen, zumal Umgehungen des Verbots stets möglich sind. Die Entwickelung der Industrie würde dadurch nur aufgehalten, dem Handwerker aber seine Arbeit doch nicht garantiert werden können.

Dazu kommt, dass die Prüfung nur in wenigen Gewerben eine Garantie der Leistungsfähigkeit gewähren kann, während das Publikum dieselbe selbst in ausreichendem Masse zu kontrollieren vermag. Es bedarf deshalb eines besonderen Schutzes im allgemeinen nicht. Ausnahmen sind anzuerkennen, z. B. bei Heilgehilfen, Schornsteinfegern, event. Bauhandwerkern etc.

Es ist hauptsächlich die Aufgabe der freiwilligen Assoziationen, zu erreichen, was früher nur durch Zwang erlangt werden konnte. Gleichwohl kann die Gesetzgebung in der Gewerbeordnung nach verschiedenen Richtungen Hülfe leisten.

§ 30.
Das Konzessionssystem.

Bei dem Konzessionssystem (im weitern Sinne) wird der Gewerbebetrieb von der Einwilligung gewisser Organe des Staates oder der Gemeinde abhängig gemacht, die zu beurteilen haben, ob die Persönlichkeit des Bewerbers zur gedeihlichen Durchführung des Unternehmens geeignet ist, und ob die Etablierung des Gewerbsunternehmens den Verhältnissen überhaupt oder denen eines besonderen Ortes angemessen ist. In der neueren Zeit beschränkt sich die Untersuchung meistens darauf, ob die Durchführung des Gewerbes für die umwohnende Bevölkerung irgend einen schädlichen oder störenden Einfluss ausüben könnte, (Konz. im engern Sinne) während in früheren Zeiten (und vereinzelt noch jetzt) die persönliche Seite im Vordergrund stand und die Konkurrenzfrage eine wesentliche Rolle spielte. Wo es sich nur um den Schutz des Publikums handelt, wird ein objektives Urteil leicht zu eruieren sein, weit schwieriger schon bei der Konkurrenzfrage, während das Urteil über die Persönlichkeit der Willkür Thür und Thor öffnet.

Der bei dem erweiterten System verfolgte Zweck, die Unternehmer selbst wie das Publikum vor Verlust und sonstiger Beeinträchtigung zu schützen, wird bei den meisten Gewerbszweigen gar nicht, bei allen nur unvollkommen erreicht. Der Staat ladet damit eine zu grosse Verantwortlichkeit auf sich und veranlasst das Publikum, selbst die Prüfung zu vernachlässigen. Das erweiterte Konzessionsrecht wird daher nur ausnahmsweise aufrecht zu erhalten sein, wo der Unternehmer ein Monopol gewinnt, wie bei den Eisenbahnen; oder wo das Publikum nicht selbst die Prüfung durchzuführen vermag und in der Gefahr schwebt, erheblich geschädigt zu werden, wie bei Zettelbanken, Versicherungsgesellschaften, Apotheken, oder wo durch eine zu grosse Ausbreitung oder Handhabung durch unlautere Persönlichkeiten besondere Gefahren vorliegen, z. B. bei dem Schankgewerbe, der Herstellung von Sprengstoffen, dem Hausiergewerbe, Pfandleihgeschäft, Privat-Krankenheilanstalten, Schauspielunternehmungen etc.

Das Konzessionsrecht im engeren Sinne muss sich dagegen die Staatsgewalt immer mehr vorbehalten, um bei dem dichteren Zusammenwohnen der Bevölkerung und den höheren Lebensansprüchen derselben, der Bedrohung durch das Umsichgreifen des Grossbetriebes den nötigen Schutz gewähren zu können.

§ 31.

Die Gewerbefreiheit.

Die Gewerbefreiheit ist die Freiheit des Gewerbebetriebes innerhalb einer Gewerbeordnung, welche gewisse Schranken und Gewerbsregeln durch Gesetz oder Verordnung für einen jeden, der das Gewerbe betreiben will, festsetzt (Bauordnung, Polizeiverordnungen, Fabrikgesetzgebung etc.).

Sie ist auf höherer Kulturstufe allein haltbar, eine unabweisbare Notwendigkeit. Vorteile sind:

1. sie gestattet jedem, die Gewerbsthätigkeit zu übernehmen, für die er seine Kräfte und die Verhältnisse geeignet hält;
2. sie ermöglicht angemessene Arbeitsteilung und -Vereinigung;
3. sie gestattet den Konjunkturen gemäss den Uebergang von einem Gewerbe zum anderen und erzieht
4. das Gefühl der vollsten Verantwortlichkeit für sein Thun und Treiben bei jedem Einzelnen;
5. sie führt zur höchsten Ausnutzung der Natur-, Kapital- und Arbeitskraft und beflügelt damit die Produktion, fördert am intensivsten den Nationalwohlstand;
6. sie zwingt zur ausgedehnten Anpassung der Produktion an die Ansprüche der Konsumenten.

Als Nachteile und Gefahren der Gewerbefreiheit, wie sie in den meisten Ländern gegenwärtig besteht, sind zu nennen:

1. Die häufigen, leichtsinniger Weise unternommenen Etablierungen verschärfen die Konkurrenz leicht im Uebermass, schädigen das gesamte Gewerbe und gefährden die Solidität desselben. Vorzeitige Verheiratungen werden die Ursache von Verarmung.

2. Die Schulung und Beaufsichtigung des Lehrlings und jugendlichen Arbeiters leidet unter dem Mangel an Kontrolle.

3. In dem scharfen Konkurrenzkampf wird der Unbemittelte und
mittelmässig Begabte von dem Bevorzugten unterdrückt, der
selbständige Handwerker oft verdrängt und zum abhängigen
Arbeiter degradiert. Niemand garantiert ihm Arbeit.

4. Das Proletariat überhaupt wird durch den Grossbetrieb vermehrt und ist bei den Schwankungen der Kreditwirtschaft doppelt
gefährdet.

5. Durch Verbindung können sich die Produzenten ein Monopol
verschaffen und die Ausbeutung des Publikums veranlassen
(Kartelle).

6. Das Publikum entbehrt eines Schutzes gegen Schwindelunter-
nehmungen.

Es sind daher weitgehende Beschränkungen notwendig, um diesen
Gefahren entgegen zu treten, und jede neue Entwickelung stellt der
Staatsgewalt neue Aufgaben in dieser Beziehung.

§ 32.
Die Entwickelung der Gewerbegesetzgebung.

Levasseur, Histoire des classes ouvrières en France. Paris 1867.
M. Block, Dictionn. de l'administration franç. Paris 1885.
Reschauer, Geschichte der Kämpfe der Handwerkerzünfte in Oesterreich.
Wien 1882.
v. Weigelsperg, Compend. der auf das österr. Gewerbewesen bezugn. Gesetze.
Wien 1885.
Wäntig, Gewerbl. Mittelstandspolitik. Leipzig 1898.
v. Rönne, Staatsrecht der preuss. Monarchie. Leipzig 1885.
Ders., Gewerbepolizei. Leipzig 1884.
Bödiker, Das Gewerberecht im deutschen Reiche. Berlin 1886.
Engelmann, Die Gewerbeordnung im deutschen Reiche. Erlangen 1885.
M. Meyer, Geschichte der preussischen Handwerkerpolitik. Minden 1884.
v. Rohrscheidt, Vom Zunftzwange zur Gewerbefreiheit. Berlin 1898.

Die Massregeln der Staatsgewalt gegen die Selbständigkeit der
Zünfte lassen sich mehrere Jahrhunderte zurück verfolgen. In Frankreich wurden schon in der zweiten Hälfte des 16. Jahrhunderts Gesetze
zur Beschränkung der Zünfte erlassen. Colbert machte sie zu Organen
der Staatsgewalt, die unter genauer Staatskontrolle standen. Die Fabrikation wurde konzessionspflichtig gemacht. Turgot setzte die Aufhebung der Zünfte 1776 gesetzlich durch, aber faktisch nur in Paris.
Dies holte die Revolution nach durch das Gesetz vom 4. August 1789 und
März 1791. Unter dem Kaiserreich wurden aber das Bäcker-, Fleischer-
gewerbe und die Druckerei konzessionspflichtig. Erstere waren bis
1863 Taxen unterworfen.

In England verschwanden die Zunftprivilegien thatsächlich allmählich im 17. und 18. Jahrhundert, erst 1814 und 1835 wurden sie
gesetzlich beseitigt.

In Oesterreich suchte Karl VI. in den 30er Jahren des vorigen
Jahrhunderts durch Erweiterung des Staatseinflusses den hauptsäch-
lichsten Missbräuchen der Zünfte entgegen zu wirken, und eine grössere
Gleichmässigkeit der Bestimmungen zu erzielen. Maria Theresia, wie
Joseph II., wirkten dahin, immer mehr Gewerbe vom Zunftzwang zu

befreien und diesen selbst zu mildern. Erst das Gesetz vom 20. Dezember 1850 macht den freien Gewerbebetrieb zur Regel. Eine grössere Zahl von Gewerben blieb aber konzessionspflichtig. Zwangsinnungen blieben bestehen, doch mit beschränkten Rechten. Befähigungsnachweis war nur für 8 Gewerbe verlangt. Das Gesetz vom 17. Juni 1883 unterscheidet zwischen: freien, handwerksmässigen und konzessionierten Gewerben. Als handwerksmässige sind 47 Gewerbe von der Regierung aufgestellt. Handelsgewerbe, Fabrikunternehmungen und Hausindustrien sind ausdrücklich ausgenommen. Zu den früher konzessionierten sind noch mehr hinzugefügt. Es gehören dazu Druckereien, die Baugewerbe, Schornsteinfeger, Verfertiger von Waffen etc. Die übrigen sind freie Gewerbe. Der selbständige Betrieb des Handwerks wird von einem Verwendungsnachweis abhängig gemacht, d. h. Lehrlings- und Gesellenzeit sind vorgeschrieben. Für das Handwerk bleiben Zwangsinnungen bestehen. Ihre offiziellen Aufgaben sind: 1. Ueberwachung des Lehrlingswesens; 2. Bildung von Schiedsgerichten; 3. Gründung von Fachlehranstalten; 4. Gründung von Krankenkassen, Gewerbe-Herbergen, Arbeitsvermittelungsbüreaus; 5. Jährliche Berichterstattung an die Regierung. Das Ges. vom 23. Februar 1897 beschränkt das Recht Lehrlinge zu halten und trifft Verfügung über die Behandlung von Lehrlingen.

In Deutschland suchte besonders der Reichsschluss von 1731 eine allgemeine Umgestaltung des Gewerberechtes durchzuführen, indem nach ihm sowohl zünftige wie unzünftige Gewerbe der Konzession bedurften, und auch die Zunftordnungen der staatlichen Regelung unterworfen wurden. In Preussen hatte schon der Grosse Kurfürst die Reform begonnen. Friedr. Wilhelm I. regelte 1718 das Verhältnis von Stadt und Land und ging energisch im Sinne des Reichsschlusses vor, was Friedrich der Grosse weiter verfolgte. Das preussische Edikt von 1810, ergänzt 1811, machte den Gewerbebetrieb allein von Lösung eines Gewerbescheins abhängig. Der Unterschied zwischen Stadt und Land wurde beseitigt. Prüfungen wurden auch weiter verlangt von Maurern, Zimmerleuten u. dergl.; auch Juweliere, Schornsteinfeger etc. sollten die nötigen Eigenschaften nachweisen. Die Zünfte blieben bestehen, jedoch als freie Innungen. Die nach den Freiheitskriegen hinzugetretenen Landesteile wurden hiervon nicht betroffen. Im Herzogtum Sachsen, Ober- und Niederlausitz, Neuvorpommern blieb der Zunftzwang, in Westphalen völlige Gewerbefreiheit. Erst 1845 wurde eine einheitliche Gewerbeordnung durchgesetzt, die nur in wenig Punkten strenger war als die von 1810. Durch Verordnung vom 9. Februar 1849 wurde die Gewerbefreiheit wesentlich beschränkt. Bei 42 Gewerben wurde der Betrieb von der Mitgliedschaft bei Zünften und damit von bestandenem Lehrgang und Prüfungen abhängig gemacht. Fabrikinhabern war die Haltung von Gesellen beschränkt, wie der Handel mit Handwerksprodukten nicht der Innung zugehörigen Personen. Gewählte Gewerberäte sollten das Gewerbe überwachen und fördern, sind aber ohne Wirksamkeit geblieben. Eine gewisse Milderung erfuhr das Gesetz durch die Gesetze von 1861 und 63. Zur selben Zeit wurde in den meisten andern deutschen Ländern die Gewerbegesetzgebung liberaler gestaltet. (Sachsen 1861; Württemberg, Baden 1862; Frankfurt, Hamburg 1864.) Das Gesetz vom 1. No-

vember 1867 für den Norddeutschen Bund brachte allgemeine Freizügigkeit, das Notgewerbegesetz vom 8. Juli 1868 die Gewerbefreiheit,
welche durch das Gesetz vom 21. Juni 1869, die spätere Reichsge-
werbeordnung, genauer geregelt wurde.

Die ergänzenden Gesetze waren besonders:
Vom 2. April 1864, betr. gewerbliche Anlagen. Gesetz vom 7.
und 8. April 1876, betr. gewerbliche Hilfskassen. Vom 17. Juli 1878,
betr. Lehrlingswesen; ergänzt durch Gesetz von 1884. Gesetz vom
23. Juli 1879, betr. Gast- und Schankwirtschaft, Branntweinhandel,
Pfandleihgewerbe. Das Innungsgesetz vom 18. Juli 1881. Gesetz
vom 15. Juli 1883, betr. Krankenversicherung der Arbeiter. Das
Gesetz vom 1. Juli 1884 gab verschärfte Bestimmungen über den
Gewerbebetrieb im Umherziehen und eine Anzahl anderer Gewerbe.
Das Unfallversicherungs-Gesetz vom 6. Juli 1884; 28. Januar und
28. Mai 1885, Ergänzung zum Kranken- und Unfallversicherungs-
Gesetz, besonders Ausdehnung derselben. 1886, Ackermannscher An-
trag, ergänzt durch Gesetz vom 6. Juli 1887: Heranziehung zur Bei-
tragspflicht von Nichtinnungsmitgliedern und Beschränkung des Rechts,
Lehrlinge zu halten für dieselbe. Alters- und Invaliden-Versicherungs-
Gesetz vom 22. Juni 1889. Novelle zur Gewerbeordnung v. 27. Juli
1897, sog. Handwerkergesetz.

Der Grundzug der gegenwärtigen Gewerbeordnung ist Gewerbefreiheit, welche bisher nur durch den Ackermannschen Antrag und das
Ges. von 1897 durchbrochen wurde. Privilegien sollen nicht begründet
werden; der Betrieb ist nicht an das Bürgerrecht gebunden; doch kann
die Erlangung desselben nach 3 Jahren verlangt werden; für den Gewerbebetrieb im Umherziehen ist ein Wandergewerbeschein erforderlich,
der nur aus gesetzlichen, die Person betreffenden Gründen versagt
werden kann; nicht freigegeben ist das Apotheker- und Münzgewerbe,
die Herstellung von Sprengstoffen, das Gewerbe der Maschinisten der
Seedampfmaschinen. Die Art der Anlage gewerblicher Unternehmungen
ist im allgemeinen frei; bestimmte Anlagen, welche das Publikum belästigen oder gefährden können, bedürfen der Genehmigung der Behörden. (Dampfkessel, Schlachthäuser.)

Unter Umständen kann sogar Einstellung des Betriebes durch die
höhere Verwaltungsbehörde gegen Ersatz für den erweislichen Schaden
verlangt werden (Trinkwasserverschlechterung).

Im Interesse der Konsumenten sind nach dem Gesetz vom 14.
Mai 1879 und 5. Juli 1887 eine Reihe von Bestimmungen zur Verhinderung der Anfertigung und Verkaufs gesundheitsschädlicher Nah-
rungs- und Genussmittel, Spielwaren, Tapeten, Farben, Ess- und Koch-
geschirren erlassen. Das Gesetz vom 16. Juli 1884 verlangt bei Gold-
und Silberwaren Angabe des Feingehalts. Die Ortspolizeibehörde kann
von Bäckern Anschlag von Preisen und Gewicht der Waren verlangen.
Das Gesetz vom 18. Juli 1881 beseitigt den rein privaten Charakter
der Innungen und giebt ihnen öffentlich rechtlichen Charakter. Sie
sind unter besondere Aufsicht der Verwaltungsbehörde gestellt, und
zur Wahrung der öffentlichen Interessen bestimmt. Die Novelle zur
Gewerbeordnung vom 27. Juli 1897 bestimmt, dass die höhere Verwaltungsbehörde auf Grund eines Antrages der Majorität der beteiligten
Gewerbetreibenden eines Bezirkes die Bildung von Zwangs-Innungen

anordnen kann, denen sich die Minorität anzuschliessen gezwungen ist. Ausgenommen sind diejenigen, welche das Gewerbe fabrikmässig treiben. Dagegen ist der vom Reichstage wiederholt verlangte Befähigungsnachweis von der Regierung abgelehnt worden. Die Novelle gewährt aber den Lehrlingen in erfreulicher Weise einen besonderen Schutz. Sie ermöglicht den Behörden die Ausschliessung ungeeigneter Personen in bestimmt angegebenen Fällen von der Befugnis Lehrlinge zu halten, sowie die Beschränkung der Zahl der Lehrlinge in einem Geschäfte, wo sie im Uebermasse gehalten werden. Der Lehrherr kann bestraft werden, wenn er dem Lehrlinge nicht eine entsprechende Unterweisung zu Teil werden lässt, sondern ihn zu häuslichen Verrichtungen benutzt. In dem obligatorischen Lehrvertrage müssen vom Gesetz verlangte Schutzbestimmungen für den Lehrling enthalten sein. Dem abgehenden Lehrlinge hat der Lehrherr ein Zeugnis über Zeit und Art der Unterweisung auszustellen.

Ueber die Dauer der Lehrzeit der Handwerker kann die Handwerkerkammer Bestimmungen treffen.

Kapitel III.

Die Arbeiterfrage.

§ 33.

Die soziale Frage unserer Zeit.

H. v. Scheel, Die Theorie der sozialen Frage. Jena 1869.
F. A. Lange, Die Arbeiterfrage. Winterthur 1873.
Verhandlungen des Vereins für Sozialpolitik. Oktober 1872. Leipzig 1873.
G. Schönberg, Handbuch. II, 2. Gewerbe, II. Teil. Die gewerbl. Arbeiterfrage.
Engels, Die Lage der arbeitenden Klassen in England. Stuttgart 1892.
H. Herkner, Die Arbeiterfrage. 2. Aufl. Berlin 1897.
Julius Wolf, System der Sozialpolitik. I. Grundlegung. Stuttgart 1892.

Eine soziale Frage ist vorhanden, wenn ein Missverhältnis vorliegt zwischen berechtigten Lebensansprüchen einer ganzen Gesellschaftsklasse gegenüber den ihr zukommenden wirtschaftlichen Befriedigungsmitteln und sozialen wie politischen Institutionen, und wenn sich dadurch ein schwer empfundener Gegensatz dieser Klasse gegenüber andern Klassen herausgebildet hat.

Die Gegenwart zeitigte die Arbeiterfrage, die Handwerkerfrage, die Frauenfrage und die Frage des gebildeten Proletariats, als Teile der grossen allgemeinen sozialen Frage. Klassengegensätze hat es in früheren Zeiten in schärferem Masse gegeben als in der Gegenwart, wie infolge der Kasteneinteilung in Indien und Aegypten, durch die Sklaverei im klassischen Altertum, das Hörigkeitsverhältnis im Mittelalter. So lange diese Zustände nicht als eine Ungerechtigkeit empfunden wurden, gab es gleichwohl in jenen Zeiten keine soziale Frage. Erst als das Klassenbewusstsein sich hob, die Lage von der unterdrückten Masse als eine ungerechte erkannt und dagegen im Gefühl der erlangten Macht opponiert wurde, bildete sich hier und da eine solche aus, wie zur Zeit des Sklavenaufstandes des Spartacus, der Bauernbewegung Anfang des sechzehnten Jahrhunderts. Die Arbeiterbewegung der neueren

Zeit ist nicht in den Ländern entstanden, wo die untere Bevölkerung sich in der bedrücktesten Lage befand, sondern in den vorgeschrittensten Staaten. Sie entstand nicht in den Kreisen, welche am schlechtesten situiert waren, sondern in den besser bezahlten und mit höherer Bildung ausgerüsteten Berufszweigen; nicht auf dem Lande und bei den einfachen Tagelöhnern, sondern bei den Maschinenbauern, Buchdruckern u. s. w. Die Frauenfrage entwickelte sich nicht bei dem Fabrikproletariat, sondern im Bürgerstande. Es ist deshalb nicht die traurige Lage der unteren Klassen, welche die Bewegung hervorgerufen hat, dieselbe hat sich vielmehr überall in der zweiten Hälfte dieses Jahrhunderts erheblich gebessert. Sie ist vielmehr durch das erwachte Klassenbewusstsein hervorgerufen und als ein Kulturfortschritt anzusehen.

Die Hauptursache der Bewegung ist deshalb nicht in der materiellen Lage, sondern in der erweiterten Bildung der Massen zu suchen. Die Entwicklung des Intellekts durch den obligatorischen Schulunterricht musste die Genussfähigkeit und die Lebensansprüche erhöhen, und der stark gewachsene Volkswohlstand genügte gleichwohl nicht, die entsprechenden Befriedigungsmittel, zu schaffen. Die wirtschaftliche Leistungsfähigkeit der unteren Klassen wuchs nicht im gleichen Masse mit ihrem Genussbedürfnis. Die dadurch hervorgerufene Disharmonie wurde verschärft durch Halbbildung und Irreligiösität der Massen und damit verbundene Haltlosigkeit und Neigung zur Unzufriedenheit. Die letztere wurde angeregt durch das Vorbild unberechtigten Luxus der besitzenden Klassen so wie durch verhältnismässig leichten und hohen Verdienst der jugendlichen Arbeiter, die vorzeitig jeder Zucht entrückt sich dem Luxuskonsum hingeben, während sie nach der Verheiratung bei gesteigertem Bedarf der Familie, bei zunehmender Arbeitsunfähigkeit der Frau sich mit geringerem Verdienst begnügen müssen. Zeitweilige Verdienstlosigkeit bei Krankheit, Invalidität oder Arbeitslosigkeit infolge ungünstiger Konjunkturen und wirtschaftlicher Umgestaltungen durch Erfindungen und neue Handelsbeziehungen bringen dort, wo die Löhne im Ganzen noch niedrig sind, leicht Not und Elend über die Arbeiterkreise auch ohne ihr Verschulden, was zur Opposition gegen die bestehenden Verhältnisse reizt.

Das durch die oben angeführten Industrieverhältnisse massenhaft an einzelnen Orten konzentrierte Proletariat, in dem die Ideen der französischen Revolution von Freiheit und Gleichheit nachwirken, ist durch die politische Gleichberechtigung zum Bewusstsein seiner Macht gekommen und empfindet die thatsächlich verminderte, aber schärfer hervortretende wirtschaftliche Ungleichheit mehr und mehr, zumal bei dem rücksichtslosen Konkurrenzkampf auf dem europäischen Kontinente dem Besitzlosen und mittelmässig begabten nur selten Aussicht bleibt, sich in die besitzende Klasse emporzuarbeiten, nicht einmal immer, eine gesicherte Stellung zu erringen.

Bis in die neueste Zeit wurden thatsächlich die Interessen der unteren Klassen durch Staat und Gesellschaft übermässig vernachlässigt. Der Steuerdruck lastete besonders auf den Unbemittelten, was erst im Laufe der letzten Dezennien einigermassen ausgeglichen ist. Der Staat gewährte reichliche Mittel für das höhere Schulwesen und musste dies thun, um sich einen gebildeten Beamtenstand zu sichern, er verbilligte den besser situierten Klassen den Unterricht, aber erst in der neueren

Zeit gewährte man der Arbeiterklasse freien Unterricht. Die Fortschritte der Kultur kamen hauptsächlich den gebildeten Kreisen zu gute.

Die Löhne waren bis in die Mitte dieses Jahrhunderts auf dem europäischen Kontinente, trotz der Entwertung des Geldes, unendlich lange unverändert geblieben, die Arbeitgeber waren nicht geneigt, freiwillig eine Lohnerhöhung eintreten zu lassen, die nur durch Kampf zu erlangen war, da der Staat erst verspätet zur Hilfe des Arbeiters eintrat. Durch den unvermittelten Gegensatz zwischen gebildeter und ungebildeter Klasse, die sich bis in unsere Zeit hineinziehende Betrachtung und Behandlung der Arbeiter als Hörige von seiten der Arbeitgeber, wie von seiten der staatlichen Behörden, mussten in Deutschland zu wesentlich verschärftem Klassengegensatz führen. Bei der Unkenntnis des volkswirtschaftlichen Lebens und dem natürlichen Hang zu Utopien im deutschen Volke, zur Opposition angeregt durch die zu niedrige Arbeitsrente war hier der Boden für sozialdemokratische Bestrebungen günstiger als in irgend einem anderen Lande. Sind auch die Bestrebungen der Sozialdemokratie unrealisierbar, gehen auch die Forderungen der Arbeiterkreise vielfach über das richtige Mass hinaus, so ist doch das Streben nach einer allmählichen Besserung der Lage der unteren Klassen durchaus berechtigt und verdient volle Sympathie. Erst durch die Anerkennung einer gewissen Berechtigung gestehen wir das Vorhandensein eines zu lösenden Problems für Praxis und Wissenschaft, damit einer sozialen Frage zu.

Eine Milderung der Gegensätze wird nur zu erreichen sein 1. durch Hebung des Verdienstes des Arbeiters; 2. durch bessere Ergänzung und Abrundung der Bildung, um die wirtschaftliche Leistungsfähigkeit der Arbeiter mehr in Einklang mit ihren Bedürfnissen zu bringen; 3. durch Befestigung des Charakters und Hebung der sittlichen Kraft durch Neubelebung der Religiosität; 4. durch Heranziehung der unteren Klassen zur Selbstverwaltung, um ihnen Verständnis für die wirtschaftlichen und sozialen Vorgänge zu verschaffen; 5. würdigere Behandlung des einfachen Mannes.

Dies ist nicht durch die beteiligten Kreise allein, also nicht ausschliesslich durch Selbsthilfe zu erreichen, sondern dem Staat und der gebildeten Klasse erwachsen hohe Aufgaben, um hier erziehend und helfend einzugreifen und die unteren Klassen emporzuziehen.

Wir haben es hier allein mit der materiellen Seite zu thun und dabei zunächst die Selbsthilfe, dann die Staatshilfe zu berücksichtigen.

§ 34.

Die Erwerbs- und Wirtschaftsgenossenschaften.

Schultze-Delitzsch, Die arbeitenden Klassen und das Associationswesen in Deutschland. Leipzig 1858. *Ders.*, Vorschuss- und Kreditvereine als Volksbanken. Leipzig 1862. *Ders.*, Jahresberichte über das Genossenschaftswesen in Deutschland. Leipzig.
C. Krüger, Th. Kraus, Die Solidarhaft bei den Erwerbs- und Wirtschaftsgenossenschaften. Bonn 1878.
Goldschmidt, Das Prinzip der Solidarhaft. Berlin 1887.
Jahrbücher f. Nationalökonomie. Supplementheft XVI 1889. Das deutsche Genossenschaftsgesetz von 1889.

Die Association der Interessenten zu gegenseitiger Unterstützung, resp. zu gemeinsamer Thätigkeit, ist das wirksamste Mittel durch Selbsthilfe den schwächeren Teil der Bevölkerung im Konkurrenzkampf zu stützen. Als solche Associationen sind zu unterscheiden: die Versicherungsgenossenschaften (Kranken-, Invaliden-, Begräbniskassen etc.) und die Erwerbs- und Wirtschaftsgenossenschaften. Unter letzteren sind zu nennen:

1. Die Konsumvereine, bei welchen sich eine Anzahl Konsumenten vereinigt, um die Waren im grossen zu beziehen, sich den Gewinn des Detailhandels selbst anzueignen und sich gute und verhältnismässig billige Ware zu garantieren. Sie sind oft in der Lage Ringbildungen der Zwischenhändler zu brechen. Sie gedeihen aber nur bei umsichtiger, sachkundiger Leitung. Wesentlich ist, dass sie nur gegen Barzahlung und, wie es das Gesetz von 1889 in Deutschland verlangt, nur an Mitglieder verkaufen. Sie haben ihre volle Berechtigung, soweit sie dasselbe leisten, wie besondere kaufmännische Geschäfte und diese entbehrlich machen. Sie sind nicht als Erwerbsgesellschaften anzusehen, so lange sie ihre Thätigkeit auf den Mitgliederkreis beschränken, und die Dividende nach der Grösse des Einkaufes der Beteiligten verteilt wird. Sie ist dann nicht als Erwerb, sondern als Ersparnis anzusehen und so z. B. bei der Besteuerung zu behandeln. Ob die Vereine grössere oder kleinere Dimensionen annehmen, ist für die prinzipielle Beurteilung gleichgültig. Man überschätzt aber leicht ihre Wirksamkeit und die Verbilligung der Waren, weil sie nur wenige allgemein gangbare Artikel umzusetzen pflegen, während seltener gebrauchte Artikel, die einen höheren Aufschlag erfordern, den Kaufleuten überlassen sind. Für die untere Klasse werden sie nur ausreichend günstig wirken, wenn sie auch in kleinen Portionen verkaufen und damit die entsprechende Verteilung des Konsums übernehmen.

2. Die Rohstoffvereine, welche die gleichen Vorteile des Engroseinkaufs, der Barzahlung und der Garantie guter Ware den Handwerkern, Bauern (Düngerbezugsvereine etc.) für ihre Betriebe verschaffen sollen.

3. Die Magazingenossenschaften, um den Verkauf der von kleinen Meistern gearbeiteten Gegenstände in gemeinsamen Magazinen zu bewirken und dem Publikum die gewünschte Auswahl zu ermöglichen.

4. Die Werkgenossenschaften, in welchen Vereinigungen kleiner Betriebe behufs Durchführung einzelner Arbeiten und Nebenbetriebe für gemeinsame Rechnung stattfinden, z. B. landwirtschaftliche Meliorationsgenossenschaften. Hierher gehören aber auch die neueren vielfach als Produktivgenossenschaften aufgeführten Molkereivereine etc.

Gerade bei dem Handwerk haben die Kategorien 2—4 bisher nur geringe Ausdehnung gewonnen, obwohl sie für sie die grösste Bedeutung haben könnten. Der Grund liegt in dem Mangel an Verträglichkeit und zu ausgeprägtem Selbständigkeitssinn der Beteiligten.

5. Die Baugenossenschaften.

6. Die Vorschussvereine oder Volksbanken, welche die Aufgabe haben, durch die Vereinigung einer grossen Zahl von Mitgliedern vermittelst der eingeschossenen Beiträge und durch die Solidarhaft eine solide Kreditbasis zu bieten und den Beteiligten unter Bürgschaft von anderen Mitgliedern ohne Umstände angemessene Darlehen für kurze Fristen zu mässigem Zinzfuss zu gewähren. Zugleich suchen sie durch die Verbindung von Sparkassen und Eröffnung von Konto-

4*

korrenten aus denselben Kreisen Geldmittel zum Betriebe zu gewinnen und die momentan nicht gebrauchten Gelder der Mitglieder in Umlauf zu setzen. Sie haben namentlich in Deutschland bei dem noch wenig entwickelten Bankwesen eine hohe Bedeutung gewonnen und dem Wucher erfolgreich entgegengewirkt.

Die Hauptbedeutung dieser Vereine liegt in dem pädagogischen Momente, indem sie den Gemein- und Sparsinn fördern und Solidarität und Gewissenhaftigkeit allen Mitgliedern zur unbedingten Pflicht machen. Sie sind aber nur durchführbar bei gewerblicher Intelligenz und Verträglichkeit. Ihr Gedeihen hängt ganz von der Gewissenhaftigkeit und Intelligenz der Leiter ab. In Deutschland war bis 1889 die Solidarhaft gesetzlich bei diesen Associationen Voraussetzung, in den anderen Staaten dagegen nicht. Sie bedeutet die Haftung jedes Mitgliedes mit dem ganzen Vermögen für die Verbindlichkeiten der Genossenschaft (S. Grundriss I, § 58), indem die schuldige Summe auf die Mitglieder gleichmässig repartiert wird. Bleibt ein Rest, so kann ein einzelnes Mitglied zur Tragung desselben herausgegriffen werden. Sie hatte sich im allgemeinen als ausserordentlich nützlich und in vielen Fällen als vorzüglichste Grundlage für das Genossenschaftswesen erwiesen. Sie ist aber nicht unbedingt notwendig und schliesst Gefahren ein, wenn die Unternehmungen sehr umfangreich werden und damit den Beteiligten ein zu grosses Risiko aufladen. Sie wiegt die Beteiligten in eine Sicherheit, die sich doch nicht immer als unbedingt gerechtfertigt herausgestellt hat. Das deutsche Genossenschaftsgesetz von 1889 gestattet daher auch eingetragene Genossenschaften mit beschränkter Haft neben den eingetragenen Genossenschaften mit unbeschränkter Nachschusspflicht (wonach die Repartierung der Schuld so lange fortgesetzt werden kann, bis sie gedeckt ist, niemals der Einzelne allein den Rest auszulegen gezwungen ist) und den eingetragenen Genossenschaften mit unbeschränkter Haftpflicht der einzelnen Genossen.

Im Jahre 1895 existierten in Deutschland:

		Davon mit unbesch. Haft	Beschr. Haft	Unbesch. Nach-schusspflicht	Nicht einge-tragen
Kreditgenossenschaften	6417	5906	363	26	12
Konsumvereine	1412	440	850	7	115
Gewerbl. Rohstoffgen.	61	37	13	—	112
Landw. Rohstoffgen.	1067	790	152	2	123
Gewerbl. Magazingen.	57	34	14	1	8
Landw. „	4	3			1
Gewerbl. Produktivgen.	124	35	73	2	4
Landw. „	1458	1063	265	53	77
Molkereigen. unter obigen	1366				
Gewerbl. Werkgen.	17	13	3	1	—
Landw. „	240	44	23	—	173
Baugenossenschaften	124	15	108	—	1
Versicherungs- u. sonstige Genossenschaften	160	59	94	4	3

In Preussen ergab das Kataster der eingetragenen Genossenschaften Anfang 1897: 6958. Davon 5103 mit unbeschränkter Haftpflicht, 92 mit unbeschränkter Nachschusspflicht, 1763 mit beschränkter Haftpflicht. Vorschuss- und Kreditvereine 4455, Rohstoffvereine 367, Absatzgenossenschaften 43, Magazingenossenschaften 12, Produktivgenossenschaften incl. Molkereien 1239, Konsumvereine 605, Wohnungsgenossenschaften 143, sonstige 103. Am Schlusse 1896 zählten sie 965,160 Mitglieder.

§ 35.

Die Produktivassociationen und die Teilnehmerschaft am Reingewinn.

Fläxl. Die Produktivgenossenschaften. München 1872.

Publikationen des Vereins für Sozialpolitik. Gutachten über die Teilnehmerschaft am Reingewinn. Leipzig 1873.

V. Böhmert, Die Gewinnbeteiligung. Untersuchungen über Arbeitslohn und Unternehmergewinn. II. Teil. Leipzig 1878.

Häntschke, Die gewerblichen Produktivassociationen in Deutschland. Charlottenburg 1894.

A. Wirminghaus, Das Unternehmen, der Unternehmergewinn und die Beteiligung der Arbeiter am Unternehmergewinn. Jena 1886.

Unter Produktivassociationen im engeren Sinne versteht man Genossenschaften, in denen die Hauptmitarbeiter das Unternehmen gemeinsam auf eigene Gefahr betreiben, also der Gegensatz zwischen Arbeitgeber und Arbeitnehmer beseitigt ist. Neuerdings versteht man aber auch unter Pr. im weiteren Sinne genossenschaftliche Betriebe, welche den eigenen Bedarf zu decken bestimmt sind; z. B. Mühlen, Bäckereien, Schuhfabriken der englischen Konsumvereine, dann auch genossenschaftliche Nebenbetriebe (Molkereigenossenschaften). Die Pr. im engeren Sinne setzen bei allen Mitgliedern eine fortdauernde willige Unterordnung der eigenen Auffassung über die zweckmässige Geschäftsführung unter die der selbstgewählten Leitung voraus und ein weitgehendes Zurückstellen der Interessen des Einzelnen zum Besten der Gesamtheit. Sie erfordern daher ein unbedingtes Vertrauen zu den Leitern, grosse Reife und Verträglichkeit, um auch ungünstige Konjunkturen überdauern zu können, wie sie die Arbeiter und selbst Handwerker nur selten besitzen und nur sehr allmählich erlangen können. Die Schwierigkeit, angemessene Persönlichkeiten für die Leitung zu gewinnen, ist sicher eben so gross, wie die, die nötigen Geldmittel zum Grossbetriebe zu beschaffen. Die Rücksicht auf die Gesamtheit der Mitglieder muss die Geschäftsleitung noch mehr behindern, als bei den Aktiengesellschaften die Rücksicht auf die Generalversammlung der Aktionäre. Da die Masse der Arbeiter fortdauernd von dem Ertrage der Unternehmung leben muss, ist die Wirkung jeder ungünstigen Konjunktur hier aber noch weit verhängnisvoller. Leichter zu realisieren werden sie sein, wo der Geschäftsgang ein gleichmässiger ist und kein grosses Risiko einschliesst, wo der Bildungsgang des Leiters von dem der Arbeiter nicht prinzipiell verschieden ist, und wo die Leistung der einzelnen Mitarbeiter das Gedeihen des Unternehmens bedeutend beeinflusst, daher eher bei dem Handwerk als bei dem Fabrikbetriebe. Gleichwohl sind auch da im ganzen nur selten Produktivassociationen zustande gekommen und haben noch seltener längere Zeit hindurch zu gedeihen vermocht. Der tüchtige Handwerker sucht lieber selbständig sich zum Grossunternehmer emporzuarbeiten.

Eine allgemeine Durchführung der Produktivassociationen erscheint demnach undurchführbar, und eine künstliche Förderung derselben durch den Staat würde ihm nur Verluste bringen, ohne nachhaltigen Nutzen zu erzielen. Dagegen sind einzelne freiwillige Versuche der Beteiligten zu solchen Gründungen nur mit Freuden zu begrüssen, damit die Arbeitnehmer die Gelegenheit finden, die Schwierigkeit der Betriebsleitung und die Bedeutung der Leistung der Unternehmer für das Gedeihen des Unternehmens näher kennen zu lernen. Denn die Missgunst derselben gegen den Unternehmer ist meist auf den Mangel dieser Kenntnis zurückzuführen.

Leichter durchführbar ist die Teilnehmerschaft am Reingewinn (Industrial Partnership). Der Arbeiter hat im allgemeinen keinen Anspruch auf den Unternehmergewinn, da derselbe ganz von der Tüchtigkeit der Leitung abhängt und überhaupt nur dadurch erreicht wird, dass sich die Leistung des Unternehmens über das Durchschnittsniveau erhebt, während im grossen Durchschnitt nur Arbeitslohn und Verzinsung des Kapitals erzielt wird. Die Leistung des einzelnen Arbeiters ist für das Gesamtergebnis des Unternehmens von untergeordneter Bedeutung. Bei gleichem Fleiss und gleicher Tüchtigkeit der Arbeiter können die Ergebnisse zweier konkurrierender Unternehmungen völlig verschieden sein, wenn die Tüchtigkeit der Leitung eine ungleiche ist. Das ist bei Fabriken, Landgütern, wie einfachen Handwerksbetrieben der Fall. Nur wenn der Arbeiter richtig angestellt ist, seiner Thätigkeit die rechte Richtung gewiesen ist, kann das wirtschaftliche Ergebnis ein angemessenes sein. Sache des Leiters ist es ausserdem für tüchtige Arbeiter zu sorgen. Von ihm hängt daher auch die Brauchbarkeit der Leistung des einzelnen Arbeiters ab. Der Arbeiter hat daher nur den Anspruch, nach seiner einzelnen Leistung bezahlt zu werden, aber auch ein Recht, für die gleiche Leistung stets das gleiche Aequivalent zu erhalten, gleichviel ob der Jahresabschluss ein günstiger oder ungünstiger ist. Der Arbeiter darf nicht darunter leiden, wenn der Unternehmer die Konjunkturen falsch beurteilt oder durch sonstige Untüchtigkeit die Produktivität der einzelnen Arbeit schädigt. Es ist die Aufgabe den Arbeiter, immer mehr von dem Risiko der Geschäftsunternehmungen zu befreien, nicht aber ihn tiefer hinein zu ziehen. Eine allgemeine Durchführung der Teilnehmerschaft am Rheingewinn erscheint deshalb nicht realisirbar und auch nicht wünschenswert. Ausnahmsweise kann sie dagegen angemessen sein bei günstig dastehenden und auch für die Zukunft gesicherten Betrieben, mit einem alten, bewährten, reiferen Arbeiterstamm, dessen Interessen dadurch mehr mit dem Unternehmen verbunden werden, weil dadurch Fleiss und Sorgfalt bei der Arbeit angeregt wird. Der Wechsel im Arbeiterpersonal kann vermindert werden, wenn ein Teil des Geschäftsgewinnes erst nach Ablauf von einer Reihe von Jahren und dieser nur unter der Voraussetzung guter Leistungen ausgezahlt wird, dagegen der Gesamtheit der Arbeiter anheimfällt, wenn ein Arbeiter wegen Trägheit, Widersetzlichkeit etc. entlassen wird oder das Unternehmen verlässt, ohne dass Krankheit etc. ihn dazu zwingt.

§ 36.

Die Koalitionsfreiheit und die Arbeitervereine der Gegenwart.

L. Brentano, Die Arbeitergilden der Gegenwart. Leipzig 1871—72.
Ludlow u. Jonst, Die arbeitenden Klassen in England. Berlin 1876.
R. Meyer, Der Emanzipationskampf des vierten Standes. Berlin 1875. Bd. I.
2. Aufl. 1882.
Fr. Mehring, Zur Geschichte d. deutsch. Sozialdemokratie. Bremen 1879 u. 98.
Oskar Testut, Die Internationale. Ihr Wesen und ihre Bestrebungen. Leipzig 1872.
Lexis, Gewerkvereine u. Unternehmerverbände in Frankreich. Leipzig 1879.
J. M. Baernreither, Die englischen Arbeiterverbände und ihr Recht. Bd. I.
Tübingen 1886.
Mrs. *Sidney Webb*, Die britische Genossenschaftsbewegung. Leipzig 1893.
S. u. B. Webb, Die Geschichte d. britisch. Trade Unionismus. Stuttgart 1895.
Jos. Schmöle, Die sozialdemokratischen Gewerkschaften in Deutschland. Jena 1896 und 98.
Sombart, Sozialismus und soziale Bewegung. Jena 1896.
Fawcett, Labour and wages. London 1884.
Huber-Valleroux, Les associations cooperatives en France et l'étranger.
Paris 1884.
Sartorius v. Waltershausen, Die Gewerkvereine in den Verein. Staaten von Nordamerika. Jahrb. für Nationalökonomie. Neue Folge. Bd. VII. und VIII.
Handwörterbuch der Staatswissensch. Gewerkvereine und Suppl. I u. II.

Nach Entwickelung und Verallgemeinerung der Freiheit des Arbeitsvertrages musste der Unternehmer nach Ausbildung des Grossbetriebes ein immer grösseres Uebergewicht über die Arbeiter erlangen, weil der einzelne Arbeiter, der aus der Hand in den Mund lebt und nicht lange ohne Beschäftigung bleiben kann, einem Arbeitgeber gegenüber, der eine grössere Zahl von Menschen beschäftigt, der schwächere Teil ist, der sich im allgemeinen allen ihm gestellten Bedingungen fügen muss. Erst wenn die Arbeiter in grösserer Zahl vereinigt mit den gleichen Forderungen auftreten, werden sie die gleiche Macht zu gewinnen vermögen. Die Koalitionsfreiheit, d. i. die Freiheit für den Arbeiter, sich in Vereinen zusammen zu thun und Massregeln zur Vertretung seiner Interessen, wie Arbeitseinstellungen zu verabreden und durchzuführen, Kassen zu gegenseitiger Unterstützung zu bilden etc., ist daher das notwendige Korrelat der Gewerbefreiheit. Gleichwohl wurde in England noch im Jahre 1800 ein Verbot derartiger Arbeitervereine erlassen und erst 1824 die Aufhebung aller Koalitionsverbote daselbst durchgesetzt. Erst seit 1871 können die Vereine Korporationsrechte erlangen und ist damit ihr Besitzrecht geschützt. In Frankreich fand 1864 eine teilweise Aufhebung des Verbotes statt, durchgreifend 1884. In Deutschland ist die Vereinsfreiheit in den einzelnen Ländern Anfang der sechziger Jahre durchgeführt, allgemein durch die Gewerbeordnung von 1869, während die Vereine in Preussen die Korporationsrechte nur durch Konzessionsverleihung erlangen können und noch vielerlei andern Beschränkungen unterworfen sind.

Trotz der Koalititionsverbote haben sich in England schon seit 100 Jahren fortdauernd Arbeitervereine zur Wahrung ihrer Interessen gebildet, die gerade infolge der Bedrückung bösartigen Charakter hatten, den sie nach der Beseitigung des Verbotes verloren. Nach 1825 entwickelten sich daselbst die modernen Gewerkvereine (Trade-Unions), deren Hauptzweck zunächst nur war, den arbeitslos Gewordenen

Unterstützung zu gewähren, ganz besonders bei Streiks. Allmählich übernahmen sie die erweiterte Arbeiterversicherung, die Einrichtung von Bildungsmitteln, Arbeitsnachweisbureaux etc. Sie suchen nach allen Richtungen hin die Lage der Arbeiter festzustellen, so wie sich über die Konjunkturen zu orientieren, um Anhalte über die Durchführbarkeit von Streiks zu gewinnen und diese bald zu unterstützen, bald zurückzuhalten. Die Bedeutung derselben wuchs, je mehr die Arbeiter der gleichen Berufsbranche sich im ganzen Lande in Lokalvereinen zu vereinigen und in Zentralvereinen zusammenzuschliessen vermochten. Dieselben haben wesentlich zu der Verbesserung der Lage und zur Hebung der arbeitenden Klasse beigetragen. Sie umfassten zunächst nur die höher stehenden und gelernten Arbeiter und haben thatsächlich nur diesen bis in die neueste Zeit Nutzen gebracht. Ende der achtziger Jahre haben auch die ungelernten und die weiblichen Arbeiter gleiche Organisationen ins Leben gerufen.

In Deutschland bildeten sich nach dem Vorbilde der englischen Trade-Unions im Jahre 1868 die Hirsch-Dunckerschen Gewerkvereine, ohne aber eine grosse Bedeutung zu erlangen, daneben die sozialdemokratischen Gewerkschaften mit ähnlichen Zielen, aber mit mehr politischem Charakter, dann eine Anzahl selbständiger Arbeiterorganisationen, die vorwiegend Unterstützungskassen schufen und verwerteten.

Erst durch die Organisation der Arbeiter ist der Lohnkampf in geordnete Wege gelenkt. Die Arbeitgeber können nicht mit einer losen Schar Einzelner praktieren, wohl aber mit geschlossenen Vereinen einen Frieden für längere Zeit auf Grund gemeinsamer Vereinbarungen schliessen. Die Arbeitervereine haben wesentlich zur Hebung der Bildung wie der materiellen Lage der Arbeiterklasse beigetragen. Sie sind deshalb zu unterstützen, wenn auch nicht von Staatswegen künstlich zu bilden, denn sie werden nur günstig wirken, wenn sie sich von selbst den Verhältnissen entsprechend entwickeln. Huldigen auf dem europäischen Kontinent auch überwiegend die Arbeitervereine sozialdemokratischen Tendenzen, so ist es doch falsch anzunehmen, dass jede Arbeiterbewegung notwendig solchen Charakter annehmen müsse. Sie können vielmehr allein auf einen Lohnkampf gerichtet sein und danach streben, auch auf dem Boden individualistischer Wirtschaft ihre Lage angemessen zu gestalten, ohne Antastung des Privateigentums etc. Den Beweis lieferten bisher die englischen Trade-Unions und noch fortwährend die ganze Arbeiterbewegung in den Vereinigten Staaten Nordamerikas und Australiens.

Eine hohe Arbeitsrente, welche dem tüchtigen Arbeiter es ermöglicht, sich in die besitzende Klasse emporzuarbeiten, ist ein unbedingter Schutz gegen sozialdemokratische Utopien, besonders wenn sie durch eine gute Regierung und durch eine geachtete Stellung des Arbeiters unterstützt wird.

§ 37.
Die Streiks und Einigungsämter.

Natorp, Der Ausstand der Bergarbeiter im Niederrhein.-Westphäl. Industriebezirk. Essen 1889.

Ehrenberg, Der Streik der Hafenarbeiter in Hamburg. Jahrb. f. Nat. 1897.

v. Schulze-Gävernitz, Vermeidung und Beilegung von Arbeitsstreitigkeiten in England. Schmollers Jahrbuch 1889.

M. A. Aldrich, Die Arbeiterbewegung in Australien und Neuseeland. Jahrb. f. Nat. 3. Folge. Bd. XV. 1898.

Strikes nennt man verabredete Arbeitseinstellungen im grossen Massstabe behufs Erwirkung besonderer Vorteile für die Arbeiter. Der Gegensatz hierzu ist die Aussperrung sämtlicher Arbeiter, wenigstens einer bestimmten Kategorie von seiten eines oder einer Anzahl Unternehmer gemeinsam, um einen Druck auf die Arbeiter auszuüben. Sie sind in unserer Zeit als ein grosses aber notwendiges Uebel anzusehen, um dem Arbeiter die Möglichkeit zu geben, berechtigte Forderungen durchzusetzen. Sie schliessen die Gefahr ein, den Klassengegensatz zu verschärfen und die Arbeiter zu demoralisieren; auf der einen Seite durch die sich daraus entwickelnde Not, auf der anderen Seite beim Gelingen durch Steigerung des Uebermuts, der zu unberechtigten Forderungen führt. Die ganze Volkswirtschaft leidet darunter in erheblichem Masse, durch Vergeudung an Arbeitskraft und Kapital, die sich bei dem engen Zusammenhange der verschiedenen Wirtschaftszweige weit über die unmittelbar von Strikes betroffenen Branchen und Gegenden ausdehnen; und je mehr sich die Arbeitsverbindungen erweitern, um so grösser wird die Einwirkung der Strikes sein, die leicht zur Vernichtung der Konkurrenzfähigkeit des Zweiges mit dem Auslande ausarten kann. Die Arbeiter können, wenn die Konjunkturen ihnen günstig sind, die Uebermacht über den Arbeitgeber erlangen und ihn zu Konzessionen nötigen, die ihnen selbst verderblich werden.

Am Kohlenarbeiterstrike in England 1893 war eine Million Arbeiter inkl. der Angehörigen vom Ende Juli bis Mitte November beteiligt. Die Ausgaben betrugen 30 Millionen Mark.

Der Strike der Maschinenbauer in England 1897 hat 30 Wochen gedauert. 31 000 Maschinenbauer und 7000 Mitglieder anderer Gewerkvereine waren ohne Arbeit und 5000 ausgebildete Handwerker legten freiwillig die Arbeit nieder. Die Maschinenbauer hatten bei Ausbruch 360 000 Pf. St. in der Kasse, wovon 60 000 der Altersversicherung reserviert bleiben mussten. 720 000 Pf. St. sind an die strikenden Arbeiter gezahlt. Der Lohnverlust ist auf 2 Millionen Pf. St. berechnet. Ausserdem litten verwandte Gewerke darunter. Die Arbeiter wollten 8 stündige Arbeitszeit und Einspruchsrechte gegen Anstellung nicht zu Gewerkverein gehöriger Personen durchsetzen, unterlagen aber.

In England fanden	1896	1897
	1021 Strikes	956 Strikes statt.
Zahl der Arbeiter	198,657	233,000
verlorene Arbeitstage	3,7 Mill.	10,4 Mill.
zu Gunsten der Arbeiter	39,5	30,5
zu Gunsten d. Arbeitgeber	33,4	29,0
durch Vergleich	27,1	43,5

In No. 36 des Korrespondenzblattes der Generalkommision der Gewerkschaften Deutschlands v. 1898 giebt Abg. Legien folgende Uebersicht: von 1890—95 haben in 130 Gewerben 750 Strikes mit 72 274 Beteiligten stattgefunden, 4332 Wochen Dauer, 3 430 089 Mk. Ausgaben. 26,8 % waren erfolgreich, 27,1 % teilweise erfolgreich, 36,1 % erfolglos. Im Jahre 1896 50,5 % erfolgreich, 26,5 % teilweise erfolgreich, 23 % erfolglos.

1896 fanden in 40 Gewerben 483 Strikes statt mit 128 828 Personen, während 1923 Wochen 3 042 950 Mk. Ausgaben. Aus den Kassen der Gewerkschaften wurden allein 882.149 Mk. gezahlt.

Staat und Gesellschaft haben nach allem die Aufgabe, auf die Vermeidung und schnelle Beseitigung der Strikes mit allen Mitteln hinzuwirken. In England haben sich zuerst frei gewählte Einigungsämter (nach Mundella), zur Hälfte aus Arbeitgebern, zur Hälfte aus Arbeitnehmern, zur Vereinbarung der Löhne und der sonstigen Arbeiterverhältnisse zur Vermeidung des Ausbruchs von Strikes sehr bewährt, sowie auch in gleicher Weise zusammengesetzte Schiedsgerichte (nach Kettle), wobei beide Teile sich verpflichten, sich dem Schiedsspruch des von ihnen gewählten Obmanns zu unterwerfen.

Die Schiedsgerichte sind von den Gewerbegerichten zu unterscheiden, bei welchen unter Zuziehung von Sachverständigen der Richter über Rechtsstreitigkeiten entscheidet, während bei der Schlichtung von Strikes eine Rechtsverletzung nicht in Frage kommt.

In Preussen ist den Gemeinden das Recht zur Bildung von Schiedsgerichten eingeräumt, doch haben sie nur selten davon Gebrauch gemacht. Durch das deutsche Reichsgesetz von 1890 betreffend die Gewerbegerichte kann das Gewerbegericht als Einigungsamt oder Schiedsgericht von beiden Parteien angerufen werden. Sie haben beide bis zu drei Vertreter zu delegieren. Bleiben beide Parteien auf ihren Forderungen bestehen, so kann der Vorsitzende den Versuch für gescheitert erklären. Die Ergebnisse der Untersuchung sind zu veröffentlichen. Die Novelle zur Gewerbeordnung von 1897 besagt, dass die Innungen befugt sind, Schiedsgerichte zu errichten, welche berufen sind, Streitigkeiten zwischen Innungsmitgliedern und ihren Gehilfen und Arbeitern an Stelle der sonst zuständigen Behörden zu entscheiden. Dieselben müssen mindestens aus einem Vorsitzenden und zwei mit Geld entschädigten Beisitzern bestehen. Die letztern sind zur Hälfte aus Innungsmitgliedern, zur Hälfte aus den bei ihnen beschäftigten Gehilfen und Arbeitern durch Wahl der Beteiligten zu entnehmen. Der Vorsitzende wird von der Aufsichtsbehörde bestimmt. Er braucht nicht der Innung anzugehören. Die Entscheidung erhält Rechtskraft, wenn nicht innerhalb einer Notfrist von einem Monat eine Partei Klage bei einem ordentlichen Gericht erhebt. Vollstreckung erfolgt durch die Polizeibehörde. Entscheidungen in betreff von Gegenständen, die 100 Mk. Wert nicht übersteigen, können für vorläufig vollstreckbar von amtswegen erklärt werden.

Bedeutsam sind die Gesetze für Neuseeland und Südaustralien von 1894. Das Land ist in grosse Industriebezirke geteilt und für jeden Bezirk ist ein Einigungsamt (board of conciliation) mit bis zu 6 Mitgliedern errichtet, zur Hälfte aus Arbeitgebern, zur Hälfte aus Arbeitern, die sich ihren Obmann selbst wählen und event. Spezialkommissionen bilden. Jede Partei hat das Recht, die Hilfe dieser Organisation anzurufen. Gelingt die Einigung nicht, so werden die Vorschläge mit der Begründung veröffentlicht. Jede Partei kann sich dann an das Schiedsgericht (court of arbitration) wenden. Dasselbe besteht aus drei Mitgliedern, einem Arbeiter und einem Unternehmer, die vom Gouverneur ernannt werden aus denjenigen, die ihm von den Beteiligten präsentiert werden. Das dritte Mitglied, zugleich der Vorsitzende, ist ein Richter des höchsten Gerichtshofes. Die Entscheidung kann getroffen werden, auch wenn eine Partei nicht vertreten ist. In Südaustralien ist nur der dem Schiedsspruche unterworfen, der sich vorher dazu verpflichtet hat. In Neuseeland dagegen haben sich ihm die Parteien unbedingt zu fügen. Die Gewerkvereine haben Korporationsrechte und haften solidarisch. Sie können zu einer Strafe bis zu 600 Pf. St., das einzelne Mitglied bis zu 10 Pf. St, bei Nichtbefolgung des Schiedsspruches verurteilt werden.

Je umfassender und tiefgreifender die Strikes sich entwickeln, um so notwendiger wird es in Europa werden, allgemeiner jenem Vorgange zu folgen und eine Instanz zu bilden, welche in dem Streit die endgiltige Entscheidung zu fällen das Recht hat.

§ 38.
Die Arbeiterschutzgesetzgebung.

Lohmann, Die Fabrikgesetzgebung des europäischen Continents. Berlin 1878.
F. v. Bojanowski, Das englische Fabrik- und Werkstättengesetz von 1878. Jahrbücher für Nationalök. Neue Folge III und Supplementheft VIII.
J. F. Neumann, Zur Reform deutscher Fabrikgesetzgebung. Leipzig 1873. Gutachten über Fabrikgesetzgebung. Schriften des Vereins für Sozialpolitik. Leipzig 1873.
Cohn, Ueber internationale Fabrikgesetzgebung. Jahrbücher für Nationalök. Neue Folge III. Verhandl. des Vereins für Sozialpolitik.
A. Braun, Die Arbeiterschutzgesetzgebung der europäischen Staaten. Tübingen 1890.
Kulemann, Der Arbeiterschutz sonst und jetzt. Leipzig 1893.
Oldenberg, Der Maximalarbeitstag im Bäcker- und Konditoreigewerbe. Leipzig 1894.
Dodd, Die Wirkung der Schutzbestimmungen für die jugendlichen und weiblichen Fabrikarbeiter in Deutschland. Jena 1898.
Handwörterbuch der Staatsw. Art. Arbeiterschutzgesetzgebung.

Man hat sich in allen in Betracht kommenden Ländern davon überzeugt, dass die Arbeiterbevölkerung eines besonderen Schutzes durch die Staatsgewalt bedarf, um vor körperlicher und sittlicher Schädigung zu werden, da im allgemeinen weder die Arbeitgeber noch die Arbeiter selbst das richtige Verständnis und den guten Willen zu ausreichender Vorsicht und Einschränkung bei der Arbeit zeigen.

Im allgemeinen sind gesetzliche Bestimmungen notwendig in Bezug auf die Einrichtung der Fabrikräume und der Benutzung von Maschinen (Sorge für Luft und Licht, Ventilation, Bekleidung der Maschinenteile etc.) und das Verhalten in denselben (Trennung der Geschlechter, Reinlichkeit).

Besonderen Schutz bedürfen die Frauen und jugendlichen Arbeiter, welche äusseren Einflüssen gegenüber weniger Widerstandskraft besitzen und nicht in der Lage sind, mit Nachdruck notwendige Forderungen durchzusetzen. Es ist aber hierbei auf die Eigentümlichkeiten der einzelnen Gewerbe besonders Rücksicht zu nehmen. Berechtigte Forderungen sind: Verbot der regelmässigen Beschäftigung der Kinder unter 14 Jahren resp. während der Schulpflicht in Fabriken und Werkstätten. Für ein höheres Alter: Beschränkung der Arbeitszeit für jugendliche Arbeiter auf bestimmte Stundenzahl (10 St.); Verbot gesundheitsschädlicher Beschäftigung in Staub, Gasen, in Bergwerken etc., der Nachtarbeit für jugendliche Arbeiter und alle Arbeiterinnen und der Beschäftigung von Frauen in den Fabriken 3 Wochen vor und 6 Wochen nach der Entbindung. Ferner das Gebot der Sonntagsruhe. Das Verbot des Trucksystems. Die Beschränkung ist möglichst auszudehnen auf das Handwerk und die Hausindustrie.

Berechtigt ist auch für erwachsene Männer die Normierung eines Maximalarbeitstages, der in den verschiedenen Ländern und Berufsbranchen je nach den Landesgewohnheiten verschieden anzusetzen und nur allmählich herabzusetzen ist. Die Obrigkeit muss in dringenden Fällen Ueberstunden gestatten können.

Vom Staate eingesetzte Fabrikinspektoren müssen fortdauernd Kontrolle über die Durchführung der gesetzlichen Bestimmungen ausüben und Material zur Ausbildung der Fabrikgesetzgebung sammeln, die allmählich und von einzelnen Punkten aus zu erweitern ist.

In Preussen beginnt die eigentliche Schutzgesetzgebung 1839, wo die regelmässige Beschäftigung von Kindern unter 9 Jahren in Fabriken, Berg- und Hüttenwerken untersagt, die Arbeitszeit jugendlicher Arbeiter unter 16 Jahren auf 10 Stunden bei Tage beschränkt wurde. 1853 wurde das Beschäftigungsalter auf 12 Jahre erhöht. Die Bestimmungen blieben aber ohne praktische Bedeutung, da die Verwaltungsorgane nicht die Durchführung überwachten. Das Gesetz von 1869 für den Norddeutschen Bund dehnte den Schutz auf die Einrichtung der Fabrikräume aus. Das deutsche Gesetz von 1878 verbot das Trucksystem und suchte die Fabrikarbeit von Frauen und Kindern aus Rücksichten der Gesundheit und Sittlichkeit zu beschränken. Jetzt ist hauptsächlich das Gesetz betr. die Abänderung der Gewerbeordnung vom 1. Juli 1891 für Deutschland massgebend. Danach ist die Sonntagsruhe in grosser Ausdehnung geboten. Die Verpflichtung der Unternehmer in betreff der Fabrikeinrichtungen zum Schutze der Gesundheit und Sittlichkeit ist wesentlich erweitert und verschärft, Erlass von Fabrikordnungen und Wahl von Arbeiterausschüssen wird verlangt. Kinder unter 13 Jahren und schulpflichtige dürfen in Fabriken nicht beschäftigt werden. Kinder von 13—14 Jahren nicht über 6 Stunden, von 14—16 Jahren nicht über 10 Stunden und nur bei Tage. Für eine Anzahl Betriebe sind noch besondere Beschränkungen erlassen. Arbeiterinnen über 16 Jahre dürfen in Fabriken nicht länger als 11 Stunden und nur bei Tage beschäftigt werden. An den Vortagen von Sonn- und Festtagen sind sie spätestens um 5½ Uhr Nachmittags zu entlassen. Verheiratete Frauen können zur Besorgung ihres Hauswesens 1½ St. Mittagspause beanspruchen. In dringenden Fällen kann die untere Verwaltungsbehörde Ueberstunden für Frauen und jugendliche Arbeiter gestatten, aber nicht länger als 14 Tage. Der Bundesrat kann für einzelne Unternehmungen mit perpetuierlicher Thätigkeit Ausnahmen auch in betreff der Nachtarbeit gestatten, für Saisonindustrie 13stündige Arbeitszeit bis 40 Tage hindurch. Wöchnerinnen sind 4 Wochen nach der Entbindung ausgeschlossen und weitere 2 Wochen nur auf Grund eines ärztlichen Zeugnisses zuzulassen. In einer Anzahl Betrieben sind Frauen und jugendliche Arbeiter überhaupt nicht oder nur unter beschränkenden Bedingungen zugelassen. Die Bestimmungen für weibliche und jugendliche Arbeiter können vom Bundesrate auch auf Handwerk und Haus-industrie in bestimmten Zweigen ausgedehnt werden. Dies ist ge-schehen 1897 bei der Wäsche- und Kleiderkonfektion. In Bäckereien und Konditoreien ist die Arbeitszeit auf 12 Stunden beschränkt, wenn bei Nacht gearbeitet wird. Die Bestimmungen für Fabriken sind zum Teil ausgedehnt auf die Hausindustrie; z. B. die Tabakfabrikation, Tex-tilindustrie und die Konfektionsbranche. In Deutschland wurden in den geschützten Betrieben 1896: 270266 weibliche Arbeiter von 16—21 Jahren, 429313 über 21 Jahre beschäftigt, 5312 Kinder unter 14 Jahren (1892 noch 11339); 239548 jugendliche Arbeiter von 14—16 Jahren.

Im britischen Reiche wurden die ersten Anläufe einer Schutz-gesetzgebung schon 1802 für die Textilindustrie gemacht, aber ohne tiefer gehende Wirkung. 1819 wurde in derselben die regelmässige Beschäftigung von Kindern unter 9 Jahren untersagt. 1844 wurden auch die Frauen unter Schutz gestellt. Bis 1833 aber waren Kinder 12 Stunden und Tag und Nacht beschäftigt. Seit 1834 durften sie bis zum 18. Jahre nur bei Tage und nicht mehr als $10\frac{1}{2}$ Stunden arbeiten, vom 9. bis 13. Jahre nicht mehr als 9 Stunden. Allmählich wurden immer mehr Branchen diesem Schutze unterworfen. Erst 1878 konnte er allgemein auf Fabriken und Werkstätten, in denen Kinder und Frauen beschäftigt sind, ausgedehnt werden. Kinder waren nur bis zum 10. Jahre (seit 1891 bis zum 11. Jahre) ausgeschlossen; vom 10. bis 14. Jahre nur mit ärztlichem Zeugnis zugelassen. Frauen und jugendliche Arbeiter dürfen nur bei Tage und nur 56—60 Stunden in der Woche arbeiten. Nach der Entbindung darf die Frau 4 Wochen nicht zur Arbeit zugelassen werden. Besonders für den Bergbau bestehen noch verschärfte Bestimmungen. Durch die Gesetze von 1891 und 95 ist die Anwendung des Schutzes auf die Hausindustrie erleichtert und verschärft. 7 cbm Luft sollen jedem Arbeiter in Fabriken und Werk-stätten garantiert werden, bei Ueberstunden 11,3 cbm. Die Aufsicht über die sanitär erforderlichen Einrichtungen sind dem Gesundheits-amt übertragen. Das statistische Material hat das Labor-Departement zu sammeln. Eine grosse Zahl Fabrikinspektoren, auch weiblicher, überwacht die Betriebe.

In Oesterreich ist das Gesetz von 1885 massgebend. Kinder unter 14 Jahren sind von Fabrikarbeit, unter 12 Jahren von jeder ge-werblichen Beschäftigung ausgeschlossen. Von 12—14 Jahren ist nur 8stündige Arbeit bei Tage gestattet. Sie wie Frauen können durch das Ministerium von gefährlicher Beschäftigung ferngehalten werden. Nach der Entbindung sind 4 Wochen Ruhe verlangt. Maximal-arbeitszeit für alle ist in Fabriken 11 Stunden und in Bergwerken 10 Stunden.

In Frankreich sind jetzt die Gesetze von 1892 und 93 bestimmend. Beschäftigung von Kindern unter 13 Jahren ist im Allgemeinen untersagt, doch können zwölfjährige auf Grund eines ärztlichen Zeug-nisses zugelassen werden, das unter Umständen auch für Kinder bis zu 16 Jahren verlangt werden kann. Für Personen unter 16 Jahren ist 10 Stunden, von 16—18 Jahre 11 Stunden das Maximum. Nacht-arbeit und mehr als 6 Tage Beschäftigung ist für sie verboten. Weib-liche Personen über 18 Jahre sind an die Maximalzeit von 11 Stunden gebunden. Indessen sind von diesen Bestimmungen mancherlei Ausnahmen gestattet.

Mit am weitgehendsten sind die Bestimmungen des Arbeiterschutzgesetzes in Glarus von 1892. Es bezieht sich auf alle dem eidgenössischen Fabrikgesetze nicht unterworfenen Geschäfte, in denen Personen gewerbsmässig und gegen Lohn des Inhabers arbeiten oder als Lehrlinge oder Lehrtöchter beschäftigt werden. Regelmässige Arbeitszeit darf 11 Stunden nicht übersteigen inkl. einer Stunde Mittagspause, am Tage vor Sonn- und Festtagen nicht 10 Stunden. Wöchnerinnen sind im ganzen 8 Wochen, nach der Entbindung mindestens 6 Wochen ausgeschlossen. Kinder unter 14 Jahren dürfen überhaupt nicht zur regelmässigen Arbeit herangezogen werden. Das Gesetz von 1894 in Zürich normiert den Maximalarbeitstag auf 10 resp. 9 Stunden zwischen 6—8 Uhr exkl. 1½ Stunden Mittagspause.

In Belgien ist erst in den achtziger Jahren etwas wesentliches geschehen. Allgemeinere Regelung traf das Gesetz von 1889 für Fabriken und Manufakturen, die als gesundheitsgefährlich bezeichnet sind, oder in denen Dampfkessel oder mech. Motoren zur Anwendung kommen, ferner für die Transportgewerbe. Kinder unter 12 Jahren sind ausgeschlossen. Jugendliche Arbeiter unter 16 Jahren und Frauen unter 21 Jahren dürfen nur bei Tage und nicht über 12 Stunden bei 1½ Stunde Pause beschäftigt werden. Durch Verordnungen können weitergehende Bestimmungen getroffen werden; so wird das Gesetz ergänzt durch Verordnung von 19 Febr. 1895, welche für eine Anzahl Gewerbe weitergehende Beschränkungen verfügt.

In den Vereinigten Staaten ist die Beschäftigung der Kinder in einzelnen Staaten unter 10, in anderen unter 11, 12 und 13 Jahren untersagt. Der achtstündige Arbeitstag ist in Californien, Connecticut, Illinois, New-York und Pennsylvanien gesetzlich eingeführt, wird aber z. B. in New York nur in wenigen Gewerben wirklich beobachtet.

§ 39.
Die Arbeiterversicherung.

Brentano, Die Arbeiterversicherung gemäss der heutigen Wirtschaftsordnung. Leipzig 1879.

Max Hirsch, Die gegenseitigen Hilfskassen u. die Gesetzgebung. Berlin 1875.
Hasbach, Das englische Arbeiterversicherungswesen. Leipzig 1883.
v. d. Osten, Arbeiterversicherung in Frankreich. Leipzig 1884.
Gutachten über Alters- und Pensionskassen. V. Schriften des Vereins für Sozialpolitik. Bd. V.
Bödiker, Die Unfallgesetzgebung der europäischen Länder. Leipzig 1884.
A. E. Fr. Schäffle, Der korporative Hilfskassenzwang. Tübingen 1882.
Jahrb. für Nationalök. Neue Folge VI. *Honigmann*, Die Krankenversicherungspflicht. Bd. VII. *Paasche*, Die Alters- und Invalidenversicherung und dass. van der Borght. Bd. XVIII und Suplementheft XVI.

Nach Beseitigung des Hörigkeitsverhältnisses auf dem Lande und des Zunftzwanges in den Städten war die grosse Masse der Arbeiter zwar frei in ihrem Arbeitsvertrage, im Falle der Erkrankung, des Unfalls, der Altersschwäche, wie der Arbeitslosigkeit aber auch auf sich allein angewiesen. Der Lohn enthielt die Abfindung für die Arbeitsleistung und befreite den Arbeitgeber von jeder weitern Verpflichtung, für den Arbeiter zu sorgen. Im Allgemeinen war in Mitteleuropa der

Lohn zu niedrig, um den Arbeiter durch Sparen gegen alle Eventualitäten zu sichern, und auch wo dies möglich gewesen wäre, unterliess aus Unreife und Sorglosigkeit im Allgemeinen das rechtzeitige Sparen. Der Arbeiter blieb deshalb im allgemeinen ohne Reserve und verfiel bei Verdienstlosigkeit nach kurzer Frist der öffentlichen Armenkasse und dem privaten Almosen. Mit der Entwicklung der Industrie und Vermehrung der Zahl der Fabrikarbeiter stiegen infolgedessen die Ansprüche an die öffentliche Armenpflege in bedrohlichem Maasse, und unbeteiligte Kreise der Bevölkerung mussten immer mehr die Summen aufbringen, welche eigentlich aus dem Lohne zu bestreiten gewesen wären. Auch für den bei der Arbeit und durch die Art der Thätigkeit verunglückten Arbeiter hatte nach dem römischen Rechte der Unternehmer nur einzutreten, wenn ihm ein Verschulden nachgewiesen wurde. Für die durch das moderne Maschinenwesen sehr vermehrten Unfälle war somit dem Unternehmer die Last durch die Armenkasse abgenommen, zu der Bürgerkreise beitragen mussten, die in gar keiner direkten Beziehung zur Arbeiterklasse standen. Hier handelte es sich darum, Wandel zu schaffen.

Vom wirtschaftlichen Standpunkte aus ist der Grundsatz aufzustellen, dass ein jedes wirtschaftliche Unternehmen die ganze Last selbst zu tragen hat, welche der Volkswirtschaft durch die Eigentümlichkeiten des Betriebes auferlegt werden; sowohl eine etwaige Vernichtung von Werten (Gebäuden, Maschinen, Tieren), wie eine Beschädigung von Menschen. Der Lohn muss ausreichen, um neben der momentanen Unterhaltung der Arbeiterfamilie noch den Unterhalt bei Verdienstlosigkeit des Arbeiters selbst wie seiner Hinterbliebenen zu decken. Durch das gewöhnliche Sparen wird meistens nicht im richtigen Momente die nötige Summe schon hinterlegt sein, eine allgemeinere Versicherung ist dagegen imstande, hiergegen angemessene Abhilfe zu schaffen, und schon die alten Zunftkassen, wie die späteren freiwilligen Kassen der Arbeitervereine namentlich in England, dann besonders die Knappschaftskassen haben schon seit lange in dieser Weise entsprechende Hilfe gewährt. In Deutschland fehlte es übermässig an der Selbsthilfe. Man sah sich daher hier gezwungen zu einer allgemeinen Zwangsversicherung zu greifen, welche bisher gegen Verdienstlosigkeit durch Krankheit, Unfall, Invalidität und Alter durchgeführt worden ist, während noch eine Versicherung zur Witwen- und Waisenversorgung und gegen Arbeitslosigkeit aussteht.

Der Segen solcher Einrichtungen ist unverkennbar, die Bedenken welche sich gegen die Einrichtungen richten, sind die folgenden:

1. Der Versicherungszwang entwöhnt den Arbeiter von der Selbsthilfe und erschlafft das Gefühl der Selbstverantwortlichkeit. Er wird sich dessen nicht voll bewusst, dass es sich nicht um eine gewöhnliche Steuer handelt, sondern um eine Zahlung, die ihm das Recht auf Unterhalt in bestimmten Fällen sichert, zumal, wenn der Staat und der Arbeitgeber einen grossen Teil des Betrages für ihn entrichten. Er wird geneigt sein, nun das Sparen und die sonstige Fürsorge für die Zukunft noch mehr für unnötig zu halten als bisher, und sie zu unterlassen. Die erheblichen Abzüge vom Lohn erschweren ihm ohnehin das Sparen und damit den Erwerb eigenen Grund und Bodens und das Emporarbeiten zur Selbständigkeit. Doch erscheint all dieses

unter den gegenwärtigen Verhältnissen als das geringere Uebel, weil ohne Zwang auf eine ausreichende Selbstversicherung in den meisten Ländern nicht zu rechnen ist.

2. In Deutschland sind die Zahlungen für die Versicherungen geteilt zwischen dem Arbeiter, dem Arbeitgeber und dem Staat. Das richtigste wäre, sie den Arbeiter allein zahlen zu lassen, weil er allein den Vorteil davon hat. Doch setzt dies eine gewaltige Lohnerhöhung voraus, die in kurzer Zeit der Arbeiter nicht durchsetzen kann, und die Erhebung stösst, wie bei den direkten Steuern genugsam beobachtet ist, auf grosse Schwierigkeit. Es war deshalb richtiger, die Erhebung allein bei dem Unternehmer durchzuführen und auch den Anteil, den der Arbeiter zu entrichten hat, durch ihn auslegen und zurückbehalten zu lassen. Dies schloss die Beschränkung des Versicherungszwanges zunächst auf diejenigen ein, welche von einem bestimmten Arbeitgeber beschäftigt werden, an den man sich halten kann. Um den Uebergang zu erleichtern und die Produktionszweige nicht plötzlich die ganze Last tragen zu lassen, war es ratsam, im Uebergang die Staatskasse mit eintreten zu lassen, obwohl es dem oben erwähnten Prinzip widerspricht.

3. Die bisherige Durchführung in Deutschland mit der grösseren Zahl mannigfaltiger Kassen und grossem Kontrollapparat erfordert erhebliche Verwaltungskosten und macht die Duchführung ausserordentlich umständlich. Doch sind dies Unvollkommenheiten, die auf Grund der gemachten Erfahrungen allmählich zu beseitigen sein werden. Schwieriger ist es

4. die Simulation richtig zu erkennen und zu verhindern, wenn wie hier bei der Zwangsversicherung die Arbeiter nicht selbst im eigenen Interesse die Kontrolle übernehmen, sondern vielmehr gemeinsam gegen die Versicherungskasse Partei nehmen. Die Gefahr, Betrüger und Arbeitsscheue zu unterstützen, ist dabei ebenso gross, wie Unschuldige durch falsches Urteil der Aerzte trotz ihrer langjährigen Zahlungen ohne Unterstützung zu lassen. Dazu kommt die Notwendigkeit, den Bewerber einer eingehenden Untersuchung und nachhaltigen Aufsicht zu unterwerfen, wo die Verhältnisse nicht völlig klar liegen, was zu vielfacher Unzufriedenheit Anlass giebt.

5. Der oft gemachte Vorwurf, dass durch das Gesetz weite Arbeiterkreise, wie Hausindustrielle, kleine selbständige Handwerker nicht berücksichtigt sind, sowie der einer unzulänglichen Unterstützung wird mit Unrecht erhoben, da man erst weitere Erfahrungen abwarten muss und die Industrie nicht auf einmal zu sehr belasten konnte. Die Aufgabe wird es sein, allmählich in dieser Hinsicht Ergänzung eintreten zu lassen.

6. Ebenso kann erst im Laufe der Zeit die in Deutschland noch fehlende Versicherung der Witwen und Waisen, sowie gegen Arbeitslosigkeit durchgeführt werden, welche allerdings erforderlich sind, um die Arbeiterklasse möglichst davor zu bewahren, der Armenkasse anheimzufallen. Sie erfordern weit grössere Summen als die anderen Versicherungsarten, und die Durchführung der letztern durch den Staat mit Versicherungszwang stehen besondere Schwierigkeiten entgegen. (Siehe über die Details der Gesetzgebung § 74.)

Kapitel IV.

Der Erfinderschutz.

§ 40.

Die Rechtsfrage und die volkswirtschaftliche Bedeutung der Patenterteilung.

Klostermann, Die Patentgesetzgebung aller Länder. 2. Aufl. Berlin 1876. *Ders.*, Das geistige Eigentum an Schriften, Kunstwerken und Erfindungen. Berlin 1867. *Ders.*, Das Patentgesetz für das deutsche Reich vom 25. Mai 1877. Berlin 1877. *Ders.*, Das englische Patent-, Muster- u. Markenschutzgesetz vom 25. August 1863. Jahrb. für Nationalök. Neue Folge. Bd. VII und Supplementheft IV. Die Patentfrage, 6 Preisschriften, herausgeg. vom deutschen Ingenieurverein. Cöln und Leipzig 1874.
Bojanowski, Ueber die Entwickelung des deutschen Patentwesens. Leipzig 1890.
Hartig, Studien in der Praxis des Kaiserl. Patentamtes. Leipzig 1890.

Mit Lockerung oder Beseitigung des Zunftwesens griff man in allen grösseren civilisierten Ländern zu der Patentgesetzgebung zum Schutz der technischen Erfinder, d. h. zur gesetzlichen Gewährung eines Privilegiums an den betreffenden Erfinder zur alleinigen ökonomischen Ausnutzung seiner Erfindung. Patentiert werden nach dem deutschen Gesetz vom 25. Mai 1877 neue Erfindungen, welche eine gewerbliche Verwertung gestatten. Dies können sein:

1. Eine Erfindung neuer technischer Gegenstände (Waren, Maschinen).
2. Eine neue technische Fabrikationsmethode (neue Art der Färbung etc.).
3. Eine Verbesserung schon vorhandener Gegenstände, die dadurch technisch neue Resultate liefern.

Vom juristischen Standpunkte sind die Patente gerechtfertigt, da eine Erfindung geistiges Eigentum repräsentiert, wie ein schriftstellerisches Produkt, das wiederum geschützt werden muss, wie materielles Eigentum. Nur durch die Erteilung eines Privilegiums zur ausschliesslichen ökonomischen Ausbeutung der Erfindung wird dem Erfinder aber erfahrungsgemäss das Eigentum und der Erfinderlohn gesichert.

Vom volkswirtschaftlichen Standpunkte ist ausserdem für die Patente zu sagen:

1. dass sie zu Erfindungen anregen, da sie Gewinn in Aussicht stellen;
2. dass sie die Geheimniskrämerei bei technischen Gewerben beseitigen, bei angemessener Gesetzgebung jede Erfindung im grossen Publikum schnell bekannt machen und die allgemeine Verwertung sehr beschleunigen;
3. dass sie auch die Verwertung der Erfindungen des Auslandes schneller dem Inlande zuführen.

Gegen die Patente ist angeführt:

1. Die Erfindung ist Produkt der Zeit, das Resultat der Arbeit nicht eines einzelnen, sondern der Gesamtheit, gebaut auf die Erfahrung und Thätigkeit von Jahrhunderten. Der Einwand beweist aber nur, dass der Erfinderschutz kein unbedingter sein darf, sondern nur für beschränkte Zeit.

2. Es wird das Patentobjekt zum Schaden des Publikums verteuert und damit die Industrie gehemmt. Indessen bleibt die bisherige Produktion davon unberührt, und aus dem Fortschritt zieht die Gesamtheit gleichwohl Nutzen.

3. Die Anhäufung von Patenten erschwert den Industriellen die freie Bewegung und bringt sie bei jeder Veränderung in dem Betriebe und an den Apparaten in Gefahr, ein Patent zu verletzen. Doch ist dadurch nirgends der industrielle Fortschritt im ganzen nachweislich gehemmt.

Wichtiger sind die Einwände gegen die Unvollkommenheit der vorhandenen Patentgesetzgebungen, welche in den verschiedenen Ländern ungleich und einer Verbesserung bedürftig sind.

§ 41.
Grundprinzipien der Patentgesetzgebung.

1. Nur der Erfinder oder dessen Rechtsnachfolger (auch Ausländer) dürfen Patente erhalten. (In Deutschland, Frankreich Gesetz von 1849, Belgien Gesetz von 1854 nicht der Fall.)

2. Eine Vorprüfung der Gesuche hat zur Verhinderung der Ueberlastung der Gewerbe mit einer grossen Zahl bedeutungsloser Patente stattzufinden durch eine Kommission von Sachverständigen:

a) auf die Vollständigkeit der eingereichten Beschreibung;
b) auf die Neuheit (nicht in Frankreich).

Zweifelhaft ist es, ob sie zweckmässigerweise auch zu erstrecken ist:

c) auf die gewerbliche Verwertbarkeit (deutsches und belgisches Gesetz, auf die Nützlichkeit in den Vereinigten Staaten Nordamerikas). Jedenfalls muss eine Appellation an eine höhere Instanz gegen die Entscheidung der Patentbehörde stattfinden können (in Deutschland oberstes Reichsgericht).

In England und Deutschland besteht eine Uebergangszeit vom Momente der Bewilligung der Zulassung und Publizierung bis zur Erteilung des Patentes mit vorläufigem Schutze, während welcher Einspruch gegen die Erteilung erhoben werden kann.

3. Mit der Patentierung ist die Veröffentlichung der Erfindung zu verbinden in der Art, dass dadurch dieselbe möglichst schnelle und allgemeine Verbreitung erhält.

4. Die Dauer der Patente ist zu beschränken (15 Jahre).

5. Die Kosten müssen für den Anfang gering sein, um auch dem Unbemittelten die Patentierung seiner Erfindung zu ermöglichen. Es müssen aber in jedem Jahre steigende Nachzahlungen beansprucht werden, um einen Druck zur Beseitigung überflüssiger Patente auszuüben (in Deutschland bei Erteilung 30 Mark und ausserdem bei Beginn des zweiten Jahres 50 Mark, in jedem folgenden Jahre 50 Mark mehr).

6. Es muss die Möglichkeit geboten sein, den Patentinhaber zur eigenen Verwertung der Erfindung oder zur Ueberlassung gegen angemessene Entschädigung an andere zu zwingen (Licenzzwang, § 11 des deutschen Gesetzes und in England nach Gesetz vom 25. August 1883).

7. Es ist ein internationales Patentgesetz anzustreben.

8. Gleichen Anspruch auf gesetzlichen Schutz wie Erfindungen haben Muster, Modelle, Werke der bildenden Kunst, Photographien, sowie Fabrikmarken. (Deutsches Musterschutzgesetz vom 1. Januar 1876. Gesetz vom 1. Juni 1891. In Frankreich schon 1711 für Seidenmuster. Dekret von 1806. Oesterreich 1850. England 1883, zugleich für Erfindungen, Marken und Muster.) 1887 mit Novelle von 1891 das Handelsmarkengesetz.

In Deutschland gingen 1878: 5949 Anmeldungen bei dem Patentamte ein, 1890: 11882. Von Ende 1878 bis Ende 1891 wurden 60000 Patente erteilt.

Kapitel V.

Die Zollpolitik.

Friedrich Lists gesammelte Schriften, herausgeg. von L. Häusser. Stuttgart und Tübingen 1851. Eheberg 1883. Teil II und III. Das nationale System der politischen Oekonomie.

Fawcett, Free trade and protection. London 1877. Deutsch. Leipzig 1878.

J. Lehr, Schutzzoll und Freihandel. Berlin 1877.

Pierre Clément, Historie du Système protecteure en France. Paris 1854.

Amé, Etudes sur les tarifs des douanes. I et II. Paris 1877.

Schanz, Englische Handelpolitik. Leipzig 1881.

Pöhlmann, Die Wirtschaftspolitik der Florentiner Renaissance. Leipzig 1878.

Taussig, Protection to young industries as applied in the United States. Cambridge 1882. *Ders.*, The tarif history of the Un. States. New York 1888.

Schriften des Vereins für Sozialpolitik. Bd. II, LI. Handelspolitik verschiedener Länder. Leipzig 1892 u. 93.

Schriften der Centralstelle für Verbreitung von Handelsverträgen. Berlin 1898. *(Siemenrot u. Troschel.)*

§ 42.

Wesen und Geschichte des Schutzzolles.

Unter Schutzzoll versteht man den Zoll auf ausländische Produkte, durch welchen die Konkurrenz des Auslandes mit den betreffenden inländischen Gewerben erschwert wird, oder auch einen solchen auf die Ausfuhr inländischer Erzeugnisse zu Gunsten eines heimischen Industriezweiges. Er steht den Finanzzöllen gegenüber, bei welchen der wirtschaftliche Schutz entweder gar nicht vorhanden ist, wie bei Gegenständen, die im Inlande entweder nicht erzeugt werden oder ebenso hoch besteuert sind, wie durch den Zoll die vom Auslande bezogenen Gegenstände, oder wo die wirtschaftliche Wirkung völlig hinter der finanziellen Verwertung in den Hintergrund tritt.

Alle Staaten haben ihre ökonomische Laufbahn mit Handelsfreiheit begonnen und sind erst allmählich zur Erhebung von Einfuhr-, Hafen-, Lagerungs-, Durchfuhr-, Strom- und Wegeabgaben geschritten,

5

aus denen sich allmählich Finanzzölle ausbildeten, die erst sehr viel später, doch schon seit dem vierzehnten Jahrhundert, zu Schutz- und Prohibitivmassregeln verwertet wurden.

Anfangs suchten die Herrscher die Gewerbe hauptsächlich durch Aus- und Einfuhrverbote zu schützen, dann durch hohe Belastung einzelner Gegenstände, deren Zahl im 17. und 18. Jahrhundert unter der Herrschaft des Merkantilsystems immer grösser wurde, so dass Zollbefreiungen in allen in Betracht kommenden Staaten eine Ausnahme bildeten. Im Laufe dieses Jahrhunderts wurde nun fortdauernd auf die Milderung dieser Schranken hingearbeitet. Die physiokratischen, dann die Lehren der Smith'schen Schule gewannen allmählich auch auf die Staatspraxis Einfluss. In England beginnt die Bewegung Anfang der zwanziger Jahre zunächst nur mit geringem Erfolge, durchgreifend erst durch das Eintreten der Anticornlawleague Ende der dreissiger und in den vierziger Jahren (Cobden, Bildung der Manchesterpartei). Sie bewirkte erst die Ermässigung, dann die Beseitigung der Kornzölle und die Ausbildung des sog. englischen Zollsystems, d. i. die Konzentrierung der Zölle auf eine geringe Zahl von Gegenständen, welche keinen Schutzzoll in sich schliessen, aber im Interesse der Staatskasse um so höher herangezogen werden. Der Peelsche Tarif hob die Zölle für 750 Artikel auf, liess Ausfuhrzölle nur für Kohlen und Wolle bestehen, ersetzte das Einfuhrverbot durch einen mässigen Zoll, erweiterte aber die Differentialzölle für die Kolonien. In derselben Richtung ging die Entwickelung in Frankreich unter Napoleon III. und in Deutschland seit der Gründung des Zollvereins vor sich, bis in den siebziger Jahren eine Gegenströmung eintrat, die bis zur Gegenwart anhält. Schon die Motive des preussischen Zolltarifs von 1818 sprechen die gemässigt freihändlerische Tendenz aus, die in dem Tarif von 1822 verschärften Ausdruck fand und bei der Gründung des Zollvereins 1834, dann in den vierziger Jahren und 1853 eine weitere Entwickelung erlangte. Die Grundzüge waren diejenigen, welche vorzüglich von Friedrich List verlangt wurden. Schon Colbert hatte die Notwendigkeit erkannt, die Zollschranken innerhalb des Staates zu beseitigen, um ein immer grösseres Wirtschaftsgebiet mit verschiedenen Produktionsbedingungen unter den gleichen Grenzschutz zu stellen, innerhalb desselben aber den Austausch möglichst zu erleichtern. In der Bildung des deutschen Zollvereins kam dieser Gedanke wieder zum Ausdruck, der wohl in der Zukunft mit Notwendigkeit zu einem Zollverbande des europäischen Kontinents führen wird, um sich gegenüber den überseeischen Ländern die wirtschaftliche Selbständigkeit zu wahren und vor einem Herabdrücken des standard of life zu schützen. In England tritt das Prinzip zu Tage in dem sog. Reichsgedanken, d. i. dem Streben, die Kolonien mit dem Mutterlande zu einem Reiche mit gemeinsamer Zollgrenze zu vereinigen. Dieser Bewegung liegt zugleich ein entschieden schutzzöllnerischer Gedanke zu Grunde, weil neben der Befreiung von Zöllen zugleich die Möglichkeit eines intensiveren Schutzes gegeben ist. Dagegen tritt die freihändlerische Richtung schon in den Motiven von 1818 scharf in dem allgemeiner anerkannten Grundsatze hervor, dass die freie Einfuhr die Regel zu bilden habe, die Verzollung nur die Ausnahme. Drittens wurden die Durchfuhrzölle als mit den Eisenbahnen unvereinbar abgeschafft und ebenso die Ausfuhrzölle, die sich als finanziell bedeutungslos und wirtschaftlich schädlich erwiesen hatten. Die Wertzölle wurden immer allgemeiner durch spezifische (nach dem Gewicht, der Grösse, dem Stückzoll) ersetzt. Der Schwerpunkt der Verzollung wurde auf fertige Konsumtionsgegenstände gelegt, während man Halbfabrikate und namentlich das Rohmaterial entlastete.

Napoleon III. bildete das Prinzip der Bestimmung der Zölle und ihre Festlegung für längere Zeit durch Handelsverträge aus. (Französisch-englischer Zollvertrag vom 23. Januar 1860.) Nach demselben sind die im Handelsverkehre stehenden Länder bestrebt, durch Darlegung ihrer Interessen sich gegenseitig möglichste Konzessionen zur Erleichterung des Warenaustausches zu machen, um durch Ermässigung einzelner Zölle auf hauptsächlichste Ausfuhrartikel des anderen Landes Begünstigungen für diejenigen eigenen Waren zu erhalten, die einen hauptsächlichen Exportartikel nach dem anderen ausmachen. Man beseitigte damit die merkantilistische Auffassung, nach welcher der Nutzen des eigenen Landes nur durch die Schädigung eines anderen zu fördern sei, und stellt sich auf den Standpunkt des soliden kaufmännischen Verkehrs, die Interessen der gegenüberstehenden Parteien möglichst beiderseitig zu wahren, um dadurch ein dauerndes friedliches Hand in Hand gehen zu ermöglichen. Man wirkte damit einem verheerenden Zollkampfe entgegen, und erreichte die für das Gedeihen der Produktionszweige unumgängliche Ruhe und Sicherheit vor Zolländerungen für eine längere Periode.

Wie weit die damit meist verbunden gewesene Meistbegünstigungsklausel, d. h. das dem Vertragslande eingeräumte Recht, die einem anderen Staate gemachten Konzessionen mit zu geniessen, praktisch ist, hängt von den dafür erlangten Vorteilen ab. Unzweifelhaft ist die dadurch angestellte Gleichberechtigung der verschiedenen Länder in hohem Masse zur Erleichterung des internationalen Verkehrs wünschenswert.

§ 43.
Die volkswirtschaftliche Wirkung des Schutzzolls.

J. Conrad, Die Tarifreform im deutschen Reich. Jahrbücher für Nationalök. XXXIII und XXXIV. *Ders.*, Der deutsche Getreidezoll und der Getreidepreis. Jahrb. für Nationalök. Neue Folge III. *Ders.*, Schönbergs Handbuch der polit. Oekonomie. Bd. II, 1. S. 240.
Lexis, Die französischen Ausfuhrprämien. Bonn 1870.

Die volkswirtschaftliche Wirkung wird je nach den betroffenen Gegenständen und der Art des Zolles eine verschiedene sein. Ein Ausgangzoll verteuert die einheimische Ware im Auslande zu Gunsten der ausländischen Produzenten und vermindert den Export. Im Inlande wird der Preis herabgedrückt, was den Konsumenten der Ware, event. einzelnen Gewerbszweigen zu gute kommen kann, wobei aber die Gefahr vorliegt, den in seinem Verdienst künstlich geschmälerten Produktionszweig entsprechend zu reduzieren oder zu ruinieren. In Deutschland waren die letzten Ausfuhrzölle auf Knochen, Lumpen etc. gelegt, die Anfang der siebziger Jahre beseitigt wurden.

Ein Eingangzoll auf auch im Inlande produzierte Gegenstände sichert den betreffenden Gewerben, wenn der Zoll längere Zeit besteht, allmählich im grossen Ganzen höhere Preise als sie bei freier Konkurrenz des Auslandes zu erwarten hätten. Vorübergehend kann aber der Zoll sehr wohl ganz oder zum Teil vom Auslande getragen werden, wenn dasselbe die betreffende Ware im Ueberfluss bietet und auf den Verkauf im Auslande angewiesen ist. Dies ist erfahrungsgemäss nur vorübergehend der Fall, bis eine entsprechende Reduktion der Produktion stattgefunden hat oder Absatz in anderen Ländern erzielt ist, und damit eine Ausgleichung der Machtverhältnisse der sich gegenüberstehenden Länder erreicht ist. Je mehr das geschützte Land der Einfuhr bedarf, um so vollständiger wird es den Zoll selbst tragen müssen, d. h. die Preise in dem Lande werden dem Zoll entsprechend steigen. Es kommt dabei nicht auf die Quantität der aus- und eingeführten Waren an, sondern nur auf die Möglichkeit, vorhandenen Bedarf vom Auslande zu decken oder Ware in das Ausland zu senden, wenn die inländischen Preise entsprechend niedriger sind als im Auslande oder umgekehrt. Derselbe Zoll kann daher zu verschiedenen Zeiten auch in demselben Lande eine verschiedene Wirkung haben und sogar bei einem grossen Territorium und schwer transportabler Ware, z. B. bei Getreide, einen ungleichen Einfluss in den verschiedenen Landesteilen ausüben.

Die Wirkung eines niedrigen Zolles pflegt wenig zu spüren zu sein. Erst ein höherer Zoll lässt seinen Einfluss weiter verfolgen, schliesslich bis zu den Konsumenten und wird von diesen empfunden, während eine geringe Auflage sich bei den Hemmungen im wirtschaftlichen Leben, bei den Zwischengliedern des Verkehrs verliert und von den Fabrikanten, Kaufleuten etc. teils wirklich getragen, oder bei Verschleierung der Preise unmerklich auf das Publikum abgewälzt wird. Auch wenn die Wirkung da ist, kann sie vielfach nur schwer nachgewiesen werden. Sie erstreckt sich meist auch auf Nebenzweige und ist daher nur schwer genau voraus zu berechnen.

Der Einfluss einer Zollauflage ist ein sehr verschiedener je nachdem sie sich auf Rohmaterial, Halbfabrikate oder fertige Ware bezieht. Bei dem ersteren werden alle diejenigen Betriebszweige belastet, welche davon zur Bearbeitung Gebrauch machen müssen. Ihre Produktionskosten werden gesteigert, sie können die Ware nicht zu dem bisherigen billigen Preise abgeben, der Absatz im Inlande wird dadurch leicht vermindert, die Konkurrenz im Auslande erschwert. Je mehr Industriezweige das Material in den verschiedenen Stadien der Verarbeitung gebrauchen, um so weiter gehend ist die nachteilige Wirkung. Ein Wollzoll belastet die Garnspinnerei, die Weberei, wie die Konfektionsbranche, das Schneidergewerbe und schliesslich die Konsumenten. Einen Nutzen davon hat allein der Produzent des Rohmaterials. Doch wenn durch die Verteuerung der Konsum eingeschränkt wird, kann auch dieser Nutzen bald verloren gehen. Ebenso, wenn die Verteuerung zur Benutzung von Surrogaten führt, wie z. B. von Kunstwolle. Wie weit der Einfluss des Zolles sich erstrecken wird, ist vorher nur selten zu bestimmen. Ein Zoll auf allgemeine Nahrungsmittel oder sonstige Gegenstände des Hausgebrauchs, Getreide, Kohle etc. wird wie eine Kopfsteuer wirken und die gesamte Produktion treffen mit Ausnahme des Zweiges, welcher den Gegenstand selbst erzeugt.

Die Agrarzölle verlangen eine besondere Vorsicht, weil sie nur einem kleinen Teil der Bevölkerung zu gute kommen; die Getreidezölle in Deutschland werden von drei Fünftel der Bevölkerung unzweifelhaft getragen, ein Fünftel hat kein besonderes Interesse daran, nur ein Fünftel etwa hat wirklichen Nutzen davon. Nur 1 175 000 landwirtschaftliche Betriebe haben mehr als zwei Hektar Kulturland. 1,8 Million oder 61,3% 2 ha und weniger, und können daher Getreide nicht zum Verkauf erübrigen, 77,4% haben weniger als 5 ha, bei denen der Verkauf nur vereinzelt und in untergeordneter Weise zu erwarten ist. Bei einem Getreideverbrauch von 2 Doppelzentnern pro Kopf und 5 Köpfen auf die Familie ist die Last des Getreidezolles bei 3,5 Mk. pro Center auf 35 Mk., bei 5 Mk. auf 50 Mk. im Jahre zu veranschlagen d. s. bei einem Lohnbezuge von 800 Mk. 4,4 resp. 6,2% des Einkommens. Da das freie Einkommen der Arbeiter höchstens auf 300 Mk. zu veranschlagen ist, so ist der Prozentsatz hiervon über 10 und 16%. Im Jahre 1896 kamen in Deutschland durch Getreidezölle 146 Mill. Mk. ein, d. s. 2,76 Mk. pro Kopf und 13,80 Mk. pro Familie. Da diese Summen hauptsächlich aus Arbeiterkreisen stammen, und eine offenbare Ueberlastung derselben in sich schliessen, wäre es sicher gerechtfertigt, dieselben auch diesen Kreisen speziell zu gute kommen zu lassen, indem sie zum Besten einer Witwen- und Waisen- und einer Arbeitslosenversicherung verwendet würden.

Besonders ist zu beachten, dass ein neu aufgelegter Agrarzoll mit dem Charakter der Dauer eine entsprechende Erhöhung des Grundwertes, wie der Pacht, in sich schliesst; denn die Erhöhung des Preises der landwirtschaftlichen Produkte, welche eine Erhöhung des Ertrages, damit der Rente in Aussicht stellt, wird in dem Grundwerte abgelagert. Der momentane Besitzer hat den Vorteil davon, der Käufer und der Pächter, welche die höheren Kauf- und Pachtpreise bezahlt haben, verlieren den Nutzen. Die Agrarzölle kommen daher in der Hauptsache nur dem momentanen Grundbesitzer, aber nur zum Teil und nicht nachhaltig dem landwirtschaftlichen Betriebe selbst zu gute. Nur ein Agrarzoll mit dem Charakter als Uebergangszoll für eine beschränkte Zeit, dessen Beseitigung in absehbarer Zeit in bestimmte Aussicht gestellt ist, kann diese Nachteile ausschliessen und daher segensreicher wirken.

Ein Zoll auf Halbfabrikate, z. B. Wollgarne begünstigt nicht nur den Garnspinner, sondern auch den Landwirt; er benachteiligt den Weber, den Konfektionär und den Konsumenten. Der Zoll auf ein fertiges Fabrikat, wie Wollenzeuge, kommt nicht nur dem Landwirt, dem Spinner, sondern auch dem Weber und Färber zu gute, benachteiligt nur den Konfektionär etc. und den Konsumenten. Der Zoll auf fertige Kleider benachteiligt nur den Konsumenten, begünstigt dagegen sämtliche in Betracht kommende Produktionszweige. Die geringste Belastung für die Volkswirtschaft, dagegen die intensivste Förderung für die Produktion wird deshalb ein Zoll auf fertige Waren in sich schliessen, während ein Zoll auf Rohmaterial nur im Notfall zu acceptieren sein wird.

Ein allgemeines Schutzzollsystem verteuert die ganze Lebenshaltung. Es muss besonders die unteren Klassen überbürden, weil ihre Bedürfnisse am meisten von den Zöllen getroffen werden. Dadurch ist eine verhältnismässige Steigerung der Löhne im Laufe der Zeit unvermeidlich, welche die Konkurrenzfähigkeit mit dem Auslande erschweren muss.

Wertzölle treffen die kostbareren, feineren Gegenstände stärker als die gewöhnlicheren, gröberen Waren; sie unterstützen deshalb die Herstellung feinerer Produkte, dagegen sind sie hoch zu Zeiten der Teuerung, niedrig wenn der Schutz am wünschenwertesten wäre, bei niedrigen Preisen. Auch bei spezifischen Zöllen sucht man die Qualität durch Annahme verschiedener Unterabteilungen zu berücksichtigen, was freilich meist nur in sehr roher Weise möglich ist. Dagegen bleibt der Schutz mehr gleichmässig und nützt am meisten bei gedrückten Preisen.

Ungünstige Wirkungen der Schutzzölle sucht man abzuschwächen durch Ausfuhrvergütung resp. Rückzahlung des Zolles bei der Ausfuhr z. B. bei Mehl, Getreide mit oder ohne Beseitigung des Identitätsnachweises, d. h. dass das ausgeführte Mehl auch wirklich aus einheimischem Getreide hergestellt ist. Die Rückzahlung des Zolles ist aber bald unzulänglich, bald führt sie zu einer Exportprämie, weil namentlich nach weiterer Verarbeitung die Berechnung des gezahlten Zolles sehr schwierig und willkürlich ist, und sie je nach der Leistung des Unternehmers einen sehr ungleichen Ersatz bietet, z. B. bei den Zuckerrüben und Maischsteuer.

Eine gleitende Skala, die sich den Preisschwankungen des geschützten Gegenstandes, z. B. des Getreides anschliesst, hat erfahrungsgemäss nicht die gewünschte Wirkung, sondern erhöht nur die Preisschwankungen zum Nutzen der kaufmännischen Spekulation und zur Benachteiligung der Produzenten, welche nicht die günstigen Konjunkturen vorausberechnen und abwarten können. (Beobachtet bei den englischen Getreidezöllen von 1828 bis 1847.)

§ 44.
Allgemeine Grundsätze in Bezug auf die Schutzzollfrage.

1. Der Staat hat unzweifelhaft ein Recht und event. die Pflicht, einem Teile der Bevölkerung, hier hauptsächlich den Konsumenten, Opfer aufzuerlegen, wenn nur dadurch einzelne Produktionszweige zur Blüte gebracht und die vorhandenen Produktionsfaktoren zur nachhaltigen erspriesslichen Verwertung gebracht werden können, denn dieses kommt wiederum der Gesamtheit zu gute. Es ist im allgemeinen ein Vorteil, wenn der Bedarf im Inlande selbst gedeckt wird, sobald dasselbe auf dem Weltmarkte zu konkurrieren vermag, da die Transportkosten erspart werden, das Land unabhängig vom Auslande wird und die Steigerung des Konsums die heimische Produktion fördert. Die Hebung des Fabrikbetriebes kann auch allgemein wünschenswert sein zur Steigerung der Bevölkerung und zur Ergänzung der Gewerbe der Rohproduktion. Die Abhängigkeit vom Auslande schliesst die Gefahr ein, dass das überlegene Land sich bei freier Konkurrenz übermässigen Gewinn verschafft. Es ist aber in jedem einzelnen Falle abzuwägen, ob die damit einem Teile der Bevölkerung aufzuerlegenden Opfer im Verhältnis zum erwarteten Nutzen für die Gesamtheit stehen. Dies ist unendlich schwierig festzustellen, und deshalb sind dabei ge-

waltige Missgriffe in allen Ländern und zu den verschiedensten Zeiten gemacht, die zu grösster Vorsicht mahnen. Es können daher auch Leute, die auf demselben prinzipiellen Standpunkt stehen, in dem einzelnen praktischen Falle entgegengesetzter Meinung sein.

2. Schutzzölle sind an und für sich als Uebel anzusehen, wenn auch häufig als notwendiges Uebel, sie sind daher möglichst zu beschränken. Nicht, weil schon einzelne Zweige Schutz geniessen, haben auch andere ein Recht darauf, sondern jeder nur, wenn es seine Verhältnisse gebieterisch verlangen.

3. Sie sind absolut zu verwerfen in allen Fällen, wo ein dauerndes Gedeihen des betreffenden Gewerbezweiges ohne Schutz nicht zu erwarten ist, sondern derselbe nur eine künstliche Treibhauspflanze zu bleiben verspricht. Die Schutzzölle sollen vielmehr nur Mittel sein, und ihr Bestehen daher ein Uebergangsstadium bilden. Die Ausbildung einer angemessenen internationalen Arbeitsteilung muss als Aufgabe stets im Auge behalten werden.

4. Sie sind dagegen notwendig, wo Produktionszweige, für welche alle Bedingungen gegeben und die im Aufstreben begriffen sind, die Konkurrenz des schon mehr entwickelten Auslandes zeitweilig, oder noch nicht ertragen können, um ihnen den Uebergang zu erleichtern. Solche Fälle können vorliegen, wenn es bei allgemeinerem Aufschwunge noch an genügendem Kapitale fehlt, um den Betrieb sofort im grossen durchzuführen, wenn der Kredit noch nicht entwickelt ist, die Kommunikationsmittel noch unvollkommen, die Arbeitskräfte noch wenig geschult sind, aber allgemein an der Verbesserung und Ergänzung gearbeitet wird, sobald sich Aussicht auf Erfolg eröffnet.

Die Schutzzölle sind ebenso notwendig, wo bestehende und blühende Produktionszweige, welche durch die ausländische Konkurrenz bedroht sind, nur dadurch erhalten werden können. Denn der Bankrott eines Fabrikanten oder Landwirtes schliesst meist Verdienstlosigkeit einer Anzahl Arbeiter, Kapitalverlust für andere Personen (z. B. Hypothekengläubiger) und stets Schädigung der Volkswirtschaft ein. Die Neuherstellung einer Fabrik oder gar die neue Inangriffnahme eines verlassenen Bergwerks, eines ausgeblasenen Hochofens, wie die Instandsetzung eines devastierten Gutes erfordern unverhältnismässig grosse Kapitalien, die durch Erhaltung des alten Betriebes erspart werden.

5. Die Schutzzölle allein reichen nicht aus, einen Produktionszweig zur Blüte zu bringen. Sie werden nur eine günstige Wirkung zeigen, wenn nicht nur die natürlichen Vorbedingungen dazu vorhanden sind, sondern auch die nötige Intelligenz, Unternehmungslust und richtiges Verständnis für die Verhältnisse.

6. Liegt die Voraussetzung vor, dass der Schutz nicht in richtiger Weise benutzt wird, oder ist er nach erfolgter Wirkung überflüssig, indem die Industrie der ausländischen ebenbürtig geworden ist, so wird der Schutzzoll im höchsten Grade ungerecht und schädlich. Denn jede Beschränkung der Konkurrenz fördert dann nur die Indolenz und bringt die Produktion leicht in eine falsche Richtung. So hat sich oft gezeigt, dass die Beseitigung eines Schutzzolls einen neuen Aufschwung der betreffenden Gewerbe herbeigeführt hat. Die Beseitigung der Getreidezölle in England führte z. B. zur Hebung der Landwirt-

schaft, die sich von dem Getreidebau auf die den Verhältnissen mehr
entsprechende Viehzucht warf.

7. Ein bestehender Schutzzoll ist nur langsam und mit Vorsicht
aufzuheben, da die plötzliche Beseitigung die Gefahr einer intensiven
Schädigung einer Anzahl Unternehmungen, Verlust an Kapital und
Arbeitslosigkeit der Bevölkerung in sich schliesst.

8. Der Schwerpunkt des Schutzzolles ist auf fertige Waren zu
legen, Halbfabrikate sind milder zu behandeln; Rohprodukte mit einem
Zoll zu belegen, wird nur ausnahmsweise und vorübergehend zu rechtfertigen sein.

9. Eine Erweiterung des Zollgebietes vermindert die schädliche,
fördert die günstige Wirkung des Schutzzolls, weil eine bessere Ergänzung der verschiedenen Landesteile mit ungleichen Produktionsbedingungen stattfinden kann, sowohl zur gegenseitigen Unterstützung
der Produktion, wie zu angemessenerer Deckung des Bedarfs. Ein
grösseres Zollgebiet kann sich leichter selbständig machen und desbalb
um so nachdrücklicher den Schutz gegen das Ausland durchführen.

Abschnitt III.

Der Handel, das Verkehrs- und Versicherungswesen.

Kapitel I.

Der Handel.

§ 45.

Mayer Rothschild, Handbuch der gesamten Handelswissenschaften. Stuttgart 1884.

Mayers Handlexikon. Stuttgart 1881.

Rothschild, Taschenbuch für Kaufleute. Leipzig 1881.

Andree, Geographie des Welthandels mit geschichtl. Erläuterungen. Leipzig 1867—77.

Schriften des Vereins für Sozialpolitik, Bd. XXXVI—XXXVIII: Verhandlungen des Ver. Okt. 1888. Leipzig 1889. *v. d. Borght*, Einfluss des Detailhandels auf die Preise. Leipzig 1888. Untersuchungen über den Einfluss der distributiven Gewerbe auf die Preise. Leipzig 1888.

Lexis, Handel, in Schönbergs Handbuch. Bd. II, 2.

Gustav Cohn, Nationalökonomie des Handels und Verkehrswesen. Stuttgart 1898.

Handel ist der gewerbsmässige Kauf und Wiederverkauf behufs Gewinnerzielung. Er ist zu scheiden in: Binnen- und Aussenhandel; der letztere zerfällt wiederum in Ausfuhr-, Einfuhr- und Zwischenhandel. Der Handel zerfällt ferner in: Grosshandel und Detailhandel. Unterarten des letzteren sind: der Hökerhandel (von einem offenen Stande aus), der Trödelhandel (mit bereits gebrauchten Sachen), der Hausierhandel (ohne bestimmten Verkaufsort, Verkauf im Umherziehen), welche alle drei ihre volkswirtschaftliche Berechtigung haben. Eine prinzipielle Unterscheidung liegt vor zwischen dem Waren- und Effektenhandel, und nach der Art der Durchführung zwischen Eigen- und Kommissionshandel, dann zwischen Bedarfs- und Spekulationshandel. Man kann unterscheiden zwischen Effektivgeschäft und Rechengeschäft.

Der Handel beginnt meist mit Gegenständen des Luxus, um allmählich immer mehr überzugehen auch auf Gegenstände des täglichen Gebrauchs und des Massenkonsums, er tritt schon früh als Aussenhandel auf, entwickelt sich aber erst auf höherer Kulturstufe zum Grosshandel.

Die Hauptförderungsmittel des Handels sind: Beseitigung der Hindernisse des freien Verkehrs, Herstellung der Sicherheit, Verbesse-

rung der Kommunikationsmittel. Verminderung der Zollschranken;
Entwickelung des Bankwesens, Errichtung zollfreier Niederlagen, in
früheren Zeiten Einrichtungen von Jahrmärkten und Messen zur Konzentrierung des Handels, jetzt von Börsen, Markthallen etc., dann von
Ausstellungen. Für den Aussenhandel ist ausserdem eine energische
auswärtige Politik, eine Förderung der Kolonisation und allseitige Ausbildung des Konsulatswesens zu erwähnen. Dagegen können auf
höherer Kulturstufe Zwangsmassregeln nach Art der Navigationsakte
nicht mehr in Frage kommen, während Differenzialzölle, Taxe d'entre-
pôt, Handelsprivilegien, Stapelrechte einzelner Handelsplätze nicht zu
empfehlen sind, weil sie einseitige Monopolbildung begünstigen. (Im
übrigen s. Schutzzölle und Handelsverträge.)

Ein Eingreifen des Staates in die Preisregulierung des Gross-
handels hat sich als unthunlich und überflüssig erwiesen, da hier die
Konkurrenz eine ausreichende und wirksame ist.

Der Detailhandel wird in seiner volkswirtschaftlichen Bedeutung
vielfach unterschätzt. Seine Aufgabe ist es nicht nur, die Waren in
die Hand desjenigen zu bringen, der dieselben bedarf, sondern auch
die Einteilung der Quantitäten für den Verbrauch der Zahlungsfähigkeit des Einzelnen anzupassen. Diese Einteilung und damit der Verkauf in kleinen Quantitäten schliesst viel Arbeit und Warenverlust in
sich, welcher ebenso einen bedeutenden Aufschlag auf die Einkaufs-
preise verlangt, wie das Vorrathalten an nur seltener gebrauchten
Gegenständen.

Die Leichtigkeit der Geschäftsgründung und die Bequemlichkeit
der Durchführung veranlassen leicht einen Ueberfluss an Detailhand-
lungen, welcher eine übermässige Konkurrenz in sich schliesst, die
weder dem Handeltreibenden noch dem Publikum zu gute kommt.
Doch reicht hiergegen Selbsthilfe (Konsumvereine, Einkaufs- und Verkaufsgenossenschaften) im allgemeinen aus; nur bei Vergnügungs-
lokalen, Schankwirtschaften und überhaupt für den Verkauf alkoholischer Getränke wird ein scharfes Konzessionssystem das geringere
Uebel sein.

Besonderen Schutz hat der Staat durch gesetzliche Bestimmungen
und polizeiliche Ueberwachung (deutsches Gesetz über den Verkehr mit
Nahrungsmitteln vom 14. Mai 1879) dem Publikum gegen verfälschte
und gesundheitsschädliche Nahrungsmittel angedeihen zu lassen.

Schutz gegen Uebertenerung durch die Staatsgewalt, durch Preis-
taxen etc., bringt erfahrungsgemäss auf höherer Kulturstufe mehr Nachteile als Vorteile mit sich. Dagegen haben sich die neueren Wucher-
gesetze (Deutsches Ges. v. 24. Mai 1880) gegenüber den alten Wucher-
verboten entschieden als nützlich erwiesen.

Im deutschen Reiche waren 1895 im Handel und Verkehr thätig:
843 557 Selbstthätige, 261 907 Beamte, 1 233 047 Arbeiter; zusammen
2 338 511 Selbstthätige gegen 8,3 Mill. in Industrie und ebensoviel in
der Landwirtschaft und 11,2 % sämtlicher Selbstthätiger. Darunter sind
im Hausiergewerbe thätig als Selbständige: 65 767 männliche und
34 469 weibliche Personen; von stehenden Gewerben ausgesandte, nicht
selbständige 271 männliche und 225 weibliche, inkl. der im Neben-
beruf thätigen und Gehülfen der Hausierer: 126 885 Hausierer.

Kapitel II.

Das Transportwesen.

Emil Sax, Die Verkehrsmittel in Volks- und Staatswirtschaft. Wien 1878 und 79.
Van der Borght, Verkehrswesen. Leipzig 1894.
G. Cohn, Nationalökonomie des Handels und des Verkehrswesens. Stuttgart 1898.

§ 46.
Die Post.

Hartmann, Entwickelungsgeschichte der Post. Leipzig 1868.
Stephan, Geschichte der preussischen Post. 1859.
P. D. Fischer, Art. „Post" im Handwörterbuch der Staatsw.

War auch für die Staatsgewalt und für einzelne Korporationen die regelmässige Beförderung zunächst von Briefen, dann von Geldern, seltener und sehr vereinzelt von Personen schon zur Zeit der römischen Kaiser, dann im Mittelalter (Universität Paris, preussischer Orden, Metzger-Posten) durchgeführt, so ist dieselbe für das grössere Publikum doch zuerst in Deutschland unter Maximilian I. durch Thurn und Taxis eingerichtet. Das so hergestellte Postwesen wurde dann durch Rudolph II. zum Reichsregal erhoben. Frankreich folgte mit dem Postregal, d. h. dem ausschliesslichen Rechte, Posten anzulegen und zu unterhalten (Anfang, England in der Mitte des 17. Jahrhunderts), und bald schloss sich daran der Postzwang, d. i. das Verbot, Briefe, kleine Packete und Reisende anders als durch die landesherrlichen Posten zu befördern. In Deutschland wurde sofort neben dem Brief- und Paketverkehr auch der Reiseverkehr vom Staate in die Hand genommen, während in Frankreich der letztere von dem ersteren getrennt blieb. 1655 wurde die Post wöchentlich zweimal von Cleve bis Königsberg in 10 Tagen, von Königsberg nach Berlin in 4 Tagen befördert. 1821 wurden in Preussen die Schnellposten mit bequemen Wagen eingerichtet.

Es währte eine Weile, ehe die neuen Einrichtungen allgemeinen Eingang im Publikum fanden und rentierten, dann aber schon gegen Ende des vorigen Jahrhundert warf die Post bedeutende Erträge für die Staatskasse ab.

Eine neue Entwickelung gewann das Postwesen, als man davon abging, es allein als Finanzquelle auszubeuten, vielmehr begann die volkswirtschaftliche Bedeutung in den Vordergrund zu stellen, und die Einrichtung den Bedürfnissen des Verkehrs anzupassen. Durch Postdampfer und Eisenbahnen verbreitete sich dann in der Mitte des Jahrhunderts der Postverkehr sehr schnell international. 1875 wurde in Deutschland das Telegraphenwesen mit der Post verbunden, darauf auch in England, Frankreich und Italien. Eine universelle Vereinigung und Förderung des Postwesens ist 1874 durch die Bildung des Weltpostvereins erzielt.

Die Post hat nicht nur wirtschaftliche, sondern allgemeine geistige Kulturaufgaben zu erfüllen, indem sie den geistigen Austausch sozialer

Beziehungen fördert und Kunst und Wissenschaft die wesentlichsten Dienste leistet. Nach Stephan, Weltpost und Luftschifffahrt, Berlin 1874, betrafen 1873 von den 500 Mill. Briefsendungen der deutschen Post, 15 °/₀ die Korrespondenz der Behörden, 5 °/₀ Kunst- und Wissenschaft, die aber durch Sendungen von Drucksachen aller Art am meisten gefördert werden, 45 °/₀ Familien- und 35 °/₀ sonstige Privatverhältnisse.

Eine wesentliche Umgestaltung des Briefpostwesens bahnte der englische Postmeister Rowland Hill an, indem er 1840 eine bedeutende Herabsetzung (von 7¹/₂ 1 P.) und Gleichstellung des Briefportos für ganz England durchsetzte, welches von dem grössten volkswirtschaftlichen Erfolge war. Frankreich folgte mit der Tarifreform 1848—52, Amerika 1851, Preussen seit 1849, mit ganz Deutschland und Oesterreich 1869. Die Hauptsätze der neueren Reform sind:

1. die Gleichheit des Portos für ein möglichst grosses Postgebiet, da die vorzüglichsten Umstände der Briefbeförderung mit der Annahme und Ausgabe der Briefe verbunden sind, die Strecke der Beförderung bei den jetzigen Kommunikationsmitteln weniger ins Gewicht fällt. Erweitert im Weltpostverein durchgeführt;

2. der Anspruch der Frankierung der Briefe und Erleichterung derselben durch Einführung der Briefmarken;

3. die Einführung der Briefkasten;

4. Fortfall der Briefträgergebühren, welche sehr ungleiche Verteuerungen mit sich führten;

5. Vereinfachung für kurze Mitteilungen durch die Korrespondenzkarten, 1865 von Stephan angeregt, 1869 zuerst in Oesterreich eingeführt; und der Geldsendung durch Postanweisungen;

6. besondere Erleichterung für Drucksachen, für Mustersendungen, Bücherbestellungen etc. durch Kreuzband.

Schon in ältester Zeit ist die Besorgung der Packete gleichfalls von der Post übernommen und zum Postzwange sogar dem Postzwange unterworfen. Unter Friedrich Wilhelm I. wurde er für Packete bis zu 20 Pfund eingeführt, unter Friedr. d. Gr. bis auf 40 Pfund erweitert, 1852 auf 20 Pfund herabgesetzt, 1860 gänzlich aufgehoben. In England, Frankreich, Italien hat man schon früh die Packetbeförderung grossen Privatbetrieben überlassen. Auch die Eisenbahnen haben daran nicht viel geändert, da sie für den kleinen Stückgutverkehr wenig geeignet sind. Die Durchführung des internationalen Postpacketdienstes seit 1880 bis 3 Kilo, seit 1885 bis 5 Kilo bewog Grossbritannien, Frankreich, Italien u. a. diesen Verkehr auch im Inlande zu übernehmen. In Deutschland befördert die Post Packete bis 50 Kilo. Der Verkehr ist hier durch das Einheitsporto von 50 Pfg. für 5 Kilo für grössere Entfernungen ausserordentlich gefördert.

Packete ohne Wertangabe gingen im deutschen Reiche 1886: 90,5 Mill. ein, 1890: 109,1 Mill., 1895: 138,3 Mill.

Auch die Beförderung von Geld hat die Post schon in den ältesten Zeiten ihres Bestehens übernommen und zwar unter Garantie. In Deutschland wurden 1890 für 17 470 Millionen Mk. Wertbriefe und Wertpackete befördert. Für Summen bis 1000 Frcs. ist im Jahre 1885 die Form der Zahlungen durch Postanweisungen auch international eingeführt. 1890 wurden nach Deutschland auf diese Weise 87 Millionen Frcs. eingezahlt, von Deutschland 65 Millionen ausgezahlt. In Nordamerika 25 Millionen eingezahlt, 68 Millionen ausgezahlt. In Gross Britannien kamen 78 Millionen an, 26 Millionen Frcs. gingen ab. Der inländische Postanweisungsverkehr in Deutschland belief sich 1890 auf 74 Millionen Stück und 4500 Millionen Mk. — Die Post übernimmt auch die Einziehung von Geldern in Form der Postnachnahme bei Packeten und des Postauftrages durch Uebernahme von Wechseln, Rechnungen, Zinsscheinen, Handelspapieren etc.

Den Personenverkehr hat die Post beibehalten in Deutschland, Oesterreich-Ungarn, Schweiz, Dänemark, Russland, Aegypten und Brit. Indien. In Deutschland reisten 1895 3 171 000 Personen mit der Post.

Die Post ist in erster Linie im volkswirtschaftlichen Interesse zu verwalten, aber eine finanzielle Verwertung ist durchaus zu rechtfertigen, wenn die Billigkeit der Beförderung ausreichend erscheint und doch Ueberschüsse erzielt werden können.

Bei der deutschen Reichspost betrugen die

	Einnahmen	Ausgaben	Ueberschuss
1886	116,9 Mill. Mk.	109,4 Mill. Mk.	7,5 Mill. Mk.
1885	172,2 „ „	150,7 „ „	27,5 „ „
1890	224,7 „ „	207,0 „ „	17,7 „ „
1897/8	314,5 „ „	273,3 „ „	41,2 „ „

(Siehe Tabelle auf Seite 80.)

1886 gab es 14418 Telephonanstalten, 1895 20713. Die Länge des Telegraphennetzes war 1886: 86,2 Mill. km, 1895: 131,9 Mill. km.

§ 47.
Die volkswirtschaftliche Bedeutung der Eisenbahnen.

Knies, Die Eisenbahnen und ihre Wirkungen. 1853.

Engel, Das Zeitalter des Dampfes. Zeitschrift des preussischen statistischen Bureaus. 1881.

A. de Foville, Transformations des moyens de transp. Paris 1880.

Meitzen, Die Frage des Kanalbaues in Preussen. Jahrb. für Gesetzgeb. und Verwaltung. Leipzig 1884.

Ein Pferd vermag mit gleicher Anstrengung 2—3 Ctr. auf dem Rücken, 5 Ctr. auf schlechtem Wege, 20 Ctr. auf einer Chaussee, 200 Ctr. auf einer Eisenbahn, 1200 Ctr. auf einem Kanal fortzubewegen.

Es ergiebt sich daraus der Vorteil der verbesserten Wege und die Aufgabe des Staates, für dieselben Sorge zu tragen. Er hat die Neuanlegung event. selbst in die Hand zu nehmen oder direkt zu unterstützen, wenn die Kräfte der Privatleute, der Provinzen oder Gemeinden nicht dazu ausreichen, seine Pflicht steigt, je nachdem man es mit Vizinalwegen, Provinzial- oder Staatsstrassen zu thun hat, er hat dann den guten Zustand derselben zu überwachen und sie dem Publikum zugänglich zu erhalten.

Besondere Fürsorge beanspruchen die Eisenbahnen, welche durch die Schnelligkeit, Billigkeit und Pünktlichkeit der Beförderung, sowie durch die enorme Leistungsfähigkeit im Massentransporte, die grösste Bedeutung in strategischer wie volkswirtschaftlicher Rücksicht haben (Preis- und Lohnausgleichung, Erleichterung der Freizügigkeit etc.).

Uebersicht von 1891.

Laufende Nr.	Länder	Postanstalten Zahl	Eine Postanstalt entfällt auf Einw.	Postbriefkasten	Postpersonal	Beförderte Postsendungen Briefe	Postkarten	Auf einen Einwohner entfallen aufgegebene Briefe und Postkarten	Drucksachen u. s. w.	Packet- und Wertsendung.	Postsendungen überhaupt	Postbetrieb Einnahmen Mk.	Ausgaben Mk.	Ueberschuss (+) oder Anschuss (—) Mk.	Auf 100 Einwohner entfallen aufgegebene Telegramme
1	Deutschland	31 786	1 614	102 086	171 298	1 311 582 000	141 425 000	31 3	32 1	50 6	94 0	295 684 195	266 393 515	+ 29 784 616	58 5
2	Belgien	847	7 369	7 018	4 659	128 730 000	15 390 000	21 2	36 9	19 630	50 6	15 840 664	8 758 855	+ 7 081 809	59 9
3	Frankreich	8 757	1 850	65 383	69 701	908 166 000	50 531 000	29 4	24 4	22 6	70 6	183 127 919	143 509 122	39 918 797	98 5
4	Grossbritannien u. Irland (v. 1./4. 91 bis 31./3. 95)	20 250	1 917	26 819	138 298	1 779 900 000	312 800 000	53 6		33		214 990 980	159 665 980	+ 55 394 000	179 1
5	Italien	7 192	4 025	19 680	21 711	292 596 000	80 673 000	8 5	8 5	17 7	33	53 436 357	43 882 801	+ 9 553 466	27 8
6	Niederlande	1 287	3 756	3 930	6 476	83 386 000	10 096 000	22 7	21 8	19 1	63 6	13 086 062	11 089 189	+ 2 046 874	66 1
7	Norwegen	1 859	1 120	2 819	2 819	29 883 000	1 917 000	13 6	19 4	10 1	43 1	3 972 976	4 031 722	— 58 746	66 1
8	Oesterreich	5 401	1 422	17 334	38 100	380 082 000	157 876 000	23 2	7 5	23 3	54 0	75 955 522	69 028 330	+ 6 927 192	34 2
9	Ungarn	4 132	1 296	6 306	16 890	116 080 000	35 788 000	9 2	5 6	16 3	31 1	39 950 286	31 316 762	+ 8 642 624	25 6
10	Rumänien	311	1 721	4 028	5 885	15 293 000	8 112 000	3 7	4 3	6 3	14 3	6 800 903	6 372 307	+ 428 596	20 6
11	Russland	6 810	17 511	129 13	52 876	257 561 000	41 681 000	2 3	1 6	0 2	4 1	121 192 250	88 099 069	+ 33 093 181	10 0
12	Schweden	2 300	2 120	4 401	5 801	62 093 000	7 296 000	13 4	15 7	88 0	11	10 247 233	9 321 301	+ 925 542	27 4
13	Schweiz	3 356	889	8 383	9 574	117 847 000	33 098 000	23 9	15 9	0 8	9 96	20 633 145	19 471 154	+ 1 161 991	86 5
14	Spanien	2 818	6 192	12 370	10 088	100 750 000	1 076 000	5 2	3 3	00	8 5	19 183 744	9 525 498	+ 9 658 246	18 9

Die Eisenbahnen bedürfen einer Beaufsichtigung durch die Staatsgewalt.

1. bei der Anlage, um ein angemessenes Bahnnetz über das Land zu verbreiten, da sie in derselben Weise, wie sie die berührten Gegenden, die Stationspunkte fördern, die nicht berührten benachteiligen, und die Zentralisation, die Ueberlegenheit der grossen Städte begünstigten. Für die wirtschaftlichen wie strategischen Zwecke ist der planvolle Ausbau des Netzes gleich wichtig. Ist aber einmal eine Bahn gebaut, so ist ein gemachter Fehler in der Wahl der Route meist nicht wieder gut zu machen. Ausserdem um Vergeudung von Kapital durch unnötige Bahnbauten zu verhüten. Auf der ganzen Erde sind etwa 150 Milliarden Mk. in Eisenbahnen angelegt;

2. in Bezug auf die Solidität des Baues, da davon die Sicherheit des fahrenden Publikums abhängt;

3. bei dem Betriebe, weil die Eisenbahnen ein ausgedehntes Betriebsmonopol den Adjazenten gegenüber besitzen und die letzteren vor Ausbeutung geschützt werden müssen.

Neben den Eisenbahnen behalten die Wasserstrassen für den billigen Transport voluminöser oder schwerer Massenartikel wie Bausteine, Erden, Kohlen, Getreide ihre hohe Bedeutung. Ausser der Ausbildung des Eisenbahnnetzes ist daher die eines Binnenschiffahrtsnetzes durch Anlegung von Canälen, Schiffbarmachung der Flüsse notwendig, um die Eisenbahnen zu entlasten und den Verkehr zu verbilligen. Dies kommt allen Produktionszweigen zu gute, wie den Consumenten, ist allerdings auch dazu angethan manches Monopol zu brechen.

§ 48.

Staats- und Privatbahnen.

Gustav Cohn, Untersuchungen über die englische Eisenbahnpolitik. Leipzig 1874/75 u. 83.
Michaelis, Volkswirtschaftliche Schriften. Bd. I. Berlin 1873.
Wagner, Finanzwissenschaft. II. Teil. Leipzig 1893.
Kaizl, Die Verstaatlichung der Eisenbahnen Oesterreichs. Leipzig 1885.

Liegt es auch im allgemeinen nicht in der freien Wahl des Staates, ob er die Bahnen allein in die Hand nehmen oder sie ganz den Privaten überlassen will, ist er vielmehr meist gezwungen, hier ergänzend als Selbstunternehmer einzutreten, dort dem Privatbau die Ausbildung des Bahnnetzes zu überlassen, so ist doch die Frage zu erörtern, was prinzipiell mehr zu begünstigen ist.

Für ein Staatsbahnnetz spricht: dass dadurch am besten die Einheit der Anlage und Leitung zu erreichen ist, wodurch erhebliche volkswirtschaftliche Vorteile erzielt werden, während bei Privatbahnen Lücken im Netze durch keinen Gewinn versprechende Strecken bleiben. Durch Vereine der Privatbahnen ist nur sehr unvollkommen die wünschenswerte Einheit des Betriebes für das ganze Bahnnetz zu erreichen. Durch Fusionen wird das Monopol der Bahnen aber noch gefährlicher. Die Gesetzgebung hat bisher den Tarifkrieg nicht beseitigen können, und die Erfahrung hat gelehrt, dass die Konkurrenz in dieser Beziehung nicht allseitig wirkt. Für Kriegsfälle ist es sehr wichtig, die Vorbereitungen der Bahnen geheim halten zu können, was bei Privatbahnen unthunlich ist. — Der Bau pflegt zwar bei Staatsbahnen kostspieliger, aber dafür solider, der Betrieb teurer, aber pünktlicher zu sein, er kann ferner den volkswirtschaftlichen Verhältnissen entsprechend in kurzer Zeit und vorübergehend modifiziert werden, ohne Rücksicht auf die finanziellen Resultate.

Gegen Staatsbahnen ist anzuführen: dass sie, der Anschauung des momentanen Ministeriums entsprechend, leicht einseitig angelegt und betrieben werden und mit den Ministerien auch einem häufigen Systemwechsel unterworfen sein können, wobei auf lokale Bedürfnisse weniger Rücksicht genommen zu werden pflegt. In einzelnen Staaten tritt die Gefahr, dass der Eisenbahnbetrieb von den leitenden politischen Parteien einseitig im eigenen Interesse verwertet wird, einer grossen Bestechlichkeit der Beamten und auch einer Beeinträchtigung des Kredits hinzu.

Das gemischte System von Staats- und Privatbahnen kann die günstigen Eigentümlichkeiten beider Systeme nicht vereinigen und hat sich in der Praxis wenig bewährt. Ebensowenig ist es ausser als Uebergang zu empfehlen, Privatbahnen durch den Staat verwalten zu lassen oder den Betrieb von Staatsbahnen Privaten zu überlassen. Nach allem ist eine Konzentration der Bahnen in den Händen des Staates für das Gesamtwohl wünschenswert, wenn auch nicht überall durchzuführen und noch weniger überall mit dem gleichen Nutzen. Ursprünglich wurde der Bau der Bahnen allgemein den Privaten überlassen. Der Staat war auch meistens gar nicht in der Lage, allein den Anforderungen an Neubauten zu genügen. Nur Belgien und einzelne deutsche Staaten haben schon in der ersten Zeit Staatsbauten vorgenommen. Bis in die siebziger Jahre blieb die Bevorzugung der Privatbahnen überwiegend. Erst durch den deutsch-französischen Krieg und die Ausbeutung des Publikums durch die Bahnen bei dem wirtschaftlichen Aufschwunge nach dem Kriege hat sich die Wissenschaft, wie die öffentliche Meinung und die Staatspraxis immer mehr dem Staatsbahnsystem zugeneigt.

§ 49.
Die Tariffrage.

Fr. Krönig, Die Differenzialtarife der Eisenbahnen. Berlin 1877.
J. Lehr, Eisenbahntarifwesen und Eisenbahnmonopol. Berlin 1879.
Ulrich, Das Eisenbahntarifwesen. Berlin 1886.
Schreiber, Das Tarifwesen der Eisenbahnen. Wien 1884.
Hadler, Railroad Transportation. New York 1890.
von der Leyen, Die nordamerikanischen Eisenbahnen. Leipzig 1882.
Hertzka, Das Personenporto. Wien 1885.

a) Gütertarife.

Bei der ersten Benutzung der Schienenwege zum Güterverkehr wurden sie bei der Konzessionierung nach Art der sonstigen Strassen behandelt, für deren Benutzung eine Gebühr zu entrichten war. Die Transportgebühr war zunächst dem freien Uebereinkommen beider Parteien überlassen. Dies Verfahren ist in der nordamerikanischen

Union bis zum letzten Dezennium in mehreren Staaten bestehen geblieben. Allmählich erkannte man, dass hierbei das Publikum vor Ausbeutung und Willkür bei Festsetzung der Gebühren geschützt werden müsse, und hat von seiten des Staates immer schäfere Schranken der Tarifbildung gezogen. Zwei Richtungen stehen sich hierbei gegenüber. Die eine, welche den Bahnen kaufmännischen Charakter zuerkennt, wie das besonders in England und den Vereinigten Staaten der Fall ist, und daher die Transportgebühr nach dem Werte der Ware, also nach dem, was sie tragen kann, normiert. Die andere will die Bahnen hauptsächlich als volkswirtschaftliche Verkehrsanstalt behandelt wissen und legt dem Tarife die Selbstkosten zu Grunde mit gewisser Rücksichtnahme auf die Leistungsfähigkeit der transportierten Güter nach grösseren Klassen. Man strebt dabei nach möglichster Gleichmässigkeit der Frachtsätze bei den verschiedenen Bahnen und für die Person des Verfrachters; wie das besonders in Preussen durchgeführt ist. Dazwischen giebt es noch viele vermittelnde Abstufungen.

Der letzterwähnten Auffassung sucht man in verschiedener Weise zu entsprechen,

1. durch die Gestattung der Benutzung der Schienenwege durch das Publikum mit eigenen Wagen;

2. durch den Wagenraumtarif, der konsequent durchgeführt zuerst besonders auf den elsass-lothringischen Bahnen 1872, in Ungarn 1874 zur Anwendung gekommen ist. Wie es der Name besagt, ist dabei der in Anspruch genommene Raum für die Gebühr hauptsächlich massgebend. Unterscheidungen werden getroffen nach der Art und Schnelligkeit (Eilgut) der verlangten Beförderung, a) in offenen Wagen (Kohlen), b) geschlossenen Wagen, event. mit besonderen Vorrichtungen (Vieh, Getreide). Je nachdem ganze oder teilweise Ladung des Wagens geliefert wird. Dann für einzelne Stückgüter in besonderer Verpackung, wobei wieder sperrige Güter, die bei geringem Gewicht viel Raum in Anspruch nehmen, einer besonderen Tarifierung unterworfen werden;

3. durch die Tarifierung nach dem Werte der Frachtgüter, die in verschiedene Klassen geteilt werden, unter gleichzeitiger Berücksichtigung der Transportleistung. Dieses ist mit dem vorigen vielfach

4. zu einem gemischten System verbunden.

Der ersten Auffassung entspricht das System der Individualisierung (Refaktien, Rabatte etc.) und Differenzierung, besonders nach der Entfernung und der Inanspruchnahme der Bahn nach dem kaufmännischen Prinzip, wie es bei den Privatbahnen mit Vorliebe zur Anwendung gekommen ist.

Vom volkswirtschaftlichen Standpunkt ist unbedingt der Mittelweg gerechtfertigt. Die in den Eisenbahnen angelegten Kapitalien sind so bedeutend, dass auf eine angemessene Verzinsung derselben Bedacht genommen werden muss, was meist nur durch kaufmännische Behandlung zu erzielen ist. Die Gleichmässigkeit des Tarifs lässt oft zu sehr die Frachtsätze von den Selbstkosten abweichen und erschwert die

Berücksichtigung des wirtschaftlichen Bedürfnisses. Es ist volkswirtschaftlich berechtigt, einem neu begründeten oder zu gründenden Produktionszweig durch Ermässigung der Frachtsätze entgegenzukommen,
wie ebenso in Zeiten der Krisis einzelnen Gegenden und Branchen.
Ein grosses Unternehmen, welches der Bahn gleichmässige und grosse
Frachten in Aussicht stellt, kann mit Recht gewisse Begünstigungen
beanspruchen, weil es ihr den Betrieb erleichtert und verhältnismässig
verbilligt. Die Ermässigung des Frachtsatzes pro Tonnenkilometer bei
grossen Entfernungen entspricht den geringeren Unkosten, denn die
Generalkosten der Verzinsung des Anlagekapitals und der Hauptver-
waltung müssen in gleichem Masse in Anrechnung gebracht werden,
ob das Frachtgut eine kurze oder eine lange Strecke durchläuft. Die
ganze Bahn mit allen Einrichtungen muss vorhanden sein, um die
Strecke zwischen zwei Zwischenstationen herstellen zu können und
benutzbar zu erhalten. Die erheblichen Kosten der Aufnahme und
Ausgabe bleiben dieselben für jede gleichartige Beförderung auch bei
sehr verschiedenen Entfernungen; wogegen die sich ändernden Beför-
derungskosten allerdings erheblich ins Gewicht fallen. Es ist deshalb
eine Differenzierung des Frachtsatzes im Güterverkehr, wie sie in den
Staffeltarifen (Ermässigung der Einheitssätze von einer gewissen Entfernung an) und den Zonentarifen (wo die Staffelung in bestimmten
Zonen abgeteilt ist, innerhalb welcher dieselben Sätze massgebend sind)
eintritt, durch die Natur des Eisenbahnbetriebes gerechtfertigt. Die
äusserste Grenze ist naturgemäss darin gegeben, dass nicht die Fracht
im ganzen für kürzere Strecken grösser sein darf als für weitere.
Innerhalb derselben ist die Differenzierung möglichst den Selbstkosten
entsprechend dem wirtschaftlichen Bedürfnis anzupassen. Man sucht
dies in vielen Staaten zu erreichen durch Zuschlag einer gleichen
Expeditionsgebühr zu dem Frachtsatz per Tonnenkilometer, was aber
häufig nicht ausreicht, namentlich bei Massengütern. Da die Konkurrenz der Bahnen um so grösser wird, je grösser die Entfernungen
sind, dieselbe dagegen immer geringer wird, je näher der Ort der
Verfrachtung dem der Bestimmung liegt, und die Adjazenten völlig
auf die Benutzung der einen Bahn angewiesen sind, so sind die Privatbahnen geneigt, die Differenzierung zum Schaden der letzteren zu über-
treiben, während die Staatsbahnen im allgemeinen dieselbe zu wenig
eintreten lassen. Das Gleiche ist zu sagen von der Differenzierung aus
persönlichen und lokalen Rücksichten.

Für die Volkswirtschaft am schädlichsten sind häufige und willkürliche Aenderungen des Tarifes, da sie die vorherige Veranschlagung
der Transportkosten der Waren, somit der Produktionskosten überhaupt
wie der Beschaffungskosten für die Produzenten und Händler unmöglich machen. Wünschenswert ist Einfachheit und Uebersichtlichkeit des
Tarifs, damit das Publikum sich selbst die zu zahlende Fracht berechnen kann, dann möglichste Dauer derselben und Bekanntmachung
jeder beabsichtigten Veränderung vorher.

Vom 1. Oktober 1898 tritt ein neuer Tarif für Stückgüter auf
den Linien der preussisch-hessischen Staatsbahnen in Kraft, der das
Prinzip der Staffelung acceptiert hat: Bei unveränderten Abfertigungs-
gebühren pro Tonnenkilometer für die ersten 50 km 11 Pf., von 101
bis 200 10 Pf., bei jeden weiteren 100 km Frachtverminderung von

1 Pf. pro Tonnenkilometer, bis von 500 km ab nur 6 Pf. erhoben werden.

Der Frachttarif in Preussen ist folgender:

	Stückgut		Klasse A 1 (mindest. 5000 kg)	Klasse B (mindest. 10 000 kg)	Spezialtarife bei 10 000 kg			
					A 2	Fabri- kate I.	Halb- fabr. II.	Roh- prod. III.
1. Strecken satz T.-km	Frachtg. 11 Pf.	Eilgut	6,7 Pf.	6 Pf.	5 Pf.	4,5 Pf.	3,5 Pf.	2,6 Pf.
2. Expedi- tionsgebühr (100 kg)	bis 10 km 10 Pf., alle 10 km mehr 1 Pf., üb. 100 km 20 Pf.	doppelte Sätze.	wie Stückgut	1—10 km 8 Pf., bis 20 km 9 Pf., bis 30 10 Pf., bis 40 km 11 Pf., darüb. 12 Pf.	bis 10 8 Pf., 11 100 km 9 Pf., dar. 12 Pf.	wie bei A 2.		

Ausserdem besondere Sätze für sperrige, sowie für speciell angeführte Güter. (Für 1899 sind durchgreifende Aenderungen in Aussicht genommen.)

b) Personentarif.

Der Personentarif wird in Europa nach der Bequemlichkeit und der Schnelligkeit des Transportes abgestuft. In der neueren Zeit ist in Folge des Drängens des Publikums nach Ermässigung desselben immer allgemeiner auch eine Differenzierung nach der Entfernung acceptiert. Bahnbrechend war darin die Einführung des Zonentarifs in Ungarn von 1889. Der Tarif ist ein besonderer für den Nachbarverkehr (zwei Stationen von jeder Haltestelle) und Fernverkehr, für welchen 14 Zonen mit bestimmten Fahrpreisen für die ganze Zone (die über Pest gehenden Bahnen nehmen dort ihren Anfangs- resp. Endpunkt) angesetzt sind. Je grösser die Zone, um so niedriger ist die Gebühr pro Kilometer; über 225 Kilometer hinaus d. h. für die I. Zone ist der Fahrpreis derselbe. In ähnlicher Weise sind neuerdings Oesterreich und Russland vorgegangen, um die Reisen für grössere Entfernungen zu verbilligen. In anderen Ländern sucht man durch Kilometerkarten etc. die Differenzierung durchzuführen.

Die einfache Fahrt gewöhnlicher Personenzüge kostet in Preussen I. Kl. 8, II. Kl. 6, III. Kl. 4, IV. Kl. 2 Pf. Bei Schnellzügen erhält die I. Kl. 1 Pf., die II. und III. Kl. 0,67 Pf. Zuschlag: Retourbillet 50% Aufschlag auf die Fahrt auf Personenzügen. In Italien sind die Sätze für I. Kl. 11,30 Pf., II. Kl. 7,91 Pf., III. Kl. 5,09 Pf.

Nach dem ungar. Zonentarif kostete in Personenzügen II. Kl. bis 50 km 4 Pf. pro km, in der XIV. Zone bei 225 km gleichfalls 4 Pf., aber bei 731 km z. B. von Kronstadt nach Pest nur 1,4 Pf. pro km, III. Klasse noch nicht 1 Pf.

Statistische Uebersicht über die Ausdehnung der Eisenbahnanlagen.

| Länder | Länge der im Betrieb befindlichen Eisenbahnen in Kilometer am Schluss der Jahre | | | | | | | Zuwachs von 1890—1894 | | Anlagekapital | | | Es trifft Ende 1894 Bahnlänge auf | |
	1845	1855	1865	1875	1885	1890	1894	im ganzen km	in Proz.	Zeit	im ganzen Mk.	für 1 km Mk.	100 qkm	10 000 Einwohner
Deutschland	2143	7826	13900	27985	37585	42869	45462	2593	6,0	1895	11 180 863 000	253 256	8,4	8,9
Grossbritannien und Irland	4082	13411	21386	26819	30843	32297	33641	1344	4,2	1894	19 707 717 000	585 830	10,7	8,6
Frankreich	870	5529	13677	21396	32191	36672	39979	3307	9,0	1894	12 350 351 000	311 018	7,5	10,1
Russland	144	1044	3926	18892	26183	30465	35560	4603	14,9	1892	6 531 193 000	220 070	0,7	3,5
Oesterreich-Ungarn	1058	2839	6395	16766	22913	27015	30008	3023	11,2	1891	6 595 289 000	212 219	4,4	6,9
Italien	128	912	4365	7700	10354	12855	14626	1771	13,8	1890	3 084 133 000	295 161	5,1	4,7
Spanien	—	483	4761	5836	9185	9678	12147	2269	23,0	1889	2 752 491 000	225 110	2,4	6,0
Schweden	—	35	1302	3540	6892	8018	9234	1216	15,1	1894	321 033 000	104 984	2,1	19,0
Belgien	577	1333	2250	3389	4410	5263	5545	282	5,3	1893	1 107 376 000	327 663	18,8	8,8
Schweiz	—	298	1321	2655	2795	3199	3477	278	8,7	1893	892 850 000	266 800	8,4	11,7
Niederlande	156	314	865	1900	2800	3061	3102	41	1,3	1885	551 682 000	211 472	8,7	6,2
Europ. Türkei, Bulgarien, Rumelien	—	—	66	1527	1594	1765	2010	245	13,9				0,7	2,2
Dänemark	—	80	419	1266	1942	1986	2267	281	14,2	1892	190 860 000	125 151	5,8	9,8
Rumänien	—	—	—	1253	1660	2493	2581	88	3,5	1888	485 185 000	197 712	2,0	4,8
Portugal	—	36	700	1036	1529	2125	2340	215	10,1				2,5	4,6
Norwegen	—	68	378	557	1562	1562	1726	164	10,5	1894	151 860 000	91 247	0,5	8,6
Griechenland	—	—	—	12	323	776	915	139	17,9				1,4	4,2

Europa	9162	31023	55517	141918	195057	223441	245800	218.59	9,8	65 505 735 000	311 724	2,5	6,6
Asien	—	250	5594	10916	22178	33172	41970	8798	26,5				
Afrika	—	146	864	2474	6895	9791	13168	3312	33,8				
Amerika	7828	32218	62116	135625	256663	336576	364975	31899	10,4				
Vereinigte Staaten	—		56460	119800	207506	268400	288400	20051	7,5	1894 45 315 190 000 000	164 322	3,7	12,3
Australien	—	55	843	3420	12947	18947	22202	3255	17,2			0,3	52,2
Zusammen auf der Erde				18770	615927	685550	74623	11,6	1891 144 000 000 000	209 900		

1895/6 waren im deutschen Reiche in Staatsverwaltung vollspurige 29 819 km Hauptbahnen und 11 724 km Nebenbahnen. in privater Verwaltung " 1977 " " 1 682 "

Die Betriebseinnahmen betrugen aus Personen- und Gepäckverkehr: 421 Mill., aus Güterverkehr: 1011 Mill. Mark aus anderen Quellen: 65,5 Mill. zusammen 1487 Mill. Mark Einnahmen und 852,1 Mill. Betriebsausgaben, 615,6 Mill. Mark Ueberschuss, 5,71 % des Anlagekapitals gegen 4,98 % des Vorjahres.

1886/7 kamen auf den km Betriebslänge 225 400 Personenkilometer und 438 000 Tonnenkilometer.
1895/6 " " " " 315 400 " 560 000

In dem letzteren Jahre waren 1297 schmalspurige Bahnen im Betriebe mit 72,2 Mill. Mark Anlagekapital.
Der gesamte Güterverkehr betrug 184,7 Mill. Tonnen.

Die deutschen Wasserstrassen betrugen 9383 km fr. Flusslauf, 2206 km Kanalflusslauf, 2237 km gegrabener Kanal. Nord-Ostsee-Kanal 99 km, zusammen 13 925 km. Auf diesen fuhren 1892: 22 848 Schiffe mit ca. 2,8 Mill. Tonnen Tragkraft. Deutsche Kauffahrtei-Seeschiffe gab es 1896: 2524 Segelschiffe mit 622 105 Reg. Tons Rauminhalt, 1068 Dampfschiffe " 879 939 " "

In deutschen Häfen trafen ein zu Handelszwecken 1895: 57 436 Schiffe mit Ladung zu 14,2 Mill. Reg. Tons, es gingen aus zu 1895: 49 948 " " " " 10,2 Mill. Reg. Tons.

Eine Verbilligung des Personentarifs ist zur Verwirklichung der Freizügigkeit und Erleichterung des Geschäftsverkehrs ebenso wünschenswert wie die Ermässigung der Güterfrachtspesen. Aber ebenso ist hier die Rücksicht auf die Verzinsung des Anlagekapitals zu nehmen. Erwiesen ist, dass die Raumausnutzung bei den teuren Klassen eine unzureichende ist und durch eine Ermässigung der Preise die Benutzung gewaltig gesteigert werden kann. Zugleich führt eine Verbilligung des Verkehrs aber auch eine grosse Ungleichheit desselben mit sich, die eine Erschwerung und Verteuerung des Betriebes in sich schliesst. Eine plötzliche allgemeine und bedeutende Vermehrung der Beweglichkeit der unteren Klassen würde tief greifende Umwälzungen im wirtschaftlichen und sozialen Leben herbeiführen, die unberechenbar sind. Es darf deshalb nur allmählich damit vorgegangen werden.

Kapitel III.

Die Sparkassen.

§ 50.

Die Sparkassen, ihre volkswirtschaftliche Bedeutung und Mittel zu ihrer Förderung.

Die Sparkassen sind Anstalten, welche der ärmeren Bevölkerung Gelegenheit geben sollen, ihre kleinen Ersparnisse sicher und fortdauernd zinstragend anzulegen, indem dieselben darin summiert und volkswirtschaftlich verwertet werden. Ihre Bedeutung liegt einmal darin, dass sie den unteren Klassen erleichtern, sich in die bemittelten Klassen emporzuarbeiten, mindestens für die Zukunft eine gewisse Reserve anzusammeln. Je höher die Löhne steigen, um so wichtiger werden sie, weil das Sparen in weitgehenderem Masse ermöglicht wird. Die Anregung zum Sparen durch sie wird um so notwendiger, wo durch die Zwangsversicherung der Spartrieb abgeschwächt ist. Ausserdem wirken die Sparkassen wesentlich darauf hin, kleine überschüssige Summen zu grösseren zu vereinigen und ihre volkswirtschaftliche Ausnutzung zu erleichtern. Um den Zweck ganz zu erfüllen, ist nötig:

1. dass die Sparkassen im ganzen Lande in möglichst grosser Zahl zerstreut sind;
2. dass auch ganz kleine Summen und zu jeder, der Arbeiterklasse gelegenen Zeit von ihnen acceptiert und zurückgezahlt werden;
3. dass die Verzinsung und zwar auf Zinseszins möglichst hoch ist;
4. dass die grosse Masse unbedingtes Vertrauen zur Sicherheit der Kassen hat;
5. dass das eingeschossene Kapital so viel als möglich der ärmeren Klasse selbst zu Gute kommt;
6. dass die Sparkasseneinlagen von den Steuern befreit werden.

Der Zweck wird erreicht werden können:

1. durch einzelne Privatpersonen, insbesondere grössere Arbeitgeber, was indes nur ausnahmsweise mehr aus Wohlthätig-

keit angemessen geschehen wird und unmöglich allein ausreichen kann;

2. durch Assoziation der ärmeren und mittleren Klassen selbst,
sei es in der Form der Schulze-Delitzschen Vorschusskassen
(Volksbanken) oder in Form der Schweizer und Schottischen
Spar- und Leihkassen, welche zugleich bestimmt sind, den
Einlegern selbst die summierten Gelder durch Vorschüsse über
das Guthaben hinaus gegen Wechsel zuzuwenden;

3. durch die Gemeinde oder den Staat. Die Gemeinde wird sich
des grössten Vertrauens erfreuen, das nicht wie das zum Staate
durch politische Wirren erschüttert wird. Dagegen stehen dem
Staate Anstalten, besonders die Post zu Gebote, durch welche
das Sparkassenwesen die höchste Ausdehnung und Vervollkommnung erlangen kann. Die Postsparkassen können allen
Anforderungen des Publikums entsprechen, ohne den Kredit
des Staates zu gefährden. Besonders um auch bei häufigem
Wechsel des Wohnortes die Verfügung über die Einlagen zu
gestatten. Sie haben sich allgemein bewährt. Bedeutsam ist
die in Oesterreich durchgeführte Verbindung des Checkver-
kehrs mit den Postsparkassen.

(Siehe Tabelle auf Seite 90.)

Kapitel IV.

Das Versicherungswesen.

§ 51.

E. Hermann, Die Theorie der Versicherung. Graz 1865.
Masius, Systematische Zusammenstellung des Versicherungswesens. Leip-
zig 1857.
Schmidt, Das Ganze des Versicherungswesens. Stuttgart 1871.
Ad. Wagner, Der Staat und das Versicherungswesen. Tübingen 1881.
O. Stegemann, Die Stellung des Staates zum Versicherungswesen. Berlin 1886.
Ad. Wagner, Versicherungswesen im Schönberg'schen Handbuch. Bd. III.
W. Levis, Lehrbuch des Versicherungsrechts. 1889.

Versicherung im wirtschaftlichen Sinne ist diejenige wirtschaftliche Einrichtung, welche die Folgen einzelner, für den Betroffenen
zufälliger, daher auch im einzelnen Falle ihres Eintretens unvorher-
gesehener Ereignisse für das Vermögen einer Person dadurch beseitigt,
oder wenigstens vermindert, dass sie dieselben auf eine Reihe von
Fällen verteilt, in denen die gleiche Eventualität möglich ist, aber
nicht eintritt. (Wagner.) Es wird dieses meistens erreicht durch
gemeinsames Sparen für den Eintritt der betr. Eventualität. Für gewisse Versicherungsbranchen tritt dieses gemeinsame Sparen sogar
allein als charakteristisch auf, z. B. Versicherung für den Lebensfall,
Aussteuerkasse. Voraussetzung einer angemessenen Durchführung
der Versicherung ist, dass sich die Eventualität für den Versicherer
durch rationelle Wahrscheinlichkeitsrechnung auf Grund längerer Beobachtung und genauer statistischer Aufnahmen für den grossen Durchschnitt bestimmen lässt, so dass sie den Charakter eines soliden kauf-

Die Sparkasseneinlagen in einigen europäischen Staaten.

Ende der Jahre	Zahl der Einleger (Sparkassenbücher)	Betrag der Einleger (in Mark)	Durchschnittswert eines Sparkassenbuches (in Mark)	Auf 1 Einwohner kommen Mark
I. Preussen:				
1871	1 551 539	578 671 782	373	23,49
1880	2 936 055	1 592 868 290	543	58,39
1885	4 209 453	2 260 933 912	537	79,84
1891	5 772 356	3 406 540 000	590	112,49
1894	6 527 337	4 000 671 650	601	125,8
II. Bayern:				
1874	299 277	70 253 440	235	14,44
1880	320 246	89 255 353	278	16,89
1885	464 545	130 859 355	282	24,14
1891	579 445	393 200 000	323	34,5
III. Sachsen:				
1871	507 248	131 116 950	254	51,29
1880	909 787	338 806 699	372	113,97
1884	1 199 556	407 621 000	340	128,10
1891	1 668 149	602 570 000	363	170,53
1894	1 853 293	690 191 000	372	186,5
IV. Grossbritannien und Irland (inkl. Postsparkassen):				
1871		1 116 893 340	—	35,35
1880		1 554 421 680	—	44,17
1885		1 881 070 940	—	50,70
1891		2 289 671 000	347	60,68
Postsparkassen allein:				
1884	3 333 675	953 956 760	—	—
1891	5 118 395	1 432 160 000	279	37,8
V. Italien (exkl. Postsparkassen):				
1880	1 297 889	586 379 547	452	20,60
1885	2 394 779	904 957 602	378	30,47
1891	3 299 915	1 139 983 000	352	37,00
VI. Oesterreich (exkl. Postsparkassen):				
1871	1 021 462	682 347 298	668	33,12
1880	1 550 084	1 489 308 914	961	68,27
1885	1 932 504	1 971 512 720	1020	86,21
1891	2 481 415	2 671 852 000	1076	111,8
Oesterreichische Postsparkassen:				
1894	884 944	76 997 440	74	3,1
VII. Frankreich (exkl. Postsparkassen):				
1871	2 021 228	429 983 228	213	11,81
1880	2 841 104	1 024 162 155	267	27,17
1885	4 926 391	1 770 400 000	359	46,47
1891	5 948 882	2 484 748 800	421	65,00

männischen Geschäftes erhält, während sie für den Versicherten den Charakter der Zufälligkeit behalten muss. Er muss keinen Einfluss auf das Eintreten derselben ausüben können, oder, wo die Möglichkeit dazu vorliegt, ihn nach dem Versicherungsvertrage nicht ausüben dürfen. Das erstere ist z. B. bei der Hagelversicherung der Fall. Bei der Feuerversicherung wird der Vertrag bei nachgewiesener Nachlässigkeit des Hausbesitzers, durch welche ein Gebäude zerstört wurde, oder gar bei Brandstiftung durch ihn, als gebrochen angesehen, die Entschädigungspflicht erlischt; ebenso nach der Natur der Lebensversicherung bei Selbstmord, der mit klarer Ueberlegung geschehen ist. Ein Versicherungsunternehmen, bei dem eines dieser Momente fehlt, wird der soliden Unterlage entbehren. Das erstere ist der Fall bei der Hagelversicherung, so lange es an dem genügenden Beobachtungsmaterial fehlt. Es liegt vor bei der Hypothekenversicherung und einer allgemeinen Versicherung gegen Arbeitslosigkeit, wo noch die Unterlagen für die Berechnung des Umfangs der Gefahr und daher der erforderlichen Prämienzahlung fehlt. Das letztere tritt hervor bei der Viehversicherung gegen die gewöhnlichen Krankheiten und Unglücksfälle durch grössere Gesellschaften, weil schwer zu kontrollieren und festzustellen ist, ob ein Verschulden oder willkürliches Eingreifen des Versicherten stattgefunden hat. Das Bedenken fällt für grössere Gesellschaften fort bei Versicherung gegen Seuchen; bei kleinen lokalisierten Kuhkassen für die gewöhnlichen Krankheiten, wo die nötige Kontrolle durch den beteiligten Nachbar fortdauernd stattfindet.

Zur angemessenen Wirkung kann die Versicherung nur durch entsprechende Verteilung des Risikos gelangen. Das wird der Fall sein, wenn die Zahl der Versicherten, welche unter verschiedenen Bedingungen existieren, eine entsprechend grosse ist. Eine Feuerversicherungsgesellschaft wird erst genügend fundiert sein, wenn eine so grosse Zahl von Hausbesitzern sich daran beteiligt, dass auf Grund der Erfahrung nur ein kleiner Prozentsatz der versicherten Häuser in einem Jahre Feuerschaden erleidet; und dies wird nur mit Sicherheit anzunehmen sein, wenn in einer Stadt, wie in einer Strasse nur wenige Häuser aufgenommen sind, um zu vermeiden, dass ein Brand einen grossen Teil der Versicherten betrifft.

Bei der Güterversicherung gilt der Grundsatz, dass der Versicherte keinen Gewinn aus dem Schadenersatz beziehen soll. Die Versicherungssumme bildet daher die oberste Grenze der Entschädigung. Ist nur ein Teil des Wertes des beschädigten Gutes vernichtet, so wird nur der entsprechende Teil der Versicherungssumme ausgezahlt.

Die Versicherung gewährt dem Beteiligten Ruhe in betreff der Zukunft, z. B. bei Beamten, Aerzten, durch Lebensversicherung zu Gunsten der Hinterbliebenen. Sie bewahrt den Fabrikanten, Gutsbesitzer etc. durch Feuerversicherung vor dem Bankrott durch Brandschaden und ermöglicht ihm im Falle eingetretenen Unglücks die wirtschaftliche Thätigkeit fortzusetzen oder bald wieder aufzunehmen. Die Versicherung fördert daher entsprechend den Kredit.

Sie ist ebenso bedeutsam vom privatwirtschaftlichen wie volkswirtschaftlichen Standpunkt betrachtet. Ihre Verallgemeinerung ist als eine wesentliche Kulturaufgabe anzusehen. Die Versicherung konnte erst Bedeutung erlangen, als die Kulturentwickelung mehr Mittel an die Hand gab, Unglücksfällen vorzubeugen. Sie hat andererseits wesentlich dazu beigetragen, die Verhütungsmassregeln gegen Unglücksfälle zu verallgemeinern und zu verbessern, z. B. durch das Feuerlöschwesen.

§ 52.
Geschichte des Versicherungswesens.

Die Anfänge des modernen Versicherungswesens tauchen am Schlusse des Mittelalters auf, in den Seestädten die Seeversicherungen, zunächst die Einzelversicherung mit ausgeprägtem Charakter der Wette; zu gleicher Zeit in den Binnenstädten, vorzüglich bei den Zunftgenossenschaften die Feuer-, Krankenkassen, Begräbniskassen. Auf dem Lande die Gemeindebrandkassen, die sich vorzüglich in Island, in Norwegen und Schweden und Norddeutschland im 14. Jahrhundert ausbildeten. Sie beruhten auf Gegenseitigkeit, zeigten äusserst unvollkommene Einrichtungen und waren durch ihren lokalen Charakter grösseren Unglücksfällen nicht gewachsen. Einen Aufschwung gewann das Versicherungswesen erst im vorigen Jahrhundert. Schon im Beginne desselben entstanden in England grössere Aktiengesellschaften für See-, Feuer und Lebensversicherung. Dieselben fanden in Deutschland erst weit später Nachahmung, da sie durch ein strenges Konzessionssystem wesentlich behindert wurden. Die Regierungen Deutschlands unternahmen am Anfang und in der Mitte des vorigen Jahrhunderts allgemein die Gründung von Staatssozietäten oder von Provinzial- und Kommunalkassen unter Staatsaufsicht für die Immobiliarfeuerversicherung auf Gegenseitigkeit und mit Beitrittszwang, welcher in Preussen erst 1837, in anderen Staaten noch heutigen Tages nicht völlig beseitigt ist. Die Einziehung der Beiträge erfolgte meist auf Grund nachträglicher Umlage, die teils gar nicht, teils nach wenigen Gefahrsklassen abgestuft waren. Die ersten privaten Feuerversicherungsanstalten wurden in Deutschland 1812 in Berlin und 1819 in Leipzig auf Aktien gegründet, 1821 die erste Gegenseitigkeitsgesellschaft in Gotha von Arnoldi. Die Lebensversicherung im engeren Sinne wurde in England zu Beginn des vorigen Jahrhunderts (von den französischen Tontinen des 17. Jahrhunderts abgesehen) zuerst durch besondere Privatgesellschaften auf Grund der von Halley berechneten Mortalitätstafeln, die dann in der Mitte vorigen Jahrhunderts wesentliche Verbesserung erfuhren, unternommen. Der Kontinent folgte in dieser Richtung erst mit Beginn dieses Jahrhunderts durch Bildung grösserer Aktien- und Gegenseitigkeitsgesellschaften (Gothaer Gegenseitigkeitsgesellschaft 1827).

Am Schlusse des Jahrhunderts wurde die erste Hagelversicherung errichtet, und zwar in Deutschland in nach dem Prinzip der Gegenseitigkeit gegründeten Lokalvereinen. Sie hatten fast sämtlich bedeutende Verluste zu erleiden, da es noch an genügenden Anhalten zur Wahrscheinlichkeitsrechnung fehlte und die lokale Beschränkung ihnen verderblich wurde. In den dreissiger Jahren wurden Viehversicherungsgesellschaften gegründet, sowohl in grösserem Stile wie in der Form lokalisierter Kuhkassen. Zur Seeversicherung ist die Fluss- und Landtransportversicherung hinzugetreten. Versicherungen gegen Glasbruch,

Bruch von Wasserleitungsvorrichtungen, schliesslich die Arbeiterversicherung, die Rückversicherung, haben neben den schon früher erwähnten Branchen Platz gegriffen.

§ 53.

Die verschiedenen Formen der Versicherungsgesellschaften.

Die Versicherung kann geschehen:

I. durch Aktiengesellschaften, wo das Aktienkapital für die Geschäftsverbindlichkeiten haftet. Die Nachteile derselben sind:

1. der Gegensatz der Interessen der Versicherer und Versicherten, welcher leicht zu einer Bedrückung der Versicherten bei der Entschädigungsfrage führt;

2. da die Gesellschaft nur des Profites wegen thätig ist, so wählt sie zur Versicherung nur die Personen aus, bei welchen sie Geschäfte zu machen hofft.

Sie können dagegen besondere Vorteile gewähren durch die festen Prämien, d. i. die regelmässige Beitragsleistung des Versicherten für die Uebernahme des Verlustrisikos und durch die Uebernahme der Zahlungsverpflichtung von seiten des Versicherers auf Grund des Aktienkapitals. Da sie allein durch kaufmännische Interessen geleitet werden, so gewinnen sie leichter die nötige Geschäftsausdehnung und können die Prämien im Einzelfalle dem Risiko anpassen.

II. durch Gegenseitigkeitsgesellschaften, d. h. Vereine, zu denen sich eine Anzahl Personen vereinigt, um gemeinsam das Risiko für jedes Mitglied zu tragen und gemeinsam zu sparen. Bei ihnen fällt der Gegensatz zwischen Versicherer und Versicherten fort. Aber es liegt die Gefahr bedeutender Nachzahlungen zu den gewöhnlichen Prämien vor. Sie erreichen schwerer die nötige Ausdehnung, um das Risiko entsprechend zu verteilen, und bürden den Versicherten im Falle des Bankrotts leicht sehr bedeutende und unerwartete Lasten auf. Haben sie aber die nötige Ausdehnung gewonnen, so gewähren sie unzweifelhafte Vorteile vor den Erwerbsgesellschaften. Beide Arten haben aber ihre volkswirtschaftliche Berechtigung.

Man hat ferner zu unterscheiden zwischen Privatgesellschaften und öffentlichen Sozietäten, welche durch Staat oder Gemeinde im Interesse des allgemeinen Wohls eingerichtet werden.

Staatsanstalten haben bei angemessener Grösse und Verteilung des Risikos für sich: die grösste Sicherheit und die Verwaltung im volkswirtschaftlichen Interesse. Die Privatanstalten können unter einer gewissen Staatskontrolle gleichfalls genügende Sicherheit erlangen, sie werden sich im allgemeinen durch einen mehr kaufmännischen Betrieb auszeichnen und vor allem mit mehr Eifer für die sehr wünschenswerte allgemeine Verbreitung der Versicherung Sorge tragen. Sie haben sich in den kultivierten Staaten durchaus bewährt. Eine Beseitigung derselben und allgemeine Verstaatlichung des Versicherungswesens, wäre wohl nur bei der Immobiliarversicherung und Hagelversicherung möglich, aber auch da nur bei allgemeinem Versicherungszwang. Die Gefahr läge dabei vor, dass der Mangel an Konkurrenz zur Erschlaffung führt.

Zum Schutze der Versicherten sind beschränkende Normativbestimmungen erforderlich:

1. Fixierung des Minimums des Grundkapitals, wie der Einzahlung, welche im Verhältnis zum Versicherungskapital stehen
müssen.
2. Pupillarische Sicherheit der Anlage der Gesellschaftsgelder.
3. Unbedingte Oeffentlichkeit der Statuten, wie der Geschäftslage
und detaillierte Rechnungsabschlüsse.
4. Kontrolle der Geschäftsführung durch eine staatlich eingesetzte
Kommission von Sachverständigen.

§ 54.

Die Feuerversicherung.

Bei der hohen Wichtigkeit der Feuerversicherung hat der Staat
verschiedentlich seinen Einfluss auf sie geltend zu machen:

I. zur Verallgemeinerung der Versicherung;
II. zur Verhütung des Missbrauchs, und dabei einerseits zum
Schutze der Versicherten gegen Ausbeutung durch den Versicherer,
was oben schon berührt wurde; andererseits zum Schutze der Ver-
sicherer wie des nicht beteiligten Publikums gegen den Versicherten.
Inbetreff des ersten Punktes ist zu erwähnen:

1. der allgemeine Versicherungszwang, der sich indes nur auf
Immobilien erstrecken kann. Dafür spricht:

a) die Versicherung ist für jeden einzelnen, wie auch für die
Gesamtheit von Nutzen;
b) erfahrungsgemäss unterlassen gerade die ärmsten Schichten die
Versicherung aus Unklugheit und können nur durch Zwang
dazu gebracht werden;
c) der Zwang schliesst keine Dispositionsbeschränkung oder sonstige
Unannehmlichkeit für das Publikum ein.

Dagegen ist nur anzuführen:

a) dass jede Bevormundung durch den Staat lästig ist;
b) dass ferner für gewisse Kategorien von Personen wie Gebäuden
der Zwang schwer durchzuführen, wie z. B. notorische Brand-
stifter, Pulvermühlen etc. Doch können gewisse Ausnahmen
zugelassen werden, und die unbedingte Verwerfung jeder Bevormundung ist nicht als richtig anzuerkennen.

Zur Durchführung des Zwanges sind aber notwendig:

2. öffentliche Sozietäten, die denen Aufnahme gewähren, welche
von anderen Gesellschaften nicht acceptiert werden, die daher als ge-
meinnützige Gesellschaften anzusehen und zu unterstützen sind. Doch
ist dabei die Ausschliessung der Konkurrenz zu verwerfen, da sie der
Erfahrung gemäss die nötige Entwickelung beeinträchtigt. Aber es
sind ihnen als Entschädigung für die Aufnahmepflicht und die dabei
unvermeidliche Beschränkung bei der Bestimmung der Prämien, sowie
für den Nachteil lokaler Begrenzung, Erleichterungen zu gewähren,
wie durch Sportel- und Stempelfreiheit, die Benutzung von vorhandenen Staats- oder Kommunalbeamten zur Geschäftsführung, sobald
nicht besondere Kollisionen dadurch zu befürchten sind.

3. Die Versicherung wird gefördert durch Beseitigung aller Hemmnisse der Entwickelung der Privatgesellschaften, wie sie in polizeilichen Beschränkungen, exzeptioneller Besteuerung etc. liegen.

Zum Schutze vor Missbrauch durch die Versicherten sind als Massregeln vorgeschlagen und zum Teil zur Anwendung gekommen: das Verbot der Ueberversicherung, entweder mit Strafe für beide Teile oder mit einfacher Annullierung der Ueberversicherung (Preuss. Landrecht). Für die erste Bestimmung spricht die Gerechtigkeit, da die zweite nur den Versicherten trifft, während der Versicherer Vorteile davon hat. Doch erscheint sie als Härte, wo die Ueberversicherung ohne Wissen der Beteiligten etwa durch Entwertung eingetreten ist, zumal die Taxation meistens eine sehr unsichere ist; ferner wo ein subjektiver Wert höher ist als der gemeine Wert, z. B. bei einer für die persönlichen Zwecke gesammelten Bibliothek.

In Deutschland betrug 1895:

bei 56 öffentl. Sozietät, d. Immobiliarvers.		38,576	Mill.	Mk.
„ „ „ Mobiliarvers.		3,355	„	„
„ „ die Beiträge		6,00	„	„
18 „ der Schadenersatz		5,80	„	„
29 Aktienges. Versicherungss. f. Mob.		60,943	„	„
19 Priv.-Gegenseitigkeitsanstalten		9,761	„	„

Summa 112,636 Mill. Mk.

Doch fehlen für eine Anzahl Anstalten die Angaben.

§ 55.

Die Lebensversicherung.

Elster, Die Lebensversicherung in Deutschland. Jena 1880.
Ehrenzweig. Assekuranzjahrbuch. Wien.
Emminghaus, Zustand und Fortschritte der deutschen Lebensversicherungsanstalten im Jahre 1896. Jena (Gustav Fischer) 1897.

Von den verschiedenen Arten von Lebensversicherungen sind zuerst die Begräbniskassen als die ältesten zu erwähnen, welche besonders durch kleine Lokalvereine eine grosse Verbreitung gewonnen haben.

Die Lebensversicherung im engeren Sinne umfasst die Verträge, bei denen es sich um Leistung einer Versicherungssumme bei dem Todesfalle einer versicherten Person (Kapitalsversicherung auf den Todesfall) oder im Falle des Erlebens eines gewissen Alters und im Falle des Todes vor diesem Alter, schliesslich im Falle des Todes innerhalb eines gewissen Zeitraumes handelt. Es gehört auch hierher die Versicherung einer Summe für den Fall des Erlebens eines bestimmten Alters, wie das bei den Aussteuerkassen der Fall ist. Die Versicherung kann für eigene oder fremde Rechnung und einfache und wechselseitige Ueberlebensversicherung durchgeführt sein.

Hieran schliesst sich an: die Rentenversicherung, welche sein kann eine sofort beginnende oder eine aufgeschobene Rente, Leib- oder Lebensrente für die Dauer des Lebens oder die Zeitrente für eine beschränkte Dauer. In dem ersteren Falle wird in der Regel durch Einzahlung von Jahresprämien ein Kapital zur Auszahlung erlangt, in dem zweiten Falle dagegen bald durch Kapitals- bald durch Jahresbeiträge die Auszahlung von Jahresrenten erzielt.

Die Eigentümlichkeiten dieser Lebensversicherungen sind:

1. durch die Mortalitätstafeln, welche nach umfassenden statistischen Aufnahmen die mittlere Lebensdauer für jede Altersklasse und damit die Zahl der Jahre nachweisen, während welcher eine jede die Prämienzahlung im Durchschnitt leisten kann, ist eine zwar noch keineswegs vollendete, aber doch so solide Wahrscheinlichkeitsrechnung für diese Versicherung hergestellt, wie sie keine andere Branche aufzuweisen hat;

2. die versicherte Person ist in den gewöhnlichsten Fällen für ihr ganzes Leben oder doch für eine grosse Reihe von Jahren an die Gesellschaft gebunden;

3. durch die eingezahlten Beiträge, besonders durch die sogen. antizipierten Prämien, welche bei in jugendlichem Alter eintretenden Personen eine Reihe von Jahren höher sind, als es der wahrscheinlichen Sterblichkeit entspricht, während dieselben Personen in höherem Alter dann verhältnismässig zu kleine Prämien zahlen, werden der Gesellschaft weit grössere Summen, die Ersparnisse der Versicherten, anvertraut, als bei einer andern Art;

4. durch diese Prämienreserve ist die Gesellschaft in den Stand gesetzt, lange Zeit mit einem Defizit fort zu wirtschaften auf Kosten der Versicherten;

5. die Kontrolle des Geschäftsverfahrens ist ausserordentlich schwierig, für das Publikum fast unmöglich.

Aus dem Gesagten folgt: dass die Lebensversicherung ein besonderes Risiko für den Versicherten in sich schliesst.

Die Sicherheit der Lebensversicherung beruht:

1. auf der Moralitätstafel: Ergiebt sie eine längere Lebensdauer der Versicherten, als sie sich in Wirklichkeit herausstellt, so muss ein Defizit entstehen.

2. auf dem Zinsfuss, der der Prämienrechnung zu Grunde liegt;

3. auf dem Gründungskapital und der erfolgten Einzahlung;

4. der Anlage sämtlicher Kapitalien zu einem entsprechenden Zinsfuss und mit genügender Sicherheit;

5. der Gewissenhaftigkeit bei der Untersuchung der zur Versicherung aufzunehmenden Personen.

Es ist nach allem die Staatskontrolle hier besonders notwendig.

In Deutschland hatten 1896 in 43 Anstalten 1 174 240 Personen ihr Leben mit einem Kapital auf den Todesfall versichert. Die Versicherungssumme betrug: 5,121 Millionen Mark; durchschnittl. pro Person 4,361 Mk. Der Nettozuwachs im letzten Jahre belief sich auf 53,269 Pers. und 291 Mill. Mk. Begräbnisgeldversicherung umfasste 270 Mill. Mk. Aussteuerversicherung 691 Mill. Mk. Rentenversicherungen bei 41 Privatgesellschaften aufgeschobene Leibrente und Pension 1.1 Mill. Zahlbare Leibrenten und Pensionen 10,17 Mill. Mk.

Ausgezahlt wurden im Jahre 1896:

bei Sterbefällen	69 182 211	Mk.
Auszahl. bei Lebzeiten	18 167 108	„
Renten	1 804 631	„
Die Gesamtausgaben waren	249 747 565	„

In 77 engl. Lebensversicherungsgesellschaften war 1890 die Versicherungs-summe 8,540 Mill. Mk., die durchschn. Police betrug 9194 Mk. In 19 österr. Ges. war die Versicherungssumme 1,004 Mill. Mk., durchschn. 2910 Mk.

§ 56.

Die Hagelversicherung.

H. Suchsland. Die Hagelversicherungsfrage in Deutschland. Jena 1896.
E. Günther. Ein Beitr. z. Kennt. d. Hagelversicherungsw. in Deutschl. Leipz. 1889.

Die Hagelversicherung ist dadurch erleichtert, dass der Schaden nicht verschleiert, die Ursache nicht willkürlich beeinflusst werden kann. Sie bietet dagegen besondere Schwierigkeiten dadurch, dass bisher eine Gesetzmässigkeit in dem Eintreten des Hagels nicht hat nachgewiesen werden können, es deshalb noch an einer Wahrschein-lichkeitsrechnung zur korrekten Feststellung der nötigen Prämienzah-lung fehlt. Diese ist noch dadurch erschwert, dass der Hagel jeder Frucht eine verschiedene Gefahr bringt, je nach dem Stadium der Reife, in dem sie sich im Momente des Hagels befand, und je nach ihrer natürlichen Widerstandsfähigkeit gegen Hagel und je nach den momentanen Fruchtpreisen.

Die Feststellung des Schadens ist dadurch sehr erschwert, dass einige Zeit nach dem Hagel die Frucht sich sehr verschieden wieder erholt, der Schaden sich ganz oder zum Teil ausgleicht, was nicht vorher zu berechnen ist, und dass nur selten die Vernichtung eine völlige ist.

Das erstere Moment hat man auszugleichen versucht durch Ver-minderung der Prämien bei Versicherung auf längere Zeit, und Ab-stufung derselben nach der Häufigkeit des Hagelschlages innerhalb der letzten 5 Jahre. Die Ungleichheit tritt zurück, wenn die Ver-sicherung aller Früchte, sowohl des Strohs wie der Körner etc. bean-sprucht wird. Es liegt die Möglichkeit einer grossen Ausgleichung des Risikos vor bei völliger Konzentrierung der Versicherung eines ganzen Landes z. B. in der Hand des Staates oder auf genossenschaft-lichem Wege. Aber die Unmöglichkeit, für die Schadenschätzung feste Normen zu geben und die Unmöglichkeit einer wirksamen Kontrole der Taxatoren eröffnet in Staatsanstalten der Willkür und dem Miss-brauch Thür und Thor. Grössere Wirksamkeit ist von ihnen nur durch Versicherungszwang zu erwarten. Aber auch hier ist es schwierig festzustellen, wie weit der Zwang auszudehnen ist und im einzelnen Falle zu kontrollieren, ob alles versichert ist. Da die Ausbildung des Hagelversicherungswesens noch sehr gefördert werden muss, ist die Konkurrenz noch nicht zu entbehren, und es fehlt noch an der Er-fahrung, ob so komplizierte Aufgaben durch Staatsbeamte ausreichend und nicht zu kostpielig durchgeführt werden können.

In Preussen war die durch Hagel beschädigte Fläche im Durch-schnitt von
1883—87 504,954 ha, v. d. bebaut. Fl. 2,9%, der Schaden 26,4 Mill. Mk.
1888—93 312,425 „   „   1,9% „   „   „ 22,1 „   „
die von der Vers.-Gesellsch. gezahlte Entschädigung 8,1 Mill. Mk.

In Oesterreich wurde der Schaden von 1878—81 auf 24,6 Mill. Mk. auf 435,003 ha 4,1% der bebauten Fläche; in Frankreich von 1877—86 auf 69,7 Mill. Mk. veranschlagt.

Abschnitt IV.

Das Bevölkerungswesen.

Kapitel I.

Bevölkerungslehre und Populationistik.

S. Robert von Mohl. Polizeiwissenschaft. Tübingen 1866.

Schönbergs Handbuch der politischen Oekonomie. Bd. I. (Rümelin, von Scheel) Seite 829.

Adolf Wagner, Grundlegung der polit. Oekonomie. 3. Aufl. I. Teil. 2. Halbband: Bevölkerung und Volkswirtschaft. Leipzig 1893.

Siehe auch *Robert von Mohl*, Geschichte und Litteratur der Staatswissenschaften. Bd. III. 1858.

Robert Malthus, Versuch über die Bedingungen und Folgen der Volksvermehrung. Altona 1807.

Handwörterbuch der Staatswissenschaften. Art. Bevölkerungswesen von Elster.

Freih. *von Fircks*, Bevölkerungslehre und Bevölkerungspolitik. Leipzig 1898.

§ 57.

Einleitung.

Populationistik ist die Lehre von den Bedingungen und der wirtschaftlichen wie politischen Bedeutung der Volksdichtigkeit und ihrer Entwickelung, sie ist ein Teil der Nationalökonomie.

Die Lehre ist erst in neuerer Zeit in der Litteratur systematisch zusammengefasst.

Die Bevölkerung ist die Grundlage der ganzen Volkswirtschaft, sowie der Träger der Kultur. Die absolute Volkszahl oder der Bevölkerungsstand, der durch die Volkszählung festgestellt wird, ist bis zu einem gewissen Grade massgebend für die politische Macht und die wirtschaftliche Arbeitskraft. Ist dieselbe aber auf ein grosses Territorium zerstreut, auch wenn sie in einem Staate vereinigt ist, verliert sie an Bedeutung, weil sie ihre Kraft nicht zu konzentrieren vermag. In ungleich höherem Masse ist daher die Dichtigkeit oder die relative Bevölkerung massgebend, d. h. das Verhältnis der Volkszahl zur Fläche, reduziert auf eine Einheit, in früheren Zeiten auf eine Quadratmeile, jetzt auf einen Quadratkilometer. So hat Deutschland 95 Menschen auf dem Quadratkilometer, Sachsen 233, Ostpreussen 53, Belgien 208, England und Wales 192, das europäische Russland 17, Frankreich 71, Spanien 35, Schweden 11, Norwegen 6.

Die Leistung der Bevölkerung hängt aber einmal ab von der Zusammensetzung der Bevölkerung nach Alter und Geschlecht. In

Deutschland kommen auf 1000 männliche 1037 weibliche Individuen, in Grossbritannien 1058, in Frankreich 1008, in Italien 992. Nach dem Alter verteilt sich das Verhältnis im deutschen Reiche, indem auf 1000 männliche

unter 15 Jahren	15—40 Jahren	40—60 Jahren	über 60 Jahre
997 weibl.	1044 weibl.	1069 weibl.	1126 weibl.

kommen.

Die Altersstufen gestalteten sich in den verschiedenen Ländern in dem folgenden Verhältnis:

	bis 15 Jahre	15—60	über 60
Deutsches Reich	35,0 %	57,3 %	7,7 %
Frankreich	27,0	61,1	11,9
Grossbritannien	36,3	56,2	7,5
Oesterreich	32,2	58,4	8,4
Vereinigte Staaten von Nordamerika	37,9	56,3	5,8
Italien	32,3	59,4	8,3

Je grösser die Zahl der Geburten, um so mehr wird der Prozentsatz der im jugendlichen Alter stehenden Personen überwiegen, wie im deutschen und britischen Reiche. Je geringer die Fruchtbarkeit der Bevölkerung ist, um so kleiner wird der Prozentsatz sein, wie in Frankreich. Sind die Mortalitätsverhältnisse günstig, so wird die dritte Kategorie mehr hervortreten, wie wiederum in Frankreich. Sie kann aber ebenso wie die zweite durch starke Auswanderung oder Thätigkeit im Auslande resp. in den Kolonien sehr beeinträchtigt werden, wie in Grossbritannien.

Ueber die Bedingungen der Leistungsfähigkeit s. Teil 1 S. 8.

§ 58.

Der Begriff Volksmangel und Uebervölkerung.

Rümelin, Reden und kleine Aufsätze. Neue Folge. Zur Bevölkerungsfrage. Tübingen 1888.
John, Bevölkerungsgesetz. Jahrb. für Nationalökonomie. Neue Folge. Bd. II.

Eine gewisse Dichtigkeit der Bevölkerung muss vorhanden sein, damit das Staatsleben sich entwickeln, die Kultur durch geselligen Verkehr vorschreiten, die Natur durch Arbeitsvereinigung bewältigt werden kann, um Wege, Entwässerungen, Schulen zu schaffen, während eine absolute Grenze, wo die Volksdichtigkeit verderblich werden muss, erst da vorliegt, wo ein weiteres Zusammendrängen thätiger Menschen physisch unmöglich wird.

Innerhalb dieser Grenzen wird der Begriff des Volksmangels und der Uebervölkerung nur relativ aufzufassen sein.

Nach den gegebenen volkswirtschaftlichen Verhältnissen, wie sie die Natur, der Kapitalvorrat, die Kulturstufe, die Begabung der Bevölkerung bedingen, wird nur eine bestimmte Volksmenge innerhalb gewisser Grenzen, die sich mit der Kulturentwickelung wesentlich erweitern, als normal gelten können. Eine geringere Menschenzahl wird nicht die volle Ausnutzung der Natur und der Kapitalkraft bewirken können. Die Entwickelung des geistigen und wirtschaftlichen Lebens wird gehemmt sein, es ist der Zustand des Volksmangels: z. B. in dem Innern von Nordamerika, weiten Strecken Russlands.

Der Zustand der Uebervölkerung liegt vor, wenn die vorhandenen Gaben der Natur, wie der Kapitalsvorrat nicht ausreichen, um die vorhandene Bevölkerung angemessen zu beschäftigen und zu ernähren. Bei entwickelterer Kultur darf dabei nicht die gesamte Bevölkerung als ein Ganzes aufgefasst und den gesamten Unterhaltsmitteln gegenüber gestellt werden. Die Unmöglichkeit, die ganze Bevölkerung und noch einen Zuwachs zu ernähren, wenn sämtliche Mitglieder ihr Letztes hergeben, wird nie eintreten. Auf höherer Kulturstufe tritt Uebervölkerung nur lokal, klassen- oder berufsweise auf und mehr oder weniger vorübergehend; sie betrifft nicht unmittelbaren Mangel an Nahrungsmitteln, sondern nur mangelnde Kaufkraft infolge von Arbeits- und Verdienstlosigkeit. Je mehr Gegenden und Erwerbskreise in diesen Zustand geraten, je öfter er wiederkehrt, um so grösser ist die Uebervölkerung. Dieselbe kann bei den verschiedensten absoluten wie relativen Bevölkerungsziffern eintreten, je nach den natürlichen, wie nach den Kulturverhältnissen des Volkes und Landes. Sie ist am intensivsten beobachtet in China, Indien, Irland, zeitweise in einigen Agrargegenden Deutschlands, Anfangs der fünfziger Jahre in Hessen, Baden, Württemberg. Sie liegt gegenwärtig in Deutschland vor, nicht in den untersten Klassen, nicht auf dem Lande, wohl aber in vielen Städten und überhaupt in der gebildeten Klasse. Die Folgen und daher die Aeusserung derselben sind: Arbeits- und Verdienstlosigkeit, gedrückte Löhne, mangelhafte Ernährung der Bevölkerung, Verzögerung der Ehe, grössere Sterblichkeit, Zunahme der Verbrechen etc. Doch treten die Erscheinungen nicht überall in der gleichen Weise auf, sondern je nach der Kulturstufe sehr verschieden.

§ 59.
Die natürliche Tendenz der Volksvermehrung.

Gerland, Ueber das Aussterben der Naturvölker. 1861.
Knapp, Darwin und die Sozialwissenschaften. Jahrb. für Nationalökonomie. Bd. XVIII; ebenda *John*, Bevölkerungsgesetz. Neue Folge. Bd. II.
Darwin, Enstehung der Arten. 1858.

Der Mensch hat wie das Tier die Tendenz, d. h. den Trieb und die Fähigkeit, sich in progressiver Weise zu vermehren (Malthus und Darwin), während dem fortdauernd die verschiedensten Hemmnisse entgegenstehen, wodurch ein fortgesetzter Kampf ums Dasein herbeigeführt wird, der je nach der Kulturstufe einen verschiedenen Charakter annimmt.

Bei Naturvölkern, die sich ganz ihren Naturtrieben hingeben, die völlig von der äusseren Natur abhängig sind, muss der um die einfache Nahrung geführte Kampf ähnlich dem der Tiere einen blutigen Charakter haben (Vertilgungskriege, Tötung der Greise und Kranken, Tötung der Kinder, Fruchtabtreibung etc.), der selbst zur Vernichtung der Rasse führen kann. Mit steigender Kultur, besonders durch das Christentum, nimmt der Kampf einen milderen Charakter an. Das menschliche Leben wird prinzipiell respektiert. Man lernt die Arbeitskraft besser verwerten, der Natur mehr und gleichmässiger Subsistenzmittel abzugewinnen. Die Produktion steigt in rapidester Weise und eilt zeitweise der Volksvermehrung voraus, was Steigerung der Lebensansprüche und ungleiche Verteilung des Ertrages der Nationalwirtschaft zur Folge haben kann. Die gesteigerten Lebensansprüche im Inlande, das Arbeiten für das Ausland gewähren mehr Menschen Gelegenheit zu Arbeit und Verdienst.

Der Kampf wird von einem immer kleineren Teile um die eigentliche Nahrung geführt, deren Vorrat und Produktion an Ort und Stelle immer weniger massgebend für die Volksvermehrung wird. Er wird mehr vor die Ehe und auf das geistige Gebiet verlegt. Die Vorsicht bei der Familiengründung durch den Anspruch an ein behäbigeres Leben, auf bessere Erziehung der Kinder etc. mildert den Kampf und giebt ihm einen gesitteten Charakter.

Ungünstige wirtschaftliche Konjunkturen (Teuerung, Handelskrisen, unglückliche Kriege) vermindern, wie statistisch nachgewiesen, die Trauungen, die Zahl der Geburten, vermehren dagegen die Sterblichkeit, hemmen die Volksvermehrung. Günstige Konjunkturen fördern sie dagegen (Aufschwung von Handel und Industrie nach glücklichen Kriegen, Verbesserung der Gesetzgebung), wodurch das Vorhandensein der oben erwälnten Tendenz auch für die Gegenwart erwiesen ist.

Dagegen ist nicht zuzugeben, dass die zunehmende Wohlhabenheit (Talquist) und die geistige Thätigkeit und Ausbildung des Gehirns (Herbert Spencer und Carey) die Reproduktionskraft von selbst vermindern. Es fehlt dafür jeder Beweis. Der geringeren Zahl der Geburten in den besser situierten Kreisen, namentlich infolge der verspäteten Eheschliessung, steht mehr als ausgleichend die geringere Kindersterblichkeit im Vergleich zu den unteren Klassen gegenüber.

Die Behauptung Careys, dass mit grösserer Volksdichtigkeit, durch verbesserte Organisation der Arbeit die Produktivkraft jedes einzelnen fortdauernd gesteigert werden kann, hat nur in sehr engen Grenzen ihre Berechtigung: früh tritt eine Grenze ein, deren Ueberschreitung den entgegengesetzten Erfolg hat, am frühsten bei der Agrarbevölkerung und in den akademisch gebildeten Kreisen, am spätesten bei der Handel- und Industriebevölkerung.

Deutschland hat in den letzten 10 Jahren um 4,4 Millionen Menschen zugenommen, das schliesst nach Rümelin einen Mehrbedarf von 18 Millionen Zentner Brotgetreide, 2 Millionen Zentner Fleisch, 1½ Milliarden Liter Milch pro Jahr ein, und das Vermögen muss in der Zeit um 13 Milliarden, das Einkommen um 1,3 Milliarden gestiegen sein, soll sich nicht die Lebenslage der Bevölkerung im grossen Durchschnitt verschlechtert haben, und reiche Hülfsquellen sind erforderlich, um dies zu leisten.

In dem Kampf um das Dasein der menschlichen Rassen und Nationen wird freilich diejenige allmählich mehr und mehr verdrängt werden, welche eine geringere Zunahme zeigt und zugleich die geringste Kolonisationsgabe besitzt. Nach beiden Richtungen steht die romanische Rasse am meisten zurück. An Fruchtbarkeit überwiegt die slavische, während sie an Expansionskraft hinter der germanischen zurückbleibt.

§ 60.
Die Gefahren einer vorgeschrittenen Kultur.

Die zunehmende Dichtigkeit der Bevölkerung, noch mehr die Steigerung der Bedürfnisse erschweren jede Niederlassung und die Gründung einer Familie. Eine bedeutende Erschwerung und Verzögerung der Ehe führt grosse Missstände mit sich. Die Ehe stärkt das Gefühl der Selbstverantwortlichkeit, die Sorge für die Familie vermindert den Egoismus, wirkt veredelnd, fördert den Fleiss und Sparsinn bei der grossen Masse. Sie verbindet den Menschen mit der Gemeinde und dem Staat. Das erzwungene Cölibat führt leicht zur Entartung der Sitten.

Die Lebensweise auf unserer Kulturstufe, z. B. der Fabrikarbeiter, Hausindustriellen, der meisten Kopfarbeiter, wie unser Schulwesen befördern körperliche Verkümmerung, besonders leicht bei den Frauen und benachteiligen den Nachwuchs. Die Verlegung des Kampfes um das Dasein auf das geistige Gebiet, die Fortschritte in der Medizin, durch welche auch äusserst schwächliche Konstitutionen am Leben erhalten und zur Reife gebracht werden; die entwickelte Arbeitsteilung, welche auch dem schwächsten Körper die Möglichkeit bietet, seine Kräfte volkswirtschaftlich zu verwerten, eine Familie zu gründen und seine Eigenschaften zu vererben, schliessen die Gefahr einer körperlichen Degeneration in sich. Doch ist die Degeneration nicht als nach einem Naturgesetze mit der Kultur verbunden anzusehen, deren Folgen man sich unterwerfen müsse. Die erwähnten Gefahren sind vielmehr zum grössten Teil zu beseitigen, mindestens erheblich zu mildern, auf Grund der erweiterten Erkenntnis auf volkswirtschaftlichem wie sanitärem Gebiete.

Die Entwickelung der geistigen Kultur fördert bei gleichgebliebenen wirtschaftlichen Verhältnissen die Volkszunahme, indem sie vor allem auf eine Verminderung der Sterblichkeit hinwirkt: durch bessere und gleichmässigere Ernährung, bessere Wartung der Kinder, Verhütung der Infektion bei Epidemien, Verminderung der Kriege, Abkürzung derselben und Reduzierung des Menschenverlustes in dem Kriege.

In den gebildeten Berufskreisen wird die Gefahr der Uebervölkerung besonders dadurch gesteigert, dass mit der Zunahme der Bevölkerung verhältnismässig der Bedarf an geistigen Führern und Leitern z. B. Beamten sich verringert, was nur durch höhere Anforderungen der gesteigerten Kultur ausgeglichen wird. Die Gefahr wird besonders vermehrt durch das immer energischere Hinaufstreben der unteren Klassen nach oben, was nur zurückgedämmt werden kann, durch eine immer energischere Besserung der pekuniären und sozialen Lage der physischen Arbeiter gegenüber den Kopfarbeitern.

Kapitel II.
Bevölkerungspolitik.

§ 61.
Einleitung.

Bevölkerungspolitik ist die Lehre von der Fürsorge des Staates für die Bevölkerungsentwickelung.

Einer Uebervölkerung und deren Folgen kann in folgender verschiedener Weise entgegengewirkt werden. 1. Durch eine aufklärende Erziehung der Bevölkerung, durch Schärfung des Gefühls der Selbstverantwortlichkeit, besonders für die Inslebenrufung eines Nachwuchses, den man selbst zu ernähren hat, und des Ehrgefühls. 2. Durch Hebung der wirtschaftlichen Leistungsfähigkeit der Bevölkerung vermittelst des wirtschaftlichen Unterrichtswesens und sonstige Massregeln zur Förderung der Produktion, um den Ertrag der Nationalarbeit und damit die Befriedigungsmittel für die Bevölkerung zu steigern. 3. Durch Steigerung der Arbeitsrente im Verhältnis zu Grund- und Kapitalsrente, um eine angemessenere Verteilung des Nationalertrages zu erzielen, welche die Gesamtheit besser zu ernähren gestattet. 4. Durch Hebung der Arbeitsgelegenheit, einmal durch Steigerung der Lebensbedürfnisse im Inlande, dann durch Erweiterung der Arbeit für das Ausland. Die bisher erwähnten Momente können hier nicht weiter verfolgt werden, für uns kommen dagegen in Betracht 5. Ehebeschränkungen, 6. Auswanderung und Kolonisation.

§ 62.
Die Ehebeschränkung aus wirtschaftlichen und sanitären Gründen.

1. Die Ehe ist nicht als ein unantastbares Urrecht des Menschen anzusehen, vielmehr berührt sie als die Grundlage der Volksvermehrung und der gedeihlichen Entwickelung der Nachkommenschaft das Interesse des Staates, der Gemeinde und Familie zu tief, als dass dem Staate nicht das Recht zur Ueberwachung der Eheschliessung und auch zur Beschränkung der Ehe eingeräumt werden müsste. Die Eheschliessung ist ein bedeutsamer bürgerlicher Akt, der einen tiefgreifenden Einfluss auf das kommunale und staatliche Leben ausübt. War ursprünglich im klassischen Altertume, wie nach germanischem Recht der elterliche Ehekonsens die rechtlich absolute Bedingung der Ehe, so hat er jetzt allgemein nur den Charakter eines vormundschaftlichen Aktes behalten. Bis zur Neuzeit war in Deutschland das Einspruchsrecht des Staates wie der Gemeinde oder der Grundherrn, ein äusserst ausgedehntes und ist erst in den letzten Jahren mit geringen Ausnahmen allgemein gefallen.

In Bayern zum Beispiel verbot die Landes- und Polizeiordnung von 1616 Aufnahme und Verehelichung von Dienstboten, Tagelöhnern, und sonst unvermögenden Leuten. Ebenso in Württemberg 1712. Das bayrische Strafgesetzbuch von 1751 bedrohte mit Prügelstrafe jeden, der sich ohne obrigkeitliche Erlaubnis trauen liess und sich nicht ernähren konnte. 1818 wurde auf dem Lande das Heiraten unangesessener Leute von der Einwilligung der Gemeinde unabhängig gemacht, aber nicht von der der Staatsbehörden. 1828 und 34 wurde jedem Staatseinwohner, welcher nicht einen Titel zur Ansässigmachung in einer Gemeinde hatte, die Verehelichung verweigert. Aus polizeilichen Rücksichten konnte sie aber auch mit dem Titel Versehenen verweigert werden. Den Titel zur Ansässigmachung erhielt, wer die Gewerbekonzession oder schuldenfreien Grundbesitz bis zu gewisser Höhe hatte. Wo der Nachweis fehlt, hatte die Gemeinde absolutes Ablehnungsrecht. Aehnliche Bestimmungen finden sich in Württemberg 1833 und 52.

In Bayern diesseits des Rheins darf seit 1868 die Verehelichung eines Mannes nur geschehen auf Grund eines von der Distriktsbehörde seiner Heimatsgemeinde ausgestellten Zeugnisses, dass keine Ehehindernisse bestehen. Diese Ehehindernisse sind nach dem Gesetze, 1. wenn gegen

einen der Beteiligten öffentliche Klage wegen Vergehens oder Verbrechens
erhoben ist. 2. Wenn einer verurteilt ist und die Strafe noch nicht
abgebüsst hat. 3. Wenn einer wegen Verbrechens zu Zuchthausstrafe
verurteilt ist, oder wegen Verbrechens oder Vergehens gegen die Sittlichkeit, Diebstahls etc. zu mindestens 4 Wochen Freiheitsstrafe verurteilt ist, oder innerhalb der letzten 3 Jahre mindestens dreimal wegen
Arbeitsscheu, Bettelns oder Landstreicherei verurteilt ist und seit Ver-
büssung noch nicht 3 Jahre vergangen sind. 4. Wenn der Mann in
den letzten 3 Jahren öffentliche Armenunterstützung beansprucht oder
erhalten hat. 5. Wenn ein Teil noch an die Gemeinde- oder Armenkasse mit Leistungen rückständig ist. 6. Wenn der Mann entmündigt
ist oder über sein Vermögen das Konkursverfahren eröffnet ist.

In Deutschland ist ausser in Bayern nach § 1 des Bundesge-
setzes vom 1. Mai 1868 jedes Ehehindernis aus wirtschaftlichen und
polizeilichen Rücksichten gefallen.

Die gänzliche Freigebung der Eheschliessung schliesst die Gefahr
leichtsinniger Familiengründung in sich, doch ist jedes willkürliche
Eingreifen der Polizeigewalt mit den modernen Ansprüchen an individuelle Freiheit absolut unvereinbar. Der Mensch erträgt nichts
weniger, als die Abhängigkeit von dem Willen einzelner Persönlichkeiten in Fragen, welche sein persönliches Glück am tiefsten berühren.

Der Anspruch an bestimmten Besitz oder bestimmtes Einkommen
bietet keine Garantie gegen Verarmung und schliesst grosse Härten
in sich.

Der Gemeindebeamte ist zu sehr Partei, dem Staatsbeamten fehlt
meist die nötige Personal- und Lokalkenntnis zur richtigen Beurteilung,
ob eine Eheschliessung am Platze ist oder nicht. Die Entscheidung
kann ihnen daher nicht überlassen werden. Die Gefahr rein subjektiver
Urteile in so wichtigen Angelegenheiten ist zu gross. Es fehlt aber an
jedem zuverlässigen objektiven Massstabe, um eine Garantie für die
Unschädlichkeit der Eheschliessung zu gewinnen. Zur Beurteilung entsprechender Tüchtigkeit und Solidität für die Zukunft gebricht es an
sicheren Merkmalen, so dass dem subjektiven Urteil stets zu viel
Spielraum gelassen bleibt.

Die bayrischen Bestimmungen schliessen grosse Härten ein und
widersprechen den modernen Anschauungen.

Ausserdem verhindert die Erschwerung der Ehe nicht die Geburten und steigert Uebel anderer Art, so dass dabei mit grösster
Vorsicht vorgegangen werden muss.

Nur Entmündigung und faktische Armenunterstützung sollten der
Behörde ein Einspruchsrecht gewähren. In zweiter Linie käme die
Bestimmung einer höheren Altersgrenze für die Ehemündigkeit mit 18
Jahren für die Frau, 22—24 Jahren für den Mann, in Frage, was
unter unseren Verhältnissen ausserordentlich Vieles für sich hätte,
weil in einem früheren Alter die nötige Reife fehlt und die meisten
Missgriffe vorkommen, die das ganze weitere Lebensglück vernichten.
Die Behörde aber müsste das Recht der Dispenserteilung in ausser-
gewöhnlichen Fällen haben.

Als Ergänzung der Arbeiterversicherung wäre bei der Eheschliessung der Einkauf in eine Witwen- und Waisenversicherungs-
kasse, wenn auch nur mit einer mässigen Einzahlung zu beanspruchen.

2. Aus sanitären Rücksichten könnte ein Verbot der Ehe bei nachweislich erblichen Krankheiten verlangt werden. Doch wird nur in seltenen Fällen der Nachweis der Erblichkeit mit Bestimmtheit geführt werden können. Die Ehe kann gerade für den Kranken eine ausserordentliche Wohlthat und kinderlos sein. Die Massregel wird daher nur gerechtfertigt sein, wo die Ausbreitung erblicher Krankheiten in bedrohlicher Weise erwiesen ist. Das Verbot wird notwendig sein zwischen Blutsverwandten und bei Geisteskranken. Wichtig ist nach allem eine statistische Verfolgung der hauptsächlichsten Krankheiten, besonders der erblichen.

§ 63.

Das Verhältnis von Stadt und Land.

Georg Hansen, Drei Bevölkerungsstufen. München 1889.
Wirminghaus, Jahrbücher f. Nationalökonomie 1895. Neue Folge. Bd. IX. Binnenwanderungen.

In der neueren Zeit hat sich die Binnenwanderung in ausserordentlicher Weise gehoben, gleichwohl stehen wir wohl erst im Beginne dieser Entwickelung, die angebahnt ist durch die Freizügigkeit, durch die Verbesserung und Verbilligung der Kommunikationsmittel. Die weitere Anregung liegt in dem Streben der Bevölkerung, ihre wirtschaftliche und soziale Lage zu verbessern, daher geht besonders der Zug vom Lande in die Städte. Es wirkt dabei mit: der Reiz der städtischen Vergnügungen, das ungebundenere Leben für den Arbeiter, die angesehenere Stellung und bessere Behandlung in der Stadt und die grössere Möglichkeit, sich empor zu arbeiten. Hierzu wirkt ferner die erweiterte Kenntnis dessen, was die Stadt bietet, durch die Presse und den Militärdienst mit. Der Trieb sich empor zu arbeiten ist gesteigert durch die höhere Bildung und wird unterstützt durch den grösseren Wohlstand. Momentane bessere Arbeitsgelegenheit führt zu fortdauerndem Austausch zwischen benachbarten Gegenden, allmählich zwischen entfernten Distrikten. Höhere Löhne in einzelnen Gegenden führen zu dauernden Wanderungen (Sachsengänger) aus mehr zurückgebliebenen Orten und immer allgemeiner vom Lande in die Städte, um sich der aufblühenden Industrie anzuschliessen. Daher die in den Kulturländern allgemein gemachte Beobachtung, dass die städtische Bevölkerung weit stärker steigt, als die ländliche.

Von 1871—90 ist die Bevölkerung Deutschlands in Orten mit 2000 Einwohnern und mehr von 14,7 auf 23,1 Millionen gestiegen, die Landbevölkerung auf 26,2 Millionen stehen geblieben, aber von 63,9% der Gesamtbevölkerung auf 43% und 1895 auf 36% zurückgegangen. In München waren nur 37% der Einwohner Ortseingeborene, in Leipzig 35,15%; 32,4% aus anderen Städten, 31,6 vom Lande zugezogen.

In Deutschland waren vorhanden

	1871	1880	1890
Grossstädte	8	14	121
Mittelstädte	75	102	124
Kleinstädte	529	642	690
Landstädte	1716	1950	1952

Unter 1000 Einwohnern lebten

in Grossstädten	48	72	121
„ Mittelstädten	77	80	90
„ Kleinstädten	112	126	130
„ Landstädten	124	127	124
an anderen Orten	639	586	533

Binnenwanderungen im

		Einw.	Ausw.
Deutschen Reich	1881—90	11,6%	3,2%
Ostpreussen	1871—85	12 „	6,6 „
Berlin	1871—90	10,5 „	22,8 „
Hamburg	1871—85	11,1 „	17 „
Bremen	1871—85	14 „	8 „
Königreich Sachsen	1871—85	13 „	1,6 „
Bayern	1871—85	9,2 „	2 „
Meklenburg	—	10,5 „	8.3 „
Rheinlande	—	13 „	0,3 „
Posen	1871—90	16.8 „	11,4 „

Unter 100 Ortsanwesenden der folgenden Länder waren geboren:

	Preussen	Oesterreich	Ungarn	Frankreich	Niederlande
am Aufenthaltsort	51	65	73	56	65
in einer anderen Gemeinde des Distrikts	15,8	15	15,6	25	21,6
in einem anderen Bezirk des Staates	27,1	18,1	9,3	16,4	11,2
im Ausland	0,7	1,7	1,5	2,3	1,8
in deutschen Bundesstaaten	2,5				

Eine starke Binnenwanderung hat ihre soziale Berechtigung und wirtschaftlichen Vorteile in der Ausgleichung der Lohnverhältnisse und angemessener Verteilung der Arbeitskräfte. Schärfere Schattenseiten treten hervor, wenn die Wanderungen zu einer fortdauernden Unstetigkeit der Bevölkerung und dem Verlust eines festen Wohnsitzes führt, dann bei übermässiger Konzentration an einzelnen Wohnorten.

Der Zuzug nach den Städten ist vielfach ein zu weit gehender und wirtschaftlich nicht berechtigter. Die zuwandernden begnügen sich leicht mit einem niedrigeren Lohn, weil sie mit weniger Angehörigen und niedrigeren Lebensbedürfnissen, als die heimische Bevölkerung mit geringeren Einnahmen auskommen können; sie üben deshalb einen starken Druck auf die Löhne aus und bewirken vielfach Arbeitslosigkeit der Einheimischen, weil sie von den Arbeitgebern bevorzugt und vielfach künstlich angelockt werden, um später demselben Lose wie die Verdrängten zu verfallen.

Deshalb scheint hier ein Zuzugsgeld gerechtfertigt, um die Zuströmenden zurückzuhalten und Mittel zu gewinnen, um Arbeitslose und sonst verarmte in ihre frühere Heimat oder sonst in andere Gegenden, wo sie leichter Beschäftigung und Unterkommen finden, überführen zu können. Die Freizügigkeit an und für sich ist aber eine notwendige Grundlage jeder Entwickelung der unteren Klassen, wie

des wirtschaftlichen Fortschritts, eine unantastbare Errungenschaft
unserer Kulturperiode.

§ 64.

Die Ein- und Auswanderung und ihre wirtschaftliche Bedeutung.

Roscher u. Jannasch, Kolonialpolitik und Auswanderung. Leipzig 1885.
E. v. Philippovich, Auswanderung und Auswanderungspolitik. Leipzig 1892.

Einwanderung wird von volkswirtschaftlichem Nutzen sein wenn
Volksmangel vorliegt und die Einwandernden auf der gleichen oder
einer höhern Kulturstufe stehen, als die einheimische Bevölkerung.
Auch wo kein Volksmangel vorliegt, wird der Zuzug besonders intelli-
genter oder vermögender Leute vorteilhaft sein (französ. Réfugiés
in Preussen).

Dagegen wird die Einwanderung aus Ländern, welche auf tieferer
Kulturstufe stehen, als nachteilig bezeichnet werden müssen, weil die
Gefahr vorliegt, das Niveau der Sittlichkeit wie der Lebenshaltung
herabzudrücken. Es kann deshalb ein Verbot der Einwanderung jener
Elemente vollständig berechtigt sein (Verbot der Chineseneinwanderung
in Australien und den Vereinigten Staaten, russischer Arbeiter in
Deutschland), wenn die Arbeitskraft entbehrt werden kann.

Die Auswanderung geschieht stets aus einem Lande, das weniger
Freiheit, oder weniger günstige Gelegenheit zur Verwertung der Arbeitskraft wie zum Selbständigwerden bietet, als ein in dieser Beziehung besser stehendes Land, nach dem die Wanderung gerichtet
ist. Die Auswanderung kann sein, a) momentane Massenauswan-
derung, wie sie zur Zeit wirtschaftlicher und politischer Krisen auftritt,
und zur sofortigen Entlastung des Landes sehr nützlich sein kann, sodass selbst Staatshilfe zur Förderung derselben sich rechtfertigen lässt.
(So z. B. in Irland in den vierziger Jahren nach dem Eintreten der
Kartoffelkrankheit. In Baden und Würtemberg Anfang der fünfziger
Jahre infolge mehrjähriger Missernten und übergrosser Bodenzersplitterung.
In den Baumwollendistrikten Englands zur Zeit des amerikanischen
Bürgerkrieges.) b) Permanente Auswanderung. Sie verhindert bei
sonst normalen Verhältnissen erfahrungsgemäss nicht die Volkszunahme
und auch nicht die Bildung eines Proletariates, sie ist nicht angethan,
die Armenlast zu vermindern, denn der Arme kann nicht auswandern,
weil dazu Mittel gehören. Es pflegen daher die besseren Elemente
auszuwandern, die tüchtigeren, intelligenteren, vorwärtsstrebenden, die
sich emporgearbeitet haben, oder denen sonst etwas Vermögen zur
Seite steht. Es wandern mehr Männer als Frauen, mehr Erwachsene
als Kinder, mehr im besten Mannesalter Stehende als Greise aus, so
dass die Betreffenden auch in ihrer Heimat meist mehr als ihren Unterhalt zu verdienen vermöchten. Der Verlust an Arbeitskraft und Volksvermögen durch die Auswanderung ist daher bei permanenter Auswanderung für das Mutterland im allgemeinen erheblich grösser, als
der Vorteil der verminderten Konkurrenz für die Zurückbleibenden.
Man hat das bare Geld, welches der deutsche Auswanderer durchschnittlich mitnimmt, auf 4—800 Mk. pro Kopf berechnet. Bäcker will
nur den Ueberschuss, den der Auswandernde über seinen Unterhalt

hinaus zu verdienen vermag, in Rechnung stellen; Philippovich nur die Differenz berücksichtigen zwischen dem Zustande mit und ohne Auswanderung, weil durch die entstandene Lücke die Arbeit der Zurückbleibenden fruchtbringender geworden ist. Auch nach dieser vorsichtigsten Berechnung wird ein fortdauernder Verlust für das Mutterland zu konstatieren sein, so lange nicht eine allgemeine, intensive Uebervölkerung vorliegt.

Die überseeische Auswanderung aus Deutschland betrug jährlich von:

1821—30	8 000	Personen
1831—40	17 000	„
1841—50	48 000	„
1851—60	111 000	„
1861—70	97 000	„
1871—80	59 000	„
1881—90	128 000	„
1891	120 000	„
1893	87 600	„
1894	39 200	„
1896	33 824	„

Die Auswanderung aus europäischen Staaten 1891 und 1894:

	Oesterreich	Ungarn	Grossbritannien und Irland	Frankreich	Italien	Schweden	Norwegen
1891	53,778	21,419	218.507	6.217	175,520	38.318	13,341
1894	17.139	5,427	156,030	—	101,207	8.246	—

Der Staat hat in der neueren Zeit der Auswanderung gegenüber eine ganz andere Stellung eingenommen als früher. Bis 1825 suchte man in Deutschland die Auswanderung durch Verbote zu verhindern, und der Ausgewanderte verlor den Schutz des Staates. Das Verbot erwies sich unwirksam, und widerstrebende Elemente zurückzuhalten konnte nicht günstig wirken, deshalb sind jetzt alle Schranken beseitigt, so dass nicht einmal von dem Auswandernden der Nachweis verlangt wird, dass er seine Verpflichtungen erfüllt hat. Nur der Wehrpflichtige wird nach dem Gesetz von 1876 bestraft, wenn er ohne Erlaubnis sich ausserhalb des Bundesgebietes aufhält. Um der einseitigen Verleitung zur Auswanderung entgegenzuwirken, sind die Auswanderungsagenturen einer Konzession unterworfen. Wichtig wäre es staatliche Auskunftsbüreaus einzurichten.

Im Gegensatz zu früher sucht man die Staatsangehörigen bei der Auswanderung vor Ausbeutung zu behüten. In England wurde 1847 eine besondere Behörde hierfür eingerichtet, die „Commissioner of emigration“, welche die Ueberwachung der Auswandererschiffe zu übernehmen hatte; 1832 in Bremen, 1850 in Hamburg. Seit 1868 und 1871 sind in Deutschland besondere Kommissare des Reichs zur Ueberwachung der Auswandererverhältnisse angestellt. Die Gesandschaften und Konsulate haben den Ausgewanderten im Auslande jeden möglichen Schutz zu gewähren.

§ 65.

Kolonialpolitik.

Das beste Mittel, die Auswanderer dem Mutterlande möglichst zu erhalten, liegt in der Erwerbung von Kolonien, demnächst dieselben möglichst an einzelnen Orten im Auslande zu konzentrieren, weil dadurch die Erhaltung der Nationalität erleichtert und in höherem Masse eine nähere Verbindung mit dem Mutterlande ermöglicht wird, sodass sich daraus ein erweitertes Absatzgebiet für heimische Produkte gewinnen lässt.

Die Kolonien sind zu unterscheiden einmal nach der Art der Benutzung, 1. Strafkolonien, 2. Depots, 3. Handelskolonien, 4. Ackerbaukolonien, wo die Arbeit zum grossen Teil durch die Auswanderer selbst vollzogen wird, 5. Plantagenkolonien, wo die einheimische Bevölkerung oder fremde Arbeiter unter Leitung der Kolonisten die Arbeit übernehmen. Die Kolonien sind ferner zu unterscheiden nach dem Grade der Abhängigkeit vom Mutterlande. 1. bei völliger Abhängigkeit und Verwaltung durch das Mutterland (Ceylon, Java, Kamerun, 2. Dependenzen, abhängig aber mit selbstständiger Verwaltungsorganisation (Algerien, Neu-Kaledonien), 3. konföderierte Kolonien, selbständig nur unter der Oberhoheit des Mutterlandes stehend (wie Kanada und Australien).

Der Nutzen der Kolonien ist in folgenden Momenten zu sehen: 1. In der Erhaltung der Beziehungen der Auswanderer mit dem Mutterlande, welche um so grösser sein wird, je grösser die Zahl der dort vereinigten Auswanderer und je grösser die Abhängigkeit vom Mutterlande ist. 2. Die Schulung für Beamte und Militär, so wie auch der übrigen Bevölkerung, soweit sie Gelegenheit findet durch zeitweilige Thätigkeit in anderen Himmelsgegenden den Blick zu erweitern und die Thatkraft zu stählen. Aber nicht nur überschüssige Arbeitskräfte, sondern namentlich höhere Intelligenz und heimisches Kapital finden dort Gelegenheit zur Verwertung, ohne sich der Heimat zu entfremden.

Das alte Kolonialsystem mit einseitiger Ausbeutung der Kolonien ist mehr und mehr aufgegeben (hauptsächlich noch in Java vorhanden), es handelt sich jetzt mehr darum, den Kolonisten Schutz zu gewähren und ihnen eine Verwaltungsorganisation zu geben. Auch bei gleichberechtigter Stellung aller Nationen in den Kolonien wird das Mutterland stets einen Vorzug haben. Weitergehenden Vorteil werden sie nur zu gewähren vermögen, wenn die klimatischen und sonstigen natürlichen Verhältnisse die Ansiedelung grösserer Auswandererströme aus dem Mutterlande aufzunehmen und nachhaltig zu beschäftigen vermögen. Ein wirtschaftlicher Nutzen wird für das Heimatland durch die Produktion der Waren in eigenen Kolonien erst dann vorliegen, wenn dieselben dort billiger produziert werden, als man sie vom Auslande beziehen kann.

Abschnitt V.

Armenwesen und Armenpflege.

Kapitel I.

Löning, in Schönbergs Handbuch der polit. Oekonomie. Bd. III.
Handwörterbuch der Staatswissenschaften. Art. Armenwesen, Armenstatistik, Armenlast.
Emminghaus, Das Armenwesen und die Armengesetzgebung in den europäischen Staaten. 1880.
Böhmert, Das Armenwesen in 77 deutschen Städten. 1886.
Uhlhorn, Die christliche Liebesthätigkeit. Stuttgart 1887.
Schriften und Verhandlungen des Deutschen Vereins für Armenpflege etc. Leipzig.

§ 66.
Das Wesen der Armut.

Armut ist nach dem Sprachgebrauche der wirtschaftliche Zustand, in welchem für eine Häuslichkeit oder eine Person die ihr zur Verfügung stehenden Unterhaltsmittel nicht ausreichen, um dem Kulturzustande und der gesellschaftlichen Stellung gemäss zu leben und sie auch ausser stande ist, sich dieselben selbst zu verschaffen.

Juristisch wird dieser Zustand als der der Bedürftigkeit bezeichnet, dagegen der Begriff der Armut enger gefasst und erst dann angenommen, wenn die zum notwendigsten Lebensunterhalte erforderlichen Mittel der Person fehlen und sie ohne Hilfe anderer zu Grunde gehen würde.

Armut in beiderlei Sinne hat es stets gegeben, Armut im letzteren Sinne hat sich mit der modernen Kultur ausserordentlich vermindert, in dem ersteren Sinne infolge der vermehrten Lebensansprüche und gesteigerter Humanität eher vermehrt, weshalb auch die Aufgaben in Bezug auf die Armenpflege sich wesentlich gesteigert haben.

Bei primitiven Völkerschaften befindet sich meist die Gesamtheit im Zustande grösster Dürftigkeit und oft in Hungersnot. Noch jetzt ist sie bei vielen Negerstämmen, Eskimos, in weiten Teilen Indiens und Chinas zu beobachten. Es ist ein Irrtum zu meinen, dass Armut erst durch das Privateigentum und die Ungleichheit des Besitzes entstanden ist. Im Mittelalter befand sich ein übergrosser Teil der Bevölkerung im Zustande äusserster Bedürftigkeit, und häufige Hungersnot dezimierte die Bevölkerung. Noch im vorigen Jahrhundert war das Elend der unteren Bevölkerung und die Zahl der Hilfsbedürftigen weit grösser als jetzt. Aus Wien wurden vor der Belagerung durch die Türken 7000 Bettler ausgewiesen. In Köln zählte man Ende des vorigen Jahrhunderts 12000 Bettler. In Schottland wurden zur selben Zeit in einem Jahre 200000 Vagabunden aufgegriffen, in ganz England zählte man 1888 36000.

Richtig ist indessen, dass auch jetzt die Zahl der Bedürftigen ausserordentlich gross ist, und dass ein sehr bedeutender Prozentsatz der Bevölkerung als Proletariat aus der Hand in den Mund lebt und sich an der Grenze befindet, wo jede ungünstige Konjunktur, jede Krankheit oder gar der Tod des Ernährers den Zustand der Bedürftigkeit herbeiführen kann, der die Hilfe anderer notwendig macht. Von 30 Millionen Einwohnern in Preussen waren 1895/96 21,1 Million d. s. 68,7 %, in den Städten 60,3, auf dem Lande 74,4 %, von der Einkommensteuer befreit, weil ihr Einkommen auf weniger als 900 Mk. geschätzt war. Ausserdem wurden 36 % aller Censiten auf ein Einkommen von nur 900—1200 Mk. eingeschätzt. 47 % der Haushaltungen Berlins haben nur ein heizbares Zimmer, in dem durchschnittlich 4 Personen wohnen. 7,1 % der Bevölkerung bewohnen zu 6 Personen und mehr ein Zimmer.

Aber auch diese Verhältnisse haben sich nicht gegen früher verschlimmert, sondern im Gegenteil verbessert. Die grosse Masse der Arbeiter wohnt, kleidet und ernährt sich jetzt weit besser als die untere Klasse im vorigen Jahrhundert und als noch jetzt die grosse Masse der russischen Bauern.

Gleichwohl sind die Aufgaben der praktischen Armenpflege sehr gestiegen, weil die Anforderungen der Humanität erheblich gewachsen sind, wie der Standard of Life der unteren Klasse. Man erkennt bereits einen Zustand als hilfsbedürftig an, der in früheren Zeiten als ganz normal angesehen wäre, und eben so ist auch gegenwärtig die Zahl der Unterstützten in wohlhabenderen Gegenden und Orten, z. B. in Rheinland, Hamburg etc. grösser, als in Posen, in den kleinen Städten und auf dem Lande. Die grössere Wohlhabenheit gestattet reichlichere Hilfe, und man gewährt sie im Westen Preussens bereits bei einer Lebenshaltung, die im Osten als völlig auskömmlich angesehen wird.

Die Statistik gewährt keinen ausreichenden Anhalt zur Beurteilung der Armut in der Gegenwart. 1. Wegen der erwähnten Relativität des Begriffes. 2. Weil die Statistik nicht die Zahl der Armen, sondern nur die der Unterstützten ermitteln kann. 3. Nur die, welche aus öffentlichen Mitteln Spenden erhalten haben, nicht aber die aus Privatmitteln Versorgten können gezählt werden. 4. Die Statistik vermag nicht zu scheiden zwischen den dauernd und nur einmal oder vereinzelt Unterstützten, so dass darin ganz Verschiedenartiges summiert wird, und Doppelzählungen nicht zu vermeiden sind. Die betreffenden Angaben sind deshalb nur mit grosser Vorsicht aufzunehmen und gewähren nur einen ungefähren Anhalt.

Nach der Zählung von 1885 wurden in Deutschland 1592000 Personen aus öffentlichen Kassen unterstützt, 3,4 % der Bevölkerung mit 90 Millionen Mk., 1,9 Mk. pro Kopf der Bevölkerung; 55 Mk. fielen durchschnittlich auf jeden Unterstützten. Im Rheinland waren es 4 % der Bevölkerung; in Mecklenburg-Strelitz 8,1 %. in Posen 2,9 % in Bayern und im Königreich Sachsen 2,8 %; in Berlin 6,8, im Hamburg 9.6%. Die Ausgaben waren pro Kopf der Bevölkerung in Hamburg 5,8 Mk., Berlin 5,5, in Bayern 1,8, im Königreich Sachsen 1,7, in Posen 1,1. Der Unterstützte erhielt durchschnittlich in Berlin 91,5 Mk., im Königreich Sachsen 60, in Ostpreussen 36. In Frankreich rechnet man etwa 1½ Mill. Personen (3% der Bev.), die von den Bureaux de bienfaisance mit 50 Mill. Frcs. unterstützt werden. In Oesterreich zählt man 1,2% der Bev., die 6 Mill. Gulden erhalten, 0.27 Gulden pro Kopf der Bev. Im Britischen Reiche erhalten 998,000 Arme (2,7%) 17,1 Mill. Pfd. St. (8 Mk. pro Kopf).

Trotz ihrer Ungenauigkeit ergibt die Statistik, dass die Zahl der Armen eine ausserordentlich grosse ist, so dass sie als eine Kalamität angesehen werden muss, gegen welche mit aller Kraft anzukämpfen ist. Dieses ergiebt sich sowohl, wenn man die Armenverhältnisse vom christlich-philanthropischen Standpunkte, wie vom Standpunkte des Staats- und Volkswirtes betrachtet. Alle Religionen verpflichten den Menchen, aus Nächstenliebe dem in Not befindlichen zu helfen, gleichviel ob der Betreffende verschuldet oder unverschuldet in diesen Zustand geraten ist. Der Staats- und Volkswirt muss in jedem Armen eine Gefahr für die Gesamtheit erblicken. Die Not stumpft erfahrungsgemäss das Ehrgefühl ab. Es gehört besondere Charakterfestigkeit dazu, trotz Not und Versuchung aller Art, sich in den richtigen Bahnen des Gesetzes zu halten. Bei Vermehrung der Not steigt die Zahl der Verbrechen, sowohl der gegen das Eigentum wie gegen die Person und die Sittlichkeit.

Die Aufgabe des Staates geht daher dahin, mit allen Mitteln auf die Verminderung der Armut hinzuwirken und der Verarmung vorzubeugen. Dies ist in der ganzen Volkswirtschaftspolitik zu berücksichtigen. Da aber die Verarmung erfahrungsgemäss nicht zu vermeiden ist, so hat die Staatsgewalt wie die Gesellschaft bei eingetretener Hilfsbedürftigkeit helfend einzugreifen, durch die Armenpflege.

§ 67.
Die Ursachen der Armut.

Dieselben sind teils innere, im Menschen selbst liegende, wodurch die Armut verschuldet wird, teils äussere, in den allgemeinen Verhältnissen liegende, welche unverschuldete Armut herbeiführen.

So wichtig die Untersuchung über die Behandlung von Bedürftigen, ist so schwer ist sie im praktischen Leben durchzuführen.

Drei Triebe im Menschen sind es, welche hauptsächlich als Ursache der Armut anzusehen sind: 1. Trägheit und Sorglosigkeit, 2. Genusssucht, 3. Der Reproduktionstrieb.

Die Trägheit ist allgemein im Menschen mehr oder weniger vorhanden, die meisten arbeiten nur aus Not, eine Anzahl aus Pflichtgefühl, wenige aus Freude an der Arbeit. Je unkultivierter ein Volk, um so grösser ist die Zahl derer, die nicht mehr arbeitet, als zur Erlangung des momentanen Unterhaltes unumgänglich notwendig ist. Um so grösser ist die Zahl derer, die fortdauernd in Gefahr leben, in Elend zu geraten, und um so mehr wird eine Erhöhung des Verdienstes zunächst nur zur Vermehrung der Trägheit führen. Je mehr

die Bevölkerung die Ueberwindung der Trägheit als Lebenspflicht erkannt hat, und von klein auf daran gewöhnt wird, um so geringer
wird die Gefahr der Verarmung sein.

Die Genusssucht führt gleichfalls zum sorgenlosen Verbrauchen
des Erworbenen im Momente, ohne die Zukunft in Rechnung zu ziehen.
Sie verleitet zu unwirtschaftlicher Verwendung des Erworbenen und dadurch leicht zu Not und Elend. Eine Hauptrolle spielt dabei die
Trunksucht, welche zugleich die Arbeitskraft, wie den sittlichen Halt
untergräbt. Aus beiden ergiebt sich der geringe Trieb, die eigenen
Kräfte und Leistungsfähigkeit auszubilden und damit die Grundlage
zu bilden, sich empor zu arbeiten.

Die zu frühe Verehelichung, wie die zu grosse Kinderzahl bilden
sehr allgemein in unserer Zeit die Ursachen eines unzureichenden Verdienstes auch bei sonst normalen Verhältnissen.

Unter den äusseren Ursachen der Armut werden von allem zu
nennen sein 1. Vermögenslosigkeit, die zum Leben aus der Hand in
den Mund verdammt, vor allem bei Erbarmut, dann bei unzureichendem
Lohn; 2. Krankheit, Invalidität, ev. Tod des Ernährers müssen dabei
Not herbeiführen; 3. wirtschaftliche Krisen und sonstige Momente,
welche unverschuldete Arbeitslosigkeit veranlassen, die in unserer Zeit
der Kreditwirtschaft und des wachsenden Konkurrenzkampfes sich
neuerdings erheblich vermehrt haben.

Die Statistik vermag über die Bedeutung der einzelnen Ursachen nicht ausreichend Auskunft zu geben, indessen ist der folgende
Anhalt der sächsischen und deutschen Reichsstatistik immerhin beachtenswert.

Nach der Enquete von 1880 im Königreich Sachsen und nach der
deutschen Statistik von 1885 wurde als durchschnittliche Ursache der
Bedürftigkeit bei den aus öffentlichen Kassen Unterstützten wie folgt
festgestellt:

	Deutsches Reich	in 21 Grossstädten	Sachsen
Krankheit und Ver-letzung	30,0 %	44,7 %	18,4 %
Tod des Ernährers	18,1 „	10,4 „	5,1 „
Körperl. u. geistige Gebrechen	12,4 „	} 18,4 „	10,3 „
Altersschwäche	15,8 „		17,7 „
Grosse Kinderzahl	7,2 „	6,5 „	20,0 „
Arbeitslosigkeit	6,0 „	10,0 „	18,5 „
Arbeitsscheu und Trunk-sucht	11,4 „	10,0 „	10,0 „

Schwerlich wird es möglich sein, jemals diese Ursachen der Armut
und daher diese selbst völlig zu beseitigen. Gleichwohl sind die vorliegenden Zustände nicht als unabänderliche, mit unserem Kulturzustande
notwendig verbundene und naturgesetzliche anzusehen, vielmehr hat
Staat und Gesellschaft die Möglichkeit, sie erheblich zu bessern und
daher die weitgehendste Aufgabe, sie mit allen Mitteln zu bekämpfen,
so wohl gegen die inneren Ursachen durch pädagogische Mittel, wie
gegen die äusseren auf wirtschaftspolitischem Wege, vorzugehen und
die Wirkung zu mildern. Die Armenpflege selbst hat fortdauernd auf
diese Ursachen Rücksicht zu nehmen.

§ 68.

Geschichte der Armenpflege.

Ratzinger, Geschichte der kirchlichen Armenpflege. Freiburg 1884.
Löning u. Uhlhorn, a. a. O.

a) Aeltere Zeit.

Eine organisierte, zielbewusste Armenpflege ist im ganzen Altertum nicht vorhanden gewesen. In Athen wurde unter Pisistratos den im Kriege Verstümmelten, später allen Verkrüppelten Unterstützung, und zwar gleich dem niedrigsten Tagelohn, vom Staate zugewiesen. Die bekannten Kornspenden gehören nicht zur Armenpflege, denn alle Bürger hatten Anspruch darauf. Ebenso war es im alten Rom. Erst zur Kaiserzeit beginnt eine gewisse Armenfürsorge durch Stiftungen zur Erziehung armer Kinder.

Auch bei den Juden gab es keine geregelte Armenpflege, doch war die Mildthätigkeit heilige Pflicht und Selbstzweck. Die Pflicht zu Armenspenden ergab sich aus dem Glaubenssatze: Jehova gehört alles Land, von ihm erhält es der Landwirt zum Lehen, dafür hat er die Pflicht, den Armen von dem Ertrage abzugeben.

Im Mittelalter stellte die römische Kirche das Almosengeben gleichfalls als Pflicht an sich hin, unbekümmert um die Wirkung. Durch sie fand eine gewisse Glorifizierung der Armut, die Gott wohlgefällig sei, statt. Das Almosennehmen hatte dadurch das Herabwürdigende verloren. Der steigende Reichtum der Kirche im Mittelalter wurde besonders zu reichlichen Spenden verwendet, die ihr Macht und Einfluss verschafften. Reichten die eigenen Mittel nicht aus, so durfte nach dem Beschlusse des Concilium Turonense 567 auf die Gemeindemitglieder ein Zwang zu ergänzenden Spenden ausgeübt werden.

Daneben hat Karl der Grosse in seinen Kapitularien von 806, die 850 ergänzt wurden, die Unterstützung der Armen den Gemeindemitgliedern, wie den Grundherren, zur Pflicht gemacht. Er hielt die Kirche an, den Zehnten hauptsächlich für Wohlthätigkeitszwecke zu verwenden, so dass schon damals neben der kirchlichen die staatliche Fürsorge auftrat, ohne indes erhebliche Erfolge zu erzielen. Das Betteln verbot er.

Das sehr ausgedehnte, planlose Spenden der Kirche trug wesentlich dazu bei, das Bettel- und Vagabundenwesen zu steigern und zu verallgemeinern, das sich deshalb zu einer allgemeinen, schliesslich unerträglichen Last und Gefahr herausbildete, so dass die Staatsgewalt sich durch starke Strafbestimmungen dagegen wenden musste. Besonders strenge ging in dieser Hinsicht Skandinavien vor, wo schon im Mittelalter die kirchliche Armenpflege durch die staatliche verdrängt wurde.

Im 15. Jahrhundert finden wir in den Städten Ansätze von selbstständiger kommunaler Armenpflege. In Frankfurt am Main wurden z. B. im Jahre 1437 städtische Armenpfleger angestellt.

Wesentlich hat Luther dazu beigetragen die Auffassung der Aufgaben der Armenpflege, wie sie im Mittelalter hauptsächlich verbreitet war, zu modifizieren. In seiner Schrift an den Adel deutscher Nation bezeichnet er als „der grössten Nöten eine, dass alle Bettelei abgethan würde in der ganzen Christenheit", jede Stadt müsse ihre Armen selbst verpflegen, die fremden Bettler dagegen ausweisen. Er verlangt geregelte, systematische Armenpflege auf Grund einer Prüfung der Verhältnisse. Er legt Nachdruck auf die Berücksichtigung der Wirkung des Gebens, denn niemand solle unnütz von der Arbeit anderer leben.

§ 69.
Das englische Armenwesen.

Aschrott, Die englische Armengesetzgebung. Berlin 1886.
Kries, Die englische Armenpflege, herausgegeben von Richthofen. 1863.
v. Reitzenstein, Die Armengesetzgebung Frankreichs. Leipzig 1881.

b) Die neuere Zeit.

In England sind im 14. Jahrhundert als erste bezügliche Staatsthätigkeit Bettelverbote zu finden. Heinrich VIII. sah sich zu weiter gehender Thätigkeit veranlasst. Er hatte die reichen Klöster aufgehoben, die Kirchen ihrer Mittel beraubt, die deshalb die bisherige Fürsorge für die Armen nicht weiter durchführen konnten, wodurch die Not im Lande erheblich stieg. Anfangs erliess er deshalb Ermahnungen an die Gemeinden zur Mildthätigkeit und als dies nicht ausreichte, suchte er sie zur Armenpflege gesetzlich zu zwingen. Arbeitsfähige sollten in ihre Heimatsgemeinde gewiesen und dort zur Arbeit gezwungen werden.

Für mehr als zwei Jahrhunderte massgebend und bis zur Gegenwart bedeutsam wurde die berühmte Elisabethakte von 1601, ein ausführliches Armengesetz. Den Grundzug bildet der philanthropische Satz „Staat und Gesellschaft sind verpflichtet, für jeden Hilfsbedürftigen Sorge zu tragen." Der Staat übernahm die Verpflichtung, den Arbeitsfähigen Beschäftigung, den Arbeitsunfähigen Unterhalt zu verschaffen. Der mildthätige Gesichtspunkt überwog den polizeilichen, und hat dieses im Laufe der folgenden zwei Jahrhunderte in immer höherem Masse gethan. Jeder sollte versorgt werden, wo er sich gerade befand und verarmte. Unter Karl II. wurde dies geändert und wieder jeder auf seine Heimat verwiesen. Innerhalb 40 Tagen konnte jeder, der der Gemeinde zur Last zu fallen drohte, ausgewiesen werden, was eine erhebliche Beschränkung des freien Aufsuchens der Arbeitsgelegenheit in sich schloss.

Die Armenpflege selbst wurde den Kirchspielen zugeteilt. Der Kirchenvorsteher wurde zum Armenaufseher oder Armenvater bestellt und mit der Handhabung der Armengesetze betraut. Die Oberaufsicht war aber der Staatsgewalt vorbehalten, welche die Armenpflege ausdrücklich als ihre eigene spezielle Aufgabe acceptierte.

Die Armenväter hatten die nötigen Mittel zur Armenversorgung zu beschaffen und das Recht, die erforderlichen Armensteuern auszuschreiben. Sie waren mit ihrem Vermögen dafür haftbar, dass die nötige Summe zur Verfügung stand. Daneben konnte der Friedensrichter noch selbständig Unterstützungen verfügen, Arbeiten zur Beschäftigung der Armen in Angriff nehmen lassen etc. Er sollte eine zu grosse Strenge der Lokalbehörden beseitigen; und darin lag der Keim späteren Missbrauchs. So wurde 1795 durch eine Versammlung

8*

von Friedensrichtern der Beschluss gefasst, Arbeitsfähigen und beschäftigten Personen aus der Armenkasse einen Zuschuss zum Lohne zu gewähren, wenn dieser als unzureichend anerkannt würde. Die Folge war, dass es den Unternehmern gelang, den Lohn immer tiefer herabzudrücken und die Armenkasse den nötigen Zuschuss gewährte. Das Almosennehmen wurde von der unteren Klasse immer allgemeiner als etwas Unvermeidliches und Selbstverständliches aufgefasst, das Gefühl der Selbstverantwortlichkeit abgestumpft, und die Armenlast wuchs von Jahr zu Jahr in immer bedenklicherer Weise. Das waren die Verhältnisse, welche Robert Malthus veranlassten, energisch gegen die zu humane Armenpflege aufzutreten, und die 1832 zu einer grossen parlamentarischen Enquête über die Zustände im Lande führten, welche das Armengesetz von 1834 zur Folge hatte.

Die Ausgaben für die öffentliche Armenpflege waren während des 17. Jahrhunderts von 6 auf 900 000 Pfd. St. gestiegen. Im vorigen Jahrhundert stieg sie auf 1,2 Millionen, 1803 bezifferte sie sich auf 4 Millionen, 1818 auf 7 187 000 Pfd. St. bei 11,8 Millionen Einwohner und belief sich auch 1832 noch auf 7 Millionen Pfd. St.

Der mildthätige Grundzug des alten Gesetzes blieb auch nach der Akte von 1834 bestehen, der Staat sollte im ganzen Lande eine gleiche reichliche Versorgung aller Hilfsbedürftigen veranlassen, aber die armen Arbeitsfähigen sollten nur vor momentaner Not bewahrt werden; die Nötigung zur eigenen Anstrengung wollte man ihnen nicht abnehmen. Deshalb sollten sie, so weit möglich, in Arbeitshäusern Beschäftigung finden, wenn sie sich allein nicht weiter zu helfen vermochten. Schon 1722 war die Errichtung solcher Arbeitshäuser (workhouses) angeordnet, aber nur mangelhaft durchgeführt, ohne die nötige Aufsicht, so dass sie vielfach zur weiteren Demoralisation der Arbeiterbevölkerung beitrugen. Jetzt suchte man sie überall einzuführen und durch scharfe Zwangsmassregeln zu verbessern, wodurch sie mehr den Charakter von Gefängnissen bekamen. Thatsächlich herrscht in der Bevölkerung eine grosse Scheu vor ihnen, wodurch die Zahl der hilfesuchenden Arbeitsfähigen allerdings erheblich herabgedrückt ist. Sie erwiesen sich aber als recht kostspielig und doch unzulänglich, allen in Betracht kommenden Personen bei den grossen Schwankungen in der Zahl derselben ein Unterkommen zu gewähren. Seit 1846 ist das alte Prinzip, dass die Heimat Unterstützungsort ist, durchbrochen, die Ausweisung Bedürftiger ist allmählich beseitigt. Wesentlich war ferner die Erweiterung der Armenbezirke, um sie leistungsfähiger zu machen, anfangs nur für die Arbeitshäuser, 1865 für alle Kosten. Für grössere Anlagen der geschlossenen Armenpflege können seit 1879 von der Centralbehörde mehrere Verbände zusammengelegt werden. Ueberhaupt ist der Centralbehörde immer mehr Macht zuerkannt und damit die Eigentümlichkeit des englischen Prinzipes, der Staatsarmenpflege, schärfer zum Ausdruck gebracht. Der einzelne Fall bleibt aber der Lokalbehörde zur Erledigung vorbehalten, welche jetzt ein Kollegium bildet, das von den Armensteuerzahlenden aus den Höchstbesteuerten gewählt wird. Das Minimum und Maximum dessen, was gewährt werden soll, ist für das ganze Land einheitlich bestimmt. Die Fürsorge ist deshalb überall eine sehr gleichmässige. Der Grundsatz ist mit der Unterstützung unter dem Mass zu bleiben, welches der selbständige Arbeiter erhält; und nur das Notwendigste zu geben.

In Frankreich ist die Armenpflege im Gegensatz zur englischen ganz Gemeindesache und fakultativ. Es besteht, wie auch in Italien, keine Verpflichtung der Behörden, Unterstützung zu leisten. Dafür ist die kirchliche Armenpflege eine um so ausgedehntere; und grosse Stiftungen erleichtern die Versorgung der Armen. Daneben soll in jedem Arrondissement ein Bureau de bienfaisance bestehen, das fast völlig selbständig ist. In 36 117 Gemeinden sind 14 768 Bureaus vorhanden. Wo solche Bureaus fehlen, da ist keine geregelte öffentliche Fürsorge vorhanden, die Armenpflege ist daher in den verschiedenen Gemeinden ausserordentlich ungleich, wiederum im Gegensatz zu England. Besser ist dagegen die geschlossene Armenpflege, der viele eigene Mittel zur Verfügung stehen.

§ 70.

Preussen.

Rocholl, System des Armenpflegerechts. 1873.

Für Preussen bezeichnet die Verordnung des grossen Kurfürsten vom 18. November 1684 den Ausgangspunkt einer gewissen staatlichen Fürsorge für die Armen. Die Gemeinden sollen danach die Armen unterstützen, so weit immer möglich. 1715 verfügte Friedrich Wilhelm 1. für die ganze Monarchie scharfe Strafbestimmungen gegen das Betteln und bestimmte zugleich: jede Stadt und jedes Dorf solle ihre Armen notdürftig versorgen. 1725 wurden die Steuerräte mit der Aufsicht darüber betraut, dass die Gemeinden ihren Verpflichtungen in der Armenpflege nachkommen. Der König werde helfen, wenn diese nicht die ausreichenden Mittel besässen. Erweitert wurde die Fürsorge 1748.

Eingehender, vom humansten Sinne beseelt, sind die betreffenden Bestimmungen des preussischen Landrechts von 1795 (§ 1 Titel 19, Teil VI). Dem Staate kommt es nach demselben zu, für Ernährung und Verpflegung derjenigen Bürger zu sorgen, welche sich nicht selbst ernähren und auch von den gesetzlich dazu Verpflichteten nicht erhalten werden können, ohne dass er indessen darum direkt mit eigenen Mitteln einzugreifen braucht. § 2. Wenn es nur an Mitteln und Gelegenheit fehlt, den Unterhalt zu verdienen, sollen Arbeiten angewiesen werden. § 3. Träge sollen durch Zwang unter Aufsicht zur Arbeit angehalten werden. §§ 4 und 5. Bettel ist nicht zu gestatten, jeder Bettler ist dort hinzuschaffen, wo er gesetzlich versorgt werden muss. §§ 6—8. Der Staat ist berechtigt und verpflichtet, gegen Verarmung und Müssiggang Vorsorge zu treffen. § 10. Die Stadt- und Dorfgemeinden müssen bei den ausdrücklich aufgenommenen Mitgliedern, wenn sie verarmen, für die Ernährung sorgen. Bei anderen Einwohnern ist diejenige dazu verpflichtet, bei welcher dieselben zu den gemeinen Lasten zuletzt beigetragen haben. § 16. Die Polizeiobrigkeit eines jeden Ortes muss sich der Armen und Unvermögenden annehmen, denen auf andere Weise der Unterhalt nicht beschafft werden kann.

Der Grundsatz des Gesetzes ist hiernach, dass kein Armer ohne Hilfe bleiben soll. Staats- und Kommunalbehörden werden dafür verantwortlich gemacht. Dagegen ist es nicht richtig, daraus zu entnehmen, das preussische Landrecht gewähre ein Recht auf Arbeit und Unterhalt. Der Bedürftige hat sich vielmehr nur als Bittsteller an die Behörden zu wenden. Er kann nicht auf dem Rechtswege, sondern nur auf dem Verwaltungswege sein Gesuch durchzusetzen trachten. Der Unterstützungsuchende begiebt sich seiner Freiheit. Er hat sich den Bestimmungen der Behörden völlig zu unterwerfen, in welcher Form er die Unterstützung erhalten soll und wo. Die Behörde ist nicht ihm, sondern nur der höheren Instanz gegenüber dafür verantwortlich, dass die nötige Hilfe geleistet wird. An diesen Grundsätzen hält auch die gegenwärtige Gesetzgebung fest.

Das Gesetz erstreckte sich nicht auf die Rheingegenden. Erst die Gesetze von 1842—55 umfassten das ganze Gebiet der Monarchie. Sie gaben festere Bestimmungen als das Landrecht, wem die Fürsorge für die Armen obliegt, und legten die Massregeln gegen Arbeitsscheue in die Hände der Justiz. Sonstige Einzelheiten der preussischen Gesetzgebung sind ohne nachhaltige Bedeutung. Erst die Gesetzgebung des norddeutschen Bundes vom 6. Juni 1870 und das ergänzende preussische Gesetz vom 8. März 1871 sind wieder von Wichtigkeit. Das erstere wurde 1871 auch auf Baden und Württemberg ausgedehnt.

Kapitel II.
Die gegenwärtige Gesetzgebung.

Münsterberg, Die deutsche Armengesetzgebung. Berlin 1887.

§ 71.
Die Gesetzgebung des deutschen Reiches.

A. Die Organisation der Armenpflege.

Die Verfassung des norddeutschen Bundes proklamiert die völlige Freizügigkeit, die nur im Interesse der Sicherheitspolizei einigen Beschränkungen unterworfen ist. Die Gemeinde kann den Anziehenden abweisen, wenn Verarmung schon vorhanden, nicht wenn sie künftig erst in Aussicht steht. Die Landespolizeibehörde kann den Aufenthalt an bestimmten Orten den Personen untersagen, die durch gerichtliches Erkenntnis unter Polizeiaufsicht gestellt sind. Denjenigen, welche innerhalb der letzten 12 Monate wegen wiederholten Bettelns oder Landstreicherei bestraft sind, kann der Aufenthalt in anderen Bundesstaaten untersagt werden. Noch nach dem Gesetz vom 1. Nov. 1867 konnte durch blossen Aufenthalt und Niederlassung der Anspruch auf Heimatsrecht und Armenpflege nicht begründet werden. Die Bestimmungen in den verschiedenen Ländern waren darüber ungleich. Erst das Gesetz von 1870 gab gleichmässige Bestimmungen über die Erlangung des Unterstützungswohnsitzes, und wer zur Unterstützung verpflichtet sei.

Vor allem ist der Grundsatz aufgestellt, dass jeder Deutsche in jedem Bundesstaate a) in Bezug auf Art und Mass der öffentlichen

Unterstützung, b) auf den Erwerb des Unterstützungs-wohnsitzes als Inländer zu behandeln ist. Die zu gewährende öffentliche Unterstützung hat die Landesgesetzgebung zu bestimmen.

§ 2—7 bestimmen die Organe der öffentlichen Unterstützung: 1. die Ortsarmenverbände, welche ein oder mehrere Gemeinden (in Preussen auch die selbständigen Gutsbezirke) umfassen; 2. die Landarmenverbände, welche durch grössere Bezirke ev. Bundesstaaten vertreten werden. In Preussen sind es die einzelnen Provinzen und die Städte Berlin, Breslau und Königsberg; in Württemberg, Baden und Hessen die Oberamtsbezirke und Stuttgart, in Oldenburg die Amtsverbände.

Der Staat begiebt sich damit einer direkten Einwirkung auf die Armenpflege.

Der Unterstützungswohnsitz wird erworben a) durch Aufenthalt, wenn der Betreffende innerhalb eines Ortsarmenverbandes ursprünglich nach zurückgelegtem 24. Lebensjahr, nach dem Gesetz von 1894 aber bereits nach zurückgelegtem 18. Lebensjahr, 2 Jahre lang ununterbrochen seinen gewöhnlichen Aufenthalt gehabt hat. Durch Eintritt in Kranken- und Heilanstalten wird der Aufenthalt indessen nicht begonnen, ebenso wo keine Selbstbestimmung vorlag. Vorübergehende Abwesenheit unterbricht ihn nicht, wohl aber der Empfang öffentlicher Armenunterstützung; b) durch Verehelichung. Die Ehefrau teilt den Unterstützungswohnsitz, ebenso die Unterst.-wohnsitzlosigkeit des Mannes; c) durch Abstammung. Kinder teilen den Wohnsitz der Eltern, resp. der Mutter. Sie behalten ihn auch nach dem Tode des Vaters, bis sie ihn nach dem Gesetz verlieren.

Der Verlust des Unterstützungswohnsitzes tritt ein 1. durch Erwerb eines anderen Unterstützungswohnsitzes, 2. durch zweijährige ununterbrochene Abwesenheit nach zurückgelegtem früher 24., jetzt 18. Lebensjahr. Wenn die Absicht ersichtlich, dass die Anwesenheit nur vorübergehend sein soll, so unterbricht sie die Abwesenheit nicht. Wer seinen Unterstützungswohnsitz verloren und noch keinen anderen erlangt hat, fällt dem Landarmenverbande anheim, in dessen Bezirk seine Hilfsbedürftigkeit eingetreten ist.

In Elsass-Lothringen sind in dieser Beziehung noch die französischen Gesetze massgebend. Das Gesetz erstreckt sich auch nicht auf Bayern. Dort ist die Unterstützungspflicht der politischen Gemeinde an die Heimatsberechtigung der hilfsbedürftigen Personen geknüpft. Diese wird erworben 1. durch Geburt, 2. durch Aufnahme als Bürger und die Ehe, 3. durch Verleihung, bisher nach 5 Jahren, durch Gesetz von 1896 nach 4 Jahren, an selbständige erwachsene Personen, welche direkte Steuern zahlen, oder, früher nach zehnjährigem, jetzt nach siebenjährigem Aufenthalt, ohne Armenunterstützung erhalten zu haben, 4. durch Anweisung, wenn die eigentliche Heimat nicht nachzuweisen ist.

Die Erlangung des Unterstützungswohnsitzes nach dem deutschen Gesetz innerhalb 2 Jahren wird von den Vertretern der Landbezirke vielfach als zu lang bezeichnet, weil dadurch in den Städten Arbeitsuchende noch häufig dem Lande zur Armenunterstützung zurückgewiesen werden, und zu viele überhaupt die Heimat verlieren, ohne eine andere zu erlangen. Die Städter dagegen bezeichnen die Frist

als eine zu kurze, weil dadurch Leute in die Städte gelockt werden,
um die bessere Armenunterstützung zu ersitzen. Es scheint der richtige
Mittelweg getroffen zu sein.

Die Einrichtung des Landarmenverbandes wird angefeindet, weil
dadurch Verarmte ohne eine bestimmte Heimat bleiben. Indessen ist
damit der Vorteil gegeben, dass sich jeder den Ort als Heimat wählen
kann, den er für den geeignetsten hält. Die Einrichtung ist aus dem
Bedürfnisse erwachsen, die kleineren Bezirke zu entlasten, die bei der
zunehmenden Wirkung der Freizügigkeit sehr ungleich belastet und
leicht durch Zufall überlastet werden können, indem hier für sie der
grössere Bezirk eintritt. Man argwöhnt ferner eine zu verschwende-
rische, prinziplose Versorgung durch den grösseren Verband.

§ 72.
B. Die Art der Unterstützungspflicht.

Jeder Hilfsbedürftige muss vorläufig von demjenigen Ortsarmen-
verbande unterstützt werden, in dessen Bezirk er sich bei dem Ein-
tritte der Hilfsbedürftigkeit befindet. Die vorläufige Unterstützung
erfolgt vorbehaltlich des Anspruchs auf Zurückerstattung der Kosten
durch die dazu Verpflichteten. Dieser Anspruch konnte früher bei
Gesinde, Gesellen etc. nach sechswöchentlicher Verpflegung in Anspruch genommen werden. Das Gesetz von 1894 lässt ihn erst nach
13wöchentlicher Verpflegung eintreten und dehnt diese Bestimmung
aus auf alle Personen im Dienst- oder Arbeitsverhältnis gegen Lohn
oder Gehalt, so wie auf deren Familienangehörige, welche am Arbeits-
orte des Familienhauptes erkranken und dessen Unterstützungswohnsitz teilen. Ausgenommen sind diejenigen, welche nur auf eine Woche
und weniger engagiert sind.

Alle Ersatzansprüche verjähren schon nach zwei Jahren. Der
Pflichtige kann in Strafe (Haft und Geldstrafe bis auf 50 Mk.) ge-
nommen werden, wenn er trotz der Aufforderung den Unterhalt dem
Angehörigen nicht gewährt, obwohl er es kann.

Ersatz haben zu leisten der Ortsarmenverband, zu dem der Betreffende gehört oder, wenn er keinem angehört, der Landarmenverband.

Bei Streitigkeiten zwischen Armenverbänden verschiedener Bundesstaaten entscheidet das Bundesamt für Heimatswesen, welches aus
einem Vorsitzenden und 4 Mitgliedern besteht, die auf Vorschlag
des Bundesrates vom Kaiser auf Lebenszeit ernannt werden.

Der Landesgesetzgebung ist die Bestimmung vorbehalten, wer
als hilfsbedürftig anzusehen ist, und in welcher Weise Unterstützung
gewährt werden soll. In Preussen ist dafür noch das Gesetz von
1842 massgebend. Danach ist als hilfsbedürftig diejenige Person zu
betrachten, die nicht hinreichende Kräfte besitzt, um sich und ihren
nicht arbeitsfähigen Angehörigen den notdürftigsten Lebensunterhalt
zu verschaffen, und solchen, weder aus eigenen Mitteln bestreiten kann,
noch von einem der dazu verpflichteten Verwandten erhält. Hiernach
sind arbeitsfähige Personen in der Regel nicht als Hilfsbedürftige anzusehen. Die Praxis geht indessen über diese Beschränkung hinaus.

Die in Anspruch genommene Armenbehörde hat ihrerseits die
Verpflichtung, von Amtswegen die erforderlichen Ermittelungen inbe-

treff der Hilfsbedürftigkeit anzustellen. Sie kann nicht von den An-
tragstellern diesen Nachweis verlangen.

Was ist dem Armen zu gewähren? Obdach, der unentbehrliche
Lebensunterhalt, wozu auch Brennmaterial und das unentbehrliche
Hausinventar gehört, die erforderliche Pflege in Krankheitsfällen und
im Falle des Ablebens ein angemessenes Begräbnis.

Die Unterstützung kann geeignetenfalls in einem Armen- oder
Krankenhause, so wie mittels Anweisung von den Kräften des Hilfsbedürftigen entsprechenden Arbeiten ausserhalb oder innerhalb eines
solchen Hauses gewährt werden. Niemand darf aber hierzu wider
seinen Willen gezwungen werden, er verliert nur im Weigerungsfalle
die Unterstützung. Dagegen wird mit Haft bestraft, wer als Land-
streicher umherzieht, selbst bettelt oder seine Kinder zum Betteln anhält.

Das Gesetz von 1891 für Preussen erklärt die Landarmenverbände für verpflichtet, Geisteskranke, Idioten, Epileptische, Taubstumme und Blinde, soweit sie der Anstaltspflege bedürfen, in Anstalten unterzubringen. Sie sind berechtigt, aber nicht verpflichtet,
dies auch für Sieche zu thun. Für Kranke steht dies Recht nur dem
Kreise zu. Es ist damit ein wesentlicher Schritt vorwärts in dem
Streben gethan, die geschlossene Armenpflege zu erweitern, die Last
derselben den grösseren Verbänden aufzulegen und damit die Orts-
gemeinden zu entlasten.

§ 73.
Die Unterstützungspflicht von Verwandten und Arbeitgebern.

Bevor Staat und Gemeinde zur Hilfe herangezogen werden dürfen,
sind die Verwandten und die Arbeitgeber in Anspruch zu nehmen.
Das preussische Ausführungsgesetz erkennt die Pflicht des Ehemanns
der Ehefrau gegenüber, der ehelichen Eltern, der unehelichen Mutter
den Kindern gegenüber, die Pflicht der Kinder den Eltern gegenüber
an. Das preussische Landrecht erstreckte die Pflicht auch auf die
Geschwister. Diese Verwandten können inbetreff der Pflichten, die
sich auf die Zukunft beziehen, auf dem Verwaltungswege zur laufenden
Unterstützung gezwungen werden; unter Vorbehalt des beiden Teilen
zustehenden Rechtsweges.

Es erscheint gerechtfertigt, im Prinzip die Unterstützungspflicht
so weit auszudehnen, als das Erbrecht sich erstreckt; durch Verzicht
auf dieses Recht müssten die entfernteren Verwandten sich allerdings
davon befreien können, und damit würde die Wirkung dieser Ausdehnung illusorisch.

Die Verpflichtung des Arbeitgebers ergab sich während des
Hörigkeitsverhältnisses als eine dauernde, sich auf die Lebenszeit des
Hörigen erstreckende, von selbst. Bei dem freien Gesinde musste die
Verpflichtung natürlich eine beschränkte sein. Nach der preussischen
Gesindeordnung von 1810 hat der Arbeitgeber, wenn sich der Dienst-
bote die Krankheit, durch welche die Arbeitsunfähigkeit herbeigeführt
war, durch den Dienst oder bei Gelegenheit des Dienstes zugezogen
hat (in dem bürgerl. Ges.-Buch § 617 heisst es dagegen „im Falle der
Erkrankung" für 6 Wochen, jedoch nicht über die Beendigung des

Dienstverhältnisses hinaus), für die Zeit der Dienstdauer (Kündigungs-
zeit) die Verpflichtung der Verpflegung. Die Verpflichtung fällt fort
bei eigener Verschuldung des Dienstboten, sie erweitert sich zur vollen
Ersatzpflicht, eventuell Unterhalt für das weitere Leben bei Verschulden der Herrschaft.

Nach der alten Zunftordnung hatte dagegen die Zunft ihrerseits
für die verarmten Mitglieder einzutreten, nach Beseitigung derselben
blieben die Handwerker und ihre Gesellen gleichfalls auf ihre eigene
Kraft angewiesen wie die einfachen Arbeiter. Für den gewöhnlichen
Arbeiter übernimmt der Arbeitgeber keine Verpflichtung für seine
Unterstützung; er gilt vielmehr durch seinen Lohn von dem Arbeitgeber nach allen Richtungen hin für abgefunden. Dieses führte, wie
an anderer Stelle dargelegt, zur Einführung der mannigfaltigsten Versicherungskassen von seiten der Beteiligten selbst, wie durch Arbeitgeber, besonders in der Form von Kranken- und Begräbniskassen.

Kapitel III.

Die Versicherung als Vorbeugungsmittel der Verarmung.

Brentano, Die Arbeitervers. gemäss d. heut. Wirtschaftsordnung. Leipzig 1879.
Handwörterbuch der Staatswissenschaften. Art. Arbeiterversicherung.

§ 74.

Die Krankenkassenversicherung.

Honigmann, Zur Arbeiterkrankenversicherungsfrage. Jahrb. für Nationalök.
Neue Folge. VI.
Honigmann im Handwörterbuch der Staatswissenschaften. I. 519.
v. Woedtke, Das Krankenversicherungsgesetz vom 15. Juni 1883. Berlin 1895.
K. Schicker, Die Reichsgesetze über Krankenversicherung. Berlin 1884.

Um einen Ersatz für die in Fortfall gekommenen Zunftkassen zu
schaffen, gestattete die Gewerbeordnung vom 17. Januar 1845 in
Preussen nicht nur den Gesellen und Fabrikarbeitern die Bildung von
Krankenkassen, sondern berechtigte die Gemeinden, eine Beitrittspflicht
zu solchen Kassen für alle am Orte befindlichen Gesellen und Gehilfen
durch Ortsstatut auszusprechen. Dies wurde durch die Verordnung
vom 2. Februar 1849 erweitert, wodurch die Errichtung solcher Krankenkassen auf Gegenseitigkeit für Handwerker und Fabrikarbeiter von
den Gemeinden obligatorisch gemacht, und die zwangsweise Einziehung
der Beiträge veranlasst werden konnte. Die alten noch gebliebenen
Innungskassen mit lokalem Charakter erschwerten den Mitgliedern das
Verlassen des Ortes. Das Gesetz vom 3. April 1854 räumt ausserdem auch der Regierung dasselbe Recht ein und stellt diese Kassen
unter spezielle Kontrolle der Kommunalbehörde. Infolgedessen bestanden 1868 in den altpreussischen Provinzen 3724 Kassen mit
283 000 Handwerkern, 315 000 Fabrikarbeitern und 30 000 anderen
Personen, abgesehen von den Knappschaftskassen. In den übrigen
Deutschland war nur wenig in dieser Richtung geschehen; auch in
Preussen genügten die Kassen in keiner Weise.

Je mehr die Freizügigkeit zum Durchbruch kam, um so schwieriger wurde die Eintreibung der Beiträge für die Kassen, und auch

die Kontrolle erwies sich als kaum durchführbar. Die Kassen selbst zeigten die grösste Verschiedenheit in der Höhe der Beiträge etc. und vielfach grosse Unsicherheit. Dem letzteren Umstande suchte das deutsche Gesetz von 1876 durch Normativbestimmungen für die Kranken- und Begräbniskassen abzuhelfen; dem Mangel an solchen Kassen durch Gestattung lokaler Zwangskassen und Kassenzwang.

Einen durchgreifenden Erfolg erzielte erst das Gesetz vom 15. Juni 1883, welches den Versicherungszwang für Berg- und Hüttenwerke, Eisenbahnen, industrielle Unternehmungen mit Dampfkessel oder durch elementare Kraft getrieben für gegen Lohn oder Gehalt angestellte Personen betrifft, deren Gehalt nicht $6^2/_3$ Mk. pro Tag übersteigt und deren Thätigkeit keine vorübergehende oder durch Vertrag auf weniger als eine Woche normierte ist. Durch Statut oder Bestimmung einer Gemeinde für ihren Bezirk oder eines weiteren Kommunalverbandes kann der Zwang auch auf vorübergehend Arbeitende, Handlungsgehilfen, selbständige Gewerbetreibende, sowie Land- und Forstarbeiter unter Genehmigung der Verwaltungsbehörde ausgedehnt werden.

Die Versicherung kann stattfinden, 1. in Gemeindekassen (1895: 8449 mit 1 287 000 Mitgliedern), in welche dem Zwange nicht unterworfene Personen berechtigt sind, einzutreten. Mehrere Gemeinden können sich zu gemeinsamen Kassen vereinigen. Für jeden Arbeitstag vom dritten Tage nach dem Tage der Erkrankung wird die Hälfte des ortsüblichen Tagelohns des gewöhnlichen Tagearbeiters aus der Kasse gezahlt. Der Beitrag soll in der Regel $1^1/_2\,{}^0/_0$ des ortsüblichen Tagelohns nicht übersteigen.

2. Ortskrankenkassen (1895: 4475 mit 3 450 000 Mitgliedern), die für bestimmte Gewerbezweige oder eine Betriebsart bestimmt sind, wenn wenigstens 100 Personen derselben an einem Orte vorhanden sind. Es können auch mehrere Gewerbe zu einer Kasse vereinigt werden. Die Unterstützung kann bis zu drei Viertel des Lohnes festgesetzt werden. Die Mitgliedschaft erlischt, wenn die Zahlung zweimal hintereinander nicht geleistet ist. Der Vorstand wird von der Generalversammlung gewählt; von Vertretern, wenn 500 oder mehr Mitglieder vorhanden sind. Arbeitgeber, welche Beiträge aus eigenen Mitteln zahlen, sind zur Vertretung berechtigt. Sie haben zu beiden Kassen ein Drittel der Beiträge zu zahlen.

3. Betriebs- (Fabrik)krankenkassen (1895: 6770 mit 1 914 000 Mitgliedern). Jeder Unternehmer, der 50 oder mehr dem Versicherungszwange unterworfene Arbeiter beschäftigt, kann eine eigene Kasse bilden und dazu eventuell von der Gemeinde verpflichtet werden. Der Unternehmer hat ein Drittel der Beiträge zu leisten und, wenn die Kasse vom Arbeiter mehr als $3\,{}^0/_0$ des Lohnes verlangt, auch diesen Ueberschuss zu decken. Hieran schliessen sich Baukrankenkassen bei grossen Bauten, die nur vorübergehend eine grössere Zahl von Arbeitern am Orte beschäftigen.

4. Innungskrankenkassen (1895: 545 mit 114 581 Mitgliedern) und sonstige Hilfskassen als eingetragene Genossenschaften oder durch landesherrliche Verordnung gebildete. (102 Baukassen mit 26 500; 1388 eingeschriebene Kassen mit 671 600 M.; 263 Landesrechtliche Kassen mit 60 500 Mitgl.)

Ein Uebelstand dieser Kassen ist, dass Mitglieder, welche be-schäftigungslos werden, nicht mehr zur Versicherung gezwungen werden können, wenn sie auch das Recht behalten, weiter bei der Kasse zu bleiben. Zahlen sie nicht weiter die Beiträge, so verlieren sie ihr An-recht und fallen im Erkrankungsfalle nach wie vor der Armenkasse anheim.

Im Ganzen bestanden 1895: 21 992 Krankenkassen mit 7 525 524 Mitgliedern. Es kamen in dem betreffenden Jahre vor: 2 703 000 Erkrankungsfälle mit 46 470 000 Krankheitstagen. Die Einnahmen waren 145 684 000 Mk. Die Beiträge beliefen sich auf 117 399 000 Mk. Die Ausgaben auf 116 881 000 Mk. Die Krankenkosten betrugen: für den Arzt: 23 141 000; für Arznei: 18 134 000; Krankengeld: 45 356 000 Mk.; Anstaltsverpflegung 18 190 000 Mk.; im Ganzen Krank-heitskosten 104 822 000 Mk.

In Oesterreich ist am 30. März 1888 gleichfalls die obligatorische Krankenversicherung eingeführt und durch Novelle vom 4. April 1889 ergänzt. Auch in Ungarn ist die obligatorische Krankenversicherung durch Gesetz vom 9. April 1891 zustande gekommen. In der Schweiz wurde am 13. Juni 1890 dem Bunde das Recht verliehen, obligato-rische Kranken- und Unfallversicherung einzuführen. 1898 wurde ein Entwurf vom Nationalrat angenommen. Das Ergebnis der Volksab-stimmung steht noch aus. In Frankreich war bisher nur das Gesetz vom 29. Juni 1894 durchzusetzen, das die Bergleute zur Krankenver-sicherung verpflichtet. In England liegt die Krankenversicherung in der Hand der freien Kassen, deren Verhältnisse durch Gesetz vom 1875 geregelt sind. Auch in Dänemark, Schweden und Nor-wegen ist es trotz vielfacher Verhandlungen über eine Regelung der freien Kassen im Jahre 1896 noch nicht hinausgekommen.

§ 75.

Die Unfallversicherung.

Bödicker, Die Unfallgesetzgebung der europäischen Staaten. Leipzig 1884.
v. Woedtke, Die Unfallversicherung. Berlin 1895.
Zacher, Leitfaden zur Arbeiterversicherung. Berlin 1897.
Esti, Das österreichische Unfallversicherungsgesetz. Leipzig 1887.

Bis in die neuere Zeit hatte der Arbeiter, wie oben ausgeführt, bei einem Unfalle bei der Arbeit und eventuell durch dieselbe ver-anlasst einen Anspruch an den Arbeitgeber nur, wenn er diesem eine Schuld nachweisen konnte, was für ihn meist schwierig und kostspielig war. Die erste Erweiterung der Haftpflicht sprach der Code Napoleon aus, nach welchem der Unternehmer auch für Vergehen der Unter-gebenen im Dienste haftbar war; was aber von den Gerichten je nach der Zeitströmung sehr verschieden ausgelegt und gehandhabt wurde. Auf einen anderen Boden stellte sich die Eisenbahngesetzgebung, vor allem in Preussen nach dem Gesetz von 1834, wonach dem Unter-nehmen stets die Schuld bei einem Unfalle im Betriebe oder durch den Betrieb beigelegt und es zum Schadenersatz verpflichtet war, wenn es nicht nachweisen konnte, dass die Verunglückung durch höhere Gewalt oder durch den Verunglückten selbst herbeigeführt war. Einen gleichen Grundsatz acceptierten im Laufe der Zeit die meisten übrigen

Länder für die Eisenbahnen. Das deutsche Haftpflichtgesetz vom 7. Juni 1871 erweiterte die Haftung für Bergwerke, Fabriken etc., indem der Unternehmer auch für die Schuld eines Bevollmächtigten oder eines Repräsentanten, oder einer zur Leitung oder Beaufsichtigung beauftragten Person in Ausführung der Dienstleistung haftbar war, wenn sie den Tod oder die Körperverletzung eines Menschen herbeigeführt hat. Der römisch-rechtliche Grundsatz war auch hier noch beibehalten und die Voraussetzung der Haft die (culpa in eligendo) Schuld wegen unzureichender Sorgfalt bei der Wahl des Beamten.

Doch bald wurde die Unzulänglichkeit des Gesetzes anerkannt; 1. erstreckte es sich auf eine zu geringe Zahl von Betrieben; 2. wurden die Unfälle, welche durch Nichtbeamte oder ohne Schuld der Beteiligten herbeigeführt waren, nicht berücksichtigt; 3. blieb die Benachteiligung des Arbeiters dadurch bestehen, dass ihm der Nachweis der Schuld zugewiesen wurde, und damit die Gefahr häufiger Prozesse und einer Verschärfung des Gegensatzes zwischen Arbeitnehmer und -geber.

Den Uebelständen konnte nur abgeholfen werden, entweder durch Erweiterung der Haft nach Art der Eisenbahngesetzgebung, oder durch allgemeinen Versicherungszwang, wodurch in weitestem Masse der Arbeiter geschützt werden konnte. Diesen letzteren Weg schlug man in Deutschland ein durch das Reichsgesetz vom 6. Juli 1884, welches gewerbliche Betriebe mit mindestens 10 regelmässig beschäftigten Arbeitern, mit Anwendung von Dampfkesseln oder elementarer Kraft betraf, ergänzt durch die Novelle vom 28. Mai 1885, welche die Bauarbeiter und vom 5. Mai 1886, welche die land- und forstwirtschaftlichen Arbeiter in den Schutz hineinzog.

Auch hier ist ein Versicherungszwang für alle beteiligten Arbeiter ausgesprochen. Der Verletzte hat ein Recht auf Entschädigung, ausser wenn er sich die Verletzung vorsätzlich zugezogen hat.

Der erste, dem Reichstag vorgelegte Gesetzentwurf von 1881 hatte eine centralisierte Reichsversicherung in Aussicht genommen. Der zweite, gleichfalls nicht acceptierte Entwurf: Genossenschaften mit lokalem Charakter. Der dritte, Gesetz gewordene, Entwurf lässt die Versicherung durch Berufsgenossenschaften, also durch grössere Organisationen der Beteiligten durchführen, denen allein die Versicherung vorbehalten ist.

Der erste Entwurf wollte die Beitragslast gleichmässig durch Arbeitgeber, Arbeiter und Reich tragen lassen. Der zweite liess den Arbeiter fort. Der dritte auch die direkte Beteiligung des Reiches. Der Arbeitgeber hat allein die Beiträge zu zahlen. Faktisch aber ist der Arbeiter gleichfalls zu der Leistung zugezogen durch die Krankenkasse, die in den ersten 13 Wochen die Verpflegung zu übernehmen hat, und das Reich durch die Kassenführung und die Auslage der Entschädigungen durch die Post, sowie durch die Garantie für richtige Zahlung auch durch Bankrott einer Berufsgenossenschaft.

Von der 14. Woche der Arbeitsunfähigkeit an haben die Berufsgenossenschaften das Folgende zu zahlen: 1. die Kosten des Heilverfahrens; 2. eine Rente für die Dauer der Erwerbsunfähigkeit, zu $\frac{2}{3}$ des bisher bezogenen Jahresverdienstes nach dem 300fachen des Durchschnitts-Tagelohnes. Beträgt derselbe oder das Gehalt über

4 Mk. pro Tag, so wird dieses nur zu einem Drittel berechnet. Das zu Grunde gelegte Minimum ist der ortsübliche Tagelohn gewöhnlicher Arbeiter, der für den ländlichen Arbeiter überhaupt massgebend ist. Bei völliger Erwerbsunfähigkeit ist $\frac{2}{3}$ als Rente anzuweisen; bei teilweiser Erwerbsunfähigkeit ein Teil dieser Rente. Im Falle des Todes werden mindestens 30 Mk. oder das 20fache des Tagelohnes als Begräbniskosten, 20°/₀ der Rente für die Witwe, für jedes Kind bis zum vollendeten 15. Jahre 15°/₀, Waisen 20°/₀ des Arbeitsverdienstes, in Summa nicht über 60°/₀ gezahlt. Verheiratet sich die Witwe, so erhält sie die dreifache Jahresrente.

Die Deckung dieser Ansprüche wird durch das Umlageverfahren erreicht, d. h. die Repartition des im Laufe eines Jahres gezahlten Betrages findet nachträglich nach Schluss desselben statt. Während das österreichische Gesetz vom 28. Dezember 1887 das prinzipiell richtigere Deckungsverfahren verfolgt, wonach von vornherein die nach der Wahrscheinlichkeitsrechnung aufgestellten Beiträge eingezogen werden, wie sie zur durchschnittlichen und nachhaltigen Deckung der Anforderungen als ausreichend erachtet werden, wurde das deutsche Verfahren gewählt, um für den Anfang die Zahlungen möglichst niedrig zu halten und es der Industrie zu erleichtern sich der neuen Last anzupassen; dann um nicht zu grosse Kapitalien anzusammeln, die dem industriellen Betriebe entzogen würden. Ausserdem fiel die Vereinfachung des ganzen Verfahrens dabei ins Gewicht. Die Gefahr des Rückganges einzelner Berufsgenossenschaften und dadurch verminderte Zahlungsfähigkeit kann durch rechtzeitige Vereinigung mit anderen Genossenschaften, welche die Centralbehörde verfügen kann, vermieden werden, sowie durch rechtzeitig angesammelte Reservefonds.

Acht Tage nach der Feststellung des Unglücksfalles sind Heil- eventuell Begräbniskosten zu zahlen und die Rente monatlich voraus zu entrichten, was durch die Post geschieht. Erst 8 Wochen nach Ablauf jedes Rechnungsjahres sind den Genossenschaftsvorständen die gemachten Auslagen mitzuteilen, welche die Summe inkl. der Verwaltungskosten auf die Mitglieder nach der Höhe der von ihnen gezahlten Löhne und nach den Gefahrenklassen, in die sie eingereiht sind, repartieren. Binnen 2 Wochen ist bei Vermeidung zwangsweiser Beitreibung der zugewiesene Betrag zu bezahlen. 3 Monate nach der Aufstellung der Rechnung muss die Post befriedigt sein. Zur Schlichtung von Streitigkeiten wird für jeden Bezirk einer Genossenschaft oder einer Sektion derselben ein Schiedsgericht errichtet, dasselbe besteht aus einem ständigen Vorsitzenden, der ein öffentlicher Beamter ist, und 4 Beisitzern, von denen 2 von der Genossenschaft, 2 von den Vertretern der Arbeiter gewählt werden.

Von jedem Unfall ist innerhalb 2 Tagen Anzeige zu machen. Die Ortspolizeibehörde hat die Untersuchung zu leiten, und die Genossenschaft, die Krankenkasse und den Unternehmer zur Teilnahme einzuladen. Die Höhe der Entschädigung stellt der Vorstand der Genossenschaft oder Sektion oder ein dazu bestimmter Ausschuss fest. Die höhere Instanz ist die Centralbehörde in Berlin, das Reichsversicherungsamt.

Vertreter der Arbeiter, die von den Krankenkassenvorständen gewählt werden, beteiligen sich bei der Untersuchung des Unfalls, den

Verhandlungen über Unfallverhütungen, so wie bei dem Schiedsgericht zu gleichen Teile mit den Vertretern der Genossenschaften.

Für die land- und forstwirtschaftlichen Arbeiter fungieren statt der Berufsgenossenschaften lokal begrenzte Genossenschaften mit Anschluss an die Verwaltungsbezirke und als Organe die Behörden der Selbstverwaltung.

Die Bedenken gegen die Einrichtung richten sich einmal gegen die grosse Kostspieligkeit der Verwaltung, die sich besonders da herausgestellt hat, wo die Mitglieder einer Berufsgenossenschaft sehr zerstreut in einem grossen Bezirk leben wie z. B. in dem Müllergewerbe. Die Feststellung des Thatbestandes, sowie die fortgesetzte Kontrolle, ob die Arbeitsunfähigkeit noch anhält, an Orten, die entfernt von der Centralstelle liegen, verursacht übermässigen Aufwand. Es ist deshalb wiederholt Lokalisierung und Verschmelzung der Verwaltung mit den Organen der anderen Versicherungsbranchen vorgeschlagen. Ferner machen die häufigen Simulationen besondere Schwierigkeit.

Im Jahre 1895 unterlagen dem Versicherungszwange gegen Unfall:

	Gewerbl. Betriebe (in 64 Gewerksch.) u. Vers.-Aust. der Baugewerke	Landwirtsch. Betriebe	Staatl., prov. und kommunale Ausführungsbeh. (Eisenbahn, Post, Schiffsbau etc.)
Betriebe	435 137	4 810 000	393
Personen	5 409 000	12 289 000	690 000
Verletzte Best. vom vor. Jahre	143 984	83 857	15 000
1895 zugekom. Verl. überh.	34 743	37 383	2 356
1895 zugek. völlig Erwerbsunfähige	818	571	317
1895 zugek. Getötete	3 757	2 213	457
„ „ Hinterbl. der Getöteten	7 845	3 818	1 137

Die Gesamtausgaben für die Unfallversicherung erhoben sich 1895 auf 68,4 Millionen Mk. gegen 16,6 Millionen Mk. im Jahre 1894. Die Entschädigungsbeiträge beliefen sich auf 50,1 Millionen Mk. Für den Reservefonds wurden 7,9 Millionen Mk. zurückgelegt, dessen Bestand 125,5 Millionen Mk. betrug. Auf 1000 Versicherte kamen 16,9 Verletzte, und 4,1, für welche Entschädigungen festgestellt wurden.

In Oesterreich wurde ein gleiches Gesetz den 28. Dez. 1887 erlassen, das sich zunächst nur auf das Grossgewerbe erstreckte. Ergänzt wurde es durch Ges. vom 20 Juli 1894. Träger der Versicherung sind territoriale auf Gegenseitigkeit beruhende Versicherungsanstalten unter Staatsaufsicht. Daneben sind noch andere Gesellschaften zugelassen. Die Kosten werden zu 90% von dem Unternehmer zu 10% von den Arbeitern getragen. Die Beiträge sind nach dem Deckungsverfahren aufzubringen, nach Massgabe des Arbeitsverdienstes und der Unfallgefahr, welche in 12 Gefahrklassen unterschieden ist, die wieder nach Prozentsätzen abgeteilt sind. Die Verletzten erhalten von der 5. Woche ab im Anschluss an die Krankenkassenversicherung bis 60% des Jahresverdienstes, jedoch keine freie Kur oder Verpflegung. Im

Todesfalle 25 Gulden Begräbniskosten, die Wtwe und Kinder höchstens 50% des Verdienstes.

In Italien ist durch Ges. vom 17. März 1898 der Versicherungszwang ausgesprochen. Die Ansprüche der Beschädigten sind dadurch geregelt. Wo die Versicherung stattfindet, ist den Arbeitgebern überlassen. Seit 1883 ist von Seiten des Staates die Vereinigung 10 grosser Institute zu einer grossen Unfallversicherungskasse durchgeführt.

In Frankreich ist am 9. April 1898 ein Ges. zu stande gekommen, welches die Entschädigungsansprüche der Arbeiter bei Unfall festgestellt und einen Garantiefonds zur Sicherung der Ansprüche einführt. Ein Versicherungszwang ist nicht acceptiert.

In Dänemark ist im Ges. vom 7. Jan. 1898 nur eine Erweiterung der Haftpflicht ausgesprochen, aber kein Versicherungszwang.

In Norwegen ist am 23. Juli 1894 die Zwangsversicherung der gewerblichen Arbeiter bei einer staatlich garantirten Reichsversicherungsanstalt ausgesprochen, die Prämien zahlen die Arbeitgeber.

In England dehnt das Ges. von 1898 die Haft des Fabrikanten in der Weise der Eisenbahnhaft auf alle nicht vom Arbeiter selbst verschuldeten Unfälle aus, beschränkt aber die Entschädigung bei Todesfällen auf den Lohn der letzten drei Jahre mit 3000 Mk. als Minimum, 6000 Mk. als Maximum; bei dauernder oder zeitweiliger Arbeitsunfähigkeit auf 50% des letzten Lohnes, aber 20 Mk. wöchentlich als Maximum. In den ersten beiden Wochen nach dem Unfall wird nichts gezahlt. Feldarbeiter, Dienstboten, Seeleute, kleine Handwerker sind nicht geschützt. Der Fabrikant ist auf eigene Versicherung angewiesen.

§ 76.
Die Alters- und Invalidenversicherung.

van der Borght, Jahrb. für Nationalök. Supplementheft XVI.
Rosin, Das Recht der Arbeiterversicherung. Freiburg 1891.
Bosse u. v. Woedtke, Kommentar z. Alter- u. Inval.-Ges. Leipzig 1891.

Ein übergrosser Teil der Personen, welche der öffentlichen Armenkasse anheim fallen, sind infolge von Alter und Invalidität verdienstlos geworden, und die Aussicht im Alter auf Almosen angewiesen zu sein, ist für die unteren Klassen eine Hauptursache der Erbitterung gegen unsere Verhältnisse. Dem Arbeiter ein Recht auf solchen Unterhalt zu verschaffen, war deshalb in Deutschland wohl berechtigt und ist durch das Gesetz vom 22. Juni 1889 erreicht. Der Durchführung stehen besondere Schwierigkeiten entgegen. Einmal ist eine lange Zahlung der Beiträge nötig, die leicht durch unglückliche Umstände eine Unterbrechung erfahren kann, wodurch das Anrecht des Betreffenden gefährdet ist. In zweiter Linie ist bei der Invalidenversicherung die Gefahr der Simulation eine besonders grosse. Bei der Altersversicherung ist dagegen bei liberaler Zahlung zu befürchten, dass die Ausnutzung der Kräfte im Alter zu sehr vermindert wird. Die Summen, die dadurch der Produktion entzogen werden, sind für die Verwaltung eine erhebliche Last. Gleichwohl wird unter den deutschen Verhältnissen unzweifelhaft der Nachteil durch die Vorteile überwogen.

Dem Versicherungszwang sind sämtliche Personen vom vollendeten 16. Lebensjahr ab unterworfen, welche als Arbeiter, Gehilfen, Gesellen

Lehrlinge, Dienstboten gegen Lohn oder Gehalt beschäftigt werden, auch wenn die Beschäftigung nur eine ganz vorübergehende ist. Ausserdem Betriebsbeamte und Gehilfen, so weit sie nicht 2000 Mk. und darüber Gehalt beziehen. Der Bundesrat kann eine Ausdehnung auf kleine Gewerbtreibende, namentlich Hausindustrielle verfügen. Dies ist bereits 1891 geschehen für die Hausgewerbtreibenden der Taback- und Cigarrenfabrikation; 1894 auf die der Textilindustrie.

Andere Hausgewerbtreibende, sowie kleine selbständige Unternehmer können vor dem 40. Lebensjahre, so lange sie nicht Invalide sind, gleichfalls eintreten.

Die Altersrente wird vom vollendeten 70. Lebensjahre an gezahlt. Invalidenrente erhält, wer dauernd erwerbsunfähig ist; bessert sich der Zustand, so kann sie entzogen werden. Die Anwartschaft erlischt, wenn während 4 zusammenhängenden Jahren nur für weniger als 47 Wochen die Beiträge entrichtet worden sind. Die Wartezeit beträgt bei der Altersrente 30, bei der Invalidenrente 5 Beitragsjahre zu 47 Beitragswochen, eventuell auch verschiedener Kalenderjahre. Beiträge zahlen das Reich durch Zuschuss von 50 Mk. resp. von einem Drittel der in jedem Jahre thatsächlich zu zahlenden Renten, das übrige haben Arbeitgeber und Versicherte zu gleichen Teilen zu tragen. Die Höhe der Beiträge wird vorher für die nächsten 10 Jahre, später für je 5 Jahre für jede Anstalt besonders festgestellt und ist bedingt durch die zu zahlenden Renten, die Kosten der Verwaltung und der zur Bildung eines Reservefonds nötigen Summe, der nach 5 Jahren ein Fünftel der zu zahlenden Renten betragen soll.

Die Ausführung erfolgt durch Versicherungsanstalten, welche nach Bestimmung der Landesregierung für weitere Kommunalverbände oder den Staat errichtet werden. Die Beamten werden von der Landesregierung zum Teil ernannt, zum Teil bestätigt. Ein Ausschuss wird zur Hälfte aus Arbeitgebern, zur Hälfte von Versicherten gebildet und von den Vorständen der verschiedenen Krankenkassen gewählt. Die Auszahlung geschieht vorschussweise durch die Post, wie bei der Unfallversicherung. Die Entrichtung der Beiträge erfolgt durch Marken, welche auf der Post zu kaufen und in eine Quittungskarte einzukleben sind. Eine Anzahl Uebergangsbestimmungen erleichtern die Durchführung. Gegenwärtig sind die Versicherten in 4 Lohnklassen geteilt. Die I. Lohnklasse wird angenommen bei einem Jahresverdienst bis 350 Mk., die II. Klasse von 350—550 Mk., die III. Klasse von 550—850 Mk., die IV. Klasse bei Verdienst über 850 Mk., für welche 14, 20, 24 und 30 Pf. wöchentliche Beiträge zur Hälfte von Arbeitgebern und Arbeitnehmern zu entrichten sind. Die Altersrente richtet sich nach der Beitragszeit. Für jede Beitragswoche werden je nach der Lohnklasse 4, 6, 8, 10 Pf. in Anrechnung gebracht. Hiernach ist sie nach 30 Beitragsjahren für die I. Klasse: 1410 Beitragswochen mal 4 Pf. = 56,40 + 50 Mk. = 106,40, für die IV. Klasse 191 Mk. als Minimum

Die Invalidenrente geht von dem Grundstock von 60 Mk. jährlich aus. Der Betrag wächst mit jeder Beitragswoche um 2, 6, 9, 13 Pf. Nach 5 Jahren beginnt sie deshalb mit 114,70 in der I. Klasse und ist 140,55 in der IV. Klasse.

Weibliche Personen, die sich verheiraten, erhalten die Hälfte des Beitrages zurück, wenn sie mindestens 5 Jahre denselben entrichtet haben. Unter derselben Voraussetzung verbleibt die Hälfte der für männliche Personen gezahlten Beiträge den Witwen und Waisen.

Man hat der Einrichtung vorgeworfen, dass sie zu wenig bietet. Die Rente soll aber auch nur einen Zuschuss bilden, nicht den völligen Unterhalt gewähren, und als solcher fällt sie erfahrungsgemäss erheblich ins Gewicht. Eine Erhöhung wäre zunächst finanziell kaum durchzuführen gewesen und würde noch mehr eine Prämie auf Missbrauch gesetzt haben. Für die Zukunft ist allerdings eine Erhöhung wünschenswert. Schwierigkeit bereitet die Eintreibung der Beiträge dem Arbeitgeber, der dafür verantwortlich ist. Auch sonstige Schattenseiten haben sich herausgestellt, in der Hauptsache aber hat sich die Einrichtung bewährt und als segensreich erwiesen.

In 40 Versicherungskassen wurden 1896 64,409 Invalidenrenten und 26,048 Altersrenten ausgeworfen. Von 1891—96 wurden endgültig ausgesetzt Renten: 532 554 zu 37 208 000 Mk. Jahresbetrag und 259,6 Millionen Kapitalswert. Am 31. Dezember 1896 bestanden noch 371 557 Renten mit 26 187 100 Jahresbeitrag.

Die durchschnittliche Altersrente betrug 132,8 Mk., die Invalidenrente 123,9 Mk.

Andere Länder sind diesem Beispiel bisher nicht gefolgt.

§ 77.
Die Versicherung der Witwen und Waisen und der Arbeitslosen.

G. Schanz, Zur Arbeitslosenversicherung. Bamberg 1895.
Ders., Neue Beiträge zur Arbeitslosenversicherung. 1897.
Georg Adler, Die Versicherung der Arbeiter gegen Arbeitslosigkeit im Kanton Basel-Stadt. Basel 1895.
v. Heckel, Jahrb. für Nationalökonomie. III. Folge. Bd. IX.
G. Adler, Art. Arbeitslosigkeit im Supplementbd. des Handwörterbuches der Staatswissenschaften.

Der grösste Teil der Almosenempfänger pflegt aus Witwen und Waisen zu bestehen. Will man diese vor dem Almosen bewahren, so wird auch für sie eine allgemeine Versicherung angebahnt werden müssen, als Ergänzung für die bereits bestehenden Einrichtungen.

Ebenso wünschenswert ist die Versicherung gegen Arbeitslosigkeit, durch welche ein bedeutender Teil der bereits Versicherten in die Gefahr kommt, durch Nichtzahlung der Beiträge ihre Anwartschaft einzubüssen. Die Arbeitervereine haben thatsächlich seit geraumer Zeit eine solche Versicherung in beachtenswerter Weise durchgeführt, wenn sie sich auch nicht unter allen Verhältnissen ihren Aufgaben gewachsen zeigen konnten. Ungleich schwieriger ist die Versicherung durch Staats- oder Gemeindeanstalten und besonders die Durchführung eines Versicherungszwanges, um dadurch den Schutz allgemeiner zu verbreiten.

Bei der Unberechenbarkeit der Konjunkturen ist eine Wahrscheinlichkeitsrechnung, also die Grundlage einer soliden Versicherung unmöglich. Es kann daher nur eine Hilfe in beschränktem Masse, nicht aber eine unbedingte in Aussicht gestellt werden. Der Arbeiter lässt sich dieses von einer selbstverwalteten Kasse gefallen, schwerlich aber ohne Opposition von einer öffentlichen Anstalt.

Die Ursachen der Arbeitslosigkeit sind sowohl äussere durch die Konjunkturen bedingte, wie persönliche von der Leistungsfähigkeit, Willigkeit etc. des Versicherten abhängige, die nur von den nächststehenden Persönlichkeiten richtig beurteilt und geschieden werden können. Die Versicherung kann nur gegen unverschuldete Arbeitslosigkeit übernommen werden. Ob diese vorliegt, wird oft nur schwer festzustellen sein. Dazu kommt, dass diese Versicherung im ganzen ausserordentlich hohe Beiträge beansprucht, und zwar verschiedene, da die Gefahr der Beschäftigungslosigkeit in jeder Branche eine andere ist, und zum Teil auch in dem Lohn zum Ausdruck kommt (Maurer, Zimmerleute, Saisonarbeiter überhaupt).

Die Schwierigkeiten dürften nur zu überwinden sein, wenn die Versicherten an der Verwaltung vollen Anteil nehmen und das Bewusstsein haben, selbst unter jedem Missbrauch zu leiden. Bei einem jeden Strike müsste die Kasse ohnehin ausser Thätigkeit gesetzt werden. So lange eine freie Wahl gelassen wird, ob die Arbeiter beitreten wollen oder nicht, liegt die Gefahr vor, dass nur diejenigen beitreten, welche den Verlust der Beschäftigung zu gewärtigen haben und bei Mangel an Beschäftigung nur die entlassen werden, die versichert sind. Also Beitrittszwang, lange Karenzzeit, enge Verbindung mit einem Arbeitsnachweis, und nur Unterstützung derjenigen, denen man keine Beschäftigung verschaffen kann. Ausserdem wäre notwendig grosse Ausdehnung des Versicherungskreises, um eine Verteilung des Risikos herbeiführen zu können. Die in St. Gallen und Bern 1893 gemachten Versuche mit Kommunalkassen ohne Zwang müssen als verunglückt angesehen werden. Die Erfolge des Baseler durch G. Adler veranlassten Vorgehens müssen abgewartet werden.

Zur Milderung der Arbeitslosigkeit sind dagegen folgende Massregeln zu erwähnen: 1. Centralisierte Arbeitsnachweisbüreaus; 2. ausgleichende Beschäftigung von seiten des Staates und der Gemeinde, deren Wirkung allerdings dadurch wesentlich erschwert wird, dass es sich dabei hauptsächlich um Strassenanlagen, Bauten etc. handelt, die weniger in der Zeit vorzüglichster Arbeitslosigkeit, im Winter, durchzuführen sind; 3. Verlängerung der Arbeitskontrakte, wogegen allerdings die Arbeiter sich selbst sträuben; 4. Austausch der Arbeiter von seiten sich ergänzender Unternehmungen, was bei verlängerten Kontrakten sich von selbst einbürgern würde; 5. Einführung ergänzender Beschäftigungen, namentlich der Hausindustrie durch Fachschulen vonseiten des Staates; 6. genaue Statistik über Löhne und Preise sowie der Arbeitslosigkeit, um die Löhne in einem höheren Masse der Arbeitslosigkeit anzupassen.

Nach der Erhebung im Jahre 1895 gab es in Deutschland Arbeitslose:

	am 14. Juni	am 2. Dez.	
in der Landwirtschaft	25 097 m.	102 316 m.	2 406 205 Selbstthätige überhaupt
	13 441 w.	106 481 w.	
	38 538	208 707	5 723 967 selbsthät. Arbeitnehmer
darunter verheiratete	16 191	168 803	

	am 14. Juni	am 2. Dez.	
in der Industrie	140 158 m.	346 150 m.	} 1 001 624 selbstthät..Arbeitnehmer
	26 851 w.	45 321 w.	
	167 009	391 471	6 219 456 Selbstthätig überhaupt
darunter verheiratete	61 209	168 808	
im Handel und Verkehr	31 484 m.	50 631 m.	} 376 992 selbstthät..Arbeitnehmer
	5 826 w.	7 851 w.	
	37 310	58 482	1 494 954 Selbstthätig überhaupt
darunter verheiratete	10 300	18 012	
im häuslichen Dienste	17 355 m.	48 300 m.	} 223 865 selbstthät. Arbeitnehmer
	32 466 w.	55 618 w.	
	49 821	103 918	432 491 Selbstthätig überhaupt
darunter verheiratete	10 561	32 074	
Staats- u. Gem.-Beamte	4 509 m.	6 187 m.	} 176 648 selbstthät..Arbeitnehmer
	2 165 w.	2 150 w.	
	6 674	8 337	1 425 951 Selbstthätig überhaupt
darunter verheiratete	1 550	1 924	
Im Ganzen	218 603 m.	553 584 m.	} 6 379 942 selbstthät.Arbeitnehmer
	80 749 w.	217 421 w.	
	299 352	771 005	22 913 683 Selbstthätig überhaupt
darunter verheiratete	99 810	306 594	

Zu den Haushaltungen dieser Arbeitslosen gehörten:
Angehörige: 213 191   702 801.

Kapitel IV.

Die Organisation der praktischen Armenpflege.

Schriften des deutschen Vereins für Armenpflege und Wohlthätigkeit. Leipzig 1886—96.
Löning, in Schönbergs Handbuch. Bd. III, 2. Armenwesen, IV. Die Ausübung der öffentlichen Armenpflege.

§ 78.

Oeffentliche und private Armenpflege.

Auf dem volkswirtschaftlichen Kongresse 1870 wurde von manchesterlicher Seite die Resolution vorgeschlagen, gesetzliche Bestimmungen über Armenpflege aufzuheben und zwangsbeiträge behufs Armenunterstützung für unstatthaft zu erklären, denn niemand habe einen Anspruch auf Unterstützung. Mit anderen Worten, die Hilfsbedürftigen sollten allein auf die private und freiwillige Armenpflege angewiesen sein, aus Furcht, das Gefühl der Selbstverantwortlichkeit in der grossen Masse zu untergraben, wenn sie bestimmt auf öffentliche Unterstützung rechnen können. Dem gegenüber wollen die Sozialisten einem jeden ein Recht auf Arbeit und Unterstützung einräumen und dem Staate die absolute und weitgehendste Pflicht der Fürsorge für den Einzelnen aufbürden, um die Privatarmenpflege zu beseitigen resp. unnötig zu machen. Beides ist zu weit gegangen. Keine kann entbehrt werden, sie haben sich vielmehr auf das innigste zu ergänzen. Gneist bezeichnete sie als die siamesischen Zwillinge.

Die Einräumung eines rechtlichen Anspruches auf Unterstützung würde allerdings das Selbstverantwortungsgefühl untergraben und dem Staate eine Aufgabe aufbürden, die er nur erfüllen kann, wenn der Einzelne sich des Selbstbestimmungsrechtes begiebt, der Staat jedem die Beschäftigung zuweist, um die Produktion dem Bedarf genau anzupassen und die Ausnutzung aller Kräfte zu erzielen. Dies schlösse die Beseitigung der individuellen Freiheit und die Ausbildung des sozialistischen Staates ein.

Die Privatwohlthätigkeit geht erfahrungsgemäss unsystematisch vor, wirkt nicht allseitig, äusserst ungleich und unpädagogisch. Die öffentliche Armenpflege bewirkt erst die nötige Ordnung und prinzipielles Vorgehen. Aber aus der öffentlichen Kasse darf nur das Notwendigste gegeben werden, um die äusserste Not zu beseitigen, ihre Mittel können nicht zum Wohlthun verwendet werden, sondern nur soweit das Gesamtinteresse es fordert. Die öffentliche Armenpflege kann nicht individualisieren; dies ist dagegen die Aufgabe der Privatwohlthätigkeit, welche scheiden darf zwischen verschuldeter und unverschuldeter Armut und der letzteren ihre besondere reichlichere Fürsorge widmen kann und soll. Die Privatwohlthätigkeit lässt sich auch nicht verbieten und soll nicht zurückgedrängt werden, weil dadurch die edleren Seiten im Menschen angeregt und ausgebildet werden. Sie muss vielmehr in die richtigen Bahnen gelenkt und möglichst in den Dienst der öffentlichen Armenpflege hineingezogen werden, wie das in dem sogenannten Elberfelder Systeme der Fall ist, worauf zurückzukommen sein wird. Staat und Gemeinde haben besonders die geschlossene Armenpflege durchzuführen und können darin am zweckmässigsten wirken durch Errichtung von Anstalten für Waisen, Verwahrloste, Blinde, Taubstumme, Irrsinnige, physisch Kranke etc. Die private Armenpflege kann besonders durch persönliches Eingreifen der gebildeten Klasse wohlthun und moralisch heben, wo dieses am notwendigsten ist.

§ 79.
Centralisation und Decentralisation.

Die unmittelbare Fürsorge für den Armen muss naturgemäss der Lokalbehörde vorbehalten bleiben, und es ist das Naturgemässeste, dass für die öffentliche Armenpflege die Gemeindeverwaltung einzutreten hat, weil bei ihr allein die nötige Lokal- und Personalkenntnis vorauszusetzen ist. Den Behörden des Staates, der Provinz, des Kreises kann nur die Oberaufsicht, die Organisation der ausführenden Organe und die Angabe der Normen, nach welchen vorgegangen werden soll, schliesslich ev. die Aufbringung der Geldmittel überwiesen werden.

Die Centralisation der Aufsichtsbehörden, wie sie in England durchgeführt ist, lässt eine grössere Objektivität und Gleichmässigkeit der Behandlung erwarten. Aber darin liegt auch, wie oben gezeigt, die Gefahr, in der Humanität zu weit zu gehen und lokale Verhältnisse, namentlich verschiedene Lebensansprüche der Bevölkerung nicht genügend zu berücksichtigen. In einem Lande mit verschiedenen Verhältnissen wird kaum grosses Gewicht auf die Staatsarmenpflege zu legen sein, dagegen erscheint allerdings Kontrolle durch die Staats-

verwaltung unerlässlich, die als höhere Instanz ihren Einfluss ausüben muss.

Bedeutsamer wird die Frage der Lokalisierung oder Centralisation
in Bezug auf Aufbringung der Kosten. Auch hier handelt es sich
weniger um die Frage, ob sie aus der Staats- oder Gemeindekasse zu
decken sind, sondern ob die einzelne Gemeinde dafür einzutreten hat,
oder der erweiterte Bezirk, Kreis, Provinz, nur in kleineren Ländern
der Staat. Wir stellten oben den Satz auf, dass die Interessenten die Last
zu tragen haben. Das ist zunächst die Familie, der Arbeitgeber; wo
diese aber nicht mehr in Betracht kommen, wer ist dann der Interessent? Ursprünglich war die Heimatsgemeinde die erweiterte Familie; der Aufenthaltsort, wo der Betreffende gearbeitet und seinen
Verdienst verzehrt hat, wäre im weiteren Sinne der Arbeitgeber, der
den Nutzen von der Arbeit gehabt hat. Dementsprechend überwies
man die Unterhaltungspflicht mit Recht der Gemeinde, in der der Betreffende geboren resp. wo er lange Zeit gearbeitet hat. Davon geht
noch jetzt besonders die bayerische Gesetzgebung aus. Je mehr indes
ein Land Industriestaat wird, und je ausgedehnter von der Freizügigkeit Gebrauch gemacht wird, um so geringer ist im Durchschnitt der
Zusammenhang des Verarmten mit dem Geburtsort und überhaupt mit
einer bestimmten Gemeinde. Gerade der Teil der Bevölkerung, welcher
der Verarmung am meisten ausgesetzt ist, der Handwerker, Fabrikarbeiter und einfache Tagelöhner, verliert immer mehr die Sesshaftigkeit, ist genötigt den Ort aufzusuchen, der Arbeitsgelegenheit und
höheren Lohn bietet, und verliert damit die Beziehung zu einem bestimmten Orte. Wer lange an derselben Stelle Arbeit und Verdienst gefunden, ist weit weniger der Verarmung ausgesetzt als derjenige, der sie sich umherziehend bald hier, bald da aufzusuchen gezwungen war, oder seiner Wanderlust folgte; daher die Beobachtung,
dass immer häufiger Personen an Orten verarmen, denen sie nichts
geleistet, dass Gemeinden für Leute eintreten müssen, die ihnen fast
gänzlich unbekannt, dass einzelne Orte mit Armenlast überbürdet
werden, wo es nur als Härte erscheint und innerer Begründung
entbehrt. So tritt immer allgemeiner das Bedürfnis hervor, die
Kosten der Armenpflege auf die Vereinigung mehrerer Gemeinden
oder grössere Verwaltungsbezirke teilweise oder ganz zu übertragen,
wodurch die Last allerdings in zweckmässigerer Weise verteilt werden
kann. Die Gefahr liegt aber dabei vor, dass die Lokalbehörde geneigt
ist, auf Kosten der erweiterten Kasse übermässig liberal zu sein, weshalb eine grössere Kontrolle einer höheren Instanz dabei erforderlich
ist. Die Durchführung wird aber um so leichter sein, je mehr die geschlossene Armenpflege durchgeführt und damit ohnehin die kleinen
Gemeinden entlastet werden. Denn es liegt in der Natur der Sache,
dass grössere Anstalten nur von einer grösseren Bevölkerung entsprechend ausgenutzt werden können und deshalb auch Bezirke mit
stärkerer Bevölkerung sich allein mit solchen Anstalten versehen; zumal wiederum in der Regel nur grössere Anstalten auch höheren Anforderungen genügen können.

§ 80.

Die offene und geschlossene Armenpflege.

Unter geschlossener Armenpflege versteht man die Fürsorge in bestimmten Etablissements, unter offener Armenpflege die Unterstützung in der Wohnung des Bedürftigen. Die volkswirtschaftlichen Kongresse in Danzig und Wien sprachen sich für wesentliche Erweiterung der geschlossenen Armenpflege aus, wogegen man sich von anderer Seite sträubt.

Für die Unterbringung der Armen in dafür eingerichteten Etablissements spricht: 1. nur in diesen kann eine strenge Kontrolle und Erziehung durchgeführt werden; 2. nur sie ermöglichen einen angemessenen Zwang zur Heranziehung zur Arbeit etc.; 3. in ihnen kann die Arbeitskraft, die nie ganz erlischt, zur vollen Ausnutzung gelangen; 4. die Wirtschaft im grossen lässt viele Ersparnisse erzielen; 5. es ermöglicht, den Gesunkenen aus den alten Beziehungen herauszureissen, und erleichtert es ihm, ein neues Leben zu beginnen; 6. die Verpflegung kann den Verhältnissen angepasst werden, sowohl auf den notdürftigsten Unterhalt beschränkt, wie reichlicher gewährt und durch ärztliche Fürsorge unterstützt werden.

Dagegen ist hervorzuheben: 1. das Herausreissen aus der Familie schliesst eine grosse Härte in sich, die gerade in Deutschland besonders tief empfunden wird und als unnatürlich zu vermeiden ist, wo sie nicht unbedingt notwendig ist; 2. bei längerer Abschliessung in solchen Anstalten findet allmählich eine Entfremdung von dem praktischen und gesellschaftlichen Leben statt, die bei der Rückkehr in dasselbe, namentlich für jugendliche Personen leicht verhängnisvoll wird; 3. bei der Aufnahme in die Anstalt ist nur schwer oder garnicht eine Scheidung zwischen Lumpen und Unglücklichen zu machen, wodurch der Demoralisierung noch Unverdorbener Thür und Thor geöffnet wird; 4. der in den Anstalten notwendige Zwang und die Freiheitsbeschränkung hat für den Unglücklichen etwas sehr Deprimierendes, wofür auch bessere Wohnung und Kost keinen Ersatz zu bieten vermögen; 5. die Schwierigkeit, für die Internierten angemessene Beschäftigung zu schaffen, ist ausserordentlich gross und vielfach grösser als im freien Leben; 6. die ganze Verwaltung ist eine ausserordentlich schwierige und beansprucht von den Leitern aussergewöhnliche Gaben des Charakters, des Verstandes und des Herzens. Durch schlechte oder auch nur unzulängliche Leitung wird hier mehr Unheil angerichtet als in der offenen Armenpflege; 7. eine allgemeine oder auch nur vorwiegende Unterbringung der Armen in Etablissements hat sich als undurchführbar erwiesen, weil die Zahl der Bedürftigen ausserordentlichen Schwankungen unterworfen ist.

Aus dem Gesagten geht hervor, dass weder die offene, noch die geschlossene Armenpflege zu entbehren ist, dass sie sich beide zu ergänzen haben. Jede hat für bestimmte Verhältnisse ihre besonderen Vorzüge. Die geschlossene Armenpflege empfiehlt sich für alle diejenigen, welche einer besonderen Erziehung und Aufsicht bedürfen. verwahrloste Kinder, Arbeitsscheue und Trunksüchtige. Ausserdem von Kranken solche, die sich nicht selbst zu helfen vermögen, einer besonderen schwierigen Behandlung bedürfen wie Blinde oder gar für die Umgebung gefährlich sind, wie Irrsinnige, mit ansteckenden Krankheiten Behaftete etc. Sonst normale Individuen, die nur durch unglückliche Verhältnisse in die traurige Lage gekommen sind, werden im allgemeinen besser in offener Armenpflege versorgt.

§ 81.
Die Grundprinzipien für die praktische Armenpflege.

1. Das Almosennehmen erschlafft die Schaffenskraft, stumpft das Ehrgefühl ab und demoralisiert in jeder Hinsicht. Es ist deshalb die Aufgabe, dahin zu wirken, dasselbe auf ein Minimum zu reduzieren und nur bei der äussersten momentanen Not in Anwendung zu bringen. Daher ist es

2. die Aufgabe, es zu solcher äussersten Not nicht kommen zu lassen und vorbeugend zu wirken. Darin liegt die ausserordentliche Bedeutung der eventuell zwangsweisen Verbreitung der Versicherung.

3. Aus demselben Grunde soll, so weit irgend möglich, Unterstützung nur gegen eine, wenn auch minimale Gegenleistung gewährt werden, vor allem gegen Arbeit. Es ist die unbedingte Aufgabe, so weit Arbeitskraft vorhanden ist, Hilfe nur zu gewähren zunächst durch Zuweisung von Arbeit, dann durch den Anspruch von Arbeit als Aequivalent für jede gewährte Unterstützung.

4. Auch sonst soll das pädagogische Moment bei der Gewährung der Unterstützung Berücksichtigung finden. Jede zu humane Armenpflege wirkt demoralisierend (Malthus). Deshalb ist

5. das Geldgeben zu vermeiden und durch Gewährung von Naturalien zu ersetzen.

6. Es ist nur das Notwendigste zu spenden.

7. Genaue Kontrolle muss Sicherheit bieten, dass das Gewährte auch im Sinne des Spenders angewendet wird.

8. Die Unterstützung ist möglichst durch gebildete Menschen in ehrenamtlicher Stellung zu gewähren, die hebend auf die Gesunkenen zu wirken vermögen.

9. Das planlose Almosengeben der Privatwohlthätigkeit ist mit allen Mitteln zu bekämpfen, weil nichts so demoralisierend wirkt, als die Unterstützung Unwürdiger. Daher ist

10. Unterstützung nur auf Grund eingehender Untersuchung der Verhältnisse zu gewähren.

§ 82.
Die einzelnen Anstalten der geschlossenen Armenpflege.

J. Wettaw u. J. Müller, Die schweizerischen Armenerziehungsanstalten. 1870.

a) die Kinderfürsorge.

Hügel, Die Findelhäuser und das Findelwesen Europas. 1863.
J. Conrad. Jahrbücher f. Nationalökonomie. Jahrgang XII. Seite 241. Die Findelanstalten.

1. Die Findelhäuser. Man nennt so Anstalten, um ausgesetzte Kinder aufzunehmen und zu versorgen. Sie wurden im Mittelalter

von der Kirche eingerichtet, um die Kinder, welche die Eltern nicht
erhalten konnten und nach alter Sitte auszusetzen geneigt waren, aufzunehmen und am Leben zu erhalten. Die grösste Ausbildung haben
sie in Italien erfahren, wo schon im 12. Jahrhundert eine Drehlade
damit verbunden wurde, wodurch Kinder unbemerkt von der Strasse
hineingeschoben werden konnten. Es sind Cylinder, die beschwert sich
um ihre Achse drehen und eine Klingel in Bewegung setzen, um die
wartende Amme zur Aufnahme herbei zu rufen. Bis in die sechziger
Jahre hat die Einrichtung in Italien eine solche Verbreitung gefunden,
dass im ganzen Reiche 1866 1179 solcher Drehladen bestanden, denen
alljährlich über 30 000 Kinder übergeben wurden. In der neueren
Zeit hat sich die Zahl der Drehladen auf cirka 500 vermindert. Nächst
Italien hat die Einrichtung in Frankreich eine hohe Verbreitung
gewonnen, begünstigt durch Napoleon I. Noch Anfang der sechziger
Jahre existierten 175 Findelhäuser, in welche im Jahre 1861 über
42 000 Kinder eingeliefert wurden. Seit den dreissiger Jahren hat man
aber die Drehladen fortdauernd vermindert und die Findelhäuser allmählich ihrer früheren Eigentümlichkeit entkleidet. Man ist bestrebt,
die Verbindung der Kinder mit den Eltern möglichst aufrecht zu erhalten und will nur die offene Einlieferung zulassen. In Deutschland
haben sich dieselben niemals tiefer einbürgern können; auch wo sie
sonst wie in Oesterreich, Russland u. s. w. bestehen, haben sie einen
anderen Charakter, als ihr Name besagt, angenommen. Sie sind Ver-
sorgungsanstalten für Neugeborene, welche von ihren Eltern, namentlich unverheirateten Müttern nicht erhalten werden können, und weil
die Versorgung in der Anstalt sich als ebenso teuer wie den Kindern
selbst verderblich erwiesen hat, so vermitteln sie hauptsächlich die
Unterbringung bei Familien auf dem Lande.

Man hat noch in der neueren Zeit diesen Anstalten das Wort
geredet, um dem Kindesmord und dem frühzeitigen Zugrundegehen der
unehelichen Kinder vorzubeugen. Die Erfahrung hat aber gelehrt,
dass auch die Drehladen Kindesmorde nicht verhüten und die Beseitigung der Drehladen sie nirgends vermehrt hat. Die Kindersterblichkeit war aber in früheren Zeiten in solchen Anstalten geradezu
ungeheuer: 75 % und darüber. Sie ist in der neueren Zeit höchstens
auf den Durchschnitt der Sterblichkeit der unehelichen Kinder herab-
gemindert. Gerade hier hat sich die geschlossene Armenpflege nicht
bewährt. Die Findelhäuser mit Drehladen wirken dadurch überaus
demoralisierend, dass sie das Gefühl der Elternpflicht abschwächen.
Die Findelhäuser ohne Drehlade begünstigen meist die unverheirateten
Mütter mehr als die verheirateten, welche sich in trauriger Lage befinden,
was nicht gerechtfertigt werden kann. Es ist eine Thatsache, dass in
Italien eine erhebliche Zahl der dort ausgesetzten Kinder ehelichen
Ursprungs war, und die gewissenlosen Eltern sie zurückholten, wenn
sie in das arbeitsfähige Alter kamen. Der Zweck kann aber auch auf
andere Weise besser erreicht werden. In Frankreich sind es die
Secours aux filles mères, wie in Deutschland die Vereine für soge-
nannte Haltekinder, die hier in Betracht kommen. Sie suchen zunächst den Müttern es zu erleichtern, die Kinder bei sich zu behalten.
Wo das unthunlich ist, bringen sie die Kinder bei bekannten
Familien unter und überwachen sie dauernd. Wichtig ist es, dass die

Polizei- und die Armenbehörde ihnen zur Seite stehen. In Leipzig hat sich die Einrichtung sehr bewährt, dass jedem unehelichen Kinde von der Gemeinde ein offizieller Vormund gegeben wird, der die Interessen desselben, namentlich dem Vater gegenüber zu wahren hat.

2. Krippen. Dieselben sind Anstalten, um Säuglinge während des Tags aufzunehmen und angemessen zu versorgen, während die Mütter ausser dem Hause auf Arbeit sind. Sie können segensreich wirken, wo thatsächlich die Mütter die Fabrikarbeit etc. nicht für längere Zeit aufgeben können, ohne den nötigen Unterhalt zu verlieren. Besonders wenn die Krippen so nahe an die Fabriken gelegt werden, dass die Mütter in den Pausen die Kinder stillen können. Sie schliessen aber die Gefahr ein darauf hinzuwirken, die Beschäftigung der Mütter ausser dem Hause zu verallgemeinern, was nur in hohem Masse zu beklagen wäre.

3. Kleinkinderbewahranstalten. Sie sind dazu bestimmt, Kindern in zartem Alter bis zum Beginne der Schulzeit, also vom 4. bis 7. Jahre während der hauptsächlichsten Tagesstunden Unterkommen und angemessene Beschäftigung zu gewähren. Sie sind sehr bedeutungsvoll wenn sie die Kinder an Reinlichkeit, Ordnung und gesittetes Benehmen gewöhnen, sie können auch für die unteren Klassen eine angemessene Vorbereitung für die Schule gewähren. Ihre Verbreitung ist in hohem Masse wünschenswert.

4. Waisenanstalten zur Aufnahme derjenigen Kinder, die im schulpflichtigen Alter sind und denen der nötige verwandtschaftliche Anhalt fehlt. Sie haben sich seit der Stiftung des Hallenser Waisenhauses durch A. H. Francke Ende des 17. Jahrhunderts stark verbreitet.

5. Anstalten für sittlich verwahrloste Kinder sind Zufluchtsstätten für solche Kinder, die bereits auf Abwege geraten sind oder unter solchen Verhältnissen leben, in denen sie der Verwahrlosung entgegen gehen. Es genügt indessen nicht, dass solche Anstalten vorhanden sind, sondern die Gesetzgebung muss es auch ermöglichen, Eltern oder deren Vertretern, bei denen thatsächlich die Kinder korrumpiert werden, dieselben durch die Behörden abzunehmen und sie in solchen Anstalten unterzubringen. Dies kann in Bayern durch strafgerichtliche Verurteilung geschehen. In Württemberg kann schon allein der Gemeinderat, in Sachsen die Polizeibehörde, für schulpflichtige Kinder auf Antrag der Schulbehörde, in solcher Weise vorgehen; ähnlich in Oldenburg. Nach dem deutschen Strafgesetzbuch § 56 können Personen im Alter von 12—18 Jahren zur Unterbringung in eine Erziehungs- oder Besserungsanstalt verurteilt werden.

§ 83.
b) Die Fürsorge für Erwachsene.

v. Hippel. Die strafrechtliche Bekämpfung von Bettelei, Landstreicherei und Arbeitsscheu. Berlin 1895.

1. Für Altersschwache und Invalide.

Namentlich in Frankreich und England sind meist auf Grund von Stiftungen grossartige und reich ausgestattete Hospitäler zu diesem Zwecke verbreitet. Sie treten in Deutschland mehr und vielleicht zu sehr zurück. Wo die Betreffenden noch Angehörige haben, wird mit

Recht die Versorgung in der Familie vorgezogen aus oben schon berührten Gründen. Dies wird wesentlich unterstützt durch die Versicherung einer Alters- und Invalidenrente. War bis dahin der altersschwache Greis für die Familie eine Last und wurde er eben deshalb oft genug schlecht behandelt, so hat er jetzt mit seiner baren Rente eine ganz andere Stellung, so gering sie ist, und wird oft auch von nicht Verwandten zur Aufnahme gesucht. Auf dem Lande ist die Versorgung verlassener Invaliden im allgemeinen noch eine völlig unzulängliche, da sie oft mit Arbeitsscheuen und Trunkenbolden zusammen untergebracht werden, wogegen die Verwaltungsbehörden energisch auftreten müssten. Die Errichtung gemeinsamer Hospitäler für eine grössere Zahl von Gemeinden würde Abhilfe schaffen, da die Errichtung für einen einzelnen Armenbezirk zu kostspielig ist.

2. Sieche und Kranke, letztere besonders bei schwerer und ansteckender Krankheit sind besser in besonderen Pflegeanstalten untergebracht, wo ärztliche Hilfe und zweckmässige Pflege gewährt werden kann. In dieser Hinsicht bleibt in Deutschland noch ausserordentlich viel zu thun übrig, da die Zahl der öffentlichen Krankenhäuser in den ländlichen Gemeinden noch viel zu gering ist. Nur durch gemeinsames Handeln mehrerer Gemeinden kann auch hier Abhilfe geschafft werden.

3. Armenhäuser, Zwangsarbeitshäuser und Anstalten zur Arbeitgewährung statt Almosen. In England wurde, wie erwähnt, schon im Beginne des vorigen Jahrhunderts die erste Kategorie eingeführt, wo alle arbeitsfähigen Bedürftigen untergebracht und zwangsweise zur Arbeit angehalten werden sollten. Es zeigte sich dieses als unausführbar wegen der schwankenden Zahl der Bedürftigen. Sie hatten dort wie in anderen Ländern einen bedenklichen Charakter angenommen, weil sie nicht streng geschieden wurden von den Zwangsarbeitshäusern und damit momentan arbeitslose, strebsame Leute mit Vagabunden zusammengeworfen wurden. Letzteres ist auch in Preussen der Fall, wo sie vielfach mit Korrektionsanstalten verbunden sind, namentlich die von den Landesarmenverbänden eingerichteten. Da eine zwangsweise Einlieferung arbeitsscheuer Personen in eine solche Anstalt nur auf Grund gerichtlicher Entscheidung erfolgt, so ist die Benutzung erschwert und ihre Verbreitung ist eine unzulängliche. Auch im Königreich Sachsen haben die Arbeitshäuser einen ausgesprochenen Zwangscharakter, während sie in Bayern desselben ausdrücklich entkleidet sind. Ebenso in Sachsen-Meiningen.

Wünschenswert ist unzweifelhaft, die Korrektionsanstalten von Armenversorgungsanstalten völlig zu trennen und auf der anderen Seite sowohl Arbeitsscheue wie arbeitsfähige, unverschuldet Arbeitslose, denen man Arbeit nicht zuweisen kann, in bestimmten Anstalten zu beschäftigen. Das letztere kann nun geschehen in solchen Arbeitshäusern, in welchen die Betreffenden zugleich Wohnung und Kost erhalten, oder in Arbeitsstätten, in denen nur Arbeiten verrichtet werden, während die Beschäftigten sich selbst ihr Unterkommen und ihre Verpflegung verschaffen. Die Schwierigkeit, fortdauernd für eine angemessene Beschäftigung zu sorgen für Personen, welche meist keine entsprechende Vorschulung haben, oder eine solche, die hier nicht verwertet werden kann, liegt auf der Hand. Die Erfahrung hat deshalb gezeigt, dass nur selten die Kosten dabei gedeckt werden können. Gleichwohl ist aus pädagogischen Rücksichten selbst die Aufwendung erheblicher Summen aus den Gemeindekassen nicht nur gerechtfertigt, sondern geboten, um arbeitsfähige Hilfsbedürftige nur gegen ein Aequivalent zu unterstützen. Selbst der Zwang zu gänzlich nutzloser Arbeit, einen Haufen Steine von einer Seite des Hofes auf die andere und wieder zurückzubringen, wird mitunter besser sein, als notorisch arbeitsscheue oder auch fragwürdige Personen zu füttern, ohne sie etwas leisten zu lassen.

Eine besondere Art solcher Arbeitsanstalten sind die Arbeiterkolonien und Arbeitstationen, welche in der neueren Zeit eine erhebliche Ausbreitung erlangt haben.

§ 84.

Arbeiterkolonien und Verpflegungsstationen.

H. von Meyerinck, Praktische Massregeln zur Bekämpfung der Arbeitslosigkeit. Jena 1896.

Arbeiterkolonie: Gadderbaum bei Bielefeld. Jahrgang I 1884 bis Jahrgang XIV 1897.

G. Berthold, Deutsche Arbeiterkolonien. VI. Folge 1893.

Arbeiterkolonien verfolgen den Zweck, arbeitslosen aber arbeitsfähigen und arbeitswilligen Personen, die keine Beschäftigung finden können, Obdach und Verpflegung gegen angemessene Arbeit zu gewähren. Der Aufenthalt in ihnen ist freiwillig und darf eine gewisse Zeit (4 Monate) im allgemeinen nicht überschreiten. Man sucht darauf hinzuwirken, dass die Leute sich etwas verdienen, indem ihnen ein geringer Tagelohn gewährt wird, und sich dadurch zur Selbständigkeit wieder empor zu arbeiten. Sie sind teils auf dem Lande, teils in der Stadt eingerichtet (in Deutschland 24 ländliche und 3 städtische). In den ländlichen sucht man besonders ödes Land zu kultivieren, während in den Städten Hausindustrie gepflegt wird (Anfertigung von Kisten, Besen, Bürsten, Strohgeflecht, Harzkugeln etc. Dann Dütenkleben, Kaffeeauslesen, Federreissen, Bearbeitung von Drogen, Holzzerkleinern etc. In Magdeburg werden Leute zu den verschiedenen Arbeiten in Privathäuser vermietet). Jede Anstalt hat eine strenge Hausordnung. Jede Widersetzlichkeit oder Ungebühr wird mit Entlassung bestraft. Auch in anderen Ländern, wie in England durch die Heilsarmee, in Holland u. s. w. sind ähnliche Institute eingerichtet. Gut geleitet können dieselben ausserordentlich segensreich wirken und ihre Verteilung im ganzen Reiche ist ungemein wünschenswert. Die Behörden erhalten durch sie die Möglichkeit, Arbeitsscheue von Unglücklichen zu scheiden. Wer sich um Unterstützung bewirbt, kann einer Kolonie zugewiesen werden; wer sich dagegen sträubt, wird der Polizeibehörde überantwortet, welche den Arbeitsfähigen in Haft nimmt und in ein Zwangsarbeitshaus überführen kann. Ein Musterinstitut, zugleich die erste Kolonie in Deutschland, ist Wilhelmsdorf bei Bielefeld, von dem Pastor v. Bodelschwingh gegründet und geleitet. Grosse Flächen Moorland sind durch sie in fruchtbaren Boden verwandelt. Wie genaue Berechnungen ergeben, stellt sich die Versorgung der Arbeitslosen in den Kolonien billiger als bei irgend einer anderen Weise der Unterhaltung. Die Magdeburger Station erlangt sogar einen Ueberschuss.

Erschwert wird die Wirksamkeit der Kolonien durch die Ungleichheit des Zuspruches. Im Winter ist der Zudrang ein bedeutender,
wo es auch in der Kolonie an Arbeitsgelegenheit fehlt. Im Sommer,
wo Kräfte gebraucht werden, gehen die Leute ihre eigenen Wege. Die
Wirkung kann dadurch sogar eine schädliche werden, dass die Leute
immer wieder zu bestimmten Zeiten in der Kolonie eine Zuflucht
suchen und sich auf dieselbe verlassen. Daher ist es notwendig, dem
Missbrauche entgegenzuwirken. In Karlshof in Ostpreussen zahlt man
bei erstmaliger Wiederkehr vom 15. Arbeitstage an 10 Pfg. Tagelohn,
bei der zweiten Wiederkehr nur 5 Pfg., in weiteren Fällen gar keinen
Lohn.

Als Ergänzung zu diesen Kolonieen sind Naturalverpflegungs-
stationen anzusehen, wo mittellosen Wanderern gegen eine Arbeitsleistung Unterkunft und Verpflegung für eine Nacht und einen halben
Tag gewährt wird. Dieselben werden besonders einen günstigen Einfluss ausüben, wenn sie zugleich den Arbeitsnachweis übernehmen.
Einzelne solcher Stationen nehmen entlassene Strafgefangene auch für
längere Zeit auf, bis es gelingt, ihnen eine feste Unterkunft zu verschaffen. Die Gefahr liegt allerdings vor, durch diese Verpflegungs-
stationen das Wandern zu unterstützen. Deshalb ist die Bestimmung
wünschenswert, dass jeder sich Meldende, der eine ihm zugewiesene
Arbeitsstelle nicht acceptieren will, sofort der Polizei überwiesen wird.

In den grösseren Städten reihen sich an die erwähnten Anstalten
Gesindeherbergen und Asyle für Obdachlose, welche als eine grosse
Wohlthat für die ärmere Bevölkerung anzusehen sind. Dann Volks-
küchen, Volkskaffeehäuser etc. Sie sollen sich im allgemeinen selbst
unterhalten, die verabreichten Speisen also zum Selbstkostenpreise abgeben und eine billige und rationelle Kost gewähren.

§ 85.

Massregeln für die offene Armenpflege.

De Girondo, Le visiteur du pauvre. Paris 1829.
Seyffardt, Reform des Armenwesens. Elberfeld 1874.
Berthold, Die offene Armenpflege in Elberfeld. 1881.
Jastrow, Arbeitsmarkt und Arbeitsnachweis. Jahrb. für Nationalökonomie.
III. Folge. Bd. XVI, 1898.

a) Das Elberfelder System.

Im Jahre 1852 richtete von der Heyd in Elberfeld eine besondere
Art der Organisation der städtischen Armenpflege ein, welche unter
dem obigen Titel mit Recht eine Berühmtheit erlangt hat. Die Stadt
wurde in 18 Bezirke eingeteilt, an deren Spitze je ein auf drei Jahre
von der Stadtverordnetenversammlung gewählter Bezirksvorsteher steht.
Jeder Bezirk ist wiederum in 14 Quartiere geteilt, von denen jeder
wiederum einen erwählten Armenpfleger erhält. Sie sämtlich stehen
unter einer städtischen Armendeputation als Centralbehörde, die aus
dem Oberbürgermeister, 4 Stadtverordneten und 4 von der Stadtverordnetenversammlung auf drei Jahre gewählten Bürgern besteht. Das
Grundprinzip ist, eine so grosse Zahl von Armenpflegern einzusetzen,
dass jedem nur etwa 4 Familien zur Ueberwachung und Versorgung
überwiesen werden, und für diesen Posten hauptsächlich Personen aus

den gebildeten Kreisen der Bürgerschaft zu wählen, welche diese Aufgabe ehrenamtlich übernehmen und sich damit ausdrücklich dem städtischen Verwaltungsorganismus einfügen. Ein jedes Gesuch um Armenunterstützung aus städtischen Mitteln ist bei dem Armenpfleger des Quartiers anzubringen, der Armenpfleger hat durch sorgfältige persönliche Untersuchung der Verhältnisse festzustellen, ob der Bittsteller eine solche verdient oder nicht. Geringe Beiträge kann er im Notfalle auf eigene Hand gewähren, in allen anderen Fällen hat er das Gesuch in der nächsten Bezirksversammlung vorzutragen, zu welcher alle 14 Tage die Armenpfleger der 14 Quartiere zusammentreten. Die Bewilligung der Unterstützung erfolgt nur auf 2 Wochen, kann aber in der nächsten Sitzung wiederholt werden. Die Normen für die Handhabung der Armenpflege werden von der städtischen Armendeputation aufgestellt, die alle 14 Tage zusammentritt, um von den 18 Bezirksvorstehern sich Bericht erstatten zu lassen und die nötigen Summen anzuweisen. Auf diese Weise ist eine angemessene Organisation in der Hand der städtischen Behörden durchgeführt, während die Details der Armenpflege in der Hand von Privatpersonen liegen, die dazu am meisten geeignet sind und die Thätigkeit freiwillig ausüben. Dadurch dass jeder nur wenige Personen zu überwachen hat, ist die Uebernahme auch einem in seinem Berufe sehr beschäftigten Manne möglich, und die Kontrolle kann eine ausserordentlich gründliche sein. Thatsächlich ist durch die Einführung dieses Systems überall eine erhebliche Verminderung in der Zahl der unterstützten Personen herbeigeführt. Die Gelder aus freiwilligen Spenden fliessen reichlicher, weil die Bevölkerung Vertrauen zur Verwaltung hat, dass die Gelder richtig verwendet werden. Die Armen werden reichlicher und angemessener unterstützt. Der Verkehr der Gebildeten mit den unteren Schichten vermindert den Klassengegensatz. Im In- und Auslande hat sich dieses System daher mit Recht immer allgemeiner verbreitet.

Sehr bedeutsam ist die Anstellung speziell ausgebildeter Armenpflegerorgane, wie Armenschwestern, die nicht nur Schulung als Krankenpflegerinnen haben müssen, sondern die Grundlagen an medizinischen, besonders hygienischen Kenntnissen, um auf eine vernünftige Handhabung des Haushaltes, Behandlung der Kinder und Reconvaleszenten hinzuwirken.

§ 86.
Die organisierte Privatarmenpflege.

a) Die Antibettelvereine.

Wo eine angemessene Armenpflege existiert, muss das Betteln selbstverständlich verboten sein. Aber auch wo das der Fall ist, ist das Betteln ausserordentlich schwer auszurotten, weil das Publikum kritiklos Almosen zu geben pflegt und damit fortdauernd demoralisierend wirkt. Da Verbote des Almosengebens unwirksam zu sein pflegen, kann man dasselbe nur bekämpfen durch eine so gute Organisation der Armenpflege, dass das Publikum die Ueberzeugung gewinnt, dass jeder wirklich Bedürftige ausreichend versorgt wird, und dass man dort jedem Gelegenheit giebt, die Wohlthätigkeit zu bethätigen.

Hierzu dienen Antibettelvereine, bei denen die Mitglieder sich verpflichten, selbst kein Almosen zu geben, sondern alle Spenden dem
Ausschusse des Vereins zu übertragen, an den jeder Unterstützung
Nachsuchende zu verweisen ist, um sich dort einer genauen Untersuchung seiner Verhältnisse zu unterziehen. Eine angemessene Wirkung
wird aber nur zu erreichen sein, wenn der Verein im ganzen Orte die
weitgehendste Beteiligung und Geldunterstützung findet.

b) Arbeitsnachweisungsbureaus.

Eine der bedeutsamsten Aufgaben der Zeit ist unzweifelhaft eine
angemessene Organisation des Arbeitsmarktes; Errichtung von Central-
stellen zur Orientierung über den Bedarf an Arbeitskräften und das
Angebot. Dieses kann nur durch Centralisation im Grossen von Erfolg sein und müsste von den städtischen Gemeinden ausgehen, die
untereinander in Verbindung zu treten hätten. Die modernen Hilfsmittel der Post, des Telegraphs, Telephons und der Eisenbahn gestatten einen billigen Austausch der Arbeitskräfte, der noch zu wenig
verwertet wird.

c) Vereine zur Abhilfe der Wohnungsnot.

Die Thatsache, dass in den grossen Städten die Arbeiterwohnungen übermässig teuer, gesundheitswidrig und unzulänglich sind,
ist allgemein anerkannt. Durch Gesetz und Polizeiaufsicht müssen
vor Allem die Anforderungen an gute Wohnungen und bestimmten
Raum für die Wohnbevölkerung allmählich gesteigert werden, nicht
nur bei dem Bau der Häuser, sondern auch bei der Benutzung
derselben.

Durch Ausdehnung der Strassenbahnen mit billigem Tarif kann
eine grosse Entlastung der Centren erzielt werden. Aber nicht alle Arbeiter können ausserhalb der Stadt wohnen. Sehr viele, namentlich
Frauen sind darauf angewiesen, in der Nähe der Kundschaft zu wohnen,
um jede Arbeitsgelegenheit sofort zu benutzen.

Es ist zu erwägen, ob nicht an die Arbeitgeber die Anforderung
zu stellen wäre, für einen Teil der von ihnen ständig beschäftigten
Arbeiter selbst angemessene Wohnungen zu schaffen, wie es auf den
Gütern Usus ist. Vereine können erfahrungsgemäss sehr wohlthätig
wirken, gute und billige Arbeiterwohnungen zu schaffen, um den Arbeiter Gelegenheit zu geben die Häuser zum Selbstkostenpreise zu erwerben. In dem Streben möglichst Vollkommenes zu leisten, machen
sie die Wohnungen aber meist zu teuer, so dass sie nicht dem Arbeiter sondern höherstehenden Kreisen zugute kommen.

d) Vereine zur Veredlung der Volksvergnügungen.

Der arbeitende Mensch bedarf der Erholung und Abwechslung,
er schafft sie sich, wie er sie findet. Daher ist es von der höchsten
Bedeutung, ihm Gelegenheit zu geben, die Erholung in einer edleren
Weise zu gewähren, weil er sonst leicht der Verrohung, vor Allem dem
Alkoholismus anheim fällt. Bestrebungen der gebildeten Klasse persönlich mitzuwirken, um durch Vorträge, durch musikalische und
sonstige Aufführungen der unteren Bevölkerung hebende Unterhaltung
zu gewähren, sind deshalb möglichst zu fördern.

e) Settlements.

In England und den Vereinigten Staaten Nordamerikas sind unter dieser Bezeichnung Versuche gemacht, mit Ansiedlung Gebildeter mitten in den Armenvierteln, die sich die Aufgabe stellen, der unteren Masse näher zu treten, ihr Gelegenheit zur Belehrung zu bieten und erziehend auf sie einzuwirken. Sie haben vielfach sehr segensreich gewirkt, nur gehört richtige Auswahl der geeigneten Persönlichkeiten dazu und Beschränkung auf nahe liegende Ziele.

・◆・●・◆・ ・ ̶

Druck von Ant. Kämpfe, Jena.

Grundriss zum Studium

der

politischen Oekonomie.

Von

Prof. Dr. J. Conrad,

Halle a. S.

Dritter Teil:

Finanzwissenschaft.

—•—

Jena,
Verlag von Gustav Fischer.
1899.

Edgar Loening

in treuer Freundschaft.

Inhaltsverzeichnis.

Kapitel IV.

Die indirekten Steuern.

A. Auf notwendige Lebensmittel.

B. Die Steuer auf entbehrliche Gegenstände.

Kapitel III.

Die Ergänzungssteuern.

Kapitel IV.

Die Gebühren.

Abschnitt II.

Einkünfte aus Staatsbesitz und Staatsbetrieb.

Abschnitt III.

Das Schuldenwesen von Staat und Gemeinde.

Abschnitt IV.

Die Staatsausgaben und der Etat.

Abschnitt V.

Historischer Rückblick.

Kapitel I.

Die Geschichte des Finanzwesens in Preussen.

Kapitel II.

Die Entwickelung des Finanzwesens des britischen Reiches.

Einleitung.

§ 1.

Begriff der Finanzwissenschaft.

Die Finanzwissenschaft ist ein Teil der politischen Oeconomie. Alle drei Disziplinen derselben, die Nationalökonomie, die Volkswirtschaftspolitik und die Finanzwissenschaft beschäftigen sich mit der wirtschaftlichen Thätigkeit des Menschen; die beiden ersteren mit der ganzen Volkswirtschaft, diese mit der Wirtschaft des Staates im engeren Sinne der Gemeinde und sonstigen öffentlichen Körperschaften; also mit Einzelwirtschaften, aber den grössten und bedeutungsvollsten der Volkswirtschaft.

Die Staatsgewalt bedarf der Hilfe des Volkes zur Erfüllung ihrer Aufgaben nach drei Richtungen, der Dienste, der Naturallieferungen und des Geldes. Wir haben es hier nur mit der letzteren Leistung zu thun. Wie die Aufgaben des Staates und der Gemeinden immer umfangreichere und tiefgreifendere werden, und in der neueren Entwickelung der Volkswirtschaft mit wenigen bestimmten Ausnahmen, der Ehrenämter, die Leistungen immer weniger unentgeltlich gefordert werden, um so grösser wird der Umsatz in der Verwaltung, um so bedeutendere Mittel muss der Staat zur Verfügung haben, wie ebenso die grösseren Verwaltungsbezirke, die Provinz, der Kreis, die Gemeinde. Die Unterhaltung des Verwaltungsapparates, des Heeres, der Justizorganisation, der Schulen und Kirchen verlangen immer grössere Ausgaben und infolge dessen wachsende Einnahmen, die, wie in einem jeden Haushalte, in angemessenem Verhältnis gehalten und verwaltet werden müssen. Die Schwierigkeit, diese Summen zusammenzubringen, ohne die Quelle, aus der geschöpft werden muss, die Volkswirtschaft, zu sehr zu schädigen, führte zu wissenschaftlichen Untersuchungen, die allmählich methodisch zusammengefasst zu einer besonderen Wissenschaft ausgebildet wurden, und man nannte sie kurz die Lehre vom Staatshaushalt. Indessen ist das für die Gegenwart zu enge gefasst, weil mehr und mehr die grösseren Bezirke der Selbstverwaltung, Provinz, Kreis und vor allem Gemeinde dem Staate immer mehr Thätigkeiten abnehmen, ihre Aufgaben daher gewaltig gestiegen sind und deshalb in der gleichen Weise eine wissenschaftliche Untersuchung beanspruchen, zumal für sie andere Prinzipien sich als massgebend erwiesen haben, als bei dem Staatshaushalt (die Gemeindeabgaben betragen in Preussen ca. 35% der Staatsabgaben, in Frankreich 23%, in England 40%).

In einem jeden Haushalte zerfällt die Thätigkeit, wie angedeutet, in die Aufgaben des Zusammenbringens, der Verwaltung und der Verausgabung, sowie das Inverhältnissetzen der Einnahmen und Ausgaben; und diese Thätigkeiten hat auch der Finanzminister bis zum gewissen Grade im Staatshaushalte zu übernehmen. Es fragt sich, ob unsere Wissenschaft gleichfalls diese Funktionen in derselben Weise zur Untersuchung zu ziehen hat. Auch der Finanzminister kann nur den verschiedenen Ressorts die Grenzen ziehen, und hat sie in ein angemessenes Verhältnis zu setzen. In die Details der Untersuchung der Berechtigung der einzelnen Posten im Heeresbudget etc. kann er sich nicht einlassen, und noch weniger kann unsere Wissenschaft hierfür Grundprinzipien aufstellen; das muss der Volkswirtschaftspolitik und Spezialdisziplinen vorbehalten bleiben. Auch in Bezug auf die Verwaltung hat die Wissenschaft bisher zu wenig zu leisten vermocht, sodass es sich in der Hauptsache nur um die Zusammenbringung der nötigen Mittel, und zwar heutigen Tages der Geldmittel, handeln kann. Hiernach würde die Definition zu lauten haben: die Finanzwissenschaft ist die Lehre von den zweckmässigsten Mitteln dem Staate, den Gemeinden und anderen öffentlichen Körperschaften, die zur Erfüllung ihrer Aufgaben nötigen Geldmittel zu verschaffen. Sie hat somit hauptsächlich einen praktischen Charakter und tritt an die Seite der Volkswirtschaftspolitik, stützt sich aber auf Grundlehren der Nationalökonomie.

Die Staatsgewalt tritt in der Finanzwirtschaft als juristische Persönlichkeit auf, als Fiskus, der eigenen Besitz hat, wie in den Domänen; für gemachte Schulden verantwortlich ist; Gelder einnimmt und ausgibt. Die Einzelwirtschaft, die er führt, unterscheidet sich von den Privatwirtschaften wesentlich durch folgende Momente:

1. Das Vermögen des Staates gehört der Gesamtheit der Bevölkerung, nicht einem Teil derselben. Die Verwaltung desselben ist deshalb nicht privatwirtschaftlich durchzuführen, sondern stets mit Rücksicht auf die Gesamtheit. Es ist nicht Aufgabe des Staates Vermögen anzusammeln, als Sebstzweck, sondern nur so weit es für bestimmte Zwecke erforderlich erscheint.

2. Den Ausgangspunkt der Privatwirtschaft bildet das Einkommen, wonach sich die Ausgaben zu richten haben. Bei der Staats- und auch Gemeindewirtschaft bilden dagegen die Ausgaben den Ausgangspunkt, nach denen sich die Einnahmen zu richten haben, denn es soll nur ausgegeben werden, was sich als unumgänglich notwendig herausstellt; und was als solches anerkannt ist, muss dann gedeckt werden, und es bleibt zu untersuchen, auf welche Weise am zweckmässigsten die nötigen Summen beschafft werden. Die Einnahmequelle, das Volksvermögen, ist in dieser Hinsicht als fast unerschöpflich anzusehen. Aber es darf daraus nur genommen und der privatwirtschaftlichen Verwendung entzogen werden, was für die Staatsverwaltung, resp. die Verwaltung der politischen Körperschaften notwendig und daher von ihnen im Gesamtinteresse besser verwertet werden kann, als durch die Einzelnen selbst.

3. Da der Staat, wie erwähnt, seine Einnahmen hauptsächlich auf den Ertrag der Privatwirtschaft stützt, der Selbsterwerb hierzu bei weitem nicht ausreicht, ist die Wirkung jedes Anspruches an die Leistungen der Privaten, also auf die ganze Volkswirtschaft fortdauernd zu beachten.

§ 2.

Geschichte und Litteratur.

Untersuchungen über Finanzfragen gehen in alter Zeit mit denen über die Volkswirtschaft Hand in Hand und haben ungefähr in gleicher Zeit wissenschaftlichen Charakter angenommen. Hier sind besonders zu nennen Bodinus, de re publica 1568. Veit, Ludw. von Seckendorf, Teutscher Fürstenstaat. Frankfurt a. M. 1656. Gasser, Einleitung zu den ökonomischen, polit. und Kameralwissenschaften. Bd. I. Halle 1729. Montesquien in seinem Esprit des Lois 1748, der besonders den Zusammenhang des Finanzwesens mit der Volkswirtschaft und Staatsverfassung erörtert. Der ältere Mirabeau in seiner Theorie de l'impot 1761, besonders Adam Smith in dem letzten Teile seiner Untersuchungen über die Ursachen des Volkswohlstandes, 1776, worin er systematisch die Grundprinzipien für eine Steuerlehre aufstellt.

In Deutschland sind von Jakob Soden, v. Malchus, besonders J. G. Hoffmann, Die Lehre von den Steuern. Berlin 1840. J. H. G. v. Justi und v. Sonnenfels (Grundsätze der Polizei-Handlung und Finanz. Wien 1763), von Rau (Grundsätze der Finanzwissenschaft. Heidelberg 1832 u. 37) besondere Hand- und Lehrbücher über das Finanzwesen herausgegeben und damit der Versuch gemacht, eine selbstständige Disziplin der Finanzwissenschaft zu schaffen. Wesentlich fortgebildet ist dieses von Lorenz von Stein in seiner Finanzwissenschaft. Leipzig 1860 u. 86. 5. Aufl. Es sind weiter zu nennen E. Pfeiffer, Die Staatseinnahmen, Geschichte, Kritik und Statistik ders. Stuttgart 1866. Hüllmann, Deutsche Finanzgeschichte des Mittelalters. Berlin 1805. De Parieu, Traité des impôts. Paris 1847. Mamogeran, Historie de l'impôt en France. Paris 1867 u. 76. Vorzüglich ist in neuerer Zeit die Wissenschaft gefördert von Adolf Wagner, Finanzwissenschaft. Leipzig (Winterscher Verl.), welches die hervorragendste Leistung auf diesem Gebiete ist. Zu nennen sind noch Roscher, System der Finanzwissenschaft. Stuttgart 1894. Gustav Cohn, Finanzwissenschaft. Stuttgart 1889. Schäffle, Die Grundsätze der Steuerpolitik. Tübingen 1880 u. 1895. Dann Schönbergs Handbuch der politischen Oekonomie. III. Teil. 4. Aufl. 1898. Leroy Beaulieu Traité de la Science des finances. 5. Aufl. Paris 1892. Robert Giffen Essays in finances. London 1889. L. Cossa, primi elementi di scienza d. fin. Milano. Frei bearbeitet von Eheberg, Grundriss der Finanzwissenschaft. Erlang. 1895. Ueber die Veränderungen der Gesetzgebung in den verschiedenen Ländern berichtet regelmässig das Finanzarchiv von Schanz. Für die einzelnen Länder und Fragen bietet das Handwörterbuch der Staatswissenschaften, 2. Aufl., Jena 1898, umfassendes Material und orientierende Auskunft.

§ 3.

Die Einnahmequellen des Staates.

Als solche sind zu nennen: 1. Der privatwirtschaftliche Staatsbesitz und Staatsbetrieb bei freier Konkurrenz. Der Staat tritt hier als Privatunternehmer ohne besondere Vorrechte auf. Das ist

1*

der Fall bei den Domänialbesitz, Landgütern, Forsten, dann bei Bergwerken, Eisenbahnen, Fabrikunternehmungen, Banken etc. Dagegen gehören nicht hierher Besitzthümer, welche nur Kosten verursachen, oder nur unbedeutende und nebensächliche Einnahmen liefern, wie Museen, Schlösser, Festungen, Kriegsschiffe und Chausseen etc.

In alter Zeit bildete der Besitz an Grund und Boden die hauptsächlichste Einnahmequelle und wurde dann in dem Mercantilistischen Zeitalter in der mannigfaltigsten Weise ergänzt. Zum Teil schon während des vorigen Jahrhunderts, wie in England, besonders in der ersten Hälfte des 19. Jahrhunderts ist diese Quelle mehr und mehr in den Hintergrund getreten und vielfach auf ein Minimum reduziert. In den letzten Dezennien hat sie, namentlich durch Erweiterung des Forstbesitzes und durch die Verstaatlichung der Eisenbahnen wieder eine höhere Bedeutung erlangt.

2. Regalien sind Nutzungsrechte, die sich der Staat, vermöge seines Hoheitsrechtes vorbehält, um Einnahmen daraus zu erzielen oder wirtschaftliche Aufgaben besser erfüllen zu können. 1. Auf den Betrieb gewisser Gewerbe und Unternehmungen, Salz-, Tabacksmonopol, das Kaffeemonopol der Holländer auf Java. 2. Aneignung gewisser Naturgegenstände unter Beschränkung des Eigentumsrechtes der Privatbesitzer: das Gold-, Silber-, Platin- und Bernsteinregal. 3. Vorbehaltung der Benutzung von Gewässern, Strassen oder gewissen Thätigkeiten: Münz-, Postregal.

Schon im alten Rom gab es ein Salzmonopol. Im 17. und 18. Jahrhundert griffen Monopole in extremer Weise um sich, während man im Laufe dieses Jahrhunderts immer allgemeiner an der Beseitigung derselben gearbeitet hat.

A. Wagner behandelt die Monopole nicht als eine besondere Kategorie, sondern fasst sie auf als eine besondere Art der Besteuerung resp. der Gebührenerhebung. Das ist vollständig berechtigt z. B. bei dem Tabacksmonopol, wo allerdings die Monopolisierung nur zu dem Zwecke geschieht um höhere Preise von den Konsumenten einzuziehen, als sie bei der Konkurrenz der privatwirtschaftlichen Thätigkeit möglich wären, und wo diese Preiserhöhung die einfache Erhebung einer Abgabe für allgemeine Staatszwecke in sich schliesst. Wo indessen die Monopolisierung nur aus allgemein wirtschaftlichen Gründen geschieht, und der Betrieb hauptsächlich im allgemeinen wirtschaftlichen Interesse durchgeführt wird, wie z. B. von der Post und Münze, wird die einfache Einreihung unter die anderen Kategorien kaum angemessen sein. Durch die Monopolisierung erhalten die Unternehmungen einen ganz anderen Charakter, so dass ihre gesonderte Behandlung wohl gerechtfertigt erscheint.

3. Steuern sind Zwangsbeiträge zur Staatskasse, welche die Staatsgewalt von den Privatwirtschaften nach einem allgemein giltigen Massstabe erhebt, ohne ein unmittelbares Aequivalent dafür zu bieten, wie das bei der Erhebung der Einkommensteuer, eines Zolles etc. der Fall ist. Adolf Wagner legt ihnen noch einen sozialpolitischen Charakter bei, den zur Herbeiführung einer veränderten Verteilung des Volkseinkommens. Aber dieses wird nur ganz ausnahmsweise der Fall sein, wie ebenso mitunter wirtschaftliche oder pädagogische Zwecke damit verbunden werden, wie eine höhere Branntweinsteuer, als Mittel gegen

den Alkoholismus, die Rübensteuer, um eine Prämie auf Erzeugung zuckerhaltiger Rüben zu erteilen, Schutzzölle etc. die sämtlich Nebenzwecke in sich schliessen. Doch haben sie neben dem Hauptzwecke keine so allgemeine Bedeutung, sie kommen vielmehr nur in vereinzelten Fällen, also ausnahmsweise in Betracht.

4. Gebühren sind unmittelbare, aber nur teilweise Vergütungen für vom Staate geleistete Dienste, erhoben bei Anstalten, welche vom Staate aus allgemeinen volkswirtschaftlichen oder Kulturrücksichten erhalten werden müssten, auch wenn sie garnichts einbrächten. Das ist der Fall bei Abgaben, welche für Handlungen der Justiz, z. B. der Testamentaufbewahrung, von der Verwaltung und Polizei für Ausstellung von Legitimationspapieren; für die Benutzung von Hafenanlagen, Strassen, Kanälen etc. erhoben werden. Sobald derartige Zahlungen in die Höhe geschraubt und in Beträgen erhoben werden, welche über die Selbstkosten hinausgehen, erhalten sie den Steuercharakter. Zahlungen für Leistungen aus sonstigem Staatsbesitz und Staatsbetrieb von allgemein wirtschaftlichem Charakter werden auch nach dem Sprachgebrauch nicht als Gebühren bezeichnet.

5. Anleihen. Sie entstehen durch Aufnahme freiwilliger Darlehen auf Grund des Credites. Sie sind zur Deckung eines ausserordentlichen Bedarfs bestimmt, der nicht auf dem regelmässigen Wege befriedigt werden kann.

§ 4.
Vorzüge und Nachteile des Staatsbesitzes und -Betriebes als Finanzquelle.

Als Vorzüge sind zu nennen: 1. Durch privatwirtschaftliche Thätigkeit erlangt der Staat oder auch die Gemeinde Einnahmen, ohne die Privatwirtschaften belästigen zu brauchen. 2. In entsprechender Weise wird der Steuerdruck vermindert; je höher die Ansprüche der Staatskasse, je schärfer die Steuerschraube bereits angezogen ist, um so wohlthätiger wird die Erleichterung empfunden, wenn ein Teil des Bedarfes durch Selbsterwerb zusammengebracht wird, weil mit jeder Steuer Härten und Ungerechtigkeiten verbunden sind. Hiergegen fällt weniger in das Gewicht 3. die Bedeutung des Besitzes als Reservefond und 4. als Kreditbasis, weil heutigen Tages so grosse Summen erfordert werden, dass dagegen der Besitz doch nur eine untergeordnete Rolle spielen kann, und die Wohlhabenheit des Volkes, eine gute Finanzwirtschaft weit mehr ins Gewicht fallen.

Zu diesen finanziellen Vorzügen kommt noch 5. der wirtschaftliche und 6. sozialpolitische, dass Staat und Gemeinde als Besitzer indirekt einen grossen Einfluss auszuüben vermögen, sei es in der Handhabung der Betriebe z. B. der Eisenbahnen und Forsten im volkswirtschaftlichen Interesse, sei es durch die Haltung und pekuniäre Stellung der Beamten und des Arbeiterpersonals.

Diesen Vorzügen stehen aber auch Nachteile empfindlicher Art gegenüber:

1. Vor allem ist es klar, dass die erwähnten finanziellen Vorzüge bei dem Vorhandensein entsprechender Staatsschulden illusorisch werden. Der Reservefond wie die Kreditbasis liegen dann nur

scheinbar vor, und wenn den Einnahmen aus dem Besitze ebensolche Ausgaben für Verzinsung der Staatsschuld gegenüber stehen, so geht der Nutzen verloren. Dazu kommt, dass dann ein doppelter Verwaltungsapparat vorhanden sein muss, noch eine besondere Staatsschuldenverwaltung, wodurch doppelte Ausgaben veranlasst werden.

2. Im allgemeinen wirtschaftet der Staat teurer als der Privatunternehmer. Ein Beamter ist in seiner Thätigkeit durch Statuten oder Verordnungen gebunden. Die Rücksicht auf die Vorgesetzten erschwert ein rasches Handeln, und die Uebernahme eines Risikos kann ihm kaum zugemutet werden. Daher wird der Betrieb in der Hand des Staates oder auch der Gemeinde nur zweckmässig durchgeführt werden können bei gleichmässigem Geschäftsgange des Unternehmens, dadurch erleichterte Kontrolle und geringem Risiko, was bei der Verwaltung der Forsten, Eisenbahnen, Wasserleitungen, Gasanstalten etc. der Fall ist. Die Bewirtschaftung durch Beamte pflegt besonders teuer zu sein, weil der Druck des Privatinteresses dabei nicht zur Geltung kommt.

3. Jeder Staatsbesitz, der auch vom Staate betrieben wird, ist der privatwirtschaftlichen Verwertung entzogen. Ist die Ausnutzung keine vollkommene, so ist der Nachteil ein doppelter. Nicht nur für die Staatskasse, sondern auch für die Volkswirtschaft.

4. Der Staatsbetrieb in grösserem Massstabe erfordert ein bedeutendes Beamtenheer, erhöht damit die Zahl von der Regierungsgewalt abhängiger Bürger, was den Parlamentarismus beeinträchtigen kann. Wo ausserdem der Beamtenstand nicht völlig intakt ist, tritt die Gefahr eines ausgedehnten Bestechungswesens hervor.

5. Durch die Uebernahme ausgedehnter wirtschaftlicher Thätigkeit wird die Staatsgewalt von anderen Aufgaben abgelenkt, und die wirtschaftlichen Interessen gewinnen leicht das Uebergewicht. In Ländern, wo die Staatsgewalt in der Hand einzelner politischer Parteien ist, welche einander bekämpfen und in der Herrschaft ablösen, steht die einseitige Ausbeutung der wirtschaftlichen Macht im Parteiinteresse zu befürchten, z. B. bei den Eisenbahnen.

6. Die Einnahmen aus Staatsbesitz und Staatsbetrieb sind je nach den wirtschaftlichen Konjunkturen Schwankungen unterworfen. Je höher der Prozentsatz ist, den sie daher von den gesamten Staatseinnahmen ausmachen, um so schwieriger wird die Aufstellung des Staatsbudgets. Gerade diese Einnahmen pflegen zu versagen oder doch zu sinken, wenn der Staat sie am notwendigsten gebraucht, in Zeiten der Krisis, besonders bei Kriegen etc.

Aus dem Gesagten geht hervor, dass im allgemeinen, aus rein finanziellen Rücksichten, nicht zu empfehlen ist, den Staatsbesitz bei ausgedehnten Schulden zu konservieren, vielmehr nur, wo besondere Gründe dafür nachgewiesen werden können, die sowohl finanzieller, wie wirtschaftlicher und sozialpolitischer Natur sein können. In jedem einzelnen Falle sind deshalb die Verhältnisse speziell zu untersuchen. Bei stark steigender Grundrente z. B. wird es Thorheit sein, Grund und Boden aus der Hand zu geben, was ganz besonders bei der Gemeinde ins Gewicht fällt, sodass sogar eine Erweiterung des Gemeindebesitzes an Grund und Boden nur als wünschenswert zu bezeichnen ist. Eine Gemeinde mit ausgedehntem Eigenbesitz wird ungleich leichter auch höheren Aufgaben gerecht zu werden vermögen, als wenn die Mittel für jede Ausgabe erst durch eine neue Steuer aufgebracht werden müssen. Besonders die städtischen Gemeinden können durch ausgedehnten Besitz an Grund und Boden in der Nähe der Städte im allgemeinen nur Vorteil haben. In Bezug auf den Betrieb gelten auch für die Gemeinden die oben angeführten Grundprinzipien.

Selbstverständlich können die Gründe für Konservierung eines vorhandenen Besitzes ausreichend sein, ohne darum auch für die Vermehrung desselben hinlänglich zu erscheinen.

§ 5.
Vorteile und Nachteile der Monopole.

A) Vorteile.

1. Durch die Monopolisierung eines Betriebes wird die Möglichkeit geboten, aus demselben höhere Einnahmen leichter zu beziehen, als es durch eine einfache Besteuerung möglich ist, und dieses wird um so mehr der Fall sein, je mehr das Publikum auf die betreffenden Leistungen angewiesen ist. (Salzmonopol.) Wo deshalb erkannt ist, dass bei den vorliegenden Verhältnissen aus einem bestimmten Gegenstande z. B. Taback, Branntwein etc. eine besonders hohe Summe herausgezogen werden muss, weil die andern Einnahmequellen bereits versagen, kann der Uebergang zum Monopol sich als das geringere Uebel erweisen.

2. Durch die Monopolisierung und die damit verbundene allseitige Ueberwachung des betreffenden Gegenstandes wird die Defraudation leichter verhindert, die sich als ein Hauptübelstand einer hohen Besteuerung herauszustellen pflegt.

3. Unter Umständen kann durch die ausschliessliche Staatsthätigkeit eine vollkommenere Leistung erzielt werden, wie das bei der Post unzweifelhaft der Fall ist.

4. Während bei der gewöhnlichen Besteuerung eine Abstufung der Auflage nach dem Werte des Gegenstandes und damit eine Anpassung an die verschiedene Vermögenslage der Bevölkerung nur sehr unvollkommen und oft gar nicht durchgeführt werden kann, bietet hierzu ein Monopol die beste Handhabe. Während z. B. die Tabacksteuer die Qualität nur sehr unvollkommen berücksichtigt, findet bei dem Monopol eine sehr verschiedene Belastung zwischen der feineren und gewöhnlicheren Cigarre statt, und gerade diese Berücksichtigung der Zahlungsfähigkeit des Publikums ermöglicht eine höhere Belastung ohne die Härten und Ungerechtigkeiten, welche bei einer einfachen Steuer unvermeidlich sind.

5. Es kann ebenso bei Monopolisierung Preisermässigung und Ausgleichung der Preise Platz greifen, wo dieses als wirtschaftlich wünschenswert erkannt ist. Das war früher vielfach bei dem Salzmonopol und jetzt bei der Post der Fall, wo niedrige Sätze für grosse Entfernungen zu Gunsten abgelegener Gegenden gewährt wurden und werden.

Als Nachteile der Monopole stellen sich die folgenden heraus:

1. Alle die in den vorigen Paragraphen angeführten Nachteile, die mit Staatsbesitz und -betrieb verbunden sind. Die höhere Be-

schränkung des Privatbetriebes wirkt noch in höherem Masse hemmend auf die volkswirtschaftliche Entwicklung, und bei grösserer Ausbreitung derselben müssen sie den Unternehmungsgeist lähmen.

2. Die Beseitigung der Konkurrenz führt erfahrungsgemäss zu Erschlaffung und Schlendrian. Es fehlt der Trieb sich durch Arbeit zu höheren Leistungen emporzuschwingen.

3. Rigorose Bestimmungen sind meist dabei unvermeidlich, welche auch das konsumierende Publikum belästigen.

4. Die parlamentarische Kontrolle ist bei dieser Art des Erwerbes in besonderer Weise erschwert, was nur zum Teil durch die Presse ausgeglichen werden kann.

Je höher entwickelt die ganze Volkswirtschaft ist, und je komplizierter der betreffende Betrieb sich erweist, um so mehr werden die Nachteile in den Vordergrund treten. Sie müssen besonders fühlbar werden bei der Neueinführung eines Monopols, dagegen werden sie mehr zurücktreten, wenn dasselbe schon längere Zeit bestanden hat, und die wirtschaftliche Thätigkeit und die Gewohnheiten der Bevölkerung sich demselben angepasst haben.

Nach allem werden Monopole an und für sich als grosse Uebel anzusehen sein, zu denen man nur im Notfalle seine Zuflucht nehmen darf, wenn nur auf diese Weise die nötigen Summen zusammen gebracht werden können, und andere Wege noch grössere Härten und Unzuträglichkeiten mit sich führen.

In Gemeinden sind Monopole aus Finanzrücksichten kaum anwendbar, gleichwohl liegen Beispiele dafür aus früherer Zeit vor, indem eine Monopolisierung einzelnen Gemeinden durch die Staatsgewalt eingeräumt ist. Auch in der neueren Zeit ist ein solches Beispiel in dem Gothenburger System zu erwähnen, wo der Gemeinde allein das Recht des Ausschankes alkoholischer Getränke vorbehalten ist. Die damit konzessionierten Restaurateure dürfen keinen Profit nehmen, nur die nicht unbedeutende Preiserhöhung kommt der Gemeindekasse oder bestimmten Wohlthätigkeitszwecken ausschliesslich zugute. Hierbei überwiegt allerdings der polizeilich pädagogische Gesichtspunkt über den finanziellen.

Abschnitt I.

Die Lehre von den Steuern.

Kapitel I.

Die Theorie der Steuern.

Eisenhart, Die Kunst der Besteuerung. Berlin 1868.
Neumann, Die Steuer nach der Steuerfähigkeit. Beitrag zur Kritik und
Geschichte der Lehre von den Steuern. Jahrbücher für Nationalökonomie 1880/81.
Neue Folge. Bd. I und II.

§ 6.

Das Steuerrecht und der Steuermassstab.

R. Meyer, Die Prinzipien der gerechten Besteuerung in der neueren Finanzwissenschaft. Wien 1884.

In älterer Zeit begründete man das Recht des Staates, Steuern
zu erheben, mit den Vorteilen, welche er den Bürgern gewährte; und
sah den Massstab für die Besteuerung in den dem Pflichtigen von dem
Staate gewährten Vorteilen. So lautete die sog. Vergeltungstheorie,
welche das Prinzip der Leistung und Gegenleistung oder das Gebühren-
prinzip aufstellte, auch die Genusstheorie genannt.

Diese Theorie wurde zuerst von dem englischen Philosophen
Hobbes 1669 ausgesprochen, welcher die Steuer als den Preis für er-
kaufte Sicherheit bezeichnet. Montesquieu nannte sie eine Abgabe,
um den Rest des Vermögens in Ruhe geniessen zu können. Hugo
Grotius, Puffendorf, A. v. Haller vertraten dasselbe Prinzip. In der
neueren Zeit wollte noch Rottek die Steuerpflicht nach dem Masse
der Teilnahme des Bürgers an den Wohlthaten des Staates berechnen.
Aehnlich Lorenz von Stein noch in der zweiten Auflage seines Lehr-
buches 1871, von Hock, Faucher, Michaelis u. a.; ebensowohl Kon-
servative wie Freihändler im Dresdner Landtag und der badischen
ersten Kammer bei Gelegenheit der Beratung der Steuerreform.

Diese Theorie ist nicht als richtig anzuerkennen, denn danach
müsste bei Mangel an Schutz durch den Staat, im Falle eines unglücklichen Krieges, dann eines Diebstahls dem Beschädigten das Recht der
Steuerverweigerung zustehen. Der Gebildete, wie der körperlich und
geistig Schwache, welche offenbar mehr Schutz bedürfen und grösseren
Nutzen von den Staatseinrichtungen haben, als der Ungebildete und
Gesunde müssten zu höheren Steuerzahlungen verpflichtet sein, auch

wenn sie unbemittelt sind. Der Schutz der Person ist offenbar ebenso in Anschlag zu bringen wie der Schutz des Vermögens, und doch erkennt man allgemein an, dass der Reichere eine höhere Steuerpflicht besitzt als der Aermere. Die Leistungen des Staates lassen sich in keiner Weise abschätzen und messen, um daraufhin die Gegenleistung bestimmen zu können. Auf der anderen Seite müsste auch in Rechnung gebracht werden, was an persönlichen Leistungen der Bürger seinerseits dem Staate bietet und womit er bereits einen Teil der Schuld abträgt. Wer ein Ehrenamt übernimmt, müsste dementsprechend von der Steuer befreit werden. Ein tüchtiger Gewerbsmann, der volkswirtschaftlich mehr leistet und einer grösseren Zahl von Arbeitern Verdienst gewährt, müsste weniger Steuern zahlen als sein weniger tüchtiger Konkurrent.

Mit dieser Auffassung wird der Staat zum Krämerladen herabgedrückt. Der Staat ist vielmehr als Culturnotwendigkeit höher aufzufassen und dem Bürger anders gegenüber zu stellen. Das Verhältnis wird am richtigsten aufgefasst und verglichen mit dem der Eltern zu ihren Kindern, wo auch die Pflichten der Kinder nicht bemessen werden können nach dem, was sie von den Eltern empfangen haben. Der Kulturmensch geniesst durch den Staat weit mehr Wohlthaten, als er ihm zurückzuzahlen vermag, er ist nur zu wenig daran gewöhnt, sich diese Wohlthaten genügend zu vergegenwärtigen.

Der Staat braucht, um seine Kulturaufgaben zu erfüllen, persönliche Dienste verschiedenster Art, sowie Geldbeiträge von den Bürgern. Infolgedessen steht ihm das Recht zu, solche Leistungen von ihnen zu verlangen. Aus Bürgerpflicht hat jeder zu bieten, was er vermag, durch Uebernahme der Wehrpflicht im Heere, eines Ehrenamtes und von Geldzahlungen. Dagegen ist es die Aufgabe des Staates, die damit verbundene Last möglichst gleichmässig zu verteilen, so dass Niemand anderen gegenüber überbürdet erscheint. Das wird der Fall sein, wenn jeder zahlt nach seiner pekuniären Leistungsfähigkeit. Es gilt demgemäss die praktische Schwierigkeit zu lösen, die Leistungsfähigkeit der einzelnen festzustellen und dementsprechend die Abgaben aufzulegen.

Kommen auch im grossen Ganzen bei der Gemeinde und anderen öffentlichen Körperschaften die gleichen Prinzipien wie bei dem Staate in Betracht, und wird auch hier die Steuerauflegung nach der Leistungsfähigkeit geschehen müssen, so treten hier doch häufiger Fälle ein, wo bestimmte Leistungen der Gemeindeverwaltung bestimmten Kategorien der Bürger in erster Linie zugute kommen, und infolgedessen das Prinzip von Leistung und Gegenleistung zur Anwendung gebracht werden kann. Dagegen ist es zu weit gegangen, die Gemeindeabgaben allein nach diesem Prinzip auflegen zu wollen. (Braun auf dem volkswirtschaftlichen Kongress, Hamburg 1867.) Der Grundbesitzer auf dem Lande hat von der Anlage einer Chaussee in erster Linie Vorteile, er benutzt sie mehr als andere, erspart dadurch Wirtschaftskosten, und der Wert seines Grundstückes wird dadurch gehoben. Es wird gerechtfertigt sein, wenn er zu der Anlage mehr beiträgt als andere Bürger, z. B. der Schullehrer. Aber auch dieser hat Vorteile davon durch billigeren Bezug von Waaren etc., so dass es ungerechtfertigt wäre, dem Grundbesitzer die Last allein aufzubürden. Werden in einer Stadt Anlagen gemacht,

Kanalisierung, Wasserleitung, welche den Gesundheitszustand der Stadt verbessern, wird ein Theater gebaut, ein Gymnasium eingerichtet, werden Verschönerungen angelegt, so kommt dieses Allen zu Gute, aber am meisten dem Grund- und Hausbesitzer. Durch stärkeren Zuzug der Bevölkerung steigt die Nachfrage nach Wohnungen, sie gewährt ihm höhere Miete, erhöht den Wert des Grund und Bodens und des Hauses. Er hat deshalb auch eine höhere Gegenleistung zu tragen. Ausgaben dagegen für Armenwesen, für Elementarschulen etc. werden ihm nicht in höherem Masse als anderen Bürgern zu Gute kommen, bei diesen und dem sonst gewöhnlichen Aufwand tritt das Prinzip der Leistungsfähigkeit in seine Rechte.

§ 7.
Die Feststellung der Leistungsfähigkeit.

Um die Leistungsfähigkeit ausfindig zu machen liegt es nahe, sich 1. an das Vermögen zu halten, indem man jedem nach seinem Anteil am Nationalvermögen auch die zu tragende Steuerlast aufbürdet. Indessen zeigt es sich, dass dieser Massstab allein nicht ausreicht. Das Vermögen zeigt vielmehr eine sehr verschiedene Leistungsfähigkeit. Ein eben in Angriff genommenes Bergwerk, ein noch junger Wald repräsentieren Vermögen, ohne indes eine Leistungsfähigkeit bereits zu besitzen, beide kosten mehr als sie einbringen, und die in dem Bergwerk angelegten Kapitalien sind vielleicht in Kurzem als verloren anzusehen. Auf der anderen Seite tritt pekuniäre Leistungsfähigkeit zu Tage auch ohne Vermögen und mitunter eine sehr bedeutende, wie bei einem höheren Beamten, einem Arzt, einem Advokaten, einem berühmten Sänger.

2. Das Einkommen. Dasselbe ist vielfach als der beste Massstab für die Steuerfähigkeit angesehen (Nasse, Schmoller). Doch reicht auch dieses allein nicht aus. Was ist aber darunter zu verstehen? Das Einkommen bilden die Jahreseinnahmen einer wirtschaftenden Persönlichkeit, welche verzehrt werden können, ohne die Vermögenslage zu verschlechtern (Schmoller). Einmalige Einnahmen, wie Erbschaft, Lotteriegewinn bilden einen Vermögenszuwachs, gehören mithin nicht zum Einkommen. Es ist im allgemeinen eine gewisse regelmässige Wiederkehr vorausgesetzt. Aus dem Einkommen ist natürlich der Lebensunterhalt zu bestreiten, also nicht von den Jahreseinnahmen abzuziehen, um das Einkommen festzustellen, wohl aber die Produktionskosten in einem Geschäfte. Ausgaben, welche eine Erhöhung des Vermögensstammes herbeiführen, wie Meliorationen, Bauten im landwirtschaftlichen Betriebe sind Kapitalisierung aus dem Einkommen, daher nicht mit den Produktionskosten in Abrechnung zu bringen.

Dasselbe Einkommen repräsentiert eine verschiedene Leistungsfähigkeit je nach dem Orte, wo dasselbe gebraucht wird, weil der Geldwert derselben Summe unter ungleichen Verhältnissen ein sehr verschiedener ist. In grossen Städten mit hohen Mieten, grossen Entfernungen etc. ist das Leben teurer als in kleinen; dieselbe Summe kann an dem einen Orte für den Lebensunterhalt sehr gut ausreichen und sich an einem anderen, auch für dieselbe Familie als zu klein erweisen. Die Zahl der Familienglieder, die von demselben Einkommen zu unterhalten sind, fällt gleichfalls erheblich ins Gewicht. Sind altersschwache, kranke Mitglieder zu versorgen, so erwachsen daraus besondere Kosten, deren Berücksichtigung die Gerechtigkeit erfordert, wo es sich überhaupt nur um geringe Einnahmen handelt. Dies ist auch in der Praxis fast allgemein anerkannt. In Frankreich beschloss am 7. Oktober 1789 die Nationalversammlung: Steuern sollen erhoben werden nach Massgabe des Besitzstandes und der Leistungsfähigkeit. In England gestattete schon der erste Versuch mit einer Einkommensteuer Ende des vorigen Jahrhunderts die Berücksichtigung der Familienverhältnisse, ebenso in Preussen die alte Klassensteuer für die unterste Stufe, und das Prinzip ist gegenwärtig fast allgemein acceptiert.

Helferich glaubte ausserdem eine Unterscheidung machen zu dürfen, ob die Steuererhebung für die Existenz des Staates notwendig sei oder nicht. Ebenso Neumann, ob es sich um Ausgaben handelt, die zu decken Pflicht ist, oder die nur Vorteil bringend sind. Nur in den letzteren Fällen wollen sie die Berücksichtigung der persönlichen Verhältnisse zulassen. Indessen dürfte diese Unterscheidung für die Praxis kaum eine Bedeutung haben und noch weniger durchführbar sein. Die Voraussetzung jeder Steuererhebung ist eben, dass die Gelder für den Staat notwendig sind.

Das reine Einkommen zerfällt, wenn es grösser ist, nach den damit zu bestreitenden Ausgaben in drei Teile, welche bei der Besteuerung verschieden behandelt werden müssen. Der erste Teil dient zur Deckung des notwendigen Lebensbedarfes, und es hat sich dafür der Ausdruck des „Existenzminimums" gebildet. Der zweite Teil ist zur Deckung nützlicher aber entbehrlicher Kulturbedürfnisse zu verwenden. Der dritte Teil bleibt für indifferente und Luxusausgaben oder zur Kapitalisierung übrig. Offenbar schliesst jeder dieser Teile eine andere Leistungsfähigkeit in sich.

§ 8.
Das Existenzminimum.

Schmidt, Das Existenzminimum. Leipzig 1876.

Ein Einkommen, das nur hinreicht zur notdürftigsten Fristung des Lebens, wird eine Leistungsfähigkeit offenbar nicht repräsentieren. Erst muss der Mensch den dürftigsten Lebensbedarf gedeckt haben, bevor er die Gaben der Kultur geniessen kann, und der Staat hört auf, eine Wohlthat zu sein, wenn er noch da Steuern erhebt, wo durch die Abgabe der Mensch zum Hungern verurteilt wird.

Dagegen ist der Einwand erhoben, dass durch die Freilassung des Existenzminimums die Einnahmen des Staates zu sehr vermindert werden. Das würde aber nur der Fall sein, wenn man das Wort zu weit fasst, denn die grosse Mehrzahl der unteren Klasse bezieht mehr als ein Existenzminimum an Lohn. Der Kulturstaat ist nicht ein Staat von Bettlern. Ferner ist eingewendet, dass der Arbeiter mit so geringem Einkommen die Steuer doch nicht selbst tragen würde, sondern die Abwälzung auf den Arbeitgeber zur Folge hätte, die Härte daher in Wirklichkeit nicht so gross wäre. Eine Abwälzung wäre allerdings bei der Antastung des Existenzminimums unvermeidlich, aber um so mehr hat man sich dagegen auszusprechen, da die Abwälzung sich erfahrungsgemäss nur ausserordentlich langsam, nach erheblichen Kämpfen und unter grossen Härten und Ungerechtigkeiten vollzieht.

Es ist deshalb das Einkommen erst nach Abzug des Existenzminimums als leistungsfähig anzuerkennen, und wo dasselbe darüber nicht hinausgeht, überhaupt steuerfrei zu lassen. Man hat diesen steuerpflichtigen Rest als das freie Einkommen bezeichnet.

Ist nun aber dieses Existenzminimum allgemein in einem Lande als gleich anzusehen? Gewiss nicht. Schon nach dem Wohnort tritt, wie bereits oben ausgeführt, eine beachtenswerte Verschiedenheit hervor, in den grösseren Städten ist die Miete um das mehrfache teurer als in den kleinen Städten und auf dem Lande, wo der Arbeiter mit dem halben Lohn sehr gut leben kann, der in der Stadt kaum zur Existenz hinreicht. Ein einzelnes Ehepaar kann mit einer weit kleineren Summe auskommen wie eine kinderreiche Familie. Aber auch die gesellschaftliche und die Berufsstellung macht einen erheblichen Unterschied, der nicht ignoriert werden kann. Ein Gymnasiallehrer muss aus Rücksicht für seine Stellung besser gekleidet gehen, besser wohnen als ein Handwerker, er kann bei geistiger Arbeit und sitzender Lebensweise sich nicht bei Kartoffelnahrung gesund erhalten, wie ein Landarbeiter. Nach allem ergiebt sich, dass das Existenzminimum sich thatsächlich sehr verschieden gestaltet, und dass diese Verschiedenheit bei der Steuerauflegung berücksichtigt werden muss und zwar bei allen den Einkommen, bei welchen es noch einen erheblicheren Prozentsatz ausmacht.

§ 9.
Die progressive Besteuerung.

Lehr, Kritische Bemerkungen zu den Gründen für und wider den progressiven Steuerfuss. Jahrbücher für Nationalökonomie 1877.
Neumann, Progressive Einkommensteuer. Leipzig 1874.

Das freie Einkommen hat eine um so grössere Leistungsfähigkeit, je grösser dasselbe ist, schon weil in diesem die beiden erwähnten Teile zu scheiden sind, welche für nützliche oder indifferente Ausgaben verwendet werden können. Lässt man hier auch einen erheblichen Spielraum, so wird immerhin die Ausgabe für nützliche Verwendungen beschränkt sein und ein immer grösserer Teil des Einkommens für die dritte Kategorie übrig bleiben, je grösser die Einkommenbeträge sind, die in Betracht kommen. Es dürfte ferner einleuchten, dass es für 1000 Arbeiter, von denen jeder 800 Mk. Einkommen bezieht 5%, also 40 Mk. als Einkommensteuer oder 200 Beamte mit je 4000 Mk. Gehalt je 200 Mk. zahlen, aufzubringen schwerer werden muss, als einem einzigen Manne, der 800 000 Mk. Einkommen hat, 40 000 Mk. zu entrichten; da ihm noch 760 000 Mk. verbleiben, die ihm die ausgedehntesten Luxusausgaben gestatten.

In der Praxis hat man daher auch schon früh Beispiele der Anerkennung des Prinzips einer progressiven Besteuerung. Friedrich August von Sachsen führte eine solche ein, die von 1—8% stieg. Bei der preussischen Klassensteuer begann dieselbe thatsächlich mit 0,7%

und erhob sich bis 3 %, wenn dann auch eine weitere Progression unterlassen wurde. In Bremen war der Steuersatz in den fünfziger Jahren von 2 pro Mille bis auf 4 % gesteigert. Aehnliche Beispiele liegen gerade für mehrere grössere Städte vor. Doch hat man sich bis in die neueste Zeit im grossen ganzen prinzipiell ablehnend gegen diese Auffassung verhalten. Als entschiedener Gegner ist bis zum heutigen Tage Leroy-Beaulieu zu nennen. Gneist sprach sich in seinen älteren Schriften dahin aus, dass eine progressive Einkommensteuer die Demoralisation der ganzen Steuersystems herbeiführe, dem sie den Grundsatz der Gerechtigkeit unter den Füssen fortziehe. Von Staatsmännern sind besonders Thiers und (wenigstens lange Zeit) Bismarck als Gegner der Progression bekannt. Bei der Einführung der Einkommensteuer in Sachsen entschloss man sich, eine Regression zu acceptieren, um einer Progression zu entgehen, indem man von 5000 Thaler Einkommen an herabgehend eine Erniedrigung des Steuerfusses eintreten liess. Auf dasselbe kommt die zugestandene Progression der jetzigen preussischen Einkommenssteuer hinaus.

Die Einwände gegen die Progression sind nun die folgenden:

1. Es sei kein Grund, den Reichen schärfer zu besteuern, vorhanden, da er nicht progressiv, sondern nur proportional mehr geniesse als der Aermere. Es sei für ihn eine ebenso grosse Entbehrung, Luxusbedürfnisse, an die er gewöhnt, zu entbehren, wie für den Unbemittelteren, sich Einschränkungen aufzuerlegen. Der Einwand kann nur als frivol bezeichnet werden und bedarf keiner besonderen Widerlegung.

2. Sehr allgemein tritt die Furcht vor einer kommunistischen Tendenz hervor, indem die Progression als ein Mittel zur Nivellierung der Einkommen angesehen wird. Doch spricht dieses nur gegen eine Uebertreibung der Progression, nicht gegen eine solche, welche die Last nur gleichmässig zu verteilen bestimmt ist.

3. Sie ist als Strafe auf Fleiss und Tüchtigkeit bezeichnet, weil derjenige stärker belastet werden solle, der durch seine Tüchtigkeit sich höhere Einnahmen verschafft hat. Doch handelt es sich hier keineswegs nur oder hauptsächlich um das Ergebnis des Fleisses, sondern auch um den Genuss des Ererbten und ausserdem kann von einer Wirkung als Strafe nicht die Rede sein, so lange sich die Progression in mässigen Grenzen bewegt und der grösste Teil des Vermögens dem Inhaber verbleibt.

4. Bei der Progression sei keine Grenze zu finden; bei einer mathematisch konsequenten Durchführung käme man schliesslich zur Einziehung des ganzen Einkommens, anderenfalls sei die Normierung der reinen Willkür verfallen. Mit Recht führt aber Neumann an, dass bei allen dergleichen Bestimmungen Willkür unvermeidlich sei. Die Höhe der Strafen bei Verbrechen und Vergehen kann gleichfalls nur nach allgemeinem Ermessen aufgelegt werden ohne eine mathematische Grundlage. Die Grenze in der Progression liegt naturgemäss dort, wo das Bedenken einer Verminderung des Sparsinns und der Austreibung in das Ausland eintritt, sowie der zu argen Vergrösserung der Prämie auf Defraudation. Innerhalb dieser Grenze wird die Rücksicht auf die öffentliche Meinung bestimmend sein müssen, und man kann leicht verfolgen, wie nach dieser Richtung in den letzten Dezennien ein erheblicher Umschwung zu Gunsten einer bedeutenden

Progression eingetreten ist, und die Gewohnheit einer höheren Steuerzahlung einer solchen mehr und mehr Vorschub leistet.

§ 10.
Fundiertes und unfundiertes Einkommen.

Je nach der Natur der Einnahmequelle ist noch eine weitere Abstufung der Steuerauflegung erforderlich. Ein fundiertes, d. h. aus Vermögen bezogenes Einkommen, besitzt eine grössere Steuerfähigkeit als ein unfundiertes, welches allein von der persönlichen Arbeitskraft des Betreffenden abhängig ist. Das Vermögen sichert dem Besitzer und seiner Familie Einnahmen, auch wenn die Arbeitskraft vermindert oder durch den Tod aufgehoben ist. Während ein Beamter, ein Arzt, Advokat ohne Vermögen von seinem Einkommen in Abzug bringen muss: einmal die Amortisationsprämie für die Erziehungsgelder, durch die er seine Leistungsfähigkeit gewonnen hat; eine Versicherungsprämie gegen Verdienstlosigkeit durch Krankheit, Invalidität, Altersschwäche, und zur Sicherung eines Kapitals für den Todesfall, um die Familie in angemessener Weise zu versorgen, so dass eine erhebliche Reduzierung des unfundierten Einkommens Platz greift, bevor die Leistungsfähigkeit des fundierten erreicht ist.

Dazu kommt, dass dem Besitzer eines Vermögens neben dem Ertrage desselben die Möglichkeit verbleibt, im allgemeinen sich durch seine Arbeitskraft noch ergänzende Einnahmen zu verschaffen.

Dagegen ist angeführt: dass auch das Vermögen keineswegs völlig gesichert sei, sich vielmehr in hohem Masse gefährdet zeige. Das trifft indess bei einem grossen Teil der Vermögensanlage nicht zu. Wenn jemand unsichere Aktien kauft, so hat er das Risiko allein zu tragen. Der Staat hat darauf keine Rücksicht zu nehmen. Wo aber das Vermögen in einem Gewerbebetriebe zugleich mit der Arbeitskraft, und damit verbunden verwendet wird, kann in einem Steuersysteme darauf entsprechend Rücksicht genommen werden. Die Ueberlegenheit des Besitzes bleibt darum immer noch bestehen.

§ 11.
Die Schwierigkeit in der praktischen Durchführung und die Steuerüberwälzung.

Held, Zur Lehre von der Ueberwälzung der Steuern. Tübing. Zeitschrift. Bd. XXIV.
Kaizl, Die Lehre von der Ueberwälzung der Steuern. Leipzig 1881.

Bei idealen Menschen wäre nach der Aufstellung des Grundprinzips die Steuerauflegung verhältnismässig einfach durchzuführen. In Wirklichkeit stehen aber derselben grosse Schwierigkeiten entgegen. 1. Können viele ihr Einkommen nicht angeben, weil sie es nicht wissen. Nicht nur der Arbeiter, sondern auch der kleine Handwerker, der Bauer und vielfach der Gutsbesitzer geben sich allgemein gar keine Rechenschaft über ihre Jahreseinnahmen und -ausgaben, sondern leben aus der Hand in den Mund. Auch bei grossen Unternehmungen mit fortdauernden Schwankungen der Reinerträge ist es schwierig, das Einkommen korrekt festzustellen.

2. Wollen die meisten ihr Einkommen nicht angeben, und dieses fällt schwer ins Gewicht. Die Abneigung dem Staate zu geben, was ihm gebührt, die Furcht mehr zu geben als andere, die Geheimniskrämerei aus Scheu, andere einen Einblick in die eigenen Einkomm- und Vermögensverhältnisse thun zu lassen, sind allgemein verbreitet. 3. Tritt hinzu die Unmöglichkeit einer genauen Ermittlung der Einkommensverhältnisse für einen Aussenstehenden, also für die Behörden. Die Schätzungen durch Kommissionen haben sich allgemein als trügerisch und unzureichend herausgestellt.

Infolge dieser Schwierigkeiten ist es nicht möglich, durch eine einzige allgemeine Einkommensteuer zum Ziele zu gelangen, wie die Erfahrung allgemein gezeigt hat. Man sieht sich vielmehr genötigt ein System von Steuern zu konstruieren, welche sich gegenseitig ergänzen und dasselbe Objekt von verschiedenen Seiten zu erfassen suchen.

Es tritt aber noch ein 4. Punkt hinzu, dass der Staat wohl sagen kann, wer die Steuer zahlen soll, aber nicht genau bestimmen kann, wer sie tragen wird, und deshalb ist auch die Frage der Ueberwälzung der Steuern zu erörtern.

Jeder Steuerzahler hat das natürliche Streben, die Steuerlast abzuwälzen. Wie weit nun die Möglichkeit vorliegt, ist verschieden beurteilt. Die Freihandelsschule, dann J. G. Hoffmann, Lorenz von Stein; von praktischen Staatsmännern, Thiers und Bismark, nahmen an, dass eine jede Steuer abgewälzt werden kann und thatsächlich fortdauernd abgewälzt wird. Der Verkehr biete dazu fortdauernd Gelegenheit, da die Steuer als ein Teil der Produktionskosten anzusehen ist und überall in den Preisen zum Ausdruck kommt. Der volkswirtschaftliche Umsatz bewirkt daher, dass die Last zu allgemeiner angemessener Verteilung gelangt. Wer am meisten überbürdet ist und den Druck empfindlich spürt, strengt sich um so energischer an, das Uebermass auf andere Schultern zu übertragen, sodass, je länger die Steuer besteht, sie sich umso mehr allen Verhältnissen anpasst, und am leichtesten getragen wird. Mit anderen Worten: die alte Steuer ist die beste.

Auf der anderen Seite stehen Eisenhart, Held, Adolf Wagner, welche nur die indirekten Steuern für abwälzbar halten, die direkten dagegen nicht. Uns will scheinen, dass beide Auffassungen an Einseitigkeit leiden; vielmehr ist im einzelnen Falle die Wirkung nur selten vorher genau zu bestimmen, denn die Abwälzung ist eine Machtfrage, und es ist keineswegs leicht festzustellen, welcher Teil der sich gegenüber stehenden Parteien nach Auflegung der Steuer die Uebermacht haben wird und infolgedessen die Abwälzung bewirken kann. Kaizl meint nur eine ungleiche Steuerbelastung führe zur Abwälzung, die Ungerechtigkeit werde tief empfunden und sporne zu besonderer Anstrengung an, die Ungerechtigkeit auszugleichen. Auch das ist nicht zuzugeben, denn der Ueberbürdete kann sehr wohl zugleich der schwächere Teil sein, der nicht in der Lage ist, sich der Bürde zu entledigen, während auch nicht Ueberlastete oft alle Hebel in Bewegung setzen, um Steuern abzuschütteln. Dieses tritt bei genauerer Untersuchung der einzelnen Steuern wohl klar hervor.

§ 12.
Die Ueberwälzung bei einzelnen Steuern.

Am wenigsten wird eine angemessen verteilte Einkommensteuer die bisherigen wirtschaftlichen Verhältnisse verschieben und darum nur ausnahmsweise einen Anlass zur Abwälzung bieten. Sie ist aber auch dabei sehr wohl denkbar. Eine neuaufgelegte, bedeutende Einkommensteuer kann einen Rentier, der schon bisher mit seinem Einkommen schwer zu leben vermochte, veranlassen, eine sichere Hypothek zu kündigen, um bei einer allerdings unsichereren Anlage einen höheren Zins zu suchen. Ist der Schuldner in Bedrängnis, so wird er sich genötigt sehen, einen höheren Zins zu zahlen und damit die Einkommensteuer eines anderen auf sich zu nehmen.

Eine Grundsteuer bleibt unter unseren Verhältnissen auf dem ländlichen Grundbesitzer lasten, er hat keinen Einfluss auf die Preisbestimmung der gewöhnlichen ländlichen Produkte, die auf dem Weltmarkte stattfindet. Vielmehr ist die Grundsteuer eine Last, die auf dem momentanen Besitzer haften bleibt, weil der Käufer, der ihm das Gut abnehmen will, bei der Taxierung des Gutswertes die Steuer vom Reinertrage abzieht und diesen dann erst nach dem allgemeinen Zinsfuss kapitalisiert. Wenn auch nicht sofort völlig, so wird sich im Laufe der Zeit, nach öfterem Besitzwechsel, der Landwirt durch die Anrechnung im Kaufpreise von der Steuer befreit haben, indem die Abwälzung auf den Vorgänger stattfand. Dagegen kann der Grundbesitzer bei günstigen Verhältnissen die Last auf den Pächter abwälzen, wenn eine grosse Zahl von Nachfragenden vorhanden ist.

In derselben Weise ist es eine Machtfrage, ob der städtische Grund- und Hausbesitzer eine neuaufgelegte Steuer sich von seinem Mieter zurückzahlen lassen kann oder nicht. Er wird hierzu die Macht haben, bei schneller Zunahme der Bevölkerung und Knappheit der Wohnungen. Das wird nicht der Fall sein, wenn viele Häuser leer stehen; und umgekehrt wird eine Mietssteuer von den Hausbesitzern getragen werden, wenn grosse Auswahl von Wohnungen ist, und die Tendenz zu einem Herabgehen der Mieten vorliegt. Freilich ist es dabei zu beachten, dass auch hier nach dem Gesetz der Trägheit die Last zunächst auf dem ruhen bleibt, dem sie zuerst aufgelegt worden ist, und es schon eines intensiveren Chockes bedarf, um zur Abwälzung zu nötigen. Die Wahrscheinlichkeit liegt deshalb vor, dass die direkte Haussteuer in der Hauptsache von dem Besitzer getragen wird, die indirekte Mietssteuer dagegen von dem Mieter, ohne dass indes dieses als unbedingt anzunehmen ist. Wir haben vielmehr eine direkte Steuer, die sich abwälzbar zeigt, und eine indirekte, bei der dieses nur zum Teil zulässig ist. Dasselbe lässt sich auch bei anderen indirekten Steuern nachweisen.

Auch die Gewerbesteuer als direkte Steuer wird unter Umständen sich als abwälzbar erweisen, nämlich dann, wenn der Gewerbetreibende für das Inland arbeitet und sein bereits geringer Verdienst durch die Steuer erheblich verringert wird, während ausländische Konkurrenz wie mangelhafte Leistungen die Abwälzung unmöglich machen können.

Bei den indirekten Steuern ist die Wirkung durchaus nicht so allgemein und gleichmässig voraus zu bestimmen, wie es die alte Schule annahm, sie hängt vielmehr durchaus von den Konjunkturen ab. Eine neuaufgelegte Biersteuer wird im Momente einer allgemeinen Ueberproduktion die Bierbrauer sehr intensiv in Mitleidenschaft ziehen. Die Etablissements mit vorzüglicher Leistung, welche einen gesicherten Absatz haben, werden den Preis der Steuer entsprechend erhöhen können, die übrigen dagegen, welche schon bisher nur schwer den erforderlichen Absatz zu erlangen vermochten, werden eine Preiserhöhung nicht durchzusetzen vermögen. Die ganz grossen Brauereien, mit geringeren Produktionskosten werden in der Lage sein, dies zu tragen, bei einer geringen Steuer auch wohl die kleinen Brauereien und die Last bleibt auf ihnen ruhen, bis die Konjunkturen sich verbessern und eine Preissteigerung möglich wird. Ist die Steuer hoch, so kann dadurch eine Anzahl der kleineren Brauereien mit unzulänglichen Leistungen zur Betriebseinstellung gebracht werden, zum Vorteil der übrigen. Sind dagegen die Brauereien in der Lage, sich die Steuer von den Schankwirten ersetzen zu lassen, so werden von diesen wiederum nur die günstig Situierten einen Preisaufschlag in der einen oder der anderen Weise durchführen können; entweder durch Steigerung der Preise pro Seidel, was nur bei einer ganz hohen Steuer möglich sein dürfte, und für besonders gute Qualitäten. Oder es wird das Mass verringert, der Stoff verdünnt, oder auch bei gleichem Ausschank der Verlust auf die Speisen geworfen, so dass das Publikum hiervon wenig merkt. Es ist aber einleuchtend, dass auch dieses Verfahren nur von den Wirten vorgenommen werden kann, deren Verabreichungen überhaupt noch eine Reduzierung vertragen, ohne die Gäste zu sehr zurückzuschrecken. Mithin wird nur der günstiger Situierte überhaupt in der Lage sein, sich der Steuer zu entziehen. Je länger aber die Steuer besteht, je höher sie ist, umso mehr wird allerdings der volkswirtschaftliche Verkehr sich der neuen Last anpassen und sie durch mannigfaltige Verschiebungen verteilen. Aber es ist im Auge zu behalten, dass auch sehr wohl durch Umschwung der Konjunkturen eine Rückschiebung möglich ist.

Ebenso ist die Frage der Wirkung der Zölle zu beantworten. Sehr wohl kann bei einer Neuauflegung zunächst das Ausland genötigt sein, den Zoll zum Teil, oder sogar vorübergehend ganz zu tragen, wenn es sich bei Ueberfüllung des Marktes gezwungen sieht, den Absatz nach dem neu belasteten Lande weiter durchzuführen, und der Gewinn gross genug war, um eine Reduktion zu ertragen. Dann werden dem Lande Rabatte gewährt, welche der Steuer entsprechen. Aber es geschieht dies nur vorübergehend, bis einmal die entsprechende Verminderung der Produktion stattgefunden hat, oder es gelungen ist, einen Ersatz für den Absatz nach jenem Lande zu erlangen, sodass im Laufe der Zeit mehr und mehr das Inland den Zoll zu tragen hat, aber immer noch können rückläufige Bewegungen dabei eintreten.

Auf der anderen Seite wird der Erlass einer Steuer oder die Beseitigung eines Zolles vielfach nicht sofort in der Preisreduktion zum Ausdruck kommen, erst allmählich wirkt die Konkurrenz darauf hin, ohne dass genau vorher zu bestimmen ist, in wie langer oder kurzer Zeit dies erreicht sein wird.

§ 13.
Die Einteilung der Steuern.

In früheren Zeiten konnte man unterscheiden zwischen Geld- und Naturalabgaben, heutigen Tages sind die letzteren im allgemeinen beseitigt und kommen nicht mehr in Frage. Dagegen entspricht noch heutigen Tages dem Sprachgebrauche und der Praxis die Einteilung in direkte und indirekte Steuern, obwohl weder in den aufgestellten Definitionen, noch in dem bei Aufstellung der Budgets geübten Usus eine Einheitlichkeit dabei erzielt ist. Vielmehr werden einzelne Steuern, wie namentlich die Luxussteuern, Mietsteuern, Stempelsteuern bald in diese, bald in jene Kategorie verwiesen. In den Lehrbüchern wird meistens die Scheidung in der Weise gemacht, dass direkte Steuern diejenigen sind, bei welchen die Absicht vorliegt, dass die zahlende Person auch die Steuern tragen soll, bei den indirekten Steuern dagegen angenommen wird, dass der Zahler die Last auf andere überwälzt. Da wir nun sahen, dass die Frage der Ueberwälzung im einzelnen Falle eine sehr unsichere ist, und auch direkte Steuern, die als solche allgemein anerkannt sind, thatsächlich abgewälzt werden, so ist diese Unterscheidung nicht haltbar. J. G. Hoffmann unterschied dagegen Steuern vom Besitz und Steuern von Handlungen. Die ersten fasste er als direkte, die zweiten als indirekte auf. Es ist indessen nicht abzusehen, ob die Gewerbesteuer des einfachen Handwerkers danach in die erste, oder in die zweite Kategorie fällt. Adolf Wagner fügt deshalb den Steuern vom Besitz noch die vom Erwerb hinzu, wodurch schon eher das Richtige getroffen wird. Rau unterscheidet Schatzungen einerseits und Verbrauchs- und Aufwandssteuern andererseits, die Mietssteuer würde danach indessen unter beide Arten fallen.

Am richtigsten erscheint es, die Einteilung auf das Grundprinzip zu basieren und die direkten als diejenigen zu bezeichnen, bei denen man von den Einnahmen, resp. dem Besitz unmittelbar auf die Leistungsfähigkeit schliesst und diesen diejenigen gegenüberstellt, bei denen man von den Ausgaben auf die Einnahmen und dadurch indirekt auf die Leistungsfähigkeit schliesst; eine Begründung, die Georg Hanssen schon Anfang der sechziger Jahre in seinen Vorlesungen gegeben hat. Hiernach kann man nicht im Zweifel sein, dass die Mietsteuer als eine indirekte aufzufassen ist, wie ebenso die Luxussteuern.

Nach der Art der Auflegung unterscheidet man ferner von den auf gewöhnlichem Wege erhobenen Abgaben die Repartitions- oder kontingentierten Steuern und die Quotitätssteuern. Bei der ersteren ist die aufzubringende Steuer in der Gesamtsumme fixiert und wird dann nach der festgestellten Leistungsfähigkeit derselben auf die Steuerzahler umgelegt. In dem zweiten Falle wird der zu erhebende Steuersatz jedesmal besonders bestimmt, die Steuerpflichtigen stehen fest.

Die direkten Steuern zerfallen nun in Personal- und Realsteuern; letztere auch Ertragssteuern genannt. Bei den ersteren wendet man sich an die wirtschaftende Person und schätzt ihre Leistungsfähigkeit, in dem zweiten Falle hält man sich an das wirtschaftliche Unternehmen, resp. an das bewirtschaftete Objekt, wie bei der Grundsteuer

2*

an den Grund und Boden. Im letzteren Falle ist der Ertrag massgebend, im ersteren Falle das Einkommen und der Besitz.

§ 14.
Die Personalsteuern.

Dieselben zerfallen in die Einkommens- und Vermögenssteuer. Sie zeigen die folgenden Vorzüge:

1. Es liegt bei ihnen allein die Möglichkeit vor, dem aufgestellten Ziele, jeden nach seiner Leistungsfähigkeit zu treffen, näher zu kommen, indem man hierbei die persönlichen Verhältnisse berücksichtigt und eine progressive Besteuerung, den Verhältnissen entsprechend, durchführen kann. Dazu ist es nötig, die zahlende Persönlichkeit mit allen ihren Verhältnissen selbst in das Auge zu fassen und ihnen die Abgabe anzupassen.

2. Sie eignen sich vorzüglich zur Ergänzung der übrigen Steuern, welche sich teils als schwer beweglich, teils als schwankend in ihren Erträgen herausstellen und sich deshalb den Bedarfsverhältnissen nicht genügend anpassen lassen. Es ist deshalb für die Regierung von der höchsten Bedeutung, Steuern in der Hand zu haben, welche von einem Jahr zum andern in ihren Steuersätzen ohne Schwierigkeit erhöht oder vermindert werden können, wie es die Bilance des Budgets verlangt, ohne darum Störungen in dem volkswirtschaftlichen Betriebe hervorzubringen und befürchten zu müssen, damit besondere Ungerechtigkeiten zu begehen.

3. Die Staatsgewalt ist durch sie in den Stand gesetzt, in aussergewöhnlichen Fällen bedeutendere Summen auf dem Steuerwege aufzubringen, aus den eben erwähnten Gründen. (England während des Krimkrieges durch die Einkommensteuer.)

4. Ihre Ergebnisse schwanken zwar etwas nach den Konjunkturen, zeigen aber doch im Ganzen eine grosse Gleichmässigkeit und Sicherheit der Einnahmen des Staates.

Dagegen sind folgende Bedenken erhoben:

1. Weil sie eine ausserordentliche Dehnbarkeit besitzen, sind sie als eine Schraube ohne Ende bezeichnet, welche leicht gemissbraucht werden kann. In konstitutionellen Staaten wird, wenn erst die notwendigen Ausgaben festgestellt werden, bevor man zur Beratung der aufzulegenden Steuern geht, diese Furcht gegenstandslos sein.

2. Wichtiger ist der Einwand gegen die Unvollkommenheit der praktischen Durchführung, welche eine genaue Feststellung der Leistungsfähigkeit nicht gestattet, weshalb die Gefahr vorliegt, dass diejenigen Klassen überbürdet werden, deren pekuniäre Verhältnisse nicht zu verheimlichen sind, wie der Beamtenstand, die Hypothekengläubiger etc., und dass bei den übrigen die Gefahr vorliegt, den Ehrlichen zu Gunsten des Unehrlichen zu überlasten, dass also durch Defraudation Ungerechtigkeiten herbeigeführt werden, die bei zu scharfer Durchführung der Besteuerung eine allgemeine Demoralisation veranlassen könnten.

3. Die Art der Feststellung der Leistungsfähigkeit schliesst ein Eindringen in die persönlichen Verhältnisse ein, welches einen gehässigen Charakter an sich trägt, und sich die Bevölkerung nur mit

Widerwillen gefallen lässt. Doch zeigt die Erfahrung, dass die Bevölkerung sich schnell daran gewöhnt, wenn die Ueberlastung keine zu grosse ist.

Aus dem Gesagten geht hervor, dass die Vorteile schärfer hervortreten, die Nachteile sich vermindern: 1. auf höherer Kulturstufe und bei höherer sittlicher Reife der Bevölkerung, wo die Steuerzahler selbst die Ermittlung ihrer Verhältnisse in richtiger Erkenntnis ihrer Pflichten gegen den Staat erleichtern und daher Förderung der Defraudation nicht zu befürchten ist. 2. Sie werden sich nur zur Besteuerung der besser situirten und daher gebildeteren Klasse eignen. Einmal aus dem eben angegebenen Grunde, dann, weil nur bei höheren Zahlungen der Beteiligten die Umstände detaillierter Untersuchungen, die alljährlich zu wiederholen sind, überwunden werden können; und schliesslich tritt hinzu, dass sich die Eintreibung der Personalsteuern bei den unteren Klassen als so ausserordentlich schwierig herausgestellt hat, dass man aus diesem Grunde allein die Ausdehnung auf die ganze Bevölkerung unterlassen muss. 3. Die Personalsteuern werden zu einer Notwendigkeit, wenn die finanziellen Ansprüche des Staates in bedeutendem Masse steigen, und infolgedessen nur durch eine genaue Anpassung an die Leistungsfähigkeit die Last getragen werden kann. 4. Die Nachteile treten in den Hintergrund, wenn sie nur als Ergänzung zu den anderen Steuern benutzt werden, bei ihnen daher kein zu hoher Prozentsatz vom Einkommen, resp. Besitz gefordert wird.

Da in der neueren Zeit sich in allen Culturstaaten in der letzterwähnten Richtung die Entwicklung vollzogen hat, indem die finanziellen Bedürfnisse bedeutend gestiegen sind, die besser situirte Klasse an Umfang gewonnen, die Ehrlichkeit und das Ehrgefühl sich gehoben haben, erscheint die Ausbildung der Personalsteuern jetzt durchaus gerechtfertigt und in den meisten Staaten unvermeidlich.

§ 15.

Die Ertragssteuern.

Bei denselben abstrahiert man völlig von der zahlenden Persönlichkeit und hält sich allein an die Wirtschaft oder das bewirtschaftete Objekt. Also bei der Grundsteuer nimmt man keine Rücksicht auf die persönlichen Verhältnisse des Grundbesitzers, ob er verschuldet ist oder nicht, sondern ermittelt allein die Ertragsverhältnisse des betreffenden Grundstücks. In der Gewerbesteuer stellt man nach äusseren Anhalten die ungefähre Ertragsfähigkeit fest, gleichviel ob der momentane Inhaber auch mit einem Defizit abschliesst: er hat die dem Durchschnitte entsprechende Steuer zu entrichten.

Als Vorteile ergeben sich hieraus:

1. Die Schätzung ist eine verhältnismässig leichtere, als wenn man von der Person ausgeht. Jeder Fachmann hat ein Urteil darüber, wieviel aus einem Gute herausgewirtschaftet werden kann, was eine Fabrik zu leisten vermag etc., während es unmöglich ist, den Gewinn genauer zu bestimmen, den der momentane Inhaber erzielt. Der Willkür sind engere Schranken gezogen.

2. Die Eintreibung der Steuer ist verhältnismässig erleichtert, wenigstens dort, wo ein bewirtschaftetes Objekt in Frage kommt, das als Pfand in Anspruch genommen werden kann.

3. Die Leistung der Ertragssteuern ist eine mehr gleichmässige, die Auflegung findet für eine längere Zeit unverändert statt, und der Staat kann mit verhältnismässig grosser Sicherheit auf die Einnahme rechnen.

4. Da die Auflegung für längere Zeit gleichmässig zu geschehen pflegt, gestaltet sie sich in ganzen billiger, als bei den übrigen Steuern.

Die erwähnten Vorteile sind es, welche die Ertragssteuern gerade für die Regierung angenehm macht, so dass es begreiflich ist, dass auch in der neueren Zeit die Regierungen sehr allgemein mit grosser Zähigkeit an ihnen fest halten.

Diesen Vorteilen stehen aber sehr viel grössere Nachteile gegenüber.

1. Da eine Sache nicht steuern kann, es vielmehr stets Personen sind, die zu den Leistungen herangezogen werden, müssen grosse Ungerechtigkeiten für die Steuerzahler damit verbunden sein, und die Steuern verstossen gegen die Grundprinzipien, welche früher aufgestellt wurden. Die Leistungsfähigkeit der Steuerpflichtigen kann dabei nicht berücksichtigt werden.

Erfahrungsgemäss kann bei dem Ertragssteuersystem Vollständigkeit nicht erzielt werden. Die im Auslande angelegten Kapitalien sind nicht zu treffen, und ebenso kann auf diese Weise die Arbeitsrente der unteren Klassen nicht besteuert werden. Es bleibt deshalb nur die Grund- und Gebäudesteuer, die Gewerbesteuer und eine teilweise Capitalrentensteuer. wodurch bedeutsame Kategorien des Einkommens ausfallen und gerade bei der Kapitalsrentensteuer die Gefahr vorliegt, einer einseitigen Wirkung und der Hinaustreibung derjenigen Kapitalien, welche der Steuerzahlung entzogen werden sollen.

3. fällt ins Gewicht die schwere Beweglichkeit dieses Steuersystems, welches sich nicht den Bedarfsverhältnissen genügend anschmiegen kann.

Es ist einleuchtend, dass die Vorteile auf primitiver Kulturstufe schärfer hervortreten, als auf höherer, wie ebenso, wenn geringere Ansprüche an die Steuerzahlung überhaupt gemacht werden. Je höher entwickelt die Verhältnisse sind, um so weniger reichen die Ertragssteuern aus, um so mehr leidet man unter der Unbeweglichkeit, um so unerträglicher werden die damit verbundenen Ungerechtigkeiten.

Gerechtfertigt werden sie erscheinen, wo man das Prinzip der Leistung und Gegenleistung zur Geltung bringen will. Wo die Grundbesitzer noch eine bevorrechtigte Klasse mit besonderen Privilegien bilden, wird eine besondere Belastung derselben sich rechtfertigen lassen und zwar nach der Ausdehnung des Besitzes, der die Höhe der Privilegien bedingt. Wenn es sich um besondere Aufwendungen handelt, welche in erster Linie dem Grundbesitz zu gute kommen und zwar nach der Höhe des Ertrages, wird eine Grundsteuer am Platze sein, und da dieses in höherem Masse bei der Gemeinde und dem grösseren Verwaltungsbezirk gegenüber dem Staate der Fall ist, so werden sich überhaupt die Ertragssteuern mehr für die Gemeinde, als für den Staat eignen. Man ist sogar so weit gegangen in Deutschland den Bundesstaaten ausschliesslich die Personalsteuern, dem Reiche die indirekten

Steuern, den Kreisen und Gemeinden aber allein die Ertragssteuern zuweisen zu wollen; doch ist das eine schablonenhafte Uebertreibung, welche sich in der Praxis nicht aufrecht erhalten lässt.

§ 16.
Die indirekten Steuern.

Die Eigentümlichkeiten derselben sind, um das Ergebnis der früheren Untersuchung zusammenzufassen, die folgenden:

1. Man schliesst aus den Ausgaben auf die Einnahmen der Steuerpflichtigen.

2. Man abstrahiert sowohl von dem Steuerzahler, wie von der die Steuer thatsächlich tragenden Persönlichkeit.

3. Die Steuerüberwälzung spielt hier eine überwiegende Rolle. Ihre volkswirtschaftliche Wirkung ist deshalb fortdauernd im Auge zu behalten.

4. Je nach dem durch sie getroffenen Objekte sind sie in drei Kategorien zu unterscheiden, welche eine ganz verschiedene volkswirtschaftliche Wirkung ausüben: je nachdem sie a) Notwendige, b) Nützliche, c) Luxusobjekte betreffen. Die ersteren wird man prinzipiell als schädlich zu bezeichnen haben, da sie das Existenzminimum antasten. Die letzte dagegen wird sich aus wirtschaftlichen, sowie aus Gerechtigkeitsrücksichten rechtfertigen lassen, während sie finanziell nur geringe Ergebnisse zu liefern pflegt. Thatsächlich ruht daher dieses System auf der zweiten Kategorie, und sie haben wir in dem Folgenden daher auch hauptsächlich im Auge.

Unzweifelhafte Vorzüge dieses Steuersystems liegen 1. darin, dass die grosse Masse der die Steuer Tragenden garnicht mit den Steuerbehörden in Berührung kommt, diese vielmehr die Erhebung bei Einzelnen ausführt, welche als Industrielle, Kaufleute etc. die Auszahlung der Steuer, wie die Umstände der Kontrolle als zu ihrem Geschäfte gehörig mit auf sich nehmen und als mit den Verhältnissen Vertraute den Behörden die Thätigkeit erleichtern, wodurch Missgriffe möglichst verhütet werden.

2. Hierdurch wird für die Regierung die Erhebung wesentlich erleichtert. Steuerrückstände gehören zu den Seltenheiten, weil die Erhebungen bei dem leistungsfähigen Teile der Bevölkerung stattfindet.

3. Da die Entrichtung von den Konsumenten nur je nach ihren Einkäufen und bei Gelegenheit der Einkäufe verlangt wird, so ist sie im höchsten Masse erleichtert und kann in kleinsten Raten und in den Momenten entrichtet werden, wo es den Pflichtigen am leichtesten wird. Infolgedessen werden auch hohe Zahlungen willig geleistet.

4. Durch angemessene Auswahl der zu besteuernden Gegenstände kann das Existenzminimum freigelassen und eine Abstufung der Zahlungen nach der Leistungsfähigkeit, wenigstens für die unteren Klassen der Steuerzahler durchgeführt werden.

Sobald von den notwendigen Lebensbedürfnissen abstrahiert wird, kann sich Jeder der Steuerzahlung durch Nichtgebrauch des besteuerten Gegenstandes entziehen oder je nach seiner Leistungsfähigkeit die Zahlung herauf- und herabsetzen, wodurch die Steuerentrichtung bis zum gewissen Grade den Charakter der reiwilligkeit erhält.

6. Hieraus ergiebt sich die Selbstbeschränkung der Steuer, indem einer Ueberlastung dadurch Schranken gezogen sind, dass die Verminderung des Konsums infolge der Verteuerung auch eine Verminderung der Steuereinnahmen herbeiführt. Die Aufgabe des Finanzministers ist es daher ausfindig zu machen, welche Höhe der Steuer die meisten Einnahmen zu bringen vermag, welche dagegen durch Beschränkung des Konsums beeinträchtigend wirkt.

7. Die Ersparnisse werden im Grossen und Ganzen von diesen Steuern garnicht, oder doch nur vereinzelt getroffen, weil sie hauptsächlich den unmittelbaren Konsum belasten, oder auf diesen mehr oder weniger vollkommen abgewälzt werden.

8. Das grosse Publikum merkt die Steuerzahlung so wenig, dass es über die Höhe der Steuer im Unklaren bleibt und deshalb namentlich eine schon längere Zeit bestehende Steuer ohne Opposition erträgt. Daher ist es eine allgemeine Erfahrung, dass auch sehr viel höhere Steuern in dem Lande weit leichter und williger getragen werden, in welchem ein grösserer Teil auf dem indirekten Wege erhoben wird.

Als wesentliche Schattenseiten dieses Systems sind aber hervorzuheben 1. Die Unsicherheit des Ertrages. Eine jede wirtschaftliche Krisis, welche die Kauffähigkeit des Publikums schwächt, tritt in dem Ausfall indirekter Steuern zu Tage, welches namentlich bei den Zöllen leicht zu beobachten ist. Der Ernteausfall an Kartoffeln, Zuckerrüben bringt sehr bedeutende Schwankungen in den Steuererträgen aus Branntwein und Zucker hervor, wodurch der Voranschlag für die Finanzverwaltung wesentlich erschwert wird. In Zeiten des Krieges können die Zölle sogar versiegen.

2. Sie geben eine ganz besondere Anregung zur Defraudation und umsomehr je höher sie sind. Sie können dadurch zu einer weitgehenden Demoralisation der Bevölkerung führen. Man braucht nur an das Schmuggelwesen in gewissen Grenzdistrikten zu denken, sowie in den mahl- und schlachtsteuerpflichtigen Städten.

3. Bei den meisten derselben ist die Erhebung und Kontrole umständlich und teuer: bei den Zöllen die Grenzbewachung, die um so schwieriger wird, je ausgedehnter die Landgrenzen sind; bei der Branntweinsteuer, wo der gewonnene Spiritus unter besonderen Steuerverschluss gelegt wird; bei den Zuckerfabriken, in denen Tag und Nacht Steuerbeamte stationiert werden müssen.

4. Die Erschwerung des Gewerbebetriebes und die einseitige Beeinflussung desselben, wie bei der Rübensteuer durch die Prämie auf zuckerreiche, kleine Rüben.

5. Die Gefahr der Verkümmerung des Konsums der besteuerten Gegenstände im ganzen, oder für die unteren Klassen wie bei Zucker, Taback etc.

6. Die Gefahr der Ueberlastung einzelner Klassen, da erfahrungsgemäss die Wohlhabenden nicht angemessen auf indirektem Wege zu besteuern sind. Je nach der Wahl der Gegenstände sind es deshalb bald die unteren, bald die mittleren Klassen, welche diese Steuern hauptsächlich zu tragen haben, da Luxussteuern selten viel einbringen und umständlich sind, so dass die Erhebungskosten in keinem Verhältnis zu den Ergebnissen der Steuer stehen.

Nach dem Gesagten hängt es ganz von den Verhältnissen ab, in welchem Masse die indirekten Steuern in einem Lande ausgedehnt werden können. Bestimmend sind hier folgende Punkte:

1. Die Landesgrenzen, welche z. B. in England eine scharfe Ausnutzung eines indirekten Steuersystems ermöglichen, während dagegen Deutschland wegen der ausgedehnten Landgrenzen weit vorsichtiger auftreten muss, um nicht den Schmuggel zu sehr zu fördern und zu verallgemeinern.

2. Die Wohlhabenheit, welche die Ausdehnung des Verbrauchs an entbehrlichen Gegenständen bedingt. In England, Frankreich, Holland, wo bis in die unteren Klassen Kolonialwaren und sonstige entbehrliche Verbrauchsartikel ganz allgemein konsumiert werden, ist von einer Belastung derselben eine weit höhere Einnahme zu erzielen, als noch in Deutschland, während dagegen Russland, Rumänien durch Besteuerung derartiger Artikel nur sehr wenig zu erzielen vermöchten.

3. Die Ausdehnung der übrigen Steuern. Je höher das fundierte und höhere Einkommen bereits zur Steuerzahlung herangezogen ist, umso mehr wird eine Ergänzung auf indirektem Wege sich rechtfertigen lassen, während bei einem Mangel solcher Steuern die Gefahr der Ueberlastung der unteren Klasse eine doppelt grosse ist.

4. In einem jeden Lande werden ausserdem die indirekten Steuern am meisten geeignet sein, die unteren Schichten der Bevölkerung zu Beiträgen für die Staatskasse heranzuziehen, soweit sich dieses als notwendig erweist. Alle Vorteile dieses Weges treten dabei in den Vordergrund, die Nachteile dagegen sehr zurück.

Sie eignen sich in höherem Maasse für den Staat als für die Gemeinde, und für die letztere umso weniger, je kleiner die Gemeinde ist, weil darin verhältnismässig die Umstände der Erhebung grösser sind, die ganze Besteuerung teurer wird.

§ 17.
Allgemeine Grundsätze der Besteuerung.

Das Ergebnis des bisher Gesagten dürfte vor allem sein, dass keine der betrachteten Steuerkategorien in einem grösseren Lande zu entbehren ist und keine eine Ueberspannung verträgt, und dass es die Aufgabe ist, mit Entwickelung der Kultur allmählich die Personalsteuern mehr in den Vordergrund zu stellen, die Ertragssteuern dagegen mehr in den Hintergrund treten zu lassen. Ueberhaupt lässt sich aber eine allgemeine Schablone darüber nicht aufstellen, welche Steuerart zu überwiegen hat, es hängt dieses vielmehr ganz von den vorliegenden Verhältnissen ab. Mit anderen Worten, es giebt kein absolut bestes Steuersystem, so wenig wie eine absolut beste Staatsverfassung. Beide haben sich den vorliegenden praktischen Bedingungen anzupassen. Für die deutschen Verhältnisse ist es erklärlich, dass der Schwerpunkt des Steuersystems für das Reich in die indirekten Steuern verlegt ist, während die Staaten sich hauptsächlich an die Personalsteuern zu halten haben, die Gemeinden dagegen in erster Linie durch die Ertragssteuern ihren Bedarf decken müssen, ohne dass indess auch hier eine strenge Abgrenzung und Schablonisierung empfohlen werden kann.

Wie es kein absolut bestes Steuersystem giebt, so auch keine absolut beste Steuer. Vielmehr ist keine Steuer isoliert zu kritisieren, sondern nur als Teil eines geschlossenen Steuersystems, sonst gelangt man zur Verwerfung aller Steuern, denn eine jede hat ihre grossen Schattenseiten.

Wie die Verhältnisse sich ändern, wird auch die Bedeutung der einzelnen Steuern und ihre Stellung in dem Steuersystem sich zu ändern haben und damit das ganze Steuersystem selbst.

Ein jede Aenderung in den Steuerverhältnissen schädigt eine Anzahl Privatwirtschaften, indem es Verschiebungen in den Konkurrenzverhältnissen und damit in dem wirtschaftlichen Betriebe hervorruft. Die Aenderungen sind deshalb nur vorzunehmen, wenn sie sich als notwendig herausgestellt haben.

Die Verpflichtung zur Steuer muss eine allgemeine und gleiche sein. Ausnahmen, die einzelne Klassen oder Personen treffen, sind möglichst zu vermeiden. Als solche Ausnahmen kommen in Betracht:

1. Die Steuerfreiheit der herrschenden Familien. Auch sie ist wiederholt durchbrochen, indem z. B. die Königin von England, der König von Italien sich bei der Einführung freiwillig der Einkommensteuer unterworfen haben. Unzweifelhaft ist dadurch die Steuer wesentlich populärer geworden, und die Gesamtheit hat die Last williger auf sich genommen.

2. Die Staatsbeamten. Die Steuerfreiheit der Staatsbeamten ist mehrfach verlangt, da es nur doppelte Umstände seien, einmal das Gehalt zu zahlen und dann dasselbe zum Teil zurückzuziehen. Indessen ist es von ausserordentlicher Bedeutung, dass die Interessen der Bamten mit denen der übrigen Bürger Hand in Hand gehen, und sie unter einem erhöhten Steuerdruck in derselben Weise leiden. Ihre politische Stellung verlangt dies.

3. Das privatrechtliche Einkommen des Staates muss den Gemeinden gegenüber steuerpflichtig sein, um nicht in der Konkurrenz mit den Privaten günstiger dazustehen.

4. Gemeinden und sonstige juristische Personen sind bei eignem wirtschaftlichen Erwerb gleichfalls zur Steuer zu veranlagen. Stiftungen indessen, aus welchen Privatpersonen Einkommen beziehen, sind frei zu lassen, da sonst doppelte Besteuerung stattfinden würde.

5. Ausländer haben die Steuer zu zahlen, sobald sie längere Zeit, etwa über ein Jahr, im Inlande feste Wohnung haben oder aus dem Inlande durch eignen Erwerb Einkommen beziehen.

6. Jede Steuer beeinträchtigt mehr oder weniger die Volkswirtschaft, sie muss daher auf das Notwendigste beschränkt werden. Es muss, wie J. G. Hoffmann sagt, abgewogen werden, wo jeder Heller der Volkswirtschaft den meisten Nutzen bringt, ob in der Hand des Staates oder in der Hand des Privatmannes.

7. Die Steuern dürfen nur aus dem Einkommen, resp. dem Reinertrage genommen werden, da sie sonst den Kapitalstock angreifen und die Leistungsfähigkeit des Landes nachhaltig reduzieren.

8. Die Steuererhebung muss mit möglichster Schonung der Privatverhältnisse durchgeführt werden, und Zahlungserleichterungen sind nach Möglichkeit zu gewähren. So muss den unteren Klassen bei direkter Steuerzahlung die Entrichtung in kleinen Raten gestattet sein,

bei den indirekten Steuern ist die Einziehung erst zu bewirken, wenn der Steuerzahler durchschnittlich die Auslagen zurückerhalten hat. In den Häfen sind Freilager zur Erleichterung der Disposition über die Waren einzurichten u. dergl.

9. Die Steuerbestimmungen müssen klar und bestimmt sein und dem Publikum allgemein zugänglich gemacht werden, damit die Kenntnis und das Verständnis derselben nicht nur nach dem Gesetze, sondern in Wirklichkeit vorausgesetzt werden.

Kapitel II.

Die Personalsteuern.

§ 18.

Die Einkommensteuer.

Ad. Held, Die Einkommensteuer. Bonn 1872.
v. Scheel, Die progressive Besteuerung. Tübing. Zeitschr. 1875.
Fr. J. Neumann, Progressive Einkommensteuer im Staats- und Gemeindehaushalt. Leipzig 1874, in den Schriften des Vereins f. Sozialpol. Bd. VIII u. IX.
Verhandlungen des Vereins f. Sozialpol. Leipzig 1875.

Die Aufgabe derselben ist nach dem oben Gesagten, die Leistungsfähigkeit der Steuerpflichtigen durch direktes Erfassen des Einkommens zu ermitteln und die Besteuerung unter Berücksichtigung der persönlichen Verhältnisse und Durchführung einer Progression zu realisieren. Das Einkommen fassten wir auf als Jahreseinnahmen einer wirtschaftenden Persönlichkeit, die verbraucht werden können, ohne die Vermögenslage zu verschlechtern.

Hierzu können folgende Wege eingeschlagen werden:

1. Man geht von den Einnahmequellen aus und bestimmt bei ihnen den Reinertrag, und sucht dann in zweiter Linie die Verhältnisse der Personen zu berücksichtigen, welche aus demselben ihr Einkommen beziehen, um damit die Verteilung des Ertrages zu verfolgen. (z. T. in England.)

2. Man wendet sich sofort an die einzelnen steuerpflichtigen Personen und ermittelt dort das Einkommen und die Leistungsfähigkeit. Je nach der Art der Ermittlung können wieder verschiedene Wege eingeschlagen werden.

a) In der Form der Klassensteuer, indem nicht die einzelnen Persönlichkeiten besonders auf ihre Verhältnisse zur Untersuchung gezogen werden, sondern die Bevölkerung in Klassen geteilt wird und die Steuersätze nach Klassen verteilt aufgelegt werden.

b) Die Einschätzung findet durch öffentliche Kommissionen statt im Namen der Staatsgewalt. (Früher in Preussen.)

c) Auf dem Wege der Selbstdeklaration unter Kontrolle der Behörden.

§ 19.

Die englische Einkommensteuer.

Dowell, The incometax laws. London 1874.
Vocke, Geschichte der Steuern des brit. Reiches. Leipzig 1866.
Inhülsen, in Schanz' Finanzarchiv. 1896.

Der erste Versuch einer Einkommensteuer mit nachhaltiger Bedeutung wurde Ende des vorigen Jahrhunderts in England unter Pitt unternommen, als infolge des Krieges mit Frankreich die Finanzkalamität eine bedenkliche Höhe erreicht hatte und der Versuch durch einen Zuschlag auf die bisherigen Steuern die Deckung zu gewinnen, ohne ausreichenden Erfolg gewesen war. Man erzielte dadurch nur 2 Mill. Pfund. 1798 wurde nun eine allgemeine Einkommensteuer, welche bei einem Einkommen von 60 Pf. St. begann und eine Steigerung von $1/_{120}$ bis $1/_{10}$ des Einkommens in sich schloss, eingeführt, wodurch 6 Mill. Pf. St. einkamen. Gleichwohl erschien das Ergebnis nicht befriedigend, und da bisher die reicheren Klassen nur wenig gezahlt hatten, wurde die Steuer als grosse Härte empfunden. Sie erhielt sich in dieser Form nur wenige Jahre, und trat 1803 in einem neuen Gewande als eine Art Vermögenssteuer, property-tax, auf, welche in zwei Teile zerfiel. Der erste betraf das Einkommen aus Grundbesitz und Pacht, so wie aus öffentlicher Anstellung und war als Ertragsteuer gedacht. Der zweite Teil betraf das Einkommen aus Capital und Gewerbebetrieb, wo die Selbstdeclaration verlangt wurde. Auch jetzt blieben 60 Pf. St. Einkommen steuerfrei, von 60–150 Pf. St. wurde ein Nachlass gewährt, so dass die Steigerung von $^5/_6$ bis $5^0/_0$ vorlag, ausserdem konnten bei diesem geringen Einkommen die Stärke der Familie und sonstige die Leistungsfähigkeit beeinträchtigende Momente berücksichtigt werden. Der Ertrag war sofort 5 Mill. Pf. St. Im Jahre 1815 wurde die Steuer auf die ursprüngliche Höhe, auf $10^0/_0$ verdoppelt, um einen Teil der Kriegskosten damit zu decken. Aber gerade diese Ueberspannung war es, welche die Steuer zu Fall brachte. Nach Beendigung des Krieges nahm die Opposition solche Dimensionen an, dass man sich genötigt sah, schon im Jahre 1816 die Steuer auf zu geben, jedoch sollte sie bald wieder hervorgeholt werden.

Anfang der vierziger Jahre waren die Ausgaben Englands durch Kriege mit China und in Indien gewaltig gesteigert, während die industrielle Krisis die Einnahmen aus indirekten Steuern sehr vermindert hatte, so dass man sich ausser stande sah, mehrere Jahre hindurch die Bilanz zu wahren, und das Defizit sich fortdauernd steigerte. Da zu gleicher Zeit die Freihandelsliga mit wachsendem Erfolge gegen das strenge Schutzzollsystem arbeitete, sah man sich genötigt, zu den direkten Steuern die Zuflucht zu nehmen, wodurch man die Unterstützung jener Liga gewann. Ganz plötzlich brachte Robert Peel die bisher sorgfältig geheimgehaltene Vorlage einer Einkommensteuer im Jahre 1842 vor das Unterhaus und setzte nach kurzer Zeit unter dem Druck der Verhältnisse die Annahme durch. Die Königin erklärte, sich selbst der Einkommensteuer unterwerfen zu wollen, und bewog dadurch auch das Oberhaus zur Zustimmung, zumal die Steuer als eine ganz vorübergehende Maassregel hingestellt wurde. Das Einkommen sollte erst von 150 Pf. St. an zur Steuer herangezogen werden und 7 d. pro Pfund betragen. 1872 kam die Bestimmung hinzu, dass bis 300 Pf. St. je 80 Pf. St. steuerfrei bleiben sollten; 1874, dass 160 Pf. St. die untere Grenze zu bilden hätten, welche bis zu 400 Pf. St. in Abzug gebracht werden sollten. Von 4 bis 500 Pf. St. blieben 100 Pf. St. steuerfrei. Die Höhe der Steuer wird für jedes Budget besonders bestimmt, da die Einkommensteuer als Ergänzung zu den übrigen Steuern benutzt werden soll. 1872—73 wurden 4 d. pro Pf. St. erhoben 1855—57 (infolge des Krimkrieges) 14 d., 1893—95 8 d.

Die Steuer ist in 5 Abteilungen zerlegt (Shedules).

a) Betrifft das Einkommen aus Grund und Boden, Bergwerken, Eisenbahnen.

b) Das aus Pachtungen, wo ursprünglich in England $^3/_4$ der Pacht als Gewinn des Pächters angenommen wurde, seit 1894 $^1/_2$. In Schottland anfangs $^1/_2$, ebenso seit 1852 in Irland, seit 1894 $^1/_3$.

c) Betrifft das Einkommen an Kapitalszinsen, Dividenden und aus öffentlichen Kassen.

d) Das Einkommen aus Gewerbebetrieb.

e) Aus Besoldungen.

Bei den ersten beiden Abteilungen hält man sich an die Ertragsquelle und schätzt den Reineinertrag ein. Bei der allgemeinen Verbreitung der Pacht giebt diese selbst den ausreichenden Maasstab, und sie wurde schon vorher behufs Auflegung der Armentaxe verwertet. Wo dieser Anhalt fehlt, tritt die Schätzung durch Gemeindebeamte ein. Die Ueberleitung zur Einkommensteuer wird dadurch bewirkt, dass die Erhebung zwar bei dem Inhaber des Grundstücks stattfindet, ein Pächter aber gesetzlich befugt ist die Steuer, welche der Grundbesitzer zu zahlen hat, demselben bei der Pachtzahlung in Abzug zu bringen, und dieser das gleiche Verfahren seinen Hypothekengläubiger gegenüber einschlagen darf, durch Abzug des Teiles der Steuer von den Zinsen, welcher dem Anteil der Zinsen von dem Gutsertrag entspricht. Ebenso hält man auch bei den anderen Kategorien an die Quelle, wodurch die Erhebung erleichtert wird. Bei den Staatsbeamten wird der Steuerbetrag bei Auszahlung der Besoldung zurückbehalten, ebenso bei den Staatsschulden bei der Auszahlung der Zinsen. Man erhebt den Anteil der Staatskasse von der Dividende der Aktiengesellschaften bei diesen und überlässt es der Gesellschaft, die Aktionäre um diesen Betrag zu kürzen. Auf diese Weise sichert sich die Staatskasse ihren Anteil überall, wo das Einkommen bei der Quelle zu erfassen ist.

Von einem jeden Steuerpflichtigen wird Selbstdeklaration verlangt, gleichviel, ob das Einkommen bereits von der Quelle erhoben war oder nicht, und diese bleibt massgebend, ganz besonders bei dem Gewerbebetrieb und dem Einkommen aus den im Auslande oder den Kolonien angelegten Kapitalien. Bemerkenswert ist, dass die Deklaration unter Umgehung der Bezirksbehörden direkt bei einer dazu in London besonders eingesetzten Behörde gemacht werden kann, wenn die Geheimhaltung der Verhältnisse aus besonderen Gründen erwünscht erscheint; ein Verfahren, das entschieden Beachtung verdient. Um die einzelnen Erhebungen der Einkommensteuer entsprechend zur Person des Steuerzahlers in Beziehung zu setzen, kann die Rückzahlung erlangt werden, wenn eine Steuer bei der Quelle erhoben ist und nachgewiesen wird, dass das Gesamteinkommen das erwähnte Minimum nicht überschreitet, oder sonst im ganzen zu viel von der Person erhoben ist. Solche Rückzahlungen werden dann bei der Quelle: der Staatskasse. den Aktiengesellschaften und so weiter vermerkt, und steht der betreffende Steuerzahler auf der Liste, so wird dann in den folgenden Jahren ohne weiteres die Erhebung unterlassen. Natürlich kommen dadurch mancherlei Missgriffe vor. Auch ermöglicht jene Minimumbestimmung manche Umgehung, indem das Vermögen noch bei Lebzeiten der Eltern scheinbar unter die Kinder verteilt wird, wodurch jeder ev. steuerfrei bleibt, während die Gesammtsumme des Einkommens der Familie eine nicht unbedeutende Besteuerung rechtfertigen würde.

Bedeutsam ist die Organisation der betreffenden Behörden. An der Spitze steht das Centralsteueramt in London, welches Inspektoren und Aufseher zu ernennen hat, welche die Durchführung der ganzen Steuer überwachen. Daneben besteht die Spezialkommission für die Rückerstattung der Steuern und zur Entgegennahme der direkten Einreichung der Deklarationen von Gewerbetreibenden. Völlig unabhängig von diesen besteht dann in jedem Distrikt von 8—10 Kirchspielen die Kommission der Generalkommissäre, welche ursprünglich von der Kommission der Landtage gewählt wurden, seitdem sich durch Kooptation ergänzt, sie besteht aus 3—7 Personen. Wählbar ist nur, wer ein Einkommen von über 200 Pf. St. aus Grundbesitz bezieht oder 5000 Pf. St. baares Vermögen versteuert. Diese Generalkommissäre wählen für jeden Distrikt 2—7 Beigeordnete, die nur die Hälfte des obigen Einkommens oder Besitzes zu haben brauchen, und diese wählen wiederum die eigentlich ausführenden Organe in den Gemeinden, welche allein eine Besoldung beziehen.

Die Generalkommissäre bilden somit eine Vertretung der Steuerzahler, die unabhängig ist sowohl von der Regierung, wie von der Bevölkerung. Es werden die angesehendsten Persönlichkeiten der Gegend dazu ausersehen, sodass sich diese Behörde eines grossen Vertrauens erfreut und sich den echt aristokratischen Charakter gewahrt hat. Ihre Stellung ist ausserdem durch weitgehende Befugnisse gestärkt. Alle Reklamationen sind bei den Generalkommissären mündlich vorzubringen, welche eventuell eidliche Versicherung der Aussagen beanspruchen können. Auch sonst steht ihnen Zeugenvernehmung zu.

Ein Gesetz von 1894 gewährt ausser den bereits erwähnten Erleichterungen noch die, dass Verluste, welche in einer Abteilung des Einkommens eingetreten sind in einer anderen in Abzug gebracht werden dürfen, um dadurch die Berücksichtigung des ganzen Einkommens vollständig zu machen. Durch den erwähnten Nachlass für den Pächter, hat man die früher unzweifelhafte Ueberlastung der Landwirtschaft gemildert. Im grossen ganzen erfüllen die Einrichtungen ihren Zweck und haben als Muster für andere Länder gedient. Nur das Fehlen der Progression und einer ergänzenden Besteuerung des Kapitals sind als Mängel zu bezeichnen. Die ganze Steuer hat trotz ihrer Ansätze als Ertragssteuer, thatsächlich durch die Art der Handhabung, wie wir uns an Ort und Stelle überzeugten, weit mehr den Charakter einer Einkommensteuer, als es z. B. Vocke annimmt.

Die Einkommensteuer betrug 1896/97 16 650 000 Pf. St., 16⁰/₀ der gesamten Einnahmen und 8,5 Mk. pro Kopf.

§ 20.
Die Einkommensteuer in Preussen.

J. G. Hoffmann, Die Lehre von den Steuern. Berlin 1840.
Schimmelpfennig, Die preuss. direkten Steuern. Berlin 1835.
Gneist, Die preuss. Finanzreform. Berlin 1881.
Ad. Wagner, Die Reform der direkten Staatsbesteuerung in Preussen im Schanz' Archiv für Finanzw. 1891 u. 94.
O. Gerlach, Die preuss. Steuerreform in Staat und Gemeinde. Jena 1895.
Fuisting, Die preuss. Einkommensteuer nach Ges. v. 1891. Berlin 1894.

In der grossen Finanzkalamität vor den Freiheitskriegen sah man sich in Preussen genötigt, zuerst mit einer Personalsteuer aufzutreten und begann im Jahre 1811 mit einer Kopfsteuer der „fixierten Personensteuer" von einem halben Thaler für jede Person über 12 Jahren auf dem Lande und in den Landstädten. Daneben wurden übrigens mehrere Jahre noch eine besondere Vermögens- und Einkommensteuer zur Verpflegung der französischen Truppen erhoben. Aus dieser rohesten aller Steuern hat sich allmählich die moderne Einkommensteuer entwickelt. Im Jahre 1820 wurde eine Reform des Steuerwesens durchgeführt. Es wurde eine Grund- und Gewerbe-, sowie eine Stempelsteuer (1822) acceptiert. An die Stelle der Accise trat in den grösseren Städten die Mahl- und Schlachtsteuer. Aber noch blieben 8 Mill. Thaler zu decken, das waren für die $1^3/_4$ Mill. Haushaltungen über 4 Thaler durchschnittlich. Um die Summe zusammen zu bringen, steigerte man dafür die Kopfsteuer für die besser situierten Klassen, sodass man eine Klassensteuer erhielt, deren Steuersatz von $1/_2$ bis 48 Thaler stieg. Doch schon nach zwei Jahren (1822) sah man sich genötigt, die Abstufung zu vergrössern. Man schied die Bevölkerung in drei grosse Klassen und jede wiederum in drei Abteilungen, und stufte die Klassensteuersätze pro Haushaltung von 2—144 Thaler ab. Die einzeln stehenden Personen der untersten Klasse zahlten die Hälfte. In den Jahren 1827 und 1828 wurden einige kleine Erleichterungen gewährt. Nicht nur Personen unter 12, sondern auch über 60 Jahren wurden von der Steuer befreit. Ein weiterer Fortschritt zur Einkommensteuer wurde durch das Gesetz vom 1. Mai 1851 erreicht, welches für die Einkommen bis 1000 Thaler die Klassensteuer beibehielt, von einer Person der untersten Klasse von über 16 Jahren $1/_2$ Thaler, von der Haushaltung 1 Thaler verlangte; in der zweiten Stufe 2 Thaler, von der einzlnen Person 1 Thaler und in den weiteren Stufen hinauf bis 24 Thaler. Bei einem Einkommen von 1000 Thalern an begann die klassifizierte Einkommensteuer mit 3% auf Grund einer Einschätzung durch eine Kommission, mit der Grenze von 7200 Thalern, worüber hinaus keine Steuer verlangt werden sollte. In den Mahl- und Schlachtsteuer pflichtigen Städten kam die Klassensteuer in Fortfall, während von der klassifizierten Einkommensteuer dafür 20 Thaler in Abzug gebracht wurden.

Schon Anfang der sechziger Jahre war die Regierung bestrebt, weitere Aenderungen herbeizuführen. Der Minister von Patow bekannte offen, dass die Grundbesitzer thatsächlich zu niedrig eingeschätzt würden. 1871 erschien die Denkschrift des Ministeriums, welche die

Unhaltbarkeit der Heranziehung der untersten Klassen zur direkten Steuerzahlung darlegte. Zur Aufbringung der 100 Thaler Klassensteuer der unteren Stufe 1a waren im Durchschnitte des preussischen Staates 228 kostenpflichtige Mahnungen des Exekutors, 95 verfügte Exekutionen und 49 vollstreckte erforderlich gewesen, wovon 37 fruchtlos geblieben waren, in der nächst höheren Stufe 1b dagegen nur 4 vollstreckte Exekutionen, wovon eine fruchtlos blieb. Im Regierungsbezirk Königsberg waren zur Aufbringung von 100 Thalern nicht weniger als 167 fruchtlos vollstreckte Exekutionen vorgekommen. Um in dem ganzen Regierungsbezirk 15 472 Thaler von der untersten Stufe zusammenzubringen, waren 54 869 Exekutionen verfügt, 25 967 vollstreckt, und die Betreibungskosten beliefen sich auf 3713 Thaler. Das Abgeordnetenhaus erkannte in einer Resolution die Notwendigkeit an, die Erhebung in den unteren Stufen in Fortfall zu bringen, ausserdem das fundierte Einkommen stärker heranzuziehen, Regression und Selbstdeklaration durchzuführen, sowie bis zu einem Einkommen von 6000 Mk. die persönliche Leistungsfähigkeit durchzuführen.

Auf diesem Standpunkt steht das Gesetz vom 23. Mai 1873. Dadurch wurden alle Einkommen unter 140 Thaler von der Steuer befreit, die Klassensteuer auf 11 Mill. Thaler kontingentiert; nach Fall der Mahl- und Schlachtsteuer, die gleichfalls beschlossen wurde, auf 14 Mill. Thaler. Die unterste Stufe von 140—220 Thaler Einkommen war mit 1 Thaler angesetzt und die Steuer stieg wie bisher auf 24 Thaler. Die klassifizierte Einkommensteuer blieb unverändert, nur die bisherige Grenze der Besteuerung mit 7200 Thaler kam in Fortfall. Ueber 6 Mill. Personen incl. der Angehörigen wurden damit von der Steuer befreit, das sind 29,3 % : im Regierungsbezirk Königsberg 58,9 %, im Regierungsbezirk Düsseldorf nur 16,5 % der bisherigen Steuerpflichtigen. Gleichwohl stellte sich bald die Unzulänglichkeit der unteren Steuergrenze heraus. Trotz mehrfacher Versuche kam doch erst durch das Gesetz vom 26. März 1883 eine Einigung zustande. Nach diesem Gesetz wurde die Befreiung bis zu einem Einkommen von 900 Mk. ausgedehnt und noch ausserdem der dritten bis zwölften bisherigen Stufe drei Raten, der ersten und zweiten eine resp. zwei Raten erlassen. Hiermit waren 75 % aller bisherigen ursprünglich klassensteuerpflichtigen Personen reift. Die Regierung hatte statt nur zwei Stufen vier Stufen befreien wollen, konnte aber die Einwilligung des Abgeordnetenhauses nicht erlangen. Das Gesetz gestattete ausserdem Ermässigungen aus persönlichen Rücksichten bis zur fünften Stufe. Die Klassensteuer wurde auf 23 Mill., die Einkommensteuer auf 35,5 Mill. Mk. kontingentiert. Ein Hauptfehler blieb aber bestehen. Die Einschätzungskommission für die Einkommensteuer wurde aus den Steuerpflichtigen gewählt und betraf ausser in den grossen Städten kleine Bezirke, wo die Beteiligten in zu naher persönlicher Beziehung standen. In den ländlichen Distrikten war der Landrat der Vorsitzende in der Kommission, also ein Verwaltungsbeamter, der den Schwerpunkt seiner Thätigkeit in anderen Aufgaben sah und als Interessent wenig geeignet war, die Interessen der Regierung zu vertreten.

Wesentliche Besserungen brachte das Gesetz vom 24. Juni 1891. Die Besteuerung beginnt mit einem Einkommen von 900 Mk.:

von	900 Mk.	—	1050	6 Mk	= 0,6 Proz.
„	1050 „	—	1200	9 „	= 0,75 „
„	„ „	—	1500	16 „	1,0 „
„	„ „	—	2100	31 „	= 1,7 „
„	„ „	—	3000	52 „	= 2,3 „
„	„ „	—	5000	118 „	= 3,0 „
„	„ „	—	10500	300 „	= 3,0 „
„	„ „	—	100000	4000 „	= 4,0 „

Nach § 18 werden aber für jedes nicht selbständige Familien-
glied unter 14 Jahren bei einem Einkommen unter 3000 Mk. 50 Mk.
vom Einkommen in Abzug gebracht. Bei drei und mehr Familiengliedern kann eine Herabsetzung auf eine niedrigere Stufe stattfinden.
Ausserdem ist nach den folgenden Paragraphen bei wesentlicher Verminderung der Leistungsfähigkeit aus persönlichen Gründen bei Einkommen bis zu 9500 Mk. Herabsetzung bis um drei Steuerstufen gestattet. Jeder Gemeindevorstand hat eine vollständige Nachweisung
der in betracht kommenden Persönlichkeiten aufzunehmen, und sich
über die Leistungsfähigkeit derselben möglichst zu orientieren.

Der Steuerpflichtige mit mehr als 3000 Mk. Einkommen hat eine
Steuererklärung abzugeben. Die einzelnen Einkommensbeträge sind
nach den Quellen in ein dazu verteiltes Formular einzutragen. Schuld-
zinsen können in Abzug gebracht werden; ebenso Einkommen, welches
von ausserhalb des Veranlagungsbezirkes aus Grundbesitz und Gewerbebetrieb bezogen wird.

Wer eine Erklärung nicht abgiebt, verliert sein Reklamationsrecht;
wer auf nochmalige Aufforderung nicht deklariert, hat einen Zuschlag
von 25 % der veranlagten Steuern zu zahlen.

Die Voreinschätzung geschieht durch eine besondere Kommission,
welche aus dem Gemeindevorstand und teils von der Regierung, teils
von der Gemeinde gewählten Mitgliedern besteht. In der Veranlagungskommission ist der Landrat, oder ein von der Regierung ein-
zusetzender Kommissar Vorsitzender. Die Mitglieder werden teils von
der Regierung, teils von der Kreisvertretung oder der Gemeindever-
tretung aus den Einwohnern des Bezirks auf 6 Jahre gewählt, wobei
darauf zu sehen ist, dass die verschiedenen Einkommensverhältnisse
Vertretung finden. Der Vorsitzende kann die Steuerpflichtigen persönlich vernehmen, Einsicht in die Bücher des Pflichtigen verlangen,
wie in die Akten, Urkunden etc. der Behörden, mit Ausnahme der Sparkassen. Ihm steht ausserdem das Recht der Zeugenvernehmung zu.
Ebenso kann die Kommission Zeugenvernehmung verlangen. Dieselbe
hat ihrerseits den Steuersatz zu bestimmen und kann dabei von der
Deklaration abweichen. Berufung steht sowohl dem Steuerpflichtigen
wie dem Vorsitzenden zu. Die Berufungsinstanz bildet eine Kommission
für jeden Regierungsbezirk unter dem Vorsitze eines Regierungskommissars. Die Mitglieder werden teils von der Regierung, teils von dem
Provinzialausschuss gewählt. Die höchste Instanz ist das Oberver-
waltungsgericht oder der Finanzminister.

Falsche Deklaration kann mit dem vier- bis zehnfachen Betrage
der Hinterziehung, mindestens mit 100 Mk. bestraft werden. Ver-
jährung findet erst in 10 Jahren statt. Feststehende Einnahmen sind
nach dem zukünftigen Betrage, unbestimmte nach dem Durchschnitte
der vorangegangenen drei Jahre anzugeben.

Bei Fortfall einer Einnahmequelle oder Verringerung des Einkommens um ein Viertel kann im folgenden Monate Ermässigung verlangt werden. Die Steuer wird in vierteljährigen Beträgen eingezogen. Die Durchführung der Steuer entspricht im grossen Ganzen den wissenschaftlichen Anforderungen, nur ist die Progression nicht ausreichend durchgeführt, und dann fehlt der Steuer die Beweglichkeit, um angemessen zur Ergänzung der übrigen Steuern benutzt werden zu können. Im Jahre 1897—98 war die Einkommensteuer mit 125 Mill. angesetzt. Das sind 10,9 % der Gesamt-Nettoeinnahme und 3,9 Mk. pro Kopf der Bevölkerung. 1895—96 waren 2603292 Censiten festgestellt. 68,7 % waren befreit, weil ihr Einkommen 900 Mk. nicht erreichte. 2278998 Cens. waren mit 900—3000 Mk. Einkommen, 206104 mit 3—6000 Einkommen, 110942 mit 6000--100000 Mk., 1591 Cens. mit über 100000 Mk. angesetzt.

§ 21.

Die Einkommensteuer in einigen anderen Staaten.

Conrad, Revision der Gesetzgebung über die direkten Steuern in Sachsen. Jahrb. für Nationalök. Bd. XVI.

Seligman, Die amerikan. Einkommensteuer. Jahrb. für Nationalök. 1895. Bd. XXI.

Lesigang, Die Vers. in Oesterreich zur Reform der direkten Steuern. Schanz' Finanz-Archiv 1889. *Sieghart,* ebenda 1897.

Im Königreich Sachsen wurde eine Einkommensteuer durch Gesetz vom 2. Juli 1872 erlassen. Ursprünglich sollte sie an die Stelle des bisherigen Ertragssteuersystems treten, ist dann aber nur zur Ergänzung benutzt. Sie begann damals schon von 300 Mk.; nach der Novelle vom 10. März 1894 beginnt sie erst bei 400 Mk. Einkommen. (Die Regierung hatte 500 Mk. als Ausgangspunkt in Aussicht genommen). Der Steuersatz begann mit $1\frac{1}{6}$ %, stieg bei 1100 auf $4\frac{1}{5}$ %, bei 2000 betrug sie $1\frac{1}{2}$ %, bei 5000 $2\frac{1}{3}$ %; bei 7000 wurde der Gipfelpunkt mit 3 % erreicht, von wo herab die angegebene Regression eingeräumt war. Seit 1894 beginnt sie mit 0,4 %, bei 1300 ist sie auf 1 %, bei 3100 2 %, bei 4000 3 %, von 100000 an 4 %. Die Berücksichtigung der persönlichen Verhältnisse, welche die Leistungsfähigkeit beeinträchtigen, ist bis zu einem Einkommen von 3300 Mk. gestattet. Jedes selbständig erwerbende Familienmitglied wird besonders aufgeführt und geschätzt, während in Preussen nur die ganze Familie in betracht kommt, und der Erwerb aller Familienmitglieder zusammengezählt wird. Die Steuer beruht auf Selbstdeklaration, welche von einem Einkommen von 1600 Mk. an beansprucht wird. An der Spitze der Einschätzungskommission steht ein Bezirkssteuerinspektor. Die Kommission kann die Deklaration unbeachtet lassen. Wer nicht deklariert, verliert sein Reklamationsrecht.

In den Vereinigten Staaten von Nordamerika wurde schon während des Bürgerkrieges eine Einkommensteuer eingeführt, welche bei 600 D. begann, später bei 1000 und dann erst bei 20000 D., und 1865 5 % betrug. Sie wurde nach wenigen Jahren fallen gelassen. Im Jahre 1894 wurde von der demokratischen Partei ein neues Einkommensteuergesetz durchgesetzt, welches aber von dem obersten Gerichtshof für ungesetzlich erklärt und darum wieder beseitigt wurde. Sie sollte zunächst für die ersten 5 Jahre zwei Prozent betragen und erst bei einem Einkommen von 4000 D. beginnen. Sie beruhte auf Selbstdeklaration; der Steuereinnehmer konnte aber willkürlich den Satz erhöhen; bei falschen Angaben war nur eine Strafe von 50—100% der Hinterziehung in Aussicht genommen. Es sollte eidliche Versicherung der Richtigkeit beansprucht werden.

Die Einkommensteuer hat in der neueren Zeit eine erhebliche Verbreitung und Ausbildung erfahren. Die meisten deutschen Länder haben sie, zum Teil schon vor mehreren Decennien, acceptiert. In Bayern entwickelte sie sich aus dem Familienschutzgeld von 1808 und der allgemeinen Familiensteuer von 1814. Das Gesetz vom 4. Juni 1848 führte neben einer Kapitalrentensteuer eine Einkommensteuer ein. Modifikationen brachten die Gesetze von 1850, 1856, 1881. Die Steuer lässt nur bei Wittwen und Waisen etc. das Existenzminimum frei. Sie beruht auf Fassion und steigt nur bis zu 1%. In Württemberg ist schon 1820 eine Einkommensteuer eingeführt. Jetzt ist das Gesetz von 1852 in der Hauptsache massgebend. Hessen erhielt 1884 eine Einkommensteuer, die 1895 weiter gebildet wurde.

In Braunschweig ist sie kürzlich neu eingeführt, in Sachsen-Altenburg und Weimar geändert.

In Oesterreich gehen die Versuche, eine Einkommensteuer durchzuführen, sehr weit zurück. 1848 wurde eine Besteurung der Besoldungen etc. als Ergänzung zu den Ertragssteuern eingeführt. Erst durch das Gesetz vom 25. Okt. 1896 ist mit der gründlichen Steuerreform auch eine allgemeine Einkommensteuer erreicht. Sie beginnt bei einem Einkommen von 600 Gld. mit 0,60%, steigt bei 1000 Gld. auf 1%, bei 2000 Gld. auf 1,5%, beträgt bei 10 000 Gld. 3,19%, bei 40 000 Gld. 3,93%, bei 100 000 Gld. 4,63%, bei 1 Mill. Gld. 4,94%. Sie beruht auf Selbstdeklaration.

In Dänemark und Frankreich wird über die Einführung verhandelt.

Der Ertrag der Einkommensteuer war in Bayern 1896—97 2 350 000 Mk., 0,4 Mk. pro Kopf, in Württemberg 1896—97 6 420 000 Mk., 3,1 Mk. pro Kopf, in Sachsen 20 Mill., 5,2 Mk. pro Kopf, in Hessen 5 330 000 Mk., 5,2 Mk. pro Kopf, in Oesterreich 1897—98 32,3 Mill. Gld., 2,3 Mk. pro Kopf.

§ 22.

Allgemeine Grundsätze.

1. Ein gutes Resultat ist bei einer Einkommensteuer nur durch Selbstdeklaration zu erzielen, und unter eingehender Mitwirkung bei der Kontrolle durch das Publikum selbst. Die Steuererklärung ist aber a) nur von dem politisch und sittlich höher stehenden Teil der Bevölkerung, also den besser situierten Kreisen zu verlangen. b) Es muss die Möglichkeit geboten sein, die Details der Deklaration der gewöhnlichen Kommission zu verheimlichen. Dies kann entweder geschehen durch Umgehung der Bezirkskommission und direkte Einreichung bei der Centralstelle wie in England, oder durch Einreichung eines versiegelten Couverts, in welchem die Details enthalten sind,

3*

welches nur erbrochen wird, wenn die Kommission an der Richtigkeit der Gesamtangabe zweifelt, wie das in Sachsen-Weimar geschieht. c) Falsche Angaben müssen mit hohen Strafen belegt werden, die auch noch nach dem Tode zur Geltung zu bringen sind. Anfangs wird man sich mit Geldstrafen begnügen müssen, in späterer Zeit werden Freiheitsstrafen, bei wissentlich groben Fälschungen, durchaus am Platze sein. d) Die Versicherung der Richtigkeit darf nur auf Bürgerpflicht geschehen, die Beanspruchung des Eides ist verwerflich, weil sie erfahrungsgemäss die Umgehung doch nicht verhindert und den Eid herabwürdigt. e) Die Angaben müssen so lange als maassgebend angesehen werden, als nicht die Falschheit derselben nachgewiesen worden ist.

2. Die unteren Klassen sind von der Besteuerung frei zu lassen. a) weil sie ausreichend und besser auf indirektem Wege besteuert werden können. b) wegen der Schwierigkeit der Erhebung, und weil durch die Freizügigkeit die Steuerhinterziehung erleichtert ist.

3. Die Durchführung der Progression ist notwendig.

4. Entweder muss das fundierte Einkommen mit einem Zuschlag belegt werden, oder es hat eine ergänzende Vermögenssteuer Platz zu greifen, wie sie jetzt in Preussen eingeführt ist.

5. In der Veranlagungskommission muss die Regierung ebenso wie der Steuerpflichtige gleichberechtigt vertreten sein. Erstere durch besondere Steuerbeamte; das Publikum durch Steuerpflichtige, und zwar zum Teil durch Steuerpflichtige desselben, zum Teil durch Pflichtige eines anderen Bezirkes. Die Kommission muss für einen grösseren Bezirk berufen sein, um zu nahe persönliche Beziehungen der Mitglieder zu vermeiden. Die Kommission der höheren Instanz muss anders zusammengesetzt sein und einen noch grösseren Bezirk umfassen. Die Kommissionen müssen weitgehende Befugnisse zur Zeugenvernehmung und sonstiger Nachforschung besitzen.

6. Ausländer sind heranzuziehen, wenn sie im Inlande längere Zeit ihren Wohnsitz haben, oder von Besitz oder Betrieb im Inlande Einkommen beziehen. Inländer, die im Auslande wohnen, sind so weit heranzuziehen, als sie von hier ein Einkommen beziehen.

7. Juristische Personen sind nur so weit zu besteuern, als dadurch keine doppelte Besteuerung Platz greift.

8. Die wünschenswerte Beweglichkeit erhält die Steuer durch die Quotisierung, indem in jedem Jahre, oder für jede Steuerperiode, der zu erhebende Steuersatz besonders festgestellt wird.

§ 23.

Die Vermögenssteuer.

Eneccerus, Vermögens-, fundierte Einkommen- oder Erbschaftssteuer. Marburg 1893.
Ely, Taxation in Amerikan States and Cities. New York 1888.
Schwab, Die Vermögenssteuer im Staate New York. Jena 1890.

Dieselbe ist weit älter als die Einkommensteuer und gehört zu den ältesten direkten Steuern. In Deutschland war im Mittelalter der alte Schoss oder Landschoss in den Reichsstädten eine Vermögenssteuer, in Brandenburg schon im 13. Jahrhundert. Im 16. Jahrhundert wurde er teilweise in verschiedene Objektensteuern aufgelöst. Er war meist eine sogenannte Eidsteuer, also bereits auf Grund einer Selbstangabe, unter eidlicher Versicherung der Richtigkeit. Ursprünglich war auch die alte Bede eine Vermögenssteuer, erst später richtete sie sich nach dem Zins.

In der Schweiz ist die Vermögenssteuer aus alter Zeit herübergenommen und bildet noch jetzt den Schwerpunkt der direkten Besteuerung in den Kantonen.

In der amerikanischen Union ist sie noch heute in den meisten Staaten die Hauptsteuer. Am bekanntesten ist die von New-York, der die meisten anderen nachgebildet sind. Sie stammt bereits aus dem 17. Jahrhundert. Ihr unterliegt alles bewegliche und unbewegliche Vermögen, und steuerpflichtig sind alle juristischen und physischen Personen, welche Vermögen besitzen. Die Letzteren werden nur an ihrem Wohnsitz besteuert. Gewählte und vereidigte Taxatoren haben die Personen, wie die zu besteuernden Objekte festzustellen und letztere nach ihrem Werte zu schätzen. Zur Deklaration ist Niemand verpflichtet. Eine beeidigte Selbsteinschätzung ist aber als richtig zu acceptieren. Nur das Vermögen, das innerhalb der Staatsgrenzen nachgewiesen wird, ist zu versteuern. Steuerfrei sind Vermögen von Kirchen, Schulen, Wohlthätigkeitsanstalten, von Geistlichen bis 1500 Doll. und das Haus- und Wirtschaftsgeräte, das der Exekution nicht unterworfen ist. Gegen die Einschätzung, die 20 Tage zur Einsicht der Pflichtigen ausliegt, kann reklamiert und ev. an die Gerichte gegangen werden. Die höheren Steuerbehörden der Grafschaft haben die Ausgleichung zwischen den Gemeinden, eine staatliche Ausgleichungskommission zwischen den Grafschaften zu bewirken. Verschiedenheiten sind zu beseitigen, indem sie die Gesamtsumme nicht verändern, sondern nur die eine soviel ermässigen, wie die andere erhöhen dürfen. Thatsächlich ist die Einschätzung eine viel zu niedrige, besonders bei dem beweglichen Vermögen, wo der Betrag in den letzten Decennien sogar zurückgegangen ist und Ende der achtziger Jahre nur zu $^1/_3$ des unbeweglichen geschätzt ward. Dies ist dadurch begünstigt, dass Vermögen in Staatsscheinen und Obligationen der Union und noch in mancher anderen Weise angelegt steuerfrei sind, sodass die Summen auch bei vorübergehender Anlage im Moment der Schätzung von der Besteuerung befreit werden. Das Gesamtergebnis ist ein durchaus unzureichendes und ungerechtes. 1891 war das Ergebniss $5^1/_2$ Mill. Doll.

Die preussische Ergänzungssteuer vom 14. Juli 1893 ist eine Vermögenssteuer, welche ausdrücklich als Ergänzung der Einkommensteuer eingeführt ist. Derselben ist jede physische Person unterworfen, welche in Preussen ihren Wohnsitz hat, und sie ist ausgedehnt auf alle diejenigen, welche in Preussen Grundbesitz, land- und forstwirtschaftliche, bergbauliche oder gewerbliche Unternehmungen in Preussen haben. Massgebend ist der gemeine Wert nach Abzug der Schulden, excl. des Hausgerätes. Als Wert wird im Zweifelsfalle das 25 fache der Jahresnutzung, wenn dieselbe dauernder Natur ist, angenommen; bei beschränkter Zeitdauer das $12^1/_2$ fache. Sie beginnt erst bei einem Gesamtwert des Vermögens von 6000 Mk.; bei Personen mit nur 900 Mk. Einkommen erst bei 2000 Mk., bei weiblichen Individuen, die Angehörige zu versorgen haben, bei 1200 Mk. Einkommen. Der Steuersatz ist $^1/_2$ pro Mille von einer grösseren Zahl von Steuerstufen, die in den unteren Klassen mit je 2000 Mk. steigen, in den höchsten um je 20 000 Mk. Auch diese Steuer beruht auf Selbstdeklaration. Die Veranlagungskommissionen sind die gleichen wie für die Einkommensteuer. 1897/98 war sie mit 31,1 Mill. Mk. veranlagt, d. i. nicht ganz 1 Mk. pro Kopf.

In dem Königreiche der Niederlande ist durch Gesetz vom 27. September 1892 eine Vermögensteuer aufgelegt, die zunächst isoliert dastand, welche aber durch das Gesetz vom 2. Oktober 1893 eine Ergänzung durch eine Einkommensteuer erlangt hat. Die Steuer beginnt bei einem Vermögen von 13 000 Gulden und mit $\frac{1}{2}$ pro Mille und steigt allmählich bis 2 pro Mille bei einem Vermögen von über 200 000 Gulden. Auch diese Steuer beruht auf der Selbstdeklaration, doch kann der Steuerinspektor unabhängig davon den Satz feststellen. Die Berufungsinstanz besteht aus 3 Mitgliedern, eins wird vom Provinzialausschuss, eins von dem Landgericht, eins vom Finanzministerium auf 2 Jahre gewählt.

Als allgemeine Grundsätze für die Vermögenssteuer ist aus dem Gesagten das Folgende zusammenzufassen:

1. Auch hier ist die Selbstdeklaration nicht zu entbehren.

2. Bestimmend ist der gemeine Wert der Vermögensobjekte, wo dieser nicht zu ermitteln, ist der Ertrag festzustellen und nach dem durchschnittlichen Zinsfuss zu kapitalisieren. Die Schulden sind in Abzug zu bringen.

3. Besonders wichtig ist es, dass keine Art der Vermögensanlage von der Steuer befreit ist, damit das Kapital sich nicht durch diese Lücke flüchten und damit einen Druck auf die übrigen Kategorien ausüben kann.

4. Die Progression ist hier ebenso berechtigt, wie bei der Einkommensteuer, doch darf sie nur allmählich in verschärfter Weise zur Durchführung gelangen.

§ 24.
Die Erbschaftssteuer.

v. Scheel, Erbschaftssteuer und Erbrechtsreform. Jena 1877.
v. Stengel, Bayrisches Gesetz über Erbschaftssteuer. Nördlingen 1889.
Wahl, Sächsisches Gesetz über Erbschaftssteuer. Leipzig 1885.
Eschenbach, Erbrechtsreform und Erbschaftssteuer. Berlin 1891.
Baron, in Jahrb. für Nationalök. 1875—76.
Inhülsen, Die engl. Nachlasssteuern. Jahrb. für Nationalök. 1898, Bd. XVI.

Die Erbschaftssteuer mit der dazugehörigen Schenkungssteuer ist heutigen Tages als eine direkte Personalsteuer aufzufassen. Wenn sie sich auch ursprünglich aus einer Gebühr entwickelte, so hat sie diesen Charakter längst abgestreift, indem die einzelnen Personen, je nach ihrem Verwandtschaftsgrade in verschiedener Weise und mit einem so hohen Prozentsatz herangezogen werden, wie es dem Gebührencharakter nicht mehr entspricht. Je mehr man auf die erwähnte Abstufung den Nachdruck legt, um so mehr erhält sie den Charakter einer Personalsteuer. Man schätzt die Leistungsfähigkeit direkt nach dem Vermögenszufall, und die Erhebung findet gleichfalls nach Art der Schätzungen bei den Erben statt. Sie schliesst sich unmittelbar an die Vermögenssteuer und Einkommensteuer an. Dass der Einzelne sie nur einmal zu zahlen hat, ist kein Grund dagegen; wie ebenso wenig, dass hier eine Vermögensübertragung stattfindet. Denn bei der Einkommensteuer liegt auch eine Kapitalsübertragung vor, wenn z. B. ein Beamter sein Einkommen von einem Privatunternehmer bezieht, ev. am Jahresschluss in der Form eines Anteils am Reingewinn; deshalb fällt diese Zahlung noch nicht in das Gebiet der Verkehrssteuern, ebensowenig die Erbschaftssteuer, wie dies sonst allgemein angenommen wird.

So lange die wohlhabenden Klassen gegenüber den unteren durch das Ueberwiegen der indirekten Steuern zu günstig in dem Steuersystem behandelt sind, und besonders so lange keine genügende Progression in der Einkommen- und der Vermögenssteuer durchgeführt ist, wird eine hohe Erbschaftssteuer nicht nur gerechtfertigt sondern sogar geboten sein. In dem Momente, wo ein Kapital neu in die Hand einer Person zur alleinigen Verwertung fällt, wird ausserdem eine Steuer am leichtesten getragen werden. Die damit unter Umständen verbundenen Härten kann man sehr wohl mildern.

Vor allen Dingen sind kleine Beträge von der Steuer frei zu lassen, da dabei zu erwarten steht, dass in überwiegenden Fällen der kleine Betrag des Erbes in rein finanzieller Hinsicht nicht einmal ein Aequivalent für den Verlust bietet, der den Hinterbliebenen durch den Tod zugefügt ist; und fast wie Ironie erscheint es, wenn man sich in Preussen in den neuesten Gesetzen entschlossen hat, wirklich bis 150 Mk. von der Steuer frei zu lassen; 3000 Mk. wäre sicher mehr angebracht. Als Ersatz dafür ist eine erhebliche Progression unbedingt gerechtfertigt. Gleichwohl ist, abgesehen von einer Ausnahme in England, bisher eine Progression nicht durchgeführt; und zwar ausgesprochener Maassen aus Furcht, damit der sozialistischen Tendenz einer Ausgleichung der Vermögensverschiedenheit die Hand zu bieten. Sobald aber die Progression sich in mässigen Grenzen hält, wird sie nur einer gerechten Steuerverteilung entsprechen und dem sozialistischen Gedanken gänzlich fern bleiben.

Eine durchgreifende Abstufung des Steuersatzes muss naturgemäss nach dem Verwandtschaftsgrade durchgeführt werden. Am nächsten stehen sich die Ehegatten, die die Hauswirtschaft gemeinsam führen, das Vermögen bis zum Erbfalle gemeinsam genossen haben. In den meisten Ländern bleiben sie deshalb von der Steuer befreit. Das wird bei geringen Beträgen durchaus gerechtfertigt sein, bei mittleren vielleicht noch für die Frau, aber schwerlich in Bezug auf den Mann, welcher der verdienende Teil ist. Bei grösseren Vermögen, sagen wir, über 10 000 Mk. liegt ein Grund zur Freilassung beider Teile schwerlich vor, wenn die Steuer sich z. B. auf $1\,^0/_0$ beschränkt und nur bei bedeutenderen Vermögen sich auf $3-4\,^0/_0$ erhebt. In Baden zahlen die Ehegatten $1\,^2/_3\,^0/_0$, in Schwarzburg-Sondershausen $3\,^0/_0$, in Frankreich $3\,^0/_0$. Die Descendenten können sehr wohl von 3000 Mk. ab eine 1-prozentige Steuer vertragen, die nur in seltenen Fällen bei Unmündigkeit der Erben eine Härte in sich schliesst, wofür Ausnahmen gestattet werden könnten. In Frankreich zahlen sie $1\,^0/_0$, in England, Holland, Schweden und Norwegen, Elsass-Lothringen sind sie gleichfalls besteuert. In noch höherem Masse wird die Heranziehung der Ascendenten am Platze sein (In Bayern zahlen sie $4-6\,^0/_0$, in Württemberg $2-3\,^0/_0$.) In beiden Fällen ist eine erhebliche Progression nicht nur zu rechtfertigen, sondern sogar geboten. Nebenverwandte müssen natürlich einen höheren Satz tragen; in England 3—10 %/₀, in Frankreich 6¹/₂—8 %/₀. Bei solchen Sätzen ist nur eine mässige Progression zulässig, die überhaupt kaum über 10 % hinausgehen darf. Nichtverwandte, die aber testamentarisch als Erben eingesetzt sind, höher zu belasten als Seitenverwandte ferneren Grades, die nicht durch besonderes Testament hierfür ausgesucht sind, liegt unzweifelhaft ein Grund nicht vor; vielmehr dürfte das Umgekehrte angemessen erscheinen. Hausdienstpersonal, sowie Wohlthätigkeitsanstalten und Wohlthätigkeitsstiftungen dürfen bis zu einer gewissen Höhe wohl eine besondere Nachsicht beanspruchen, während eine unbedingte Freilassung zu weitgehend wäre. Adoptivkinder, sowie Stiefkinder mit einer höheren Steuer zu belasten, als die leiblichen Kinder, ist wohl eine übertriebene Unterscheidung, da sie in dem gleichen Masse bisher von dem Vermögen Nutzen zogen.

Anfang der achtziger Jahre rechnete man Einnahmen aus der Erbschaftssteuer (S. in Handwörterbuch Bd. III, S. 303 Eschenbach):

	Gesamtsumme		pro Kopf	
Preussen	61 Mill. Mk.		0,2 Mk.	
England	170 „	„	4,5 „
Oesterreich	24 „	„	1,5 „
Belgien	20 „	„	3,3 „
Holland	15 „	„	3,72 „
Frankreich	130 „	„	3,25 „
Russland	14 „	„	0,1 „
Italien	33 „	„	4,1 „
Dänemark	2 „	„	1 „

Schenkungen unter Lebenden sind besteuert in Württemberg, Bremen, Bayern, Sachsen, Elsass-Lothringen, sowie in Preussen.

In dem preussischen Gesetz v. 24. Mai 1891 ist die Anmeldepflicht eines Erbfalls innerhalb 3 Monate ausgesprochen; innerhalb weiterer 2 Monate hat der Pflichtige ein vollständiges Inventarienverzeichnis der steuerpflichtigen Masse nebst Wertangabe dem zuständigen Erbschaftssteueramte einzureichen. Es kann die eidesstattliche Versicherung der Richtigkeit gefordert werden.

Befreit von der Steuer sind: 1. der Anfall, welcher 150 Mk. nicht erreicht; 2. jeder Anfall, der gelangt an: Ascendenten, Descendenten, Ehegatten, Personen des Hausstandes bis 900 Mk., den Staat, Armenverbände, Kirchen, Schulen, milde Stiftungen etc., welche durch Verleihung der Rechte jur. Personen, oder welche vom Staate ausdrücklich anerkannt sind. Der Anfall wird versteuert mit 1 % bei Personen, welche dem Hausstande angehören; mit 2 % bei adoptierten oder infolge Einkindschaft zur Erbschaft berufenen Kindern und deren Descendenten, voll- oder halbbürtigen Geschwistern und deren Descendenten; mit 4 % bei anderen Verwandten bis zum sechsten Grade der Verwandtschaft, Stiefkinder und Stiefeltern, Schwiegerkinder und -eltern, natürlichen, aber anerkannten Kinder; mit 4 % bei Zuwendungen, welche ausschliesslich zu wohlthätigen, gemeinnützigen oder Unterrichtszwecken bestimmt sind, insofern solche nicht einzelne Familien oder bestimmte Personen betreffen und die wirkliche Verwendung zu dem bestimmten Zwecke gesichert ist; mit 8⁰/₀ in allen anderen Fällen.

Auch in dieser Form bleibt die preussische Steuer erheblich hinter denen der anderen in Betracht kommenden Staaten zurück. Der Ertrag kann nur ein mässiger sein, und es ist klar, dass diese Einnahmequelle mit Recht sehr viel schärfer ausgenutzt werden könnte.

In England hat man seit 1694 bezügliche Abgaben, die mancherlei Modifikationen erfahren haben. Es bestehen gegenwärtig zwei hergehörige Steuern: 1. die Legacy Duty, die schon 1796 aus einer Art Quittungssteuer über Nachlassregulierungen in eine direkte Abgabe verwandelt wurde und von Mobilien im Erbfalle unter Abstufung des Verwandtschaftsgrades erhoben wird. Sie steigt von 1⁰/₀ von Ascendenten und Descendenten auf 3⁰/₀ von Geschwistern und deren Nachkommen, bis 10⁰/₀ in entfernten Verwandtschaftsgraden. Ehegatten sind frei. Als Ergänzung dazu wurde im Jahre 1853 die Succession Duty eingeführt und später etwas erhöht. Sie wird von Immobilien und Gegenständen erhoben, die von der ersten Steuer sonst nicht getroffen sind, und steigt nach dem Verwandtschaftsgrade von $1^1/_2$—$11^0/_0$. 1889 trat die Estate Duty hinzu, welche Mobilien im Werte von mehr als 10 000 Mk. noch mit einem weiteren Prozentsatz belastete. Durch Gesetz vom Jahre 1894 ist die zuerst erwähnte Legacy Duty unberührt geblieben. Hiernach sind Beträge von weniger als 100 Pfd. St. frei. Es wird der Nachlass an Mobilien und Immobilien besteuert. Auf die sehr komplizierten Bestimmungen im Detail können wir hier nicht eingehen. Das Wichtigste in dem neuen Gesetze ist, dass der Prozentsatz je nach der Höhe des Gesamtwertes des Nachlasses von 1⁰/₀ von 100 — 500 Pfd. St., bis 8⁰/₀ bei 1 Million Pfd. St. steigt. Der Ertrag der gesamten Nachlasssteuern ist auf 14—15 Mill. Pfd. St. veranschlagt.

Kapitel III.

Die Ertragssteuern.

§ 25.

Die Grundsteuer a) als Grundlast.

E. Pfeiffer, Die Staatseinnahmen u. s. w. Stuttgart 1866.

Die Grundsteuer ist uralt, sie hat bereits im Altertum bestanden und im Mittelalter eine Rolle gespielt. In Mitteleuropa waren ursprünglich mit dem Grund und Boden Rechte und Lasten auf das Engste verbunden. Jede Hufe hatte namentlich die persönlichen Leistungen des Heerbannes zu tragen, welche die schwerste Last bildeten. Im Laufe der Jahrhunderte wurde sie in eine Geldabgabe verwandelt, die hauptsächlich den Bauern zufiel, während der Ritter an Stelle des Lehnpferdes nur eine geringe Abgabe oder auch garnichts zu übernehmen hatte. Diese an Stelle persönlicher Leistungen getretenen Steuern blieben dann sehr lange Zeit unverändert und gewannen damit allmählich den Charakter einer Grundlast und streiften den Steuercharakter ab. In jedem Kaufpreise wurden sie naturgemäss bei Feststellung des Reinertrages von diesem in Abzug gebracht und erst danach der Wert bemessen, so dass der neue Inhaber die Steuer nicht mehr zu zahlen hatte, sondern sie auf den Verkäufer abgewälzt war. Dies trat um so schärfer hervor, solange diese Steuer eine Vorausbelastung des ländlichen Grund und Bodens war, das Kapital bei einer anderweitigen Anlage sich von der Steuer befreien konnte.

Als solche Grundlast wurde deshalb auch in England die 1690 aufgelegte Landtax aufgefasst und behandelt, als Ende des vorigen Jahrhunderts sich eine allgemeine Steuerreform als notwendig erwies. Da jene Steuer 100 Jahre unverändert auf dem Grund und Boden als eine Vorausbelastung geruht hatte, wurde sie 1792 ausdrücklich für ablösbar erklärt und ihr damit der Steuercharakter genommen. Auch in Sachsen-Weimar wurde durch Gesetz von 1822 die alte Grundsteuer für unveränderlich erklärt, neben welcher die neuen Steuern, ohne auf sie Rücksicht zu nehmen, aufgelegt werden sollten. Man zog aber nicht die letzte Konsequenz, sie durch Kapitalisation ablösen zu lassen, wie in England. Die Gefahr liegt aber überhaupt vor, dass eine jede Grundsteuer diesen Charakter einer Grundlast annimmt, wenn sie als eine dauernde aufgelegt wird und thatsächlich viele Dezennien hindurch unverändert geblieben ist. Sie wird sehr leicht, wenn nicht ergänzende Ertragssteuern zugleich damit verbunden werden, den Charakter einer Vermögenskonfiskation erhalten, indem das Grundstück der neuen Auflage entsprechend entwertet wird. Dies wird um so schärfer hervortreten, wenn nur ein Teil der Grundstücke mit dieser Last belegt wird. So sah man sich z. B. in Preussen und Sachsen veranlasst, bei der Grundsteuerregulierung und allgemeinen Auflegung dieser Steuer den bisher befreiten Rittergütern eine Kapitalsentschädigung zuzubilligen. Auf der anderen Seite ist es klar, dass eine einfache Beseitigung dieser Last einer Kapitalschenkung gleichkommt, weil sie eine Erhöhung des Grundwertes herbeiführt. Nun mag bei gänzlichem Darniederliegen der Landwirtschaft in vereinzelten Fällen eine solche Schenkung am Platze sein, aber es muss mit dem Bewusstsein geschehen, dass es sich nicht um einen gewöhnlichen Steuererlass, sondern um eine Kapitalschenkung handelt.

§ 26.

b. Die Grundrentensteuer.

Als im Laufe dieses Jahrhunderts der Bedarf der Staaten in ausserordentlicher Weise stieg und man mit dem alten Steuersysteme nicht mehr auszukommen vermochte, war man vor die Frage gestellt, wie die bisherige alte Grundsteuer behandelt werden sollte, wo man sie nicht als Grundlast erklären wollte, sie also in dem Steuersysteme selbst eine Stellung behalten musste. Ein einfacher Zuschlag zu den bisherigen Sätzen erwies sich bei der ausserordentlichen Ungleichheit derselben als unthunlich. Ein Teil des Grundbesitzes war wenig oder gar nicht belastet, bei dem anderen hatten sich die Ertragsverhältnisse vollständig verschoben. Bald hatte sich die nutzbare Fläche bedeutend vergrössert oder auch vermindert, bald war der Ertrag zurückgeblieben, bald durch Meliorationen aller Art in ausserordentlicher Weise gesteigert, sodass die Steuer von den einen Grundstücken nur einen minimalen Prozentsatz des Ertrages absorbierte, bei anderen dagegen $10^0/_0$ und mehr. In Mitteleuropa griff man daher zu der sogenannten Grundsteuerregulierung, d. h. einer Neuveranlagung derselben, um vor allem eine grössere Gleichmässigkeit der Besteuerung zu erzielen, hie und da auch eine Erhöhung damit zu verbinden. Man ging dabei davon aus, dass die Steuer nur die Grundrente treffen solle, sich aber nicht nach dem momentanen Reinertrage zu richten habe. Man wollte einmal den Kapitalszuwachs treffen, sowie die Erhöhung des Ertrages infolge der ganzen Kulturentwicklung, also den Konjunkturengewinn, der dem Grundbesitzer vermöge des Monopols des Besitzes zufällt, auch ohne dass er Arbeit und Kapital mit demselben verbindet, wie das thatsächlich seit den zwanziger Jahren dieses Jahrhunderts bis in die Mitte der siebziger Jahre der Fall gewesen ist. Infolge der Zunahme der Bevölkerung, dann namentlich durch die Verbesserung der Kommunikationsmittel konnten die Landwirte ihre Produkte leichter verwerten und wesentlich höhere Preise dafür erzielen, so dass ein Gut auch ohne Verbesserungen höhere Erträge und einen höheren Wert gewann. Man sagte sich also, dass der Grundbesitzer von den Aufwendungen des Staates besondere Vorteile gehabt hätte und deshalb von ihm auch besondere Zahlungen mit Recht zu beanspruchen seien. Diese Steuer stand somit völlig selbständig neben der Einkommensteuer, da man das Einkommen nicht besteuern wollte, sondern nur den Vermögenszuwachs. Noch schärfer als bei der Landwirtschaft tritt dieser Konjunkturengewinn bei städtischen Grundstücken hervor, wo die Steigerung der Bevölkerung regelmässig eine leicht erkennbare Steigerung der Miete und des Grundwertes zur Folge .hatte.

Gegen jene Begründung der Grundsteuerregulierung ist nun schon damals eingewendet und in der Gegenwart noch schärfer Folgendes hervorzuheben: 1. Es liegt kein Grund vor, den Grundbesitz durch den Staat höher zu belasten, als das in Handel und Industrie angelegte Kapital, weil auch dort ein Konjunkturengewinn überall zu beobachten ist (Schäffle). Auch der Fabrikbesitzer wie der Kaufmann haben einen wesentlichen Vorteil, wenn ihre Gemeinde eine Bahnstation erhält. Ihr Geschäftsgewinn wird sich gleichfalls sofort heben, wie der des Gutsbesitzers. Aber es ist dabei im Auge zu behalten, dass die ersteren gewärtigen müssen, dass ihnen in kurzer Zeit Konkurrenten entstehen, wenn sie besonders gute Geschäfte machen, die sich an Ort und Stelle niederlassen, was der Grundbesitzer nicht zu erwarten hat. Sein Monopol ist jedenfalls schwerer und langsamer zu beeinträchtigen. Zwar ist auch bei der Kapitalanlage in Wertpapieren durch Kurssteigerungen ein Konjunkturengewinn sehr leicht möglich, aber dies ist grossen Schwankungen unterworfen, während bei dem Grundbesitz günstige Konjunkturen im Grossen und Ganzen in der historischen Entwicklung liegen und länger anzuhalten pflegen, z. B. bei Steigerung der Getreidepreise infolge der Zunahme der Bevölkerung.

2. Bei den ländlichen Grundstücken ist die Grundrente schwer zu isolieren und festzustellen, die Erträge der Landwirtschaft werden in der Hauptsache durch grösseren Aufwand von Arbeit und Kapital, durch Verwertung der Fortschritte der Wissenschaft etc. gesteigert, so dass es in einzelnen Fällen schwer ist, festzustellen, wie gross der Wertzuwachs durch Konjunkturengewinn gewesen ist. Dazu kommt,

dass die Ertragssteigerung durch mit dem Grund und Boden verbundenes Kapital, z. B. einer Bodenmelioration zwar nicht selbst als Grundrente zu bezeichnen ist, wohl aber an dem Konjunkturengewinn, z. B. bei einer Preissteigerung, mit teilnimmt. Ist der Ertrag eines Gutes durch eine Drainage um 1000 Centner Getreide gesteigert, so werden von einer Erhöhung der Preise diese 1000 Centner mitgetroffen, die Melioration erhöht den Konjunkturengewinn. Ist in einer Stadt die Wohnungsmiete um 20% gestiegen, so kommt dieses nicht nur dem Bauplatz zu gute, sondern jeder Etage des Hauses, und je höher und grösser das Haus ist, um so grösser ist der Profit des Besitzers. Auch hierdurch wird die Scheidung komplizierter und schwieriger.

3. Die Grundrente kann auch in der Landwirtschaft, wie die zwanziger Jahre dieses Jahrhunderts und die letzten 20 Jahre neu erwiesen haben, für längere Zeit zurückgehen, wodurch eine neu aufgelegte Grundsteuer sehr drückend werden muss.

4. Die Grundrente pflegt in der Landwirtschaft nur sehr langsam zu steigen, sodass sich der Gewinn bei häufigem Besitzwechsel sehr verteilt, und der neue Besitzer, der der zu erwartenden Rentensteigerung entsprechend schon einen höheren Preis für das Gut bezahlt hat, wird durch die Steuer betroffen, ohne selbst einen Gewinn gehabt zu haben.

Aus dem Gesagten geht hervor, dass eine solche Steuer nur unter bestimmten Verhältnissen gerechtfertigt sein wird, unter anderen dagegen nicht. Wo die Landwirtschaft durch neue Kommunikationswege plötzlich erschlossen wird, und der Grundwert dadurch mit Rapidität steigt, wie das in der Zeit von 1830—70 in Deutschland der Fall war und noch gegenwärtig in den westlichen Gegenden der Vereinigten Staaten Nordamerikas, da wird eine Grundsteuer angemessen sein, um von diesem bedeutenden Gewinn dem Staate, oder noch besser der Gemeinde einen Anteil zu sichern. Wo dagegen schon bei einer starken Bevölkerung eine hohe Kulturstufe erreicht ist, und die intensive Wirtschaft sich allgemeiner eingebürgert hat, wird die Grundrente nicht mehr eine entsprechende Rolle spielen und daher auch nicht ein geeignetes Steuerobjekt abgeben. Umgekehrt wird dagegen bei dem städtischen Grundbesitz die Steigerung schnell vor sich gehen und sich leicht feststellen lassen, sodass die Erfassung durch eine Steuer leicht durchführbar und gerechtfertigt erscheint. Aber es ist nach dem früher Gesagten klar, dass sie sich mehr zur Gemeindesteuer als zur Staatssteuer eignet, wobei das Prinzip der Leistung und Gegenleistung in Frage kommt.

Wird aber eine solche Grundrentensteuer in Aussicht genommen, so ergeben sich nach dem Dargelegten folgende Konsequenzen:

1. Es ist nicht der momentane Reinertrag der Grundstücke zu ermitteln, sondern ein ideeller Durchschnittsertrag, wie er nach der Beschaffenheit des Bodens von einem jeden bei der gewöhnlichen Wirtschaftsmethode zu erzielen ist, eben weil man besondere persönliche Leistungen nicht belasten will.

2. Die Erträge müssen nach Ablauf grösserer Perioden von neuem ermittelt werden, um die Veränderungen bei der Steuer zu berücksichtigen. Es hat sich aber herausgestellt, dass diese periodische Wieder-

kehr bei der ländlichen Grundsteuer undurchführbar ist, weil zu umständlich und kostspielig.

3. Die Schulden können dabei nicht in Abzug gebracht werden, denn der Konjunkturengewinn, z. B. bei der Preissteigerung des verkauften Getreides, fällt dem Besitzer in der gleichen Weise zu, ob er verschuldet ist oder nicht. Auch von der Steigerung der Miete hat der Hausbesitzer den gleichen Gewinn, ob das Haus hypothekarisch verschuldet ist oder nicht.

4. Bei der komplizierten Fragestellung ist die Veranlagung der Steuer ausserordentlich schwierig, während bei nicht korrekter Verteilung der Last die Härten und Ungerechtigkeiten ausserordentlich gross sind.

§ 26.

Die Durchführung der Steuerregulierung in den verschiedenen Ländern.

Mascher, Die Grundsteuerregelung in Preussen. Potsdam 1862.
Mayer, Das neue Grund-, Gebäude- und Gewerbesteuergesetz in Württemberg.
Lesigang, Versuche zur Reform der direkten Steuern in Oesterreich. Finanz-Archiv 1889.

Die Aufgabe, welche man sich stellte, war: den Durchschnittsertrag der betreffenden Grundstücke zu ermitteln und auf einen gemeinsamen Nenner zu bringen, um jedem Grundstück seinen Anteil an der Steuer nicht nur für den Moment, sondern für längere Zeit unverändert zuzuteilen. Das Werk, durch welches dieses erreicht werden sollte, nennt man die Grundsteuer-Katastrierung, indem die Ergebnisse in besonderen Kataster-, Grund- oder Flurbüchern niedergelegt wurden.

Schon bei den Persern und im römischen Reiche unter Diokletian sind in ähnlicher Weise Vermessungen und Feststellungen der Erträge landwirtschaftlicher Grundstücke vorgenommen. Ebenso ist schon Ende des Mittelalters wiederholentlich der Versuch gemacht, behufs Besteuerung die Ertragsverhältnisse des ländlichen Grundbesitzes zu ermitteln. Mit grösserer Genauigkeit und in moderner Weise ist wohl die erste eigentliche Katastrierung eines Landes 1718 von Carl VI. in dem berühmt gewordenen „Censimento Milanese" für die Lombardei angeordnet, aber erst 1760 vollendet. In Frankreich liess Napoleon 1808 ein grosses Parzellarkataster für das ganze Reich in Angriff nehmen, welches erst in den vierziger Jahren beendet wurde. Nachdem Maria Theresia und Joseph II. vergebens versucht hatten, das lombardische Werk auf die österreichischen Länder auszudehnen, wurde dies 1816 wirklich in Angriff genommen, war aber in den fünfziger Jahren noch nicht völlig durchgeführt, und wurde dann eingestellt. Im Jahre 1869 wurde es von neuem angeordnet und dann auch vollendet. In Bayern erfolgte die Katastrierung 1826, in Sachsen 1837, in Preussen 1862. England hat dagegen niemals eine allgemeine, gleichmässige Katastrierung des Landes vorgenommen, sondern dieses den Gemeinden und Privaten überlassen.

Das Katastrierungsgeschäft zerfällt in folgende 3 Thätigkeiten: 1. die Vermessung, 2. die Klassifizierung nach der Art der Benutzung des Bodens, 3. die Bonitierung, das ist die Schätzung der Bodengüte und die Feststellung des Ertrages.

a) Die Vermessung des Landes bildet die Grundlage für jede Art der Grundbesteuerung und hat für die gesammte Statistik die höchste Bedeutung. Sie kann sein: 1. die Generalvermessung, welche jetzt in Form der Triangulierung von dem Generalstabe des Landes ausgeführt zu werden pflegt, indem das ganze Land in lauter Dreiecke zerlegt wird, von denen eine Seite und zwei Winkel genau bestimmt werden, wonach der Inhalt derselben berechnet wird. 2. Die Spezialvermessung, bei der für jedes Besitzstück die Grenzen und der Inhalt genau festgestellt werden. Damit geht Hand in Hand b) die Klassifizierung, indem die Art der Benutzung der einzelnen Besitzstücke ermittelt wird. In Preussen sind dabei 7 Abteilungen gemacht. 1. Aecker, 2. Gärten, 3. Wiesen, 4. Weiden, 5. Holzungen, 6. Wasser, 7. Oedeland. Das Ergebnis dieser Arbeit wird detailliert, kartiert und damit in Flur- und Gemeindekarten festgelegt. Derartige Gemeindekarten existierten nun schon vielfach aus früherer Zeit, aber häufig mit unzureichender Genauigkeit. In den östlichen Provinzen Preussens mussten 15% des Landes völlig neu kartiert werden, und in den übrigen Fluren fanden so erhebliche Berichtigungen statt, dass im ganzen Lande 18 Quadratmeilen weniger Land aufgefunden wurden, als nach den alten Karten angenommen war. In Galizien dagegen stellte die neue Katastrierung heraus, dass bisher 123 Quadratmeilen zu wenig angegeben und daher unversteuert geblieben waren. Diese bisher betrachtete Katastrierungsarbeit ist für ein jedes Land wünschenswert und behält ihre grosse Bedeutung, auch wenn eine Grundsteuer nicht erhoben wird.

c) Die dritte Aufgabe ist dann die Bonitierung. Hierzu ist notwendig, 1. die Feststellung des Rohertrages, 2. der Produktionskosten und 3. des Reinertrages.

In Meklemburg hielt man sich am Ende des vorigen Jahrhunderts bei der Herstellung der alten Hufenverfassung nur an den Rohertrag. Man suchte die natürliche Ertragsfähigkeit des Bodens in sogenannten bonitierten Scheffeln oder Tonnen festzustellen, d. h. man untersuchte, wie viel Land von dem vorliegenden notwendig war, um einen Scheffel oder eine Tonne Roggen nachhaltig zu erzielen (ähnlich in Dänemark); und eine Hufe umfasste so viel Land wie notwendig war, um 600 Scheffel Roggen zu liefern, sodass eine Meklemburger Hufe (wie auch die dänische Tonne Hartkorn) je nach der Bodenqualität einen sehr verschiedenen Umfang hatte. Der Vorteil des Verfahrens war, dass das Schätzungsergebnis sehr lange Zeit hindurch auch nach grossen volkswirtschaftlichen Veränderungen den Wert bewahrte, da die natürliche Ertragsfähigkeit weit geringeren Veränderungen unterworfen ist, als die Preise der Produkte. In anderen Ländern berücksichtigte man auch die Produktionskosten. Bayern zog die Saat von dem Rohertrage ab und nahm die Hälfte des Restes als Reinertrag an, wonach in der Hauptsache immer noch der Rohertrag das eigentlich bestimmende Moment blieb. In Frankreich berechnete man einen Durchschnittssatz der Produktionskosten, den man nun gleichmässig bei allen Bodenarten und Wirtschaften in Abzug brachte. Dasselbe geschah bei der ersten Katastrierung in den preussischen Rheinlanden. Der schwerere Boden beansprucht aber einen weit höheren Prozentsatz des Ertrages an Produktionskosten als der leichtere; selbst auf grösseren Gütern findet man, dass dieselben 35 bis 80 %, des Ertrags absorbieren, so dass damit nicht viel erreicht ist. Einen Schritt weiter ging man in Sachsen, wo der Rohertrag nach der Dreifelderwirtschaft für 12 Bodenklassen festgestellt und für jede andere Produktionskosten angenommen wurden. Doch berücksichtigte man dabei nicht, dass die Unkosten in derselben Klasse namentlich nach der Lage zum Marktorte verschieden sind, und ebenso in der Nähe einer Fabrikstadt höhere Löhne gezahlt werden müssen etc., also volkswirtschaftliche Momente die Produktionskosten erheblich beeinflussen.

In Preussen hielt man sich auf Grund der bisherigen Erfahrungen nicht an solche Schablone. Den Taxatoren wurde es überlassen, an Ort und Stelle sofort den Reinertrag zu schätzen, wie er von der nutzbaren Fläche bei gemeingewöhnlicher Wirtschaftsmethode nachhaltig zu erlangen ist. Für jede Kulturgattung wurden bis zu 8 Klassen unterschieden. Als Preise der Produkte wurde der Durchschnitt der Jahre von 1837—60, nach Abzug der beiden teuersten und der beiden billigsten Jahre, angenommen. Neuere Meliorationen, besonders starker Viehstand, blieben unberücksichtigt. Zur Unterstützung der Taxatoren waren überall die Kauf- und Pachtpreise der letzten Jahre gesammelt. Bei den Produktionskosten wurde die Verzinsung von Gebäuden und Inventar mit in Abzug gebracht, sodass nur der Grund und Boden allein berücksichtigt wurde. Damit ist der beste Beweis geliefert, dass die Grundsteuer hier nicht eine Art Gewerbesteuer bilden sollte. Bedeutsam ist ferner, dass jedes Feldstück isoliert geschätzt wurde; damit ist also seine Bedeutung in der ganzen Wirtschaft nicht zur Würdigung gelangt. Es ist klar, dass 20 ha Wiesen für das Gut einen ganz anderen Wert haben, wenn weitere Wiesen nicht mehr vorhanden sind, als wenn sie nur einen Teil eines grösseren Komplexes bilden.

Für jeden Kreis waren besondere Schätzungskommissionen gebildet, die unabhängig von den anderen innerhalb des Kreises die Taxation selbständig ausführten. Dies geschah in der Weise, dass für jeden Kreis Musterstücke ausgewählt wurden, indem zuerst solche des besten und des schlechtesten Landes bestimmt und dazwischen nach 6 Klassen abgestuft wurden. Für diese Musterstücke stellte man den Reinertrag fest, und verglich das übrige Land nun mit den Mustern und reihte es dann in die betreffenden Klassen ein. Auf diese Weise war die erste Klasse in verschiedenen Kreisen mit einem sehr verschiedenen Reinertrage festgesetzt; in Westpreussen mitunter mit 36 Sgr., am Rhein dagegen mit 420 Sgr.; die 8. Klasse dort mit 3, hier mit 20 Sgr. Die Gleichheit konnte damit wohl innerhalb der einzelnen Kreise leidlich erzielt werden, aber nicht für das ganze Land. Dieses suchte man durch eine besondere Einschätzungskommission für die grösseren Distrikte zu erreichen. Die Kreiskommissionen wurden zur Hälfte von der Regierung, zur Hälfte von den Kreisständen aus den Sachverständigen der Gegend gewählt. Sie arbeiteten unter dem Vorsitz eines Regierungskommissars. Zur Ausgleichung zwischen den Kreisen wurden ähnlich zusammengesetzte Bezirkskommissionen bestimmt, und für das ganze Land hatte eine Centralkommission, die zur Hälfte von dem Abgeordnetenhause, zur Hälfte vom Finanzminister gewählt wurde, das Werk zu beaufsichtigen. 73 % von den 2700 Taxatoren waren angesehene Gutsbesitzer und somit die denkbar geeignetsten Personen hierzu herangezogen. Sie nahmen für gegen 3 Mill. Thaler Erhöhungen und für circa eine Mill. Ermässigungen vor. Die Gesamterhöhung betrug 26,3⁰/₀, nach Abzug der Entschädigungen 15,7%. Denn es wurden denjenigen, welchen durch Verträge bestimmte Privilegien der Steuerfreiheit zugesichert waren, das zwanzigfache der Steuer, den nur thatsächlich befreit gewesenen das 13¹/₂fache der Steuer als Kapitalsabfindung gewährt. Um das Werk dauernd richtig zu erhalten, wurde es in Flurbüchern niedergelegt und durch besonders dazu angestellte Fortschreibungsbeamte, welche alle Veränderungen in der Bodenbenutzung, so wie in der Besitzverteilung zu notieren hatten, mit den thatsächlichen Verhältnissen in Einklang erhalten.

Die Steuerveranlagung sollte alle 19 Jahre einer Revision unterzogen werden, doch ist es nie dazu gekommen, da man genötigt gewesen wäre, das ganze Katasterwerk zu erneuern.

Unzweifelhaft war in kurzer Zeit ausserordentliches geleistet, und es ist kaum zu erwarten, dass überhaupt ein günstigeres Ergebnis durch solche Steuer zu erlangen ist. Gleichviel befriedigte das Resultat schon unmittelbar nach der Vollendung nicht, und noch viel weniger in der späteren Zeit. Zwischen den verschiedenen Kreisen bestanden wesentliche Verschiedenheiten. Es lässt sich nachweisen, dass schon damals z. B. in dem Regierungsbezirke Marienwerder Güter vorhanden waren, wo die Taxe der landwirtschaftlichen Kreditinstitute nur das 250fache der Grundsteuer ergab, dagegen bei anderen in einem benachbarten Kreise gelegen das 1200fache, obgleich doch die Landschaften, welche unkündbare Darlehen gewähren, auch den Durchschnittsertrag zur Grundlage wählen, nicht den momentan erzielten.

In Oesterreich wurde zuerst 1817 auf Grund der verstreut in früherer Zeit gemachten Katastrierungsversuche ein Grundsteuerprovisorium eingeführt, das in den vierziger Jahren einige Modifikationen erfuhr. Aber erst durch das Gesetz vom 24. Mai 1869 ist eine allgemeine Regulierung für alle im Reichsrate vertretenen Länder angeordnet. Auch dort ist das Objekt der Steuer der Reinertrag, der nach dem mittleren Kulturzustande der Grundstücke nachhaltig erzielt werden kann. Für jede Kulturgattung wurden 8 Klassen angesetzt und alle 15 Jahre eine Revision in Aussicht genommen. Die Steuer trat am 1. Januar 1881 in Kraft.

Nach den bisherigen Erfahrungen wird man sagen müssen, dass die Katastrierung behufs einer Grundrentensteuer kein Ergebnis liefert, welches eine gerechte Verteilung der Steuer ermöglicht. Die Ungleichheit in der Einschätzung ist um so bedenklicher, da die Veranlagung dauernd die Grundlage für die landwirtschaftlichen Kreditoperationen bildet. Je länger das Werk unverändert bleibt, um so grössere Verschiebungen in den Wertverhältnissen treten ein, wodurch das Veranlagungswerk immer ungenauer wird. Bei den grossen Kosten und Umständen, welche die Katastrierung verursacht, ist aber eine häufige Wiederholung unstatthaft und thatsächlich nirgends durchgeführt.

Weit leichter ist die Schätzung des vorliegenden Ertrages zu einer einfachen Ertragssteuer, bei welcher auch die Schulden berücksichtigt werden müssen. Während die Grundrentensteuer nur da am Platze sein wird, wo in mehr zurückgebliebenen Ländern die Kultur und damit der Grundwert rapide steigt und klar zu Tage tritt, ist die

Ertragssteuer zu rechtfertigen, wo sie einen Teil eines Ertragssteuersystems bildet, oder in Gemeinden als Aequivalent für besondere Leistungen anzusehen ist. Es war deshalb ein vollständig richtiger Schritt, wenn in Preussen die alte Grundsteuer 1890 den Gemeinden überwiesen wurde, und es wäre der weitere Schritt gerechtfertigt, sie in eine Ertragssteuer zu verwandeln, wobei nach dem englischen System die Last entsprechend auf den Gläubiger abgewälzt werden kann.

Anfang der neunziger Jahre brachte die Grundsteuer

in Preussen 40 Mill. Mk., das sind 1,3 Mk. pro Kopf
„ Bayern   11,5 „   „   „   „   2   „   „   „
„ Sachsen   3   „   „   „   „   0,8 „   „   „
„ Württemb. 4   „   „   „   „   2   „   „   „
„ Oesterreich 32 750 000 Gld., das sind 2,3 Mk. pro Kopf
„ Frankreich 199 607 000 Fr.   „   „   4,1 „   „   „
„ Grossbrit.   902 000 Pf. St. „   „   0,5 „   „   „

§ 27.
Die Gebäudesteuer.

v. Mirbach, Besteuerung der Gebäude und Wohnungen in Oesterreich. Tübing. Zeitschr. 1896.

Die Gebäudesteuer steht im engsten Zusammenhang mit der Grundsteuer. Sie wird in vielen Staaten auch mit der Grundsteuer zusammen in einem Gesetze behandelt und zugleich mit ihr erhoben. Erst durch die Grundsteuer hat sie eine allgemeine Verbreitung erlangt, wenn sie auch schon in alter Zeit selbständig vorhanden war, schon in der späteren Zeit des römischen Reiches wie im Mittelalter in den italienischen Republiken und auch in den deutschen Städten. Zunächst wurde das Haus, welches gewöhnlich von dem Besitzer ausschliesslich bewohnt wurde, als Anhalt der persönlichen Besteuerung desselben benutzt; allmählich, nachdem die Mietswohnungen sich verallgemeinert hatten und Häuser zur Kapitalsanlage benutzt wurden, um daraus ein besonderes Einkommen zu beziehen, trat mehr und mehr die Scheidung zwischen Stadt und Land hervor und die Gebäudesteuer löste sich aus der Vermögenssteuer heraus, was schon seit dem 14. Jahrhundert hervortrat.

In Oesterreich wurde, anknüpfend an das Censimento Milanese, 1749 eine Gebäudesteuer durchgeführt, indem für die Wohnhäuser $1/7$ des Ertrages, von anderen städtischen Gebäuden $1/10$ erhoben wurde; von ländlichen Häusern entsprechend dem von ihnen okkupierten Boden gleich dem Acker erster Klasse, wo von dem Ertrage $1/3$ erhoben wurde. Neubauten blieben 3 Jahre steuerfrei. 1817 und 1848 erhielt die Steuer eine Erweiterung. Die neueste Reform fand 1882 statt. Die Steuer erhielt in diesem Jahre den Charakter einer Hauszinsabgabe, die sich auf den Mietsertrag stützte. Daneben steht eine Hausklassensteuer, welche die Häuser treffen soll, von denen kein Mietsvertrag erhoben wird. Für Reparatur und Erhaltungskosten können bei der ersteren von der Miete 15—20% abgezogen werden. Vom Rest werden 20—26% als Steuer erhoben. Von jedem Hausbesitzer wird eine Fassion verlangt, doch findet daneben eine Einschätzung durch eine Kommission statt. Die Hausklassensteuer richtet sich nach der Zahl der in dem Hause enthaltenen Wohnräume. Die erste Klasse mit

220 Gulden Steuer umfasst die Häuser mit 36 Wohnräumen und mehr. Die zweite Klasse, die 180 Gulden zahlt, betrifft Häuser mit 30 - 35 Wohnräumen. Die letzte Klasse mit nur 1 Wohnraum zahlt 75 Kreuzer bis 1,50 Gulden. Neubauten bleiben 12 Jahre steuerfrei, wodurch erfahrungsgemäss ein zu grosser Anreiz zum Neubau geboten ist, der vielfach zu einer übermässigen Bauwut geführt hat.

In Preussen ist das Gesetz von 1861 massgebend, für welches 1868 eine eingehende ministerielle Instruktion erschien. Wohnhäuser zahlen 4 %, gewerbliche 2 %, landwirtschaftliche Betriebsgebäude sind von der Steuer befreit; ebenso öffentliche Gebäude, Wohlthätigkeitsanstalten etc. Die Steuer wird durch eine besondere Veranlagungskommission bestimmt. Alle 15 Jahre soll eine Revision der Steuer stattfinden. Schulden dürfen nicht abgezogen werden, doch hat der Hausbesitzer das Recht, dem Hypothekengläubiger 5 % für die Steuer in Abzug zu bringen.

In Frankreich wurde schon 1798 als Ergänzung einer Mobiliarsteuer eine Thür- und Fenstersteuer eingeführt, die 1802 und 1831 Modifikationen erfuhr. Bestimmend ist die Zahl der Oeffnungen, 1. Thorwege, Magazinthüren, 2. gewöhnliche Thüren und Fenster der unteren Stockwerke, 3. dieselben einer dritten oder einer höheren Etage. Der Steuersatz wächst mit der Bevölkerungszahl der Städte. Die 1. Klasse umfasst die Häuser in Städten unter 5000 Einwohner, die 2. solche mit 5000 bis 10 000, die 6. Klasse endlich die mit über 100 000 Einwohnern. Diese Steuer hatte mehr den Charakter einer Mietssteuer, und daneben bestand noch eine Gebäudezinssteuer, die keine besonderen Eigentümlichkeiten aufweist. Die Zahl der Oeffnungen soll in roher Weise einen Anhalt zur Beurteilung der Ausdehnung der Mietsräume bieten. Es ist aber klar, dass damit der Nachteil verbunden ist, eine Prämie auf die Anlegung weniger Oeffnungen und damit weniger Verbindungen mit der freien Luft zu legen, was gesundheitswidrig wirken muss.

Durch Gesetz vom 8. August 1890 ist die Gebäudegrundsteuer abhängig von der allgemeinen Grundsteuer als Quotitätssteuer auf Grund eines besonderen Katasters aufgelegt, das alle 10 Jahre revidiert werden soll. Sie richtet sich nach der Miete nach Abzug von $\frac{1}{4}$ bei Wohn-, $\frac{1}{3}$ bei Fabrikgebäuden. Der Steuerfuss wird alljährlich bestimmt. Neubauten sind 2 Jahre steuerfrei.

Der Ertrag der Gebäude setzt sich zusammen aus Grundrente und Baurente. Gerade die erstere ist ganz ausserordentlich verschieden in grossen und kleinen Städten und in den einzelnen Stadtteilen. Bei aufblühenden Städten geht die Entwickelung der Grundrente rapide vor sich und lässt sich klar feststellen, daher auch als Grundrentensteuer leicht erfassen. Aber auch sie ist Schwankungen unterworfen und auf längeres Steigen folgt mitunter ein empfindlicher Rückschlag. Der Ertrag ist verhältnismässig leicht für die grosse Masse der Wohnungen nach der gezahlten Miete oder durch Vergleich mit vermieteten Gebäuden festzustellen. Bei anderen Gebäuden muss man sich an den Kaufwert halten, der einmal durch die gezahlten Kaufpreise insbesondere für den Grund und Boden und durch den Versicherungswert des Gebäudes zu ermitteln ist.

Bei den Gebäuden sind 3 Kategorien zu unterscheiden. 1. Wohngebäude, 2. Gebäude für gewerbliche Zwecke, Fabrikgebäude, Speicher. Magazine etc., 3. landwirtschaftliche Betriebsgebäude.

Ursprünglich ging man bei der Besteuerung hauptsächlich von dem Grund und Boden aus, auf welchem die Gebäude standen, noch jetzt geschieht dieses bei ländlichen Gebäuden. In Frankreich besteuerte man dann noch die einzelnen Etagen der Häuser. Darauf berücksichtigte man die Zahl der Herde, darauf der Wohnungsräume. Indessen sind die Räume nicht genau massgebend für den Ertrag und es liegt die Gefahr vor, einseitig die Zahl der benutzten Räume zu vermindern, was den sanitären Interessen entgegen wäre. Das richtige ist den Ertrag selbst zur Grundlage zu nehmen, der in der Miete in der Hauptsache zu Tage tritt. Dieselbe ist aber nur der Rohertrag, deshalb ist es nötig davon in Abzug zu bringen 1. grössere Reparaturen, 2. die Versicherungskosten und 3. die Amortisationsprämie, denn jedes Gebäude nützt sich ab und bedarf schliesslich der Erneuerung. Es muss deshalb alljährlich von der Miete ein Teil beiseite gelegt werden, um das Geld für den Neubau rechtzeitig aufzusammeln; je nach der Bauart muss der Prozentsatz natürlich ein verschiedener sein. In Frankreich werden bei Wohngebäuden 25%, bei gewerblich benutzten Gebäuden 33,3% in Abzug gebracht. Solch ein gleicher Prozentsatz hat aber natürlich keine Bedeutung, denn man kann dann ebenso gut einen etwas niedrigeren Steuersatz von der Miete erheben. 2. Die gewerblichen Gebäude können eine grössere Nachsicht beanspruchen als die Wohngebäude, besonders weil sie sich schneller abnutzen und sie überhaupt einen selbständigen Ertrag nicht abwerfen. Ihr Ertrag steigt nicht in der gleichen Weise wie der der Mietwohnungen, sie sind für das Gewerbe mehr als eine Last anzusehen. Es ist deshalb nur die Steigerung des Grundwertes zu berücksichtigen, nicht aber der Wert des Gebäudes selbst, und unsoweniger, wenn eine Gewerbesteuer erhoben wird. Man hat deshalb auch allgemein die gewerblichen Gebäude niedriger veranlagt als die Wohngebäude.

Auch bei der Gebäudesteuer sind zwei Arten zu unterscheiden. Die objektive, sich an die Grundsteuer anlehnende Grundrentensteuer, oder die Ertragssteuer mit oder ohne Berücksichtigung der Schulden. Die erstere Art wird nur am Platze sein, wo die Steigerung der Grundrente eine sehr erhebliche ist und dieselbe Entwickelung auch noch weiter zu erwarten steht. Wo dagegen Schwankungen in Aussicht zu nehmen sind, und die Steigerung nur in sehr langsamer Weise vor sich geht, wird die Ertragssteuer mit subjektivem Charakter, also unter Berücksichtigung der Schulden, erheblich vorzuziehen sein. In dem ersteren Falle wird die Veranlagung nur in grösseren Perioden, etwa alle 15 Jahre, beansprucht zu werden brauchen, in dem letzteren dürfte eine jährliche Revision nicht zu vermeiden sein.

Die Art der Einschätzung kann auch hier auf Grund von Selbstdeklaration oder allein auf Grund von Einschätzung durch eine Kommission von Orts- und Sachverständigen oder durch die Verbindung beider vorgenommen werden.

Unzweifelhaft eignet sich die Gebäudesteuer in ganz besonderem Maasse zur Gemeindesteuer. Jedoch ist eine Ueberspannung derselben zu vermeiden, da eine hohe Steuer im Laufe der Zeit doch auf die

Mieter abgewälzt wird und die Erhöhung der Miete zur Beschränkung der Wohnung führen muss. Besonders wichtig wird es daher sein die kleineren Wohnungen und Häuser mit einer grösseren Nachsicht zu behandeln und ebenso Häuser, die zugleich gewerblichen Zwecken dienen geringer zu belasten, als reine Wohngebäude.

Zur Erleichterung des Neubaues wird es gerechtfertigt sein in den ersten Jahren Steuerfreiheit zu gewähren, doch muss auch dieses mit Maass geschehen, weil sonst auf Kosten der alten Häuser der Neubau forciert wird, was zur Vergeudung des National-Kapitales Veranlassung giebt.

Das Ergebnis war:

in Preussen 1893   35 086 000 Mk.   1,1 Mk. pro Kopf
„ Bayern   5 760 000 „   1,0 „   „   „
„ Württemberg   2 600 000 „   1,3 „   „   „
„ Oesterreich 1897 8 35 626 000 Gld. 1,6 „   „   „
„ Frankreich   58 819 000 Fres. 1,2 „   „   „
          und   82 000 000 „   1,6 „   „   „
„ Gr. Britannien   1 514 000 Pfd.St. 0,8 „   „   „

§. 29.
Kapitalsrentensteuer.

Der Begriff des Kapitals wird hier mit dem des Leihkapitals identifiziert im Gegensatz zu demjenigen, welches im eigenen Wirtschaftsbetriebe thätig ist, und in der Gewerbesteuer bereits Berücksichtigung findet. Sie bildet deshalb die notwendige Ergänzung zur Grund- und Gebäudesteuer, wo, wie wir sahen, die Hypothekenschulden nicht berücksichtigt werden, und auch eine Ergänzung zur Gewerbesteuer. Sie ist auch zur Vervollständigung des Ertragssteuersystems erforderlich. Es kommen hier vor allem in betracht die in zinstragenden Papieren der Staaten und Kommunen angelegten Summen, welche nach der preussischen Vermögenssteuer auf 21,7 Milliarden Mk. allein in diesem Lande festgestellt sind. Während die ganze Anlage in Grundbesitz mit 22,5 Milliarden zur Besteuerung gelangt, und 8,6 Milliarden, die in Handel und Gewerbe thätig sind. Es gehören ausserdem dazu die Hypotheken. Ob auch die in Aktien angelegten Kapitalien hier heranzuziehen sind, hängt davon ab, ob sie in der Gewerbesteuer schon genügend getroffen erscheinen. Der Gegensatz zur Vermögenssteuer tritt einmal in dieser Beschränkung auf die Leihkapitalien zu Tage, ausserdem dadurch, dass hier die Rente in betracht kommt, nicht der Kapitalsbetrag.

Da es sich um eine Ertragssteuer handelt, sind hier Schulden und etwaige, mit der Anlage verbundene Kosten nicht in Abzug zu bringen. Aber auch in dieser Form könnte auf die persönlichen Verhältnisse Rücksicht genommen werden, indem kleine Beträge frei zu lassen wären, wie ebenso Sparkasseneinlagen, was auch in den meisten Ländern geschehen ist. Die Freilassung der kleinen Beträge erscheint schon aus der naheliegenden praktischen Rücksicht geboten, dass sie der Behörde mehr Umstände verursachen, als der Ertrag rechtfertigt.

Die Veranlagung kann teils an der Quelle geschehen, teils durch Fassion oder Selbstdeklaration. Nur durch die letztere Massregel sind die im Auslande angelegten Kapitalien genauer zutreffen, und eben deshalb ist die Selbstdeklaration nicht zu vermeiden, da sonst die Gefahr vorliegt durch die Steuer die Kapitalien in das Ausland zu treiben. Dagegen wird die Erhebung wesentlich vereinfacht, wenn dieselbe durch Abzug an der Quelle, also bei den Staats- und Gemeindeschulden durch Abzug bei der Einlösung der Coupons stattfindet.

Besondere Berücksichtigung verdient die Frage, wie weit es hierbei berechtigt ist, den Abzug auch Ausländern gegenüber zu bewirken. Unbedingt unberechtigt und den Kredit des Landes schädigend wird es sein, wenn eine Besteuerung der Anleihen allein vorgenommen wird. Sie bedeutet dann einfach eine willkürliche Zinsreduktion, d. h. eine Verminderung der bei der Ausgabe der Anleihe vom Staate ausdrücklich in Aussicht gestellten Zinsen. Dies wird nur vermieden, wenn es sich um eine allgemeine Kapitalrentensteuer handelt, die unter anderem auch die Zinsen der öffentlichen Papiere betrifft. Aber eine solche Besteuerung des Ausländers in betreff des Ertrages aus dieser Quelle kann nicht als berechtigt anerkannt werden. Nur aus praktischen Rücksichten bei allgemeiner Erhebung an der Quelle wird sich dieses entschuldigen lassen, korrekter bleibt unzweifelhaft die Erhebung auf Grund der Deklaration, welche die Ausländer nicht berührt. Die Heranziehung der auswärtigen Papiere durch den Anspruch der Stempelung der im Inlande umlaufenden Koupons lässt die Gefahr der Umgehung bestehen, indem gerade die grösseren Kapitalisten dann die Koupons im Auslande einlösen.

In Preussen hat es auch nach Durchführung eines Ertragssteuersystems eine Kapitalsrentensteuer nicht gegeben, was als ein empfindlicher Mangel zu bezeichnen war. Neuerdings ist nach der Aufgabe der Grundsteuer als Staatssteuer mit Recht statt dessen eine Vermögenssteuer eingeführt.

In Bayern wurden schon 1848 Darlehensforderungen aller Art, sowie Aktien mit $5^0/_0$ besteuert; später wurde der Satz auf $3^1/_2^0/_0$ ermässigt. 1850 ist sie mit der Einkommensteuer verbunden. Nach dem Gesetze von 1881 sind Zinsbezüge von Staats- und Gemeindeanleihen, Aktien, Genossenschaften, Wechseln bei Beträgen von 40 Mk. an mit $1^1/_2^0/_0$; von 1000 Mk. an mit $3^1/_2^0/_0$ belastet. Erwerbsunfähige Personen mit einem Einkommen bis 500 Mk. können davon befreit werden. Von jeher beruhte die Steuer auf der Selbstdeklaration. Die Kontrole hat eine Kommission von 5 Mitgliedern in der Hand, von denen 4 aus dem Steuerbezirke gewählt und eines von der Gemeindeverwaltung gestellt wird, welches auch den Vorsitz zu übernehmen hat. In Württemberg besteht seit 1810 eine Besteuerung der Kapitalsrente mit $^1/_2^0/_0$. Mehrfach modifiziert, wurde sie 1883 auf $4,8^0/_0$ der Rente festgesetzt. Auch in Baden besteht eine solche Steuer seit 1810. Die gegenwärtigen Verhältnisse sind durch die Gesetze von 1884 und 86 geregelt. Es werden $5^0/_0$ erhoben, steuerfrei bleiben Renten unter 60 Mk., die Bezüge von Wohlthätigkeits- und ähnlichen Anstalten. Witwen und Waisen können befreit werden. Aehnlich ist das Gesetz in Hessen von 1884. In Oesterreich nahm nach dem Gesetz von 1849 eine Kapitalsrentensteuer in dem Einkommensteuergesetz die dritte Klasse ein, seit 1859 beruht die Erhebung nicht wie bisher auf Fatierung, sondern sie wird von der allgemeinen Staatsschuld bei den Kassen in Abzug gebracht als Kouponsteuer mit $10^0/_0$, 1868 mit 16%, wovon aber eine Anzahl Papiere befreit sind.

In Russland wird nach dem Gesetz von 1885 von Staatspapieren, Schuldverschreibungen von Kommunen und Erwerbsgesellschaften, Einlagen bei Banken eine Steuer erhoben. Ausgeschlossen sind Aktien von Industrie- und Handelsgesellschaften, welche bereits $3^0/_0$ Zuschlagssteuer von der Dividende zu zahlen haben. Ebenso sind Pfandbriefe ausgenommen. 1887 wurden Eisenbahnaktien mit $5^0/_0$ von garantierten, $3^0/_0$ von nicht garantierten Eisenbahnen belegt. Die Zahlung geschieht durch Abzug bei den Quellen, daher sind nur solche Renten besteuert, bei denen man die Quellen erfassen kann.

Wo es sich nicht um die Ergänzung eines Ertragssteuersystems handelt, wird die Besteuerung des Kapitals sicher am zweckmässigsten durch eine Vermögenssteuer durchzuführen sein, und zwar auf Grund der Selbstdeklaration. Zu einer überwiegenden Belastung der in Staatspapieren etc. angelegten Kapitalien liegt unzweifelhaft eine Veranlassung nicht vor.

Als Ergänzung zu dem obigen müsste in einem Ertragssteuersystem noch eine Arbeitsrentensteuer hinzutreten, welche also den Ertrag persönlicher Arbeit, wo nicht viel Kapitalaufwand erforderlich ist, wie bei Dienstleistungen zu treffen hätte. z. B. bei Aerzten, Advokaten, Privatlehrern, Beamten, Schauspielern, Künstlern, Tagelöhnern, Dienstboten etc. Indessen ist eine solche reine Arbeitsrentensteuer nirgends durchgeführt. Sie erscheint vielmehr nur als Teil der Erwerbssteuer. Man hat durch Fortlassung derselben das unfundierte Einkommen mit besonderer Nachsicht behandeln wollen.

§ 30.
Die Gewerbesteuer.

Hoffmann. Die verschiedenen Methoden der rationellen Gewerbebesteuerung. Tübinger Zeitschrift 1850.
Fuisting. Die preuss. Gewerbesteuer. Berlin 1893.
Falkmann u. Sturz. Die preuss. Gewerbesteuergesetzgebung. Berlin 1898.

Gewerbe ist jede dauernde selbständige und erlaubte Thätigkeit zum Zweck des Erwerbes, welche durch Beteiligung am allgemeinen Verkehr ausgeübt wird. Die Gesetzgebung fasst für die Steuerzwecke die Gewerbe gewöhnlich im engeren Sinne auf, unter Ausschluss der Rohproduktion, wie der sog. liberalen Gewerbe. So dass folgende Thätigkeiten darunter begriffen werden:

1. Die Gewerbe im engeren Sinne, Handwerker, Fabrikanten, Bauunternehmer etc.

2. Der Handel mit den Hülfsgewerben, Eisenbahnen, Banken, Fuhrleuten, Schiffer etc.

3) Die Dienstgewerbe, Friseure, Schornsteinfeger, mitunter auch Schauspieler und Musikanten.

4. Schankgewerbe, Gastwirte, Apotheken, dann Versicherungsgesellschaften.

Die folgenden Arten der Gewerbesteuer sind zu unterscheiden: 1. Die polizeiliche Gebühr, 2. die Ergänzung der Grundrentensteuer, mit einer Auflegung nach dem ideellen Durchschnittsertrage, 3. nach dem faktischen Ertrage.

Die erste Art ist die älteste Form. In Frankreich ist sie schon 1791 als Kontribution des patentes eingeführt und 1844 weiter ausgebaut. Es wurde für die Konzessionserteilung von jedem Gewerbetreibenden eine feste Gebühr verlangt, die alljährlich zu zahlen war. Gleichen Charakter hatte die in Preussen 1810 eingeführte Patentsteuer, wonach jeder Gewerbtreibende sich durch die Lösung eines Gewerbescheines das Recht zur Ausübung verschaffen konnte, wofür bei den verschiedenen Gewerben ein Steuersatz von 1—200 Thalern zu entrichten war.

Es ist allerdings die einfachste Art der Steuerauflegung, aber auch ein äusserst summarisches Verfahren, wodurch natürlich höhere Summen nicht aufgebracht werden können. Man sah sich deshalb in Preussen auch veranlasst, 1820 statt dessen die zweite Art der Steuer einzuführen, indem für jede Gewerbsart ein ungefährer Durchschnittsertrag auf Grund gewisser allgemeiner äusserer Anhalte ermittelt wurde, und danach innerhalb der Gewerbsart nach der Ausdehnung des Geschäftes Abstufungen gemacht wurden. In einer ähnlichen Weise ging man in Bayern und Baden 1812 und 1815 vor.

In der preussischen Steuer waren das landwirtschaftliche Gewerbe, die liberalen Berufsarten und der ganz kleine Handwerker ausdrücklich ausgeschlossen. Ein prinzipieller Grund lag hierfür nicht vor, denn der landwirtschaftliche Gewerbebetrieb war durch die Grundsteuer nicht getroffen, auch für die Freilassung der anderen Zweige kann nur eine praktische Rücksicht geltend gemacht werden. Dagegen wurden 1858 die Aktiengesellschaften hineingezogen, während Bergbau und Hüttengewerbe (1865) mit einer besonderen Steuer belegt wurden.

Nach der Einwohnerzahl des Ortes, in welcher die Gewerbe betrieben wurden, teilte man vier Klassen ab; für jede Klasse stellte man den Durchschnittsertrag für die einzelnen Gewerbsarten fest, von dem ein bestimmter Satz als Steuer zu erlegen war. Dieser Steuersatz wurde mit der Zahl der vorhandenen Gewerbebetriebe multipliziert und von der Gesamtheit derselben durch die Staatskasse beansprucht. Nach der Ausdehnung des Unternehmens wurde der Satz für die einzelnen Beteiligten abgestuft, um den kleinen Mann nachsichtiger, den reichen entsprechend stärker heranzuziehen. Gegenwärtig ist das Gesetz vom 24. Juni 1891 massgebend, welches einige Aenderungen vorgenommen hat.

Die Gewerbe im Umherziehen haben noch einen Gewerbeschein zu lösen und damit eine Gebühr zu entrichten. Bei den übrigen Gewerben sind diejenigen steuerfrei, deren Ertrag nicht 1500 Mk., oder deren Anlagekapital nicht 3000 Mk. erreicht, wodurch allein über 30 000 Gewerbebetriebe von der Steuer befreit sind. Die übrigen sind in vier Klassen geteilt. Klasse 1 umfasst die Unternehmungen, deren Ertrag 50 000 Mk., oder deren Anlagekapital eine Million übersteigt. Die zweite Klasse betrifft Unternehmungen mit 20—50 000 Mk. Ertrag, oder 150 000 bis 1 Million Anlagekapital. Die dritte Klasse zeigt von 4—20 000 Mk. Ertrag, oder 30—150 000 Mk. Anlagekapital. Die vierte Klasse von 1500—4000 Mk. Ertrag, oder 3000—30 000 Mk.

Anlagekapital. Die Anlagebezirke sind für die dritte und vierte Klasse die landrätlichen Kreise, für die zweite Klasse die Regierungsbezirke, für die erste Klasse die Provinzen und Berlin. Für die letzten drei Klassen sind Mittelsätze von 16, 80 und 300 Mk. gewählt. Die Verteilung innerhalb des Anlagebezirks geschieht für jede Klasse durch die Vertreter der betreffenden Gewerbe. Jedoch sind als Minimal- und Maximalsätze angenommen für die letzte Klasse zwischen 4 und 36 Mk., für die 3. zwischen 32 und 192, für die 2. 156—480 Mk. Bei der ersten Klasse wird der Ertrag bei jedem Etablissement geschätzt und $1\,^0/_0$ erhoben.

Für jeden Veranlagungsbezirk wird ein Steuerausschuss gebildet, dessen Mitglieder zu $^2/_3$ durch den Provinzialausschuss, zu $^1/_3$ von dem Finanzminister gewählt werden. Der letztere bestimmt auch den Vorsitzenden. Bei Ausmittelung des Ertrages wird der ganze Reinertrag in Betracht gezogen. Schulden kommen ebensowenig wie die Zinsen des Anlagekapitals in Abzug. Die Steuer soll somit eine reine Ertragssteuer sein. Die Veranlagung erfolgt alljährlich, eine Deklarationspflicht besteht nicht, doch kann der Vorsitzende des Steuerausschusses die Pflichtigen vernehmen, Einsicht der Bücher verlangen und vereidigte Zeugen heranziehen. Der Vorsitzende kann an die Bezirksregierung appellieren, der Ausschuss dagegen an den Finanzminister. Das Ergebnis ist dem Pflichtigen mitzuteilen, der innerhalb vier Wochen zunächst bei dem Steuerausschuss, dann bei der Bezirksregierung appellieren kann.

Die Steuer war auf 19,8 Mill. Mk. kontingentiert. Ueberstieg der Ertrag die Summe um $5\,^0/_0$, so sollte eine Ermässigung der Steuersätze stattfinden, umgekehrt eine Erhöhung.

Zu dieser Steuer werden überhaupt nicht herangezogen die Landwirtschaft, der Bergbau und die Eisenbahnen, welche man als bereits anderweitig besteuert ansieht. Genossenschaften mit alleinigem Verkehr unter den Genossen sind gleichfalls befreit. Konsumvereine mit offenen Läden müssen die Steuer zahlen. Ausserpreussische Unternehmungen mit Niederlassungen in Preussen sind wie einheimische zu besteuern. Für den Betrieb der Gastwirtschaft wie des Kleinhandels mit Branntwein ist eine besondere Betriebssteuer von 10—100 Mk. in 5 Klassen abgestuft zu entrichten.

Durch das Gesetz vom 14. Juli 1893 ist sie mit den anderen Ertragssteuern den Gemeinden überwiesen.

Auch in den Südstaaten ist die Gewerbesteuer schon in den ersten Dezennien dieses Jahrhunderts eingeführt, in Bayern aber 1881, in Hessen 1884, in Baden 1886 neugeregelt. In Bayern waren früher 128 Klassen mit festen Steuersätzen gebildet, welche mit bereits $^3/_4$—$1^1/_2\,^0/_0$ beginnen und je nach den Verhältnissen bis $2^1/_2\,^0/_0$ steigen.

§ 31.

Die Gewerbesteuer in ausserdeutschen Staaten und allgemeine Grundsätze.

In Oesterreich wurde durch die Gesetze von 1812 und 1815 eine Patentsteuer eingeführt, die 1849 in eine Erwerbssteuer umgewandelt ist. Daneben wurde eine partielle Einkommensteuer acceptiert, welche aber durch Gesetz vom 25. Oktober 1896 in Fortfall kam.

Dieses Gesetz ist jetzt für die G. massgebend. Sie hat den Charakter einer Erwerbssteuer behalten, so dass ihr Jeder unterworfen ist, der des Gewinnes wegen eine Erwerbsunternehmung ausübt. Ausgenommen aber sind Landwirte, Hausindustrielle, Handarbeiterinnen. Sie ist eine Repartitionssteuer, so dass die aufzubringende Steuer vorher festgestellt wird. Es sind 4 Steuerklassen gebildet. Die erste zahlt bis 30 Gulden, die zweite 30 - 150 Gulden, die dritte 150—1000 Gulden, die vierte über 1000 Gulden. Für grössere Bezirke oder Städte werden Steuergesellschaften gebildet, denen das zu zahlende Kontingent zugewiesen wird. Für Hausier- und Wandergewerbe sind bestimmte Sätze ausgeworfen. Aktien- und ähnliche Gesellschaften, Genossenschaften etc., welche öffentlich Rechnung zu legen haben, sind im allgemeinen mit $10\,^0/_0$ des Reinertrages belastet, doch sind Minimalsätze gegeben, und es finden Zuschläge Platz, wenn die Dividende $10\,^0/_0$ übersteigt.

In Frankreich ist die alte Patentsteuer durch das Gesetz von 1880 reformiert. Die Gewerbe sind in vier Gruppen geteilt. Die Gruppe A umfasst die kleinen Kaufleute und Handwerker, welche eine fixe Gebühr von 2- 300 Frcs. zu zahlen haben. Die Gewerbe sind in 8 Ortsklassen nach der Einwohnerzahl des Niederlassungsplatzes mit 8 Unterabteilungen geteilt. Die Gruppe B umfasst die Grossunternehmungen des Handels, des Transports, der Bankiers etc. Sie sind wieder in 5 Klassen geteilt und zahlen $^1/_{15}$ der Miete für die Geschäftslokale. Gruppe C betrifft die grösseren industriellen Unternehmungen, Fabriken, Berg- und Hüttenwerke, Aktiengesellschaften. Sie sind in 5 Klassen mit einer grösseren Zahl von Unterabteilungen nach äusseren Merkmalen der Arbeiterzahl, der Maschinen, des Aktienkapitals etc. geteilt und zahlen $^1/_{15}$ bis $^1/_{50}$ des angenommenen Mietwertes. D betrifft die liberalen Berufsarten. Sie bezahlen $^1/_{15}$ des Mietswerts. Beamte und Lehrer sind frei.

Die Veranlagung geschieht durch Steuerbeamte nach bestimmter Schablone. Der Maire oder der Praefekt bestimmt die Steuer. Reklamationen sind bei dem Direktor der direkten Steuern vorzubringen. Alljährlich findet eine Spezialrevision statt, alle 5 Jahre eine Hauptrevision.

Höheren Anforderungen wird die Gewerbesteuer nur genügen, wenn sie den Ertragsverhältnissen genauer angepasst ist. Da dieses für die unteren Klassen ausserordentlich umständlich ist, wird es gerechtfertigt sein die kleinen Handwerker überhaupt von der Steuer zu befreien. Wo eine besondere Kontrolle notwendig erscheint, wird bei kleinen Unternehmungen die Patentsteuer sich noch sehr wohl rechtfertigen lassen, wie bei dem Hausiergewerbe, Schankwirtschaften etc. Bei den grösseren Unternehmungen wird eine besondere Schätzung unerlässlich sein.

Anhalte zur Schätzung des angegebenen Ertrages bieten die folgenden Momente:

1. Das in dem Geschäfte thätige Anlage - Kapital, wie die Gebäude, Maschinen etc.

2. Das Betriebskapital, welches zur Beschaffung des Rohmaterials, der Lohnzahlung etc. erforderlich ist. Aussenstehende werden aber nur schwer diese beiden Momente mit einiger Genauigkeit festzustellen vermögen. Bei den Aktiengesellschaften, wo die Dividende bekannt ist, hält man sich an diese.

3. Der Umfang der Geschäftsthätigkeit, wie sie aus der Zahl der angewendeten Arbeiter, wie der mechanischen Hilfsmittel etc. zu erkennen ist. Beide Momente werden aber nur zur Vergleichung zwischen Unternehmungen derselben Gattung ausreichen, nicht aber an und für sich den Ertrag ersehen lassen. Eine Druckerei, welche die doppelte Zahl von Schnellpressen beschäftigt wie eine andere, wird unter sonst gleichen Verhältnissen mit dem doppelten Ertrage anzusetzen sein; ebenso eine Spinnerei mit der doppelten Zahl der Spindeln, ein Fuhrgeschäft mit der doppelten Zahl der Pferde, ein Schneiderunternehmen mit der doppelten Zahl der beschäftigten Gesellen etc. Doch ist zu bemerken, dass mit der Grösse des Unternehmens der Profit auch im Verhältnis zu wachsen pflegt, also das grössere Geschäft auch mehr als das Doppelte an Reinertrag voraussetzen lässt.

Gerade dieser letztere Punkt ist bei der Schätzung besonders ins Auge zu fassen, aber nur auf Grund praktischer Erfahrung angemessen zu berücksichtigen.

4. Einen sehr brauchbaren Anhalt gewährt der Bezug an Rohmaterial, der vielfach durch die Inanspruchnahme der Eisenbahn festgestellt werden kann. Die Quantität Baumwolle, welche eine Spinnerei zur Verarbeitung bezieht, die Zahl der Ochsen, welche ein Schlächter braucht, das Bierquantum, welches eine Restauration aus den Brauereien erhält, die Zahl der Wechsel und deren Höhe, welche von einer Bank diskontiert werden, gewähren einen tiefen Einblick in die Betriebs- und Erwerbsverhältnisse.

5. Die Grösse des Absatzes, wie die Quantität des Bieres, welche eine Brauerei zur Versendung bringt, die Kohlen und Erze, welche der bergmännische Betrieb ergiebt etc. sind zu berücksichtigen. Freilich sind es nur verhältnissmässig wenig Betriebe, bei denen man die entsprechende Einsicht zu gewinnen vermag.

6. Die benutzten Räume, welche thatsächlich in Frankreich zum Massstabe der Leistungsfähigkeit genommen sind. Doch wird man dadurch häufig gänzlich missgeleitet. Denn sehr bedeutende Geschäfte können in kleinen Contoren gemacht werden, wie ebenso gross angelegte Geschäfte mit imposanten Schaufenstern nicht immer den höchsten Ertrag abwerfen, sondern vielfach gerade unansehnliche Läden, die sich aber eines besonderen Rufes erfreuen, und namentlich sind hierbei die verschiedenen Gewerbszweige in ganz verschiedener Weise auf grosse und teure Lokalitäten angewiesen.

7. Die Grösse und Wohlhabenheit des Ortes, in welchem das Unternehmen seinen Sitz hat. Auch dieses Moment ist in Frankreich als ausschlaggebend angenommen. Indessen hat gerade die neuere Entwickelung die Bedeutung desselben ausserordentlich abgeschwächt, und auch hier ist das eine Gewerbe mehr als das andere dadurch in seinem Ertrage bedingt. Wohl wird im allgemeinen ein Delikatessen-, Kunst-, Konfektionsgeschäft, auch wohl das Schneidergewerbe in einer grossen und besonders in einer wohlhabenden Stadt im Durchschnitte

einen höheren Ertrag abwerfen, als in einer kleinen, ärmlichen; dagegen ist dieses bei Fabrikunternehmungen durchaus nicht der Fall, die vielmehr völlig unabhängig von dem Orte sind, in dem sie betrieben werden. Auf der anderen Seite ist es bekannt, dass gerade Kaufleute, Industrielle an kleinen Orten oft vorzügliche Geschäfte machen, weil dort die Konkurrenz nicht so stark ist, oder auch, weil eine reiche ländliche Umgegend ihnen ergänzenden Ersatz schafft für den Mangel an Käufern an Ort und Stelle. Es ist deshalb dieses Moment als bedeutungsvoll anzusehen, aber ganz sicher nicht als massgebend und allein bestimmend.

8. Weit mehr fällt ins Gewicht die Tüchtigkeit des Unternehmers, welche allerdings nur die Fachleute richtig zu beurteilen vermögen.

9. Der Aufwand, welchen der Geschäftsinhaber macht, der auf seine Einnahmen und damit auf den Ertrag des Geschäftes Schlüsse zulässt. Doch ist es eine allgemeine Erfahrung, dass man sich darin ausserordentlich leicht irrt. Gerade der kleinere Bürgerstand täuscht in dieser Beziehung durch seine Anspruchslosigkeit ausserordentlich, er wird deshalb sehr allgemein durch die Gewerbesteuer viel zu niedrig getroffen, wo nicht die Selbstdeklaration zu Hilfe genommen wird.

Das Ergebnis der Gewerbesteuer 1893 war

in Preussen   21 919 000 Mk., das sind 0,7 Mk. pro Kopf
„ Bayern   7 Mill.   „   „   „ 1,2 „   „   „
„ Württemberg   2,6 „   „   „   „ 1,3 „   „   „
„ Oesterreich   12 476 000 Gld., „   „ 0,8 „   „   „
„ Frankreich   125 589 000 Frk., „   „ 2,6 „   „

§ 32.
Die Bergwerksabgabe.

Arndt, Jahrb. für Nationalökonomie 1881.

Dieselbe ist vielfach nicht als eine Steuer aufgefasst und behandelt, sondern als Preis für die Konzession des Gewerbebetriebes, für die Ueberlassung der dem Staate gehörigen unterirdischen Schätze. Das war bis 1862 in dem rechts-rheinischen Gebiete Preussens der Fall, wo ein Bruttozehntel erhoben wurde, und ausserdem der Staat eine Anzahl Freikuxe für sich in Anspruch nahm. Daneben bestand die Rezesssteuer, eine Art Grundsteuer, da sie sich nach der Oberfläche des Landes richtete, welches von dem Bergbau in Anspruch genommen wurde. Ausserdem die Quatembergelder, welche eine Gebühr zur Deckung der Kosten sein sollte, welche durch die Aufsichtführung des Staates verursacht wurden. Durch die Gesetzgebung von 1862 und 65 wurde die alte 4 prozentige Bergwerksabgabe auf 1 % herabgesetzt, die Eisen- und Steinkohlenbergwerke von der Steuer befreit. Daneben blieb die Aufsichtssteuer bestehen. Der Grundbesitzer, der auf seinem eigenen Territorium unterirdische Schätze hebt, ist von der Steuer befreit. Durch Gesetz vom 14. Juli 1893 wurde die alte Bergwerkssteuer aufgehoben.

Im rechts-rheinischen Bayern, wo 1856 eine Steuer von 5 % des Reinertrages aufgelegt wurde, ist sie 1896 in eine feste Grubenfeldsteuer von 26 Pf. pro ha verwandelt.

In Oesterreich sind die früheren Bergfronen durch Gesetz von 1862 beseitigt, dafür trat 1896 die Einkommensteuer ein. Ausserdem wird für jeden Freischurf eine Gebühr von 4 Gulden gezahlt.

In Frankreich sind die Bergwerke einer Grundsteuer unterworfen. Sie zahlen eine feste Gebühr von 10 Frcs. pro Quadratkilometer des Grubenfeldes und eine Abgabe von dem Reinertrag bis zu 5 %.

Die Bergwerksabgabe ist als eine Ergänzung zur Gewerbesteuer anzusehen. Zu einer exzeptionellen Besteuerung des Bergwerks liegt unzweifelhaft ein Grund in unserer Zeit nicht vor. Da gerade bei dem Bergbau der Reinertrag ausserordentlich schwankend ist und oft lange gearbeitet werden muss, bis ein Reinertrag überhaupt erzielt wird, auch selbst wenn der Rohertrag ein erheblicher ist, muss es als eine ausserordentliche Härte und Ungerechtigkeit bezeichnet werden, bei ihm eine Steuer nach dem Rohertrage zu erheben. Der allein richtige Massstab ist der Reinertrag. Gerade bei den Bergwerken ist derselbe im allgemeinen leichter festzustellen als bei den meisten anderen Industriezweigen, weil hier der gesellschaftliche Betrieb der gewöhnliche ist, der einen öffentlichen Jahresabschluss bedingt.

§ 33.
Die Eisenbahnsteuer und Rückblick auf das Ertragssteuersystem.

Diese Steuer kann aufgefasst werden wiederum als Preis für die Konzession der Anlage und Verwertung einer Eisenbahn, womit erfahrungsgemäss ein weitgehendes Monopol verbunden ist. Wo hierdurch eine besonders hohe Einnahme und damit eine Ausbeutung des Publikums verbunden ist, wird eine besondere Besteuerung sich wohl rechtfertigen lassen, anderenfalls stehen die Eisenbahnen den andern Gewerbeunternehmungen gleich, und es wird nur am Platze sein, die Eisenbahnsteuer als Teil der Gewerbesteuer zu behandeln.

Auch hier wird der Reinertrag die Grundlage für die Besteuerung bilden müssen, der im grossen Ganzen durch Jahresberichte der Oeffentlichkeit übergeben wird. Wo man sich mit einer geringen Einnahme begnügen will, hat man eine Gebühr, wie sie in der Billetsteuer gleichmässig von jedem gelösten Billet erhoben wird, eintreten lassen, welches aber theoretisch nicht gerechtfertigt werden kann.

In Preussen sollte nach dem Gesetz von 1853 eine Ertragsteuer von den Eisenbahnen die Amortisation des Anlagekapitals zum Ankauf der Bahnen bewirken. Doch wurde dieses schon 1858 wieder aufgehoben. Das Gesetz von 1867 besteuerte alle nicht verstaatlichten Eisenbahnen, und zwar ohne Abzug der Schulden. Ergänzt wurde sie durch die Gesetzgebung von 1873 und 76. Sie ist aufgefasst als eine Spezialsteuer von einem besondern Gewerbebetriebe, welcher von der Gewerbesteuer nicht betroffen wird. Bei einer Dividende bis zu vier Prozent des Aktienkapitals werden 2,5 %, erhoben, bei einer Dividende von 4–5 % ein Zwanzigstel = 5 %, von 5–6 % ein Zentel von Ertrage über 6 % ein Fünftel dieser Ertragsquote. Durch den allmähligen Ankauf der Bahnen hat die Steuer ihre Bedeutung verloren.

Rückblick auf die Ertragssteuern.

Aus dem bisher Dargelegten ergiebt sich, dass die Ertragssteuern auch noch in der Gegenwart als Staatssteuern eine nicht unbedeutende Rolle spielen, dass in ihnen aber nur eine veraltete Form gesehen werden kann, die mehr und mehr zu beseitigen und dem Kommunalsteuersystem zu überlassen ist, zumal wir nirgends ein abgerundetes, geschlossenes System vor uns haben. Das Wünschenswerte wäre unbedingt, allmählich die Ertragssteuern zu Personalsteuern zuzuspitzen, und die Steuersätze, so lange dies nicht geht, mehr und mehr herabzumindern.

Kapitel IV.

Die indirekten Steuern.

A. Auf notwendige Lebensmittel.

§ 34.

Die Salzsteuer.

Schmidt, Das Salz. Leipzig 1874.
Kerst, Das Salzmonopol. Berlin 1865.

Die Salzsteuer wirkt wie eine Kopfsteuer, da unter unseren Verhältnissen jeder Mensch Salz als Speisewürze zum Leben gebraucht, etwa $1\frac{1}{2}\%$ des Gewichts der Speisen. Zwar ist nachgewiesen, dass es im Innern Afrikas, ebenso wie im nördlichen Sibirien Volksstämme giebt, welche das Salz nicht als besondere Zuthat zu den Speisen benutzen, doch ist dies nur durch besonders natronhaltige Nahrung möglich, ohne die Gesundheit zu gefährden. Je nach der Zusammensetzung der Nahrung ist aber der Bedarf von Salz ein verschiedener. Bei überwiegender Fleischnahrung, bei ausgedehntem Konsum des Kaffees wird weniger Salz gebraucht als bei einer voluminösen Kartoffel- oder Mehlnahrung. Man rechnet für eine Tagelöhnerfamilie auf dem Lande den jährlichen Bedarf auf ein bis ein ein Viertel Zentner Salz. In Westpreussen wird vielfach bei der Bespeisung eines Knechtes 30 Pf. Salz, in der für einen Soldaten 21 Pfund als Durchschnitt angenommen, während in einer wohlhabenderen Familie kaum mehr als 10 Pfund pro Kopf verwendet werden. Die Statistik bietet über den Konsum pro Kopf nur wenig Angaben: Als Beispiel mögen folgende dienen: Preussen 7,7 kg Speisesalz, 2,2 kg Viehsalz, 7,2 kg Gewerbesalz. Oesterreich 10 kg Speisesalz, Ungarn 9,7 kg Speisesals, in Frankreich 8,7 kg Speisesalz.

Das Salz wird ausserdem verwendet als Viehsalz und Gewerbesalz. Die Nützlichkeit der Verabreichung von Salz an die Tiere ist heutigen Tags allgemein anerkannt, indem es die Aufnahme von Nahrung steigert und sie besser verwerten lässt. Eine Steigerung der Verwendung ist deshalb in hohem Masse wünschenswert, was natürlich dadurch erheblich begünstigt wird, wenn man auf die Erhebung einer Steuer verzichtet. Für gewerbliche Zwecke wird es gebraucht zur Bereitung von Salzsäure, Soda, Seife, Glas, Salmiak, Eis, Chlor, Silber,

Aluminium, dann in der Gerberei, Töpferei etc. Im ganzen in etwa 18 Gewerbszweigen. Anfang der Siebziger Jahre wurden in Deutschland 103 000 T. Gewerbesalz verbraucht, 1890 356 000 T.

Das Salz wird in drei Formen gewonnen, als Seesalz, ursprünglich die verbreitetste Art, indem das Meerwasser abgeleitet und auf dem Sande zum Vertrocknen gebracht wurde, dann als Steinsalz durch bergmännischen Betrieb, welches neuerdings in Deutschland sehr in Aufnahme gekommen ist; dann das Salinensalz, welches aus den Salzquellen gewonnen wird.

England	produziert jährlich	2	Mill.	Tonnen.
Russland	„	„	1,2	„	„
Deutschland	„	„	2,0	„	„
Portug.-Span.	„	„	0,7	„	„
Frankreich	„	„	0,5	„	„
Oesterr.-Ung.	„	„	0,45	„	„
Italien	„	„	0,24	„	„

Gegen die Salzsteuer ist anzuführen: Die Leistungsfähigkeit tritt in dem Salzkonsum jedenfalls nicht zu Tage, denn auch der Bettler muss Salz konsumieren, ja es ergab sich, dass die unteren Klassen mehr verbrauchen als die besser situirten, sie schliesst deshalb eine grosse Ungerechtigkeit in sich. Wenn ausserdem die Befürchtung ausgesprochen ist, dass die Verteuerung des Salzes gesundheitswidrig wirken kann, so ist das bei dem Kochsalz nicht anzunehmen, da der Preis desselben immer noch so niedrig bleibt, dass schwerlich jemand, um daran zu sparen, zu wenig an die Speisen thut. Die Steuer beträgt in Deutschland pro Kopf und Jahr 90 Pf., in Frankreich 62 Pf. Dagegen fällt dies mehr ins Gewicht für das Viehsalz und das Gewerbesalz, welche deshalb in der neueren Zeit auch immer allgemeiner freigelassen werden. Dies wirkt um so bedeutsamer in den Ländern mit reichen Salzlagern, die dadurch eine erweiterte Ausnutzung erfahren haben.

Für die Salzsteuer ist vor allem angeführt, dass sie bei mässiger Höhe von der Bevölkerung nicht sehr empfunden wird, weil sie im Laufe eines Jahres nur eine unbedeutende Summe ausmacht und in ganz kleinen Raten gezahlt wird. Aber eine Arbeiterfamilie, die einen Zentner Salz im Jahre gebraucht, zahlt immerhin 6 Mk. Steuer in Deutschland, das ist bei einem Einkommen von 900 Mk., zwar nur $\frac{2}{3}$ %. Zieht man aber das Existenzminimum ab, welches mindestens auf 600 Mk. zu veranschlagen ist, so sind das schon 2 % durch diese eine Steuer. Bei einer starken Familie kann sich der Betrag leicht auf 3 % und mehr erhöhen.

Man hat ferner betont, dass die Steuer nur als eine Ergänzung zu den anderen aufzufassen sei, um auch die ärmeren Klassen zu einer gewissen Steuerzahlung heranzuziehen, und wenn die Bevölkerung im übrigen von der Besteuerung frei bleibt, so würde sie hierdurch nur angemessen getroffen. Aber man hat im Auge zu behalten, dass eben auch alle diejenigen zur Steuerzahlung gezwungen werden, die nur das Existenzminimum beziehen, und diese Härte ist nicht aus der Welt zu schaffen. Da ausserdem, wie sich zeigen wird, aus schutzzöllnerischen Rücksichten die Belastung sonstiger Konsumtionsartikel der unteren Klassen nicht zu vermeiden ist, so führt die Salzsteuer eben zu einer Ueberlastung des am wenigsten leistungsfähigen Teils der Bevölkerung.

Der wahre Grund, weshalb noch so allgemein die Salzsteuer verbreitet ist, liegt in den erheblichen Einnahmen, welche der Staat bei dem ausgedehnten Gebrauche des Salzes auch bei einer mässigen Auflage erreichen kann. Während sich die Erhebung, wie die Kontrolle an verhältnismässig wenigen Produktionsstellen mit geringen Kosten durchführen lässt.

Die Besteuerung geschieht in der Form teils eines Monopols, teils der Fabrikatsteuer. Das Monopol kann sein: Produktions- oder nur Handelsmonopol. Je nachdem der Staat sich die Produktion selbst ausschliesslich vorbehält, wobei allerdings auch Privatunternehmungen konzessioniert werden können, oder, indem er die Produktion freigiebt, aber sich das Vorkaufsrecht für alles fabrizierte Salz vorbehält und allein den Verkauf für eigenmächtig bestimmten Preis wenigstens im Engrosverkehre in die Hand nimmt.

Beide Monopole sind verhältnismässig leicht durchzuführen, da die Produktion sich auf wenige Unternehmungen zu beschränken pflegt. In Frankreich bestehen nur 22 selbständige Betriebe, in Deutschland 14 Salzbergwerke, 64 Salinen und 14 Fabriken. Der Staat kann deshalb verhältnismässig leicht die Produktionsquellen selbst in die Hand nehmen, oder sie ohne grosse Kosten einer genauen Kontrolle unterwerfen. Die Verarbeitung des Materials ist eine einfache und bezieht sich nur auf die Herstellung weniger Qualitäten. Die Behinderung des Unternehmungsgeistes durch Monopolisierung wird deshalb hier nur eine unbedeutende sein. Die Produktion für den Export pflegt aber bei Staatsbetrieb nur eine untergeordnete Bedeutung zu haben.

Als Steuer ist allgemein eine Fabrikatsteuer gebräuchlich, indem das fertige Salz zur Steuer herangezogen wird, bevor es in den freien Verkehr tritt. Bei der geringen Zahl meist sehr bedeutender Etablissements ist die Steuer leicht durchzuführen. Der Schmuggel ist bei dem voluminösen, schweren und billigen Material weniger zu befürchten. In den Grenzdistrikten wird demselben durch die Salzkonskription vorgebeugt, indem die Bewohner verpflichtet sind, das für den menschlichen Bedarf nötige Durchschnittsquantum an Salz zu kaufen.

Die Frage, ob Monopol oder Steuer vorzuziehen sei, hängt nach dem Gesagten von den Verhältnissen ab und ist hier nicht so ohne weiteres prinzipiell zu entscheiden. Die Beseitigung des Monopols in Deutschland hatte nur darum eine wesentliche Bedeutung, weil man hoffen konnte, eine Steuer leichter zu beseitigen als ein Monopol. Man sah. es als einen Uebergang an, und konnte den Ländern nicht das Monopol octroyieren, die sich bisher davor bewahrt hatten.

In Frankreich wurde schon 1342 eine zunächst niedrige Steuer auf das Salz gelegt, die aber bereits 1366 auf 24 Livres pro Zentner, später bis 45 Livres gesteigert wurde. In der Form des Handelsmonopols und besonders durch die lange Zeit übliche Verpachtung des Monopols und die gewaltige Höhe des Aufschlages, der von den Pächtern mit der grössten Härte eingetrieben wurde, erregte die Steuer wiederholt die höchste Erbitterung in der Bevölkerung, die sich öfters in Aufständen Luft machte. Mit Recht hält man die Unzufriedenheit über die Höhe der „Gabelles" für ein wesentliches Moment für den

Ausbruch der Revolution im Jahre 1789, wo in einem grossen Teil der Provinzen mit ⅓ der Bevölkerung 62 Livres pro Zentner Salz gezahlt werden mussten. Andere Provinzen mit ⅙ der Bevölkerung zahlte 33½ Livres, die ärmsten Gegenden allerdings nur 2 Livres. 179. wurde die Steuer aufgehoben, 1809 aber wieder eingeführt, 1814 auf 15 Frcs. pro Zentner normiert, dann allmählich auf 5 Frcs. ermässigt. 1862 wurde das Fabriksalz, 1869 das Viehsalz von der Steuer befreit. Die Steuer betrug 0,86 Frcs. pro Kopf der Bevölkerung. 10 Cent. pro Kilo Kochsalz, dafür ist der Salzbergbau von der Bergwerkssteuer befreit.

In Deutschland wurde 1356 durch die goldene Bulle das Salzregal den Kurfürsten zugesprochen. In Preussen führte der grosse Kurfürst 1656 das Salzmonopol ein. Die Privatsalinen blieben bestehen, durften aber nur an den Staat das Salz verkaufen. Der Detailverkauf war nur privilegierten Personen gestattet. Die Einfuhr von Salz wurde verboten. Die Herren Ritter und Prälaten erhielten das Salz steuerfrei. 1765 wurde die Salzkonskription eingeführt, auf dem Lande für jede Person über 9 Jahr 4 Metzen jährlich, für jede Kuh und je 10 Schafe 2 Metzen. Ueber die Entnahme an Salz musste Buch geführt werden, bei Minderverbrauch erfolgte Strafe. Der Adel erhielt nach wie vor das Salz steuerfrei. Erst 1816 wurde die Konskription aufgehoben, 1820 der Preis pro Tonne = 4 Zentner auf 15 Thaler angesetzt, 1838 ist für Vieh- und Gewerbesalz eine Ermässigung zugestanden, 1842 der Preis auf 12 Thaler pro Tonne normiert.

Durch Gesetz von 1867 für den norddeutschen Bund wurden die Monopole beseitigt und eine allgemeine Fabrikatsteuer von 12 Mk. pro 100 Kilo Kochsalz angesetzt, während Vieh-, Gewerbe- und Badesalz, wenn es für den menschlichen Konsum ungeniessbar gemacht war, und ebenso das zum Einsalzen von Fischen gebrauchte, sobald die Verwendung unter Staatsaufsicht vorgenommen wird, von der Steuer befreit wurde.

In Oesterreich-Ungarn besteht das Produktionsmonopol. Der Verkaufspreis ist in den einzelnen Landesteilen verschieden und schwankt zwischen 7 und 19 Gulden pro 100 Kilo. Für Vieh- und Gewerbesalz besteht teils Ermässigung, teils Steuerfreiheit.

Ein Salzmonopol liegt ferner vor in Italien, Serbien, Griechenland und Rumänien. In England ist das Salz bereits 1825 von jeder Steuer befreit, ebenso in Norwegen 1844.

§ 35.

Die Steuer auf Fleisch und Mehl.

v. Reitzenstein in den Jahrb. für Nationalökonomie. Neue Folge. Bd. VIII, IX und XVIII.

Menger, Statist. Zusammenstellungen als Material für eine Reform der Verzehrungssteuer. Wien 1887.

Troiltsch, Die bayrische Gemeindebesteuerung. München 1891.

Die Besteuerung des Fleisches und Mehls wird besonders in zweierlei Formen durchgeführt. Einmal als Octroy oder Thorsteuer, also als Verbrauchsauflage, welche in den einzelnen Gemeinden erhoben wird, sei es allein für die Gemeindekasse oder auch für den

Staat. Zweitens in der Form einer eigentlichen Schlachtsteuer, erhoben in den Schlachthäusern resp. bei den Fleischern oder den für den eigenen Gebrauch schlachtenden Personen nach der Zahl und Art der geschlachteten Tiere, und als Mahlsteuer, erhoben in den Mühlen nach der Quantität des gemahlenen Getreides.

Die Form der Thorsteuer oder des Oktroy war in früheren Zeiten sehr allgemein gebräuchlich und leicht durchzuführen, als noch die Städte durch Wälle und Gräben von dem übrigen Lande abgeschlossen und der Verkehr an wenigen Thoren leicht zu überwachen war. So war eine solche Abgabe in Frankreich schon im 13. und 14. Jahrhundert eingeführt, wovon der Staat einen bedeutenden Teil, meist die Hälfte für sich in Anspruch nahm. Bei der Leichtigkeit der Erhebung dehnte man die Abgabe aus und hat sie in Frankreich bis zur Gegenwart so erhalten: sie betrifft die alkoholischen Getränke, Brenn- und Baumaterialien, Beleuchtungsstoffe, Viehfutter und die verschiedensten Nahrungsmittel. In der neueren Zeit überwiegt sogar durchaus der Ertrag der erst erwähnten Gegenstände. In Frankreich sind noch jetzt 1518 Gemeinden mit circa 12$\frac{1}{2}$ Mill. Einwohner dem Oktroy unterworfen, und der Ertrag belief sich auf 315 Mill. Frk. inkl. Zuschlag, 24 Frk. pro Kopf, wovon der grösste Teil aus alkoholischen Getränken bezogen wurde. Der Wein ergab 76,4 Mill., Alkohol 25 Mill., Brennmaterialien 32,5 Mill., Viehfutter 16,2 Mill., Oele 5,9 Mill., andere Flüssigkeiten 26,8 Mill. Paris nahm in den letzten Jahren dadurch etwa 151 Mill. Frks. ein. Das Gesetz vom 3. Dez. 1897 bestimmt eine Ermässigung für Wein, Bier, Cydre, Mineralwasser etc., verfügt eine Minimalgrenze des Tarifs und untersagt die Neueinführung von Oktroys. In Belgien wurden die Oktroys 1860 aufgehoben. In Italien wurde die innere Verzehrungssteuer (Dazi interni di konsumo) durch das Gesetz von 1864 einheitlich geregelt. Sie ist in erster Linie eine Staatssteuer. In den kleineren Orten mit weniger als 8000 Einwohnern findet die Erhebung nicht an den Thoren, sondern in den Verkaufsläden und Schlächtereien statt. Vielfach ist die Erhebung an eine Gesellschaft verpachtet, in Neapel ist sie in Staatsverwaltung. In Oesterreich führte das Gesetz von 1829 eine allgemeine Verzehrungssteuer ein, welche von Fleisch und Vieh, dann besonders von alkoholischen Getränken, 1882 auch von raffiniertem Mineralöl erhoben wurde, und erfuhr 1890 eine weitere Ergänzung. In 11 grösseren Städten sind noch andere Gegenstände wie Brennmaterial und Viehfutter der Steuer unterworfen. Die Steuer ist hauptsächlich eine Staatssteuer, doch beziehen namentlich die grösseren Kommunen durch einen Aufschlag einen grösseren Teil für sich. Wien und Pest haben sie in eigener Regie. In einer Anzahl kleiner Städte ist sie verpachtet; vielfach aber durch eine Abfindungssumme erledigt. Ein neuer Tarif ist in Ungarn 1887, in Wien 1890 aufgestellt. In Wien werden für Mehl und Brot pro Centner 74 Kr. gezahlt, in andern Städten 37 Kr. In Preussen wurde 1820 in 132 Städten eine Mahl- und Schlachtsteuer eingeführt, welche das dem Konsum bestimmte Schlachtvieh und Fleisch, sowie Getreide, Mehl und Brot mit einer Eingangsabgabe für den Staat und die Städte belegte. Durch Gesetz von 1873 wurde die Mahlsteuer allgemein, die Fleischsteuer in den meisten Städten beseitigt. Die Steuersätze waren meistens 2 Mk.

pro Centner Weizen, 0,5 für anderes Getreide, 5 Mk. pro Centner Fleisch. In 8 Gemeinden ist noch die Schlachtsteuer beibehalten. Allgemeiner ist noch die Thorsteuer als Gemeindeabgabe in Elsass-Lothringen von Fleisch, Butter, Eier, Brenn- und Baumaterialien. In Bayern, rechtsrheinisch ist den Gemeinden gestattet, Abgaben von Malz, Bier, Fleisch und Mehl zu erheben, in Württemberg von Bier, Fleisch und Gas, weniger sind in Baden und Hessen gemeindliche Verbrauchsabgaben in Anwendung.

Eine allgemeine Schlachtsteuer besteht in Sachsen nach den Gesetzen von 1852 und 67; sie ist eine allgemeine Landsteuer und wird von jedem Stück Rindvieh und Schweinen vor dem Schlachten erhoben. Für den Ochsen werden in grossen Städten 21 Mk., in den kleinen 18 Mk.; sonstiges Rindvieh 12 Mk. Bei einem Gewicht unter 300 Pfd., 6 Mk. für Schweine 4 Mk. gezahlt. In Italien bestand bis zum Jahre 1884 eine Mahlsteuer, welche der Kunde von dem Getreide zu zahlen hatte, welches er der Mühle über gab. Später wurde ein besonderer Mess- oder Zählapparat in der Mühle angebracht, durch welchen die Quantität Getreide bestimmt wurde, welches zum Vermahlen in die Mühlsteine floss. Weizen war mit 2 L. pro 100 Kilo, Mais und Roggen mit 1 L., Hafer mit 1,20 belastet.

§ 36.

Kritik der Besteuerung des Fleisches und Mehles.

Gegen diese Steuern ist zu sagen, dass sie gleichfalls annähernd wie eine Kopfsteuer wirken. Unter unseren Verhältnissen trifft eine Mahlsteuer besonders auf Roggen die unteren Klassen weit stärker als die höheren. Eine Schlachtsteuer belastet allerdings die wohlhabenderen Klassen in höherem Masse, ist aber nicht imstande, die Mahlsteuer auszugleichen, und sie erschwert es der Bevölkerung eine solche Ausdehnung des Fleischgenusses herbeizuführen, wie sie unzweifelhaft wünschenswert ist. Anfang der sechziger Jahre wurde in den mahl- und schlachtsteuerpflichtigen Städten Preussens der Verbrauch pro Kopf festgestellt auf: 95,5 Pfd. Weizen, 209 Pfd. Roggen, 5,2 Mk. Steuer, 76 Pf. Fleisch 4 Mk. Steuer; bei einem Höheren Beamten stellten wir fest: 25 Pfd Weizen, 80 Pfd. Roggen (1,7 Mk.), 200 Pfd. Fleisch (10,5 Mk. Steuer), bei einen Handwerker 50 Pfd. Weizen, 430 Pfd. Roggen (5,5 Mk.).

Nach einer anderen Untersuchung ergab sich, dass Steuer gezahlt wurde für die ganze Familie:

von einem Höh. Beamt.   15,5 Mk. Mahlsteuer 61,2 Mk. Schlachtsteuer
   „   „   anderen Beamt. 11   „   „   31,5   „   „
   „   „   Handwerker 15   „   „   16,8   „   „
   „   „   Lohndiener 60   „   „   3,4   „   „

Aus diesen Beobachtungen ergiebt sich, dass eine ärmere Familie in Preussen leicht 20—30 Mk. Mahl- und Schlachtsteuer zu zahlen hatte, während höhere Beamte mit erheblichem Einkommen nur etwa das doppelte zu entrichten hatten, was unzweifelhaft der Leistungsfähigkeit direkt zuwider war. Jede solche Steuer auf die notwendigen Nahrungsmittel wird deshalb notwendig grosse Erbitterung hervorrufen, weil die Ungerechtigkeit schwer empfunden wird. Aus den gemachten

Angaben erhellt auch die direkte Ueberlastung der kleinen Leute, indem ein Lohndiener mit circa 1000 Mk. Einkommen 2% allein in dieser Steuer von seinem ganzen Einkommen entrichtete; der Handwerker 3%, während der grösste Teil des Einkommens von dem Existenzminimum absorbiert wurde. Dazu kommt die Umständlichkeit und Kostspieligkeit der Erhebung. In Italien waren 30—40000 Mühen zu beaufsichtigen, in Sachsen hat jeder Bürger, der für eigene Rechnung schlachten will, davon bei Strafe Anzeige zu machen, um die Erhebung und Kontrolle zu ermöglichen. Jeder kleine Schlächter muss von der Steuerbehörde besonders beaufsichtigt werden. In den kleineren Städten stellte sich in Preussen heraus, dass bei der Mahl- und Schlachtsteuer bis zu 40% des Ertrages durch die Unkosten der Erhebung verschlungen wurden. Anklam hatte z. B. 4200 Thl. Unkosten um 7014 Thl. netto einzunehmen. Glatz 4416 Thl. Unkosten um 5940 Thl. netto zu erlangen.

Besonders nachteilig wirkt die Steuer durch die nicht zu verhindernden Defraudationen, zu der sie Anlass giebt, und damit die allgemeine Demoralisation fördert. Bei der Thorsteuer ist heutigen Tages, wo eine jede Stadt eine grössere Zahl von Zugängen hat und keine Mauer das Terrain abschliesst, der Schmuggel ausserordentlich erleichtert und erfahrungsgemäss nicht zu verhindern, zumal leicht grösser Quantitäten unter den Kleidern (Mehlkürasse) etc. unbemerkt eingebracht werden können. In den preussischen Mahl- und Schlachtsteuerpflichtigen Städten wurden in einem Jahre über 9000 Defraudanten abgefasst, in Neisse kam auf je 16 Einwohner schon 1 festgestellter Defraudationsfall. Mädchen von 17 – 20 Jahren waren (in Bromberg) bereits 11 – 31mal wegen Defraudation bestraft.

Diese Form der Steuer ist deshalb prinzipiell zu verwerfen wegen der Schwierigkeit der Durchführung; in der Gegenwart aber überhaupt als veraltet zu bezeichnen. Nur wo die verschiedenartigsten Gegenstände auf demselben Wege besteuert werden und in grösseren Städten dürfte sich die Steuer mit sehr niedrigen Sätzen als durchführbar und nicht zu drückend erweisen, schwerlich aber rechtfertigen lassen.

B. Die Steuer auf entbehrliche Gegenstände.

§ 37.

Die Getränkesteuern.

Man versteht darunter gewöhnlich die Besteuerung der alkoholischen Getränke, und diese haben wir hier speziell im Auge. Dieselben sind unzweifelhaft ein sehr geeignetes Steuerobjekt, ja, sie dürften mit dem Tabak zu den geeignetsten gehören. Man bezeichnete früher die alkoholischen Getränke als zwar entbehrliches aber nützliches Nahrungsmittel. Die medizinische Wissenschaft, wie die Erfahrung haben indes gezeigt, dass durch dieselben weit mehr Schaden als Nutzen gestiftet wird. Sowohl der momentan zu starke Genuss, wie der tägliche Konsum wirken bei grösserer Ausdehnung zerstörend auf das Nervensystem. Sie absorbieren und entziehen der rationellen Verwendung einen verhältnismässig bedeutenden Teil des Einkommens gerade bei den unteren Klassen. Neuere Beobachtungen haben ergeben, dass gerade bei starker körperlicher, wie geistiger Anstrengung geistige Getränke nicht förderlich sind und sehr wohl dabei dauernd entbehrt werden können. (Erfahrung auf Nansens Nordpolfahrt, bei starken Märschen des Militärs). Die Hauptgefahr allerdings liegt in dem Missbrauch. Eine mässige Verwendung, namentlich von Wein und Bier, ist nicht als sanitär schädlich zu bezeichnen. Man hat es daher mit einem Genussmittel zu thun, welches thatsächlich zum Schaden der Gesamtheit im Uebermass verwendet wird. Wer dasselbe gebraucht bekundet damit eine pekuniäre Leistungsfähigkeit und kann mit Recht zu einer Abgabe für die Staatskasse herangezogen werden. Da nun bei weitem am meisten die unteren Klassen sich diesem Konsum hingeben, ist hier unzweifelhaft der beste Weg geboten dieselben zur Steuerzahlung heranzuziehen, und zwar in dem Masse, dass ein anderer Weg der Besteuerung sich als überflüssig und sogar als zu weitgehend erweist. Auf der anderen Seite ergiebt sich die Gefahr, durch sehr hohe Getränkesteuern gerade die unteren Klassen zu überlasten. Pfeifer giebt in seinem Buch über die Staatseinnahmen an, dass er bei einem Arbeiter, der nicht als Trunkenbold zu bezeichnen war, eine Ausgabe von 48 Thaler für alkoholische Getränke im Jahre festgestellt habe, was ganz sicher bei Maurern, Zimmerleuten etc. nicht als exzeptionell bezeichnet werden kann. Das wären 15—20% des Einkommens. Bei einem sehr soliden Handwerker stellten wir 6%, bei einem Subalternbeamten $3^1{}_2$%, bei einem sehr nüchternen Lohndiener 2%, bei einem höheren Beamten gleichfalls 2%, bei einem anderen noch nicht ganz 1% vom Einkommen für alkoholische Getränke verausgabt fest. Hieraus ergiebt sich, dass je höher die Lebensstellung, um so niedriger der Prozentsatz ist, den die Ausgaben für alkoholische Getränke vom Einkommen gewöhnlich ausmachen, wenn dies natürlich auch cum grano salis zu nehmen ist.

Das Getränk, welches sich als gewöhnliches Nahrungsmittel allgemein eingebürgert hat, wird nach dem Gesagten mit einer gewissen Vorsicht zu behandeln sein. Je grösser aber der Alkoholgehalt, um so wichtiger wird es sein, einen Druck durch eine hohe Steuer auszuüben, um allmählich eine Verminderung des Konsums herbeizuführen. Die günstige Wirkung einer hohen Steuer auf die Verminderung der Trunksucht ist in Schweden und Norwegen, wie neuerdings in der Schweiz schlagend nachgewiesen. In einem jeden Lande ist aber ein bestimmtes Getränk das gebräuchliche Nahrungsmittel. Ein jedes Land wird deshalb nach den wirtschaftlichen Verhältnissen und den Gewohnheiten hierin verschieden zu behandeln sein.

Die Getränkesteuern nehmen in den verschiedenen Ländern folgende Stellung ein:

	Summa des Steuerbetrages	pro Kopf	Proz. der Ges.-Einnahme
Britisches Reich	34,8 Mill. Pfd. St.	17,4 Mk.	34,0%
Frankreich	459,4 Mill. Frcs.	9,5 „	13,8%
Oesterreich-Ungarn	74,77 Mill. Guld.	3,1 „	15,0%
Russland	284,9 Mill. Rubel	4,7 „	23,7%
Deutschland	238,3 Mill. Mk.	4,6 „	
Ver. Staaten von Nordamerika	122,5 Mill. Doll.	7,14 „	

§ 37.

Die Weinsteuer.

Leidhecker, Die Besteuerung des Weines in Els.-Lothringen. Strassburg 1876. *L. Lunier*, De la production et de la consommat. des boiss. alc. en France. Paris 1876.

Der Wein ist in einzelnen Ländern allgemeines Nahrungsmittel, wie in Italien, Spanien, Portugal, dem grössten Teil von Frankreich, im südlichen Oesterreich, im Süden und Westen Deutschlands, während er im Norden und Osten nur als Luxusgetränk angesehen werden kann, was natürlich für die Form und Höhe der Besteuerung von Wichtigkeit ist. In der gleichen Weise ist die landwirtschaftliche Bedeutung in den einzelnen Ländern eine sehr verschiedene.

	Ausdehnung des Weinbaus	Prozentsatz der Bodenfl.	Erzielte Menge	Produktions wert	Einfuhr Mk.	Ausfuhr Mk.
Italien	3,4 Mill. ha	6,3°/₀	30 Mill. hl	614 Mill. Mk.		32 Mill.
Frankr.	1,8 „ „	4,9°/₀	27 „ „	432 „ „	320 Mill.	199 „
Spanien	1,6 „ „	2,7°/₀	29 „ „	493 „ „		274 „
Ungarn		1,3°/₀	5,4 „ „	120 „ „	}	
Oesterr.	0,57 „ „	0,6°/₀	3,7 „ „	46 „ „	}	24,5 „
Dtschl.	0,12 „ „	0,25°/₀	2,2 „ „	126 „ „	84,1 „	23,1 „

Den Konsum berechnet Miraglia von 1886—90:

in Spanien	auf	115 L.	pro Kopf	
„ Griechenland	„	109	„ „	„
„ Italien	„	95	„ „	„
„ Frankreich	„	94	„ „	„
„ Schweiz	„	61	„ „	„
„ Oesterr.-Ung.	„	22	„ „	„
„ Deutsch. Reich	„	5,7 „	„ „	„
„ Belgien	„	3,0 „	„ „	„
„ Gr. Brittann.	„	1,7 „	„ „	„
„ Schweden	„	0,5 „	„ „	„

Die Besteuerung kann in verschiedener Weise ausgeführt werden. 1. Als Produktionssteuer: a) in der Form der Flächensteuer, die sich an die Grundsteuer anlehnt. Sie ist verhältnismässig einfach durchzuführen und leicht zu kontrollieren, aber verträgt nur eine geringe Auflage, da die Fläche in keiner Weise massgebend für den Ertrag ist. Je nach Klima und Lage ist die Quantität und noch mehr die Qualität ausserordentlich verschieden, und auf derselben Fläche schwankt der Ernteausfall ungleich stärker als bei den landwirtschaftlichen Produkten. Man rechnete früher den Durchschnittsertrag in Preussen in einzelnen Jahren auf über 900 Quart pro Morgen, in anderen dagegen auf nur 40 Qu. Von demselben Grundstück, von dem das Stückfass in dem einen Jahre mit 3000 Mk. bezahlt wird, kann in einem anderen nur 300 Mk. bringen. Ein allgemeiner Durchschnittssatz für die Fläche, auch wenn man auf Lage und Bodengüte entsprechend Rücksicht nimmt, kann deshalb nur niedrig lauten, um nicht bei ungünstigen Lagen in Jahren der Missernte zu arg zu drücken.

b) Eine höhere Steuer ist daher zu erzielen, wenn sie sich an die gekelterten Quantitäten hält, wie das bis zum Jahre 1820 in Preussen der Fall war, wo die Quantität des gewonnenen Mostes, später nach Abzug von 15|⁰/₀ Gährungsverlust, den Maassstab bildete. Aber sie erfordert eine genaue Kontrolle zur Verhütung der Defraudation, die ausserordentlich umständlich und unbequem ist. Es darf nur in Gegenwart eines Steuerbeamten gekeltert werden, die Keltervorrichtungen werden unter Verschluss gelegt, und die Nichtberücksichtigung der Qualität lässt sie gleichwohl als unzureichend erscheinen. In Preussen wurden bis 1865, wenigstens nach der Bodenqualität, in 5 verschiedenen Klassen verschiedene Sätze erhoben, wodurch aber den thatsächlichen Unterschieden natürlich nicht Genüge geschehen konnte. Sich genauer an die Jahrespreise anzuschliessen, hat sich als unausführbar herausgestellt.

Diese roheren Formen sind deshalb in der neueren Zeit immer allgemeiner verlassen. Sie wurden in Preussen 1865 beseitigt, in Bayern 1831. Höhere Erträge lassen sich erzielen durch die zweite Art.

2. Die Steuer vom Verkehr.

a) Die Versandsteuer. Der Wein soll hierbei zur Besteuerung gelangen, soweit er von dem Produzenten versendet wird. Der Versender hat infolgedessen anzumelden, welche Quantität und Qualität, von wo und an wen er verschickt. Die darüber ausgestellte Urkunde ist dem Wein als Begleitschein mitzugeben (seit 1873 in Elsass-Lothringen eingeführt). Der Vorteil gegenüber der vorher besprochenen Steuer liegt darin, dass hier das Quantum gemessen wird, welches in den grösseren Handelsverkehr tritt, und der Produzent erst dann zu zahlen braucht, wenn er sein Produkt veräussert. Der Nachteil liegt darin, dass das Quantum, welches der Produzent selbst konsumiert und in der nächsten Umgebung umsetzt, nicht zur Versteuerung gelangt. Da das meiste Quantum per Bahn oder durch die Binnenschifffahrt transportiert wird, ist die Kontrolle verhältnismässig leicht durchzuführen, gleichwohl wird es wünschenswert sein, dass eine Gegenprobe durch den zweiten Besteuerungsmodus veranstaltet wird.

b) Die Einlagesteuer, welche in der That meist mit der ersteren verbunden wird. Hier hat der Empfänger von Wein den Bezug zur Anzeige zu bringen, wenn er Wein in den Keller lagern will. Er ist es, der die Steuer zahlt, während sie bei dem vorherigen Modus von dem Absender eingefordert wird. In beiden Formen ist die Quantität leicht zu kontrollieren und auch die Berücksichtigung der Qualität leicht möglich, sei es, indem man die Bezugsgegend, oder den Produktionsort selbst nach seiner Leistungsfähigkeit berücksichtigt, sei es, dass man die Qualität genauer berücksichtigt und den durchschnittlichen Preis zu Grunde legt. Beide Formen sind wohl am meisten geeignet, eine grössere Summe aus dem Wein für die Staatskasse zu gewinnen.

c) Die Eingangssteuer in den Städten, also in Verbindung mit dem Octroy, oder einer Verzehrungssteuer.

3. Die Kleinhandels- oder richtiger Schanksteuer.

Die Abgabe vom Kleinverkauf verlangt eine Buchung und Kontrolle der von dem Schankwirte eingelegten Quantitäten. Durch periodische Revision der Bestände wird das verkaufte Quantum festgestellt, und die Steuer kann nach den Detailpreisen bemessen werden. Da hierbei die Kontrolle ausserordentlich lästig ist und ein grosses Personal beansprucht, wird sehr allgemein die Abfindung durch eine Pauschalsumme vorgezogen, welche die Stadt, oder die Gesamtheit der Schankwirte erlegt und unter die Beteiligten repartiert, oder es findet ein Abonnement statt, indem der einzelne Schankwirt mit dem Staate sich über eine jährliche Abfindungssumme einigt. Da hier nur die Veransgabung kleiner Quantitäten in Betracht gezogen werden soll, so bleiben diejenigen befreit, welche ihren häuslichen Bedarf im Grossen decken, was unzweifelhaft nicht gerecht ist. Sie verlangt deshalb eine Ergänzung auf anderem Wege.

§ 38.
Die Gesetzgebung einzelner Länder.

In Preussen bestand bis 1865 eine Produktionssteuer, die sich an die Quantität des gewonnenen Mostes hielt und 5 Abstufungen nach der Qualität zuliess. Sie ist 1865, wie in Bayern schon 1831, endgültig beseitigt. Der inländische Wein ist in Preussen seitdem steuerfrei. In Württemberg ist der zum Ausschank kommende heimische Wein und Obstwein, so weit das Quantum unter 20 Liter verbleibt, steuerpflichtig. Die Steuer richtet sich nach dem Werte, darf aber 11 Pfennige pro Liter nicht übersteigen. Nur der Schankwirt ist steuerpflichtig, nicht aber der kleine Kaufmann, wofür ein Grund kaum einzusehen ist. Sie wird gewöhnlich in Pauschalsumme gezahlt, ausserdem zahlen die Wirte noch eine Licenzsteuer. In Baden soll der Weinverbrauch allgemein durch eine Weinaccise besteuert werden, ausserdem wird der Kleinverkauf durch ein Ohmgeld getroffen. Massgebend sind die Gesetze von 1882 und 88. Jeder Einleger hat die Steuer zu entrichten. Befreit ist dagegen die Einlage durch Weingrosshandlungen, welche dafür besondere Patente zu erwerben haben. Von dem Liter Wein werden 3 Pf. als Accise und 2 Pf. als Ohmgeld erhoben. Von Obstwein nicht ganz $\frac{1}{3}$. Die Kontrolle erstreckt sich besonders auf die Weinkeller und den Weintransport. In Elsass-Lothringen wurden im Jahre 1873 die bisherigen Eingangs- und Kleinverkaufssteuern durch eine einheitliche Versandsteuer ersetzt. Doppelbesteuerung sucht man zu vermeiden, so dass Weingrosshändler bereits versteuerte Weine nicht noch einmal zu versteuern brauchen. Bleibt der Wein in derselben Hand, so ist er gleichfalls von der Abgabe befreit. Seit 1880 ist der Steuersatz auf die Hälfte des früheren von 1,50 Mk. pro Hektoliter herabgesetzt. Wirte und Weinhändler haben ausserdem noch eine Licenzabgabe zu entrichten, welche durchschnittlich vierteljährlich, je nach der Einwohnerzahl, 25,50 und 75 Mk. betragen.

In Oesterreich-Ungarn wird in geschlossenen Städten eine Eingangssteuer, auf dem offenen Lande eine Einlagesteuer von den Schankwirten erhoben. Letztere meist in der Form einer Abfindung sämtlicher Schankwirte der Gemeinde. Der Durchschnittssatz beträgt 2,97 Gulden pro Hektoliter.

In Frankreich zerfällt die Weinsteuer in 9 verschiedene Arten mit ungleicher Erhebung. Hauptsächlich kommt in Betracht die Versandsteuer, welche alle Privaten zu zahlen haben, die auf einmal mehr als 25 Liter beziehen. Die Steuersätze schwanken in den verschiedenen Departements zwischen 1, 1,50 und 2 Frcs. pro Hektoliter, für Cider 0,80 Frcs. Jede Versendung ist anzumelden. Ist der Empfänger ein Privatmann und wird in dem Orte des Empfanges die Droit unique (s. unten) nicht erhoben, so muss die Steuer vor der Versendung bezahlt werden. Ist der Empfänger ein Händler, oder wird in der Stadt eine besondere Steuer vom Weine erhoben, so wird dem Weine nur ein vorzulegender Begleitschein, acquis à caution, mit gegeben, und der Absender ist von der Steuer befreit, wenn sie am Empfangsorte in der einen oder der anderen Form gezahlt wird. In jedem Falle ist für die auszustellende Quittung oder den Begleitschein eine Gebühr von 50 Centimes zu erheben. Sendungen unter 25 Liter, und sämtliche an Grosshändler und Wirte sind von der Steuer befreit. Die Steuer brachte in den letzten Jahren ca. 28 Mill. Frcs. ein.

2. Die Droit d'entrée wird in Städten mit 4—10000 Einwohnern und darüber erhoben. Nach der Grösse der Städte werden 7 verschiedene Steuersätze, die wieder in den drei erwähnten Formen eine verschiedene Höhe haben, erhoben. So stuft sie sich für Wein von 0,40 Centimes in den kleinen Städten der ersten Zone, bis 3 Frcs. in Städten über 50000 Einwohner in der dritten Zone ab. Die Steuer bringt etwa 2 Mill. Frcs. ein.

3. In den grösseren Städten tritt an die Stelle der letzterwähnten Steuer die taxe unie. Sie unterscheidet sich von der soeben besprochenen nur dadurch, dass ihre Sätze dem Werte der Getränke mehr angepasst werden und häufigen Veränderungen unterworfen sind.

4. Die Steuer: Droit de detail betrifft Schankwirte für Quantitäten unter 25 Liter oder Flaschen in Orten unter 10000 Einwohnern. Sie richtet sich nach dem Verkaufspreise (12,5 %), den der Verkäufer selbst zu deklarieren hat. Die Steuer bringt etwa 44 Mill. Frcs.

5. In Paris und Lyon werden die bisherigen Arten der Weinsteuer durch die taxe de remplacement ersetzt.

6. Die Abonnements, welche bald einzeln, bald von den Steuerpflichtigen geschlossen, bald auch von der Gemeinde nach einem Uebereinkommen entrichtet wird.

7. Sind die Gebühren für die verschiedenen Scheine zu erwähnen.

8. Die Licenzen, welche je nach der Einwohnerzahl des Ortes sich zwischen 15 und 50 Frcs. für den Kleinhändler, für die Grosshändler auf 100 Frcs. belaufen.

Gerade die ausserordentliche Mannigfaltigkeit der Besteuerung, die man in Frankreich zur Anwendung gebracht hat, ermöglicht auch das verhältnismässig günstige Ergebnis, welches das Land mit der Steuer erzielt. Freilich liegt es auf der Hand, dass eben auch nur bei der gewaltigen Ausdehnung des Weinbaues, wie des Weinkonsums ein solches Ergebnis möglich ist, während in Deutschland unter ganz anderen Verhältnissen auch andere Rücksichten zu nehmen sind. Eine erhebliche Belastung würde hier unzweifelhaft die Weinproduktion sehr herabdrücken und damit eine ergiebige Ausnützung des Bodens verhindern. Eine Verteuerung dieses Getränkes würde leicht dazu führen, den Verbrauch schädlicherer Getränke zu verallgemeinern. Bei einer hohen Besteuerung der anderen Getränke wird man aber schwerlich umhin können, auch den Wein heranzuziehen, wobei dann die Form der Thoraccise in den Städten sicher am meisten empfehlenswert wäre.

§ 39.
Die Biersteuer.

v. May, Bierbesteuerung im Handwörterbuch d. Staatswissenschaften. 1. Aufl. Jena 1891. Ders., Aufsatz in Hirts Annalen 1873.

Das Bier ist bei mässigem Gebrauche als angemessenes Nahrungsmittel anzuerkennen. Da aber auch hier ein übergrosser Teil des Konsums als reiner Luxuskonsum anzusehen ist, wird eine Besteuerung sehr wohl zu rechtfertigen sein. Nur wird die Belastung unter unseren Verhältnissen mässiger sein müssen als bei dem ungleich schädlicheren Branntwein und dem noch weniger Nahrungswert, aber mehr Alkohol enthaltenden Wein. Eine tiefere Einsicht in die Verhältnisse der verschiedenen Länder gewährt die Statistik, welche sich in der folgenden Tabelle auf Ende der achtziger Jahre bezieht.

	Menge des Konsums pro Kopf	Produktion pro Kopf	Steuer			Prozente der Staatsst.
			absol.	pro Kopf	auf 1 hl	
Nordd. Brausteuergemeinsch.	89,5	84	31,9 Mill.	0,79	0.82	
Bayern	244	265	31,9 „	5,57	2,7	14,8
Württemberg	177	169	8,3 „	4,01	2,4	
Baden	101	101	5,7 „	3,34	3,3	
Elsass-Lothring.	68	53	2,7 „	1,7	3,1	
Deutschland	106	103	80,7 „	1,51	1,57	
Oesterr.-Ungarn	34,14	35	48,9 „	1,29	3,7	2,7
Britisches Reich	119,5	122	178,9 „	4,65	3,8	9,45
Frankreich	22,4	22	18,6 „	0,47	2,15	0,63
Russland	4,6	35	16,3 „	0,15	4,34	0,57
Ver. Staaten	57	57	98,3 „	1,79	3,13	6,21

Aus der obigen Tabelle ergiebt sich, welche ausserordentliche Verschiedenheit in der Bierproduktion und konsumtion und der Steuer stattfindet. Das bei weitem am meisten produzierende Land ist bekanntlich Bayern, welches namentlich für den Export bedeutende Quantitäten liefert. Württemberg, wo sich 1896 die Produktion auf 187 L. pro Kopf entwickelt hat, steht in zweiter Linie, wird aber von Belgien fast erreicht. In der Gesamtproduktion stehen sich Deutschland und das britische Reich ziemlich gleich mit 47 und 48 Mill. hl., worauf die ver. Staaten Nordamerikas mit 32 Mill. folgen.

Der Verbrauch ist am stärksten in Belgien nächst Bayern. Das Britische Reich steht im Durchschnitte noch etwas höher als Deutschland. Den höchsten Steuersatz pro Hektol. hat Rumänien mit 12 Mk., Serbien mit 9,6 Mk., dann folgt Norwegen mit 4,8, Italien 5,7. Ganz ausserordentlich niedrig ist der Satz in dem Brausteuergebiet, es ist der niedrigste unter allen in betracht kommenden Ländern.

§ 40.

Die Arten der Steuer.

Eine Besteuerung des Bieres in den Städten finden wir schon im Mittelalter. Landesherrliche Steuern beginnen vor allem in Frankreich im 15. und 16., in England im 17. Jahrhundert. In Deutschland war sie den einzelnen Staaten vorbehalten, jetzt ist sie zwar dem Reiche zugesprochen, aber gleichwohl sind bis auf weiteres Bayern, Würtemberg, Baden Reservatrechte eingeräumt, und in Elsass-Lotringen ist eine besondere Besteuerung eingeführt.

Die Besteuerung ist auf sehr verschiedene Weise durchgeführt: 1. ist das Rohmaterial das Steuerobjekt, das ist die Gerste, aus welcher das Malz hergestellt werden soll, wie in Norwegen, oder der Hopfen, welcher bis 1862 in England besteuert wurde und in Canada noch jetzt neben der Biersteuer herangezogen ist. Mit der letzteren Steuer ist die Gefahr verbunden, dass bei dem Brauprozess an Hopfen zu sehr gespart oder er sogar durch Surrogate ersetzt wird. Die Gerste bildet wiederum keinen genauen Massstab für das daraus zu erzielende, brauchbare Malz. Richtiger ist es den zweiten Modus zu wählen, das Malz selbst als Steuerobjekt zu erfassen, wie das besonders in Bayern durchgeführt ist, ebenso in Württemberg und in der norddeutschen Braugemeinschaft. Auch in Holland und Belgien ist sie fakultativ der Bottichsteuer gegenübergestellt.

2. Die Malzsteuer kann entweder vor dem Schroten nach Gewicht oder Maas erhoben werden. Am leichtesten ist sie durchzuführen, wo das Schroten in besonderen Mühlen geschieht, die von den Brauereien getrennt sind, wie das in Bayern der Fall ist. In der norddeutschen Braugemeinschaft geschieht die Versteuerung entweder auch vor dem Vermahlen oder im geschrotetem Zustande vor dem Sude. Das bayerische Verfahren hat den grossen Vorteil, dass die Brauerei von der Steuerbehörde völlig unbehelligt bleibt. Aber auch bei dem anderen Verfahren wird der Brauprozess durch die Steuer nicht beeinflusst, dagegen ist die Kontrole schwieriger und kostspieliger, weil die Brauerei selbst überwacht werden muss.

3. Die Steuer nach dem Rauminhalt der benutzten Braugerätschaften. a. Die Kesselsteuer (in Frankreich und Elsass-Lothringen) die sich nach dem Siedegefässe richtet, oder nach den Maischbottichen, in denen die eingemaischte Masse den Gährungsprozess durchmacht, wie in Russland, fakultativ in Holland und Belgien. Da diese Gerätschaften aber keinen genauen Massstab für die Quantität oder gar Qualität des Bieres geben, welches darin bereitet wird, so ist die Form für eine hohe Steuer nicht angebracht. Ausserdem beeinflusst sie einseitig und daher nachteilig den Brauprozess, weil eine möglichst intensive Verwertung der Gefässe im Interesse des Brauers liegt. Die Steuer hat sich deshalb dort nie lange halten können, wo man besonderes Gewicht auf die Erzielung eines guten Gebräues legte.

4. Die Würzesteuer, die in Oesterreich, Grossbritanien und Italien besteht. Theoretisch kommt sie dem Ziele sehr nahe, denn es wird dabei die Quantität bemessen, welche in dem Siedekessel gebraut wird, und ausserdem werden nach dem spezifischen Gewichte die

Extraktivstoffe bestimmt, die den Gehalt des Bieres ausmachen, so
dass sowohl die Quantität als die Qualität zur Berücksichtigung gelangen. Der Umstand, dass Länder mit so hervorragender Bierproduktion
wie England und Oesterreich schon seit längerer Zeit diese Steuer besitzen, ohne dass erhebliche Nachteile dabei zu Tage getreten sind,
spricht auch für die praktische Brauchbarkeit, zumal z. B. in England
die Steuer eine sehr hohe ist und die Qualität sich eines besonderen
Rufes erfreut. Gleichwohl befürchten Fachmänner, dass dadurch der
Brauprozess leicht benachteiligt wird. Die Bestimmung des Gehaltes
ist noch keineswegs genau; und erhebliche Kontrolkosten bleiben daher unerlässlich.

5. Die Fabrikatsteuer, also die Erhebung von dem fertig
gestellten Bier und in dem Moment, wo es aus der Brauerei in den
Verkehr gelangt, ist die natürlichste Art der Besteuerung, welche die
beste Anpassung der Belastung des Konsums und die richtigste Berücksichtigung des Wiederersatzes beim Export gestattet. Sie besteht in
den Ver. Staaten, Canada, Serbien und Rumänien. Der Nachteil dieser
Form ist die Leichtigkeit der Defraudation und die Notwendigkeit
einer sehr genauen Kontrolle, die dadurch kostspielig wird, dass sowohl der ganze Prozess, wie namentlich das fertige Produkt auf das
Genauste überwacht werden müssen, und sie daher zweckmässig nur in
grossen Etablissements zur Anwendung kommen kann, wo die Stationierung von Beamten sich bezahlt macht.

§ 41.
Die Gesetzgebung in Deutschland.

In Preussen wurde 1488 schon die Biereise erhoben, die 12 Pf.
von der Tonne Bier betrug, wovon ein Drittel in die Staatskasse floss.
Seit 1624 ist dagegen eine Abgabe nach dem Malzverbrauch erhoben.
Unter dem grossen Kurfürsten wurde das Bier in den Städten nicht
nur durch die Accise, getroffen, sondern es kam auch in dem nach
der Mühle gebrachten Getreide zur Besteuerung; 1787 in Form einer
besonderen Malzsteuer von 12 gute Groschen pro Scheffel Malz. 1810
fiel die Accise, und durch Gesetz von 1819 wurde die Malzsteuer
fortan von den zum Einmaischen benutzten Malzschrot erhoben. (2 Mk.
pro Centner).

1833 gelang es die Steuergemeinschaft für Sachsen, Preussen und
Thüringen zu stande zu bringen, welche 1867 auch auf Mecklemburg,
Lübeck, dann auf die neuen Provinzen ausgedehnt wurde. 1868 unter-
warf man auch die Malzsurrogate der Besteuerung. 1873 und 88 erfolgte
für die Brausteuergemeinschaft die Gesetzgebung, welche noch jetzt
massgebend ist. Hiernach werden von 100 kg Getreidemalz und
Schrot 4 Mk., von Stärke 6 Mk., von Zucker 8 Mk. erhoben. Steuerpflichtig sind alle gewerblichen Brauer und diejenigen, welche den
Haustrunk für mehr als 10 Personen über 14 Jahren herstellen, während
der für eine kleinere Zahl bestimmte Haustrunk für die Angehörigen
frei bleibt. Jeder Brauer hat anzuzeigen, wann er brauen will. Die
Erhebungsform ist eine verschiedene, a. als Einmaischungssteuer,
welche als die Grundlage des Steuersystems angesehen wurde. Der
Brauer hat der Steuerbehörde Anzeige zu erstatten, wann und wieviel er

maischen will, und von welchen Stoffen. Im allgemeinen darf das Maischen nur von 4 resp. 6 Uhr morgens bis 10 Uhr Abends geschehen. In der Regel hat sich ein Steuerbeamter bei dem Einmaischungsprozesse einzufinden, und es ist eine Stunde auf ihn zu warten. Ergiebt sich bei dem Verwiegen ein Mindergewicht als deklariert wurde, so muss doch die grössere Summe bezahlt werden; stellt sich ein Ueberschuss heraus, so muss dieser nachversteuert werden. Beläuft er sich auf 10°/₀ und mehr, so wird der Brauer als Defraudant bestraft. Nachmaischung ist nur unter besonderen Formalitäten gestattet.

Die zweite Form ist die Vermahlungssteuer, welche nach dem Gewichte des in der Mühle zu vermahlenden Malzes erhoben wird. Sie ist nur gestattet bei Verarbeitungen von mindestens 50000 kg im Jahre. Voraussetzung ist, dass die Mühle in der Brauerei oder mit ihr in Verbindung aufgestellt ist, wovon indessen Ausnahmen gemacht werden können. Z. B. für Genossenschaftsmühlen. Die Mühle steht unter Steuerverschluss und die Vermahlung muss unter Hinzuziehung eines Aufsichtsbeamten geschehen. Auch hier ist eingehende Deklaration über vorhandene Vorräte, über die zur Vermahlung kommenden Quantitäten etc. erforderlich. Anderweit vermahlene Braustoffe dürfen in die Brauerei nicht zugelassen werden.

Die dritte Form ist die durch Fixation einer Abfindungssumme für einen bestimmten Zeitraum, auf Grund eines Uebereinkommens mit der Steuerbehörde. Will der Brauer mehr verarbeiten als bei der Fixation in Aussicht genommen ist, so kann ihm Nachversteurung zugestanden werden. 1895—96 waren 7847 Brauereien im Betriebe gegen 12535 im Jahre 1876. Von der ersteren Zahl waren 768 gewerbliche Brauereien, in welchen 702927 T. Getreide, 11938 T. Surrogate, hauptsächlich Reis, zur Verarbeitung gelangten. Gewonnen wurden 37,7 Mill. hl. Bier, 92 l pro Kopf gegen 64 im Jahre 1876. Ueber die Hälfte der Brauereien wird auf Grund der Fixation besteuert, nur 3—4°/₀ auf Grund der Vermahlungssteuer. Die Gesamteinnahme belief sich auf 34,6 Mill. Mk., 0,85 Mk. pro Kopf.

In Bayern ist gegenwärtig das Gesetz von 1868 massgebend, welches 1878 auch auf die Pfalz erweitert wurde, während vorher das Gesetz von 1805 bestimmend war, welches auch bereits die Malzsteuer eingeführt hat. Gegenstand der Besteuerung ist das Malz, während alle Malz- und Hopfensurrogate ausdrücklich verboten sind. Der Einheitssatz ist 6 Mk. pro hl ungebrochenen Malzes, trocken oder eingesprengt. Bei Betrieben, welche mehr als 10000 hl Malz verwenden, ist ein Zuschlag zu entrichten und zwar für die weiteren 30000 hl je 25 Pf., für das 40000 hl übersteigende Malzquantum je 50 Pf. pro hl. Steuerpflichtig ist der Malzeigentümer, wobei keine Ausnahmen gemacht werden, weder für den Haustrunk, noch für den Bedarf des Herrscherhauses. Massgebend ist die Menge des Malzes, welches in der Mühle zermahlen werden soll. Dasselbe darf nur in bestimmten, privilegierten Mühlen gebrochen werden. Bevor das Malz zur Mühle gebracht wird, muss die Quantität, die Art der beabsichtigten Verwendung, die Mühle, so wie der Tag, an dem es hingebracht werden soll, bei der Hebestelle zur Anzeige gebracht werden, worüber eine Bescheinigung auszustellen ist, ohne welche der Müller Malz nicht acceptieren darf. Alle Privatmalzmühlen, sowie die öffentlichen Mühlen mit Cylinderwalzen müssen mit einem Messungsapparat versehen sein, welchen alles zum Brechen einfliessende Malz passiert. Der Messapparat wird amtlich verschlossen und wird durch die Behörden kontrolliert. 1897 gab es in Bayern 12 256 Brauereien mit einem Malzverbrauch von 7,4 Mill. hl (darunter 7,920 mit w niger als 100 hl Malzverbrauch), woraus 16,9 Mill. hl Bier gewonnen wurden, 290 l pro Kopf. 1895—96 16,0 Mill. hl, 277 l pro Kopf. 5,83 Mk. Steuertrag pro Kopf der Bevölkerung, 33,8 Mill. Mk. in Ganzem.

Auch in Württemberg ist 1856 die Malzsteuer eingeführt, 1881 wurde sie auf 5 Mk. pro 50 kg festgesetzt. Nach dem Gesetz von 1893 ist der Malzsteuersatz von 10 Mk. für die ersten 50 000 kg bei kleinen und mittellosen Brauereien auf 9 Mk. ermässigt. In Elsass-Lothringen besteht dagegen noch die Kesselsteuer mit Abzug von 20 % von dem amtlich festgestellten Kesselinhalt. 2,30 Mk. vom Hektoliter starken, 58 Pf. vom Hektoliter Dünnbier, ausserdem ist eine Licenzgebühr von den Bierbrauern verlangt; in Unterelsass 48 Mk., in Oberelsass und Lothringen 28,80 Mk.

§ 42.

Die Gesetzgebung in einigen ausserdeutschen Ländern.

In Oesterreich-Ungarn sind die Gesetze von 1852 und 69 in Betracht zu ziehen, ausserdem noch das Gesetz von 1875. Wer brauen will, hat einen Erlaubnisschein zu lösen und eine genaue Beschreibung der Betriebseinrichtungen der Steuerbehörde zu übergeben, worauf die Untersuchung der Einrichtungen, die Feststellung des Rauminhaltes der Pfannen, der Maischbottiche etc. stattfindet. Hierauf ist ein vorgeschriebenes Formular über den beabsichtigten Brauprozess auszufüllen und anzumelden, wieviel und wann und woraus gebraut werden soll, und hauptsächlich die Menge der zu erzeugenden Bierwürze nach Hektoliter und deren Extraktgehalt in ganzen Saccharometergraden. Die Erhebung erfolgt nach diesen letzteren Angaben, 16,7 Kreuzer von jedem Saccharometergrade der Bierwürze, worauf in geschlossenen Städten noch ein Zuschlag von 7 Kreutzern auf jeden Saccharometergrad, in Wien 1,68 Gulden von jedem Hektoliter unabhängig von dem Gehalte aufgelegt wird. Erst wenn der Brauer von der Behörde die Bescheinigung der Anmeldung ohne weiteren Einwand zurückerhalten hat, kann der Brauprozess zu der angegebenen Zeit beginnen. Bis dahin bleibt die Braupfanne versiegelt, und ein Steuerbeamter hat das Siegel zur bestimmten Zeit zu lösen. Ausserdem hat er die Menge und den Zuckergehalt der erzeugten Bierwürze festzustellen. Der Gehalt wird geprüft, wenn die Würze auf die Normaltemperatur (14° R.) abgekühlt ist. Ist die Quantität gegenüber der Anmeldung mit weniger als 5 % überschritten, so ist der Steuermehrertrag nachzuentrichten. Erreicht dagegen das Mehr 5 % und darüber, so tritt bereits Bestrafung ein. Ebenso wird bei Ueberschreitung von mehr als 3/5 eines Saccharometergrades nachversteuert, bei einem um einen Grad stärkeren Gehalt tritt bereits Bestrafung ein. Ein Untermass wird dagegen nach beiden Richtungen nicht zurückvergütet. Bei dem Verlassen der Brauerei wird die Pfanne von dem Beamten wieder versiegelt. Das Umständliche und Lästige dieses Verfahrens liegt auf der Hand. 1887/88 existierten in Oesterreich 835, in Ungarn 107 Brauereien, welche 13,1 Mill. Hektoliter lieferten, 34,7 Liter pro Kopf. Die Steuer betrug 1897: 36,1 Mill. Gulden.

In dem britischen Reiche bestand bis 1880 eine Malzsteuer, die in jenem Jahre in eine Würzesteuer verwandelt wurde. Unter Berücksichtigung des spezifischen Gewichtes von 1,055 zahlte man pro barrel 6 Sh. 3 d. 1885/86 wurden die Hausbrauereien mit einem Mietswerte des Hauses von 10 Pfd. belegt und von ihnen keine Biersteuer erhoben. Bei Häusern mit höherer Miete wird eine Materialsteuer von 6 Sh. 3 d für je 2 Bushel Malz verlangt, ausserdem eine Licenzabgabe von 4 resp. 9 Sh. wiederum nach der Höhe der Miete, wobei die unterste Klasse frei bleibt. Auch hier wird von dem Brauer eine genaue Deklarierung des beabsichtigten Gebräues verlangt, die Menge wie die Stärke der Würze in Saccharometergraden durch Steuerbeamte festgestellt und danach die Steuer erhoben. Surrogate sind zulässig. 1888/89 existierten im vereinigten Königreiche 11 997 gewerbliche Brauereien, 26 259 Hausbrauereien. Die Menge des versteuerten Bieres wurde auf 28,6 Mill. Barrels berechnet, wofür 8,7 Mill. Pfd. Sterling Steuer einkamen. 1897 brachte die Malzsteuer 11.5 Mill. Pfd. St., die Brauereilicenz 12,387 Pfd. St. Der Bierexport beläuft sich auf $\frac{1}{2}$ Mill. Barrels.

In Frankreich besteht noch die Kesselsteuer, ausserdem wird eine Licenzsteuer erhoben, welche in den verschiedenen Landesteilen ungleich ist. Surrogate sind zulässig. Es bestanden 1889 2774 Brennereien; die Menge des erzeugten Bieres ist bis auf 8,4 Mill. Hektoliter angegeben, der Ertrag der Steuer auf 22,6 Mill. Frcs.

In den Vereinigten Staaten von Nordamerika ist die Fabrikatsteuer in Anwendung. Massgebend sind die Gesetze von 1862 und 66. Die Steuer wird allein nach der Quantität des erzeugten Bieres erhoben, sie nimmt auf die Art und Qualität des Bieres keine Rücksicht. Die Art der Erhebung findet in der Weise statt, dass Steuermarken zu einem D. von der Regierung bezogen werden müssen, welche über das Spundloch der Barrelfässer geklebt werden, so dass die Anzapfung ohne die Verletzung derselben unthunlich ist. Ohne eine solche Marke darf kein gefülltes Gefäss aus der Brauerei fortgebracht werden. Bei dem Aufkleben der Marke muss auf dieselbe der Name des Brauers und des Datums verzeichnet werden. Jedes Gebinde muss ausserdem den Name des Brauers und den Ort der Fabrik enthalten. Der Brauer hat von seinem Vertriebe Anzeige zu machen und eine jährliche Licenzgebühr von 50 oder 100 Dollars zu entrichten, je nachdem die Produktion 500 Barrels übersteigt oder nicht. Die doppelte Monatssteuer muss als Kaution deponiert werden. Jeder Brauer hat genau Buch zu führen über die jeden Tag erzeugte und verkaufte Menge Bier, wie ebenso über die bezogenen Materialien. Bis zum 10. jeden Monats muss eine vollständige Abschrift dieser Bucheintragungen der Steuerbehörde eingeliefert werden unter Zusicherung durch einen Eid, dass die Angaben richtig sind. Der Transport des Bieres wird genau überwacht, wie ebenso der ganze Betrieb und vor allen Dingen die Kellerräume. Jede Nichtbeachtung der gesetzlichen Vorschriften ist mit Geldstrafen bis zu 1000 D. bedroht.

1889/90 zählte man 1144 Brauereien, welche 26,8 Mill. Barrels Bier erzeugten, und 23,4 Mill. Dollars Steuer zahlten.

Die Art der Durchführung wird begünstigt durch die verhältnismässig geringe Zahl von Brauereien, die meistens einen gewaltigen Umfang haben. Trotz aller Vorsichtsmassregeln sollen Defraudationen nicht zu den Seltenheiten gehören.

§ 42.
Die Branntweinsteuer.

Baer, Der Alkoholismus. Berlin 1878.
Jul. Wolf, Die Branntweinsteuer. Tübingen 1884.
Hartig, Zur Geschichte und Theorie der Branntweinsteuer. Leipzig 1871.
P. Getz, Das Branntweinmonopol als Besteuerungsform. Jena 1897.
Laves, Die Entwickelung der Brauerei- und Branntweinsteuer in Deutschland. Jahrb. für Gesetzgeb. u. Verwaltung. 1887.

Bei den Slaven ist der Branntwein im 9. und 10. Jahrhundert bereits bekannt gewesen. Unabhängig von ihnen haben die Mauren in Spanien im 11. Jahrhundert Branntwein hergestellt, von wo das Verfahren im 13. Jahrhundert nach Italien gebracht wurde, im 16. Jahrhundert nach Deutschland. Im 17. Jahrhundert produzierte Frankreich bereits Branntwein im Grossen für den Export. Der Konsum hat sich namentlich während des 30jährigen Krieges allgemeiner eingebürgert. Er wurde zuerst hauptsächlich nur aus Wein, dann aus Getreide hergestellt. Schon im vorigen Jahrhundert begann man die Bereitung aus Kartoffeln, die seit den dreissiger Jahren dieses Jahrhunderts besonders in Deutschland grössere Dimensionen annahm, und in hier die hauptsächlichste Bedeutung gewonnen hat. In Ungarn, Rumänien und den Ver. Staaten wird hauptsächlich Mais dazu verwendet, in Oesterreich mehr Roggen. In Süddeutschland verarbeiten die kleinen Brennereien sämtlich Obst, Träber u. dergl.; im Norden auch Melasse.

Der Branntwein ist unbedingt das schädlichste der alkoholischen Getränke. Nicht nur durch seinen hohen Alkoholgehalt, sondern noch besonders durch das Fuselöl, welches ihm auch durch einen besonderen Raffinationsprozess nicht völlig zu entziehen ist. Besonders wirkt der regelmässige und dauernde Genuss zerstörend auf das Nervensystem. Man rechnet in Deutschland, dass durchschnittlich 10 000 Alkoholisten sich in den Krankenhäusern befinden, und besonders sind sie in den Irrenanstalten in grosser Zahl anzutreffen. Man hat deshalb in der neueren Zeit besonders darauf hinzuwirken gesucht, nur ein möglichst fuselfreies Getränk zum Konsum gelangen zu lassen. In Italien werden 2 pro Mille als Maximum gesetzlich festgestellt; in der Schweiz 3 pro Mille. Auch in Deutschland war dasselbe acceptiert, ist aber wieder fallen gelassen, weil sich gerade der Alkohol aus Träbern etc. als fuselreicher erwies, und man diesem Kleinbetrieb die Raffinierung nicht zumuten konnte.

Da nun in der neueren Zeit genugsam nachgewiesen ist, dass gerade die kleinen Brennereien die Trunksucht verbreiten, indem das eigene Gebräu zum täglichen Nahrungsmittel in sehr reichlichem Maasse benutzt und sogar als Teil des Lohnes in Anrechnung gebracht wird, so sind besondere Rücksichtnahmen auf die kleinen Brennereien nicht mehr zu rechtfertigen. Ebenso ist auf Grund der Erfahrung eine Verminderung der Ausschankstellen, welche zum Konsum anregen, unbedingt zu erstreben, während eine hohe Belastung des Branntweins aus sanitären wie sozialen Rücksichten in hohem Masse wünschenswert ist.

Die Branntweinbrennerei hat aber eine besondere Bedeutung für die Landwirtschaft. Da der Alkohol keine mineralischen Pflanzennährstoffe enthält, wird durch die Brennerei ein Produkt erzielt, welches dem Boden keine Kraft entzieht, dieselben verbleiben vielmehr in den Rückständen des Brennprozesses, der Schlempe, der Wirtschaft als wertvolles Viehfutter und werden dem Boden als Düngestoffe wieder zugeführt. In Deutschland kommt dieses gerade dem leichten Boden besonders zu Gute, der zur Produktion von Futterkräutern weniger geeignet ist, dagegen vortreffliche Kartoffeln liefert; die Brennereiwirtschaften sind daher in der Lage, die Ertragsfähigkeit des leichten Bodens am besten zu steigern. Man hat deshalb lange geglaubt, die Brennerei in Gegenden mit leichtem Boden und grösseren Gütern überhaupt nicht entbehren zu können. Die neuere Zeit hat aber mancherlei Hilfsmittel als Ersatz geboten (Lupine, Seradella etc). Ausserdem hat man gelernt durch angemessene Zusammensetzung des Futters auch die unverbrannte Kartoffel zu hoher Verwertung bei der Viehfütterung zu bringen, so dass sie bei niedrigen Spirituspreisen durch Verfütterung vielfach ebenso hoch verwertet werden kann als in der Brennerei.

Man hat ferner gemeint, Abfallobst, Träber, Beeren etc. nicht auf andere Weise verwerten zu können und deshalb die kleinen Brennereien stützen zu müssen, welche dem Bauern gutes Viehfutter und einen Nebenverdienst gewähren. Durch Entwickelung einer rationellen Obstkultur, namentlich von solchen Sorten, die sich zum Darren eignen, und Anlage von Obst-Darren in den Gemeinden kann hierfür ein Ersatz geboten werden, und selbst ein wirtschaftlicher Verlust wird der Gesamtheit zu Gute kommen, wenn die Trunksucht dadurch entsprechend vermindert wird. Der Gewinn an Futter in diesen kleinen Brennereien ist ausserdem so gering, und auf eine so kurze Zeit im Jahre reduziert, dass ihr eine hohe Bedeutung nicht beizulegen ist.

§ 43.

Die Arten der Besteuerung.

Die Brennerei hat die Aufgabe, aus Stärkemehl oder unmittelbar aus Zucker Alkohol zu gewinnen. In der Kartoffel und im Getreide wird durch Zusatz von Gerstenmalz und das darin enthaltene Dextrin das Stärkemehl in Zucker verwandelt, nachdem die Masse gekocht und zerkleinert mit dem Malz gehörig durchgerührt, d. h. eingemaischt wurde. Der abgekühlten Masse wird Hefe zugesetzt, das ganze dann in den Gährungsbottichen einem ca. 75stündigen Gährungsprozesse überlassen, worauf die abgegorene Masse, aus der sich Kohlensäure verflüchtigt hat und Alkohol zurückgeblieben ist in die Blase, d. i. den Destilationskessel, übergeführt wird, wo ihr durch heissen Dampf der leicht flüchtige Alkohol entzogen wird, der in einen Kühlapparat zum Niederschlag gebracht wird und in den Kellerraum in grössere Sammelgefässe abfliesst. An dieses Verfahren schliessen sich die verschiedenen Steuerarten an.

1. Der Blasenzins, der in Preussen von 1810—20 bestand, in Baden bis 1887 angewendet wurde. Man ging davon aus, dass innerhalb 24 Stunden der vierte Teil des Rauminhalts der Blase an Branntwein zu 50° gewonnen werden könne, und legte dementsprechend die Steuer nach der Grösse der Blase auf. Indessen hat man bald durch eine häufigere Abtreibung der Blase und damit Ausnutzung des Blasenraums sehr viel mehr Alkohol zu erzielen vermocht, als vorausgesetzt war, und die Steuer führte dazu, auf Kosten der ökonomischen Ausnutzung des Materials den Brennprozess übermässig zu beschleunigen, also unwirtschaftlich zu machen, ohne einen richtigen Massstab für den erzielten Branntwein zu erhalten. Diese Form ist daher in der neueren Zeit allgemein als unrationell verworfen.

2. Die Maischraumsteuer. Sie wurde 1820 in Preussen eingeführt und besteht hier noch bei gewissen Kategorien von Brennereien. Sie richtet sich nach dem Raume der Gärungsgefässe, wobei ein Spielraum von 25 % für die Steigung der Maische infolge der Entwickelung der Kohlensäure in Abzug gebracht wurde. Man rechnet dabei, dass auf der in die Gefässe gelangenden Maische ein gewisser Durchschnittsprozentsatz an Alkohol gewonnen wird, und man den Raum deshalb als Maassstab für das zu erwartende Fabrikat in Anwendung bringen kann. Es war damit der Vorteil verbunden, dass eine Prämie auf eine gute Ausnutzung dieses Raumes und damit des verwendeten Materials gelegt war, und ebenso auf die Verwendung einer möglichst stärkehaltigen Masse und Hervorbringung einer solchen. Es unterliegt keinem Zweifel, dass dieser Prämie der ausserordentliche Aufschwung der Brennereien in Norddeutschland, die Verbesserung des Brennverfahrens und die Erzielung vorzüglicher, stärkehaltiger Kartoffeln zu verdanken ist. Erst nachdem man glaubte annehmen zu können, in dieser Hinsicht den Gipfelpunkt erreicht zu haben, resp. einer besonderen Anregung zum Weiterstreben nicht mehr zu bedürfen, konnte man an die Beseitigung des Verfahrens denken. Wünschenswert wurde dieselbe allerdings infolge mannigfaltiger Uebelstände desselben. Der Maassstab des Raumes für die Steuer erschwerte die Verarbeitung von Material, welches weniger zucker- oder stärkehaltig war, z. B. von Rüben, schlechten Kartoffeln, Obst, Beeren, Melasse und dergl. Besonders misslich erwies sich die Leichtigkeit der Defraudation. Dieselbe geschah besonders durch das Ueberschöpfen der Maische aus dem aufgärenden Bottich in den im Abgären begriffenen, wodurch es möglich wurde, mehr Material zur Vermaischung zu bringen, als die sich selbst überlassenen Gärungsbottiche aufzunehmen imstande waren, und auf diese Weise einen Teil der Masse unversteuert auszunutzen. Da der Prozess in wenig Minuten durchzuführen ist, war es für die Steuerbeamten ausserordentlich schwer, ihn zu entdecken, und auch sehr hohe Strafen, welche das Vergehen bedrohten, waren nicht imstande, es zu verhindern. Sie waren dabei eine stete Gefahr für den Brennereibesitzer, ohne dessen Wissen und Zuthun sehr häufig die Defraudation durch Unterbeamte, für die er verantwortlich war, geschah.

3. Die Fabrikatsteuer, welche schon lange in England besteht und in der neueren Zeit wesentlich an Boden gewonnen hat. Sie ist

theoretisch die richtigste, weil die Steuer dem wirklich gelieferten Fabrikat entsprechend normiert werden kann, infolgedessen auch bei dem Export eine genaue Rückzahlung möglich ist. Aber sie erfordert eine sehr genaue Kontrolle, da die Defraudation verhältnismässig leicht durchzuführen ist. Sie ist deshalb nur für grössere Etablissements anwendbar und durchgeführt.

4. Die Materialsteuer, welche auch in Deutschland, besonders für kleine Brennereien zur Anwendung gelangt, wo weder die Gefässe einen genügenden Anhalt geben, noch das Fabrikat unter Verschluss zu nehmen ist. Da die Ausbeute, je nach der Beschaffenheit des Materials und der Art der Behandlung eine sehr verschiedene ist, so ist von einer genauen Anpassung an das Fabrikat dabei keine Rede. Die Steuer kann deshalb nur niedrig sein, wenn man die kleinen Brennereien überhaupt halten will.

5. Die Licenzsteuer, die teils von den Brennereien, teils von den Schankwirten erhoben wird, und nur als eine Ergänzung für die anderen Steuern anzusehen ist.

§ 43.

Die Gesetzgebung in Deutschland.

In Preussen bestand von 1810—1820 der Blasenzins, 1820 führte man die Maischraumsteuer ein, welche 1887 durch das Reichsgesetz für die gewerblichen Brennereien in eine Fabrikatsteuer umgewandelt wurde. Das Gesetz vom 16. Juni 1895 lieferte hierzu noch eine Ergänzung. So haben gegenwärtig die landwirtschaftlichen Brennereien 1,31 Mk. pro Hektoliter Maischraum zu entrichten, statt dessen die gewerblichen Brennereien 20 Mk. pro Hektoliter absoluten Alkohols zahlen.

Dazu kommt zweitens die Verbrauchsabgabe, welche für eine Produktion von 4,5 Lit. absoluten Alkohols pro Kopf der Bevölkerung kontingentiert und mit 50 Mk. besteuert ist; was mehr produziert wird, muss mit 70 Mk. pro Hektoliter versteuert werden. Ursprünglich alle drei, jetzt alle fünf Jahre findet eine Revision der Kontingentierung statt, indem einer jeden Brennerei das Quantum zugewiesen wird, welches sie nach den in den letzten Jahren bezahlten Steuerbeträgen zu dem niedrigen Steuerfusse produzieren darf. Die Hefebrennereien werden ihrer geringen Ausbeute entsprechend nur zu $^1/_2$, die sonstigen Getreidebrennereien zu $^7/_8$ der von ihnen gezahlten Steuer in Ansatz gebracht. Die Steuer ist zu entrichten, sobald der Branntwein in den freien Verkehr tritt. Zu zahlen hat sie derjenige, welcher den Branntwein zur freien Verfügung erhält. Der erzielte Spiritus wird in bestimmten Gefässen in dem Keller der Brennerei aufgesammelt und bleibt dort unter Steuerverschluss, bis er in den freien Verkehr gesetzt werden soll. Der Reinertrag dieser Verbrauchsabgabe bleibt den einzelnen Staaten vorbehalten. Die landwirtschaftlichen und kleinen Brennereien geniessen eine Ermässigung von $^4/_{10}$ der Maischraumsteuer, wenn ihre tägliche Durchschnittsmaischung 3000, 1500 resp. 1050 Liter nicht übersteigt. Für gewerbliche Brennereien, welche nicht über 20 000 Liter am Tage einmaischen, tritt eine Ermässigung von 2 Mk., bei nicht über 10 000 Liter von 4 Mk. pro Hektoliter Alkohol ein, abgesehen von Presshefebrennereien.

Die Fruchtbrennereien, also diejenigen, welche Beeren, Obst, Träber etc. verarbeiten, entrichten neben einer Verbrauchsabgabe von 50 Mk. pro Hektoliter, die hier feststehend ist, eine Materialsteuer von 0,35 Mk. pro Hektoliter eingestampfter Weinträber, 0,45 Mk. pro Hektoliter Kernobst, 0,50 Mk. pro Hektoliter gepresster Weinhefe, Wurzeln etc., 0,85 Mk. pro Hektoliter Trauben oder Obstwein und Steinobst.

Mais- und Kartoffelbranntwein darf nur in raffiniertem Zustande zum Konsum gelangen. Von der Verbrauchsabgabe befreit ist der Branntwein, der zu gewerblichen Zwecken, inkl. der Essigbereitung, zu Heiz-, Koch- oder Beleuchtungszwecken, sowie zu wissenschaftlichen Zwecken verwendet werden soll. Nur die Essigbereitung erhält den Spiritus nicht auch befreit von der Maischraum- und Materialsteuer etc. Der exportierte Branntwein ist von der Verbrauchssteuer befreit und erhält noch eine Steuervergütung von 16 Mk. pro Hektoliter Alkohol. Der Einfuhrzoll ist auf 180 Mk. für gewöhnlichen Branntwein, mit 125 auf Arak, Cognak etc. normiert. Nach dem Gesetz vom 16. Juni 1895 ist noch eine Brennsteuer als Zuschlag hinzugetreten bei Brennereien, die mehr als 300 Hektoliter reinen Alkohol liefern; in landwirtschaftlichen und gewerblichen Brennereien, bei Erzeugung von 300—600 Hektoliter je 0,50 Mk., von 600—900 Hektoliter je 1 Mk., von 2000—2200 3,50 Mk., über 3000 6 Mk. pro Hektoliter reinen Alkohols. In Hefe- und Fruchtbrennereien beginnt der Steuersatz von 6 Mk. bereits bei 1700 Hektoliter produzierten Alkohols. In den landwirtschaftlichen Genossenschaftsbrennereien werden nur ³⁄₁ der angegebenen Sätze beansprucht, wenn sie bei Erlass des Gesetzes bereits bestanden Bei landwirtschaftlichen Brennereien mit Maischbottichsteuer findet gleichfalls nach der Grösse eine Brennsteuer von 1—3 Mk. statt, ebenso bei Ueberschreitung des Kontingents und einer Ausdehnung des Brennbetriebes über 8½ Monaten bei allen derartigen Brennereien. Neu entstehende Brennereien für Melasse, Rüben oder Rübensaft unterliegen der erhöhten Brennsteuer von je 15 Mk., auch bei einer Erzeugung von weniger als 300 Hektoliter.

In den Süddeutschen Staaten waren bis in die neuere Zeit verschiedene Arten der Steuererhebungen in Gebrauch, wie vor allem in Baden der Blasenzins, während in Württemberg und Bayern noch in den letzten Dezennien die Maischraumsteuer acceptiert war. Das Reichsgesetz von 1887 ist nun auch für die süddeutschen Staaten maassgebend geworden.

Die Statistik ist für das Branntweinsteuergebiet, welches nun ganz Deutschland umfasst, zusammengestellt. Im Jahre 1895 96 waren 60 763 Brennereien im Betriebe, davon in Preussen nur 6379, dagegen in Elsass-Lotringen 21500, in Baden 19110. Von diesen waren 5615 landwirtschaftliche, 68 gewerbliche Kartoffelbrennereien, 6654 landwirtschaftliche, 1076 gewerbliche Getreidebrennereien. 29 verarbeiteten Melasse, 219 andere Stoffe als gewerbliche Brennereien. In 47103 Br. wurden Früchte, Beeren, Obst etc. verarbeitet, wovon allein 38000 in Baden und Elsass-Lotringen. Kartoffeln wurden 2,2 Mill. T. verbrannt, Getreide 330 000 T., Melasse, Rüben etc. 43000 T., Brauereiabfälle 182 000 hl, Wein, Hefe und Träber 245 000 hl, Obst und Wein 370 000 hl. Produziert wurden 3 333 648 hl reinen Alkohols, wovon 2 170 000 kontingentiert waren. Die Maischbottich- und Materialsteuer brachte in demselben Jahre 33,7 Mill. Mk., wovon 12 Mill. für ausgeführten und zu gewerblichen Zwecken verwendeten Branntwein zurückgezahlt wurden. Der Nettoertrag der Verbrauchsabgabe und des Zuschlags betrug 119 Mill., der Ueberschuss an Brennsteuer nach dem Gesetz von 1895 1,7 Mill., der Eingangszoll 6,6 Mill., im ganzen 149,1 Mill. Mk., 2,84 pro Kopf.

§ 44.
Die Gesetzgebung in ausserdeutschen Ländern.

In Oesterreich bestand seit 1835 die Maischraumsteuer, die auch in Ungarn 1850 eingeführt wurde. 1862 ging man zur Fabrikatsteuer über unter Aufstellung eines Messapparates, der sich indessen nicht bewährte. Man sah sich daher genötigt, 1865 wieder zur Maischraumsteuer zurückzukehren, liess sie indess pauschaliter entrichten. Damit war eine Prämie auf Dickmaischen und schnelles Abbrennen zugleich gelegt, was zur Vergeudung von Material und zur Benachteiligung der Staatskasse führte. 1878 wurde zunächst neben der Pauschalierungssteuer die Fabrikatsteuer fakultativ zugelassen, doch machten nur die Hefebrennereien von ihr Gebrauch. Deshalb machte man 1884 die Fabrikatsteuer obligatorisch für die landwirtschaftlichen Brennereien mit über 50 und für die nicht landwirtschaftlichen mit über 35 hl Maischraum. Da der produzierte Spiritus nur nach der Quantität gemessen und ein Alkoholgehalt von 75% vorausgesetzt war, während er thatsächlich zu 92% durchschnittlich gewonnen wurde, bezogen die Brenner eine Prämie, die dem früheren Gewinn durch die Pauschalierung vielfach gleichkam. Das Gesetz vom 20. Juni 1888, welches gegenwärtig maassgebend ist, führt für die mittleren und grösseren Brennereien, die Kartoffeln und Getreide verarbeiten, eine Verbrauchsabgabe ein, welche für kleinere Brennereien 35 Gulden, für die grösseren 45 Gulden pro hl absoluten Alkohols beträgt. Während die Fruchtbrennereien und die kleinsten anderen mit einer Blase von nicht über 1 hl einen Blasenzins, resp. eine Abfindungssumme zu zahlen haben. Die Verbrauchsabgabe ist dem Konsum entsprechend kontingentiert. Die landwirtschaftlichen Brennereien haben ein verhältnismässig hohes Kontingent erhalten und beziehen noch ausserdem eine Bonifikation. Für den Export ist ein Prämienfond von einer Million Gulden ausgeworfen, aus welchem Prämien bis zu 5 Gld. pro hl gezahlt werden. Die Verbrauchsabgabe wird nach der durch einen Messapparat kontrollierten Branntweinerzeugung auferlegt.

In dem Britischen Reiche wurde eine Steuer auf die Branntweinerzeugung bereits 1660 gelegt. Maassgebend ist jetzt das Gesetz von 1861, wonach das Produkt mit 10 Sh. pro Gallone belegt wurde. Abgesehen von der kurzen Zeit von 1784—1825, wo sich die Steuer nach dem Halbfabrikate richtete, hat in England die Fabrikatsteuer bestanden. Ausserdem wird eine Licenzgebühr erhoben von den Brennern und Raffineuren mit 10 Pfd. St. 10 d., von denen Spiritushändlern mit Verkauf in Quantitäten von über 2 Gallonen mit 10 Pfd. St., bei Kleinverkaufsrecht 13 Pfd. St. 13 d. Die Branntweinschänker zahlen nach der Mietsteuer des Hauses von 4 Pfd. St. 10 d. bis 60 Pfd. St.

Wenn sie Sonntags ihre Lokale geschlossen halten, oder zugleich an Werktagen früher schliessen, wird ihnen die Steuer um $1/7$ resp. $2/7$ ermässigt.

In Frankreich besteht schon seit 1824 eine Art Konsumsteuer, welche in der Hauptsache auf eine Fabrikatsteuer hinauskommt. Ausserdem die Eingangsgebühr und eine Licenzabgabe.

In Russland bestand bis 1863 das Branntweinmonopol, welches in den einzelnen Distrikten verpachtet war. In diesem Jahre wurde die Fabrikatsteuer mit Messapparaten zur Anwendung gebracht. 1866 auch in Polen. Seit 1894 hat man in einzelnen Departements wiederum Versuche mit dem Spiritusmonopol gemacht, indem die Regierung $2/3$ des Bedarfs von inländischen Produzenten aufkauft, den Rest durch öffentliches Ausgebot beschafft. Das Finanzministerium bestimmt die Preise unter Berücksichtigung der Getreide- und Kartoffelpreise der letzten Jahre. Es besteht die Absicht, dieses System allmählich auf ganz Russland auszudehnen.

Von besonderem Interesse ist die Gesetzgebung in der Schweiz. Bis in die achtziger Jahre hinein bestanden dort in den einzelnen Kantonen die sogenannten Ohmgelder auf die eingeführte Ware, wobei die übrigen Getränke höher belastet waren als der Branntwein, während zugleich jedem Kanton ein gewisser Schutzzoll gewährt war. Bei diesem System entwickelte sich eine grosse Zahl kleiner Brennereien und infolgedessen wiederum die Trunksucht, deren Folgen in beklagenswerter Weise zu Tage traten, so dass man sich genötigt sah, dagegen durch die Gesetzgebung aufzutreten. Man wählte hierzu das Mittel des Handelsmonopols, wozu durch Verfassungsänderung der Bund im Jahre 1885 ermächtigt wurde, und 1886 fand die Einführung statt. Hiernach hat der Bund allein das Recht zur Branntweinerzeugung aus Kartoffeln und Getreide; die Herstellung von sog. Qualitätsspirituosen aus Obst, Beeren etc. ist ein freies Gewerbe geblieben. Dagegen hat sich der Staat die Einführung von Alkohol allein vorbehalten. Er übernimmt zugleich die Pflicht der Raffinierung. Erleichtert ist die Durchführung dadurch, dass nur $1/4$ des Bedarfs im Inlande erzeugt wird. Die Regierung giebt Lose zur Lieferung von Alkohol durch heimische Brennereien aus, die nicht unter 150 und nicht über 1000 Hektoliter pro Jahr umfassen sollen. Hierdurch sind die ganz kleinen Brennereien wie die ganz grossen unterdrückt. Die Preise werden von der Regierung bestimmt und so eingerichtet, dass den Brennern bei rationellem Betriebe die Schlempe frei bleibt. Im Jahre 1895 war der Einkaufspreis der Inlandsware 87,9 Fres. pro 100 Kilo, der Verkaufspreis 168,3 Fres. Der Gewinn belief sich daher auf 80,4 Fres. 400 Brennereien wurden mit 3,9 Mill. Fres. exproprirt oder ausgekauft. Der Reinertrag fliesst den Kantonen zu unter der Bestimmung, dass 10 % davon zu Bekämpfung der Trunksucht verwendet werden soll. Der Konsum belief sich 1885 auf 5,13 Liter absoluten Alkohols pro Kopf der Bevölkerung, 1895 auf 2,7 Liter.

Das Gesamtergebnis ist unzweifelhaft als ein ausserordentlich günstiges zu bezeichnen. Die Belastung ist noch eine verhältnismässig niedrige, gleichwohl hat sich die Trunksucht erheblich vermindert. Die Zahl der Brennereien mittlerer Grösse ist auf 70 reduziert, die durch den Staat bewirkte Reinigung übertrifft den sonst gewöhnlichen Durchschnitt erheblich. Nur sind noch die kleinen Fruchtbrennereien bestehen geblieben und sogar begünstigt, da ihr Produkt von der Steuer nicht betroffen wird. Die Kontrolle ist eine einfache, der früher verbreitete Schmuggel hat sich sehr vermindert.

Dieses günstige Ergebnis ist nicht ohne Einfluss auf die anderen Länder gewesen. 1886 legte der Minister Scholz dem deutschen Reichstage den Entwurf eines Handelsmonopolgesetzes vor, wonach das Reich sämtlichen produzierten Spiritus aufkaufen und die Verarbeitung und den Vertrieb im Grossen allein in die Hand nehmen sollte. Er hoffte dadurch einen Reinertrag von 300 Mill. Mk. zu erzielen. Der Reichstag lehnte die Vorlage aber ab, hauptsächlich aus prinzipiellen freihändlerischen Rücksichten, dann aber aus Furcht vor den grossen Abfindungssummen, welche namentlich die vielen blühenden Spritfabriken erfordern würden, und endlich aus Rücksicht gegen die Kleinbrennereien, die unter einem Monopol nicht aufrecht zu erhalten sein würden. Wir suchten nachzuweisen, dass heutigen Tages der prinzipiell ablehnende Standpunkt nicht mehr zu rechtfertigen ist, wie ebensowenig die Rücksicht auf die Kleinbrennereien. Nachdem seither eine grosse Zahl der Raffinerien eingegangen und die Arbeit für den Export auf ein Minimum zurückgegangen ist, würde auch keine so grosse Abfindungssumme mehr erforderlich sein. Dagegen würde die Konzentrierung des Engroshandels auf wenige Punkte in dem grossen Lande weit grössere Kosten verursachen als in der Schweiz. Deutschland ist bis in die neueste Zeit ein hervorragend exportierendes Land gewesen, während die Schweiz den grössten Teil vom Auslande deckt. Die Durchführung des Monopols hätte daher in Deutschland mit weit grösseren Schwierigkeiten zu kämpfen. Gleichwohl wird dasselbe zur Sicherstellung der finanziellen Unabhängigkeit des Reiches wohl im Auge zu behalten sein. In Russland ist, wie erwähnt, das Monopol 1894 in einzelnen Landesteilen eingeführt und soll in der nächsten Zukunft erweiterte Anwendung finden. Auch in anderen Ländern ist die Frage der Einführung des Monopols neuerdings wieder in Erwägung gezogen.

Nicht ganz mit Stillschweigen darf hier das sogenannte Gothenburger Ausschanksystem übergangen werden, welches 1865 in Gothenburg zur Ausbildung gelangte und dann erst allgemein bekannt wurde, obwohl es schon vorher in einzelnen kleinen Städten vorhanden gewesen war. Das Wesen desselben besteht darin, dass jedweder Ausschank von Branntwein oder überhaupt spirituöser Getränke in einer Stadt oder in einer Landgemeinde an eine Aktiengesellschaft übertragen wird, deren Dividende auf einen mässigen Zinssatz beschränkt ist, während der Nettogewinn zum besten allgemeiner oder wohlthätiger Zwecke verwendet wird. Ein zweites wesentliches Moment ist dabei, dass Ausschankstellen nur in geringer Zahl bestehen bleiben, die Inhaber derselben von dem Ausschanke der Getränke keinen Vorteil haben dürfen, also eventuell festbesoldete Beamtenstellungen einnehmen, jedenfalls die Getränke nur zum Kostenpreise abgeben dürfen. Schliesslich gehört zu dem Prinzip, dass minderjährigen oder berauschten Personen derartige Getränke überhaupt nicht verabfolgt werden dürfen. Wenn in solcher Weise der Profit nicht einzelnen Personen, sondern der Gesamtheit der unteren Klassen zu Gute kommt, von denen die Summen hauptsächlich herstammen, kann am leichtesten auch eine Verteuerung des Branntweins herbeigeführt werden, ohne eine allgemeine Verbitterung in diesen Kreisen hervorzurufen, und durch das ganze Verfahren kann die energische Bekämpfung des Alkoholismus durchgeführt werden, wie Schweden und Norwegen bewiesen haben.

Länder	Steuer pro hel	Steuerbetrag absol.		pro Kopf der Bev.	Konsum pro Kopf Trinkbr.
Grossbritann. u. Irland	391 Mk.	17,3 Mill.	Pfd. St.	8,6 Mk.	
Holland	202 „	23,7 „	Guld.	8,2 „	2,9 Lit.
Amerik. Union	193 „	69,4 „	Doll.	4,5 „	—
Norwegen	180 „	3,8 „	Kr.	2,0 „	—
Russland	176 „	241,5 „	Rubel	4,03 „	2,7 „
Frankreich	126 „	257 „	Frcs.	5,3 „	4,25 „
Belgien	103 „	34 „	„	4,2 „	4,2 „
Deutschland	90 „	149 „	Mk.	2,84 „	4,3 „
Oesterreich	78 „	33,3 „	Guld.	1,4 „	—
Schweiz	64 „	6,25 „	Frcs.	1,7 „	2,7 „
Dänemark	20,9 „	2,6 „	Kr.	1,4 „	7,0 „

§ 45.

Zuckersteuer.

Paasche, Zuckerindustrie und Zuckerhandel der Welt. Jena 1891.
v. Lippmann, Geschichte des Zuckers. Leipzig 1890.
J. Wolf, Zur Zuckersteuer. Tübing. Zeitschrift 1882 u. Finanzarchiv Bd. III.
G. J. Görz, Handel und Statistik des Zuckers. Berlin 1884.

Ursprünglich kam der Rohrzucker allein in Frage, und der Bau des Rohrzuckers zur Erzielung des süssen Saftes ist in Indien und Persien schon lange vor Christi Geburt üblich gewesen. Die Herauskrystallisierung des Zuckers aus dem Safte ist zuerst gleichfalls schon vor Christi Geburt in Aegypten geübt. Die Rübenzuckerfabrikation im Grossen ist dagegen, wie bekannt, neueren Datums. Die Gewinnung des Zuckers aus den Rüben wurde 1747 von dem Chemiker Markgraf erfunden, aber erst in diesem Jahrhundert durch Karl Achard im Grossen durchgeführt, der auf dem Gute Kuhnern in Schlesien eine Zuckerfabrik einrichtete und 1809 in einer Schrift sein Verfahren beschrieb und empfahl (Ueber die Rübenzuckerfabrikation in Europa). Die Schrift fand sehr allgemeine Beachtung, weil sie in einer Zeit erschien, wo infolge der Kontinentalsperre, die Preise des Zuckers ausserordentlich in die Höhe getrieben waren. Napoleon selbst veranlasste in Frankreich die Gründung von Zuckerfabriken als Mittel sich von England und seinen Kolonien unabhängig zu machen. Nach der Aufhebung der Kontinentalsperre konnten aber zunächst die Fabriken mit dem Rohrzucker nicht konkurrieren. Unter dem Schutze eines bedeutenden Zolles erneuerte man indessen die Versuche in Deutschland, wie namentlich in Frankreich und auch in Oesterreich. Die Entwickelung ging so rapide vor sich, dass in Frankreich im Jahre 1836 in 466 Fabriken 490 000 Centner Rübenzucker erzeugt wurden. In Deutschland in 122 Fabriken 14 000 Doppelcentner. Den Regierungen war diese Entwickelung durchaus unbequem, da sich in der gleichen Weise die Einnahmen aus dem Zuckerzolle verminderten.

Man ging deshalb in Frankreich eine Zeit lang damit um, die Rüben-zuckerfabrikation einfach zu verbieten, da zugleich die Kolonien sich über die Konkurrenz beschwerten. Schliesslich zog die Regierung es indessen vor, dort wie in Deutschland auch die inländische Produktion mit einer Steuer zu belegen, die sofort den Untergang einiger Fabriken nach sich zog, aber auch zugleich eine Vervollkommnung des Ver-fahrens veranlasste, durch welche die Konkurrenzfähigkeit des neuen Industriezweiges sich immer mehr entwickelte.

1841 wurde in Deutschland der Doppelcentner Rüben mit 10 Pf. belastet, 1844 mit 30, und wurde allmählich gesteigert, bis er 1885 mit 1,70 Mk. den Höhepunkt erreichte, und dann einem anderen Verfahren Platz machte. Im Jahre 1850 zählte man 184 Fabriken, welche 533 000 Centner Rohzucker, einen Doppelcenter aus 13,8 Centner Rüben produzierten.

			zu 1 Centner Rohzucker waren Rüben erforderlich
1860/61	247 Fabriken	1 265 000 Centner	
1870/71	304 „	1 864 000 „	11,6
1880/81	333 „	5 730 000 „	11,06
1890/91	406 „	13 319 000 „	7,97
1895/96	397 „	16 370 000 „	7,13

In Frankreich wurde 1857 der Doppelcentner Rohzucker mit 10 Frcs. Steuern belegt. 1838 mit 15 Frcs., 1840 nach Farbentypen abgestuft mit 25 bis 36,1 Frcs. Nach mancherlei Schwankungen er-reichte die Steuer 1871 den höchsten Satz von 73,3 Frcs., ging dann aber wieder auf 40 Frcs. herunter. 1884 wurde auch da ein neues Steuersystem eingeführt. Die Produktion war noch

1852	500 000	Centner
1860	1,1 Mill.	„
1871/72	3,3 „	„
1880/81	3,1 „	„
1890/91	6,9 „	„
1893/94	5,7 „	„

In demselben Jahre produzierte Russland 6,5 Mill., Oesterreich-Ungarn 8,2 Mill., Belgien 2,2 Mill. Metercentner.

Von Bedeutung ist es noch, die Entwickelung des Rohr- und Rübenzuckerproduktion der Welt miteinander zu vergleichen:

Betriebsjahr	Produktion an		Rübenzuckerproduktion in % der Gesamtproduktion
	Rübenz.	Rohrz.	
1852/53	202 000 T.	1,26 Mill.	14 %
1859/60	451 000 „	1,34 „	25,7 %
1871/72	1 051 000 „	1,87 „	36,0 %
1880/81	1,82 Mill. „	2,03 „	47,3 %
1890/91	3,66 „ „	2,86 „	56,2 %
1893/94	3,72 „ „	3,27 „	53,2 %

Es ergiebt sich aus diesen Zahlen, dass die Zuckerproduktion beider Arten in den letzten Dezennien ausserordentlich gestiegen ist, zugleich, dass der Rübenzucker allmählich den Rohrzucker auf dem Weltmarkte bereits überflügelt hat. Doch ist in den letzten Jahren trotz des Darniederliegens der Kultur auf Kuba die Rohrzucker-produktion in erheblicher Steigerung begriffen, so dass die Ueber-legenheit des Rübenzuckers noch keineswegs dauernd gesichert erscheint. Vielmehr hat er sich noch auf harte Kämpfe gefasst zu machen.

Die Produktion des Rohrzuckers in den Tropen wird begünstigt durch den grossen Zuckergehalt des Rohrs und die Billigkeit des Bodens; erschwert dagegen durch die Höhe des Zinsfusses, die teure Arbeit, den Mangel an Brennmaterial und ganz besonders durch die Kostspieligkeit der Maschinen und ihrer Bedienung, sowie die Schwierigkeit der Reparaturen. Durch eine allgemeinere Anwendung des Diffusions- statt des Pressverfahrens, um den Zucker herauszuziehen, kann der bisherige bedeutende Verlust an krystallisationsfähigem Zucker im Rohre erheblich vermindert werden; und die Möglichkeit einer gewaltigen Ausdehnung des Anbaues des Rohres wie des Fabrikbetriebes unterliegt keinem Zweifel, wenn auch augenblicklich die Preise kaum ausreichen, um die Kosten der Herstellung in Westindien zu decken und die Kaffeeplantagen grössere Erträge abwerfen. Der Rübenbau wird dagegen besonders erschwert durch das Steigen des Grundwertes und des Arbeitslohnes, da bedeutende Handarbeit bei demselben nicht zu entbehren ist. Der Zuckerkonsum ist in der neueren Zeit ausserordentlich gestiegen, hat aber kaum mit der Produktion Schritt halten können, so dass dadurch ein erheblicher Druck auf die Preise ausgeübt ist. Man rechnete den Zuckerkonsum in Deutschland 1836 auf 2,4 kg pro Kopf der Bevölkerung, 1870 6,6 kg, 1880 81 6,89 kg, 1890/91 9,5 kg, 1895/96 12,7 kg. Dagegen wird er

in England	auf	33,1	kg
„ den Vereinigten Staaten	„	23,3	„
„ der Schweiz	„	16,2	„
„ Frankreich	„	14,2	„
„ Holland	„	12	„
„ Oesterreich-Ungarn	„	6,8	„
„ Norwegen	„	6,2	„
„ Schweden	„	5,4	„
„ Russland	„	4,8	„
„ Italien	„	3,1	„

veranschlagt.

Der Zucker ist unzweifelhaft als ein gutes Steuerobjekt anzusehen. Zwar hat er sich, wie obige Zahlen ergeben, mehr und mehr zu einem Nahrungsmittel auch der grossen Masse der Bevölkerung emporgearbeitet, er hat aber als solches bis jetzt keine hohe Bedeutung und wird in den wohlhabenderen Kreisen in weit grösseren Quantitäten verbraucht, als in den ärmeren. Er ist bis jetzt nur als Genussmittel, nicht aber als notwendiges Nahrungsmittel anzusehen. Neuere Versuche scheinen ergeben zu haben, dass der Zucker in hohem Masse den Körper bei intensiver Anstrengung stärkt und eingebüsste Kräfte zu ersetzen vermag, während er zugleich äusserst leicht resorbiert wird, so dass er sich gerade zur Ernährung der ärmeren Klasse besonders eignen müsste. Es käme nur darauf an, ihn entsprechend zu verbilligen und die Bevölkerung daran zu gewöhnen. Es bleibt aber noch festzustellen, ob nicht die Erweiterung der Fleischnahrung noch mehr zu leisten vermag. Bei einem Lohndiener und kleinen Handwerker konstatierten wir in den siebziger Jahren nur einen Jahresverbrauch von 1½ kg, bei einem kleinen Beamten 10 kg, bei höheren Beamten

12—16 kg. In den meisten wohlhabenden Häusern ist der Zuckerkonsum noch weit höher zu veranschlagen, insbesondere, wo der Thee-
genuss allgemein ist, der auf den Zuckerkonsum einen bedeutenden
Einfluss ausübt. Der Zucker ist heutigen Tages im Kleinhandel mit
50—70 Pf. pro kg noch immer ein verhältnismässig billiger, so dass
auch die unteren Klassen als Genussmittel genügenden Gebrauch davon
machen können.

In Mitteleuropa ist der Rübenbau für die Landwirtschaft von
hoher Bedeutung. Er ermöglicht eine sehr intensive Kultur, zwingt
zu tieferer Ackerung, sehr reichlicher Düngung und Beseitigung des
Unkrautes, so dass dadurch die Ertragsfähigkeit des Bodens nachhaltig in bedeutendem Maasse geboten wird. Die Rübe eignet sich vortrefflich zur Vorfrucht für den Getreidebau, so dass erfahrungsgemäss
auf den rübenbauenden Gütern jetzt neben den Rüben noch mehr Getreide gebaut wird als früher ohne die Rüben. Die Rübenkultur fördert aber nicht nur die Landwirtschaft und gewährt einer grossen
Zahl von Arbeitern lohnende Beschäftigung, sie fördert durch den
damit zusammenhängenden Fabrikationszweig auch die Industrie, besonders den Maschinenbau und hat damit für die ganze Volkswirtschaft eine hervorragende Bedeutung. Die Zuckersteuer hat hierauf
entsprechende Rücksicht zu nehmen.

§ 46.

Die Arten der Zuckerbesteuerung.

Vier Besteuerungsformen sind hier zu unterscheiden: 1. die
Materialsteuer, nach dem Gewicht der Rüben, 2. nach der Leistungsfähigkeit der Apparate, namentlich der Diffusionscylinder, 3. die Saftsteuer, nach der Quantität und dem Gehalte desselben in den Siede-
kesseln, 4. die Fabrikatsteuer.

1. Die Rohmaterialsteuer wird erhoben nach der Quantität
der gewaschenen und geputzten Rüben, die in dem Momente unter staat-
licher Aufsicht zur Verwiegung gelangen, wo dieselben in die Schnitzel-
maschinen zur Verkleinerung gebracht werden sollen. Sie erfordert die
ständige Stationierung eines oder mehrerer Beamten in der Fabrik. Der
Vorteil des Verfahrens liegt darin: 1. dass die Verarbeitung der Rüben
ganz unbehelligt bleibt, die Steuerbehörde in keiner Weise beeinträchtigend auf den Fabrikbetrieb einzuwirken braucht. 2. Defraudation ist
kaum zu befürchten, da die voluminösen Rüben leicht zu überwachen
sind. 3. Sie setzt eine Prämie aus auf die Verarbeitung nur guten Materials und fördert damit die Erzielung sehr zuckerreicher Rüben; wie
sie ebenso jeder Verbesserung in der Fabrikationsmethode zur Verwertung alles in dem Safte vorhandenen Zuckers erheblichen Gewinn
gewährt. Ihr sind unzweifelhaft die grossen Erfolge der deutschen
Zuckerindustrie zu verdanken, und aus demselben Grunde hat man in
der neueren Zeit die gleiche Steuer in Frankreich aufgelegt an Stelle
der Fabrikatsteuer. In Deutschland glaubte man jetzt diese Anregung
entbehren zu können, weil die Ausbeutung des Materials als erschöpfend
angesehen, wird und die Ausbildung der Rübenzucht einen sehr hohen
Grad erreicht hat. Zugleich verschloss man sich der Erkenntnis nicht,
dass die Steuer einseitig die Gewinnung sehr gehaltreicher Rüben be-

günstigt, selbst mit zu erheblichen wirtschaftlichen Opfern, während es in höherem Masse wünschenswert ist, die Gewinnung einer grösseren Quantität Zucker von derselben Fläche, wenn auch in voluminöseren Rüben zu fördern. Als Nachteile dieser Steuer sind ferner hervorzuheben die Begünstigung der Gegenden mit günstigerem Klima und geborenem Rübenboden, mit denen kältere Gegenden mit leichterem Boden, die nicht so zuckerreiche Rüben liefern, nicht konkurrieren können und daher auf dieses Förderungsmittel der Landwirtschaft verzichten müssen. Es werden dabei ferner die grossen Fabriken mit den besten Einrichtungen die geringste Steuer zahlen. Schliesslich ist eine genaue Rückzahlung der Steuer bei dem Export nicht möglich, weil eben die Steuerzahlung je nach dem Material und der Art der Verarbeitung eine sehr verschiedene ist. Eine nicht sehr vollkommene Fabrik in ungünstiger Gegend wird bei einem angenommenen Durchschnittssatze zu wenig Steuer zurück erhalten, während eine grosse gute Fabrik mit trefflichem Material eine Ausfuhrprämie erhält.

2. Die Besteuerung nach den Apparaten ist eine ausserordentlich unvollkommene und ist daher nur als Pauschalierungssteuer durchzuführen. Sie begünstigt dabei einen unrationellen Betrieb durch übermässige Ausnutzung der Apparate.

3. Die Saftsteuer wird erhoben, indem die zur Versiedung zu bringende Quantität Saft in dem Siedekessel gemessen und zugleich der Gehalt an Zucker bestimmt wird, wie das in Belgien und Holland der Fall ist. Hierdurch kann die Rübenqualität entsprechende Berücksichtigung finden, ohne darum allein ihr Gewicht in Betracht zu ziehen, worin ein Vorteil allerdings zu sehen ist. Indessen reicht die Bestimmung des Zuckergehaltes nach dem spezifischen Gewicht nicht aus, weil oft gerade ein schwerer Saft mehr Eiweissteile enthält und der Ausbeutung besondere Schwierigkeiten bereitet. Einen genauen Maassstab bietet nur die Polarisation, doch ist der Polarisationsapparat nicht leicht zu handhaben, es liegt daher die Gefahr vor, dass unzureichende Beamte damit grosse Irrtümer begehen. Ausserdem wird durch dieses Verfahren der Betrieb selbst mehr beeinträchtigt als bei den sonstigen Methoden.

4. Die Fabrikatsteuer. Sie bildet die allein zutreffende Konsumabgabe, und die Steuerrückerstattung bei dem Export kann dabei am korrektesten durchgeführt werden. Jedes Material kann dabei zur Verarbeitung gelangen, ohne durch die Steuer benachteiligt zu werden. Den kleineren Fabriken wird die Konkurrenz mit den grösseren erleichtert. Es fehlt aber die Prämie auf besonders guten Betrieb, deshalb hat man in Frankreich 1884 diesen Modus verlassen und ist zur Rübensteuer übergegangen, die sich in Deutschland so bewährt hatte; und der Erfolg ist nicht ausgeblieben. In Deutschland glaubte man jetzt die Anregung entbehren zu können, man wollte auch den weniger begünstigten Gegenden den Rübenbau zugänglich machen, daher acceptierte man 1888 die Fabrikatsteuer und erzielte in kurzer Zeit eine erhebliche Erweiterung des Rübenbaues. Die Fabrik muss besondere Räume zur Aufbewahrung des Zuckers herstellen, die von der Steuerbehörde überwacht werden. Die zum Export oder zur Verarbeitung in Raffinerien bestimmten Quantitäten werden unter Steuer-

verschluss aus der Fabrik entlassen. Die direkt in den Konsum gelangenden Quantitäten müssen sofort versteuert werden.

§ 47.

Die Gesetzgebung einzelner Länder.

In Deutschland wurde die erste inländische Steuer 1841 aufgelegt mit nur 10 Pf. nach unserem jetzigen Gelde pro 100 kg gewaschener Rüben. 1844 wurde der Satz auf 30 Pf. erhöht, 6 Jahre darauf verdoppelt und nach 3 weiteren Jahren abermals verdoppelt. 1858 betrug er 1,50 Mk., 1869 1,60 Mk., 1885 1,70 Mk., 1887 wurde daneben noch die Fabrikatsteuer zunächst als Uebergang eingeführt, so dass 1888 80 Pf. pro 100 Kilo Rüben und ausserdem 12 Mk. pro 100 Kilo gewonnenen Zuckers erhoben wurden. 1892 kam die Materialsteuer ganz in Fortfall, während die Fabrikatsteuer auf 18 Mk. erhöht wurde. Nach unbedeutender Modifikation im Jahre 1895 setzte das Gesetz vom 27. Mai 1896 die Steuer auf 20 Mk. fest, kontingentierte die Produktion nach dem Durchschnitt der letzten 3 Jahre und erhob einen Zuschlag von den grösseren Fabriken bei Abfertigung von 4 Mill. Kilo Zucker im Jahre von 10 Pf. pro 100 Kilo, bei 4 5 Mill. 12,5 Pf., von 5—6 Mill. 15 Pf., bei höherer Produktion für jede weitere Million mehr 2$\frac{1}{2}$ Pf.

Eine Steuerrückvergütung bei der Ausfuhr ist seit 1861 mit 16,50 Mk. pro 100 kg Rohzucker und 20 Mk. für Raffinade gewährt. Sie hat verschiedene Modifikationen erfahren und stets eine Ausfuhrprämie enthalten. Die durchschnittliche Höhe derselben berechnete man für 1881/82 auf 3,24 Mk., 1887/88 sogar auf 4,98 Mk. Durch die Einführung der Fabrikatsteuer ermässigte sie sich 1888/89 auf 2,20 Mk., 1892/93 auf 1,25 Mk. Nach dem Gesetz von 1896 ist ein fester Ausfuhrzuschuss bestimmt bei 80—98 % Gehalt 2,50 Mk., bei 99$\frac{1}{2}$ % 3,55 Mk., für dazwischen liegende Qualitäten 3 Mk. Die Prämie ist danach in neuester Zeit geringer als früher. Der Nettoertrag der deutschen Zuckerabgaben inkl. des Eingangszolles, der in der neueren Zeit ganz bedeutungslos ist, betrug durchschnittlich von 1844 50: 17,8 Mill., 1856 60: 31,8 Mill., 1875—76: 63,2 Mill., 1880 81: 46,1 Mill. und sank nach erheblichen Schwankungen 1887—88 in Folge der bedeutenden Rückzahlungen bei dem Export und damit der Zuckerprämie auf 14,6 Mill.; 1889 90 war er wieder auf 80,5 Mill. gestiegen, 1891 92 blieb er in Folge einer schlechten Ernte dagegen mit 52 Mill. erheblich zurück; 1896—96 erhob er sich wieder auf 103,7 Mill. Mk.

Frankreich. Die erste Besteuerung trat hier 1837 ein mit 10 Frk. pro 100 kg Zucker, 1838 wurde der Satz auf 15 Frk., 1840 nach holländischen Typen, nach denen man den Zuckergehalt bestimmte, auf 25 36,1, 1871 sogar auf 73,3 Frk. normiert. 1880 betrug er durchschnittlich 40 Frk. Als man 1884 die Materialsteuer einführte, suchte man für 100 kg Zucker 50 Frk. zu erzielen, 1887 60 Frk. Doch setzte man die Ausbeute nur auf 6 % an, 1890—91 bei dem Diffusionsverfahren nur auf 7,75 %, was darüber erzeugt wird, trägt nur die halbe Steuer: ist die thatsächliche Ausbeute über 10,5 %, so wird die Hälfte dieser weiteren Ueberschüsse mit 30 Frk., die andere dagegen mit 60 Frks. belastet. Die Prämien, welche Frankreich in der neuesten Zeit gezahlt hat, wurden 1886—87 auf 11,6 Frk. pro 100 kg beziffert, gingen dann unter Schwankungen herab 1889—90 auf 8,2 1890—91 auf 4,5 Frk. Die Steuererträge sind erheblichen Schwankungen unterworfen gewesen. 1885 waren sie 68,6 Mill. Frk., 1892 162,3 Frk., 1897 194,3 Mill. Frk.

In Oesterreich-Ungarn begann man 1849 mit einer Fabrikatsteuer, die sich jedoch nur ein Jahr zu halten vermochte, worauf die Rübensteuer acceptiert wurde, zunächst 5 Kr. pro Zentner. Nach verschiedenen Veränderungen, die wir übergehen dürfen, wurde sie 1857 auf 18 Kr. erhöht, worauf dann noch in den folgenden Jahren Zuschläge von 10 und 30°/₀ folgten. Im Jahre 1865 wurde die Pauschalierung nach der Leistungsfähigkeit der Betriebseinrichtungen und der Zeitdauer ihrer Benutzung an die Stelle gesetzt. 1875 legte man den Steuersatz von 73 Kr. pro 100 kg der Berechnung zu Grunde. 1878 trat noch die Kontingentierung des Ertrages der Abgaben hinzu. Gleichwohl zeigte sich die Kontingentierung bei den rapiden Fortschritten der Technik als unzureichend, und die gewährten Exportbonifikationen hatten zeitweise die ganze Steuer aufgezehrt. 1888 wurde daher eine Verbrauchsabgabe von 11 Gld. pro 100 kg angesetzt und eine feste Ausfuhrprämie von 1,60 Gld. bei 93°/₀ Gehalt, 2,30 für Raffinade mit mehr als 99,5°/₀ gewährt. Die Gesamtsumme der Prämien soll aber im Bezugsjahre 5 Mill. Gld. nicht überschreiten. Mehrzahlungen werden von den Fabriken nach der Höhe ihrer Produktion wieder eingezogen. Dadurch mindert sich die faktisch gezahlte Prämie pro Centner Zucker thatsächlich erheblich, 1888—90 etwa auf 1,22 Gld. Oesterreich-Ungarn produzierte 1880—81 5,3 Mill. Zentner, 1893—94 8,2 Zentner. Die Einnahmen der Steuer allein betrugen im Jahre 1897 33 Mill. Gld.

In Russland besteht seit 1881 die einfache Fabriksteuer, neben einem ausserordentlich hohen Schutzzoll, unter welchem die Produktion gewaltig gestiegen ist, von 2,7 Mill. Zentner im Jahre 1880—81 auf 6,5 Mill. 1892—94. Die Einnahmen aus der Rübensteuer betrugen 1897 47,5 Mill. Rubel.

In Belgien besteht seit 1843, wie auch in Holland seit 1858 die Saftsteuer nach Quantität und Gehalt. Die Ungenauigkeit in der Feststellung hat zu einer Kontingentierung der zu erzielenden Summe geführt, sie ermöglicht ausserdem eine ausgedehnte, wenn auch verdeckte Exportprämie.

§ 48.
Die Tabacksteuer.

Bericht der Tabackenquetekommission im deutschen Reiche. Berlin 1878.
G. Mayr, Das deutsche Reich und das Tabacksmonopol. Stuttgart 1878.
Felser, Das Tabacksmonopol und die amerikanische Tabacksteuer. Annalen des deutschen Reichs. 1878.
Wiesinger, Das Reichsgesetz betreffend die Besteuerung des Tabacks. Ansbach 1889.

Der Taback ist als ein entbehrliches Genussmittel ein sehr geeignetes Steuerobjekt, welches um so leichter auch eine höhere Auflage tragen kann, weil dadurch Frauen und Kinder im grossen Ganzen nicht getroffen werden, sondern allein der erwachsene Mann, der von dem Taback Gebrauch macht.. Der Gebrauch des Tabacks dokumentiert eine Leistungsfähigkeit, welche der Staat sehr wohl für seine Kasse verwerten kann. Der vielfach ins Feld getragenen Pfeife des armen Mannes kann durchaus dabei Rechnung getragen werden. Wohl wird ein gewissenloser Raucher wie Trinker lieber die Familie darben lassen, als auf den Genuss verzichten, doch wird dieses nur die Ausnahme sein, welche unmöglich berücksichtigt werden kann. So lange der Staat genötigt ist, die unteren Klassen mit zu Zahlungen heranzuziehen, wird auch die Tabacksteuer in erster Linie ihre Berechtigung haben. Der Konsum findet hauptsächlich in vier Formen statt: als Schnupf-, Kau-, Rauchtaback und als Cigarren und Cigaretten. In Oesterreich geht die Verwendung des Schnupftabacks in erheblichem Maasse zurück. Auch die Verwendung des Rauchtabacks nimmt ab, während die Verwendung von Cigarren und Cigaretten steigt. In Frankreich nimmt dagegen der Konsum von Rauchtaback zu.

Der Tabacksbau kann nicht als förderlich für die Landwirtschaft angesehen werden, wie der Rübenbau. Er macht vielmehr sehr hohe Ansprüche an mineralische Pflanzennährstoffe und saugt den Boden in hohem Maasse aus, so dass eine lange Dauer des Tabackbaues nur bei sehr starker Düngung ohne schädliche Folgen für den Boden bleibt. Dagegen ist er gerade für den kleinen Bauer eine vortreffliche Einnahmequelle, wobei die Ueberlegenheit des Kleinbetriebes besonders zum Ausdruck kommt. Die Tabackspflanze bedarf einer sehr sorgfältigen eingehenden Behandlung, der Tabacksbau daher grosse Arbeitskräfte, die der Bauer mit Frau und Kind billiger hat als der Gutsbesitzer, und bei dem hohen Ertrage, den der Taback bei günstigem Klima und geeignetem Boden zu gewähren vermag, ist auch bei einer kleinen Fläche ein erwünschter Zuschuss zu erzielen. In Deutschland stellte sich nach der offiziellen Schätzung der Preis der Tonne trockener Blätter auf durchschnittlich 777 Mk. und der Ertrag pro ha Tabacklandes auf 967 Mk. Es wurden in den letzten Jahren auf 21154 ha von 157032 Tabackpflanzern, durchschnittlich 13,4 ar. pro Pflanzer, 93720 Tonnen Taback im Werte von 20,4 Mill. Mk. erzielt; das sind ca. 130 Mk. auf jeden Pflanzer.

Bei der Ernte des Tabacks ist besondere Sorgfalt auf die Erhaltung der einzelnen Blätter zu legen, welche der Pflanzer mit seiner Familie besser anwendet als bezahlte Kräfte. Die geernteten Blätter müssen sorgfältig getrocknet werden, da man sie vielfach unter dem Dache aufhängt, nach dem technischen Ausdrucke „dachtrocken" gemacht werden, worauf sie im Winter längere Zeit auf Haufen gelegt und sich selbst überlassen bleiben, um einen Fermentationsprozess durchzumachen, der ihr Volumen nicht unbedeutend vermindert. Nachdem sie im Mai eine Nachgährung durchgemacht haben, sind die Blätter zur Verarbeitung reif.

Die Ausdehnung der Fabrikation, des Verbrauchs und der Besteuerung in den verschiedenen Ländern.

Länder	Fabriken	Arbeiter	Verbrauch pro Kopf	Steuer und Zoll	Ertrag pro Kopf
Deutschland	4518	110 000	1,5 Kilogr.	Steuer 12,4 Mill.Mk. Zoll 48,1 „	1,14 Mk.
Oesterreich	28	33 000	1,3 Kilogr.	60 Mill. Gld.	2,18 Gld.
Ungarn	15	14 100	1,0 Kilogr.	—	—
Frankreich	21	18 000	0,95 Kilogr.	341,7 Mill. Frcs.	6,45 Frcs.
Russland	323				
Das britische Reich			0,78 Kilogr.	Zoll 11,2 Mill. Pfd. St.	5,18 Pfd. St.
Verein. Staaten	22 000		2,55 Kilogr.		2,9 Doll.

In verschiedenen Staaten wird der Taback allein durch einen Zoll besteuert, so in dem britischen Reiche unter Verbot des Tabackbaues; ohne Verbot desselben in dem skandinavischen Reiche, Holland und der Schweiz. In den übrigen in Betracht kommenden Ländern ergänzen sich Zoll und Inlandssteuer.

Die Besteuerung kann in vierfacher Form durchgeführt werden. 1. Als Flächensteuer, eine Art Grundertragssteuer, wie sie in Deutschland bis 1879 bestanden hat. Da der Ertrag des Tabacks nach Quantität und Qualität in verschiedenen Gegenden und Jahren sehr ungleich ist, so kann diese Steuer nur niedrig gehalten werden, um nicht zu grosse Härten in sich zu schliessen. Eine hohe Flächensteuer bildet zugleich eine Prämie für den Gebrauch von Surrogaten. Dem gegenüber fällt der Umstand, dass die Durchführung einfach und billig ist, wenig ins Gewicht. Auch die Besteuerung nach der Zahl der Pflanzen, welche auf der Fläche steht, wie in Belgien (1½ Cent. pro Pflanzen), ist nur wenig besser, da es weniger auf die Zahl der Pflanzen als auf die Zahl und Grösse der Blätter ankommt, die geerntet werden.

2. Die Materialsteuer, wo das Quantum der geernteten Blätter entweder vor oder nach der Fermentation als Maassstab für die Steuer angenommen wird, und die Erhebung entweder bei dem Pflanzer, wie es meistens der Fall ist, oder bei dem Fabrikanten vor der Verarbeitung stattfindet. Das erstere Verfahren findet seit 1879 in Deutschland statt. Auch dieses bleibt ein rohes System, weil die Qualität dabei nur schwer Berücksichtigung finden kann. Die Leistungsfähigkeit ist daher sehr beschränkt, die Kontrolle muss bei dem Pflanzer eine fort-

gesetzte sein, aber der Fabrikbetrieb bleibt dabei unbehelligt. Dies letztere Moment war seinerzeit für das deutsche Gesetz bestimmend. 3. Die **Fabrikatsteuer.** Sie kann durchgeführt werden, entweder als Fakturensteuer, indem allein nach den Angaben der Fabrikanten über die von ihnen verarbeiteten und fertig gestellten Quantitäten die Steuer erhoben wird, wie das Anfang der sechziger Jahre in den Ver. Staaten der Fall war. 2. Nach den Paketen mit zum Verkauf bestimmter Waare, welche einer Stempelung unterworfen sind, wie das seit 1868 in den Ver. Staaten geschieht, dann in Mexiko, Kanada, Brasilien. 3. Das Banderollensystem, in dem alle Fabrikate nur in Verpackung in den Handel gebracht werden dürfen, welche mit einer bestimmten Banderolle umklebt ist, sodass nur durch Vernichtung derselben der Tabaek herausgenommen werden kann. Die Banderollen werden nach dem Steuersatze von der Regierung verkauft. Dieses Verfahren findet sich in Russland, Bulgarien und Rumelien.

Das Fakturensystem hat sich als unzureichend erwiesen, weil die Kontrolle ausserordentlich schwierig ist, sodass die Defraudation leicht übergrosse Dimensionen annimmt. Die letzteren beiden Systeme liefern, unterstützt von der Fakturenforderung, anerkannter Maassen eine grosse Sicherheit. Sie lassen den Tabacksbau frei, wie die Fabrikation selbst, und da nur das fertige Fabrikat in den Handel kommt, findet die Erhebung erst statt, kurz bevor es dem Konsum übergeben wird. Eine Abstufung nach dem Werte aber hat sich bisher auf die Dauer nicht durchführen lassen. Sowohl in den Ver. Staaten wie in Russland hat man den Versuch nach kurzer Zeit wieder aufgegeben, weil man der Defraudation nicht zu steuern vermochte. Dieses ist allein bei der vierten Art der Besteuerungsform möglich, bei dem Monopol.

4. Dasselbe kann entweder nur Handelsmonopol oder nur Fabrikmonopol, oder wie es meistens der Fall ist beides vereinigt sein. Wir finden es gegenwärtig in Oesterreich-Ungarn, Frankreich, Italien, Rumänien, Serbien, dann in Portugal, wo es an eine Gesellschaft verpachtet ist, in Spanien, der Türkei, wo es unter Staatsbeteiligung einer Privatgesellschaft zur Verwaltung übergeben ist.

Die Vorteile des Monopols liegen hauptsächlich darin, dass man mehr, als erfahrungsgemäss bei der Fabrikatsteuer nach dem Werte des Konsumartikels die Steuer abzustufen vermag. Auf die feineren Cigarren, welche nur der reichere Mann verbraucht, kann ein wesentlich höherer Zuschlag gemacht werden, als auf die mittlere Qualität, während die geringen Sorten, die der einfache Arbeiter verwendet, mit besonderer Nachsicht behandelt werden können. Durch diese Anpassung an die Leistungsfähigkeit kann natürlich auch eine weit höhere Summe aus dem Objekte gezogen werden, ohne einen übermässigen Druck auszuüben. Freilich zeigt es sich, dass in der Praxis auch hierin enge Schranken gezogen sind, denn die Haupteinnahme ist doch nur aus der grossen Masse der Bevölkerung zu ziehen, während der Luxuskonsum auch bei einer hohen Steuer die Kasse nur wenig bereichert. Daher kann der Nachlass für die untere Klasse doch nicht sehr erheblich sein, wenn das Monopol genügend einbringen soll. Als weitere Vorteile des Fabrikmonopols sind hervorgehoben, dass dabei unter Durchführung einer starken Centralisation grosse Ersparnis an Arbeit möglich ist, und der Staat auch der Gesamtheit Ersparnisse an kaufmännischen Spesen durch einen gleichmässigen Verkauf bei kleinen Verschleissern ermöglichen kann.

Indessen werden diese Vorteile wiederum reichlich aufgewogen durch die Beeinträchtigung des Privatbetriebes, der bei der Tabackfabrikation reichliche Gelegenheit zur Verwertung besonderer Intelligenz und Anpassung an den Geschmack des Publikums hat. Die Konzentrierung des Betriebes würde z. B. in Deutschland die über 4000 kleinen Fabriken auf etwa 15 reduzieren, und die 110 000 Arbeiter, die jetzt darin beschäftigt sind, etwa auf den dritten Teil vermindern, wobei ein grosser Teil der Arbeiterfamilien aus ihren bisherigen Wohnsitzen herausgerissen und in die Nähe der neuen Fabriken gezogen würden. Der reichliche und angemessene Verdienst, der heutigen Tages dabei mancher Frau in der Hausindustrie zufällt, würde damit beseitigt. Daraus ergiebt sich zugleich, dass der Uebergang zum Monopol sehr bedeutende Summen zur Expropriation der Unternehmer und Entschädigungen von Beamten und Arbeitern erfordert, welche für längere Zeit den Vorteil der Monopolisierung für die Staatskasse beseitigen müssten. Ausserdem wird die Arbeit für den Export bei dem Monopol erfahrungsgemäss unterdrückt.

Der Staat kann nicht, wie die grosse Zahl der Privatunternehmer, die unter dem Drucke der Konkurrenz stehen, eine solche Mannigfaltigkeit der Fabrikate liefern, wie wir sie z. B. in Deutschland kennen. Die Monopolfabriken liefern stets nur wenige verschiedene Sorten, die dafür allerdings im ganzen Lande in gleicher, bekannter Qualität zum gleichen Preise zu haben sind, und nur durch die importierten fertigen Waaren eine Ergänzung erhalten.

Auch der Tabacksbau leidet unter dem Monopol, indem ihm in Betreff der Ausdehnung bestimmte Schranken nach dem Bedarf gezogen werden müssen, wogegen allerdings der volle Absatz gegen angemessene Preise garantiert wird.

Es ergiebt sich aus dem Gesagten, dass der Neueinführung eines Monopols grosse Schwierigkeiten und Bedenken entgegenstehen, die nur zu überwinden sind, wo die Finanzlage des Staates zu einer solchen Massregel zwingt, und bereits eine starke Konzentrierung in der Herstellung sich ausgebildet hat. Dagegen ist es begreiflich, dass heutigen Tages die Staaten, welche ein Monopol besitzen, auch daran konsequent festhalten.

§ 49.

Die Tabacksteuer in verschiedenen Ländern.

In Preussen wurde 1828 eine Flächensteuer eingeführt, mit vier Klassen nach der Ertragsfähigkeit des Bodens. Die nord- und mitteldeutschen Länder folgten allmählich dem Beispiel, während die süddeutschen auf die innere Steuer verzichteten. Dabei war der Zoll sehr niedrig; vor 1853 5½, von da ab 4 Thaler pro Centner Rohtaback. 1868 wurden die Stufen fallen gelassen und der höchste Satz allgemein beibehalten, mit 6 Silbergroschen für 6 Quadratruten, und auf ganz Deutschland ausgedehnt. Da der Ertrag der Steuer sich dabei mehr als ungenügend erwies, beschloss man zu einem anderen Systeme überzugehen, aus welchem höhere Einnahmen zu erwarten waren. Nachdem das Monopol abgelehnt war, acceptierte man die Materialsteuer unter wesentlicher Erhöhung der Zoll- und Steuersätze. Das Gesetz von 1885 hat nur eine unbedeutende Aenderung gebracht, und zwar eine Erleichterung zu Gunsten der Tabackspflanzer.

Die innere Steuer ist hiernach eine Gewichtssteuer, aufgelegt nach dem in trockenem Zustande ermittelten Gewichte, unter Abzug von $\frac{1}{5}$ als Fermentationsverlust. Daneben besteht die Flächensteuer für ganz kleine Stücke unter vier ar. Surrogate sind prinzipiell verboten, doch kann der Bundesrat Ausnahmen gestatten, und er hat Kirsch- und Weichselblätter, Rosenblätter etc. zugelassen. Der Steuersatz beträgt pro 100 kg trockner Blätter 45 Mk., für Surrogate 65 Mk. Die Flächensteuer ist 4,5 Pf. pro 6 Quadratruten. Der Pflanzer hat anzumelden, dass und wieviel er Taback bauen will. Die Steuerbehörde nimmt nach der Pflanzung eine Vermessung vor und vor der Ernte eine Zählung der Blätter, um danach das zu erwartende Gewicht vorauszubestimmen. Nach erlangter Dachreife erfolgt die amtliche Verwiegung, bleibt dieselbe um mehr als 50 % hinter der Schätzung zurück, so wird eine Untersuchung über die Ursache eingeleitet. Auch nach der Verwiegung wird weiter verfolgt, wo das Material zur Verarbeitung gelangt.

Die Zahlung findet statt, wenn der Taback von dem Pflanzer verkauft wird, oder wenn er aus einer Zollniederlage in den Verkehr tritt. Der Inlandsteuer gegenüber steht der Eingangszoll mit 85 Mk. pro 100 kg Blätter; für Cigarren und Cigaretten 270 Mk., für anderen fabrizierten Taback 180 Mk. Bei dem Export werden 40 Mk. für fermentierten Taback, 47 für entrippte Blätter pro 100 Kilo zurückgezahlt.

Der Ertrag der Steuer hat sich im Laufe der Zeit wesentlich gehoben. 1871/72 betrug er inkl. Zoll 9 Mill. Mk., 1881/82 36,6 Mill., 1891/92 45 Mill., 1895/96 59,89 Mill., d. s. 1,14 Mk. pro Kopf. Die Inlandssteuer war pro 1897/98 auf 11,29 Mill. veranschlagt, die Steuer auf Surrogate auf 31000 Mk., der Zoll auf 48,1 Mill., wovon 647000 zur Rückvergütung in Abzug gebracht wurden.

Im britischen Reiche besteht nur ein Zoll und keine Inlandsteuer, der Tabaksbau ist verboten. In dem Jahre 1897—98 war die Einnahme aus dem Zolle auf 11,2 Mill. Pfd. St. angesetzt.

In Russland wurde schon 1838 die Fabrikatsteuer eingeführt, mit der Erhebung durch Kreuzbandverschluss oder Banderollen, welche zur Erlegung der Steuer von der Regierung gekauft und zum Verschluss allen in den Handel kommenden Tabacks verwendet werden müssen. Bis 1877 wurden Preisabstufungen derselben nach dem Werte des Fabrikates gemacht. Seitdem ist der Einheitssatz accepticrt, abgesehen von der geringsten Sorte (Machorta), die früher steuerfrei war, jetzt einen geringen Steuersatz zahlt. Das Gesetz von 1882 brachte eine verschärfte Kontrole für den Rohtaback und eine Abstufung der Banderollensteuer nach drei Wertklassen, die 1887 erhöht wurden. Im Jahre 1893 wurde eine ergänzende Accise eingeführt und die Patentsteuer für den Tabackhandel um 50 % erhöht. Der Tabackbau ist frei, doch darf der Bauer sein Produkt nur an Fabriken und Engrosniederlagen verkaufen. Rohtabacksendungen müssen mit Passierscheinen versehen

sein, welche von der Steuerbehörde kontroliert werden. Die Niederlagen haben Register zu führen, welche monatlich von der Behörde revidiert werden sollen. Jede Fabrik muss einen jährlichen Minimalbetrag
von Banderollen entnehmen. Die Versendung darf nur in Verpack-
ungen nach genauen Vorschriften stattfinden, und vor der Ausfuhr
aus der Fabrik sind die Packete mit den betreffenden Banderollen
zu bekleben. Die geringeren Fabrikate kann die Steuerverwaltung von
der Fabrik zum angegebenen Maximalpreise mit 15⁰/₀ Rabatt kaufen.
In den Fabriken darf nur ein Materialvorrat gehalten werden, der dem
Bedarf von höchstens 20 Tagen entspricht. Rauchtaback zahlt pro
Pfund erster Sorte 90 Kopeken, zweiter Sorte 48 K. Steuer, dritter
Sorte 18 K.; Cigarren 1. Sorte werden zu 100, 50, 25, 10, 5 und 2
Stück verpackt, und die Banderollen kosten pro 100 Cigarren 1 Rubel
bis 2 Cigarren 2 Kopeken, also für jedes Stück 1 Kopeke. Bei der
zweiten Sorte kostet die Banderolle für 25 Stück 15 K., der dritten
Sorte 7¹/₂. Die Preise, zu denen der Taback verkauft werden darf,
sind von der Regierung festgesetzt. Der Steuerertrag war im Jahre
1891 aus der Tabacksteuer 26,3 Mill. Rubel, aus der Patentsteuer
1,9 Mill. Rubel.

In den Vereinigten Staaten von Nordamerika wurde 1862
die Fabrikatsteuer eingeführt, auf Grund einer periodischen Deklaration der Fabrikanten über ihren Verkauf. Für Taback wurden 2
Steuerstufen, für Cigarren 4 angesetzt, doch liess man die ersteren schon
nach einem Jahr fallen. In den folgenden Jahren fand eine wesentliche Erhöhung statt, und für Cigarren führte man noch zwei Abstufungen mehr ein, die indessen 1868 wieder fort fielen. In demselben
Jahre fand ausserdem eine prinzipielle Aenderung in dem Kontroll-
und Erhebungsverfahren statt. Man begnügte sich nicht mehr wie
bisher mit der Deklaration der Fabrikanten, sondern verlangte eine
bestimmte Verpackung, welche mit einer Stempelmarke derartig verschlossen wurde, dass sie nur unter Vernichtung der Marke benutzt
werden konnte. Und dieses Verfahren bewirkte sofort eine wesentliche Erhöhung des Ertrages. In den Jahren 1879, 83 und 90 ermässigte man die Steuersätze erheblich, die jetzt 6 Cents pro Pfund
Taback und 3 Dollar pro 1000 Cigarren, für Cigaretten je nachdem
das 1000 unter 3 Pfund oder 3 Pfund und darüber wiegt, 50 Cents oder
3 Dollar betragen. Spezialtaxen und Licenzen, die ausserdem bisher
bestanden, kamen gleichfalls in Fortfall. Die Kontrolle beginnt bereits
bei dem Pflanzer, der den Taback nur an von der Regierung registrierte
Händler verkaufen darf. Er hat genau anzugeben, was und an wen
er verkauft hat und die Richtigkeit zu beeidigen. Die Fabrikanten
haben Kaution zu stellen, genau Buch zu führen und die Bücher und
Vorräte durch die Beamten kontrolieren zu lassen. Ausserdem haben
sie in jedem Monat Auszüge aus den Büchern den Behörden einzureichen und schliesslich eine Jahresübersicht zu geben, welche die eidliche Versicherung der Richtigkeit der Angaben enthalten muss. Der
Taback darf, wie erwähnt, nur in bestimmter Verpackung in den Handel
kommen; Cigarren in Packeten zu 25, 50 und 100 Stück mit Angabe
der Fabrik. Die Art des Aufklebens der Marke und die Entwertung
derselben durch Datum und Name ist genau vorgeschrieben, und hohe
Strafen sind über jede Uebertretung verhängt. Man nimmt an, dass

7*

gegenwärtig die Defraudation nicht im Uebermass vorkommt, die Erträge sind sehr erhebliche; im Jahre 1896 30,7 Mill. Dollars, ohne einen übermässigen Druck auszuüben.

In **Frankreich** wurde bereits 1674 das **Monopol** eingeführt und verpachtet. Zur Zeit der Revolution wurde es aufgehoben, aber 1810 wieder eingeführt und nicht wieder angetastet. Der Tabacksbau ist nur bestimmten Departements gestattet, diesen, so weit Bedarf vorliegt, ausnahmsweise auch für den Export. Der Tabacksbauer hat sich eingehender Kontrolle zu unterwerfen und darf nur an die Staatsfabriken verkaufen, dafür werden angemessene Preise gezahlt, und der Absatz ist dem Pflanzer völlig gesichert. Die Staatsfabriken liefern ihre Fabrikate in bestimmte Niederlagen, von wo aus sie an die konzessionierten Verkäufer abgegeben werden, welche sie nur zu den ihnen angegebenen Preisen verkaufen dürfen. Die gewöhnlichsten Arten des Tabacks, die tabacs des troupes werden sehr billig, für $1^1/_2$—2 Frc. pro Kilogr. abgegeben, während das Kilogr. Havanna-Cigarren 75 Frcs. kostet, gewöhnlicher Rauchtabak 12,50 Frcs. 1898 betrugen die Einnahmen 392,8 Mill. Frcs.

Wir fügen hier noch die Angaben hinzu, dass das in Frankreich bestehende **Schiesspulvermonopol** in demselben Jahre 11,5 Mill., das **Zündhölzchenmonopol** 28,5 Mill. Frk. einbrachten.

In **Oesterreich** wurde das **Monopol** 1784 errichtet, in **Ungarn** 1850. Der Tabacksbau ist auch dort nur in bestimmten Landesteilen und in beschränkter Ausdehnung gestattet. Der Ertrag ist allein an die Monopolverwaltung abzuliefern. Der Anbau wird auf das Genaueste überwacht. Vor Beginn der Periode werden die zu zahlenden Preise bestimmt und bekannt gemacht, sowie wohin die Ernte zu liefern ist. Die Fabrikation geschieht in verschiedenen Staatsunternehmungen. Der Kleinvertrieb ist nach einem bestimmten Tarif an konzessionierte Tabaktrafiken überlassen. Für die gangbarsten Cigarrensorten werden pro 100 Stück 1,35, 1,80 und 2,25 Gulden gezahlt. Die Einnahme war 1897/98 auf 96,6 Mill. Gulden veranschlagt, die Ausgaben auf 33,7, der Nettobetrag auf gegen 60 Mill. Gulden.

§ 50.
Die Zölle.

Zölle sind Auflagen auf Waaren, welche eine bestimmte Zolllinie oder Grenze passieren. Man hat zu unterscheiden zwischen Finanzzöllen und Schutzzöllen, die meistens allmählich ineinander übergehen, daher sich vielfach nicht scharf scheiden lassen. Bei den Finanzzöllen ist der Zweck allein die Verwertung des Zolls für die Staatskasse, und ein reiner Finanzzoll liegt nur bei Gegenständen vor, die im Innlande nicht produziert werden können, während Schutzzölle aufgelegt werden, um die ausländische Konkurrenz zu Gunsten der heimischen Produktion zu erschweren. Sind sie nicht Prohibitivzölle, welche die Einfuhr gänzlich ausschliessen, so liefern sie Beiträge zur Staatskasse und erlangen dadurch auch eine grössere oder geringere finanzielle Bedeutung. Wir haben es hier nur mit der finanziellen Seite zu thun.

Die Zölle zerfallen in Ausgangs-, Durchgangs- und Eingangszölle. Heutigen Tages kommen nur noch die letzteren für uns in Frage.

In Deutschland wurden die Durchgangszölle 1861 beseitigt; die Ausgangszölle im Jahre 1865 bis auf den von Lumpen, der erst 1873 fiel.

Die Besteuerung auf dem Wege des Waarenzolls gestattet nicht eine genaue Anpassung an die Leistungsfähigkeit. Nur wenige Artikel sind es, die einen hinreichenden Schluss auf die Verhältnisse des Konsumenten gestatten. Auch hier wird die Einteilung in drei Kategorien der in Betracht kommenden Gegenstände notwendig sein, die vom steuerfiskalischen Standpunkte eine verschiedene Behandlung beanspruchen: die notwendigen Konsumartikel, die entbehrlichen, wenn auch nützlichen und die Luxusgegenstände.

Auch hier trifft aber zu, was oben bereits ausgeführt ist, dass die ersteren Artikel am meisten, die letzteren am wenigsten einzubringen vermögen, während eine besondere Belastung der letzteren wünschenswert wäre.

Die Zollerhebung schliesst eine nicht unbedeutende Verkehrsbelästigung ein. Besonders muss die Einfuhr auf bestimmte Strassen resp. Häfen beschränkt werden, um die Ueberwachung zu erleichtern. Die Kontrolle an der Grenze nötigt zu Verzögerungen des Transports und zu besonderen Vorschriften über die Art des Transportes und der Versendung. Jede Waare, die die Zollgrenze zu passieren hat, muss mit besonderen Deklarationen versehen und begleitet sein. Gleichwohl spielt hier der Schmuggel eine hervorragende Rolle, und ein grosses Personal ist zur Beaufsichtigung der Grenzen notwendig, die nicht unbedeutende Kosten verursachen. Der erwähnte Zusammenhang der Wirkung der meisten Zölle zugleich zum Schutze der heimischen Industrie schliesst die Gefahr ein, dass selbst nur aus Finanzrücksichten aufgelegte Zölle einen einseitigen Einfluss auf die Produktionsrichtung ausüben und dadurch nachteilig wirken.

Die Frage, wer den Zoll trägt, haben wir hier nicht mehr näher zu erörtern, sondern verweisen auf das in dem § 12 über die Abwälzung der Steuern bereits gesagte.

Unzweifelhaft ist es die Aufgabe, den Steuerzahlern jede Erleichterung zu gewähren, die sich mit der Zollerhebung verträgt. Dazu gehört die Freilassung eines niedrigen Gewichtes (250 g), Gestattung der Verzollung erst am Bestimmungsorte, wenn dort eine Steuerbehörde vorhanden ist, um die persönliche Gegenwart des Empfängers zu ermöglichen und die Auspackung vor Vollendung des Transportes zu vermeiden.

Von besonderer Bedeutung sind die Freihäfen und freien Niederlagen. Die ersteren haben sich besonders als erspriesslich, selbst notwendig herausgestellt, wo der Zwischenhandel mit dem Auslande eine erhebliche Rolle spielt, damit der Händler seine Waare dort unverzollt lagern kann und die Entscheidung ohne besondere Zollbelästigung in der Hand behält, ob er die Waare weiter in das Ausland verfrachten oder in das Inland führen will. Die Verbindung einer Stadt mit dem Freihafen hat sich als der Entwickelung der Stadt hinderlich erwiesen, weil sich darin aus Mangel an einem Hinterlande Industrie nicht entwickeln kann, die nur auf den Absatz der Stadt selbst in der Hauptsache angewiesen überall erst Zollgrenzen zu überschreiten hat. Zollfreie Niederlagen erleichtern es dem Importeur die Waaren längere Zeit lagern zu lassen und doch erst dann zu verzollen, wenn sie zum Verkauf in das Inland gebracht werden sollen.

Um die inländische Produktion nicht durch Zölle zu hemmen, hat man sich vielfach veranlasst gesehen, bei der Ausfuhr inländischer Produkte und Fabrikate eine Rückzahlung des Zolles zu erwirken; sei es für das Rohmaterial, welches in der ausgeführten Waare enthalten ist, sei es für die Ausfuhr von Produkten, die in gleicher Art an anderer Stelle eingeführt waren. Das letztere spielt hauptsächlich bei dem Getreide eine Rolle, wo in Deutschland zunächst 1879 die Rückzahlung des Zolles nur für das Getreide gewährt wurde, von welchem nachgewiesen war, dass es aus dem Auslande stammte. Man verlangte also den Identitätsnachweis für alles Getreide, für welches die Wiedererstattung gefordert wurde. Im Jahre 1896 ist dieser Identitätsnachweis beseitigt, dafür wird für jedes ausgeführte Quantum Getreide von der Zollbehörde ein Schein ausgestellt, der zur zollfreien Einfuhr eines gleichen Quantums derselben Gattung Getreide berechtigt, welche durch jede beliebige Person an jedem beliebigen Orte geschehen kann. In der gleichen Weise sind schon seit längerer Zeit in Frankreich bei der Einfuhr von Waren titres d'aquis à caution ausgestellt, welche zur Rückzahlung des Zolls bei der Ausfuhr berechtigen.

Die Rückzahlung des Zolles liegt bei Fabrikaten vor: bei dem Mehl, wo schon früher die Beseitigung des Identitätsnachweises gewährt wurde, um das Arbeiten der Mühlen für den Export zu erleichtern und ihnen dabei die Verwendung zollfreien Getreides aus dem Auslande zu ermöglichen. Man hat die Verzollung des Rohmaterials z. B. von Wolle, dadurch erleichtern wollen, dass man die Wiedererstattung des Zolles für das zu Garn, Wollenstoffen, Kleidern verwendeten und darin verzollten Rohmaterials in Vorschlag brachte. Die Feststellung aber, wie viel Wolle in dem Zeuge etc. enthalten, ist wohl durch das Mikroskop möglich, der Prozentsatz des Gehaltes aber und die Feststellung des dazu nötigen Quantums Rohmaterial sind schwerlich mit irgend welcher Genauigkeit zu ermitteln.

§ 51.
Die Art der Verzollung und die Zollerträge.

Die Verzollung kann geschehen als Wertzoll oder spezifischer Zoll, je nachdem er sich nach dem Werte der Waare richtet oder nach äusseren Merkmalen, wie der Stückzahl z. B. beim Vieh, nach dem Längenmaasse z. B. bei Nutzholz, oder, was hauptsächlich zur Anwendung kommt, nach dem Gewicht. In der älteren Zeit wurde der Zoll fast ausschliesslich nach dem Werte aufgelegt, was theoretisch unzweifelhaft das richtige ist. Im Laufe der Zeit ist man mehr und mehr davon abgegangen, sodass er in England und Deutschland nur noch ganz ausnahmsweise Platz findet, dagegen noch jetzt in grosser Ausdehnung in Amerika und Russland. Der Durchführung stehen besondere Schwierigkeiten entgegen, bei der Feststellung des Wertes, welche zunächst auf den Deklarationen der Importeure beruhen muss, die von den im Auslande stationierten Konsuln bestätigt werden, wie das gegenwärtig bei den Ver. Staaten Nordamerikas geschieht. Dabei hängen die Importeure wesentlich von den Konsuln ab und sind auf der anderen Seite in hohem Maasse der Willkür der Steuerbeamten preisgegeben, welche ihrerseits die Deklaration angreifen können. Je nach den fungierenden Persönlichkeiten wird dann der Preis an dem einen Exportplatze höher normiert als an den anderen und wird an dem einen Hafen rigoroser als an dem anderen verfahren. Die Regierung muss sich das Vorkaufsrecht vorbehalten zum deklarierten Wert unter Aufschlag der Transportkosten und eines Geschäftsgewinnes, wenn sie die Deklaration für zu niedrig hält. Bei alledem ist ein wesentlicher Anlass zur Bestechung der Beamten geboten, über welche überall geklagt wird, wo Wertzölle in grosser Ausdehnung bestehen.

Die spezifischen Zölle haben den Vorteil grösserer Einfachheit und festnormierter und leicht festzustellender Steuersätze. Dagegen kann der Wert nur in sehr summarischer Weise Berücksichtigung finden, indem man nach gewissen äusseren Merkmalen die Steuersätze abstuft. Z. B. wie in Deutschland 1. gemeines grünes Hohlglas: 3 Mk. pro 100 kl brutto; 2. weisses, ungemustertes: 8 Mk.; 3. Fensterglas nach der Grösse: 6, 8 und 10 Mk.; 4. Spiegelglas roh, ungeschliffen; 3 Mk.; 5. Tafel- und Spiegelglas, geschliffen, poliert etc.: 24 Mk.; 6. Behänge für Kronleuchter etc.: 24 Mk.; 7. Glasplättchen, Glasperlen etc.: 4 Mk.; 8. farbige, bemalte Glaswaaren: 30 Mk.

Für Baumwolle und baumwollene Waaren weist der Tarif 27 Abteilungen auf: 1. rohe Baumwolle frei; 2. Watte zahlt 1,50 Mk.; 3. Garn, eindrähtiges nach der Feinheit in 5 Stufen: 12—36 Mk.; zweidrähtiges: 15—39 Mk.; beides gebleicht und gefärbt: 24—48 Mk.; drei- und mehrdrähtiges: 48 Mk.; zweidrähtiges wiederholt gezwirnt: 70 Mk.; 4. Dochte: 24 Mk.; 5. Baumwollwaaren; a) rohe: 80 Mk.; b) gebleichte, dichte Gewebe: 100 Mk.; c) andere Gewebe: 120 Mk.; 6. Gardinenstoffe: 230 Mk.; 7) alle undichte Gewebe: 200 Mk.; 8. Spitzen und Stickereien: 350 Mk. Bei einem hohen Zoll wird diese Unterscheidung natürlich wenig zureichend sein, da darunter noch Waaren von ausserordentlich verschiedenem Werte zusammengeworfen sind. Man braucht nur an den verschiedenen Preis der Spitzen zu denken.

Bei der Verzollung kann die Tara in Abzug gebracht werden, indem in Deutschland bei Verpackung, z. B. bei Rohzucker in Fässern mit Dauben: 12 %, in Kisten: 10 %, abgerechnet werden; bei Verpackung in Kanasserkörben 8 %, in anderen Körben 7 %; in Ballen 4 %. Doch bleibt es sowohl den Importeuren wie den Beamten anheim gegeben, Feststellung des Nettogewichtes zu verlangen, wo aussergewöhnliche Verhältnisse vorzuliegen scheinen.

Die Zusammenstellung der Waaren und ihrer Steuersätze wird der Zolltarif genannt. In dem merkantilistischen Zeitalter wurde im allgemeinen jede importierte Waare einem Zoll unterworfen. Der Tarif von 1818 stellte in Preussen zuerst als das entgegengesetzte Prinzip auf, dass die freie Einfuhr die Regel sein müsste, die Verzollung nur die Ausnahme. Das sogenannte englische System führt dieses Prinzip im Extrem auf freihändlerischer Grundlage durch, indem dabei nur diejenigen Gegenstände zur Verzollung herangezogen werden, welche eine wirklich erhebliche Einnahme versprechen. Erfahrungsgemäss sind dies aber nur ausserordentlich wenige. In England wurden 1838 von 862 zollpflichtigen Artikeln 22,1 Mill. Pfd. St. erzielt.

9 Artikel lieferten   18 Mill Pfd. St.   84,2 Proz.
10   „   „   1,8   „   „   „   1,8   „
63   „   „   1,4   „   „   „   6,3   „
780   „   „   0,3   „   „   „   1,4   „

Auf Grund dieser Beobachtung hat man die Zahl der zollpflichtigen Artikel fortdauernd vermindert, und bei jeder Reduktion konnte eine grosse Zahl der Steuerbeamten entlassen und die Erhebungskosten entsprechend reduziert werden. 1815 umfasste der Zolltarif noch 1500 Nummern, 1847 über 1000 Nummern, 1854 nur 528, jetzt etwa 45, von denen allein Thee, Kaffee, Zucker, Taback und Spirituosen fast den ganzen Zollbetrag aufbringen.

Von besonderer Bedeutung ist nun die Auswahl der zur Verzollung herangezogenen Gegenstände und die Höhe ihrer Belastung.

In Deutschland war der Zollertrag im Jahre 1896 der folgende:

Getreide	146,0 Mill. Mk.	31,6 Proz.	2,76 Mk. pro Kopf
Mühlenfabrikate	3,9 „	„	0,8 „	0,07 „	„	„
Petroleum	59,26 „	„	12,8 „	1,12 „	„	„
Kaffe	52,08 „	„	11,2 „	0,98 „	„	„
Taback			10,0 „	0,90 „	„	„
Wein	15,18 „	„	3.3 „	0,28 „	„	„
Bau- und Nutzholz	12,8 „	„	2,7 „	0,23 „	„	„
Schmalz	9,17 „	„	2,0 „	0,17 „	„	„
Fette, Oele	3,16 „	„	0,7 „	0,86 „	„	„
Baumwollengarn und -waren	8,56 „	„	1.8 „	0,16 „	„	„
Südfrüchte	7,72 „	„	1,7 „	0,14 „	„	„
Wollgarn u. -waaren	4,9 „	„	1,1			
Reis	4,7 „	„	1,0 „	0,90 „	„	„
Schweine	0.5 „	„	0,1 „	0,01 „	„	„
Fleisch und Extrakt	4,7 „	„	1,0 „	0,09 „	„	„
Rind und Schaf	2,4 „	„	0,5 „	0,04 „	„	„
Cacao	4,2 „	„	0,9 „	0,081 „	„	„
Eisenwaren	4,1 „	„	0.9 „	0,078 „	„	„
Roheisen	3,3 „	„	0,7 „	0,06 „	„	„
Thee	2,54 „	„	0,5 „	0,04 „	„	„
Häringe	3,4 „	„	0,7 „	0,06 „	„	„
Käse und Butter	3,0 „	„	0,7 „	0,057 „	„	„

Aus den obigen Angaben ist zu ersehen, dass der Zolltarif in überwiegender Weise die täglichen Gebrauchsartikel der grossen Masse der Bevölkerung belastet. Der Getreidezoll allein hat im letzten Jahre fast $\frac{1}{2}$ der ganzen Zollerträge aufgebracht und die Bevölkerung mit nahezu 3 Mk. pro Kopf belastet. Greifen wir die hauptsächlichsten fünf Artikel heraus, die wie Getreide, Petroleum, Kaffee, Schmalz und Fleisch hauptsächlich von den unteren Klassen gebraucht werden, so machen sie 6,5 Mk. pro Kopf der Bevölkerung und ca. 32,5 Mk. pro Familie aus. Wenn man dabei erwägt, dass die Arbeiterfamilie im Durchschnitte in Deutschland von einem Einkommen von 8—900 Mk. leben muss, wovon sicherlich 600 Mk. als Existenzminimum in Abzug zu bringen sind, so ist das eine Belastung von über 10 % des freien Einkommens der Arbeiterklasse, was unbedingt eine Ueberbürdung nicht nur bei der Verzollung, sondern in dem ganzen Steuersysteme gegenüber den besser situierten Klassen ausmacht. Dabei ist gar nicht in Rechnung gezogen, dass der Zoll auf Baumwollen- und Wollenwaaren, wie auf Eisen etc., dann auf Häringe und manche andere Gegenstände auch auf sie fallen. Ferner, dass jene Zölle zugleich Schutzzölle sind, welche ausser dieser Abgabe an den Staat noch eine erhebliche an die Produzenten mit sich bringen, und schliesslich, dass in der Salz- und Getränkesteuer noch ausserdem eine erhebliche Last auf dem Arbeiter ruht. Aus dem Gesagten ergiebt sich, dass das Zollsystem in Deutschland weit hinter dem bezeichneten Ideale zurückbleibt.

Der Gesamtbruttoertrag der Zölle beläuft sich auf 415,3 Mill. Mk. im Jahre 1896 97, und 391,7 Mill. der Nettoertrag, das sind 8 Mk. pro Kopf der Bevölkerung. Da hier die Steuern der einzelnen Staaten noch neben den Reichssteuern stehen, kann die Vergleichung des Zollertrages mit der Gesamteinnahme nicht durchgeführt werden.

Nach einer anderen Einteilung bei der Untersuchung des Tarifs ergiebt sich, dass bei den Rohstoffen der Zoll im grossen Durchschnitte 7½ % des Wertes ausmacht, bei den Fabrikaten 15,6 %, bei Nahrungs- und Genussmitteln 24,4 %.

In Oesterreich-Ungarn wurde im Jahre 1897 98 die Gesamtbruttoeinnahme auf 690 Mill., die Nettoeinnahme auf 492 Mill. Gulden veranschlagt; die Zölle mit 47,9 Mill., d. s. 1,1 Gulden pro Kopf der Bevölkerung, und 9 % der Gesamteinnahme.

In Frankreich betrugen die Zölle 409,6 Mill. Frcs. von 3335,9 Mill. Frcs. Gesamteinnahmen, mithin 12,3 %, 10,6 Frcs. pro Kopf. In dem britischen Reiche fielen von 101,9 Mill. Pfd. St. 21,25 Mill. Pfd. St. auf die Zölle, 22 %, 10,7 Mk. pro Kopf. In Russland von 1318 Mill. Rubel 159,6 Mill., 11,8 %, und 2,7 Mk. pro Kopf. In den Vereinigten Staaten von Nordamerika betrugen 1896 von 409 Mill. die Zölle 160 Mill. D., 10,3 Mk. pro Kopf.

Auch hier ergiebt sich, dass Deutschland pro Kopf weniger zahlt als die anderen Länder.

§ 52.

Die Mietssteuer.

Die Mietssteuer ist gleichfalls eine indirekte Steuer, da man von der Ausgabe an Miete auf die Einnahmen und infolgedessen indirekt auf die Leistungsfähigkeit schliesst.

Die Wohnung, die sich jemand nimmt, lässt unzweifelhaft einen Schluss auf seine ganzen Lebensverhältnisse zu, dieser Schluss kann aber natürlich nicht auf völlige Genauigkeit Anspruch machen. Es ist eine allgemeine Erfahrung, dass die Wohnung des einfachen Arbeiters verhältnismässig teurer ist, als die der besser situierten Klassen. Namentlich in den grösseren Städten kann man annehmen, dass die Arbeiterfamilie ⅕ bis ⅓ ihres Einkommens für die Wohnung ausgeben muss, auch der kleine Beamte sehr wohl den vierten Teil, der höhere Beamte ⅕ bis ⅙, während sehr reiche Leute vielfach nur 5—1 % für ihre Wohnungen aufwenden. Es geht daraus hervor, dass man durch die Mietssteuer nur bei Durchführung einer starken Progression eine gerechte

Verteilung erzielen wird. Dazu kommt allerdings, dass der Junggeselle, auch ein kinderloses Ehepaar viel günstiger in dieser Hinsicht da stehen, als eine kinderreiche Familie, dass vielfach die Geschäftsthätigkeit den Arbeiter, den Kaufmann, den Beamten zwingt, in einer bestimmten Gegend zu wohnen, ev. besonders ausgedehnte Lokalitäten zu nehmen, z. B. den Tischler, der in seiner Wohnung zugleich seine Werkstatt hat. Auch diese Verhältnisse machen entweder besondere Abstufungen erforderlich oder eine Beschränkung auf niedrige Sätze. Bei der grossen Verschiedenheit der Mieten in grossen und kleinen Städten und auf dem Lande lässt sich die Steuer nicht als allgemeine Landessteuer durchführen, sondern muss den Gemeinden für ihre Zwecke vorbehalten bleiben, wobei die entsprechende Anpassung an die lokalen Verhältnisse möglich ist. Unter Berücksichtigung der oben erwähnten Momente und unter entsprechender Beschränkung auf ein niedriges Maass ist eine solche Steuer aber keineswegs zu verwerfen, wo die sonstigen Steuern bereits sehr stark in Anspruch genommen sind und die untern Klassen noch ergänzend herangezogen werden müssen. Die Vorbedingung ist nur, dass sie nicht so hoch ist, um eine erhebliche Beschränkung in den Wohnungsverhältnissen herbeizuführen, welche aus sanitären Rücksichten zu beklagen wäre.

In Frankreich bestehen Staatssteuern, welche eine Art Mietssteuer bilden. Die contributions personelles, eine Art Familiensteuer, und die contributions mobilieres, welche thatsächlich nach der Wohnung bemessen werden. In Paris sind die Wohnungen unter 250 Frcs. frei, dann findet eine Steigerung von 3—9 °/₀ statt.

Kapitel III.

Die Ergänzungssteuern.

v. Heckel, Zur Lehre von den Verkehrssteuern. Finanzarchiv VII.

§ 53.

Allgemeine Uebersicht.

Unter der obigen Bezeichnung fassen wir alle diejenigen Steuern zusammen, welche sich nicht in die Abteilungen der direkten und indirekten Steuern unterbringen lassen, und welche als Ergänzung zu jenen eingeführt werden, um noch die Einkommensteile in einer besonderen Weise zu erfassen, bei welchen man eine besondere Leistungsfähigkeit voraussetzt, und die man auf den anderen Wegen noch nicht genügend erfasst zu haben glaubt. Dazu gehören vor allem diejenigen, welche man gewöhnlich als Verkehrssteuern bezeichnet, und die mit zu denjenigen gehören, welche I. G. Hoffmann als Steuern von den Handlungen bezeichnete. Indessen will uns scheinen, dass diese Bezeichnung wohl für einige, doch nicht für alle passt, ohne ihnen einen besonderen Zwang anzuthun. Die Handlung ist bei der gewöhnlichen Erbschaftssteuer unzweifelhaft nicht das Wesentliche, und auch nicht der Verkehr, ebensowenig bei den verschiedenen Stempelabgaben, wie Karten-, Kalender-, Zeitungsstempel, Annoncensteuer etc. Dagegen können sie wohl als Ergänzungssteuern aufgefasst werden. Bei der

Erbschaftssteuer, die allgemein dieser Abteilung zugewiesen ist, liegt es dagegen viel näher, sie unter die direkten Steuern einzureihen, weil hier gerade so wie bei der Vermögenssteuer der Wert der Erbschaft den direkten Anhalt zur Beurteilung der Leistungsfähigkeit bietet (s. § 24, S. 48). Dagegen kommen die folgenden Steuern dabei in Betracht: a) Die Einregistrierungsabgaben bei Verpfändung und Besitzübertragung von Grundstücken; b) die Vertragsstempel von beweglichen und von unbeweglichen Sachen; c) die Quittungs- und Wechselsteuern; d) die Börsensteuern; e) Sonstige Stempelsteuern auf Zeitungen, Annoncen, Karten, Kalender etc., wozu dann in der Regel noch die Erbschaftssteuer hinzugezogen wird.

Die erstgenannten haben allerdings miteinander gemein, dass Vermögensteile in dem Umsatz zu Tage treten, und man glaubt die Gelegenheit ergreifen zu sollen, um dieselben zu einer Abgabe an den Staat heranzuziehen. Dazu kommt, dass die meisten von ihnen ursprünglich Gebühren waren, die sich erst allmählich bei dem steigenden Bedürfnisse der Staatskasse zu Steuern ausgebildet haben.

So lange es bestimmte Vermögenssteuern nicht gab und namentlich der grössere Besitz thatsächlich zu wenig besteuert war, lag es sehr nahe, jede Gelegenheit zu benutzen, um Vermögensteile zu belasten, wo sie sich leicht erfassbar erwiesen. Besonders das bewegliche Vermögen suchte man überall zu ergreifen, weil es sich auch in der Einkommensteuer der Abgabenpflicht zu häufig entzog. Daher das Vorgehen, den Moment des Kapitalumsatzes zu solcher Besteuerung zu benutzen, sowohl bei Kaufverträgen wie bei Eintragung von hypothekarischen Darlehen etc., zumal hierbei Justizeinrichtungen benutzt wurden, oder doch die Abschlüsse sich unter der Autorität und dem Schutze des Justizwesens vollzogen. Wo aber Vermögenssteuern bestehen, wird dieser erste Grund in Fortfall kommen, und die zweite Rücksicht wohl eine Gebühr, aber keine Steuer rechtfertigen. Dass die Leistungsfähigkeit sich in all diesen Akten nicht bekundet, kann wohl einem Zweifel nicht unterliegen. Ausserdem ergiebt sich erfahrungsgemäss die Unmöglichkeit, eine solche Vollständigkeit der Auflegung durchzuführen, dass nicht ein einseitiges, weil nur zufälliges, aber nicht begründetes Herausgreifen möglich ist. Theoretisch rechtfertigen lassen sich diese Steuern in keiner Weise, nur praktische Rücksichten können dafür sprechen. Als solche sind angeführt: die Notwendigkeit, die übrigen Steuern, besonders die Einkommen- und Vermögenssteuer zu entlasten, resp. zu ergänzen, dann um besondere sozialpolitische Zwecke zu verfolgen, wie die Beschränkung der Börsenspekulation etc. Man hat sie daher damit verteidigt, dass dabei Vermögensteile in dem Momente erfasst werden, wo sie flüssig geworden sind, und bei der Grösse des Umsatzes in der Gegenwart auch eine geringe Abgabe grosse Summen zu liefern vermöge, und leicht getragen werde. Wir haben bei den einzelnen Steuern zu untersuchen, wie weit dies zutrifft. Unberechtigte Doppelbesteuerung dürfte schwerlich dabei zu vermeiden sein. Sie tragen alle Schattenseiten des summarischen Verfahrens der Ertragssteuern an sich und stehen auf demselben prinzipiellen Boden, wie diese.

Den beachtenswertesten Versuch der Rechtfertigung und Einreihung der Verkehrssteuern in ein geschlossenes Steuersystem zur

Ergänzung der Ertrags- und Personalsteuern hat v. Heckel in oben erwähnter Schrift gemacht.

Er teilt sie in folgende Gruppen:

1. Die aktive Bethätigung des Verkehrs: Veränderungen im relativ festen Werthbestande:
   a) Steuer auf den Verkehr mit Immobilien — Besitzwechselabgabe,
   b) Steuer auf den Verkehr mit Mobilien — Börsen-, Effekten-, Kaufs- und Verkaufssteuer.
2. Die passive Bethätigung des Verkehrs: der Wertzuwachs:
   a) für den periodischen oder natürlichen Zuwachs — die Erbschaftssteuer,
   b) für den unperiodischen Zuwachs — die Schenkungssteuern,
   c) für den gesellschaftlichen Zuwachs — die Gewinnsteuer, Konjunkturbesteuerung, Abgaben für Patente, so weit letztere nicht reine Gebühren sind etc.
3. Bei aktiver und passiver Bethätigung des Verkehrs: Die Durchgangsposten beim Wertverkehr:
   a) Wechselstempel,
   b) Schuldscheinstempel,
   c) Quittungsstempel,
   d) Kontokorrent-, Rechnungs- etc. Stempel,
   e) Spielkarten, Zeitungsstempel.

§ 54.

Die Einregistrierungs- und Stempelsteuern.

Die Einregistrierungssteuer wird erhoben, wo vertragsmässige Verfügung über Grund und Boden stattfindet und diese in die öffentlichen Grund-, Flur- oder Hypothekenbücher zur grösseren Sicherheit eingetragen wird. Dies findet bei Verkauf, Besitztitelübertragung, Schenkung, Stiftungen, Verpfändung etc. statt. Der Bezug einer Gebühr ist gerechtfertigt, da den Beteiligten durch die von einem öffentlichen Amt gewährte Sicherheit ein wesentlicher Vorteil gewährt wird. Aber auch die Gesamtheit hat ein grosses Interesse an diesen Akten und deren Registrierung, sodass auch sie einen Teil der Kosten der Einrichtungen auf sich nehmen kann. Zur Erhebung einer Steuer erscheint kein Anlass. Wohl ist sie damit gerechtfertigt worden, dass der Verkäufer einen Konjunkturengewinn durch Steigen der Grundrente zu erzielen pflege, deshalb hier die Gelegenheit zur Erfassung desselben besonders günstig sei, wo er sich den Gewinn bar auszahlen lasse. Thatsächlich ist aber die Abgabe in keinem Lande diesem Konjunkturengewinn anzupassen versucht, was vielmehr der Grund- und Gebäudesteuer überlassen ist. Bei einem gleichen Steuersatze wird in dem sehr häufigen Falle, wo der Verkäufer ohne Gewinn, event. zwangsweise seinen Besitz aufgeben muss, ein Unglücklicher noch besonders beschwert. Man braucht nur an die gegenwärtige Agrarkrisis und den Rückgang des Grundwertes zu denken. Allerdings ist es in Deutschland, dem Usus gemäss, der Käufer und nicht der Verkäufer, welcher die Steuer zahlt. Wie weit er dies im Kaufpreise in Anrechnung zu bringen vermag, ist eine Machtfrage, und der Schwächere hat die Last zu übernehmen, nicht derjenige, von dem sie am leichtesten zu tragen wäre. Von einer Anpassung an die Leistungsfähigkeit kann daher keine Rede sein.

Die Steuer erfreut sich bei den Regierungen einer Beliebtheit, weil sie leicht auf direktem Wege bei der Eintragung zu erheben, genau zu kontrollieren ist und nicht unbedeutende Summen einzubringen vermag. Sie ist besonders in Frankreich seit lange eine erhebliche Einnahmequelle mit 508,6 Mill. Frks.

An die besprochenen Steuern schliessen sich eine Anzahl von Stempelsteuern, so genannt, weil die Erhebung in der Form von Stempelmarken oder Stempelpapieren geschieht, welche bei Vertragsurkunden zu verwenden sind.

Hier kommen vor allem in Betracht: die Börsensteuern. Sie können erhoben werden bei der Emission von Aktien, Staatsobligationen etc., dann bei dem An- und Verkauf von Effekten und Waaren. Begründet werden dieselben durch die Annahme, dass hier besondere Gewinne erzielt werden. Dies dürfte bei Bankiers nicht zutreffen, die aus der Emission und dem Umsatz der Papiere ein Geschäft machen, das in der Gewerbesteuer Berücksichtigung findet. Dagegen können von Privaten, welche in Papieren, Getreide oder Zucker an der Börse spekulieren, Konjunkturengewinne gemacht werden, die nichts mit ihrer sonstigen Geschäftsthätigkeit zu thun haben, und daher ausser durch die Einkommensteuer nicht getroffen werden. Nun werden aber Effekten doch nur zum kleinen Teil an der Börse behufs Spekulation, d. h. nur um sie wieder mit Gewinn zu veräussern, gekauft, sondern zu mehr oder weniger nachhaltiger Kapitalanlage, die höchstens dadurch besteuerungsfähig ist, dass die Einkommensquote sich als besonders entbehrlich erweist, aber nur bei ungenügender Progression bei der Einkommensteuer und Vermögenssteuer. Waaren werden aber an der Börse in grosser Ausdehnung für den praktischen Bedarf gekauft, wobei Konjunkturengewinn nicht in Frage kommt. Bei der Spekulation liegt die Chance des Verlustes bekanntlich ebenso vor, wie die des Gewinnes. Man hat sich daher genötigt gesehen, noch die Motivierung durch den polizeilichen Zweck der Bestrafung der Spekulation hinzuzuziehen. Da aber die Spekulation heutigen Tages gar nicht zu entbehren ist und man unberechtigte Spekulation nicht herausgreifen kann, so ist auch diese Begründung nicht haltbar. Nur die Notwendigkeit, die Gewerbesteuer bei Kaufleuten und Bankiers zu ergänzen, würde eine wirkliche Rechtfertigung in sich schliessen.

Die Auflegung kann nur sehr summarisch sein, nicht für das einzelne Geschäft oder gar nach dem Gewinne, sondern für eine Steuereinheit einen bestimmten Satz, wie in der prozentualen Steuer, oder für jeden Umsatz einen festen Satz. Die gewöhnliche Art der Erhebung ist die auf Grund der Schlusszettel, d. i. der durch einen Makler ausgestellten Urkunde über den Vertrag. Ein Zwang zur Benutzung des Schlusszettels wird entweder durch Bestrafung bei der Unterlassung oder durch Verbindung der Klagbarkeit mit jener Urkunde ausgeübt werden. Man hat auch von den Beteiligten die Registrierung ihrer Umsätze an der Börse verlangen wollen, um der Regierung dadurch einen Anhalt zur Kontrolle zu gewähren, doch schliesst dies ein zu tiefes Eindringen in die Geschäftsthätigkeit der Einzelnen ein, um empfohlen werden zu können.

Im deutschen Reiche wurde durch Gesetz vom 1. Juli 1881 eine Steuer auf an der Börse abgeschlossene Geschäfte gelegt, die durch Gesetz vom 27. April 1894 abgeändert wurde. Nach dem letzteren sind steuerpflichtig: die Umsätze in Aktien, Renten- und Schuldverschreibungen, Kaufgeschäfte und Lotterieloose. Die ersten sind durch eine Emissionssteuer betroffen mit $1\,^0/_0$ von inländischen und $1^1/_2\,^0/_0$ von ausländischen Aktien etc., wenn sie im Inlande ausgegeben, verkauft oder verpfändet werden; Aktien von gemeinnützigen Gesellschaften sind unter bestimmten Voraussetzungen frei. Inländische Renten- und Schuldverschreibungen zahlen $4\,^0/_{00}$, ausländische $6\,^0/_{00}$, wobei vor allem die Schuldverschreibungen des Reiches und der Bundesstaaten sowie einige andere frei sind, solche von Gemeinden nur $1\,^0/_{00}$ zahlen; von Korporationen ländlicher und städtischer Grundbesitzer, der Grundkredit- und Hypothekenbanken, sowie staatlich genehmigter Transportgesellschaften $2\,^0/_{00}$.

Kaufgeschäfte in ausländischen Banknoten, Papiergeld etc., sowie Aktien-, Renten- und Schuldverschreibungen sind einer Schlussnotensteuer von $2\,^0/_{000}$, börsenmässiger Waarenverkauf $4/_{000}$ des Wertes unterworfen. Die Zahlung erfolgt durch Aufkleben einer entsprechenden Stempelmarke auf die Schlussnote durch den ausstellenden Makler. Loose öffentlicher (nicht Staats-) Lotterien sind mit $10\,^0/_0$ belastet, soweit es sich nicht um kleinere (nicht über 25 000 Mk.), für mildthätige Zwecke und sonstige nicht 100 Mk. übersteigende Ausspielungen handelt. Der Gesamtertrag war 1895/96 44,8 Mill. Mk., 0,9 Mk. pro Kopf.

In Oesterreich wurde durch Gesetz vom 18. Oktober 1892 eine Effektenumsatzsteuer aufgelegt von 10 Kr. pro 5000 Gulden, für inländische Staatsschuldverschreibungen 5 Kr., für ausländische Wertpapiere 20 Kr.

In Frankreich war schon gleich nach der Revolution eine Art Börsensteuer eingeführt, die durch Gesetz vom 28. April 1893 neu gestaltet wurde. Sie ist ein Schlussnotenstempel von $1/_{000}$, und ausserdem enthält sie eine Emissionssteuer von $1,2\,^0/_0$ bei inländischem, und $0,75\,^0/_0$ bei ausländischen Papieren bis zur Höhe von 5000 Frcs., für jedes weitere Tausend $1,5\,^0/_0$. Ausserdem haben alle Arten von Wertpapieren einen droit de transmission zu entrichten, der bei jeder Umschreibung vom Emittenten mit $1/_2\,^0/_0$ des Kurswertes bei Namenpapieren, und $1/_{5}\,^0/_0$ bei Inhaberpapieren zu zahlen ist. Sie bringt 5 Mill. Frks. ein.

In England ist jeder Schlusszettel mit einem festen Stempel von 1 d. belegt. Sonstige Uebertragungen von Kapital haben $2^1/_2$ Mk. pro 100 Mk. zu tragen, wenn sie auf Grund einer Urkunde stattfinden.

An die letzterwähnte Steuer schliesst sich die Vertragsstempelabgabe an, wie sie in Frankreich und noch in Elsass-Lothringen als Dimensionsstempel besteht, wobei sich die Abgabe nach der Grösse des zu der Urkunde benutzten Papiers richtet; ausserdem der Quittungsstempel in Frankreich mit 10 Cent., sobald der Betrag 10 Frk. übersteigt im Privatverkehr, 25 Cent. für Quittungen von und an öffentliche Kassen. Die Stempelsteuern bringen 178 Mill. Frks.

In England besteht für alle Quittungen für Beträge von 20 Pfd. St. und darüber schon seit 1852 ein Penny-Stempel, durch welchen 1,3 Mill. Pfd. St. eingenommen werden.

In Deutschland wurde bisher jede dahingehende Vorlage abgelehnt.

Bedeutsamer ist die Wechselstempelsteuer, welche jetzt in den meisten Ländern besteht und erhebliche Summen einbringt.

In Deutschland wurde eine solche schon durch Gesetz vom 10. Juni 1869 eingeführt und am 4. Juni 1879 verändert. Bis zu 200 Mk. ist auf den Wechsel bei der Ausgabe eine Marke über 10 Pf. zu kleben und durch Aufschreiben des Datums zu entwerten, von 2—400 Mk. 20 Pf. u. s. w., von 800—1000 Mk. 50 Pf., jede weitere 1000 Mk. 50 Pf. mehr. Sie bringt 8,6 Mill. Mk. ein.

In Frankreich zahlen die Wechsel ¹/₂ pro mille der Wertsumme. Die Einnahmen durch dieselben sind nicht isoliert angegeben.

Die sonst hierher gehörigen Steuern sind nicht von solcher Bedeutung, dass es nötig wäre, hier näher darauf einzugehen. Wir begnügen uns, noch die kleine Gruppe der Luxussteuern zu streifen.

§ 54.

Die Luxussteuern.

Mamroth, Handwörterbuch. Bd. IV, S. 1083.
v. Bilinski, Die Luxussteuer als Korrektiv der Einkommenst. Leipzig 1875.

Man versteht darunter eine Gruppe von Steuern, die aufgelegt werden, wo ein besonderer Aufwand zu Tage tritt und sich ein Gegenstand, eine Lustbarkeit etc. durch eine Steuer treffen lässt. Es gehören dazu Steuern auf Wagen, Pferde, Dienstboten, Gold- und Silbergeschirr, öffentliche Vergnügungen, gesellige Vereine, Schauspiele, Billards, Fahrräder, auch der Kartenstempel und die Hundesteuer wären richtiger hierher zu verweisen. Sie haben in früheren Jahrhunderten, wo man dem Luxus polizeilich entgegenzutreten bestrebt war, eine weit grössere Verbreitung gehabt, als jetzt.

In Italien und Holland haben Wagen-, Pferde-, Dienstbotensteuern schon im 17. Jahrhundert bestanden. Sie haben in England und Frankreich seit dem vorigen Jahrhundert eine gewisse Bedeutung, sind aber in der neueren Zeit mehr und mehr in den Hintergrund getreten.

In der Gegenwart sind bezügliche Gesetze besonders in Frankreich erlassen, zuletzt 1889 und 90. Es bestehen noch: die Wagen- und Pferdesteuer (12,8 Mill. Frks.), die Fahrradsteuer (3,3 Mill. Frks.), die Billardsteuer (1,1 Mill.), die Vereins- und Klubtaxe etc. (24 Mill.). Ausserdem haben dort wie in Holland die Gemeinden das Recht, zu Gunsten der Armenkasse eine Abgabe von Theatervorstellungen und öffentlichen Vergnügungen zu erheben.

In England sind die Gesetze von 1853, 69 und 74 maassgebend. Es besteht danach dort eine Wagensteuer, die ca. ¹/₂ Mill. Pfd. St. Steuern einbringt. Die Pferdesteuer ergab etwa ebensoviel, wurde aber 1874 aufgehoben. Eine Dienstbotensteuer liefert 140 000 Pfd. St. Steuern.

Württemberg erhebt eine Abgabe von Schaustellungen. In Lübeck wurde 1878 eine Steuer auf Tanzvergnügungen gelegt. Diese Steuern sind vielfach als direkte Aufwandsteuern bezeichnet. Nach unserer Definition gehören sie zu den indirekten Steuern. Als Staatssteuern können sie eine Bedeutung nicht beanspruchen, wenn sie sich auch rechtfertigen lassen. Die damit verbundenen Umstände, die nötige Kontrolle, die mitunter ein Eindringen in die Häuslichkeit nicht vermeiden lässt, machen die Steuer für den Staat nur schwer verwendbar, zumal er auf die verschiedenen Verhältnisse in grossen und kleinen Städten etc. nicht die nötige Rücksicht nehmen kann. Den polizeilichen Gesichtspunkt, damit dem Luxus entgegenwirken zu wollen, wird man bei Seite lassen müssen, weil dadurch nur vereinzelte Erscheinungen getroffen werden, die für den Gesamtaufwand irrelevant sind. Dagegen ist nicht in Abrede zu stellen, dass mit dem Halten einer Equipage, dem Halten von mehr als einem Dienstboten eine besondere Leistungsfähigkeit bekundet wird, welche die Gemeinde verwerten kann, während die Hundesteuer einen heilsamen Druck gegen das übermässige Halten von Hunden ausübt.

Kapitel IV.

Die Gebühren.

§ 56.

Die Gebühren haben sich meistens aus Sporteln entwickelt, das sind Abgaben, die nicht an die amtlichen Organe, sondern an die Personen der Beamten, welche dem Publikum gewisse Dienste leisteten, als Zuschuss zu ihrer unzureichenden Besoldung entrichtet wurden. Allmählich beseitigte man diese und liess die Beträge in die allgemeine Staatskasse fliessen. Sie sind dann eine einzelnen der vorher besprochenen Ergänzungssteuern übrig geblieben, wo zuerst ein Ueberschuss für die Staatskasse erzielt wurde, während jetzt nur noch eine teilweise Vergütung für vom Staate geleistete Dienste dafür errichtet wird (s. § 3, S. 5).

Sie bestehen noch in grosser Ausdehnung, besonders bei der Civil- und Kriminaljustiz (Prozesskosten, Zahlungen der Verurteilten zur teilweisen Deckung der Gerichtskosten), bei der freiwilligen Gerichtsbarkeit (Testamentsaufbewahrung, bei Erbteilungen, Vormundschaftssachen), bei Hypothekenämtern, wenn die Entrichtungen sehr niedrig sind, sodass sie nicht Steuercharakter haben. Polizeigebühren, für die Ausstellung von Passkarten, Reisepässen, Prüfung von Gold- und Silberwaaren, Fleischbeschau, Aichung von Maassen und Gewichten. Dann kommen in Betracht Schulgelder, Wege-, Brückengelder. Es scheint uns kein Grund vorzuliegen, diese Letzteren hier nicht aufzunehmen, nur weil sie nicht für Rechts- und Machtzwecke, sondern für Kultuszwecke erhoben werden (Schall, in Schönbergs Handbuch, Bd. III, 1. S. 121).

Die Erhebung von Gebühren in den erwähnten Fällen erscheint gerechtfertigt, weil derjenige, der die Anstalten des Staates oder der Gemeinde benutzt, einen besonderen Vorteil davon hat, und er deshalb auch einen Teil der Kosten mit tragen kann, die zu ihrer Unterhaltung notwendig sind. Da es sich aber um Institutionen von allgemeiner Bedeutung handelt, die im Interesse Aller notwendig sind, so ist es angemessen, dass auch die Gesamtheit einen Teil der Kosten auf sich nimmt. Dazu kommt, dass es eine Härte wäre, dem Armen die Benutzung jener segensreichen Institutionen zu sehr zu verteuern, die vielmehr der Gesamtheit leicht zugänglich sein sollen. Die Erhebung der Gebühren darf dabei nicht als Selbstzweck angesehen werden, sondern nur als Nebensache, um diejenigen schärfer heranzuziehen, welche besonderen Gebrauch davon machen.

Da bei den Gebühren für die allgemeinen Staatszwecke nichts übrig bleibt, können wir hier nach dem Gesagten darüber hinfortgehen.

Abschnitt II.

Einkünfte aus Staatsbesitz und Staatsbetrieb.

§ 60.

Allgemeines.

Wirtschaftliche Unternehmungen des Staates können verschiedener Art sein. 1. Wohlfahrtseinrichtungen, wie sie in der Arbeiterversicherung vorliegen, wobei ein Ueberschuss für die Staatskasse nicht gesucht wird, sondern event. noch Zuschüsse von ihr zu gewähren sind.
2. Hülfsanstalten zur Durchführung gewisser Staatszwecke, die event. etwas einbringen, aber nicht besonders auf den Erwerb gerichtet sind, wie die Münze.
3. Gewerbliche Unternehmungen mit speziellen Steuerzwecken wie bei den Finanzmonopolen.
4. Die Nutzbarmachung des Staatsbesitzes im privatwirtschaftlichen Betriebe (Domänen, Forsten, Eisenbahnen etc.).

Mit der ersten Kategorie hat es die Finanzwissenschaft gar nicht zu thun und mit der zweiten nur in untergeordneter Weise, während dagegen die dritte und vierte von ihr speziell untersucht werden muss.

In Bezug auf die zweite Kategorie fallen besonders die volkswirtschaftspolitischen Rücksichten ins Gewicht, sie sind deshalb in dem Grundriss II spezieller behandelt. Nur mit wenigen Worten ist die Stellung des Finanzfiskus hierbei zu berücksichtigen.

Das Münzmonopol wird heutigen Tages in allen civilisierten Ländern als eine wirtschaftliche Notwendigkeit aufgefasst und behandelt. Der Grundsatz ist allgemein anerkannt, dass es finanzielle Ueberschüsse nicht liefern soll, sondern der Schlagschatz nur so hoch zu normieren ist, dass er die Prägungskosten sowie den Zuschuss zu decken vermag, den die Um- und Neuprägung der Münzen beansprucht.

Bei der Post stellte die Freihandelsschule den gleichen Grundsatz auf, der indes in der neueren Zeit mehr und mehr zurückgedrängt ist. Die Erfahrung hat gezeigt, dass die Post sehr wohl Ueberschüsse abzuliefern vermag, auch wenn die Tarifsätze so niedrig sind, dass eine Behinderung des Verkehrs dabei nicht vorliegt. Bei den grossen Anforderungen an die Staatskasse und die Steuerzahlung der Bevölkerung ist es von grösster Bedeutung, die Steuererhebung selbst möglichst zu vermindern und durch Selbsterwerb zu ersetzen. Das gewöhnliche Briefporto sowie die Erleichterung für Drucksachen ermöglichen es auch der ärmeren Klasse ausgedehnten Gebrauch von der Post zu machen, und auch die Geschäftsthätigkeit erhält dadurch eine ausreichende Erleichterung. Es liegt deshalb kein Grund vor, nur um keine Ueberschüsse zu erzielen, das Porto noch weiter herabzusetzen. Auf etwa wünschenswerte Erleichterungen in betreff des Gewichts u. s. w. ist hier nicht näher einzugehen. Aehnlich ist die prinzipielle Frage in dem Telegraphenwesen zu beurteilen. Doch ist es fraglich, ob nicht eine Herabsetzung des Tarifs sowohl wirtschaftlich wie finanziell günstige Ergebnisse liefern würde. Unzweifelhaft ist das nach den Erfahrungen in Schweden von dem Telephon zu sagen. Die Ueberschüsse von Post- und Telegraphenwesen im deutschen Reich, exklusive Bayern und Württemberg, belaufen sich auf rund 35 Mill. Mk. Sie würden noch höher sein, wenn nicht damit die Personen- und Packetpost verbunden wären, welche keine finanziellen Ueberschüsse gewähren, zum Teil sogar Zuschüsse beanspruchen.

§ 61.
Das Lotterieregal.

Marcinowski, Lotteriewesen im Königreich Preussen. Berlin 1892.

Von den Erwerbseinkünften der dritten Kategorie sind die hauptsächlichsten bereits bei der Besprechung der Steuern erörtert, nämlich einige Finanzmonopole. Ausser den erwähnten sind noch zu nennen das Zündhölzchenmonopol, welches in Frankreich 28,5 Mill Frks. einbringt, und das Schiesspulvermonopol in demselben Lande mit 11,5 Mill. Ertrag. Nur noch eins ist hier zu berücksichtigen, das ist das Lotterieregal.

Die allgemeine Verbreitung von Lotterien, die einem jeden zugänglich sind, wird man unzweifelhaft als verwerflich bezeichnen müssen. Es wird dadurch die Sucht des Menschen angeregt, durch einen Glückszufall, anstatt durch reguläre, solide Arbeit, sich in eine wirtschaftlich günstige Lage zu bringen, und je allgemeiner und häufiger die Anregung zum Lotteriespiel ist, um so verderblicher wird sie wirken und die solide Thätigkeit untergraben. Dazu kommt, dass grössere Gewinne erfahrungsgemäss in den meisten Fällen schädlich wirken. Deshalb ist es unbedingt zu verwerfen, dass der Staat seinerseits diese Anregung bietet, während es richtiger ist, sie möglichst zu beschränken. Freilich statt einer allgemeinen Freigebung der Lotterie ist immer noch besser die Monopolisierung, die Durchführung durch den Staat noch zweckmässiger als durch Private.

Zwei Systeme sind noch heutigen Tages dabei in Anwendung: das Klassensystem, hauptsächlich in Deutschland, und das genuesische Zahlenlotto in Oesterreich und Italien. Bei dem ersteren Systeme werden mehrmals im Jahre Ziehungen veranstaltet, bei denen aus der Zahl der ausgegebenen Nummern eine vorher bestimmte Anzahl mit vorher bestimmten Gewinnen gezogen werden, während die übrigen Nummern Nieten enthalten. Der Staat bezieht seinen Anteil, indem von den für den Verkauf der Loose eingekommenen Beträgen nach Abzug der Verwaltungskosten nur ein Teil als Gewinne ausgesetzt, ein Teil dagegen ihm überwiesen wird. Durch verhältnismässig hohe Preise der Loose, die wiederum nur in Vierteilen ausgegeben werden (zu 44 Mk. für 4 Ziehungen in einem halben Jahre), sucht man in Deutschland die ärmere Klasse von dem Spiele fern zu halten, doch wird dieses durch ein Eintreten von Zwischenhändlern, die kleine Anteile an Loosen verkaufen, vereitelt.

Ungleich schädlicher ist das Zahlenlotto. Es soll dadurch entstanden sein, dass in Genua alljährlich von 90 Senatoren 5 in einen besonderen Ausschuss gewählt wurden, und man nun allgemeiner zu wetten begann, welche von den Senatoren aus der Urne herauskommen würden. In derselben Weise gestattet die Lotterie, dass man sich 5 Nummern unter 90 auswählt, und 5 Nummern werden von denselben am Ziehungstermine gezogen. Fallen von diesen 2 mit den gesetzten zusammen, so hat der betreffende eine Ambe gewonnen, die in Italien mit dem 240fachen des Einsatzes belohnt wird. Fallen drei Nummern zusammen, so ist es eine Terne, welche das 4800fache des Einsatzes einbringt, eine Quarterne das 64000fache. Der Profit des Staates liegt darin, dass nach der Wahrscheinlichkeitsrechnung die Ambe mit den 400fachen zu bezahlen wäre, die Terne mit dem 6000fachen, die Quarterne mit dem 500000fachen, während, wie angegeben, der gezahlte Gewinn weit niedriger ist. Die ganze Einrichtung wirkt dadurch so ausserordentlich schädlich, dass jeden Sonnabend eine Ziehung stattfindet, und auch ganz kleine Einsätze angenommen werden. In Italien kann man beobachten, in welch verderblicher Weise die Spielleidenschaft in der Bevölkerung durch das Lotto angeregt und unterhalten wird, da die Bevölkerung auf den Glücksfall hoffend der soliden Arbeit entfremdet wird, und sehr bedeutende Summen, die naturgemäss in die Sparkassen gehörten, der Lotterie zugeführt werden. Der mitunter angeführte Vorteil, dass dadurch laufende Einnahmen zur Kapitalisation gebracht würden, ist um so geringer zu veranschlagen, als heutigen Tages die Kapitalisation in völlig ausreichendem Maasse in den Kulturstaaten vor sich geht; vielfach sogar mehr als es wünschenswert ist. Ausserdem finden die als Gewinne zufallenden Kapitalien sehr häufig eine falsche Verwendung.

Nach allem unterliegt es keinem Zweifel, dass die Aufrechterhaltung der Staatslotterien sich nicht rechtfertigen lässt. Sie findet wohl hauptsächlich nur noch statt, entweder um die bisher dabei beschäftigten Kollekteure nicht um ihren Erwerb zu bringen, oder aus Furcht, sich durch diesen Schritt bei der Bevölkerung missliebig zu machen, die auf das Spiel nicht verzichten mag. Eine allmähliche Erhöhung der Preise der Loose, sowie eine Verminderung der Ziehungen könnte hier allmählich zur Beseitigung führen.

In Preussen ist die Bruttoeinnahme 82 Mill., die Ausgaben belaufen sich auf 72 Mill., so dass ein Nettoertrag von etwa 10 Mill. anzunehmen ist. In Italien dagegen rechnet man 65,5 Mill. Lire, in Oesterreich auf 2,5 Mill. Gulden. In England und Frankreich sind die Staatslotterien längst abgeschafft.

§ 62.

Die Domanialgüter.

Hüllmann, Geschichte der Domänenbenutzung in Deutschland. Frankfurt a. O. 1807.

Oetrichs, Die Domänenverwaltung im preussischen Staate. Berlin 1878.

H. Rimpler, Domänenpolitik und Grundeigentumsverteilung. 1888.

Der Domanialbesitz im weiteren Sinne umfasst Landgüter, Forsten, Bergwerke, Besitz, der mit Fabrikanlagen verbunden ist, dingliche Rechte, und, wie wir sahen, auch solchen Besitz des Staates, der nicht werbend verwertet werden kann. Es sind davon zu unterscheiden: 1. Die Haus-, Stamm-, Kron-, Fideicommisgüter des fürstlichen Hauses, die in der besonderen Verwaltung und Nutzniessung des jedesmaligen Inhabers der fürstlichen Gewalt stehen. 2. Die Chatullgüter des Fürsten, über die er frei verfügen, sie auch veräussern kann, während die ersteren, mit denen wir es hier zu thun haben, in Staatsverwaltung stehen, und ihr Reinertrag der Staatskasse zufällt. Die rechtliche Scheidung hat sich vielfach erst in neuerer Zeit vollzogen.

Ursprünglich hatte unzweifelhaft der Fürst nur durch seinen reichen Besitz die Macht und die Herrschaft erlangt. Dieser Besitz bestand fast ausschliesslich in Landgütern und Forsten, aus deren Ertrag nicht nur der Aufwand des Hofes, sondern auch der Staatsverwaltung bestritten wurde; zunächst nur ergänzt durch Wegeabgaben und einzelne sonstige indirekte Steuern. Erst später traten z. B. in den deutschen Staaten von den Ständen bewilligte Abgaben hinzu, die sich aber lange in engen Grenzen hielten. Da die Stände über die von ihnen bewilligten Gelder ein Aufsichtsrecht hatten, wurde die Verwaltung in zwei getrennten Kassen durchgeführt.

Die rechtliche Stellung des Domanialbesitzes war in den meisten Ländern eine unklare und gab bei Ausbildung des Konstitutionalismus Anlass zu weitgehenden Streitigkeiten zwischen dem Fürstenhause und dem Lande, während in einigen Ländern rechtzeitig eine gütliche Einigung erzielt wurde.

Der ursprünglich allgemein sehr bedeutende Domanialbesitz hat sich im Laufe der Zeit sehr vermindert. Die Fürsten gaben Güter als Entschädigung für dem Staate geleistete Dienste zunächst nur zur Benutzung in Leben, die aber vielfach der Familie verblieben und in erblichen Besitz derselben übergingen. Ein grosser Teil wurde durch Schenkungen an die Kirche, an Günstlinge oder als Dotation für hervorragende Dienste, in neuerer Zeit durch Verkauf fortgegeben. Dagegen traten Ländereien hinzu, in ältester Zeit durch Einziehung der unbenutzten Landstriche, später durch Eroberungen, Konfiscationen der Güter der Kirche, aufständischer oder missliebiger Vasallen, und durch Ankauf, wie Friedr. Wilhelm I methodisch Ueberschüsse der Staatskasse in Ländereien anlegte. Hiernach stammte der Domanialbesitz dieses Jahrhunderts unzweifelhaft zum grossen Teile aus dem ursprünglichen Privatvermögen der Fürsten, ein weiterer Teil aber wurde mit dem Blut der Bürger oder auf ihre Kosten erworben. Sie hatten deshalb auch einen Anspruch darauf. Da thatsächlich der grösste Teil des Ertrages von jeher für allgemeine Staatszwecke verwendet war, so konnte das Land auch einen Teil des Domanialbesitzes für sich beanspruchen, als bei Einführung des konstitutionellen Systems eine Auseinandersetzung zwischen den Fürsten und dem Staate notwendig wurde. Rechtlich liess sich nicht entscheiden, welcher Teil Jedem zustehe. Man war daher, wo gütliche Einigung nicht zu erzielen war, auf Schiedsspruch angewiesen.

In Preussen wurden durch Edikt vom 13. Aug. 1713 durch Friedrich Wilhelm I. die Domanial- und Chatullgüter mit einander vereinigt und aus dem Ertrage derselben 2½ Mill. Th. dem Könige als feste Krondotation vorbehalten, wofür der gesammte Besitz in die Hand des Staates überging und zwar zunächst als unveräusserliches Gut. In Frankreich (1790), in Gr. Britannien, Schweden, Holland, Dänemark, in Bayern (1819), in Württemberg (1819), wurde gleichfalls das alte Domanialgut ganz dem Staate zugewiesen. In Baden, Nassau, beiden Hessen, Weimar, Koburg-Gotha, in Anhalt, Meiningen u. A. fand eine Teilung zwischen Staat und Fürsten statt.

Gegenwärtig sind es nur wenige Länder, welche erhebliche Einnahmen aus Gütern beziehen, wie das hauptsächlich in Mecklenburg und in Preussen noch der Fall ist. Aber auch in Preussen haben namentlich in den dreissiger Jahren sehr erhebliche Veräusserungen stattgefunden, die im Momente die Staatskasse erleichterten, weil durch den Verkauf eine grössere Summe einkam, als durch den Ertrag verzinst wurde. Die bedeutende Steigerung des Grundwertes, welche in den folgenden Dezennien stattfand, liess das Verfahren indess sehr bald als ein herzlich schlechtes Geschäft erscheinen. Auch heutigen Tages ist der Ertragswert der Güter kleiner als der Verkaufswert, durch die entsprechende Tilgung der Schulden aus dem Erlös der Güter wäre im Moment ein Gewinn zu erzielen, aber ganz sicher wird dieser durch die zu erwartende Steigerung des Grundwertes in den nächsten Dezennien bei Konservierung des Besitzes reichlich ausgeglichen werden. Nur wo sozialpolitische oder volkswirtschaftliche Gründe die Veräusserung z. B. in der Form der Parzellierung wünschenswert erscheinen lassen, wird die Veräusserung gerechtfertigt sein.

Die Ausnutzung des landwirtschaftlichen Grundbesitzes in der Hand des Staates ist eine völlig angemessene. Durch die Verpachtung ist der finanzielle Ertrag z. B. in Deutschland ein sehr günstiger und ebenso die landwirtschaftliche Verwertung. Die preussischen Domänen gehören zu den bestbewirtschafteten Gütern des Landes. Da ausserdem ein Steigen des Grundwertes früher oder später zu erwarten ist, so ist eine Veräusserung im Allgemeinen nicht ratsam. Nur, wo die Vermehrung von bäuerlichen oder Häusler-Stellen wünschenswert erscheint, wird eine Zerschlagung grösserer Güter und Verkauf gerechtfertigt sein.

Die Verwertung der Domänen kann in vierfacher Weise geschehen:

1. Durch Selbstadministration, was heutigen Tages nur ausnahmsweise gerechtfertigt sein wird, wo es sich um Musterwirtschaften oder sonstige Verwertung handelt, hinter der die finanzielle Seite zurückstehen muss (Remontedepots). Für den Staat ist die Auswahl tüchtiger Beamten zu schwierig, da in der Landwirtschaft kein Examen ausreicht, um die Tüchtigkeit festzustellen, die nicht allein von Kenntnissen, sondern hauptsächlich von dem praktischem Sinn und der Um-

sicht abhängt, dieselben zu verwerten. Ausserdem ist die Beaufsichtigung des Betriebes durch höhere Behörden besonders schwierig, und das Reglementieren vom grünen Tisch her hier sehr gefahrvoll.

2. Die Gewährsverwaltung, welche von dem grossen Kurfürsten 1660 eingeführt, aber 1684 wieder aufgehoben wurde, wobei der Verwalter eine bestimmte Jahreszahlung zu garantieren hat und an dem Ueberschusse participiert, um dadurch sein Interesse an einer guten Verwaltung rege zu halten. Die Einrichtung hat sich im Ganzen nicht bewährt, die Staatskasse insbesondere erhält dadurch nicht den zu erreichenden Betrag, man hat daher in der neueren Zeit allgemein davon abgesehen.

3. Die Erbpacht, welche im vorigen Jahrhundert sehr allgemein in Anwendung kam, besonders in Preussen unter Friedrich I und Friedrich II. Das Gut wird erblich dem Pächter überlassen gegen eine unveränderliche Jahreszahlung, die auf dem Grundstücke ruhen bleibt. Da nach der neueren Gesetzgebung dergleichen Lasten durch Kapital ablösbar sind, so kommt damit jetzt die Vererbpachtung auf einen Verkauf hinaus, wobei nur der Staat das restierende Kapital nicht kündigen darf. Da in dem letzten Jahrhundert der Ertrag des Grund und Bodens ausserordentlich gestiegen ist, hat der Staat bei der unveränderlichen Pacht sehr schlechte Geschäfte gemacht, und das würde sicher auch in der Zukunft der Fall sein, weil in einigen Dezennien wiederum eine Steigerung der Preise der landwirtschaftlichen Produkte und damit auch der Erträge der Güter zu erwarten steht. Mit Recht ist auch diese Form in der neueren Zeit aufgegeben.

Es bleibt nur 4. die Zeitpacht.

Die Verpachtung kann geschehen 1. unter der Hand, also durch beliebige Auswahl unter den Pachtlustigen durch den Verpächter. Zur Zeit der absoluten Monarchie war dieses das gewöhnliche Verfahren und wurde von den Herrschern zu Gunstbezeugungen an persönliche Günstlinge benutzt. In der konstitutionellen Monarchie ist dieses System unhaltbar, weil es dem Nepotismus zu weiten Spielraum gewährt. Dafür ist 2. jetzt allgemein die Verpachtung an den Meistbietenden durch öffentliches Ausgebot getreten. Auch hier können 2 Formen Platz greifen: Entweder die Abgabe schriftlicher und somit geheimer Gebote, oder die öffentliche Licitation. Das erstere Verfahren war früher häufig in Gebrauch, ist in der neueren Zeit aber immer mehr durch das zweite verdrängt, um die Kontrolle zu erleichtern. Bei dem geheimen Gebot nimmt man an, dass die bietenden unabhängig von einander sich veranlasst sehen, das ihnen angängig erscheinende höchste Gebot sofort abzugeben, um nicht durch einen Konkurrenten überboten und damit verdrängt zu werden. Indessen werden auch leicht zu niedrige Gebote abgegeben, in der Annahme, dass keine Konkurrenten vorhanden sind, oder die Gebote in dem Argwohn unterlassen, dass von anderer Seite ein zu hohes Gebot in Aussicht steht. Die öffentliche Licitation erscheint als die natürlichste und angemessenste Form. Eine Gefahr liegt darin, dass die Konkurrenten sich im Momente verleiten lassen, zu weit zu gehen und nicht zur ruhigen Ueberlegung die nötige Zeit haben. Doch wird dieses gemildert, wenn die Regierung nicht, wie das allgemein der

Fall ist, an das höchste Gebot gebunden ist, sondern die Auswahl unter den drei Meistbietenden hat.

Als Grundsätze bei der Verpachtung sind die folgenden im Auge zu behalten: 1. Vor der Verpachtung ist ein genauer Anschlag zu machen, über den zu erwartenden Roh- und Reinertrag, damit die Regierung einen Anhalt gewinnt zur Bestimmung eines Minimalbetrages, den sie bei der Licitation aufzustellen hat, um sich dadurch eine bestimmte Einnahme vorweg zu sichern. Wird dieses Gebot bei dem ersten Termin nicht erreicht, so ist ein zweiter und dritter Termin anzusetzen, bis der Zuschlag erfolgen kann.

2. Die Pacht darf nicht zu hoch normiert sein, denn der Pächter muss einen Lohn für seine Arbeit erlangen, um zu einer angemessenen Bewirtschaftung veranlasst zu werden. Anderenfalls liegt die Gefahr einer Devastierung des Gutes durch den Pächter, der den Ruin vor Augen sieht, vor oder doch eine Schädigung infolge zu schnellen Wechsels der wirtschaftenden Persönlichkeiten.

3. Auf die Persönlichkeit des Pächters ist ein besonderes Gewicht zu legen, sowohl inbetreff seiner Tüchtigkeit als Landwirt, wie inbetreff seiner pekuniären Leistungsfähigkeit und Solidität. Deshalb muss der Regierung die Möglichkeit geboten sein, den bisherigen Pächter zu behalten, wenn er sich bewährt hat, entweder durch Bevorzugung bei der Licitation, oder schon durch Prolongation der Pacht vor Ablauf der Pachtzeit. Das letztere ist besonders wichtig, damit der Wirtschaftende sich von vornherein auf die Fortsetzung seiner Thätigkeit einrichten kann, um wünschenswerte Meliorationen etc. zur Durchführung zu bringen.

4. Wie erwähnt, muss von dem Pächter der Nachweis der nötigen Geldmittel verlangt werden, die zu einem angemessenen Betriebe erforderlich sind. Je grösser diese Mittel sind, um so besser wird sich die Regierung in jeder Hinsicht stehen.

5. Das Inventarium wird zweckmässiger Weise besser von dem Pächter selbst beschafft als durch die Regierung, die anderenfalls ein bedeutendes Kapital in den Domänen stecken hat, und die Abnahme desselben durch den Pächter beanspruchen muss, was ihn in der freien Bewegung behindert.

6. Die Pachtzeit wird je nach dem Kulturzustande des Landes verschieden lang zu bemessen sein. Wo die Landwirtschaft erst in der Entwicklung begriffen ist, noch viele Meliorationen zu machen sind, ist eine längere Pachtzeit notwendig, um den Pächter zu Verbesserungen zu veranlassen, die sich für ihn nur bezahlt machen, wenn er eine längere Frist zur Ausnutzung behält.

Eine zu lang normierte Frist schädigt aber die Staatskasse, weil dann die Steigerung der Pacht nicht mit der Entwickelung der Erträge Hand in Hand geht. Die Verpachtungen auf 50, selbst 100 Jahre, wie sie in Preussen im vorigen Jahrhundert noch vorkamen, führten zu extrem niedrigen Pachtsätzen in der letzten Zeit der Pachtperiode. Im Beginne des Jahrhunderts setzte man sie in Preussen häufig auf 36 Jahre an, kürzte sie dann bald auf 24 Jahre und hat sie jetzt in den östlichen Provinzen auf 18 Jahre normiert, was den Verhältnissen zu entsprechen scheint. In Süddeutschland und namentlich in Frankreich ist die Pachtzeit eine wesentlich kürzere, was sich

nur bei Land in hoher Kultur und bei intensivster Verwertung rechtfertigen lassen wird.

7. Eine Generalverpachtung grösserer Komplexe mit allem Zube-
hör ist für die Regierung bequemer; eine Spezialverpachtung der einzelnen Besitzstücke bringt dagegen erfahrungsgemäss einen höheren
Pachtzins ein.

8. In die Pachtverträge sind Bestimmungen aufzunehmen, welche
eine Aussaugung des Bodens möglichst verhindern (Verbot des Verkaufs von Stroh und Dünger, Beschränkung der Fruchtfolge etc.), doch
ist eine zu grosse Beschränkung des Pächters zu vermeiden, welche
gerade die tüchtigsten Kräfte leicht von dem Unternehmen abschrecken
kann.

9. Bei Unglücksfällen ist dem Pächter billige Nachsicht zu gewähren.

Von grösseren Staaten besitzt Preussen die meisten Domänen:
1896/97 1047 Vorwerke mit 335217 ha nutzbarer Fläche, die
13 809 820 Mk. Pacht lieferten, d. s. 41,20 Mk. pro ha. Dazu kommen
aus Mühlen und Fischereien 4 591 715 Mk., aus Mineralbrunnen- und
Badeanstalten 1 713 942 Mk., aus der Nutzung des Bernsteinregals
708 458 Mk., ausserdem 248 598 Mk. Summa 27,6 Mill. Mk. Davon
gehen ab: 6 148 000 Mk. Verwaltungsausgaben, sodass 21,5 Mill. Mk.
Reineinnahme übrig bleiben.

Der grösste Teil der Domänen liegt in den 7 östlichen Provinzen
mit 85 %. Auch in Preussen hat sich der Domanialbesitz im Laufe
der Zeit gewaltig vermindert. Von 1820- 90 sind für 211 Mill. Mk.
Grundstücke verkauft. Allerdings sind in den letzten Decennien auch
Ländereien dazugekommen, hauptsächlich vom Forstfiskus abgetreten,
oder durch Austausch und Ankauf. Doch sind dies nur kleine Stücke;
von 1867—90 1,433 ha.

Die Höhe des Pacht ist in den alten Provinzen von 1849: 13,90
auf 1869: 31,18 Mk., 1879: 35,6, 1890: 38,9 gestiegen, dann 1896- 97
auf 38,0 Mk. gewichen.

In Bayern ist dieser Besitz ohne finanzielle Bedeutung. In
Württemberg umfassen die Güter 10056 ha, welche zur Hälfte in
kleinen Stücken vergeben sind und 670000 Mk. einbringen. In Baden
sind 17 920 ha landwirtschaftlich benutzter Fläche in den Händen des
Staates. Der Ertrag ist auf 1,9 Mill. Mk. veranschlagt. In Sachsen
umfassen die Kammergüter 3239 ha mit 200 000 Mk. Reinertrag.

In Oesterreich beläuft sich der Besitz an landwirtschaftlichen
Grundstücken des Staates auf 7788 ha Acker, wozu 45572 ha Alpen
und Weiden kommen und 29 084 ha Acker und 24 729 ha Alpen
und Weiden des „Religionsfonds", der in Staatsverwaltung ist. Der
Ertrag für die Staatskasse ist minimal.

In Russland ist der Staatsbesitz auf 3,9 Mill. Diss. landwirtschaftlicher Fläche berechnet. Der Ertrag lässt sich nicht gut aus den
angegebenen Gesamtsummen ausscheiden.

Frankreich hat nach der Revolution den früheren grossen
Grundbesitz bis 1830 für über 4¹⁄₂ Milliarde Frks. veräussert. Er ist
jetzt völlig bedeutungslos, ebenso in England.

§ 63.

Die Staatsforsten.

Der grösste Teil des alten Staatsbesitzes bestand aus Wald. Ursprünglich fand die Nutzung hauptsächlich durch Jagd und Weide statt und war daher sehr gering. Das Holz hatte nur wenig Wert. Erst im Laufe dieses Jahrhunderts ist in den in Betracht kommenden Staaten die Holznutzung in den Vordergrund getreten und hat sich der Ertrag in gewaltiger Weise gehoben, sodass die Einnahmen aus dieser Quelle eine hervorragende Bedeutung gewonnen haben.

Die Erfahrung hat gezeigt, dass die Forstwirtschaft sehr wohl in der Hand von Staat und Gemeinde dasselbe zu leisten vermag wie in der Hand von Privaten, ja, dass sie sich der letzteren sogar überlegen zeigen kann. Der Betrieb ist am besten im Grossen durchzuführen. Er ist ein gleichmässiger, lässt sich für längere Zeit vorher bestimmen und leicht durch höhere Instanzen kontrollieren. Die Verpachtung ist hier undurchführbar, doch zeigt sich die Bewirtschaftung durch den Staat und Gemeinde nicht teurer als durch Private. Ein ausgedehnter Besitz an Forsten ermöglicht es dem Staat, dieselben so zu handhaben, wie es für die Gesamtheit am zweckmässigsten ist, und den Privatforsten eine grössere Freiheit und Selbständigkeit einzuräumen. Er vermag am besten für ein ausgebildetes Forstbeamtenpersonal zu sorgen, um damit auch den Privaten zu nützen. Die vorhandenen Staatsforsten in Privathände überzuführen, liegt nach Allem keine Veranlassung vor, zumal erfahrungsgemäss bei Verkauf von Wäldern nur selten ein angemessener Preis zu erlangen ist. Vielmehr erscheint es angezeigt, von seiten des Staates unbenutztes Forstland anzukaufen und aufzuforsten, um den Bestand zu erweitern.

Der preussische Fiskus besitzt 2 759 543 ha Wald, d. s. 33,4 % der ges. Waldfläche

„ bayerische	„	852 261	„	34,8 %	„
„ sächsische	„	168 804	„	43,6 %	„
„ württembergische	„	186 657	„	31,1 %	„
„ österreichische	„	716 684	„	7,3 %	„
„ ungarische	„	1 159 554	„	15,3 %	„
„ französische	„	892 827	„	9,4 %	„

Preussen bezieht aus den Forsten 25,7 Mill. Mk. netto, bei 64,8 Mill. Bruttoeinnahme. Frankreich 30,2 Mill. Frks., Ungarn 8,5 Mill. Gld.

Auch in der Hand von Gemeinden sind Forsten in hohem Maasse angebracht, doch ist Staatsaufsicht dabei erforderlich, um einer Ausraubung auf Kosten der künftigen Generationen vorzubeugen. Die deutsche statistische Erhebung von 1895 ergab in 12 386 Gemeinden 1 340 160 ha ungeteilten Waldbesitz. Ueber den Ertrag wissen wir allerdings nichts. Für Bayern sind (im statist. Jahrbuch von 1898) 316 751 ha Gemeindeforsten = 12,6 %, 43 568 ha Forsten von Stiftungen = 1,7 % der ganzen Fläche angegeben. In Preussen ergab die obige Statistik 5452 Gemeinden mit 632 802 ha Waldbesitz; in Württemberg 898 Gemeinden mit 100 903 ha Waldbesitz.

§ 64.
Berg- und Hüttenwerke in Staatsbesitz.

H. v. Festenberg-Packisch, Entwickelung und Lage des deutschen Bergbaues. 1890.

Berg- und Hüttenbetrieb durch den Staat hat sich wohl soweit
dem privaten ebenbürtig gezeigt, als er für den inländischen Bedarf
arbeitet. Nur der mehr kaufmännisch zu betreibende Export leidet
in der Hand des Staates. In der neueren Zeit ist die Erweiterung der
Verstaatlichung der Bergwerke namentlich auf Kohlen deshalb befür-
wortet, um der Gefahr vorzubeugen, dass dieselben in der Hand von
Privaten zu einem Monopol und einseitiger Ausbeutung des Publikums
verwertet werden. Die Gefahr wird früher oder später unzweifelhaft
eintreten, liegt aber gegenwärtig noch in weiter Ferne, sodass man
die Erörterung der Frage spätern Generationen überlassen kann. Wo
ein solcher Besitz vorliegt, ist im Allgemeinen kein Grund vorhanden,
denselben zu veräussern. Eine Bedeutung hat er nur in Deutschland,
Oesterreich und Russland.

Im deutschen Reiche befinden sich im Staatsbesitz.

32	Kohlenbergwerke	mit einer Jahresprodukt. von	92,2	Mill.	Mk.	
7	Steinsalz-	„ „ „ „	„	1,2	„	„
2	Kalisalz-	„ „ „ „	„	4,0	„	„
22	Eisenerz-	„ „ „ „	„	1,1	„	„
15	sonst. Erz-	„ „ „ „	„	4,4	„	„
24	Salinen-	„ „ „ „	„	6,9	„	„

In Preussen wurden 1897—98 die Einnahmen aus dem Berg-,
Hütten- und Salinenwesen auf 127,2 Mill., die Ausgaben auf
113 Mill. Mk. veranschlagt, sodass die Nettoeinnahme sich auf 24,2 Mill.
beläuft. In Oesterreich sind die Einnahmen aus Bergwerken, abgesehen von den Salzwerken, mit 7,1 Mill. Gld., die Ausgaben mit
6,5 Mill. angegeben, sodass nur ein Ueberschuss von 600 000 Gld. für
die Staatskasse verbleibt. In Russland sind die Roheinnahmen auf
74,9 Mill. Rubel veranschlagt. Die Ausgaben sind nicht genau auszuscheiden, doch ist die Nettoeinnahme auf mindestens 45 Mill. Rubel
anzunehmen.

§ 65.
Die Staatseisenbahnen.

Fleck, Studien zur Geschichte des preussischen Eisenbahnwesens. Archiv
für Eisenbahnwesen. 1897.
Cohn, System der Nationalökonomie, Bd. III. Nationalökonomie des Handels
und Verkehrswesens. Stuttgart 1898, S. 870 ff.

In der neuern Zeit hat der Staatsbetrieb finanziell besonders
durch die Ausbildung des Staatseisenbahnwesens an Bedeutung gewonnen.

Die Frage, ob Staats- oder Privatbahnen vorzuziehen sind und
aus welchen Gründen, ist im Grundriss II, § 48 ausführlich behandelt.
Ausschlaggebend sind thatsächlich die volkswirtschaftlichen Gründe.
Aber auch aus finanziellen Gründen wird für eine grosse Zahl von
Staaten das Staatsbahnsystem zu befürworten sein. Die Erfahrung
vor Allem in Deutschland hat genugsam bewiesen, dass sich der Bau

wie der Betrieb durch den Staat durchaus bewährt Da ausserdem die für allgemeine Staatszwecke verbleibenden Summen sehr beträchtliche sind, und nach allmählicher Tilgung der Eisenbahnschuld noch bedeutender sein werden, so ist die Erleichterung der Staatskasse dadurch sehr hoch zu veranschlagen. Von freihändlerischer Seite wird nun verlangt, dass die Staatseisenbahn nur das volkswirtschaftliche Interesse im Auge behalten und auf eine finanzielle Verwertung nur nebensächlich Rücksicht nehmen solle. Das ist unter unsern geschraubten Verhältnissen ein durchaus falscher Anspruch, da die Last der bedeutenden Summen, die durch Eisenbahnen für allgemeine Staatszwecke disponibel gemacht werden und die sonst durch Steuern aufgebracht werden müssten, jetzt sehr viel leichter von der Gesamtheit getragen werden, als es durch die entsprechende Vermehrung der Steuerlast geschehen würde, so lange es geschehen kann, ohne die Tarifsätze so zu erhöhen, dass der Verkehr dadurch erheblich behindert wird. Hier das richtige Mittelmaass zu finden, ist eine rein praktische Aufgabe des betr. Ministeriums.

Das Staatseisenbahnwesen hat wieder die grösste Ausdehnung neuerdings in Deutschland gewonnen, wo zunächst das gemischte System acceptiert wurde, und hauptsächlich die Erfahrungen des deutschfranzösischen Krieges aus militärischen Rücksichten wünschenswert erscheinen liessen, das ganze Netz Privathänden zu entziehen. Dann waren es die günstigen Ergebnisse der bisherigen Staatsbahnen, die zu dem Schritte ermutigten, allmählich die Privatbahnen anzukaufen; und die bisherigen Resultate beweisen genugsam, dass das Vorgehen ein berechtigtes und zeitgemässes war. Die pekuniären Erfolge sind weit günstigere, als man sie angenommen hatte. Durch die rapide Entwickelung des Verkehrs hat der Staat ein sehr gutes Geschäft gemacht.

Die Staatsbahnen im Jahre 1894:

Länder	Gesamtlänge der Bahnen km	Staatsbahnen[1] km	Proz.	Staatsbahnen Einnahm. Mill. Mk.	Ausgaben Mill. Mk.	Uebersch. Mill. Mk.
Preussen	27.776	26.422	95	947.4	562.5	384,8
Bayern	5.927	5,100	86	116.7	78.3	38,4
Sachsen	2.480	2,480	100	94.0	62,4	31,6
Württemberg	1.688	1.688	100	38.5	24,4	14,0
Elsass-Lothringen	1.646	1.646	100	61.2	38,7	22,5
and. deutsche Staat.	4.878	3,219	67	75.4	49.9	25,5
Oesterreich	16.349	8.318	42	141.6	92,0	49,4
Ungarn	13.142	10.726	83	145.0	82,6	62,4
Frankreich	35.786	2.762	7	40,1	30,8	9,3

Die Hauptbedenken gegen die Erweiterung des Staatsbahnnetzes liegen in den unvermeidlichen Schwankungen der Einnahmen und der Erhöhung der Staatsschuld. Der letztere Punkt wird dadurch gemildert, dass der Schuld ein entsprechender Besitz gegenübersteht, und er kann gemildert werden durch eine schnelle und methodische Schuldentilgung. Nach dem preussischen Gesetze von 1882 wird vorweg ein

[1] Inkl. der Privatbahnen im Staatsbetrieb; v. Scheel in Schönbergs Handbuch. III. 1. 97.

Betrag von 2,2 Mill. Mk. aus den Eisenbahnüberschüssen zur Deckung eines etwaigen Defizits im Staatshaushalte und zur Tilgung der Schuld ausgeworfen, die bis zur Höhe von $3\frac{1}{4}\%$ der Schuld jährlich stattfinden soll. Eine darüber hinausgehende Tilgung muss in jedem Jahre besonders beschlossen werden.

Am Schlusse des Betriebsjahres 1895/96 betrug das Anlagekapital 6980 Mill. Mk, der erzielte Reinertrag $6\frac{3}{4}\%$, davon nahmen die Zinsen $3\frac{1}{2}\%$ in Anspruch, sodass noch $3\frac{1}{4}\%$ als Ueberschuss verbleiben. Nach Abzug von $\frac{3}{4}\%$ zur Tilgung der Schuld mit 53 Mill. Mk. blieben noch $2\frac{1}{2}\% = 175$ Mill. Mk. übrig. Für 1898/99 ist dieser Beitrag zur freien Verfügung der Staatskasse auf 214 Mill. Mk. veranschlagt.

Die Schwankungen in den Einnahmen und namentlich die Abweichungen gegen die Voranschläge können in ihrer Wirkung gemildert werden durch die Ueberweisung eines Ueberschusses zur Schuldentilgung, wie das wiederholt in Preussen geschehen ist.

Für Deutschland ist es unzweifelhaft wünschenswert, dass die Bahnen einmal sämtlich in die Hand des Reiches übergehen, wodurch ihr Zweck am vollständigsten erreicht werden würde. Der bereits einmal gemachte Versuch scheiterte an dem Widerstreben mehrerer Staaten. Der neuere gemeinsame Ankauf der hessischen Ludwigsbahn durch die preussische und hessische Regierung ist ein sehr erfreulicher Schritt vorwärts auf diesem Wege. —

Um an einem Beispiele die Bedeutung zeigen zu können, welche noch heutigen Tages der Staatsbesitz und Staatsbetrieb gewinnen kann, fassen wir das Ergebnis für Preussen nach dem Etat von 1897/98 noch einmal zusammen.

Nettoeinnahme aus Domänen und Forsten:	43,0	Mill. Mk.
Berg-, Hütten und Salinen	14,2	„ „
Eisenbahnen	484,0	„ „
Lotterie	10,0	„ „
Seehandlung	2,2	„ „
	553,4	Mill. Mk.

das ist bei einer Nettoeinnahme von 1137,8 Mill. Mk. fast die volle Hälfte. Allerdings wird dies Verhältnis durch die Teilnahme Preussens an den Einnahmen des deutschen Reiches stark verschoben, bei welchen nur die Post, die Verwaltung des Invalidenfonds, die Reichsbank und die Reichsdruckerei als Staatsbetrieb in Anrechnung kommen. Dagegen sind noch kleine Bezüge der Münze, der Porzellanmanufactur, des Staatsanzeigers etc. für Preussen hier nicht in Anrechnung gebracht.

Für die Gemeinden haben die Strassenbahnen die gleiche Bedeutung wie die Eisenbahnen für den Staat, und, wo die Vertretung der Stadt einigermaassen auf der Höhe der Zeit steht, wird es wünschenswert sein, die Bahnen in den Händen der Gemeinde selbst zu behalten, wie die Gasanstalten, Elektrizitätswerke, Wasserleitung etc. Dagegen liegt bei Kleinlichkeit und Mangel an Unternehmungsgeist bei der Stadtverordnetenversammlung die Gefahr einer übermässigen Verzögerung der Durchführung, wie bei Unzulänglichkeit des Magistrats die einer mangelhaften Verwaltung vor.

Das Schuldenwesen von Staat und Gemeinde.

§ 66.

Die Staatsanleihen und ihre volkswirtschaftliche Bedeutung.

Nebenius, Der öffentliche Kredit. Karlsruhe 1820. 2. Aufl. 1829.

Die bisherigen Untersuchungen betrafen die Deckung der ordentlichen oder laufenden Ausgaben. Wir haben jetzt zu untersuchen, auf welche Weise ausserordentlichen Anforderungen genügt werden kann.

1. Kann hier zu einer plötzlichen Erhöhung der Steuern die Zuflucht genommen werden. Indessen ist dieses ein sehr intensiver Eingriff sowohl in die Privat-, wie in die Volkswirtschaft, und um so bedenklicher, je höher bereits die Steuerlast und je höher die Summen sind, welche neu auf diesem Wege aufgebracht werden müssen. Die Summen, welche auf diese Weise zu erzielen sind, dürften allgemein nur gering sein, zumal nach dem früher Gesagten nur die Personalsteuern im allgemeinen hierfür verwendbar sind.

2. Die Veräusserung von Staatsbesitz oder die Verwendung eines Staatsschatzes. Ein Staatsschatz kann in unserer Zeit der Kreditwirtschaft nicht hoch bemessen sein, weil der Verlust an Zinsen dabei zu gross ist. Er hat nur einen Sinn, um für den Fall eines Krieges bei dem Ausbruche das nötige Kleingeld zu sichern. Für die Dauer des Krieges kann er bei den kolossalen Summen, die dadurch heutigen Tages verschlungen werden, absolut nicht ausreichen. Auch der Staatsbesitz ist, wie dargelegt, gegenwärtig nur bei wenigen Staaten von einer solchen Bedeutung, dass er in Frage kommen kann. In Zeiten plötzlichen bedeutenden Bedarfes wird aber meistens der Verkauf ohnehin kaum möglich sein, z. B. im Kriegsfalle, wo schwerlich Käufer dafür zu finden sein werden, und bei bedeutenden Veräusserungen innerhalb kurzer Zeit muss der Preis übermässig gedrückt werden.

3. Die Anticipation der Steuern, welche volkswirtschaftlich ebenso schädlich wirken muss, wie eine plötzliche Erhöhung derselben; und in der folgenden Zeit muss der Ausfall der schon vorweg genommenen Steuern sehr empfindlich wirken.

Es bleibt daher nur 4. die Verwertung des Staatskredites um durch Anleihen die gebrauchten Mittel aufzubringen. Ueber die volkswirtschaftliche Bedeutung derselben gehen die Anschauungen erheblich auseinander.

Zu Gunsten derselben ist das Folgende angeführt:

1. Dem Publikum wird dadurch Gelegenheit zu sicherer Anlage der Gelder, meistens gegen einen angemessenen Zinsfuss gewährt. Dadurch wird dem Abfliessen der heimischen Kapitalien in das Ausland entgegengewirkt und ein Anreiz zum Sparen gegeben. Indessen ist dieses nicht als massgebend anzuerkennen. Der Staat hat nicht die Aufgabe, der besitzenden Klasse die Anlage zu erleichtern und den Genuss derselben ohne eigene Arbeit zu garantieren. Der Anspruch allerdings wird vielfach erhoben, er ist aber prinzipiell zurückzuweisen.

2. Man ist in früheren Zeiten noch einen Schritt weiter gegangen und hat in der Kontrahierung der Schulden durch den Staat überhaupt eine Förderung des Volksvermögens gesehen (Macleod), indem die Ausgabe von Staatsschuldscheinen einer Neubildung von Kapital gleich erachtet wurde. Indessen beruht diese Auffassung auf einem Irrtume. Durch die Ausstellung eines Schuldscheines wird nicht neues Kapital geschaffen, und der Aussteller wird dadurch nicht reicher. Wohl aber kann unter Umständen das vorhandene Kapital durch Kreditoperationen zu einer höheren Verwertung gebracht werden. Es kommt aber natürlich ganz darauf an, ob sich ein besonderer Bedarf an Umlaufsmitteln herausgestellt hat, und welcher Art die Verwendung des geliehenen Kapitals ist, ob die Volkswirtschaft einen Nutzen davon hat oder nicht.

Dagegen ist 3. allerdings ein wesentlicher Vorteil der Anleihen darin zu sehen, dass die Gelder dabei nur da genommen werden, wo sie gerade disponibel sind und freiwillig dem Staate zur Verfügung gestellt werden; wobei vorauszusetzen ist, dass privatwirtschaftlich das vom Staate gewährte Aequivalent einen reichlichen Ersatz für den bisher in der wirtschaftlichen Anlage erzielten Nutzen gewährt. Eine Ausnahme wird vorliegen, wo der Geber sich aus Patriotismus ein Opfer auferlegt, um dem Staate seine Unterstützung in besonderen Fällen der Not zu gewähren. In solchen Fällen ist dafür anzunehmen, dass politisch wie volkswirtschaftlich die Verwendung der Gelder durch den Staat eine überwiegende Bedeutung hat. Wir haben dabei ausdrücklich von Zwangsanleihen abgesehen, da diese nicht als eine Kreditoperation anzusehen sind, welche eben die freiwillige Gewährung eines Darlehns auf Grund des Vertrauens zu der Zahlungsfähigkeit und Willigkeit des Schuldners ist. Sie stehen vielmehr der Steuererhebung, respektive einer Vermögenskonfiskation gleich, unter Inaussichtstellung der Rückzahlung des erhobenen Betrages und verbinden alle wirtschaftlichen Nachteile derselben. Das freiwillig dem Staate gewährte Darlehen wird zwar auch der volkswirtschaftlichen Thätigkeit im grossen Ganzen entzogen und kann dadurch nachteilig wirken; wenn aber die Anleihe als notwendig im Staatsinteresse erkannt ist, so werden weniger Interessen verletzt, wenn es den Privatwirtschaften überlassen bleibt, die Summen da herauszuziehen, wo sie am leichtesten entbehrt werden können.

4. Durch Anleihen wird die Last der gegenwärtigen Generation erleichtert und die spätere Generation zur Mitleistung herangezogen, sowohl in der Zinszahlung wie bei der späteren Tilgung der Schuld. Dieses Moment fällt in ausserordentlicher Weise ins Gewicht, wo

plötzlich sehr bedeutende Summen gefordert werden, deren Verwendung nicht nur der Gegenwart sondern auch der Zukunft zu gute kommt. Bei einer Staatsanleihe zum Bau einer Eisenbahn, eines Kanals, grosser Hafenanlagen, Tunnel- und Brückenbauten, von denen man annehmen kann, dass sie noch nach hunderten von Jahren der Bevölkerung ihre Dienste leisten werden, ist es durchaus gerechtfertigt auch die kommenden Geschlechter noch zur Zahlung heranzuziehen, zu einer Leistung, von der sie noch vollen Nutzen haben werden. Dasselbe ist der Fall, wenn eine Gemeinde Schulden kontrahiert, um eine grosse Kanalisation der Stadt durchzuführen, Strassenbahnen einzurichten und in ähnlicher Weise wirtschaftliche Anlagen von dauernder Nutzung zu schaffen. Es wäre ebenso unberechtigt, hier die ganze Last dem lebenden Geschlechte aufzubürden, wie die Durchführung zu verschieben, bis die nötigen Barmittel durch Steuern beschafft wären. Es wäre falsch hier den Segen der Kreditwirtschaft nicht zu verwerten, den die Neuzeit zu gewähren vermag. Dasselbe ist zu sagen von dem Aufwand für einen Verteidigungskrieg, der den Feind von den heimatlichen Grenzen fern hält, eine Invasion vermeidet und die Unabhängigkeit des Landes gewährleistet.

§ 67.
Die Nachteile der Staatsanleihen.

Diesen Vorteilen stehen aber bestimmte Nachteile gegenüber, welche in der neueren Zeit vielfach nicht genügend beachtet sind.

1. Bei einer im Inlande gemachten Anleihe werden die Summen der volkswirtschaftlichen Verwertung entzogen; sie müssen deshalb in der einen oder anderen Weise die Volkswirtschaft benachteiligen. Das wird so lange weniger gefühlt, als die Anleihe nur disponible Mittel absorbiert, welche gerade eine Anlage suchen und vielleicht sonst in das Ausland gewandert wären, aber immerhin wird der Reservefond angetastet, aus dem die Volkswirtschaft bei neuen Anlagen die Mittel schöpfen konnte. Sind dieselben absorbiert, so liegt die Gefahr vor, dass die Gläubiger Darlehen kündigen, z. B. Hypotheken auf Häusern, Gütern etc., und dieses wird um so mehr der Fall sein, je günstiger die Bedingungen sind, welche der Staat gewährt; je knapper die disponiblen Mittel sind, um so höher wird der Staat seine Bedingungen über den Landeszinsfuss hinaus gehen lassen müssen, um so grösser muss die Benachteiligung der heimischen Produktion werden.

Die Gelder können aber auch vom Auslande bezogen werden, wodurch der heimische Kapitalstock unberührt bleibt, und es wird dieses günstig wirken, wenn nur dadurch die nötige Anlage durch den Staat ermöglicht wird, und die bereits thätigen Kapitalien verschont werden können. Der Nutzen wird um so grösser sein, je niedriger der Zinsfuss des ausländischen Geldes gegenüber dem inländischen ist, und je höher die zu erwartende Verzinsung des Anlagekapitals oder der sonstige Nutzen der Verwendung sich herausstellt. Aber dafür liegt der Nachteil vor, dass das Land Fremden gegenüber durch die jährliche Zinszahlung tributpflichtig wird, und schliesslich muss auch hier die Rückzahlung eintreten, die dem Lande doch nicht erspart werden kann. Es kommt also alles auf die Art der Verwendung der geliehenen Mittel und die zu bringenden Opfer an. Wenn nur auf diese Weise ein Eisenbahnnetz oder dergleichen zur Entwickelung des Landes rechtzeitig geschaffen werden kann, so wird es vollständig richtig sein, hier die Hülfe des Auslandes hinzu zuziehen, um dem Lande die Entwickelung der wirtschaftlichen Kräfte zu ermöglichen, wenn die Bedingungen günstige sind; und der späteren Generation wird dann die Rückzahlung der Schuld weit leichter sein, als die Aufbringung der betreffenden Summe in der Gegenwart. Nach einem unglücklichen Kriege pflegt ohnehin eine Notwendigkeit vorzuliegen, ausländische Gelder zur Ergänzung heranzuziehen.

2. Die Absorbtion bedeutender Mittel durch den Staat führt naturgemäss zu einer künstlichen Erhöhung des Zinsfusses, wodurch der Arbeitskraft die Unterstützung durch das Kapital verteuert wird, während unter den gegenwärtigen Verhältnissen eine allmähliche Ermässigung des Zinsfusses nur als wünschenswert bezeichnet werden muss, um der gesamten Produktion eine intensivere Thätigkeit zu ermöglichen. Eine schnelle Tilgung der öffentlichen Schulden wird aus diesem Grunde nur in hohem Maasse erwünscht sein.

3. Im Gegensatze zu dem vierten Punkte der Vorzüge der Staatsanleihen ist die Gefahr hervorzuheben, dass sich die lebende Generation durch Anleihen die Lasten für momentane Aufgaben auf Kosten der späteren zu sehr erleichtert.

Das wird besonders der Fall sein, wenn laufende Ausgaben zum Teil durch Anleihen bestritten werden sollen, d. i. wenn eine Defizitwirtschaft Platz greift.

Aus dem Gesagten geht hervor, dass die Anleihen überwiegend als eine Last, nicht nur für die Finanz-, sondern auch für die ganze Volkswirtschaft und damit als ein Uebel anzusehen sind, welches so viel als möglich zu vermeiden und zu reduzieren ist. Es ergiebt sich die Pflicht für den Staat und noch in höherem Maase für die Gemeinde, fortdauernd an der Schuldentilgung zu arbeiten, um nicht zu viel von der Last der Zukunft zu überlassen, und auf der anderen Seite nicht die Reserve zu erschöpfen, indem der Staatskredit zu stark angespannt wird. Fortdauernd häufen sich die Gelegenheiten zu bedeutenden Ausgaben und die Veranlassung, zu Anleihen die Zuflucht zu nehmen. In geordneten Zeitverhältnissen wird deshalb Bedacht darauf genommen werden müssen, diese Quelle nicht zu sehr zu erschöpfen, sondern sie offen und ergiebig zu erhalten.

§ 68.
Die verschiedenen Arten der Anleihen.

Man unterscheidet vor allem zwei Arten der Schulden, die schwebende oder Verwaltungsschuld (Dette flottante), welche nur auf kurze Zeit kontrahiert wird und in der Hauptsache bei der laufenden Verwaltung entsteht, wenn Zahlungen zu leisten sind, bevor genügende Einnahmen vorliegen, oder wenn die Einnahmen hinter dem Voranschlage zurückbleiben, resp. die Ausgaben grösser geworden sind, als angenommen war, und die laufenden Einnahmen daher zu ihrer Deckung nicht ausreichen. Die Ursache dieser Schuld liegt also in den Verwaltungsvorgängen. Man nennt sie deshalb auch sehr bezeichnend Verwaltungsschuld. Die Deckung geschieht durch die Ausgabe von Schatzscheinen, unverzinslicher wie verzinslicher Anweisungen auf die Staatskasse, welche in Zahlung gegeben werden. Sie pflegen auf 3—12 Monate ausgestellt zu werden. In dem deutschen Reiche dürfen sie nicht über ein halbes Jahr, in Preussen nicht über $^3/_4$ Jahr über das Etatsjahr hinaus in Umlauf sein. Im deutschen Reiche dürfen sie nicht über 75 Mill., in Preussen nicht über 30 Mill. Mk. steigen.

In anderen Ländern, namentlich in Frankreich und Oesterreich, ist dagegen die Verwaltungsschuld wiederholt zu sehr bedeutenden Beträgen angesammelt, die sich von einem Jahr in das andere hinübergeschoben und fortdauernd vermehrten, bis sie schliesslich in eine dauernde Schuld verwandelt wurden.

Zur schwebenden Schuld muss man auch die Kautionen von Beamten, Sparkassengelder, wo die Sparkassen Staatsinstitute sind, wie bei den Postsparkassen, rechnen, wenn dieselben richtig verwaltet auch nicht die Staatskasse belasten. Da sie aber dem Staate anvertraute, von ihm verwaltete Gelder bilden, die jeden Augenblick zurückgezogen werden können, so gehören sie zur schwebenden Schuld, jedoch nicht zur Verwaltungsschuld. Nicht dazu zu rechnen ist dagegen das Papiergeld, wenn, wie es allgemein der Fall ist, eine bestimmte Summe zum dauernden Umlauf bestimmt ist, auch wenn, wie in Deutschland, Einlösungsstellen vorhanden sind. Sie sind mehr Einwechslungsstellen für beschädigte Scheine, und bei den geringen Beträgen, die dort zur Einlösung gelangen, kann fortdauernd die ganze Summe mit minimalen Schwankungen in Umlauf erhalten werden.

Die zweite Art ist die fundierte Schuld, die durch Anleihen für längere Zeit entsteht. Die Bezeichnung stammt nicht daher, dass ursprünglich die kontrahierten Schulden durch Verpfändung von Staatsgütern oder bestimmten Steuereinnahmen, z. B. aus dem Tabacksmonopol. besonders sicher gestellt wurden, sondern aus England, wo diejenigen Anleihen so bezeichnet wurden, welche von dem Parlamente genehmigt und in dem Budget in Bezug auf Verzinsung und event. Amortisation durch dazu ausgeworfene Summen gesetzlich anerkannt und dadurch fundiert waren. Der Ausdruck hat sich dann auch in anderen Ländern eingebürgert.

Die Anleihen sind zu unterscheiden nach der Art der Rückzahlungsbedingungen in solche, für welche ein bestimmter Tilgungsplan aufgestellt ist, gegenüber denjenigen, welche, wie die Rentenschulden, eine bestimmte Rückzahlung den Gläubigern nicht zusichern. Sie können wieder zerfallen in solche, bei denen der Staat sich das Recht der Kündigung vorbehält, und in solche, bei denen dieses nicht der Fall ist.

Für die Regierung ist natürlich die letztere Form die bequemste, wo sie völlig freie Hand behält, nur dann zurückzuzahlen, wenn sie Ueberschüsse hat, oder es ihr sonst angemessen erscheint. Daher ist sie in der neueren Zeit auch die gewöhnliche Form der Anleihen geworden. Es war dies um so leichter möglich, weil sich ergab, dass bei der grossen Zahl von Kapitalisten, welche solche Gelegenheit zu dauernder und sicherer Kapitalanlage suchen, die Anleihen nicht durch Inaussichtstellung einer bestimmten Rückzahlung günstiger zu kontrahieren sind. In gut situierten Staaten sind sogar die Papiere am beliebtesten, bei welchen die Rückzahlung nicht in Aussicht steht. Dagegen hat sich ergeben, dass bei Fortfall eines jeden Zwanges zur Rückzahlung sowohl die Regierung wie die Volksvertretung dieselbe im Uebermaasse vernachlässigen. Der Zweck kann aber ebenso erreicht werden, indem der Regierung gesetzlich die Pflicht auferlegt wird, in jedem Jahre eine bestimmte Summe oder einen bestimmten Prozentsatz abzuzahlen. In England beschloss man 1876 jährlich 5—6 Mill. Pfd. St. abzuzahlen. In Deutschland bestimmt das Gesetz von 1897 die Tilgung von $1/2$ $\%$, von 1898 99 ab $3/5$ $\%$ der ganzen Kapitalschuld und die vollständige Verwendung des ganzen Ueberschusses des Etatsjahres zur weiteren Tilgung.

Diese Einrichtung hat noch den wesentlichen Vorteil, der Regierung wie der Volksvertretung die Aufstellung des Etats zu erleichtern. Die erstere kann ohne Bedenken die Einnahmen vorsichtig bemessen, um sich vor einem Defizit sicher zu stellen. Das Abgeordnetenhaus vergiebt sich nichts durch die Genehmigung eines etwas zu niedrigen Anschlages, da der Ueberschuss seine bestimmte und angemessene Verwendung findet. Das Schwanken der Einnahmen aus Staatsbesitz und einzelnen indirekten Steuern verliert dadurch seine schädliche Wirkung.

Bei dem Tilgungsplan sind verschiedene Formen möglich und angewendet: 1. durch einen Tilgungsfonds, indem ein Kapital deponiert und selbständig verwaltet wird; die Zinsen werden mit Zinseszins zu dem Kapital geschlagen, und mit der Summe Schuldtitel aufgekauft, bis der ganze Betrag getilgt ist. Die Zinsen derselben werden von neuem dazu verwendet. Dieses Verfahren wurde in England von 1786—1819 durchgeführt, dann sistiert und 1828 der Fonds aufgehoben. In Frankreich bestand er von 1816—1848; in Oesterreich wurde er von 1817—1829 in der erwähnten Weise verwaltet, dann mit grösserer Beschränkung, um 1846 gleichfalls aufgehoben zu werden. Man erkannte das unpraktische, ein bedeutendes Kapital liegen zu haben, während man genötigt war, neue Anlehen zu machen, und hat in der neueren Zeit davon allgemein Abstand genommen. 2. die zweite Form ist das Lotterieanlehen, wobei ein Teil, mitunter auch der ganze Betrag der Zinsen nicht an alle Gläubiger zur Auszahlung gelangt, sondern in jedem Jahre nur eine Anzahl Nummern der Obligationen ausgelost, und für diese aus dem Betrage, der dazu bestimmt ist, Gewinne in verschiedener Höhe nach einem aufgestellten Lotterieplane ausgezahlt werden. Bei den Prämienanleihen wird den ausgelosten Nummern ausser dem Paribetrage ein gleichmässiger Zuschlag gewährt. Erfahrungsgemäss ist das Publikum geneigt, bei solchen Prämienanleihen sich mit einem niedrigeren Zinsfuss zu begnügen, der Staat erhält dadurch das Geld billiger. In der neueren Zeit verzichten die besser situierten Staaten allgemein auf die Form, um nicht die Spielleidenschaft anzuregen und sie nicht für die Staatskasse auszubeuten. 3. Die allgemeinere Form ist die Fixierung eines bestimmten Prozentsatzes des Kapitals zur jährlichen Rückzahlung, welche durch Auslosung einer entsprechenden Zahl von Nummern der umlaufenden Obligationen geschieht.

Diesem Verfahren auf Grund eines vorher aufgestellten Planes zur Tilgung steht dann 4. die sogenannte Rentenschuld gegenüber, die kontrahiert wird, ohne dass der Staat eine bestimmte Verpflichtung zur Rückzahlung übernimmt, sich aber entweder ein Kündigungsrecht vorbehält oder auch auf dieses verzichtet, wodurch er dann allein auf den freien Aufkauf der Papiere an der Börse bei der Tilgung angewiesen ist. Dies letztere Verfahren hat unzweifelhaft sein grosses Bedenken, insbesondere indem der Staat gegen Ende der Tilgung leicht übermässige Preise zu zahlen gezwungen werden kann. Das Kündigungsrecht lässt dem Staate freie Hand zu verfahren, wie es für ihn pekuniär am günstigsten ist, durch Aufkauf an der Börse so lange der Kurs unter Pari steht, oder durch Kündigung, wenn derselbe sich über Pari erhebt. England und jetzt auch Frankreich, ebenso das deutsche Reich und Preussen haben die kündbare Rentenschuld acceptiert, wobei es ohne Bedeutung ist, ob die Obligationen auf einen bestimmten Nominalbetrag lauten, wie es neuerdings immer allgemeiner auch in Frankreich geschieht, oder ob in dem Gesetze der Nominalbetrag nur für die Tilgung aufgestellt ist.

Bei den bisher erörterten Verfahren werden Obligationen fast allgemein als Inhaberpapiere in verschiedener Höhe ausgestellt und veräussert (in den Vereinigten Staaten allerdings auch als Ordrepapiere). Ihnen werden beigegeben für einige (gewöhnlich 5) Jahre Couponbogen, welche in einzelnen Abschnitten Anweisungen auf einen bestimmten Zinsbetrag der Obligationen pro Viertel- oder halbes Jahr enthalten, fällig an den einzelnen Terminen der Jahre, auf welche der Couponbogen lautet. Der Inhaber aber ist berechtigt, den Betrag von der Staatskasse zu erheben. Ausser dem Couponbogen sind Talonbogen zur Obligation gehörig, welche in der gleichen Weise Anweisungen auf Couponbogen enthalten.

Neben dieser Form ist in vielen Staaten ein Staatsschuldbuch eingerichtet (in Frankreich 1793, in Preussen 1883, im deutschen Reich 1891, in England ist die Verwaltung der Schuld der Bank von England übergeben, welche gleichfalls ein Schuldbuch führt). In demselben können auf Verlangen die Namen der Gläubiger eingetragen werden, ohne dass besondere Obligationen darüber zur Ausfertigung gelangen, wodurch eine grössere Sicherheit für den Gläubiger geschaffen wird. Die Verfügung bleibt ihm dadurch gewährleistet, dass ihm die Rückzahlung in Staatsobligationen nach kurzer Kündigungsfrist gegen Erlegung einer Gebühr ermöglicht wird.

§ 69.
Die Art der Begebung der Anleihen oder die Emission.

Die Emission kann auf verschiedene Weise geschehen. Man unterscheidet das direkte oder indirekte Verfahren. Bei dem letzteren wird die Aufnahme bei einem Konsortium von Banken gemacht, welche dem Staate das Geld vorschiessen und ihrerseits die Schuldtitel bei dem Publikum unterzubringen suchen. Der Staat hat dabei den Vorteil, sofort Geld unter von ihm gebilligten Bedingungen zu erhalten. Für die Gesamtheit ist es erwünscht, dass durch die Banken die Gelder erst allmählich den

Verhältnissen des Geldmarkts entsprechend, event. auch aus dem Auslande, bezogen werden. Dagegen verlangen die Vermittler erhebliche Spesen, die bei nicht ganz gesichertem Staatskredit zweckmässig geopfert werden, bei gesundem Staatswesen aber zu ersparen sind. Durch die Ausschreibung der Anleihen auf dem Wege der Submission, um die Konkurrenz der Beteiligten anzufachen, und demjenigen den Zuschlag zu erteilen, der die günstigsten Bedingungen gewährt, kann der Staat am meisten ersparen.

Ein gut situierter Staat wird zweckmässig den direkten Weg wählen, und sich ohne Vermittler an die Bevölkerung auf dem Wege der allgemeinen Subskription, auf Grund bestimmter vom Staate gemachter Offerten, in betr. des Zinsfusses, der Tilgung etc. wenden. Die Aufgabe des Finanzministers ist dabei, die Bedingungen den Verhältnissen anzupassen. Wird z. B. zu geringe Zinszahlung in Aussicht gestellt, namentlich in einem nicht sehr reichen Lande, wo noch das Vertrauen zur Staatswirtschaft nicht völlig gesichert ist, so liegt die Gefahr einer unzureichenden Zeichnung vor. So wurde die Anleihe des norddeutschen Bundes im Juli 1870 mit 88 % Ausgabekurs, bei 5 % Verzinsung nicht einmal voll gezeichnet, während die französische Anleihe von 1871 bei 5 % und Emissionskurs von 82,5 % eine dreifache Ueberzeichnung erfuhr; die von 1872 zu einen Kurse von 84,5 % sogar eine 14 fache. Umgekehrt wird ein Staat, welcher zu günstige Bedingungen stellt, sich die Anleihe zu sehr verteuern und Ueberzeichnungen veranlassen. Im letzteren Falle muss eine entsprechende Reduktion der akkordierten Summen gegenüber den gezeichneten eintreten. Die Ueberzeichnungen sind nun nicht als entsprechender Beweis des Geldüberflusses und korrektes Zeichen eines guten Staatskredites anzusehen, da Banken, welche eine Reduktion befürchten, das Mehrfache der gewünschten Summe zu zeichnen pflegen, um sich den Betrag zu sichern, und hoffen können, einen Ueberschuss an das Publikum abzusetzen. Um dieser Spekulation (durch Konzertzeichner) entgegenzuwirken, pflegt eine Emissionssperre vorgenommen zu werden, indem kleineren Beträgen ein Vorzug eingeräumt wird, während die grossen Zeichnungen eine um so grössere Kürzung erfahren. Die Begebung geschieht gewöhnlich durch Kommissionäre am offenen Markt gegen Provision. Nur in Frankreich findet fortdauernd durch Staatsbeamte die Annahme der Gelder und Eintragung in die Schuldbücher (86 Nebenbücher) statt, so dass das Publikum laufend seinerseits nach Belieben seine Ueberschüsse an den Staat als Sparkasse abgiebt, nicht aber der Staat seinerseits nur im Falle des Bedarfs Einzahlungen beansprucht. Der Vorteil des Verfahrens zeigt sich in der allmählichen Verbreitung der Beteiligung auch der unteren Klassen an den Staatsanleihen, wodurch stets grössere Summen unter günstigen Bedingungen für den Staat zu erlangen sind, als in anderen Ländern unter sonst gleichen Verhältnissen.

§ 70.

Das Papiergeld.

A. Wagner, Die russische Papierwährung. 1868.
L. Zielinski, Der Rubel jetzt und vor 100 Jahren. Jahrb. f. Nationalök. 1898.
Lesigang, Agio in Oesterreich. Jahrb. f. Nationalök. Bd. XXVII, XXVIII
und XXIX. *Földes*, ebenda 1882.
Bolles, Financial history of the United. Staates 1860—85. New York 1886.

Durch die Ausgabe von Papiergeld (S. Grundriss, I, § 52) verschafft sich der Staat ein unverzinsliches Darlehn, und jeder Inhaber
von Papiergeld ist ein Gläubiger des Staates. wenn er auch im allgemeinen ein Kündigungsrecht nicht einräumt, und von ihm eine Verpflichtung weder überhaupt, noch bei Präsentation zur schliesslichen
Rückzahlung übernommen zu werden pflegt. Bald ist die Annahme
des Papiergeldes eine freiwillige, dann haben wir es mit „uneigent-
lichem" Papiergelde zu thun, oder dasselbe ist mit „Zwangskurs" ausgegeben, also Jeder verpflichtet, dasselbe zum Nominalpreise anzunehmen, wodurch es erst gesetzliches Zahlungsmittel, also eigentliches
Papiergeld wird.

Der finanzielle Vorteil des Staates durch die Ausgabe von Papiergeld liegt auf der Hand. Die Bedenken dagegen liegen auf volkswirtschaftlichem Gebiete und sind an anderer Stelle bereits erörtert.
Eine mässige Ausgabe desselben wird ohne Schaden im Umlauf erhalten werden können, wenn sie nur einen kleinen Teil der Umlaufsmittel ausmacht, also keine Ueberlastung des Verkehrs in sich schliesst,
und bei Steuer- und sonstigen Zahlungen an den Staat stets Gelegenheit geboten ist, jedes Quantum dabei abzustossen und dadurch die
Verwendung zum vollen Werte zu jeder Zeit sicher zu stellen. In
diesem Falle ist kein Gewicht darauf zu legen, dass der Cirkulation
entsprechend Bardeckung vorhanden ist, wie bei den Silbercertifikaten
in den Vereinigten Staaten, welche als Anweisungen auf vom Staate
bar angesammeltes Silber in Umlauf gesetzt sind; oder im deutschen
Reiche, wo fast dem Quantum des Papiergeldes entsprechend Barmittel
im Reichsschatz angehäuft sind. Ebenso ist in solchem Falle kaum
ein Unterschied in der Wirkung vorhanden, ob das Papiergeld mit Zwangskurs ausgestattet ist oder nicht. Der Unterschied erlangt erst Bedeutung,
wenn durch die Ausgabe eine Ueberlastung zu befürchten ist, und
andere Umlaufsmittel dadurch in zu Tage tretender Weise verdrängt
werden.

Erfahrungsgemäss liegt für die Staatsgewalt die Gefahr vor, in be-
drängter Lage, namentlich während eines Krieges, sich in kurzer Zeit durch
die Ausgabe von Papiergeld grössere Summen zu verschaffen, welche durch
Zwangskurs unterstützt werden muss, sobald über Bedarf Umlaufs-
laufsmittel ausgegeben sind. Gleichgiltig ist es dabei, ob es sich um
Scheine handelt, die von der Staatskasse selbst ausgegeben werden,
wie in Russland, den Verein. Staaten während des Bürgerkrieges, oder
durch grosse Centralbanken, deren Noten als uneinlösbar und als gesetzliches Zahlungsmittel erklärt sind, wie das im Beginn des Jahrhunderts in England und in Oesterreich geschehen ist. Die Folgen
zu grosser Papierausgabe sind in der Ausbildung des Agio's für klin-

gende Münze bekannt und haben wiederholt zum Staatsbanquerott geführt, wie nach der französischen Revolution infolge der Assignatenwirtschaft.

Die Art der Anleihe auf dem Wege der Ausgabe von Papiergeld in grösserem Maassstabe kann theoretisch weder vom volkswirtschaftlichen noch finanzwissenschaftlichen Standpunkte gerechtfertigt werden, sie bringt vielmehr eine Zerrüttung der Verkehrs- wie Finanzverhältnisse für lange Zeit hervor, und es bedarf verhältnismässig grosser Mittel, einschneidender Eingriffe in das wirtschaftliche Leben, um wieder geordnete Verhältnisse herbeizuführen. Der erste Schritt ist meistens, die thatsächliche Entwertung des Papiergeldes als gegebene und unabänderliche Thatsache zu acceptieren und die Einlösbarkeit der Papiere zu dem niedrigen Kurse (legale Devalvation), also unter dem Werte, den es bei der Ausgabe hatte, zu verfügen. Hat der niedrige Stand des Papiers lange Zeit bestanden, so ist dies Vorgehen durchaus gerechtfertigt, denn die momentanen Inhaber werden dadurch im allgemeinen nicht geschädigt, da sie das Papier bei dem schnellen Umsatz selbst zu diesem Kurse erhalten haben. Die Einlösung zum Parikurse würde ihnen ein Geschenk zuführen, auf welches sie kein Anrecht haben, und die Staatskasse übermässig belasten. Schwierigkeit macht die Tilgung älterer Schulden, für welche gesetzlich der zu acceptierende Maassstab nach Billigkeit aufgestellt werden muss. Durch eine verzinsliche Anleihe sind die nötigen Barmittel zu beschaffen, um die Papierschuld zu tilgen. Wo der Zustand noch nicht lange gewährt hat, ist die Hebung des Kurses auf die frühere Höhe durch Aufnahme der Barzahlung zu erstreben. So ist 1878 die nordamerikanische Union, 1881 Italien vorgegangen, welches aber 1894 wieder die Einlösung der Staatsnoten gegen Metallgeld einstellen musste. In Russland ist indessen 1897 (der Rubel zu 2,16 Mk. statt 3,24 Mk.), wie ebenso in Oesterreich (der Guld. zu 1,7 Mk. statt 2 Mk.) die Devalvation vollzogen.

§ 71.
Die Statistik der Anleihen.

Gothaischer genealogischer Hofkalender. Gotha 1898.
A. Wagner in Schönbergs Handbuch III, 1, S. 860: Die Etats der betreffenden Staaten.
Dr. Wilhelm Kähler, Die preussischen Kommunalanleihen. Jena 1897.

Die Aufstellung einer Statistik der Staatschulden hat grosse Schwierigkeit, da die Zahlen in jedem Lande etwas Anderes bedeuten. Der Nominalbetrag ist z. B. bei einer Rentenschuld nur nach dem momentanen Kurse anzugeben, die auf eine bestimmte Summe lautenden Anleihen stehen vielfach im Kurse sehr viel niedriger, und die Schuld erscheint höher, als sie in Wirklichkeit ist. Ein besseres Bild zur Vergleichung verschiedener Länder erlangt man durch die Zusammenstellung der Summen, welche zur Verzinsung der Schuld notwendig sind, doch ist hiermit meist auch die Amortisationsquote verbunden und nur schwer zu trennen. Die gewöhnlich angegeben Zahlen gestatten kaum eine Vergleichung, die vielmehr stets grosse Ungenauigkeiten enthält.

Die Schulden des deutschen Reichs beliefen sich am 31. März 1897 auf: 2141,2 Mill. Mk., davon 450 Mill. zu $4^0{}_0$, 790 Mill. zu $3^1{}_2^0{}_0$ und 901 Mill. zu $3^0{}_0$. Hierzu traten hinzu 120 Mill. unverzinsliche Reichsschatzscheine. Dem steht der Invalidenfonds mit 424 Mill. Mk. und der Staatsschatz mit 120 Mill. Mk. gegenüber. In verhältnismässig kurzer Zeit, in 25 Jahren hat sich die Reichsschuld zu der erwähnten Höhe erhoben. Die Anforderungen an das Reich steigen gewaltig, während auf die Tilgung bisher nur wenig bedacht genommen wurde. Für einen Teil der Schuld, der für Post- und Telegraphenzwecke aufgenommen ist, haften Bayern und Württemberg nicht; für einen weitern Teil, die Militärverwaltung betr. haftet Bayern nicht mit. Zur Verzinsung der Reichsschuld sind für 1898—1899 73,6 Mill. Mk. ausgeworfen. Erst durch die Gesetze vom 16. April 1896 ist die Schuldentilgung gesetzlich geregelt und schärfer in Angriff genommen pro 1897 98. Die Hälfte des Ueberschusses der Einnahmen über die Ausgaben resp. der aufzubringenden Matrikularbeiträge soll zur Tilgung verwendet werden. Vom Ertrage der Zölle und der Tabacksteuer sollen bis 180 Mill. zur Tilgung dem Reich verbleiben.

In Preussen belief sich die Gesamtschuld 1867 auf 1322,7 Mill. Mk., 1872 1318 Mill., wovon 644,3 Mill. Eisenbahnschuld, 673,6 Mill. allgemeine Schuld. 1875 war die Gesamtschuld infolge der französischen Milliardenzahlung auf 947 Mill. reduziert. Die Aufkäufe und Neubauten von Eisenbahnen steigerten die Schuld schon 1883 4 auf 2640 Mill. und 1897 8 auf 6498 Mill. Mk. Davon war Eisenbahnschuld 1896 5230 Mill. Mk., so dass die allgemeine Schuld 1268 Mill. Mk. beträgt. Einen richtigern Einblick in die Verhältnisse gewinnt man aber, wenn man die Zinserfordernisse ins Auge fasst. 1897 8 betrug dasselbe 236,9 Mill. Für dasselbe Jahr ist der Eisenbahnüberschuss auf 483,9 Mill. Mk. veranschlagt, dazu kommen aus Berg- und Hüttenwerken, Domänen und Forsten 57 Mill. Mk., zusammen 541 Mill. Mk., sodass über den Zinsaufwand hinaus 304 Mill. Mk. für die Staatskasse disponibel blieben. Hiervon ist allerdings noch ein erheblicher Teil (45 Mill.) zur Verzinsung der Reichsschuld in Abrechnung zu bringen. Die obligatorische Schuldentilgung nach Gesetz vom 8. März 1897 erfordert ferner fortan mindestens 39 Mill. Mk. jährlich.

In Oesterreich-Ungarn betrug die allgemeine und gemeinsame verzinsliche Schuld 1896 circa 2959 Mill. Gld. Dazu traten 1435 Mill. Gld. cisleithanischer und 2332 Mill. Gld. ungarischer Schuld. Das Schulderfordernis belief sich in demselben Jahr auf 301,6 Mill. Gld. Die Notenschuld belief sich auf 495 Mill. Gld.

Nur in den separaten Schulden der beiden Länder ist auch Eisenbahnschuld enthalten. Die übrige Schuld stammt hauptsächlich aus Kriegsanleihen. Für das Jahr 1868 schätzte Wagner die Schuld beider Länder auf 3525 Mill. Gld.

In Frankreich war die zu zahlende Rente 1896: 991 Mill. Frk. Der Kapitalswert der französischen Staatschuld ist Ende der achtziger Jahre von Leroy-Beaulieu auf 29,5 Milliarden Frk., von Fouquet für 1891 auf 30,5 Milliarden veranschlagt und hat sich seitdem wenig geändert. Die Gesamtzahlungen für die Schuld beliefen sich 1896 auf 1215 Mill. Frk. Sie haben sich seit 1886, wo sie 1344 Mill. betrugen, um fast 130 Mill. Frk. vermindert.

In Italien ist die Rentenschuld pro 1896 auf 602,6 Mill. L. angegeben, wozu noch die zur Tilgung jährlich nötigen 5,2 Mill. L. hinzuzurechnen sind, um das Schulderfordernis zu erhalten.

In Russland betrug 1896 die verzinsliche Schuld 6081 Rubel. Dazu sind 1121,3 Mill. Rubel Papiergeld zu zählen.

In dem britischen Reiche belief sich die Schuld 1774 auf nur 128,6 Mill. Pfd. St, 1793 259,4 Mill., 1817 898,9; 1850 war sie auf 798 Mill. reduziert, wovon 773 Mill. fundierte Schuld. 1884 war sie 748,1, 1896 648,5 Mill., wovon 638,5 Mill. fundierte Schuld, die 72,67 Mill. Pfd. St. zur Verzinsung und Tilgung beanspruchte. Die Verzinsung geschieht fast durchweg zu $2^{3/4} {}^0/_0$.

Die Vereinigten Staaten von Nordamerika haben in der Schuldentilgung das Ausserordentlichste geleistet. 1861 war die Nominalschuld nur 90,9 Mill. Doll. gross. Durch den Bürgerkrieg wuchs sie 1865 auf 3384 Mill. Doll., wovon 2635,2 Mill. Doll. fundierte Schuld, die mit 124 Mill. Doll. zu verzinsen war. 1896 war der Gesamt-Betrag auf 1780 Mill. Doll., die fundierte Schuld auf 847,4 Mill. Doll., der zu zahlende Zinsbetrag auf 35 Mill. Doll. vermindert. Da dieser Schuld 849,6 Mill. Doll. im Barbestand gegenüberstehen, so bleibt ein Rest von 9.6,3 Mill. Doll.

Während Dezennien hindurch die Staatsschulden nur fortdauernd anwuchsen, ist in der neuern Zeit immer allgemeiner auf eine Reduktion bedacht genommen. Der Rückgang des Landes-Zinsfusses gestattete eine Conversion der Schulden. Ende der siebziger Jahre stand die deutsche $4^0/_0$ Anleihe noch zeitweise unter pari. 1898 sind die $3^{1}{}_2{}^0/_0$ Papiere mit 102 und darüber bezahlt. Durch Gesetz vom 8. März 1897 sind die Schuldverschreibungen der $4^0/_0$ Reichsanleihe in $3^{1}{}_2{}^0/_0$ umgewandelt. Es gab davon noch 450 Mill. neben 790 Mill. $3^{1}/_2{}^0/_0$ und 901 Mill. 3%. In Preussen ist durch Gesetz vom 1. Okt. 1897 die Umwandlung der $4^0/_0$ Schuld in eine $3^{1}/_2$ verfügt. 1897—98 wurde noch die Hauptschuld von 3589 Mill. zu $4^0/_0$, 1935 Mill. mit $3^{1}/_2$, 845 Mill. mit $3^0/_0$ verzinst.

Die Zusammenfassung verschiedener Schuldtitel und Ersetzung durch eine grosse Anleihe wird Consolidirung genannt, die Obligationen heissen Consols. Die Ersetzung der bisherigen Schuldscheine durch neue zu einem niedrigern Zinsfuss nennt man Conversion der Schuld. Der Gläubiger erhält die Wahl, ob er die Nominalsumme bar ausgezahlt erhalten oder die Papiere mit niedrigerem Zinsfuss dafür accaptieren will.

Die Anleihen der Gemeinden und sonstigen Korporationen spielen in der neuern Zeit eine wachsende Rolle. Leider ist die Statistik darüber eine unbegreiflich dürftige. Für Preussen haben wir durch Dr. Kaehler eine gute Zusammenstellung der in den letzten 50 Jahren aufgenommenen Anleihen. Wir wissen aber nicht, wie viel davon abgezahlt ist, wie viel mithin davon noch jetzt bestehen.

Von 1846—95 sind in den preussischen Kreisen 202 340 000 Mk. aufgenommen; von den Provinzen von 1849—96 374 304 000 Mk., von Landgemeinden 14 172 000 Mk., in den Städten von 1832—96 1 359 239 000 Mk. .

Der Bestand an Schulden war in Berlin:

1815	14 410 675	Mk.
1841	9 530 475	„
1894	266 504 178	„

Von 1845—96 sind von der Stadt aufgenommen 370 500 000 Mk., wovon bis 1894 circa 110 Mill. Mk. zurückgezahlt wurden.

Es waren von obigen Anleihen aufgewendet:

für Gasanstalten	23,3	Mill. Mk.
„ Wasserwerke	50,6	„ „
„ Canalisation	88,2	„ „
„ Viehhof	12,2	„ „
„ Markthallen	27,5	„ „
	201,9	Mill. Mk.

Aus dem Ertrage der fünf Anlagen wurden 1894 5,1 Mill. Mk. zur Tilgung der Schuld beigetragen.

Die Einnahmen der Gemeinden im britischen Reiche waren:

1867/8	36 496 000	Pfd. St.,
1879/80	62 947 000	„ „
1889/90	69 317 000	„ „
1893 4	88 037 000	„ „

Abschnitt IV.

Die Staatsausgaben und der Etat.

§ 72.

Die Statistik der Staatsausgaben.

v. Kaufmann, Jahrbücher für Nationalök. Neue Folge. Bd. XVIII.
Ders., Die öffentlichen Ausgaben der grossen europäischen Länder nach
ihrer Zweckbestimmung. Berlin 1893.

Die Aufstellung einer solchen Statistik, noch mehr der Vergleichung zwichen verschiedenen Ländern stellen sich grosse Schwierigkeiten entgegen, da die Scheidung der einzelnen Posten sich nicht genau durchführen lässt, und die Gruppierung in jedem Lande anders ist.

Man hat zunächst die Betriebsausgaben von den Verwaltungsausgaben zu scheiden. In Preussen sind die Bruttoeinnahmen aus Domänen und Forsten für das Jahr 1897 98 auf 83,5 Mill. Mk. veranschlagt; davon gehen aber Betriebsausgaben mit 42,1 Mill. Mk. ab. Das Ministerium für öffentliche Arbeiten rechnete in demselben Jahre auf eine Roheinnahme von 1118,3 Mill., wovon aber hauptsächlich für den Eisenbahnbetrieb 634,4 Mill. in Abzug kommen, bevor etwas für die allgemeinen Staatszwecke zur Verwendung kommen kann. Bei dem Ministerium für Handel und Gewerbe sind von den 127.2 Mill. Einnahmen 113 Mill. Mk. für Berg- und Hüttenbetrieb in Abzug zu bringen. In Ländern mit ausgedehntem Staatsbesitz und -betrieb, wie Preussen, Oesterreich, Frankreich (mit dem Monopol), fallen diese Summen weit mehr ins Gewicht als in den andern mit nur geringem Eigenbetrieb wie im britischen Reiche. Die Betriebsausgaben müssen mithin unbedingt in Abzug gebracht werden, sowohl bei Feststellung der Summen, welche dem Staate für Verwaltungszwecke disponibel sind, wie bei Vergleichung verschiedener Länder.

Ausserdem sind zu unterscheiden: ordentliche und ausserordentliche, je nachdem sie die gewöhnlich wiederkehrenden oder nur einmalige Bedürfnisse decken sollen. Durchlaufende Posten, z. B. teilweise Rückzahlungen erhobener Steuern, sind auszuscheiden. Grade dieses ist aber nach den Etats nicht vollständig möglich und in den verschiedenen Ländern in ganz ungleicher Weise. Daher sind die angegebenen Zahlen nur als ungefähre Anhalte zu benutzen, namentlich bei dem Vergleiche der verschiedenen Länder.

In dem deutschen Reiche waren in den Voranschlag pro 1898 99 folgende Posten an ordentlichen Ausgaben angesetzt:

	Mill. Mk.	einmalige und ausserordentl. Mill. Mk.
Reichstag und Reichskanzler	0,9	—
Auswärtiges Amt	11,3 (Kolonialverw.)	10,7
Reichsamt des Innern (allgemeine Fonds, Patentamt, stat. Bureau, Reichsversich.)	40,7	1,7
Verwaltung des Reichsheeres	511,9	96,3
„ der Marine	62,7	59,6
Reichsschatzamt (Ueberweisungen an die Bundesstaaten 441,3 Mill. Mk.)	446,7	—
Reichsschuld	73,7	—
Allgemeine Pensionsfonds	61,7	—
Reichsinvalidenfonds	28,6	—
Reichsjustiz und Reichs-Eisenbahnamt	2,4	—
	1 241,8	199,7

Die Ausgaben einiger grösserer Staaten nach den Angaben des Gothaer genealogischen Kalenders, wo uns der Etat selbst nicht vorlag.

1897 98:

	Preussen ordentl.	Preussen einmal.	Oesterreich ordentl.	Oesterreich einmal.	Frankreich	Brit. Reich
	Mill. Mk.		Mill. Gld.		Mill. Frk.	Mill. Pfd. St.
Centralleitung (Krone)	15		4,6			0,5
Minister. des Aeussern	0,5 Reichsrat	1,2			14,9	
„ der Finanzen	103,6		96,3	7,1	19,4	
„ des Innern	57,5		20,6	3,7	74,8	20,0
(Strafanst.	9,3,					
„ für Hand. u. Gew.	7,7		45,0	2,2	28,8	
„ „ öffentl. Arb.	24,6	66,3	85,3	8,4	214,5	1,8
„ „ Landwirtsch.	18,7		15,8	2,8	28,8	
(Gestütsverw.	5,2)					
Koloniales					83,8	
„ f. geistl. Unterr. u. Medizinalang.	117,5	7,6	26,2	1,6	211,6	10,7
„ der Justiz	97,1	4,8	22,8	2,1	78,0	3,6
„ des Krieges	—	— } 22,6			622,5	} 40,4
„ der Marine	—	— }			258,1	
Oeffentliche Schuld	273,5		168,8		1250,3	25,0
Allgem. Finanzverwalt.	330,7				374,0	13,5
(Beiträge zu den Ausg. d. deutsch. Reiches	256,3)					
	655,8	33,2	3 314,3			126,4

Für 1892/93 berechnet Geffken in Schönbergs Handbuch III, 1, S. 60, nach von Kaufmann:

	Bruttoausgaben pro Kopf in Mk.	Steuern und Abgaben	Ausgaben pro Kopf für						
			Allgemeine Verwaltung	Sicherheit im Innern, Wohlthätigk.	Kultur und Unterricht	Verkehrswes.	Förderung d. Erwerbsleb.	Staatsschulden	Landesverteidig.
								Brutto:	
Preussen: der Staat inkl. Reichsanteil	45,42	22,89	6,38	7,81	8,62	4,02	1,53	10,08	13,71
Lokalverw.	17,07	11,73							
	92,49	34,62							
Oesterreich: Cisleith. u. Anteil am gemeinschaftl. Buget	46,89	30,34	6,09	5,02	4,75	2,83	2,51	12,02	8,92
Lokalverw.	18,75	7,51							
	65,64	37,85							
Frankreich: Staat	68,53	58,13	4,40	5,08	8,00	7,96	1,12	22,08	20,07
Lokalverw.	26,07	18,44							
	94,60	76,87							
Grossbritannien: Staat	47,36	39,24	3,65	12,66	6,30	4,18	0,85	14,86	16,73
Lokalverw.	35,26	21,29							
	82,62	60,53							
Italien: Staat	42,82	31,25	4,10	5,32	3,06	5,86	0,33	18,55	9,64
Lokalverw.	16,86	11,94							
	59,67	43,19							
Russland: Staat	25,56	17,95	3,78	1,86	1,51	0,83	0,46	6,05	8,94
Lokalverw.	2,74	3,03							
	28,30	20,98							

§ 73.

Der Etat.

De. M. v. Heckel, Das Budget. Leipzig 1898.

Seidler, Budget und Budgetrecht. Wien 1885.

Jeder grössere wirtschaftliche Betrieb bedarf einer genauen rechnerischen Gegenüberstellung der Einnahmen und Ausgaben in einer geregelten Buchführung, um die Balancirung beider zu überwachen. Um eine Unterbilanz, ein Deficit zu verhüten, und rechtzeitig Vorsorge für die Aufrechterhaltung des Gleichgewichtes treffen zu können, ist aber schon ein Voranschlag über die zu erwartenden Einnahmen und die in Aussicht stehenden Ausgaben notwendig. Je grösser die

Wirtschaft ist, je schwankender sich die Einnahmen und Ausgaben gestalten, um so notwendiger wird der Voranschlag sein, und um so sorgfältiger und detaillirter muss er durchgeführt werden. Bei der Wirtschaft des Staates und der öffentlichen Körperschaften tritt noh hinzu, die Notwendigkeit eine Kontrolle zu ermöglichen, da die Verwaltung eine verantwortliche ist.

Dieser Voranschlag wird bei Staaten und öffentlichen Körperschaften schon lange „Budget" genannt. Der Name kommt vom französischen „bougette", Ledertasche her, in der der Kanzler der Schatzkammer im engl. Parlamente seine Finanzvorlagen mitzubringen pflegte. Der Ausdruck hat sich Ende des vorigen Jahrhundert's allgemein im jetzt gebrauchten Sinne eingebürgert. Daneben wird in gleicher Bedeutung das Wort „Etat" gebraucht. Es ist so schon von Bodinus angewendet, als Voranschläge einzelner Finanzämter, während es bei Sully, dann von Seckendorf schon im modernen Sinne gebraucht wurde.

Zur Zeit der landständischen Verfassung bestanden, wie oben schon ausgeführt, zwei getrennte Kassen, von denen jede ihre eigenen Etat aufstellte, die Kammerkasse, welche die ursprünglich dem Landesfürsten gehörigen Einnahmequellen verwalteten, und die Steuerkasse, welche unter specieller Kontrolle der Stände stand, weil sie die von diesen bewilligten Gelder verwaltete. Ausserdem hatten vielfach einzelne Landesteile noch ihre besondere Kassen, so wie mitunter für bestimmte Verwaltungszwecke Specialkassen mit eigenem Nebenetat auftraten, z. B. für einen besondern Tilgungsfonds etc.

In der neuern Zeit ist allgemein das Streben nach einem einheitlichen, alles umfassenden Etat vorhanden, ohne ihn jedoch überall zu erreichen. Diese Zusammenfassung, die „fiscalische Kasseneinheit", liegt im Allgemeinen jetzt in dem Staatshaushaltsetat der modernen Staaten vor. Er umfasst den Voranschlag der gesamten Finanzwirtschaft, also alle Zweige der Aus- und Eingänge während einer Finanzperiode, und setzt sich aus einer Annahl Einzeletats, vor Allem dem Ausgabe- und Einnahme Etat zusammen; während es, wie erwähnt, ausserdem noch Neben- und Nachtrags-Etats geben kann.

Die Finanzperiode, für welche der Etat aufgestellt wird, ist in den grössern Staaten jetzt meist die einjährige, und mit Recht, weil in dem Zeitalter des Dampfes auch hierin beständig Aenderungen zu erwarten sind, welche Berücksichtigung verdienen. In älterer Zeit war sie gewöhnlich eine mehrjährige. Noch jetzt ist die Finanzperiode in Bayern, Sachsen und Württemberg eine zweijährige, in Hessen eine dreijährige.

Das Finanzjahr beginnt seit 1877 in Deutschland mit dem 1. April. Dasselbe ist der Fall in England, Preussen, Württemberg. In Frankreich, Oesterreich, Russland, Schweden, Bayern ist noch das Kalenderjahr beibehalten.

Der Etat kann sein: Brutto- oder Netto-Etat. Der erstere enthält sämtliche Einnahmen und Ausgaben in ihrem ganzen Umfange, also inkl. der Betriebs-Verwaltungs- und Erhebungskosten. Bei den letztern sind diese in Abzug gebracht, so dass nur die Summen eingestellt sind, welche der Staatskasse für allgemeine Zwecke zur Verfügung bleiben, und eben nur diese Ausgaben angegeben werden.

In früherer Zeit war der Nettoetat allgemein verbreitet, weil das Interesse sich nur den Reineinnahmen zuwandte, während es wichtig ist, wo Staatsbetrieb vorwaltet, zu wissen, mit welchem Umsatz gearbeitet wird, wie hoch sich die Erhebungskosten gestalten etc., welches für die Beurteilung des eingeschlagenen Weges notwendig ist. Allerdings wird es, wie bereits ausgeführt, für die Vergleichung der Budgets zweier Länder wiederum erforderlich sein, sich an die Nettoangaben zu halten, die allein gleichartiges einschliessen. Ein Land mit grossen Bergwerken und Eisenbahnen wird sehr hohe Bruttoeinnahmen haben und einem Nachbarlande ohne solchen Besitz sehr überlegen erscheinen, während die Nettoeinnahmen gleich hoch sind. Die Last, welche auf der Volkswirtschaft ruht, die Summen, welche zur Förderung der Kultur verwendet werden, ersieht man nur aus den Nettoangaben. Doch bedarf man der Bruttonotierungen, um einen tiefern Einblick zu gewinnen, wie der Staat wirtschaftet. In den Etats der verschiedenen Länder finden wir fast allgemein beide Arten vermengt, keine ganz konsequent durchgeführt, wodurch die Vergleichung eine sehr schwierige und komplizierte wird.

Man hat ferner zu unterscheiden, zwischen dem ordentlichen und ausserordentlichen Budget, wie man die ordentlichen, d. h. dauernden, sich mehr oder weniger regelmässig wiederholenden Einnahmen und Ausgaben den nur einmaligen, aussergewöhnlichen gegenüberstellt. Der Staatshaushaltsetat enthält daher beide Budgets oder zwar entsprechende Teile desselben. Das ausserordentliche, in welchem hauptsächlich die Neuerungen Platz finden, wird in dem Parlamente stets am eingehendsten behandelt. Es kommen darin besonders die Ausgaben in Betracht, die sich durch unerwartete Ansprüche an die Staatsgewalt ergeben, infolge aussergewöhnlicher Ereignisse (Krieg) oder besonderer Neuanlage zu nachhaltiger Nutzung (Eisenbahn, Hafen-, Tunnel-, Festungsbauten), dann zur Ergänzung momentaner Ausfälle etc. Ausserdem ist massgebend, dass die betr. Ausgaben ausserhalb des Finanzplanes liegen und daher den Charakter des aussergewöhnlichen haben.

Die Aufgabe des Finanzministeriums ist es, von den übrigen Ministerien die Voranschläge und ihre Forderungen einzufordern, sie in ein richtiges Verhältnis zu einander und die Einnahme in der Gesamtheit mit den Ausgaben in Einklang zu bringen; es hat ferner dafür zu sorgen, dass der Voranschlag möglichst den wirklichen Beträgen nahe kommt.

Das Letztere ist bei mit den Konjunkturen schwankenden Posten sehr schwierig und nur auf Grund des Durchschnitts der letzten Jahre und der Aussichten für die Zukunft möglich. Nicht nur ein Ausfall gegenüber dem Etat ist misslich, sondern auch zu erhebliche Ueberschüsse sind zu vermeiden, die leicht zu Extraausgaben verleiten. Die letzteren waren durch zu niedrige Veranschlagung der Einnahmen und zu hoch normierte Ausgaben in Preussen eine Zeit hindurch an der Tagesordnung. Angemessen wird es sein, diese Ueberschüsse gesetzlich der Schuldentilgung zuzuweisen, um sie anderer Verwendung zu entziehen, aber event. durch Steuernachlass, z. B Erniedrigung des Prozentsatzes der Einkommensteuer, Befreiung der untersten Einkommensteuerstufen einen Ausgleich herbeizuführen. Denn die Voraussetzung ist, die in § 2 dargelegt, dass zuerst die als notwendig erkannten Ausgaben festgestellt, und nur diese berücksichtigt werden, worauf die Summe gedeckt werden muss, und die Einnahmen danach zu bemessen sind.

Zu hohe Veranlagung war unter dem zweiten Kaiserreich in Frankreich und zu gleicher Zeit in Oesterreich beliebt, um die oppositionellen Parteien zu beschwichtigen. Die Folge war die Defizitwirtschaft und enorme Steigerung der schwebenden Schuld, die schliesslich in eine fundierte umgewandelt werden musste.

Das preussische Gesetz betr. den Staatshaushalt vom 11. Mai 1898, auch das Komptabilitätsgesetz genannt, regelt die Abrechnungsverhältnisse nach allen Richtungen. Der Abschluss der Kassenbücher hat danach im 3. Monat nach Ablauf des Etatsjahres zu geschehen. Nach dem Jahresabschluss dürfen keine Einnahmen und Ausgaben mehr für Rechnung des abgelaufenen Etatsjahres gebucht werden. Stellen sich Ueberschüsse bei einzelnen Fonds heraus, so sind bestimmte Fonds angegeben, bei denen dieselben auf das neue Jahr übertragen werden dürfen, während sie bei anderen der Hauptkasse zufallen. Schon im folgenden Jahre ist eine Uebersicht der Einnahmen und Ausgaben dem Landtage vorzulegen.

Die Einrichtungen und Befugnisse der Oberrechnungskammer sind durch das Gesetz vom 27. März 1872 neu und eingehend geregelt.

Abschnitt V.

Historischer Rückblick.

Kapitel I.

Die Geschichte des Finanzwesens in Preussen.

Ad. Fr. Riedel. Der Brandenburg-Preussische Staatshaushalt in den beiden letzten Jahrhunderten. Berlin 1866.

P. G. Wöhner, Steuerverfassung des platten Landes der Kurmark Brandenburg. Berlin 1804.

Carl Dieterici, Zur Geschichte der Steuerreform in Preussen von 1810 und 1820. Berlin 1875.

Mamroth, Geschichte der preussischen Staatsbesteuerung 1806—16. Leipzig 1846.

§ 74.

Die ältere Zeit.

Da es uns zu weit führen würde, hier eine eingehende Geschichte des Finanzwesens selbst zu geben, so suchen wir an ein paar Beispielen die Veränderungen zu charakterisieren, die in den letzten Jahrhunderten in der Finanzverwaltung, der Wahl der Einnahmequellen, wie der Verwertung derselben eingetreten sind, und berücksichtigen dabei am eingehendsten die Verhältnisse Preussens in älterer Zeit, da wir die neueren schon zu erörtern Gelegenheit fanden und nur noch suchen müssen, den Gesamtüberblick zu erleichtern.

Für die ältere Zeit wird eine klare Anschauung über die Finanzverhältnisse des Staates dadurch erschwert, dass die Domänen den grössten Teil des Unterhaltes des Hofes und der Beamten in Naturalien zu liefern hatten. Hierzu gehörte nicht nur die gewöhnliche Nahrung für Menschen und Vieh, sondern auch Wein, Meth, Bier, Bettzeug, Leinwand, Federn, Gartengewächse etc. Auch als diese Lieferungen allmählich in Geldabgaben verwandelt wurden, flossen sie nicht durchweg in die Staatskasse, sondern z. T. einzelnen Aemtern, Beamten oder Mitgliedern des Hofes zu. Noch in der Mitte des 17. Jahrhunderts hatte die Hofküche vielfach ein Vorkaufsrecht auf den Domänen für Schlachtvieh. Ausserdem wurden die Verhältnisse dadurch verschleiert, dass der Fürst willkürlich über Hebungen auch untergeordneter Kassen verfügte, und dadurch jede Ordnung und Kontrolle unmöglich machte, so dass die Einkünfte der Centralstelle ganz unregelmässige wurden.

Schon Anfang des 17. Jahrhunderts gab es zwei kurfürstliche Kassen: die Kammer und die Hofrenthei. Die erste ist die ursprüngliche Verwaltungsstelle aller landesherrlichen Einkünfte gewesen, von der die letztere erst im 16. Jahrhundert abgezweigt wurde. Nach der Trennung war die Kammer die Privatkasse des Kurfürsten, die später den Namen der Chatulle erhielt. Hierhin flossen besondere Einkünfte, wie besonders aus den Forsten, der Münze, aus eigenen Industrieunternehmungen, dann Strafgelder, die Judensteuer etc. Sie waren für ganz persönliche Zwecke bestimmt. Die Hofrenthei ist dagegen die Staatskasse, aus der die Bedürfnisse des Hofstaates und der allgemeinen Landesverwaltung gedeckt wurden. Sie bezog die Einkünfte aus Steuern und aus den Domänen, so weit sie nicht der Chatulle zukamen. Erst im Jahre 1710 wurde sie aufgehoben und dafür eine kurmärkische Land- oder Amtskammer-Renthei, dann für den ganzen Staat die General-Domänenkasse eingerichtet.

Für Kriegszwecke bestand so lange keine besondere Kasse, als kein stehendes Heer vorhanden war. In besonderen Fällen wurden von den Landstädten Kriegskontributionen bewilligt, deren Erhebung und Verwendung besonderen Kriegskommissionen übertragen wurde. Erst in den siebziger Jahren des 17. Jahrhunderts wurde auch hierfür eine feste Kasse eingerichtet. Bis dahin ist es natürlich unmöglich, eine vollständige Uebersicht über die Einkünfte des kurfürstlichen Staates zu gewinnen.

Gleich im Beginne seiner Regierung begann der grosse Kurfürst das Finanzwesen neu zu organisieren. In dem Geheimen Rate wurde eine eigene Abteilung aus 3—4 Mitgliedern, den Staats-Kammer-Räten gebildet, welchen die Sorge für die Einnahmen und Ausgaben des Staates übertragen wurde. Sie hatten die Domänen und Forsten, die Steuern und Kriegskontributionen unter sich und mussten auf genaue Rechnungsführung halten. In den siebziger Jahren wurde diese Abteilung in die Hofkammer und das Kriegsdepartement nach der Bestimmung ihrer Einkünfte geteilt. Der ersteren fielen die Domänen, der zweiten, der Generalkriegskasse, die Steuern zur Verwaltung und Verwertung zu. Daneben bestand nach wie vor die Chatulle, deren Hauptquelle die Forsten blieben; aus dem neuerworbenen Preussen traten die Einnahmen aus dem Bernsteinregal, dem Störfang und aus einigen angekauften Gütern hinzu. Die Einnahmen derselben beliefen sich auf durchschnittlich 122 000 Thaler. Ausserdem blieb noch die alte Hofrenthei für die Kurmark bestehen, der die Einnahmen aus den Domänen dieser Provinz mit 150 —200 000 Thaler, jedoch nach Abzug der erheblichen Beiträge an die Chatulle zufielen. Im Jahre 1652 wurde die Naturalwirtschaft in der Hauptsache abgeschafft. Dadurch vergrösserte sich aber der Geldumsatz erheblich und für die Verwaltung desselben wurde eine neue Kasse, die Hofstaatsrenthei eingeführt. Sie bezog bestimmte Einnahmen seit 1681 aus Domänen und verschiedenen Steuern im Betrage von 231 200 Thaler.

Nachdem 1675 die Domänen in Administration genommen waren, wurden sie gegen Ende der Regierung des grossen Kurfürsten auf 6 Jahre verpachtet. Eine Haupteinnahmequelle war das Salzregal (70 000 Th.), weniger das Regal des Handels mit Mühlsteinen in der Kurmark. Zu den alten Zöllen trat noch der auf aus- und durch-

gehendes Getreide hinzu, mit 20 - 30 000 Th. Ferner das Münz- und
Postregal. Letzteres brachte 1687/88 gegen 80 000 Th. Dazu kam
eine neu eingerichtete Chargensteuer (Abgabe bei Neubesetzungen von
Aemtern und Verteilung von Titeln bis ¹⁄₁ des Jahresgehalts), die zu
Gunsten der Marine eingerichtet wurde. Alle diese Abgaben gehörten
zu den „Domänenrevenüen", die also wesentlich über die aus Domänen-
gütern erzielten Summen hinausgingen und nach der Bestimmung der
Einkünfte bezeichnet wurden, zum Unterhalt des Kurfürsten, seines
Hauses und Hofes, seiner Hof- und Staatsbeamten zu dienen.

Diese Domäneneinkünfte können in den letzten Jahren der Regierung des grossen Kurfürsten auf rund 800 000 Th. angenommen
werden.

Auf dem Lande wurden ausserdem noch die alten Urbeden (eine
Grundsteuer) und die Biersteuer, auf die wir später zurückkommen,
erhoben, deren Ergebnis für allgemeine Verwaltungszwecke der Provinzen bestimmt war.

Zur Unterhaltung eines stehenden Heeres, das allmählich von
dem grossen Kurfürsten gebildet und bis auf 30 000 Mann gebracht
wurde, setzte er nach langen Kämpfen mit den Ständen 1660 regelmässig zu zahlende Kontributionen oder Kriegsgefälle an, während bis
dahin nur eine geringe Licenz-Abgabe erhoben war. Dazu kamen 1663
von der Ritterschaft 40 Th. für jedes zu stellende aber nicht in
natura gestellte Pferd, während die Städte 1667 statt der Kontribution
eine indirekte Abgabe, die Accise, zu zahlen hatten. In Zeiten der
Not wie 1677 — 79 wurde aber noch eine ausserordentliche Kopfsteuer
oder Kopfschoss zu je 200 000 Th. eingefordert, zu der der Kurfürst
selbst 1000 und seine Gemahlin 500 Th. beisteuerten. 1682 wurde
noch als regelmässige Auflage eine besondere Stempelsteuer eingeführt.
Die regulären Einnahmen der Kriegskasse betrugen 1686 1 620 526 Th.,
so dass die gesamten Staatseinnahmen jenes Jahres auf 2,5 Mill. Th.
anzunehmen sind. Zwei Drittel der Einnahmen wurden also schon damals für Militärzwecke verwendet. Allerdings hattte diese Kasse auch
Ausgaben für den diplomatischen Verkehr und mitunter auch ganz
andere extraordinäre Leistungen für Geschenke etc. zu bestreiten.
Mit den aufgeführten Summen allein hätte der Kurfürst seine erfolg-
reichen Kämpfe nicht durchführen können. Es traten noch erhebliche
Subsidien der verbündeten Mächte von 2,8 Mill. Th., und das Ergebnis einer Anleihe von 689 756 Th. hinzu, die allerdings zum grossen
Teile aus den laufenden Einnahmen während der Regierung getilgt
wurden.

§ 75.

Die Finanzverhältnisse unter Friedrich I., Friedrich
Wilhelm I. und Friedrich II.

Ein Hauptverdienst des Kurfürsten Friedrich III. bestand darin,
dass er die regelmässige Aufstellung von Voranschlägen verlangte und
das ganze Rechnungswesen verbesserte, vor Allem die persönlichen
Verfügungen über spezielle Einnahmen beseitigte, so dass fortan sämtliche Bezüge in den Staatskassen auch wirklich vereinnahmt wurden
und von der Centralkasse gebucht werden konnten. Der verunglückte

Versuch einer Vererbpachtung von Domänen hat eine nachhaltige Bedeutung nicht erlangt, da Friedrich selbst sie schon wieder aufgab und sein Nachfolger die erfolgten Verpachtungen zum Teil wieder rückgängig machte.

Bei dem Tode Friedrichs I. beliefen sich die Einnahmen der Domänenkasse, wie erwähnt, auf 1 600 000 Th., besonders infolge der gesteigerten Erträge der Forsten. Achtmal wurde unter seiner Regierung ein Extraordinär-Beitrag durch eine allgemeine Kopf- und Viehsteuer eingefordert (1690 von 200 000 Th.), zu der alle Einwohner inkl. der Ritterschaft bis zum Tagelöhner herab beisteuern mussten, aber auch der Fürst seinen Anteil zahlte.

Von neuen Steuern wurde eine Karossen- und Perrückensteuer eingeführt. Ebenso eine Abgabe von 2 Th. von jeder Familie, die Thee, Kaffee oder Chokolade trinken wollte, 1 Th. von jeder Person, die Gold oder Silber auf der Kleidung tragen wollte; 1 Th. von jedem ledigen Frauenzimmer unter 40 Jahren, das für sich allein wohnte. Die Stempelsteuern wurden erweitert auf die Spielkarten und den Zwang zur Verwendung gestempelten Papiers. Ferner erreichte Friedrich 1690 durch Erhöhung der Accise und der Kontributionskontingente auf dem Lande eine Einnahme der Kriegskasse von $2\frac{1}{2}$ Mill. Th. Das Gesamteinkommen des Staates bezifferte sich somit auf 4 Mill. Th.

Der sparsame Friedrich Wilhelm I. beseitigte sofort die Generalchatullkasse und begnügte sich mit einer Jahreszahlung von 52000 Th. zu seinem persönlichen Gebrauch, welche die Königl. Handgelderkasse bildete, wozu noch einige private Einnahmen des Königs flossen; besonders aus den Hofjagden. Die bisherigen Einnahmequellen der Chatulle wurden der Domänenabteilung überwiesen, besonders 1717 die Forsten.

Zur Vereinfachung der Verwaltung verfügte der König schon 1713 die Vereinigung der verschiedenen Verwaltungen zu einer Centralbehörde, dem General-Finanz-Direktorium, welches schon 1722 zu der General-Ober-Finanz-Kriegs- und Domänen-Direktion erweitert wurde. Sie vereinigte sämtliche Kassen unter sich, zerfiel aber in fünf Departements, deren Chefs ein Kollegium bildeten und fortdauernd miteinander die Geschäfte beraten und Hand in Hand gehn sollten. Aehnlich wurde die Provinzialverwaltung eingerichtet und in den Kriegs- und Domänenkammern konzentriert. Eine hochbedeutsame Einrichtung war dann die von Friedrich Wilhelm I. 1723 geschaffene „General-Rechenkammer", welcher die Revision aller Rechnungen des Staatshaushaltes übertragen wurde, und die völlig selbständig hingestellt wurde.

Besondere Fürsorge wendete der König den Domänen zu, die er vor Allem zu vergrössern und abzurunden trachtete, sodass jede wenigstens 5000 Th. Reinertrag zu gewähren vermochte. Sogleich nach seiner Thronbesteigung überwies er die Domänen der Staatskasse, unter der Bedingung der Zahlung einer Krondotation von $2\frac{1}{2}$ Mill. Th. Die Verwertung der Domänen geschah durch Generalverpachtung der umfangreichen Güter mit den dazu gehörigen Bauerndörfern auf sechs Jahre. Durch grössere Meliorationen wurden unter seiner Regierung die Domäneneinkünfte von 1,9 auf 3,3 Mill. Th. gehoben.

Da für Hof- und Civilzwecke nur etwa 1 Mill. Th. gebraucht wurden, überwies der König die Ueberschüsse teils für Militärzwecke, teils zur Ansammlung eines Staatsschatzes. Dadurch gelang es ihm, sein auf 80 000 Mann vergrössertes Heer ohne Kopfsteuer aus den regulären Einnahmen zu unterhalten.

Er verbesserte die Kontributionsverfassung und legte den Rittergütern unter Beseitigung des alten Lehnverbandes eine feste Grundabgabe auf, als Lehnskanon oder Lehnpferdegelder (mit ca. 66 000 Th.). In Ostpreussen und Lithauen zahlten die Güter Servis, Reitergelder, Kopfgeld, Schoss, Viehschatz etc. Schon der grosse Kurfürst hatte mit dem Landtag verhandelt, dafür einen General-Hufenschoss einzuführen, konnte ihn aber nicht durchsetzen. Der König aber führte ihn trotz des Widerstandes des Adels ein, zum Segen des Landes (G. Droysen, Geschichte der preuss. Politik, IV. T., Bd. I, Leipzig 1869, S. 197). Die ursprünglich auf Preussen beschränkte Accise wurde auf die Städte des übrigen Landes ausgedehnt; die Perrücken- und Carossensteuer aber 1717 aufgehoben. Die Stempelabgaben wurden erweitert und erhöht, brachten aber nicht mehr als 36 000 Th. ein. Die Einnahmen der Kriegskasse beliefen sich 1739—40 auf 3 616 251 Th., die der Domänenkasse auf 2 491 166 Th. Der gesamte Staatsetat erhob sich daher auf über 6 Mill. Th. gegen 4 Mill. im Jahre 1714 (Droysen, a. a. O., IV. T., 4. Abt., S. 507). Der König hinterliess einen baren Schatz im Kassenbestand von 11,3 Mill. Th.

Unter Friedrich II. erhöhten sich die Handgelder des Königs schon in den ersten Jahren seiner Regierung auf 134 000 Th.

Bis zum siebenjährigen Kriege blieben die Finanzeinrichtungen unter der Regierung Friedrich des Grossen in der Hauptsache unverändert, nur dass einige Erhebungen schärfer gehandhabt wurden. Es genügte, um bis 1756 wieder einen Schatz von 13 Mill. Th. zusammenzubringen, der allerdings von dem Kriege schon im ersten Jahre absorbiert wurde. Wir übergehen die Massnahmen des Königs, um sich in der Kriegsnot die nötigsten Mittel zu verschaffen, besonders die Münzverschlechterung, die Auszahlung der Besoldungen und Pensionen in Kassenscheinen, die nur zu einem erheblich niedrigen Kurse unterzubringen waren. Von nachhaltiger Bedeutung sind nur die Einrichtungen nach dem siebenjährigen Kriege geblieben. Dem Könige lag alles daran, die Einkünfte erheblich und nachhaltig zu steigern, um für einen neuen Krieg gerüstet zu sein und ein grösseres Heer unterhalten zu können.

Die Domänen wurden öffentlich an den Meistbietenden verpachtet, anfangs auf 6, später zum Teil auf 12 Jahre, wodurch erhöhte Einnahmen erzielt wurden. Weniger günstig wirkte die Einrichtung einer Lotterie im Jahre 1763 und zwar des Zahlenlottos, das erst 1810 durch die Klassenlotterie ersetzt wurde (Ertrag anfangs 60 000 Th., später nur 25—40 000 Th.). Zwei Jahre darauf erfolgte die Monopolisierung des Handels mit Rauch- und Schnupftaback. Anfangs wurde die Verwertung gegen eine Million Pacht vergeben, 1766 aber in eigene Regie genommen. 1786—87 wurden 1 140 778 Th. eingenommen.

Die einschneidenste Massregel des Königs, die sich aber als sehr verfehlt erwies, war die bekannte Uebertragung der Verwaltung aller Accise- und Zolleinkünfte an französische Unternehmer unter Gewährsadministration, welche mit einer Menge französischer Beamten die gründlich verhasste, sogenannte „Regie" durchführten. Der bisherige Betrag sollte vorweg weiter an die Kriegs- und Domänenkasse abgeführt werden. Von den Ueberschüssen erhielten die 5 Chefs jeder 12 000 Th. Gehalt. Der Ueberschuss floss in die Königl. Dispositionskasse. Die Auflagen auf Getreide, Malz und Schrot wurden allerdings beseitigt, dafür wurden aber Wein, Bier, Kaffee bei der Accise wie durch Zoll erheblich belastet, ferner eine Anzahl Fabrikartikel durch einen hohen Schutzzoll. Es kamen hierzu Zettel-, Plombage- und Umschütte- gelder, welche den Verkehr belästigten und allein 350 000 Th. als Nebeneinnahme einbrachten. Die Erhöhung des Ertrages der Steuern, die Riedel in 21 Jahren auf höchstens 16 Mill. Th. veranschlagt, stand in keinem Verhältnis zu dem Erhebungsaufwand und der Gehässigkeit der Durchführung. Auch die Post wurde unter gleichen Bedingungen einem französischen Unternehmer überlassen, ihm aber schon nach kurzer Zeit wegen vorgekommener Betrügereien der unteren Beamten wieder abgenommen.

Die grösste Erbitterung rief die Einführung der Kaffeebren- nerei (1781) durch die Franzosen hervor, welche ebenso wie der Vertrieb des gebrannten Kaffees im Lande monopolisiert und der Generalaccise- und Zolladministration übertragen wurde. Der Preis pro Pfund wurde zunächst auf 1 Th. festgesetzt, dann aber, weil sich danach der Konsum ausserordentlich verminderte, auf $^2/_3$, dann auf $^1/_2$ Th. ermässigt; dafür wurde aber die Konsumtionsabgabe auf Zucker mit 2 Pf. pro Pfund erhöht. Der Ertrag des neuen Monopols erhob sich aber nicht über 96 000 Th. und stand in keinem Verhältnis zu der Gehässigkeit der ganzen Massregel.

Die Münze wurde auch nach dem siebenjährigen Kriege finanziell, namentlich durch zu ausgedehnte Ausgabe von Scheidemünze ausgenutzt und brachte ca. 100 000 Th. Ueberschuss.

Jene neuen Einkünfte flossen, wie erwähnt, nicht in die alten Kassen, sondern in den Dispositionsfonds des Königs. Ausserdem reservierte er sich aus den Staatskassen bedeutende Summen zu seiner freien Verfügung, indem Zahlungen, deren Grund fortgefallen war, wie Pensionen durch den Tod des Berechtigten, weiter an die Königl. Kasse gezahlt werden mussten. Ebendahin gingen die Ueberschüsse der Pro- vinzialkassen, der Forsten, die Einnahme aus Fabriken und eine 1769 eingeführte Mahlsteuer auf Weizen, die 200 000 Th. einbrachte. Die Kasse erlangte damit eine Einnahme bis gegen 6 Mill. Th. Die Ver- wendung dieser Summen geschah vom Könige ganz nach Gutdünken und ohne Kontrolle.

Besonders benutzte Friedrich seinen grossen Dispositionsfonds, um einen Staatsschatz aufzuhäufen, der schon wenig Jahre nach Be- endigung des siebenjährigen Jahres auf 18 Mill. Th. gebracht war. Seinem Nachfolger hinterliess er 55 Mill. Th. Daneben freilich lastete auf dem Staate noch eine Schuld von 12$^1/_2$ Mill. Th., die davon in Abzug gebracht werden muss.

Die General-Domänenkasse hatte 1786/87 eine Einnahme von 5 245 697 Th., davon gingen an die Hofstaatskasse: 305 197 Th. und an Appanagen 102 418 Th., ausserdem zur Dispositionskasse des Königs 198 530 Th. Im Ganzen waren in den letzten drei Jahren durchschnittlich für Hof- und Civilzwecke: 3,9 Mill. Th. ausgegeben.

Die Kriegskasse machte gegen Ende der Regierung des grossen Königs, wo ein Heer von 200 000 Mann gehalten wurde, natürlich weit höhere Ansprüche als bei Beginn derselben, nämlich 12 Mill. Th.

Das Gesamteinkommen des Staates bezifferte sich 1786 87 auf 19 689 144 Th., wovon 2 3 Mill. Th. regelmässig dem Staatsschatz zuflossen.

§ 76.

Die Finanzverwaltung von 1786- 1820.

Unter Friedrich dem Grossen, der alles bis in die Details selbst zu leiten strebte, war die Finanzverwaltung mehr und mehr in die Hände der Provinzialorgane und einer ganzen Anzahl neuer selbständiger Finanzbehörden übergegangen, die mit dem Könige als dem alleinigen Centrum in direkten Verkehr traten. Dadurch war die Einfachheit der früheren Organisation verloren gegangen und nur durch ein Genie das Ganze einigermassen zusammenzuhalten. König Friedrich Wilhelm II. stellte sofort wieder eine Centralisation unter dem Generaldirektorium her und beschränkte wesentlich die Selbständigkeit der Provinzialbehörden, erweiterte ausserdem die Befugnisse der Oberrechnungskammer wieder auf die Kontrolle aller Kassen (mit Ausnahme der Hofstaats-Dispositions- und Legationskasse). Er dehnte die Befugnisse derselben auch auf die der Untersuchung der Angemessenheit der Preise etc. aus, während unter seinem Vorgänger die meisten Kassen der Kontrolle der Oberrechnungskammer entzogen waren und diese nur die kalkulatorische Richtigkeit zu prüfen hatte. Sie war bisher auch unter das Generaldirektorium gestellt, was Friedrich Wilhelm II. aufhob.

Die Dispositionskasse behielt aber der König wie sein Vorgänger zu seiner freien, unkontrollierten Verfügung, was bei dem sehr freigebigen Monarchen verhängnisvoller war, als bei seinem sparsamen Oheim. Allerdings beschränkte er die Bezüge nicht unerheblich.

Als eine wahre Erlösung wurde im ganzen Lande die sofort noch 1786 verfügte Beseitigung der Regie und der französischen Beamten empfunden. Die Form der Accise wurde allerdings beibehalten, aber die Kaffeesteuer von 3 Gr. auf 1¼ Gr. pro Pfd. herabgesetzt, die Königl. Kaffeebrennerei sowie die Taback-Administration aufgehoben, der Taback nur mit einer mässigen Accise belegt, Anbau, Fabrikation und Handel freigegeben.

Freilich glaubte der König 1797 sich genötigt, wieder zur Monopolisierung zu greifen, die aber nur ein Jahr bestand. Friedrich Wilhelm III. beseitigte sie kurz nach seinem Regierungsantritt wieder. Den für die obigen Erleichterungen geschafften Ersatz in mancherlei Erhöhungen der bisherigen Sätze können wir übergehen.

Bemerkenswert war das nun Platz greifende Verfahren bei Verpachtung der Domänen. Noch wurden sie meistens auf 6 Jahre vergeben, wollte aber ein bewährter Pächter eine Prolongation der Pacht erlangen, so wurde ihm dies gegen Zahlung eines Aufschlages von 4 % für 9 Jahre, von 12 % auf 12 Jahre gewährt.

Die regulären Einkünfte haben unter der Regierung des Königs keine bedeutende Steigerung erfahren. Sie betrugen 1797 98 bei der

General-Domänenkasse: 5594000 Th., bei der General-Kriegskasse: 4164000 Th. Das Heer wurde auf 235000 Mann erhöht, wodurch die Anforderungen an die letztere stiegen. Das Gesamteinkommen des Staates wurde 1797/98 auf 18 Mill. Th. veranschlagt, wovon ²/₃ dem Militäraufwand zufielen. Obgleich der König jährlich 1 Mill. Th. durchschnittlich dem Staatsschatz zuwies, reichte er doch für den Kriegsbedarf nicht aus. Er war bald erschöpft und man nahm nun zum ersten Male zu grösseren Anleihen die Zuflucht.

Friedrich Wilhelm III. suchte sofort die Finanzbehörden neu zu organisieren. Die Stellung der Oberrechnungskammer wurde noch durch Erweiterung der Befugnisse, einmal über die noch übrigen ihr bisher nicht unterstellten Kassen erweitert, dann durch die Aufgabe auch die Zweckmässigkeit der Ausgaben zu untersuchen. Der Präsident derselben wurde zugleich zum General-Kontrolleur der Finanzen ernannt und mit weitgehenden Befugnissen ausgestattet; besonders direkt an die Unterbehörden Befehle zu erlassen und sie persönlich vorzuladen. Zur Deckung des gesteigerten Bedarfs wurden zunächst nur die indirekten Steuern schärfer herangezogen, besonders die Zölle gegen das Ausland, während der König aus eigener Initiative den Wegfall der Binnenzölle anstrebte, aber erst sehr allmählich durchsetzte. 1805/06 waren die Gesamteinkünfte auf 25 Mill. Th. gestiegen.

§ 77.

Einzelne Steuern in ihrer Entwickelung bis Anfang dieses Jahrhunderts besonders in der Kurmark.

Appelius, Handbuch zur prakt. Kenntnis des Accisewesens, der Acciseverfassung und Accisegesetze in der Kurmark. Berlin 1800.
P. G. Wöhner, Steuerverfassung des platten Landes der Kurmark. Berlin 1804.

Wir haben bisher einzelne Steuern wohl mit Namen genannt, sie aber nicht nach ihrem Wesen charakterisiert, um jetzt ihre Entwickelung und ihre Bedeutung im Zusammenhange darzulegen. Wir halten uns dabei, bei der grossen Verschiedenheit der Verhältnisse, an ein Beispiel und zwar an das der Kurmark.

In alten Zeiten wurde es den Ständen ganz überlassen, in welcher Weise sie die von ihnen bewilligten Hülfsgelder aufbringen wollten. Sie hatten auch die Verteilung nach Stadt und Land und auf die einzelnen Kreise vorzunehmen und ebenso innerhalb der Kreise zu bestimmen, wie viel der Einzelne zu zahlen hatte. Es kam die Repartition oder Quotisation zur Anwendung. Dieselbe fand in verschiedener Weise je nach den Umständen statt, bald hatten Städte und plattes Land zusammen zu zahlen, oder nur ein Teil allein. Allgemeine Vorschriften hierüber fehlten durchaus, so dass in jedem Kreise in anderer Weise vorgegangen wurde. Bei Streitigkeiten der verschiedenen Stände, namentlich zwischen den Städten und der Ritterschaft entschied der Fürst. Zu den Ständen des Kreises gehörten sämtliche Gutsbesitzer, adlige wie bürgerliche, die geistlichen Stifte und die Städte, soweit sie Güter und „kontribuable" Unterthanen hatten. Zu den beratenden Versammlungen traten ausser den Gutsbesitzern und Domänenbeamten (seit 1653) auch die Departementsräte der Kammer und 1—2 Deputierte des städtischen Magistrats (seit 1756), sowie die Steuerräte des Distrikts (seit 1724) zusammen. Der Landrat hatte die Versammlung zu berufen.

Eine Hauptrolle unter den Abgaben spielte die Kontribution, welche schon im 16. Jahrhundert vorkommt, dann aber 1626, als die Kurmark stehende Truppen erhielt, zur Unterhaltung derselben regelmässig erhoben wurde. Der Betrag schwankte von einem Jahre zum anderen, je nach dem Bedarf und wurde auf die kontribuabeln Grundstücke verteilt. Zu der Kontribution traten im Laufe der Zeit noch hinzu, die Legationsgelder, der Münzrecess, die Hart- und Rauhfuttergelder, die Schlossbangelder und Dispositionsgelder, die 1715 miteinander verschmolzen wurden.

Nach alter Provinzialverfassung und noch nach Recess von 1653 ist die Verteilung innerhalb des Kreises der Stände eigene Sache.

Die Grundlage zu den speziellen Kontributionsanlagen der Kreise sind die grösstenteils 1624 verfertigten Schosskataster, in welche alle kontribuablen Höfe und Stellen der Handwerker aufgenommen sind, welche aber für jeden Kreis nach eigenen Prinzipien aufgestellt, also ganz ungleich waren. Einige Kreise haben nur die ehemaligen schossbaren Ländereien und Höfe herangezogen, andere auch die Handwerker, Schäfer, Hirten, Hausleute, Einlieger etc., indem sie die Kontribution in fixierte und unfixierte teilten. Im Beginne des Jahrhunderts, dann später haben Königl. Kommissare die Umlage revidiert und ist z. B. 1718 festgestellt, was auf dem Land kontribuabel sei, was steuerfrei sein solle. Um die Steuerleistungen zu erhalten, wurde die Konservierung der vorhandenen und die Neubesetzung wüster Höfe durch die Grundherrschaft durch Edikt von 1749 befohlen und hohe Strafe auf Zuwiderhandlung gelegt.

Die Kontributionsanlage geschah nach Hufen, wie bei den alten Schosskatastern. Diese Hufen waren aber schon wegen der früheren ganz verschiedenen Masseinheiten von sehr verschiedener Grösse.

Von den Kontributionen befreit waren die Königl. Domänen, die Rittergüter, die Ländereien der Kirche, Stifte und Geistlichen, soweit sie nicht ehemalige schossbare Grundstücke umfassten, ebenso waren alle Kolonen (z. B. Spinner, Weber), die auf steuerfreien Ländereien ansässig waren, gleichfalls befreit. Diese alte Steuerfreiheit wurde durch Edikt von 1718 ausdrücklich bestätigt. Die Rittergüter zahlten dann, wie oben erwähnt, Lehnspferdegelder.

Die Kontribution in der Altmark bestand Ende des vorigen Jahrhunderts aus einer im Jahre 1748 fixierten, einer unfixierten Steuer und den Beiträgen der Mediatstädte. Die erstere, die auch von Handwerkern, Kossäthen etc. erhoben wurde, beruhte auf dem Kataster von 1693. Sie wurde einmal nach der Aussaat nach 3 Klassen gemäss der Bodengüte pro Scheffel mit 2, 3, 4 Pf. angesetzt, dann nach Haupt Vieh, wobei 10 Schafe = einem Rind gerechnet wurden, gleichfalls nach den 3 Klassen mit 4, 5 und 6 Pf.; ferner nach Feuerstellen, 3 Gr. von einem jeden Handwerker, Bauer und Kossäthen; von der Mastung pro Schwein 1⅓ Pf. und verschiedene andere Erhebungen. Schäfer und Hirten zahlten für jedes Schaf, das sie selbst, hielten 1 Gr., für jedes Lamm 6 Pf. jährlich.

Mit der Kontribution zusammen wurden die Kriegsmetzgelder vom Brot- und Schrotkorne erhoben, welche für die 4 Kreise der Altmark auch 1000 Th. ausmachten.

In der Priegnitz war ausser der ähnlich erhobenen fixierten Kontribution eine unfixierte erhoben, 1799—1800 von einem adligen Schäfer 16 Gr., von einem Dorfschäfer 1 Th. 12 Gr., von einem Schmied, Müller, Krüger 1 Th. Für den Havelländischen Kreis wurde die fixierte Kontribution auf 5 Gr. für jeden Sch. Aussaat der pflichtigen Hufe angesetzt. Ein Kossäthenhof hatte nach 4 Klassen $2\frac{1}{2}$ bis $4\frac{1}{2}$ Th. zu entrichten. Der ganze Salzwedelsche Kreis zahlte z. B. 1799: monatlich an Kontribution 2207 Th., Kavalleriegelder $965\frac{1}{2}$ Th. (Ein Thaler = 24 Groschen, ein Gr. = 12 Pf.).

Diese Kavalleriegelder wurden 1655 zur Unterhaltung der neuerrichteten Regimenter aufgelegt, die auf dem Lande (die Infanterie in den Städten) zunächst durch Naturalleistungen zu unterhalten waren. Im Jahre 1717 wurden sie in die Städte gelegt, und das Land hatte nun die zur Unterhaltung nötigen Gelder zunächst gemäss den bisherigen Leistungen aufzubringen.

Demnächst kommt die Ziese in betracht, die von dem auf den Mühlen gemahlenem und geschrotetem Getreide gezahlt werden musste. Sie bestand 1. aus dem alten Biergelde, erhoben nach dem zur Mühle gebrachten Malz, 2. aus dem Blasenzins, gezahlt nach dem Branntweinschrot und dem Einlagegeld, das von fremdem Bier genommen wurde.

Bis 1766 bestand noch eine Ziese von vier Gr. von jedem Scheffel Weizen und ein Gr. von jedem Scheffel andern Getreides, wobei das von jedem für die Städte gemahlene Getreide zu gunsten der Stadtkasse besteuert wurde, was dann aber in Fortfall kam.

Ausserdem ist das Biergeld in betracht zu ziehen; eine Steuer, die schon vorübergehend 1488 eingeführt, 1513 dauernd bewilligt wurde. Es sollte auf dem Lande wie in den Städten erhoben werden, doch waren die hohe Geistlichkeit, die Universitätsprofessoren, die Ritterschaft davon befreit. Es wurde bald vom Biere selbst, bald vom Malz erhoben. Zu dieser alten Biersteuer trat dann eine neue hinzu mit entsprechenden Zuschlägen und verschiedenen Sätzen nach Stadt und Land. Hieran reiht sich die Ziese vom Branntweinschrot und vom Wein.

Im Beginne dieses Jahrhunderts wurde auch noch auf dem Lande wie in den Städten eine Steuer unter dem Namen „Schoss" erhoben. Ein Schoss wurde schon 1472 aufgelegt, aber später durch die Kontribution ersetzt, 1704 indess noch daneben aufgelegt. Sie war eine Art Haus- und Grundsteuer, von der wieder ritterschaftlicher Besitz frei war.

In Folge des dreissigjährigen Krieges wurde 1637 die sogenannte Kriegsmetze aufgelegt, eine Naturalabgabe von einer Metze von jedem Scheffel Korn und Malz, welche die Müller erheben und an das Proviantamt abliefern mussten. In den accisepflichtigen Städten wurde sie seit 1766 aufgehoben und die Accise von Fleisch und Bier entsprechend erhöht. Auf dem Lande wurde sie 1736 in eine Geldabgabe umgewandelt.

Eine Nahrungs- oder Handwerkersteuer betraf die Handwerker auf dem Lande als eine Gewerbesteuer.

Die verschiedenen andern Abgaben wurden auf dem Wege der Kontribution erhoben und waren nur nach der Bestimmung geschieden: wie die Potsdamschen Bettgelder für das erste Garderegiment, die Justiz- und Regierungssalariengelder etc.

Als eine weitere Last für das platte Land ist die Obliegenheit zu erwähnen, Fuhren, Vorspann zu leisten, Reitpferde zu stellen etc., die auch nur auf den kontribuabeln Bauern und Kossäthen ruhte. Sie wurde wiederholt beseitigt, aber nichts desto weniger im Falle des Bedarfs forterhoben. Die Immediatstädte waren davon frei, hatten dafür aber Einquartierungslasten und Servis zu tragen. Seit 1721 wurden geleistete Fuhren etc. übrigens aus einer besondern Marsch- und Molestienkasse vergütet.

Die Mediatstädte, welche eigentlich dasselbe wie das platte Land zu leisten hatten, waren von einzelnen Abgaben befreit, deren Verwendung ihnen nicht wieder zu gute kam: doch waren diese Bestimmungen nicht in allen Kreisen die gleichen.

In den grössern Städten bestand die Generalaccise, welche von den Hauptkonsumartikeln erhoben wurde und sowohl die städtische wie die Staatskasse füllen musste.

In Schlesien hatte Friedrich II. das Land katastrieren lassen, was 1743 schon vollendet und 1748 einer Revision unterworfen wurde. Ausdrücklich wurde von dem König bestätigt, dass eine Revision fortan nicht wieder vorgenommen werden solle. Die Sätze der Steuer, die auch Kontribution genannt wurde, waren bei adligen Gütern $28\frac{2}{3}^0/_0$. bei Bauerngütern $34^0/_0$, unter der Annahme, dass die Erträge viel zu niedrig angesetzt wären.

In Pommern bestand eine grosse Mannigfaltigkeit der auf dem Lande ruhenden Abgaben, die sogar in den verschiedenen Kreisen ungleich waren. Die Rittergüter waren von Grundsteuer befreit, zahlten aber die Lehnspferdegelder. Ebenso war es in der Provinz Sachsen. Nur der kontribuable Stand zahlte die Grund oder Schocksteuer, Kavallerieverpflegungsgelder etc.

§ 78.
Die Finanzreform nach 1806.

In dem Beginne des Jahrhunderts gab es in Preussen, wie wir sahen, nur Ertrags- und indirekte Steuern unter strenger Scheidung von Stadt und Land. Die letzteren ruhten hauptsächlich auf den Städten, die ersteren wurden vom Lande aufgebracht. Die indirekten Abgaben wurden hauptsächlich von den notwendigsten Bedürfnissen und daher von der unteren Klasse hauptsächlich erhoben. Von den Ertragssteuern war der adelige Grundbesitz teils ganz befreit, teils nur in sehr geringem Maasse herangezogen. Der Bauer hatte die Hauptlast zu tragen.

Nach dem Zusammenbruch des Staates erkannte man, dass die dem Lande aufgebürdeten Lasten nur durch eine andere Steuerverteilung ertragen werden könnten. Aber über den Weg waren die leitenden Kreise sehr verschiedener Meinung.

Der Kanzler von Hardenberg strebte vor allem Stadt und Land gleichartig zu behandeln, da aus freihändlerischen Rücksichten die alte

Scheidung unhaltbar wurde. Ausserdem sollten die bisherigen Befrei-
ungen beseitigt werden. Das Finanz-Edikt von 1810 beschränkte die
Konsumtionssteuern auf etwa 20 Objekte und wurde auf die ganze
Monarchie in der gleichen Weise ausgedehnt, sowohl der Unterschied
zwischen Stadt und Land wie zwischen den Provinzen wurde beseitigt.
Eine wirtschaftliche Erleichterung für die Fabrikation suchte man
durch die Befreiung alles Rohmaterials zu schaffen. Thatsächlich ist
aber nachher im Drange der Zeit die alte Accise ruhig forterhoben.
Dagegen wurde eine Konsumtionsabgabe von Fleisch, Mehl etc., Bier und
Branntwein auch auf dem platten Lande erhoben, wofür die Einfuhr
der Gegenstände in die Städte freigegeben wurde. Die Thoraccise
kam in Fortfall aber auch die Befreiung der Rittergüter, Domänenbeamten, Klöster und Geistlichen von der obigen Steuer. Als Ergänzung
zu der sehr drückenden Mehlaccise (12 Gr. vom Scheffel Weizen,
$2^1\!/_2$ Gr. von anderem Getreide) wurden Luxussteuern auf Bediente,
weibliche Dienstboten, Hunde, Luxuswagen und -Pferde gelegt.

Ein Gesetz vom 25. April 1809 verfügte die Stempelung alles
Gold- und Silbergeräts und eine Besteuerung derselben bis $^1\!/_4$ des
Metallwertes, wenn es nicht der Münze käuflich überlassen würde.
Das letztere geschah in grosser Ausdehnung, die Steuer aber brachte
so wenig ein, dass sie schon 1810 aufgehoben wurde.

Als direkte Steuer trat eine Gewerbesteuer hinzu, welche die Gewerbezweige in 6 Klassen teilte und für jede wieder Unterabteilungen
schuf, zwischen denen die Steuer von 1—200 Th. stieg, die für die
Lösung eines Gewerbescheines gefordert wurde.

Der Minister von Stein war von vornherein ein entschiedener
Gegner der neuen Konsumtionsabgaben gewesen, und im Lande,
namentlich in Ostpreussen, bildete sich eine energische Opposition
gegen die Mahlsteuer aus. Von beiden Seiten wurde dagegen auf
eine Einkommensteuer als Ersatz hingewiesen.

Besonders waren die ostpreussischen Stände darüber erbittert,
dass dem Lande die erst kürzlich (1808) wieder erlaubten und neu
hergestellten Handmühlen (Quirdeln) verboten wurden, um die Bevölkerung ganz auf das Mahlen auf den gewerblichen Mühlen anzuweisen.
Diese wurden auch auf direkte Veranlassung durch den König durch
Reskript vom 27. Dezember 1810 in Ostpreussen wieder gestattet. Die
Ausdehnung derselben Steuer gleichmässig auf das ganze Land hatte
bei der Verschiedenheit der Getreidepreise in den verschiedenen Gegenden bewirkt, dass in einzelnen Landesteilen die Steuer $^1\!/_4$, in anderen
$^1\!/_{12}$ des Wertes ausmachte.

Dieser Gegenströmung konnte man sich nicht entziehen und versuchte es nun mit einer Personalsteuer, die durch Gesetz vom 7. September 1811 für das platte Land und die kleinen Städte $^1\!/_2$ Th. von
jedem Menschen über 12 Jahre verlangte, was $4^1\!/_5$ Scheffel Getreide
entsprach, während man den Verbrauch auf 6 Scheffel durchschnittlich
veranschlagte. Von der Steuer wurde Niemand befreit; für die Armen
musste die Gemeinde aufkommen.

Das Edikt vom 24. Mai 1812 wurde zur Tilgung der Kriegs-
kontribution an Frankreich und zur Verpflegung der durchmarschie-
renden Truppen, an Stelle einer ursprünglich in Aussicht genommene
Zwangsanleihe, eine Vermögenssteuer von 3 % und eine Einkommen-

steuer von Bezügen, die nicht durch Anwendung von Vermögen hervorgebracht sind, aufgelegt. Die letztere betrug 5 °/₀ bei Einkommen von 300 Th. an, 1 °/₀ bei Einkommen von 100—300 Th. Die 3. Klasse wurde wieder in zwei Stufen geteilt, die eine umfasst Tagelöhner und Gesinde und zahlte ½ Th., die andere Handwerker etc. betreffend ³/₁ Th. —

Der Bedarf des Staates war auch nach Beendigung der Befreiungskriege enorm gestiegen, besonders durch die Verzinsung und Tilgung einer Schuld von mehr als 200 Mill. Th. Der nächste Schritt zur Sanirung des Finanzwesens war die Erhöhung der Zölle durch Gesetz vom 26. Mai 1818 und die Neuorganisation der Verbrauchssteuern auf inländische Waaren. Am 8. Febr. 1819 wurde das Gesetz über die Besteuerung des Branntweins, Braumalzes, Weinmostes und des Tabacks erlassen. Sofort danach erschien das Gewerbesteuergesetz vom 30. Mai 1820 und ein Stempelsteuergesetz am 7. März 1822. Aber noch blieben etwa 8 Mill. Th. aufzubringen, wovon aber 2 Mill. in den Städten durch Mahl- und Schlachtsteuer zu erlangen waren, die ¹/₇ der Bevölkerung beherbergten. Man suchte, wie schon an anderer Stelle ausgeführt, diese 6 Mill. Th. durch eine Erhöhung der Personalsteuer von den besser situierten Klassen zu erzielen. Die Bevölkerung wurde nach der äussern Lebensstellung in 4 Klassen geteilt. Auf dem Lande 1. die Grundherren, 2. die Gutsbesitzer dazu Pfarrer, 3. die Bauern, Handwerker, 4. die Tagelöhner und das Gesinde. In den Städten 1. die höchsten Beamten und grossen Kapitalisten, 2. der höhere Bürgerstand, Beamte mit höherer Bildung, grössere Kaufleute, Fabrikbesitzer, 3. Handwerker, Subalternbeamte, Schankwirte, Krämer, 4. Arbeiter und Gesinde. Die erste Klasse zahlte 48 Th., die zweite wurde in zwei Abteilungen zerlegt mit 12 und 24 Th., die dritte Klasse hatte 6 Th. zu entrichten; in der vierten wurden wieder zwei Abteilungen geschieden und mit 2 Th. angesetzt, die ärmern sollten aber nie mehr als für drei Personen steuern. Schon zwei Jahre darauf teilte man die ersten drei Klassen wieder in je drei Abteilungen, und erhöhte die Sätze, die nun von 2 bis 144 Th. stiegen. In der Rheinprovinz wurden 1830 noch mehr Unterabteilungen eingeschoben. Die mahl- und schlachtsteuerpflichtigen Städte blieben aber von dieser Klassensteuer allgemein befreit. Der Ertrag der Steuern von 1821 war 6 285 000 Th. bei einer Bevölkerung von 11,6 Mill. Einwohner und in klassensteuerpflichtigen Ortschaften 9 853 000 Einw. 1823 waren die Einnahmen 6 961 000 Th., 1838 7 163 000 Th. bei einer Bevölkerung von 14,1 Mill. und 12 200 000 Einw. in klassensteuerpflichtigen Orten.

Die 1. Klasse zahlte von 1833—38 nur 3,5 °/₀ d. aufgebracht. Summe
„ 2. „ „ „ „ „ „ 16,15 „ „ „ „
„ 3. „ „ „ „ „ „ 33,7 „ „ „ „
„ 4. „ „ „ „ „ „ 46,5 „ „ „ „

Die erste Klasse brachte daher nur sehr wenig auf und das Verhältnis hatte sich seit 1821—26 noch verschlechtert, aber nicht gebessert. (Die kleinen Erleichterungen, welche der ärmeren Bevölkerung in den folgenden Dezennien gewährt wurden, können wir hier mit Hinweis auf § 20 übergehn.) Die Hauptlast ruhte auf den untern Klassen.

Ganz besonders aber waren die Wohlhabenden in den Städten begünstigt, wo sie nur Mahl- und Schlachtsteuern entrichteten.

Eine nöthige Ergänzung erhielt die Klassensteuer schon am 2. Nov. 1810 und am 30. Mai 1820 durch die Gesetze über die Gewerbesteuer, die besonders die Städte traf. Auch hier wurde Klassenweise vorgegangen und für jede Klasse ein Durchschnittssatz normiert, der von den Beteiligten selbst wieder in Abteilungen abgestuft wurde. Nach dem ersten Gesetze wurden 6 Klassen geschieden, die erste zahlte 1—1² ₃ Th., die zweite 2—3²'₃, die sechste 96—200 Th. Diese letzte brachte aber 1837 nur 37700 Th. ein. Durch das folgende Gesetz wurden die Sätze für die grössern Betriebe erhöht und die Besteuerung überhaupt auf eine kleinere Zahl von Gewerben beschränkt, der kleine Handwerker, der allein oder nur mit einem Gesellen und einem Lehrling arbeitete, wurde ganz frei. War 1811—12 von der Gewerbesteuer nur ein Ertrag von 773168 Th. erwartet, so 1821 1706000 Th., und das Ergebnis stieg bis 1838 auf 2296000 Th., 1864 brachte die Steuer 3682000 Th. Auch hier war aber ebenso wie bei der Klassensteuer der Wohlhabende zu wenig herangezogen. Man versuchte dem abzuhelfen durch Gesetz vom 28. Okt. 1810, welches eine Anzahl Luxussteuern auflegte, für einen Bediente 6 Th., für zwei 8 Th.; bei 6 oder mehr 20 Th. für jeden. Ein weiblicher Dienstbote war frei. für jeden weiteren mussten auch Sätze von 2—6 Th. entrichtet werden. Für die Haltung eines vierrädrigen Luxuswagens wurden 8 Th., für einen zweirädrigen 6 Th. gezahlt, unter Steigerung bei der Haltung von mehreren Wagen, ebenso von Luxuspferden. Da die Steuern aber nur 158828 Th. einbrachten, wurden sie schon nach zwei Jahren beseitigt.

Von indirekten Steuern brachte die Salzsteuer infolge der Monopolisierung erhebliche Summen. 1821 3779000 Th., 1836 5590000 Th., da auch das Vieh- und Gewerbesalz belastet war, wenn auch geringer als das Kochsalz.

Schon durch Gesetz von 1810—11 suchte man die Getränkesteuern in den Städten und auf dem Lande durch Besteuerung an der Quelle gleichmässig durchzuführen. Aber erst das Gesetz vom 8. Februar 1819 reformierte die Besteuerung des inländischen Branntweins, Braumalzes, Weinmostes und der Tabackblätter.

Der Branntwein wurde auf dem zweckmässigsten Wege der Maischbraumsteuer herangezogen. Der Nettoertrag dieser innern Steuer war 1838: 5617144 Th. Die Brauereien wurden nach dem zur Einmaischung bestimmten Braumalz zu ²/₃ Th. pro Centner besteuert; wofür 1838 1244000 Th. eingenommen wurden, was einem jährlichen Konsum von etwa 31 Quart pro Kopf der Bevölkerung entspricht. Der Branntweinkonsum wurde auf 9,82 Quart zu 50⁰ veranschlagt.

Der Weinbau war im Beginne des Jahrhunderts nur mit einer Grundsteuer belastet; der Wein selbst zahlte bei der Einfuhr in die Städte die Accise. 1819 versuchte man es mit einer Moststeuer, änderte sie durch Gesetz vom 25. Sept. 1820 aber in eine Weinsteuer, die in 6 Klassen abgestuft wurde, um. Die Sätze schwankten von 7½ bis 35 Silbergr. pro Eimer. Je nach dem Jahrgange schwankte die Einnahme, 1835: 224420 Th., 1838: 67522 Th. Sie war also nur ganz unbedeutend. Dabei war die Ueberwachung der Kellervorräte äusserst lästig und umständlich.

Der Tabacksbau wurde 1819 mit einem Thaler pro Centner trockener Blätter belastet. Doch zeigte sich die Kontrolle und Erhebung so umständlich, dass durch Gesetz vom 29. März 1828 die Steuer in eine Flächensteuer in 4 Klassen zu 3—6 Silbergr. pro 6 Quadratruthen umgewandelt wurde. Auch damit wurde nur wenig eingenommen, im Jahre 1838 127 844, 1835: 163 867 Th.

In betreff anderer indirekten Steuern ist das Gesetz vom 30. Mai 1820 zu erwähnen, welches die Mahl- und Schlachtsteuer an Stelle der Klassensteuer in 132 grösseren und mittleren Städten einführte. 1833 gehörten nur noch 118 dazu. 1838 brachte die Schlachtsteuer 1 245 262 Th. bei 1 Th. pro Centner Fleisch, die Mahlsteuer 1 555 689 Th. bei $2^2/_3$ Th. pro Centner vermahlenen Weizen und $1^1/_6$ Th. für anderes Getreide, das waren nach damaligen Preisen vom Wert des Weizens: $18^2/_3 \%$, des Roggens $9^{11}/_{20}\%$. Der Verbrauch wurde 1821 auf 77 Pf. Weizen und 191 Pf. Roggen, 1831 auf 65 und 240 Pf. berechnet.

An Zöllen kamen von 1822—28 7 484 000 Th. Eingangszölle, 423 000 Th. Ausgangszölle und 837 925 Th. Durchgangszölle ein. Im Ganzen 8,8 Mill. Th. Davon brachten Zucker, Kaffee und alkoholische Getränke 510 000 Th., Taback 62 000 Th., baumwollene und wollene Waaren 125 000 Th. Von 1829—37 war der Durchschnitt 10 807 000 Th. Einfuhrzoll, 422 700 Th. Ausgangszoll und 555 000 Th. Durchgangsabgabe, zusammen 11,8 Mill. Th., woraus die steigende Tendenz zu ersehen ist.

Dieselben Jahre, in welchen die bisher erwähnten Gesetze erlassen wurden, brachten auch verschiedene Stempelgesetze, welche in den dreissiger Jahren die recht erhebliche Summe von 3,4 Mill. Th. einbrachten.

Bedeutsam war auch die Neuorganisation der Behörden. Schon im Jahre 1808 wurde an Stelle des alten Generaldirektoriums ein eigenes Finanzministerium gegründet, welches die Leitung und Verwaltung des ganzen Finanzwesens in einer Behörde konzentrierte. Die jetzige Organisation beruht auf dem Erlass vom 17. April 1848. Das Finanzministerium hat den Staatshaushaltsetat aufzustellen und die laufenden Staatseinnahmen und -ausgaben zu kontrollieren, die einzelnen Fonds aber den anderen Ressorts zuzuweisen. Alle Kassenabschlüsse sind dem Finanzministerium einzureichen. Es besteht aus drei Abteilungen und neben und unabhängig von dem Ministerium besteht die Oberrechnungskammer (zuletzt geregelt durch Gesetz vom 27. März 1872). Von dem Finanzministerium abgetrennt wurde 1878 die Abteilung der Domänen und Forsten, welche dem landwirtschaftlichen Ministerium zugewiesen wurde.

Als Mittelbehörden fungieren bestimmte Abteilungen der Bezirksregierungen, für die Verwaltung der direkten Steuern, der Domänen und Forsten, welche also Verwaltungsbehörden sind und unter sich Kassenräte haben, welche die Kassen-, Etats- und Rechnungssachen bearbeiten. Es gehört dazu die Regierungshauptkasse, in welche alle Steuerheber und Kreiskassen ihre Einnahmen oder Ueberschüsse terminweise abliefern. Unabhängig von der Regierung stehen die Provizial-

steuerdirektionen mit besonderen Zoll- und Steuerämtern verschiedenen
Ranges da, welche die indirekten Steuern unter sich haben. Sie stehen
aber auch unter dem Oberpräsidenten. Als Unterbehörden sind die
Kreiskassen und Kreissteuereinnahmen zu nennen. Vielfach sind sie
aber durch entsprechende Kommunalbeamte ersetzt, welche die Erhebungen durchführen. Die Ausgaben werden hauptsächlich von der
Generalstaatskasse, aber auch von Generalkassen einzelner Ministerien,
dann von den Regierungshaupt- und von Spezialkassen ausgeführt.

§ 79.
Die Steuerreform seit 1850.

Ein wesentlicher Fortschritt auf dem betretenen Wege der Ausbildung der Personalsteuern fand 1851 durch die Einrichtung der
klassifizierten Einkommensteuer von einem Einkommen von 1000 Th.
ab, statt, wodurch die wohlhabendere Bevölkerung in gerechterer Weise
zur Zahlung herangezogen wurde. Der nächste bedeutsame Schritt
war die Grundsteuerausgleichung von 1861—64, die wir ausführlich
besprochen haben. Auch sie sollte vor allem dazu dienen, die Lasten
gleichmässiger zu verteilen, namentlich die bisher steuerfreien Personen
jetzt den gleichen Pflichten zu unterwerfen, während eine höhere Gesamtsumme nicht gefordert wurde. Es war die Hauptthat des liberalen
Ministeriums zur Zeit der Regentschaft des Prinzen von Preussen und
dem Beginne der Regierung König Wilhelms. Sie trat in richtigen
Momente ein, wo nach einem ausserordentlichen Aufschwunge der
Landwirtschaft die Last am leichtesten getragen werden konnte. Sie
war eine Notwendigkeit und schon von Friedrich Wilhelm III. erstrebt gewesen.

Es folgte die Reform Anfang der siebziger Jahre, wobei auf das
früher Gesagte verwiesen werden kann. Es handelte sich abermals
um den Ausbau der Einkommensteuer durch Gesetz vom 25. Mai 1873,
wodurch die untersten Stufen des Einkommens von der Steuer befreit
wurden, was dann 1874, 1883 und 1891 die unumgängliche Verschärfung und Ergänzung erfuhr, um auch die mittleren Klassen nachsichtiger zu behandeln, dagegen die reicheren schärfer anzufassen. In
gleichem Sinne wurde die Gewerbesteuer 1861, 72, 74 und 1891 reformiert. Damit ging Hand in Hand die Beseitigung der Mahl- und Schlachtsteuer durch Gesetz vom 25. Mai 1873, die in demselben Sinne wirkte.
Es war die freihändlerische Richtung, die dabei zur Geltung kam, und
die zugleich auf eine Ermässigung der Zollsätze hinwirkte.

Die Gegenströmung Ende der siebziger Jahre brachte zunächst
einen schutzzöllnerischen Tarif, der auch Rohmaterialien und notwendige Nahrungsmittel, wie das Getreide, zu belasten begann, worin in
den achtziger Jahren fortgeschritten wurde. Der Nachlass an direkten
Steuern für die unteren Klassen war dadurch mehr als ausgeglichen.

In den städtischen Gemeinden war man im Beginne des Jahrhunderts ganz auf indirekte Abgaben angewiesen gewesen. Das erhielt
sich auch in der Hauptsache bis 1873; nur dass bei dem wachsenden
Bedarf noch die Mietsteuer hinzugezogen wurde und allmählich Zuschläge zu den direkten Staatssteuern, die in den ländlichen Gemeinden
längst den Bedarf decken mussten, Platz griffen.

Nach Beseitigung der Mahl- und Schlachtsteuer waren die Städte fast ganz auf die Zuschläge zu den direkten Staatssteuern angewiesen, die bei dem wachsenden Budget mehr und mehr unerträglich wurden. Sowohl durch die Gesetzgebung des Reiches wie des preussischen Staates waren den Gemeinden die Hände gebunden, und sie nur auf wenige, besonders direkte Steuern angewiesen.

Nach der Reichsverfassung Art. 40, Zollvereinsvertrag vom 8. Juli 1867 und Reichsgesetz vom 27. Mai 1875 dürfen die Gemeinden auf ausländische Erzeugnisse keine Abgaben legen, die einen höheren Zoll als 1,50 Mk. auf den Centner tragen, abgesehen von Mehl, Backwaaren, Fleisch, Fett, Bier und Branntwein. Von inländischen Produkten sind zu besteuern gestattet solche, die zur örtlichen Konsumtion bestimmt sind, ausser den erwähnten, Brennmaterial, Wein in den eigentlichen Weinländern. Für Bier, Branntwein und Wein sind Maximalsätze angesetzt.

Die preussische Gesetzgebung hob die Mahlsteuer, wo sie als Staatssteuer bestand, auf und gestattete die Beibehaltung der Schlachtsteuer, verbot aber die Neueinführung. Sie ist nur in wenigen Städten beibehalten. Direkte Kommunalsteuern sind gestattet. Meist begnügte man sich aber mit Zuschlägen zu den Staatssteuern. Das Verhältnis ist 1894 dahin geregelt, dass die Grund- und Gebäudesteuer, sowie die 3 oben erwähnten Klassen der Steuer vom Betriebe stehender Gewerbe bei der Gemeindesteuer mindestens mit der Hälfte und höchstens mit dem vollen Betrage desjenigen Prozentsatzes herangezogen werden müssen, mit welcher die Staatseinkommensteuer belastet ist. Bis dahin war die Einkommensteuer für Gemeindezwecke übermässig benutzt. Von 205 Städten mit mehr als 10000 Einwohnern erhoben 1891/92 69 mehr als 200% der Einkommensteuer, 15 mehr als 300%; von 421 kleineren Städten waren 141 genötigt, 200% und mehr der Einkommensteuer zu erheben, 37 300% und mehr; von 967 Landgemeinden 97 über 200%, 23 über 300%. Von den Grundsteuern beanspruchten 21 städtische und 107 ländliche Gem. über 200%, von der Gebäudesteuer: 30 Städte, 61 ländliche Gem.

Der Miquelschen Steuerreform von 1891 war es vorbehalten, hierin Wandel zu schaffen. Danach sind die Ertragssteuern als Staatssteuern aufgehoben und völlig den Gemeinden überwiesen, wodurch ein sehr bedeutender Teil der Kommunalbedürfnisse gedeckt werden konnte. Ausserdem hat man begonnen, durch indirekte Steuern Ergänzung zu schaffen und dadurch die Personalsteuern zu entlasten und sie hauptsächlich dem Staate zu überlassen. Der durch die Ueberweisung für den Staat bewirkte Ausfall wurde durch den Ausbau der Einkommensteuer und Ergänzung durch die Vermögenssteuer zu decken gestrebt.

Das war unzweifelhaft ein ganz ausserordentlicher Fortschritt im Sinne der Wissenschaft, wie des praktischen Bedürfnisses.

In der schärfern Heranziehung der wohlhabendern Klassen auf direktem Wege ist man dadurch wieder ein gut Stück weiter gekommen. Aber so lange nicht durch Verminderung der indirekten Steuern auf notwendige Lebensbedürfnisse der Arbeiterbevölkerung eine Entlastung zu teil geworden ist, wird man von einer gerechten Steuerverteilung in Deutschland nicht sprechen können. Dagegen sind die grossen

Steuergruppen der Ertrags-Personal- und indirekten Steuern in ein wesentlich besseres Verhältnis gesetzt und jeder Kategorie der angemessene Platz zugewiesen. Die Aufhebung der Salzsteuer und der Lotterie, so wie die Zuweisung der Getreidezollerträge für einen gemeinnützigen Zweck statt an die Staatskasse, so lange man den Kornzoll nicht entbehren zu können meint, würden durch eine schon früher von dem jetzigen Finanzminister angestrebte Reform der Erbschaftssteuer, so wie durch Erhöhung der Getränkesteuern zu ersetzen sein.

§ 80.

Statistik der preussischen Finanzen in den letzten beiden Jahrhunderten.

Leopold Krug, Betrachtungen über den National-Reichtum des preuss. Staates. Berlin 1805. Bd. I und II.

C. F. W. Dieterici, Der Volkswohlstand im preuss. Staate. Berlin 1846.

Die statistischen Angaben über die ältere Zeit sind mit grosser Sorgfalt und detailliert von Riedel angegeben. Doch ist schon ausgeführt, dass immerhin manche Lücke vorhanden ist. Die Gesamtsummen über die Ausgaben und Einnahmen des Staates, wie über die Verwendung werden nur als ungefähre angesehen werden dürfen. Für die ersten Dezennien des Jahrhunderts finden sich Angaben bei L. Krug, Dieterici und besonders J. G. Hoffmann in den angegebenen Schriften. Seit 1850 bieten die Etats in der Gesetzsammlung das beste Material, welches aber nicht in der wünschenswerten Detaillierung vorliegt. Daher liegen immer noch Fehlerquellen vor, besonders sind bei Staatsbesitz und -betrieb nur Nettoangaben, für die Steuer dagegen Bruttoangaben angegeben, um die Abgabenlast vollständig vorzuführen; ferner sind die Gebühren fortgelassen, welche Ueberschüsse für allgemeine Staatszwecke nicht gewähren, wofür aber unmittelbare Leistungen empfangen werden. Die Erbschaftssteuern konnten wir nicht unter die Personalsteuern aufnehmen, da sie sich in der älteren Zeit nicht aus den Stempelsteuern ausscheiden liessen. Seit Errichtung des deutschen Reiches tritt die weitere Schwierigkeit hinzu, den Anteil an den Leistungen und Ausgaben, welcher den preussischen Staat trifft, auszuscheiden, was nach dem Verhältnis der Bevölkerung geschehen ist. Wir haben der besseren Vergleichung wegen die alte Münze in Mark umgerechnet. Die genaue Vergleichung grösserer Perioden stösst mithin auf unüberwindliche Schwierigkeiten. Indessen gewähren die folgenden Angaben immerhin ein annähernd richtiges Bild der Entwickelung der preussischen Finanzverhältnisse.

Die Bevölkerung ist mit ausreichender Genauigkeit bis 1748 zurück zu verfolgen. Dieterici giebt in den Mitteilungen des statistischen Bureaus zu Berlin 1854 eine vollständige Uebersicht, die hier benutzt ist.

(Siehe Tabelle auf Seite 164 u. 165).

Ungefähr sind die Einnahmen des grossen Kurfürsten in seinem Sterbejahre auf: 3 698 000 Th. = 11 Mill. Mk. zu veranschlagen. Die Ausgaben der Kriegs- und Domänen-Kammer für Militärzwecke sind auf 1 274 000 Th. = 3 822 000 Mk. (34 %) angegeben. Bei dem Regierungsantritt Friedrich Wilhelm I. waren die gesamten Einnahmen auf 4 800 000 Th. = 14 400 000 Mk. gestiegen, für Militärzwecke wurden 1 788 000 Th. = 5 364 000 Mk. verausgabt, 38 °/₀. Gegen Ende des Lebens dieses Herrschers waren die Einnahmen allmählich bis 20,7 Mill. Mk. angewachsen. Im Antrittsjahre der Regierung des grossen Friedrich bezifferte sich die Einnahme auf 21,3 Mill. Mk.; 1748 auf 31,2 Mill. Mk., bei einer Bevölkerung von 3 449 000 Einwohner, d. s. 9 Mk. pro Kopf der Bevölkerung, die Ausgaben für das Militär beliefen sich auf 17 730 000 Mk., d. s. 5,8 Mk. pro Kopf und 57 °/₀ der Einnahme. Dabei ist aber zu bemerken, dass der Dispositionsfond des Königs, der allerdings erst in späteren Jahren die erwähnte Höhe erreicht hat, nicht mit angegeben werden konnte.

Zu Ende der Friedicianischen Zeit betrug das „reine" Einkommen des Staates, wie Riedel es ausdrücklich bezeichnet: 19 689 000 Th. = 59 067 000 Mk., bei 5,3 Mill. Einwohner, 11,2 Mk. pro Kopf. Für das Militär wurden 25 239 000 Mk. verausgabt, 4,7 Mk. pro Kopf und 42,5 °/₀ der Einnahmen. Für Hof- und Civilzwecke 13,5 Mill. Mk., 23 °/₀, in den Tresor wanderten 3,3 Mill. Mk., 5,6 °/₀ der gesamten Einnahmen.

Die Gesamteinnahme wird von Riedel für die Jahre 1805 06 auf 75 181 000 Mk. angegeben. Die Bevölkerung war, da durch die polnischen Besitzungen 1780 qm mit 2 307 000 Einwohner hinzugetreten waren, auf rund 10 Mill. gestiegen, d. g. auf den Kopf 7,5 Mk. L. Krug, der detailliertere Angaben machte, allerdings vielfach nur auf Grund von Schätzungen, veranschlagt die Einnahmen für dasselbe Jahr auf 94 Mill. Mk., gleichfalls exkl. der Betriebskosten, also erheblich höher. Dieterici hält die Aufstellung für etwas (aber nicht viel) zu hoch, am meisten bei den Domänen. Es würden dann auf den Kopf 9,4 Mk. fallen. Die Ausgaben für das Militär sind nach Riedel in jenem Jahre 47 140 000 Mk., also 4,7 Mk. pro Kopf.

Für das Jahr 1812 ist Dieterici in der Lage, brauchbare Zahlen zu geben. Die Einnahme beziffert sich auf 54 Mill. Mk. Die Bevölkerung war auf 4¹⁄₂ Mill. reduziert. Auf den Kopf fallen 11,3 Mk. Durch Steuern waren davon aufgebracht, da nur die Forsten und Domänen in Abzug zu bringen sind, der sonstige Staatsbetrieb betrifft nur die Lotterie, Post und Münze trugen fast nichts ein, 38 477 000 Mk., d. s. 8,51 Mk. pro Kopf.

Von da ab steigt der Betrag fast fortdauernd. Wenn wir für die fehlenden Angaben für 1823 die abgerundeten des Jahres 1837 einsetzen, was wohl angängig ist, so betragen in diesem Jahre die Gesamt-Nettoeinnahmen 148 Mill. Mk. Von da an geht mit der Vergrösserung des Landes und der Herstellung des Reiches die Steigerung immer rapider vor sich, 1873: 426 Mill. Mk., 1890 91 ist schon eine Milliarde überstiegen, 1898 99: 1354 Mill. Mk. So ist allerdings seit den zwanziger Jahren mit 12,6 Mk. und 1850 mit 10,6 Mk. gegen 1898/9 mit 36,3 Mk. eine Verdreifachung pro Kopf der Bevölkerung eingetreten.

Von Interesse ist es, zu verfolgen, wie sich das Verhältnis der verschiedenen Einnahmequellen zu einander im Laufe der Zeit verschoben hat.

omänen orsten netto	Sonst. Staatsbetrieb besond. Eisenb. netto	Personalsteuer exkl. Erbschaftsteuer Summa	pro Kopf	Grund- und Gebäudesteuer Summa	pro Kopf	Sonst. direkte Steuern	Direkte Steuern Summa	pro Kopf	Getränkesteuern Summa	pro Kopf	Zölle Summa	pro Kopf	Sonst. indir. Steuern
5 100 5,7%	2 100 2,1%			17 018 17,3%	1,7	7 500 7,7%	24 518 25,0%	2,45			6 100 6,2%	0,62	37 300 38,1%
3 080 5,4%	7 100 4,1%	8 952 17,4%	1,7			2 043 4,0%	10 995 23,3%	2,14			2.280 4,4%	0,51	23 096 44,8%
(12,3%?)		20 080 (13,6?)	1,70	29 636 (20,2?)	2,50	5 345 (3,1?)	55 061 (37,0?)	4,65	(11,6?)		26 400 (17,8?)	2,23	? (15,6?)
(13,8%?)		21 298 12,1%	1,51	30 490 17,4%	2,16	6 765 3,9%	58 553 33,4%	4,15	19 704 11,8%	1,47	35 400 20,2%	2,52	26 415 15,0%
339 ,27%	4 500 2,45%	22 896 12,49%	1,33	30 318 16,54%	1,76	7 800 4,25%	61 014 33,28%	3,55	18 245 9,95%	1,06	40 500 22,09%	2,35	16 695 9,11%
421 ,19%	45 180 15,56%	40 872 14,07%	2,21	30 624 10,54%	1,66	11 496 3,96%	82 992 28,57%	4,19	25 194 8,67%	1,36	37 377 12,87%	2,08	49 458 17,03%
231 26%	78 833 18,49%	60 792 14,26%	2,42	53 766 12,61%	2,14	23 604 5,54%	138 162 32,41%	5,18	44 500 10,44%	1,77	73 250 17,18%	2,91	47 600 11,17%
611 33%	102 742 19,01%	59 876 11,08%	2,16	67 695 12,53%	2,14	21 913 4,06%	149 484 27,67%	5,39	51 036 9,44%	1,84	110 757 20,50%	4,00	63 835 11,81%
737 91%	341 102 33,59%	69 043 6,80%	2,30	72 407 7,13%	2,42	24 394 2,40%	172 746 17,01%	5,77	111 750 11%	3,73	222 303 21,89%	7,42	79 394 7,82%
468 21%	590 099 43,57%	164 300 12,16%	5,17			5 998 0,44%	179 298 13,24%	5,62	115 750 7,54%	3,63	271 398 20,03%	8,52	89 248 6,59%

Die Domänen und Forsten, welche im Beginne des Jahrhunderts noch ¼ des Bedarfs deckten, sind bis auf 3% herabgesunken. Dagegen ist sonstiger Staatserwerb gewaltig in den Vordergrund getreten, besonders durch die Eisenbahnen, sodass der gesamte Staatsbesitz und -betrieb, der im Beginne des Jahrhunderts etwa 29% lieferte, und 1850 nur 15,7% ausmachte, jetzt 46,8%, also fast die Hälfte der Einnahmen beschaffte.

Personalsteuern gab es im Beginne des Jahrhunderts noch gar nicht. Sie haben sich seitdem zwischen 12 und 14% gehalten; pro Kopf liefern sie jetzt über 5 Mk. Die Ertragssteuern, welche vor 90 Jahren ¼ der Einnahmen gewährten, waren 1873 auf 18%, 1890/91 auf 14,5% (3,22 Mk. pro Kopf) gesunken und fielen 1898 fast ganz

Finanzen in Preussen
des Jahrhunderts.

1000 Mark.

Indirekte Steuern		Sonstige Einnahmen inkl. Erbschaftsst.		Ordentl. Bruttoeinnahm. 1. Sa. Pr. 2. Sa. D.	Netto-einnahmen	Ausgabe für Staatsschulden		Ausgabe für Militär		Ordentl. Ausgaben 1. Preuss. 2. Ant. an Deutschl.	Ausserordentl. Ausgab. 1. Preuss. 2. Ant. an Deutschl.	Bevölkerung 1. Preuss. 2. Ant. an Deutschl.
Summa / pro Kopf		Summa / pro Kopf				Summa / pro Kopf		Summa / pro Kopf				
43 400 41,3%	4,3	1 800 1,9%	0,08	—	L. v. Krug 97 000 (Riedel) 75 180	—		(Riedel) 47 149	4,7	—	—	10 000 000
25 376 49,3%	5,6	2 103 4,1%	0,47	—	51 557 100							4 500 000
45,0%		8 268 5,7%	0,7	—	148 000 (?)							11 843 870
82 554 47,0%	5,86	10 335 5,7%	0,75	—	175 400 (?)							14 098 125
75 440 41,15%	4,39	18 057 9,85%	1,05	274 014	183 350	22 500	1,31	76 485	4,15	272 922	14 775	17 202 831
112 029 38,57%	6,06	20 820 7,17%	1,1	406 023 —	290 442	46 643	2,52	107 697	5,82	388 566 —	29 415 —	18 494 220 34 670 277
165 350 38,79%	6,57	29 205 2,05%	1,01	630 130 244 150	426 326	77 184	3,08	186 750	7,40	559 779 175 271	70 350 651 460	25 166 670 41 893 076
225 628 45,75%	8,15	24 500 4,24%	0,9	913 070 320 363	540 380	100 158	3,62	223 532	8,07	873 021 310 244	40 049 59 464	27 694 854 45 882 717
413 447 40,71%	13,8	55 435 4,78%	1,84	1 593 093 568 572	1 015 567	250 968	8,38	284 820	9,51	1 544 780 527 917	48 313 235 781	29 955 281 49 418 978
476 396 35,16%	14,9	74 048 4,82%	2,33	2 187 527 571 029	1 354 509	265 397	8,33	349 398	11,0	2 055 891 487 784	131 636 121 706	31 855 123 52 279 901

aus, was als ein wesentlicher Fortschritt anzusehen ist. Infolgedessen treten die Einnahmen aus direkten Steuern immer mehr zurück, sie brachten längere Zeit 1/3 des Bedarfs, 1890/91 nur 17%, 1898/99 13,2%. Sie sind aber von 2,45 auf 5,6 Mk. pro Kopf gestiegen. Auch die indirekten Steuern haben, trotz des kolossalen Anwachsens der Zolleinnahmen, sich nicht ganz in der früheren Bedeutung halten können, obwohl sie von 4,3 Mk. auf fast 14 Mk. pro Kopf gestiegen sind. Bis 1850 stellen sie 42—49%, 1898/99 35%. Unter ihnen sind die Zölle mehr und mehr in den Vordergrund getreten. Im Beginne des Jahrhunderts spielen sie mit 6 und 4,4% und 0,6 Mk. pro Kopf eine ganz untergeordnete Rolle. 1837 und 1850 erheben sie sich auf: 20 und 22% und 2½ Mk. pro Kopf, vorübergehend sinkt der Prozentsatz, um sich dann dauernd auf 20 % zu erhalten, aber pro Kopf auf 8½ Mk. zu steigen, was durch das Ergebnis der Getreidezölle erreicht ist. Dafür sind die Konsumsteuern im Innenlande mehr und mehr beseitigt, welche im Beginne des Jahrhunderts und noch mehr im vorigen Jahrhundert eine Haupteinnahmequelle bildeten.

Die folgende Tabelle bietet die Uebersicht über die Entwickelung der Steuerzahlung nach den Hauptkategorien.

	Gesamt-Steuerein-nahme pro Kopf	direkte Steuern pro Kopf		indirekte Steuern pro Kopf		sonst. Steuern pro Kopf
1805	6,93 Mk.	2,45 Mk.	34 Proz.	4,3 Mk.	62 Proz.	0,2 Mk.
1812	8,51 „	2,44 „	28 „	5,6 „	67 „	0,5 „
1823	10,15 „	4,65 „	— „	— „	— „	0,7 „
1837	10,76 „	4,15 „	39 „	5,86 „	54 „	0,7 „
1850	8,99 „	3,55 „	39 „	4,39 „	48 „	1,0 „
1861	10,65 „	4,49 „	42 „	6,06 „	56 „	1,1 „
1873	13,06 „	5,48 „	42 „	6,57 „	50 „	1,0 „
1881/2	14,44 „	5,39 „	37 „	8,15 „	56 „	0,9 „
1890/1	21,41 „	5,53 „	27 „	13,80 „	64 „	1,8 „
1898/9	22,90 „	5,61 „	25 „	14,95 „	65 „	2,3 „

Die Steuerzahlung überhaupt hat sich seit dem Beginne des Jahrhunderts verdreifacht, seit 1861 verdoppelt. Die Last wird aber sicher jetzt leichter getragen als früher, infolge des noch stärker gestiegenen Wohlstandes und der zweckmässigeren Verteilung. Die grossen Gruppen haben keine durchgreifende Verschiebung erfahren, nur dass, wie schon hervorgehoben wurde, die indirekten Steuern in den letzten Dezennien wieder mehr das Uebergewicht erlangt haben und die Ertragssteuern durch Personalsteuern ersetzt wurden. Schliesst man die Getreidezölle aus, so bleiben nur geringe Verschiebungen übrig. Sie sind es auch, welche, wie wir sahen, jetzt wieder eine Ueberlastung der unteren Klassen herbeiführen und weshalb es wünschenswert wäre, diese Summen nicht der Steuerkasse zuzuführen, sondern sie zu einer Specialverwendung im Interesse der Kreise, aus denen die Summen stammen, zu benutzen. Im Uebrigen sind die Fortschritte im Sinne der Gerechtigkeit unverkennbar.

Ein klares Bild von der Entwicklung der ganzen Steuerlast kann man aber nicht erhalten, wenn man nicht die Gemeindesteuern mit heranzieht. und dafür fehlen uns die älteren Zahlen völlig; in der Gegenwart aber sind sie in den verschiedenen Gegenden und Gemeinden ausserordentlich ungleich.

Wir haben noch auf der Tabelle die beiden hauptsächlichsten Kategorien der Ausgaben aufgeführt. Die Schulden beanspruchten 1850 erst 1,3 Mk. pro Kopf, jetzt 8,3 Mk. Durch sie sind die Ansprüche der Staatskasse in neuerer Zeit so gewaltig gestiegen. Doch sahen wir, dass sie zum grossen Teil zu wirtschaftlichen Anlagen verwendet werden, welche die Deckung in Preussen selbst überreichlich übernehmen.

Der Bedarf des Militärfiskus ist von 1850—98 gleichfalls von 4,5 auf 11 Mk. gestiegen. Interessant ist es, dabei festzustellen, dass schon Mitte des vorigen Jahrhunderts von der Bevölkerung noch eine

höhere baare Zahlung für Militärzwecke verlangt wurde als 1850, obgleich damals die Naturalleistungen noch daneben weit grösseren Umfang hatten als gegenwärtig.

Kapitel II.
Die Entwickelung des Finanzwesens des britischen Reiches.

§ 81.
Die ältere Zeit.

W. Vocke. Geschichte der Steuern des britischen Reiches. Leipzig 1866.

In der ältesten Zeit lag der Schwerpunkt der Staatseinnahmen
wie überall so auch in England hauptsächlich in dem Domanialbesitz,
daneben fungierten aber schon in ältester Zeit Zölle als regelmässige
Abgaben, während zur Deckung des ausserordentlichen Bedarfs willkürliche Konfiskationen und sonstige Erpressungen an der Tagesordnung waren. Vor diesen war niemand sicher, auch nicht die Klöster
und Geistlichen, wie der Adel, selbst noch nach der Gewährung der
magna charta 1215, wenn auch die Hauptlast auf den Domänenbauern
ruhte. Schon bis zu dieser Zeit war der Domanialbesitz durch Ver-
schenkungen wesentlich zusammengeschmolzen. Hatte bis dahin schon
das Parlament, gebildet vom hohen Adel, herangezogen werden müssen,
um Gelder zu bewilligen, so wurden 1265 auch Vertreter der Gemeinden
zu einer Versamlung einberufen, als Teil, des in vier Abteilungen
tagenden Parlaments. Allmählich schlossen sich Prälaten und hoher
Adel zum Oberhause und Vertreter des niederen Adels und der
Städte zum Unterhause zusammen. Die Einberufung der Vertreter der
Gemeinden geschah aber zunächst fast ausschliesslich behufs Steuer-
bewilligung. Durch das Anwachsen der Städte und ihres Reichtums
wuchs die Bedeutung dieses Teils der Bevölkerung und seiner Steuer-
leistung. Die Herrscher sahen sich daher genötigt, sich mehr auf diese
zu stützen, besonders im 14. Jahrhundert, und der von den Städten
bewilligte „Funfzehnte" vom beweglichen Vermögen wurde eine regelmässige Abgabe. In den folgenden Jahrhunderten stiegen dann die
Bedürfnisse in ausserordentlicher Weise, so dass zu besonderen Bewil-
ligungen und Schraubungen die Zuflucht genommen werden musste.
Unter Heinrich V. 1413 waren die Einnahmen aus den Domänen
nur 20,889 Pfd. St., unter Carl II 105 000 Pfd.; die Zölle beliefen
sich unter des Ersteren Regierung auf 40 688 Pfd., unter des letzteren
auf 400 000 Pfd.

In der Mitte des 17. Jahrhunderts unter Cromwell waren die
gesamten Ausgaben auf 2 201 540 Pfd. gestiegen. Davon wurden
1 323 140 Pfd. für die Armee, 453 486 Pfd. für die Flotte, 105 650 Pfd.
für den Haushalt des Protektors, 60 000 Pfund für geheime Fonds
verwandt. Die Justiz erhielt sich ganz durch Sporteln und Gebühren,
zum grossen Teile auch die Verwaltung. Sonst wurden nur besondere
grössere Ausgaben für Bauten etc. gemacht, die aus Steuern zu decken
waren.

Um jenen regelmässigen und den ausserordentlichen Kriegsbedarf
zu decken, wurden zur Zeit der Republik eine allgemeine Accise und

darauf die Monatsschatzung. eine Art Vermögenssteuer aufgelegt, welche
4½ Millionen Pfund einbrachten.

Unter Wilhelm III. wurde vor Allem die Landtax, eine Grundsteuer, aufgelegt und der Versuch mit einer Personalsteuer gemacht, die
sich nur wenig von einer Kopfsteuer unterschied; daneben fand
eine Ergänzung in Hagestolzen- Geburts-, Heirats- und Begräbnis-
steuer statt. Die Accise wurde ausgedehnt, Stempelsteuern, Licenz- und
Aufwandsabgaben besonders Luxussteuern hinzugezogen, so dass die
Steuerkraft des Volkes von allen Seiten angegriffen wurde. Sowohl
Ertrags- wie hohe Personalsteuern fanden, wenn auch nur für kurze
Zeit, Eingang. Das Steuergewicht blieb aber nach wie vor auf den
indirekten Abgaben ruhen.

Erst am Schlusse des vorigen Jahrhunderts wendete man sich
wieder mehr den direkten Steuern und zwar in der Form der Einkommensteuer zu, welche zeitweise sehr hohe Erträge brachte. Sobald
aber der Krieg 1815 beendigt war. wurde sie wieder über Bord geworfen,
und die indirekten und Ergänzungssteuern traten mehr und mehr in den
Vordergrund, bis Anfang der vierziger Jahre die Einkommensteuer
wieder hervorgesucht und dauernd beibehalten wurde. Als Ergänzung
dazu ist die Erbschaftssteuer herangezogen, welche bis auf die neueste
Zeit erweitert und progressiv ausgebaut wurde. Der Hauptteil der
Einnahmen wird aber noch heute aus den indirekten und Ergänzungssteuern bezogen.

§ 82.

Die indirekten Steuern.

Was die einzelnen Einnahmequellen anbetrifft, so fielen, wie ausgeführt. die Domänen schon früh fast ganz fort. Schon unter Elisa-
beth war der Ertrag derselben nur noch 32 000 Pfd. und sank bis
1707 auf weniger als 3000 Pfd. Auch jetzt sind Güter und Forsten
des Staates in ihrem Umfang nicht unbedeutend. aber der Ertrag ist
sehr gering. 1847: 415 000 Pfund. Post und Telegraph sind es allein,
die vom Staatsbesitz und Staatsbetrieb mit netto vier Millionen Pfd.
einen erheblichen Ueberschuss an die Staatskasse abliefern.

Eine besondere Bedeutung haben in England stets die Gebühren
gehabt. In alter Zeit missbrauchte der König seine Stellung als oberster
Gerichtsherr vielfach, um sich zu bereichern, besonders durch Verhän-
gung hoher Geldstrafen. dann durch Verteuerung des Gerichtsverfah-
rens, wenn auch ein Teil der dadurch aufgebrachten Summen den
Richtern und Beamten zufielen, die bis in dieses Jahrhundert hinein
völlig auf Sporteln angewiesen waren. Noch bis zur Gegenwart ist
die Rechtssprechung in England im Vergleiche zu anderen Ländern
eine ausserordentlich teuere.

In den vierziger Jahren wurden endlich die Beamten der Gerichte
auf feste Besoldungen angewiesen und die Gebühren ganz der Staatskasse überwiesen.

Nach schon wiederholten Versuchen mit Stempelsteuern, wurde
1693 ein Stempeltarif aufgestellt für das zu Urkunden benutzte Papier.
und in Sachen der freiwilligen und streitigen Gerichtsbarkeit.

Zu derselben Zeit griff man zur Erbschaftssteuer, welche fortdauernd ausgebildet wurde und noch in den letzten Jahren, wie wir sahen, eine erhebliche Erhöhung und Erweiterung erhalten hat. Sie zerfiel in zwei Steuern für Bestätigung der Testamente und für die Ermächtigung zur Verwaltung eines Intestatnachlasses. Dazu trat 1780 noch eine Vermächtnissteuer hinzu. Anfangs des Jahrhunderts brachten alle drei 455 000 Pfd., 1821 1 803 000 Pfd., 1860 3 450 118 Pfd., 1897 10 830 000 Pfd. Ende des vorigen Jahrhunderts trat die Wechsel-, Noten- und Quittungsstempelsteuer hinzu. Die letztere, welche längere Zeit nach dem Wert abgestuft war, wurde 1853 auf den gleichen Satz von 1 d. bei Quittungen von 2 Pfd. an ermässigt. Ein Zeitungsstempel wurde schon 1711 eingeführt und hat sich bis zur Gegenwart erhalten, doch ist er 1855 für den Lokalabsatz aufgehoben, nachdem er schon 1843 sehr herabgesetzt war. 1801 brachte er 223875, 1854 488 000, 1866 125 000 Pfd.

Die gesamten Stempelabgaben inkl. der Erbschaftssteuer ergaben 1897 18 180 000 Pfd., 1883 11,8 Mill. Pfd.

§ 83.
Die Zölle.

Von je her haben in England die Zölle eine grössere Rolle gespielt als in andern Ländern, weil die leichte Ueberwachung der wenigen in Betracht kommenden Häfen höhere Tarifsätze ermöglichte, als sonst irgend wo. Die erste Urkunde über eine Abgabe in den Häfen stammt schon aus dem Jahre 979, wo verordnet wird, dass jedes Schiff nach der Grösse eine Gebühr von $\frac{1}{2}$—4 Penny zu entrichten habe. Ebenso wurden später Gebühren ausser für die Benutzung des Hafens für gewährten Schutz von fremden Kaufleuten in Form gewisser Waaren für den Gebrauch des Hofes gefordert. Namentlich ist die Naturalabgabe von importiertem Wein früh eingebürgert, die unter Johann in eine Geldabgabe verwandelt und nebst anderen Zöllen verpachtet wurde. Daneben erhielten sich aber eine Menge Gebühren als Lager- Waage- Standgelder etc.

König Johann, mit den bisherigen Einnahmen nicht zufrieden, begann eine neue Einfuhrabgabe in der Form eines Wertzolles von $\frac{1}{15}$ zu erheben, der auch sofort gegen 5000 Pfd. einbrachte. Er war aber genötigt den heimischen Kaufleuten in der magna charta die freie Einfuhr wieder einzuräumen. Indessen hat schon er selbst sich nicht genau daran gehalten, noch weniger seine Nacholger, so dass schon Heinrich III. 6000 Pfd. an Zöllen bezog, die nicht allein auf die alten Zölle zurückzuführen sind. Nach mancherlei Schwankungen waren sie 1330 auf 8000 Pfd. gestiegen.

Da der Zoll sich nach dem Wert richtete und pro 1 Pfd. St. erhoben wurde, nannte man ihn Pfundgeld. Der Wert wurde lange Zeit nach der Faktura oder nach der eidlichen Angabe der Importeure angesetzt. 1545 stellte man dagegen eine Preisliste auf, die für die Wertbestimmung massgebend war. Von Zeit zu Zeit (z. B. 1660) erfolgte eine Revision derselben. Die Erhebung geschah bald durch staatliche Behörden selbst, bald durch Pächter.

Anfang des 15. Jahrhunderts waren die Zolleinnahmen schon auf über 40000 Pfd. gesteigert, gingen dann aber zurück, um gegen Ende des Jahrhunderts sich auf 50000 Pfd. zu heben. Anfang des 17. Jahrhunderts trugen sie 127000 Pfd., 1623 190000 Pfd. ein. Unter dem Protectorat war der Ertrag auf 650000 Pfd. gesteigert. Seit dieser Zeit tritt neben dem finanziellen, auch der schutzzöllnerische Charakter der Zölle sehr stark hervor. 1652 wurde der Anbau des Tabacks verboten, um ihn besser finanziell beherrschen und ausbeuten zu können, (1782 auf Schottland, 1832 auf Irland ausgedehnt) der Zoll auf Taback wurde dann fortdauernd geschraubt.

Das Pfundgeld stieg allmählich auf etwa 21%, wozu für Fremde noch besondere Zuschläge und Nebenabgaben für besondere Zwecke kamen. Zugleich gab es eine Menge Ausnahmen, die häufig verändert wurden, so dass die Bestimmungen, die aus einer Anzahl verschiedener Gesetze herrührten, ungemein kompliziert und für das Publikum ganz unkontrollierbar waren. (Unter Wilhelm III. war die Zolleinnahme etwa 1 Mill. Pfd., 1712 1315000 Pfd.). Erst 1787 fasste Pitt sie alle in ein neues Gesetz zusammen und stellte einen neuen Tarif auf, der 1200 Art. der Einfuhr und 50 Art. der Ausfuhr mit Zöllen belegte. 300 Art. zahlten sie nach dem Werte, die übrigen hatten specif. Zölle zu tragen. Unter der Menge von verzollten Artikeln, waren 1040, die zusammen keine 100000 Pfd. einbrachten, nur 160 trugen mehr als 1000 Pfd. ein. Eine Anzahl Einfuhrverbote wurden aber beseitigt. Der ganze Ertrag, der bis dahin 21 verschiedenen Fonds zugeflossen war, wurde jetzt allein der Staatskasse zugeführt. Die Kriege mit Frankreich forderten die schärfste Anspannung der Steuerkraft und führten zu fortdauernden Aenderungen der Zollsätze infolge der Experimente mehr herauszuschlagen. Aber auch nach Beendigung der Kriege fand keine Ermässigung, sondern noch eine Steigerung, besonders der Getreidezölle statt, nachdem die Einkommensteuer 1815 gefallen war.

Erst 1822 unter Canning begann die Reformperiode, die auf eine Vereinfachung des Zollsystems, Verminderung der verzollten Art. und Ermässigung der Sätze hinging. Man setzte vor Allem die Salz- und Getreidezölle herunter, aber im Uebrigen blieben zunächst die Ermässigungen aus, die bald sogar wieder Erhöhungen Platz machen mussten.

Noch 1782 war der Nettoertrag nur 2861000 Pfd. Seit jener Zeit erfuhr er eine rapide Steigerung auf 7498000 Pfd. i. J. 1800 und 12641000 Pfd. i. J. 1815, nach einigen Schwankungen stand er 1840 auf 22055000 Pfd., auf welcher Höhe er sich bis in die sechziger Jahre hielt.

Eine durchgreifende Wandlung brachte erst Robert Peel zuwege, der 1841 das Ministerium übernahm. Vor allem räumte er mit dem Rest der Einfuhrverbote, besonders von Vieh und Fischen auf und setzte mässige Zölle an die Stelle. Für Halb- und Ganzfabrikate ermässigte er die Zölle auf 10—20% des Wertes, nur für Seidenwaaren blieben bis 20—40% bestehen.

Als Peel 1845 die Wiedereinführung der Einkommensteuer plante, machte er der grossen Masse der Konsumenten und der Industrie neue und erhebliche Konzessionen. 430 Art. wurden von dem Tarif überhaupt gestrichen, Nahrungsmittel und Rohmaterialien

erheblich ermässigt. Die schon 1842 herabgesetzte Skala des Getreide-
zolls wurde 1846 erheblich gemindert und ihrer Beseitigung nach drei
Jahren und Ansetzung von 1 Sh. pro Quarter nach hartem Kampf
durchgesetzt. Seitdem erst brach die freihändlerische Tendenz mit
vollem Erfolg durch. Durch Gladstone wurden abermals 1853 123
Artikel ganz frei, 146 Artikel ermässigt. Prinzipiell suchte man nicht
nur Rohmaterialien, sondern auch Halbfabrikate frei zu lassen. Fabrikate
sollten nicht über 10% zahlen, wobei viele Wertzölle durch specifische
Zölle ersetzt wurden. Das Jahr 1860 brachte durch den französischen
Handelsvertrag die bedeutenste Reform. Der Tarif wurde auf 142
Artikel reduziert, wodurch 458 Steuerbeamte entlassen werden konnten.
Die Schutzzölle wurden damit fast ganz beseitigt. Der Getreidezoll,
der allein 1840 bei der gleitenden Skala über 1 Mill. Pfd. eingebracht
hatte, wurde 1864 auf 3 d. pro Quart. herabgesetzt und 1869 ganz
beseitigt.

Während von 1815—40 die Erhebungskosten über 10% der
Einnahmen verschlangen, waren sie in den sechziger Jahren schon auf
4% heruntergegangen. Damit war das sogenannte „englische" Tarif-
system durchgeführt, das in der Beschränkung der Zölle auf wenige
Artikel besteht, welche eine hohe Belastung vertragen, und die dann
auch eine besonders starke Ausbeutung für die Staatskasse erfahren.
Bei den hohen Löhnen, der Billigkeit der gewöhnlichen Nahrungsmittel ist in England der Konsum von Kolonialwaaren und anderer
importierter Gegenstände grösser als in anderen Ländern, kann daher
auch durch Verzollung mehr einbringen als sonst irgend wo, zumal
der Schmuggel in engen Grenzen gehalten werden kann. Die folgenden Zahlen ergeben das Resultat in den letzten Decennien:

Zölle in 1000 Pfd. St.

	Zucker	Thee	Kaffee	Spiritnos.	Wein	Taback	Sa. d. Artik.	Gesamtzoll-Proz. einnahme	
1870	5,396	2.643	347	4,191	1,476	6,608	20,661	96,1	21,449
1880	—	3,698	205	4,682	1,391	8,964	18,540	96,7	19.169
	Rosinen u. getr.Früchte								
1890	535	4,490	173	4,681	1,302	9,061	20,242	97,9	20,455
1897	401	3,799	172	4,318	1,296	11,018	21,004	98,7	22,266

§ 84.

Die Accise und die Stempelsteuern.

Auch in England ist die Einrichtung der Accise uralt. Schon
unter Johann und Heinrich III. ist eine Abgabe vom Brod, gemäss
dem Preise des Getreides, und zwar um ihn auszugleichen, nachweisbar.
1549 wurde, wenn auch nur ganz vorübergehend, eine inländische Steuer
von allen zum Verkauf gebrachten Wollenstoffen nach dem Werte,
8 d. pro Pfund, aufgelegt. 1643 wurde dann ausdrücklich unter dem
Namen „excise" eine Abgabe von der Verfertigung und dem Verkauf
von Bier und Obstwein gefordert, und allmählig zog man eine immer
grössere Zahl von Gegenständen heran. 1726 waren schon 29 Artikel
davon betroffen, welche die bedeutende Summe von 2677354 Pfd. St. einbrachten, darunter allerdings Malz allein 750000 Pfd. St. Die Accise

war häufig verpachtet und wohl eben deshalb besonders verhasst. Im Laufe der folgenden 100 Jahre nutzte man diesen Einkommenszweig immer mehr aus, so dass er 1810 25 Mill. Pfd. St. einbrachte und ergiebiger als die Zölle wurde. (Eine Zeit hindurch wurde auch für eine Anzahl Artikel der Zoll zum Teil durch Accise ersetzt.) Auch hier unternahm Canning eine Reform, indem er zunächst das Salz und Malz entlastete, dann folgten schon in den folgenden Jahren Glas, Obstwein, Branntwein, Bier, das 1830 ganz von der Accise befreit wurde, gedruckte Stoffe, Kerzen, Seife, Papier 1836. Robert Peel folgte in dieser Richtung, so dass 1850 nur noch Malz, Branntwein, Hopfen, Papier, Seife und Zucker übrig waren, von denen die vier letzteren Gegenstände auch in den sechziger Jahren frei wurden. So sank der Ertrag der Accise 1839 auf 20 Mill., 1840 auf 13 Mill. Pfd. St., stieg dann aber trotz der Verminderung der Sätze bis 1865 wieder auf 20 Mill. Indessen hat man im Auge zu behalten, dass in England verschiedene Abgaben mit zur Accise gerechnet werden, die in anderen Staaten mit Recht nicht dazu gehören, wie Licencen, Luxussteuern etc. Es kamen in Betracht:

	1866 Pfd. St.	1883 Pfd. St.	1897 Pfd. St.
Branntwein	10,997,448	14,211,490	16,013,412
Malz	6.663,121	Bier 8,400,368	10,901,094
Licenzabgaben	2,237,616	3,554,405	240,866
			(Lokal- 3,625,790
			steuer)
Stadt- u. Landkutschen	136,240	—	—
Strafgelder	16,207		
Eisenbahnabgaben	463,023	810,467	272,183
Cichorien etc.	13.273	9,088	3,294
Zucker	10,785	—	—

Jetzt sind, abgesehen von alkoholischen Getränken, bis auf Kaffesurrogate alle Gebrauchsgegenstände von inländischer Steuer befreit. Das Schwergewicht der indirekten Besteuerung hat sich immer mehr auf die Getränkesteuer konzentriert.

Die Branntweinaccise begann mit 2 d. per Gallon und blieb so auch noch unter den Stuarts. Ende des 17. und Anfang des 18. Jahrhunderts wurde sie erheblich erhöht, zugleich das Bier besteuert. 1728 führte man die Licenz von 20 Pfd. St. jährlich für jeden Branntweinverkäufer ein; 1735 von 50 Pfd. St. und erhöhte zugleich die Accise auf 5 Sh. per Gallon, die dann bis auf 25 Sh. gebracht wurde.

Die Folge war mehr die Verallgemeinerung der Defraudation als die Erhöhung der Erträge, so dass 1742 wieder eine Ermässigung stattfand, die allmählich, besonders nach 1815, wieder einer Steigerung weichen musste. Die Reform in den zwanziger Jahren brachte auch hier eine Ermässigung, da man erkannte, dass der Alkoholismus durch die hohe Steuer nicht wesentlich zurückgedämmt wurde. In Schottland bestand Ende des vorigen Jahrhunderts der Blasenzins, der 1803 aber auch nach dem Vorbilde in England in eine Produktensteuer verwandelt wurde. 1858 wurde für die drei Reiche der gleiche Satz von 8 Sh. pro Gallon angesetzt.

Die Biersteuer wurde als Accise Mitte des 17. Jahrhunderts eingeführt und brachte sogleich sehr bedeutende Summen, da Bier damals von der ganzen Bevölkerung als gewöhnliches Nahrungsmittel konsumiert wurde. 1659: 376456 Pfd. St. in England und Schottland. Es wurden für geringe Sorte im Preise von weniger als 6 Sh. pro Barrel 6 d., die besseren Qualitäten mit 2 Sh. 6 d. besteuert. Bis 1710 war der Satz schon bis auf 1 Sh. 4 d. und 5 Sh. gesteigert. 1761: 4 Sh. 9 d. und 8 Sh. Dazu trat 1803 noch 4 Sh. 5³⁄₄ d. vom Buschel Malz (35,10 Sh. pr. Quarter) und 2¹⁄₂ d. vom Hopfen (erst 1862 aufgehoben). Nach manchen Schwankungen wurde 1830 die Bieraccise, die 3¹⁄₂ Mill. Pfd. St. gebracht hatte, aufgehoben, dagegen brachte die Malzsteuer infolge der Verbilligung und Erweiterung des Bierkonsums wachsende Beträge. Die Malzsteuer lieferte 1760: 966000 Pfd. St., 1780: 1645000 Pfd. St., 1803: 5172000 Pfd. St., 1830: 3491000 Pfd. St., im Durchschnitt von 1856 — 62 5373000 Pfd. St. in England allein. Die 1880 eingeführte Würzesteuer brachte: 1870: 6732000 Pfd. St., 1890: 9410000 Pfd. St., 1897: 10901000 Pfd. St. Die Hopfensteuer ist ausserordentlich schwankend in ihren Erträgen gewesen, da sie von der inländischen Ernte abhingen. 1859: 97000 Pfd. St., 1860: 588658 Pfd. St. Bedeutend waren sie indessen nie.

Die Salzsteuer ist in England auch in der Reformperiode, die Canning inaugurirte, 1825 beseitigt, obwohl sie 1823: 1459000 Pfd. St. zu bringen vermochte.

Die Seifenaccise hat von 1711—1853 bestanden und ergab zuletzt etwas über 1 Mill. Pfd. St. Das Glas war von 1695—1699, dann von 1745—1845 besteuert und lieferte 1840: 724000 Pfd. St., 1847: 563000 Pfd. St.

Leder wurde von 1697—1830 der Accise unterworfen, und man bezog daraus bis 400000 Pfd. St. Das Papier war von 1697—1861 accisepflichtig und ergab 1860 1¹⁄₂ Mill. Pfd. St. Es wären noch eine Menge anderer Artikel hier zu nennen.

Es ergiebt sich, dass bis in die neueste Zeit eine grosse Menge Gegenstände des täglichen Gebrauchs durch eine inländische Steuer betroffen wurde. Im Ganzen lieferte die Accise 1701: 986000, 1720: 2526000, 1750: 3549000, 1780: 5749000, 1800: 14342000, 1815: 29080000, 1850: 15968000, 1866: 20616000, 1883: 26982000, 1897: 27435000 Pfd. St.

Die sehr grosse Zahl der Licenzabgaben, die eine Art Gewerbesteuern bilden und sich aus der älteren Zeit bis in die Gegenwart erhalten haben, sind einfacher Natur und bedürfen keiner besonderen Erörterung. Sie sind seit 1889 hauptsächlich den Gemeinden überwiesen.

Bei dem fortdauernden Steigen der gewöhnlichen indirekten Abgaben, welche die wohlhabendere Bevölkerung zu wenig betrafen, sah man sich in der Mitte des vorigen Jahrhunderts veranlasst, den Versuch mit einer Anzahl Luxussteuern zu machen. Dazu gehören die Kutschen- (2 und 4 Pfd. St.)-, Pferde-, Hunde-, Dienstbotensteuern (für jeden Diener über 18 Jahre 1 Pfd. St. 1 Sh., 1853 beseitigt), Haarpuder-, Hüte-, Handschuhe-, Uhrensteuern. Sie haben eine grosse Bedeutung nicht gehabt und daher ausgleichend nie wirken können.

§ 85.

Die direkte Steuer und statistische Uebersicht.

Von direkten Steuern verdient in erster Linie die schon mehrfach erwähnte Landtax hervorgehoben zu werden, welche 1697 in ihrer jetzigen Form und mit diesem Namen aufgelegt wurde. Die Höhe derselben war nicht ganz gleich, der Steuersatz wurde vielmehr wiederholt nach Bedarf verändert und erst gegen Ende des vorigen Jahrhunderts auf 4 Sh. pro Pfd. des Ertrages fixiert und 1798 für ablösbar erklärt, so weit sie den Grundbesitz betraf, denn ursprünglich war sie als allgemeine Vermögenssteuer gedacht. Nur ca. 1 Mill. Pfd. St. sind abgelöst. 1750 betrug sie in Grossbritannien 1 519 000, 1866: 1 127 000, 1883: 1 055 000, 1897: 916 445 Pfd. St.

Eine Ergänzung dazu bildeten die Häuser- und Fenstersteuer. Eine Heerdsteuer ist schon in alter Zeit wiederholt aufgelegt, 1662 vom Parlament besonders bewilligt. Vorübergehend aufgehoben, wurde sie 1695 erneuert, indem die Häuser nach der Zahl der Fenster in Klassen geteilt besteuert wurden, was 1749 noch weiter progressiv ausgeführt wurde. 1778 trat noch eine besondere Häusersteuer hinzu, die allmählich erhöht, sich bis zur Gegenwart erhalten hat, während die Fenstersteuer 1850, wo sie 1 708 000 Pfd. St. brachte, beseitigt wurde.

Die Haussteuer trug 1883 erheblich mehr als die Grundsteuer. 1 788 000, 1897: 1 513 000 Pfd. St. ein; sie wurde 1890 ermässigt.

Die Entwickelung der Einkommensteuer haben wir in § 19 bereits genügend erörtert.

Aus dem Gesagten ergiebt sich, dass von je her die indirekten Steuern im britischen Reiche eine ganz überwiegende Rolle spielten. Bis in die vierziger Jahre hinein war die wohlhabende Bevölkerung daher durch Staatssteuern viel zu wenig besteuert. Für den Grundbesitz wurde dies etwas dadurch ausgeglichen, dass die Gemeindesteuern, besonders die sehr erhebliche Armenlast, auf dem Grundbesitz ruhten. Das bewegliche Vermögen wurde auch von diesen geschont. Dasselbe wurde durch die erheblichen Stempelsteuern betroffen, doch in ganz ungleicher und sicher nicht genügender Weise.

Da die Einkommensteuer der weitergehenden Progression entbehrt, so konnte sie das Missverhältnis nicht ausgleichen. In steigendem Maasse hat man hierzu die Erbschaftssteuer benutzt, die in keinem Lande die Bedeutung hat, wie hier, besonders seit das neueste Gesetz die Progression nach Höhe des Vermögens acceptiert hat.

§ 86.

Die Statistik der britischen Finanzen.

Die Ziffern über die Finanzen liegen in keinem Lande so klar bis in frühere Zeiten zurück vor, als im britischen Reiche. Bis 1680 zurück gibt sie Vocke mit grosser Vollständigkeit an. In 200 Jahren sind Einnahmen und Ausgaben pro Kopf der Bevölkerung auf das Fünffache gestiegen; im Laufe dieses Jahrhunderts aber nicht mehr erheblich. Ja, im Jahre 1815 wurde von jedem Einwohner mehr verlangt als jetzt. Fast die ganzen Einnahmen werden schon seit lange durch Steuern aufgebracht. Es sind jetzt 44 Mk. pro Kopf, und schon im Jahre 1800 waren es 40 Mk. In Preussen waren es in den letzten Jahre 23 Mk. Die Zölle haben im britischen Reiche im vorigen wie in diesem Jahrhundert über 20°/₀ des Bedarfs aufgebracht, vorübergehend bis 40°/₀. Dazu treten dann die sehr erheblichen sonstigen indirekten Steuern, besonders die Getränkesteuern, die in der Accise enthalten sind, welche allerdings mit grossen Schwankungen 30—40°/₀ ergaben. Gegenwärtig werden durch indirekte und Stempelsteuern 54°/₀ des Bedarfs bestritten, 1750 gegen 60°/₀.

Die Ertragssteuern haben schon gegen Ende des vorigen Jahrhunderts ihre Bedeutung im Budget verloren. Dafür traten die Personalsteuern ein, zu denen wir hier in der Lage sind die Erbschaftssteuer hinzuzurechnen. Ein volles Viertel des Bedarfs findet jetzt durch sie Deckung, während 1843 nur 14°/₀. Der Betrag pro Kopf ist in dieser Zeit grossen Schwankungen unterworfen gewesen: Er stieg von 5,6 Mk. auf 13,8 Mk. pro Kopf gegen 5,44 Mk. in Preussen, gleichfalls inkl. der Erbschaftssteuer. Da hierbei die ganzen untern Klassen nur minimal betroffen wurden, bei den Zöllen alle notwendigen Nahrungsmittel längst gestrichen sind, so ist die englische Verteilung der Steuern sicher eine wesentlich gerechtere als in Preussen.

Dass damit aber ein ausreichendes Gegengewicht gegenüber den indirekten Steuern erreicht ist, muss entschieden bezweifelt werden.

Auch in England sind die Zahlungen für die Schulden kolossal grosse, doch haben sie sich seit den napoleonischen Kriegen nicht vermehrt, sondern vermindert. Man hat viel energischer an der Schuldentilgung gearbeitet, als auf dem Kontinent. Der Militärfiscus braucht jetzt fast das Dreifache als 1845; 20,7 Mk. pro Kopf der Bevölkerung, also fast so viel als in Preussen überhaupt Steuern gezahlt werden und fast doppelt so viel als hier für das Militär verausgabt wird. Es ist bekanntlich der Schutz der Kolonien, der diesen Aufwand hauptsächlich verursacht.

Die Verschiebung der Steuern im Laufe der Zeit ergiebt die folgende Tabelle:

	Gesamt-einnahme	Gesamt-einn. aus Steuern etc.	Zölle	Accise	Stempelst. exkl. Erbschaftsst.	Ertragst.	Eink-, Verm.- u. Erbsch.-schaftsst.	Bevölkerung
	in 1000 Pfd. St.							in Taus.
1680	4,000	1,135	585	558	—		--	--
1705	4,809	4,273	1,100	1,600	93	1,480	—	8,180
1750	8,000	6,800	1,614	3,390	120	1,519	--	9,680
1782	12,593	10,698	2,861	5,800	—	2,037	—	—
1800	33,427	32,846	7,498	14,342	2,850	1,656	6,500	16,160
1815	72,151	65,472	12,641	29,089	5,400	1,300	17,042	20,000
1843	52,582	50,318	21,034	12,870	4,793	1,180	7,440	27,700
1860	70,283	65,141	23,160	19,435	4,898	1,149	14,373	28,900
1870	73,680	68,540	21,477	21,737	2,307	2,734	16,442	31,205
1880	79,344	70,000	19,326	25,300	4,025	2,670	19,696	31,468
1890	80,304	68,000	20,421	24,160	6,236	3,000	19,594	34,484
1897	103,950	88,100	21,254	27,460	7,350	2,430	27,480	39,824

Verhältniszahlen in Prozenten:

Jahr	Gesamt-einnahme	Gesamtein-nahme aus Steuern etc.	Zölle	Accise	Stempelst. exkl. Erb-schaftsst.	Ertrag-steuer	Eink.-, Ver-mögens- u. Erbschaftsst.
1680	100,—	28,37	13,75	14,62	—	...	—
1705	100,—	88,85	22,87	33,27	1,94	30,77	—
1750	100,—	85,70	20,17	44,37	1,82	23,02	—
1782	100,—	85,02	22,74	47,09	—	16,19	—
1800	100,—	98,26	22,53	42,91	8,53	4,95	19,45
1815	100,—	90,74	17,52	40,32	7,48	1,80	23,62
1843	100,—	95,69	40,00	24,48	9,12	2,24	14,15
1860	100,—	92,68	32,95	27,65	6,97	1,63	20,45
1870	100,—	93,02	29,15	29,50	3,13	3,71	22,32
1880	100,—	88,22	24,36	31,89	1,29	3,37	24,82
1890	100,—	84,68	25,43	30,10	7,76	3,74	24,40
1897	100,—	84,75	20,45	26,42	7,07	2,34	26,44

pro Kopf in Pfd. St.:

Jahr	Gesamt-einnahme	Gesamtein-nahme aus Steuern etc.	Zölle	Accise	Stempelst. exkl. Erb-schaftsst.	Ertrag-steuer	Eink.-, Ver-mögens- u. Erbschaftsst.
1705	0,49	0,14	0,07	0,07	—	—	—
1750	0,50	0,44	0,11	0,17	0,01	0,15	—
1800	2,07	2,03	0,46	0,89	0,18	0,10	0,10
1815	3,60	3,27	0,63	1,45	0,27	0,06	0,85
1843	1,90	1,82	0,76	0,46	0,17	0,04	0,28
1860	2,43	2,25	0,80	0,64	0,17	0,04	0,50
1870	2,36	2,20	0,69	0,70	0,07	0,08	0,53
1880	2,30	2,03	0,56	0,73	0,63	0,08	0,57
1890	2,14	1,81	0,54	0,64	0,16	0,08	0,52
1897	2,61	2,21	0,53	0,69	0,18	0,06	0,69

Die Entwickelung der Staatsschuld des britischen Reiches und die Steigerung der Ausgaben in 1000 Pfd. St.

	Staatsschuld	Ausgaben für die Schuld	für Militär- und Flottenzwecke	Summe der Ausgaben
1688	664	39,8	—	—
1702	16,394	1,311	—	—
1727	52,092	2,217	—	—
1763	138,865	4,852	—	—
1793	244,440	9,624	—	—
1817	848,282	32,453	—	—
1845	830,000	28,253	15,664	49,242
1860	823,934	26,231	26,739	72,842
1870	789,184	27,053	22,869	67,111
1890	689,944	24,798	32,767	74,147
1897	640,773	25,159	41,175	88,619

.. ◄►..

Berichtigungen.

S. 40, Tab., statt Preussen 61 Mill., lies 6,1 Mill.
S. 80, Z. 10 v. u., statt durch das . . . Dextrin, lies die . . . Diastose.

Druck von Ant. Kämpfe in Jena.